Seekrieg

1939–1945

Janusz Piekalkiewicz

Seekrieg

1939–1945

BECHTERMÜNZ
VERLAG

Lizenzausgabe für den Bechtermünz Verlag GmbH,
Eltville am Rhein, 1989

ISBN 3 927117 25 0
Schutzumschlag: Design-Team, München
Karten und Zeichnungen: Hannes Limmer, München
Druck und Bindung: Ljudska pravica, Jugoslawien

Inhalt

Bibliographie

ANDENAES, J./ RISTE, O. / SKODVIN, M.: *Norway and the Second World War.* Oslo 1966

BALLENTINE, D. S.: *U. S. naval Logistics in the Second World War.* Princeton 1949

BELOW, M. I.: *Sewernyj morskoj Put.* Leningrad 1957

BENNETT, G.: *Battle of the River Plate.* London 1972

BUCHANAN, A. R.: *The Navy's Air War. A Mission completed by the Aviation History Unit, OP–519 B, DCNO (air).* New York 1946

BUCKLEY, CH.: *Greece and Crete, 1941.* London: H.M.S.O. 1952

CAMPBELL, J. / MACINTYRE, D.: *The Kola Run. A Record of Arctic convoys 1941–1945.* London 1958

CHURCHILL, W. S.: *The Second World War, Vol. 1–6, London 1948–53.* – (dt. Übers.): *Der Zweite Weltkrieg.* Bd. 1–6. Hamburg–Stuttgart 1950–54.

DENLINGER / SUTHERLAND / GRAY, CH. B.: *War in the Pacific. A Study in navies, peoples and battle problems.* New York 1936

Documents of the London Naval Conference 1935. Dec. 1935–March 1936. London: H.M.S.O. 1936

DÖNITZ, K.: *Zehn Jahre und zwanzig Tage.* Bonn 1958
Deutsche Strategie zur See im Zweiten Weltkrieg. Die Antworten des Großadmirals auf 40 Fragen. Frankfurt/M. 1970

EREMEEW, L. M. / SERGIN, A. P.: *Podwodnje lodki inostrannych flotow wo Wtoroj Mirowoj Wojne.* Moskau 1962

FEIS, H.: *The Road to Pearl Harbor. The Coming of the war between the United States and Japan.* Princeton 1950

FUCHIDA, M. / OKUMIJA, M. / PINEAU, R.: *Midway. The Battle that doomed Japan.* Annapolis: U.S. Naval Inst. 1955

FUKAYA, H.: *Japan's Wartime Carrier Construction.* In: U.S. Nav. Inst. Proceedings. Sept. 1955

FUKUDOME, S.: *Hawaii Operation.* In: U.S. Nav. Inst. Proceedings. Dez. 1955

FUKUDOME, S.: *Strategic Aspects of the battle of Formosa.* In: U.S. Nav. Inst. Proceedings. Dez. 1952

GELFOND, G. M.: *Sowetskij Flotow Wojne s Japonej (Die sowjetische Flotte im Kriege mit Japan).* Moskau 1958

GREČANJUK, N. / DMITRIEW, V. I. / KRINICYJ, F.: *Baltijskij Flot (Die Baltische Flotte).* Moskau 1960

HARDING, LORD J.: *Mediterranean Strategy 1939–1945.* Cambridge 1960

HASHIMOTO, M.: *Sunk. The Story of the Japanese submarine fleet, 1942–1945.* London 1954

History of the Second World War. London: H.M.S.O. 1950

History of the U.S. Marine Corps operations in World War II. Vol. 1–3. Washington: U.S. Marine Corps, Hist. Branch G–3 Div. 1958

Hitlers Weisungen für die Kriegführung 1939–1945. Dokumente d. OKW. Hrsg. v. WALTHER HUBATSCH. Frankfurt/M. 1962

HUBATSCH, W.: *»Weserübung«. Die deutsche Besetzung von Dänemark u. Norwegen 1940.* Göttingen 1960

HÜMMELCHEN, G.: *Unternehmen »Eisstoß«. Der Angriff d. Luftflotte 1 gegen d. russische Ostseeflotte im April 1942.* In: Marine-Rundschau Jg. 56, 1959, H. 4

INOGUCHI, R. / NAKAJIMA, T. / PINEAU, R.: *The divine Wind. Japan's Kamikaze Force in World War II.* Annapolis: U.S. Naval Inst. 1958

ISAKOW, I. S.: *The Red Fleet in the Second World War.* London 1944

ISELY, A. / CROWL, A.: *The U.S. Marines and amphibious war.* Princeton 1951

Istorija Welikoj Otečestwennoj Wojny Sowetskogo Sojuza 1941–1945. Red. komis.: P. N. POSPELOW (pred.) i. dr. T. 1–6. Moskau 1960–1965

JACHINO, A.: *La Sorpresa di Matapan.* Mailand 1957

JAMES, SIR W. R. (Admiral): *The British Navies in the Second World War.* New York 1947

KAMMERER, A.: *La Tragédie de Mers-el-Kébir. L'Angleterre et la flotte francaise.* Paris 1945

KLEE, K.: *Das Unternehmen »Seelöwe«. Die geplante deutsche Landung in England 1940.* Göttingen 1958

KOSLOW, I. A. / SLOMIN, V. S.: Sewernyj Flot (Die Nordflotte). Moskau 1966

Kriegstagebuch des Oberkommandos der Wehrmacht. 1940–1945. Geführt von Helmuth Greiner u. Percy Ernst Schramm. Im Auftr. d. Arbeitskreises f. Wehrforschung hrsg. v. PERCY ERNST SCHRAMM. Bd. 1–4 (nebst) Nachtr. zu Bd. 4. Frankfurt/M. 1961–69

KUSNEZOW, N. G.: *Na flotach boewaja Trewoga (Gefechtsalarm bei den Flotten).* Moskau 1971

LANGMAID, R.: *The Med. The Royal Navy in the Mediterranean 1939–1945.* London 1948

La Marina italiana nella Seconda Guerra mondiale. 1–19. Roma: Ufficio Storico della Marina Militare 1950

LEIGHTON, R. M.: *U.S. Merchant Shipping and the British import crisis.* In: Command Decisions. Washington 1960

LE MASSON, H.: *La Marine moderne de guerre et son evolution.* T. 2. 1951. 2. Porte-avions, sousmarins, escorteurs. (Coll Visages de la marine. 10.)

LENTON, H. T.: *Royal Netherlands Navy.* London 1968

LOKTIONOW, I.: *Dunajsaka Flotilija w Welikoj Otečestwennoj Wojne. (1941–1945 gg.)* Moskau 1962

LUND, P. / LUDLAM, H.: *PQ 17 – convoy to hell. The survivors' story. (Juli, 1942). London 1968*

MACARTHUR, D.: *Reports of General MacArthur.* Vol. 1.2. (nebst) Suppl (zu Vol. 1). Washington: Gov. Pr. Off. 1966. Vol.1.: *The Campaigns of MacArthur in the Pacific.* Vol. 1., suppl.: *MacArthur in Japan. The Occupation Military Phase.* Vol. 2: *Japanese Operations against MacArthur's forces.*

MAKSIMOW, S. N.: *Oborona Sewastopolja. 1941–1942. (Die Verteidigung von Sewastopol 1941–1942).* Moskau 1959

MATLOFF, M.: *The Anvil Decision: Crossroads of strategy.* In: Command Decisions. Washington 1960

MEISTER, J.: *Der Seekrieg in den osteuropäischen Gewässern 1941–1945.* München 1958

MEYER, L. J.: *The Decision to invade North Africa (Torch).* In: Command Decisions. Washington 1960

MORISON, S. E.: *History of United States naval operations in World War II.* Vol. 1–15. Boston 1947–62

MORTON, L.: *Japan's Decision for war.* In: Command Decisions. Washington 1960

MORTON, L.: *The Decision to withdraw to Bataan.* In: Command Decisions. Washington 1960

MÜHLEISEN, H. O.: *Kreta 1941. Das Unternehmen »Merkur«. 20. Mai bis 1. Juni 1941.* Freiburg 1968. (Einzelschriften zur militär. Geschichte des 2. Weltkrieges. 3.)

Naval Staff (Trade Division) Admiralty B. R. 1337. British and foreign Merchant Vessels lost or damaged by enemy action during Second World War. From 3. September, 1939, to 2. September, 1945. London: Admiralty 1945

Nederlands-Indie contra Japan. Samengesteld door de Krijgsgeschiedkundige Sectie van het Hoofdkwartier van de Generale Staf. D. 1–7. s'Gravenhage 1949–1961

Official History of New Zealand in the Second World War 1939–1945. (Vol.) 1.3–5.11.20–24. Wellington: War History Branch

Operationsgebiet östliche Ostsee und der finnisch-baltische Raum 1944. Stuttgart 1961. (Beitr. zur Militär- und Kriegsgesch. 2.)

PERTEK, J.: *Wielkie dni Malej Floty.* Poznan 1958

PERTEK, J. / SUPINSKI, W.: *Wojna morska 1939–1945.* Poznan 1959

PETER, K.: *Schlachtkreuzer »Scharnhorst«. Kampf und Untergang.* Berlin 1951

PIEKALKIEWICZ, J.: *Luftkrieg 39–45.* München 1978

POPE, D.: *Flag 4. The Battle of Coastal Forces in the Mediterranean.* London 1954

PRATT, F.: *The Torpedos that failed.* In: The Atlantic Monthly. Juli 1950

RAEDER, E.: *Mein Leben.* Bd. 1.2. Tübingen 1956–57

ROHWER, J. / HÜMMELCHEN, G.: *Chronik des Seekrieges 1939–1945.* Oldenburg 1968

ROHWER, J.: *Geleitzug-Schlachten.* Stuttgart 1975

ROHWER, J. / JÄCKEL, E.: *Die Funkaufklärung und ihre Rolle im 2. Weltkrieg.* Stuttgart 1979

ROSKILL, S. W.: *The white Ensign. The British Navy at war, 1939–1945.* Annapolis: U.S. Naval Inst. 1966. – Royal Navy. (Dt.) Oldenburg, Hamburg 1961

RUGE, F.: *Der Seekrieg 1939–45.* Stuttgart 1954

RUGE, F.: *Rommel und die Invasion. Erinnerungen.* Stuttgart 1959

SALEWSKI, M.: *Die deutsche Seekriegsleitung 1935–1945.* Frankfurt/M. 1970. Bd. 1: *1935–1941. – Das Ende der deutschen Schlachtschiffe im Zweiten Weltkrieg.* In: Militärgeschichtliche Mitteilungen. 2, 1972

SCHAEFFER, H.: *U 977.* Wiesbaden 1950

SMITH, P. C.: *Task Force 57. The British Pacific Fleet. 1944–1945.* London 1969

SOMMER, T.: *Deutschland und Japan zwischen den Mächten, 1935–40.* Tübingen 1962

STACEY, C. P.: *The Victory Campaign. The Operations in North-West Europe 1944–1945.* Ottawa 1960: *The Queen's Printer.* (Official History of the Canadian Army in the Second World War.)

STANFORD, A.: *Force Mulberry. The artificial Harbor of U.S. Normandy Beaches in World War II.* New York 1951

STEEN, E. A.: *Norges Sjokrig 1940–1945 (Utg. ved. d. Krigshistoriske Avdeling.) Bd. 1–7. Oslo 1954–69*

TANAKA, R.: *Japan's losing Struggle for Guadalcanal.* In: U.S. Nav. Inst. Proceedings. 82, 1956

The Japanese Story of the battle of Midway. A Transl. Office of Naval Intelligence, U.S. Navy. Washington: U.S. Gov. Pr. Off. 1947

TRIBUZ, V. F.: *Krasnoznamennyj Baltijskij Flot na zawersajuscem etape Welikoj Otečestwennoj Wojny. (Die baltische Rotbannerflotte in der letzten Etappe des Großen Vaterländischen Krieges).* In: Woenno-istoriceskij Zurnal. 7, 1965, No. 3

TSUJI, M.: *Singapore, the Japanese version.* Sydney 1960

TUCKER, G. N.: *The naval Service of Canada. Its official History.* Vol. 1.2. Ottawa 1952

U.S. CONGRESS: *79. Congr., 2. Sess. 1945. Investigation of the Pearl Harbor Attack. Report of the Joint Committee on the . . . Hearings of the Joint Committee on the . . .* P. 1–39 (davon P. 1–11 *Hearings,* P. 12–21 *Exhibits,* P. 22–39 *earlier Inquiries).* Wash.: Gov. Pr. Off. 1946

U.S. Joint Army-Navy Assessment Committee. Japanese naval and merchant Shipping Losses during World War II by all causes. Washington: Gov. Pr. Off. 1947

United States naval Chronology, World War II. Prep. in the Hist. Div., Office of the Chief of Naval Operations, Navy Department. Washington: U.S. Pr. Off. 1955

WILLOUGHBY, M. F.: *The U.S. Coast Guard in World War II.* Annapolis: U.S. Naval Inst. 1957

WJUNENKO, N. P. / MORDWINOW, R. N.: *Woennje Flotilii w Welikoj Otečestwennoj Wojne.* Moskau 1957

ZINGALI, G.: *L'Invasione della Sicilia. Avvenimenti militari e responsabilita politiche.* Catania 1962

Archive

GROSSBRITANNIEN:
Admirality, Naval Staff, Operations Division – Admirality, Naval Staff, Trade Division – Admirality, Naval Staff, Anti-Submarine Division – Admirality, Western Approaches Command – Naval Historical Branch, Foreign Documents Section (Germ.) – Public Record Office (PRO)

USA:
US Navy Department, Division of Naval History – US National Archives

ITALIEN:
Ufficio Storico della Marina Militare

FRANKREICH:
Service Historique des Marines

Jahrgänge – Berichte

Brassey's Naval Annual, 1946, 1947 – Jane's Fighting Ships, 1944, 1945 – Les Flottes de Combat, 1947 – Weyers Taschenbuch der Kriegsflotten, 1939, 1940, 1941, 1942

Geheime Berichte des Sicherheitsdienstes der SS zur innenpolitischen Lage: Meldungen aus dem Reich, Berichte zur innenpolitischen Lage, SD-Berichte zu Inlandsfragen; Bundesarchiv, Koblenz: R 58 Reichssicherheitshauptamt (Nr. 160–178); BOBERACH, H.: *Meldungen aus dem Reich,* Neuwied, Berlin 1965

Tagesparolen des Reichspressechefs (Reichspropagandaamt Hessen-Nassau, Frankfurt/M.), *Sammlung Oberheitmann:* Bundesarchiv, Koblenz; KRÜMMER, K.: *Aufzeichnungen über Teilnahme an den Ministerkonferenzen,* Bd. 1 und 2; Politisches Archiv des Auswärtigen Amtes, Bonn; BOELCKE, W. A.: *Kriegspropaganda 1939–1941, Geheime Ministerkonferenzen im Reichspropagandaministerium,* Stuttgart 1966; BOELCKE, W. A.: *Wollt Ihr den totalen Krieg?* Stuttgart 1967.

Zeitschriften

London Gazette – Marine Rundschau – Military Review – Morskoj Sbornik – Morze – The Navy – La Revue Maritime – Rivista Marittima – Sveriges Flotta – United States Naval Institute Proceedings – Wehrwissenschaftliche Rundschau – Wojenno-istoriczeskij żurnal – Wojskowy Przegląd Historyczny

Bildquellen

Bundesarchiv Koblenz – Établissement Cinématographique et Photographique des Armées, Fort D'Ivry – Imperial War Museum, London – National Archives, Washington, D. C. – Navy Department (National Archives) – Official US Air Force – Official US Marine Corps – Sikorski-Institut, London – Archiv F. Bordoni, Rom – Archiv M. R. de Launay, Paris – Archiv J. S. Middleton, London – Archiv A. Stilles, New York – Archiv K. Kirchner – Archiv J. K. Piekalkiewicz

Ein Wort des Dankes

Ich möchte für ihre freundliche Hilfe meinen herzlichen Dank sagen:

Herrn Dr. M. Haupt, Herrn M. Nilges, Bundesarchiv Koblenz – Herrn Dr. Fricke, Herrn Dr. Wieseotte, Militärgeschichtliches Forschungsamt, Freiburg – Frau Dr. M. Lindemann, Frau H. Rajkovic, Institut für Zeitungsforschung, Dortmund – Herrn Prof. Dr. J. Rohwer, Herrn W. Haupt und ihren Mitarbeitern, Bibliothek für Zeitgeschichte, Stuttgart – Herrn Dr. Sack und seinen Mitarbeitern, Zentralbibliothek der Bundeswehr, Düsseldorf – Oberst E. Raunio, Finnische Botschaft, Bonn – Brigadegeneral Sionta, Griechische Botschaft, Bonn – Oberst R. Aoto, Herrn Opiolka, Japanische Botschaft, Bonn – Oberst i. G. L. Manfredi, Italienische Botschaft, Bonn – Oberstleutnant i. G. L. Tvilde, Norwegische Botschaft, Bonn – Frau I. Köpf, Bibliothekarin, Frau A. Heiming, US-Botschaft, Bonn – Herrn Dr. F. G. Maier und seinen Mitarbeitern, Schweizerische Landesbibliothek, Bern – Mr. J. S. Lucas, Mr. P. H. Reed, Imperial War Museum, London – allen Herren der Photographic Library, Imperial War Museum, London – Präses Capt. R. Dembinski, Capt. W. Milewski, Capt. St. Zurakowski, Mr. Ing. K. Barbarski, Sikorski Institut, London – Mr. R. M. Coppock, Ministry of Defense, Naval Historical Branch, London – Lt. Col. Dousset, Mr. P. Roland, Établissement Cinématographique et Photographique des Armées, Fort D'Ivry – Mr. W. H. Leary, National Archives, Washington, D. C. – Mr. P. H. Maddocks, Library and Photographic Services, United States Naval Institute, Annapolis/Maryland – Mrs. A. F. Hoover, Photographic Section Naval History Division, Washington, D. C. – Brig. Gen. E. Simmons, Marine Corps History and Museum Division, Navy Yard, Washington, D. C. – Mr. W. J. Armstrong, Ph. D., History Office, US Naval Air Systems Command, Washington, D. C. – Mrs. J. Koontz, Operational Archives Branch, Naval History Division, Dep. of the Navy, Washington, D. C. – KAdm. R. Fadda, Stato Maggiore della Marina, Rom – Herrn Dr. D. Bradley, Münster – Herrn F. Hahn, Marineschule, Mürwik – FregKpt. J. Heibei, Meckenheim – Herrn Dr. C. H. Hermann, Rheinbach – Herrn H. König, Bretzenheim – Herrn K. Kirchner, Erlangen – Col. W. D. Kasprowicz, London – Herrn H. Limmer, München – Herrn U. Schefold, Herrn H.-P. Piehl, Südwest Verlag, München

Mein besonderer Dank gilt den Herren:
Maj. R. L. Walton, O. B. E., London
Capt. B. D. Samuelson, Washington, D. C.

Vorwort

»Seekrieg 1939–1945« ist der zweite Band einer Trilogie von Janusz Piekalkiewicz über den Zweiten Weltkrieg, die mit »Luftkrieg 1939–1945« begonnen hat. Wie in diesem ersten Band werden auch hier die Ereignisse in ihrer chronologischen Entwicklung mit den wichtigsten Vorgängen aus der Sicht der jeweiligen Gegner – diesmal auf allen Weltmeeren – geschildert.
Offizielle Berichte, interne Weisungen neben Statements von Beteiligten, Presse- und Rundfunkmeldungen – auch des neutralen Auslandes – vermitteln die Atmosphäre jener Tage. Die Darstellung der strategischen und taktischen Zusammenhänge rundet das Gesamtbild ab. Die wesentlichen Kampfhandlungen sind exakt und objektiv beschrieben. Neben dem sehr informativen Text ist besonderes Gewicht auf das dokumentarische Bildmaterial gelegt.
Angesichts der Materialfülle wurde es vermieden, das aus der umfangreichen Fachliteratur Bekannte noch einmal ausführlich zu beschreiben. Dagegen sind die hauptsächlichen Entwicklungen und hervorstechenden Ereignisse mit besonderer Sorgfalt herausgearbeitet. Dank dieser Konzentrierung auf wesentliche Fakten und besonders dramatische Begebenheiten kann der Autor um so mehr über weitgehend unbekannte Tatsachen detailliert berichten, die er in jahrelangen Recherchen ans Licht gebracht hat.
Dieser Band wird mit Sicherheit – wie bereits »Luftkrieg 1939–1945« – das Interesse eines großen Leserkreises finden, einen wichtigen Platz in der zeitgeschichtlichen Forschung einnehmen und als brauchbares Nachschlagewerk gelten.
»Erzähle mir die Vergangenheit, und ich werde die Zukunft erkennen« – sagt eine alte Weisheit. Sie wird jedem beim Lesen dieser hochdramatischen und doch überaus sachlichen Dokumentation bewußt werden.

Der Verlag

Prolog

Versailles. 7. Mai 1919. In einer Vollversammlung der Friedenskonferenz werden der deutschen Delegation die Friedensbedingungen überreicht. Die gesamte seit November 1918 internierte Flotte ist zu übergeben. Das Reich behält lediglich eine kleine Marine (»vorläufige« Reichsmarine) mit 1500 Offizieren und 15000 Mann. Verboten sind Flugzeuge und U-Boote. Zur Zeit hat man fast alles, was von der deutschen Hochseeflotte am Ende des Ersten Weltkrieges übriggeblieben ist, samt ihren Besatzungen im britischen Flottenstützpunkt Scapa Flow interniert.

Am Nachmittag des 21. Juni 1919 gleicht die stille Bucht von Scapa Flow einem riesigen Schiffsfriedhof: Binnen weniger Stunden wurden von den deutschen Seeleuten 11 Linienschiffe, 5 Schlachtkreuzer und 8 Kreuzer sowie 50 Torpedoboote versenkt, um eine Besetzung der Einheiten durch Engländer zu verhindern. Nach einer daraufhin geforderten Auslieferung weiterer Schiffe an die Siegermächte laut § 181 des Versailler Vertrages bleiben der »vorläufigen Reichsmarine« nur 6 völlig veraltete Linienschiffe der Deutschland- oder Lothringen-Klasse, 6 alte Kleine Kreuzer und 24 kaum brauchbare Torpedoboote, die nur für einen erweiterten Küstenschutz geeignet sind. Laut den Bedingungen des Versailler Vertrages kann nicht einmal selbst diese kleine Anzahl von Schiffen in Dienst gehalten werden. Der Friedensvertrag betont daneben ausdrücklich, »daß sich Deutschland nur entwaffnen lasse, um allen Staaten eine Rüstungsbeschränkung zu ermöglichen«. Die britische und die US-Flotte beherrschen jetzt die Weltmeere, und die beiden Mächte versuchen, das Anwachsen der französischen und vor allem der japanischen Seemacht in Grenzen zu halten.

Ab 12. November 1921 bis 6. Februar 1922 tagt in Washington eine Konferenz über Fragen der Seerüstung »in Verbindung mit den Problemen des Pazifischen Ozeans«. Fünf Seemächte nehmen daran teil: Großbritannien, USA, Frankreich, Italien und Japan. Belgien, China, die Niederlande und Portugal lädt man dazu ein. Zwar wird offiziell über Rüstungsbeschränkungen gesprochen, in Wirklichkeit jedoch liegt den USA und Großbritannien daran, eine Expansion Japans einzudämmen. Das Washingtoner Abkommen wird als »Triumph der Diplomatie« auf dem Weg zu einem dauerhaften Frieden begrüßt. Tatsächlich bringt die Ratifizierung der Verträge eine gewisse Rüstungsstagnation der Seemächte.

Das besiegte Deutschland, das an der Konferenz nicht teilnehmen darf, versucht die harten Vertragsbedingungen von Versailles zu umgehen: Bereits seit 1920 fördert die Reichsmarine verschiedene Projekte im Ausland, bei deren Entwicklung deutsche Konstrukteure maßgebend beteiligt sind. 1922 wird von den Deutschen Werften AG Weser, Germania-Werft, Vulkan-Werft mit finanzieller Hilfe der Reichsmarine das Ingenieurs Kantoor voor Scheepsbouw in Den Haag betrieben, das insgeheim als U-Boot-Konstruktionsbüro für Deutschland tätig ist. Die hier entworfenen und im Auftrag der spanischen, schwedischen, finnischen und türkischen Marine gebauten U-Boote werden zu Vorläufern der späteren Kriegsmarine-Boote. Deutsche U-Boot-Besatzungen – als Touristen getarnt – sammeln in finnischen Marinestützpunkten ihre ersten Unterwasser-Erfahrungen. Auch die Sowjetunion stimmt gerne der Erprobung wichtiger deutscher U-Boot-Bauteile in ihren Kriegshäfen zu, während deutsche Konstrukteure bei der Beseitigung von Fehlern an U-Booten der Roten Flotte helfen. Die knappe Staatskasse der Weimarer Republik kann zwar kaum den Aufbau der Marine – selbst in erlaubten Grenzen – ermöglichen, doch werden die vielfältigen Vorbereitungen von der Regierung stillschweigend gebilligt. Die Reichsmarine regt den Bau einer Flotte von schnellen Frachtern an, geeignet für den Einsatz als Hilfskreuzer. Sie plant die Verwendung von kleinen Dampfern als Minensucher und chartert Sportflugzeuge für Luftabwehrübungen ihrer Kriegsschiffe. Der Funkverkehr über Kontinente hinweg, das Brechen gegnerischer Code sowie Chiffrieren und Dechiffrieren werden mit Nachdruck geübt.

Am 1. Oktober 1928 übernimmt Admiral Erich Raeder die Leitung der Marine. Die operativen Planungen der Marineleitung zielen zunächst auf einheitliches Denken

Rechts: Schlachtschiffe der französischen Marine

Links: ». . . Die britische und die US-Flotte beherrschen jetzt die Weltmeere. . .« Schlachtschiffe der Royal Navy

und Handeln in Führung und Befehlsgebung. Sie befassen sich auch mit Polen und dessem engsten Verbündeten Frankreich.

US-Präsident Herbert C. Hoover – besorgt durch das weltweite Rüsten – beruft zum 22. Januar 1930 nach London eine neue Seeabrüstungskonferenz ein. Das Ergebnis: England stimmt endgültig dem bereits 1922 in Washington festgelegten Stärkenverhältnis bei Schlachtschiffen und auch bei Kreuzern zu. In London wird außerdem ein U-Boot-Abkommen unterzeichnet; man erzielt jedoch keine internationale Einigung. Laut Protokoll sollen sich die U-Boote auf eine Kriegführung nach der Prisenordnung beschränken; das heißt: aufgetaucht operieren, gegnerische oder neutrale Schiffe notfalls durch Warnschüsse anhalten und durch ein Prisenkommando feststellen, ob sich Konterbande – also kriegswichtige Güter – an Bord befindet. Für die U-Boote ist dies ein recht riskantes Verfahren, besonders dann, wenn ein Handelsschiff bewaffnet ist oder das Boot zu rammen versucht. Findet das Prisenkommando Bannware, kann das Schiff versenkt werden, jedoch erst dann, wenn »für die Sicherheit der Besatzung gesorgt ist«. Da Rettungsboote auf hoher See nicht als »ausreichende Sicherheit« gelten, müßten also die Besatzungen der versenkten Dampfer von den U-Booten an Bord genommen werden. In völligem Widerspruch dazu steht der uneingeschränkte U-Boot-Krieg: die warnungslose Versenkung von Schiffen in bekanntgegebenen Sperrgebieten.

Im Februar 1935 – zwei Jahre nach Hitlers »Machtergreifung« – beginnt in Kiel in einem abgeschirmten Teil der Germania-Werft die Montage der ersten zwölf U-Boote. Als die Weltöffentlichkeit davon erfährt, ruft – zu Hitlers Verblüffung – diese krasse Mißachtung des Versailler Vertrages im Ausland kaum Reaktionen hervor. Und als Frankreich hofft, die bevorstehende deutsche Aufrüstung werde endlich auf politischer Ebene zur Sprache kommen, zeigt sich Großbritannien plötzlich bereit, mit Hitler über einen separaten Flottenvertrag zu verhandeln. England, das – entsprechend seiner Gleichgewichtspolitik auf dem Kontinent – Deutschland mit langfristigen Krediten finanziell unterstützt, will es nun wieder aufrüsten lassen, um ein Gegengewicht zu Frankreich zu schaffen.

Am 16. März 1935 macht sich Deutschland von den Rüstungsbeschränkungen des Versailler Vertrages frei. Die allgemeine Wehrpflicht wird wieder eingeführt.

Am 18. Juni 1935 wird in London ein deutsch-britischer Flottenvertrag unterzeichnet. »Das ist der glücklichste Tag meines Lebens!« – bekennt Hitler dem Admiral Raeder. Deutschland verpflichtet sich, seine gesamte Flottenstärke auf 35 Prozent von der des Britischen Commonwealth zu halten. Für U-Boote wird unter bestimmten Bedingungen Parität zugestanden. Die Engländer sind der Meinung, sich dieses Entgegenkommen leisten zu können, weil Deutschland sich gleichzeitig mit dem Beitritt zu den Abmachungen der Flottenkonferenz vom 25. März 1932 und zum Londoner U-Boot-Abkommen verpflichtet, einen Handelskrieg gemäß dem Protokoll von 1930 zu führen. Nach Hitlers Wunsch soll Deutschland durch Anerkennung der britischen Vormachtstellung zur See »ein engeres Verhältnis zu Großbritannien entwickeln«. Politisch gesehen ist die Versailler Rüstungsbeschränkung auch in der Außenpolitik schon damit aufgehoben und indirekt die von Hitler am 16. März 1935 selbstherrlich verkündete deutsche »Wehrhoheit« anerkannt. Hitler hat nun die Handlungsfreiheit, die Kriegsflotte frei von bisherigen Beschränkungen systematisch aufzubauen. Anthony Eden im Unterhaus: ». . . Wenigstens wissen jetzt alle Seemächte, wie viele Schiffe Deutschland bauen wird, und

Rechts: Das britische Schlachtschiff *Ramillies*

Unten: La Spezia, Stützpunkt der italienischen Flotte, vorne Schlachtschiffe, im Hintergrund Zerstörer

sie können sich danach richten.« Doch der Schein trügt, und erst nach dem Krieg erfährt man, daß Hitler in der Regel falsche Angaben zur Stärke der neuentstehenden »Dickschiffe« hat bekanntgeben lassen.
Bereits am 29. Juni 1935, elf Tage nach Unterzeichnung des deutsch-britischen Flottenvertrages, stellt – seit 1918 – die deutsche Marine ihr erstes U-Boot in Dienst: *U 1*. Es ist ein getreuer Nachbau des in Den Haag entworfenen und an Finnland gelieferten U-Bootes Typ II A, im Marinejargon »Einbaum« genannt.
Am 28. September 1935 wird die erste U-Boot-Flottille »Weddigen« aus drei Booten *(U 7–9)* gebildet, während weitere sechs Boote zu Schulzwecken dienen. Am Tag darauf übernimmt Fregattenkapitän Karl Dönitz das Kommando über diese erste Flottille. Von nun an läuft in der Kieler Werft alle zwei Wochen ein U-Boot vom Stapel.

Das Problem der Zusammensetzung einer neuzeitlichen, schlagkräftigen Marine und ihrer Strategie wird in allen Ländern lebhaft diskutiert. Die grundlegenden Ziele der britischen Flotte unterscheiden sich kaum von denen des Ersten Weltkrieges: Verhinderung eines deutschen Ausbruchs aus der Nord- und Ostsee. Die eigene Seeherrschaft soll ermöglichen, Nachschub aus aller Welt, Kriegsmaterial aus Nordamerika und Soldaten aus dem britischen Empire nach England zu bringen. Die Admiralität ist davon überzeugt, daß Deutschland es nicht wagen wird, erneut einen uneingeschränkten U-Boot-Krieg zu führen, der schon einmal die USA ins feindliche Lager getrieben hat. Übrigens wird von offizieller britischer Seite das U-Boot nicht mehr als gefährliche Waffe angesehen, weil es durch »Asdic«, dem geheimen Unterwasser-Schallortungsgerät, erfaßt werden kann. Daher lohne es sich für die anderen Seemächte nicht, die U-Boot-Waffe auszubauen. Weitere schwerwiegende Fehlbeurteilungen: Man glaubt nicht, daß U-Boote nachts eingesetzt werden können – und man läßt die U-Boot-Bekämpfung durch Flugzeuge völlig außer acht. Für die britische Admiralität sind Überwasserschiffe bei Angriffen auf Frachter bedeutend gefährlicher als U-Boote.

Die US-Seestreitkräfte können durch internationale Verträge die gleiche Stärke haben wie die Royal Navy, und beide sehen in ihrer Schlachtflotte das Hauptkampfinstrument. Flugzeugträger, Kreuzer und Zerstörer sollen lediglich diese Flotte sichern. Völlig fehlen dabei Geleitfahrzeuge zur U-Boot-Abwehr, da die US-Navy trotz der Erfahrungen aus dem Ersten Weltkrieg das Konvoi-System ablehnt. Die US-Marine-Luftstreitkräfte sind jedoch im Gegensatz zu den Fliegerkräften der Royal Navy fester Bestandteil der Flotte.
Ein fast unlösbares Problem der durchaus starken französischen Marine ist Mitte der dreißiger Jahre die unsichere innenpolitische Lage. Die Einmischung der Politiker in das Bauprogramm und viele Streiks führen dazu, daß die französische Regierung Geleitfahrzeuge bei britischen Werften in Auftrag geben muß.
Die italienische Marine, die wichtigste Streitmacht im Mittelmeer, baut eine relativ große Anzahl von U-Booten als Alternative zur Schlachtflotte; sie läßt jedoch Flugzeugträger außer acht. Bei der Entwicklung von Marine-Kleinkampfmitteln wie z. B. Sprengboote, bemannte Torpedos oder der Ausbildung von Kampfschwimmern erzielen die Italiener beachtenswerte Fortschritte.
Die sowjetische Marine befindet sich zu diesem Zeitpunkt ziemlich im Rückstand. Während der Säuberungswelle 1936/38 werden viele ihrer höchsten Offiziere umgebracht. Erst 1937 wird die Rote Flotte eine unabhängige Waffengattung mit eigenem Volkskommissariat. Ungeachtet ideologischer Differenzen sucht Stalin in den USA Unterstützung für den Bau von Schlachtschiffen, im faschistischen Italien für Kreuzer und bei Hitler für den U-Boot-Bau.
Nach England und den USA ist Japan die stärkste Seemacht. Es kündigt 1934 den Washingtoner Vertrag und beschließt, eine Flotte zu bauen, die den Pazifik beherrschen soll. Man bemüht sich, in jeder Schiffsklasse die absolute Überlegenheit zu erreichen. In der Tat bekommen japanische Trägerpiloten die weitaus beste Ausbildung. Schwerwiegend ist jedoch das Fehlen von Radargeräten. Die Mißachtung der U-Boot-Gefahr geht dabei so weit, daß weder Geleitfahrzeuge noch ein Konvoi-System geplant werden.

Im Mai 1938, während der Sudetenkrise, teilt Hitler Admiral Raeder zum ersten Mal mit, daß mit einem Krieg – den er aber nicht vor 1944 erwarte – zu rechnen sei und dann auch England zu den Gegnern Deutschlands gehören werde. Hitler befiehlt, Maßnahmen für einen weiteren großzügigen Flottenausbau zu treffen, und das Oberkommando der Kriegsmarine (OKM) setzt einen Planungsausschuß ein, um die Grundlagen für eine Seekriegführung gegen England daraufhin zu präzisieren. Raeder schwebt eine mächtige Flotte vor, die durch den Mangel an Stützpunkten mit überlegener Geschwindigkeit und großem Aktionsradius die ungünstige seestrategische Lage Deutschlands ausgleichen soll. Er empfiehlt Hitler entweder den Aufbau einer Flotte von Großkampfschiffen, die in der Lage ist, nicht nur die englische Home Fleet erfolgreich zu bekämpfen, sondern auch die britischen Zufuhren zu unterbinden, oder als Alternative den Bau von U-Booten und

Panzerschiffen, was zwar schneller gehe, aber nach seiner Meinung recht einseitig wäre. Hitler entscheidet sich für die erste Lösung und akzeptiert am 27. Januar 1939 den gigantischen Z-Plan, der bis 1947 als vorläufiges Endziel vorsieht: 10 Schlachtschiffe, 3 Panzerschiffe, 12 Kreuzer Typ P, 8 Flugzeugträger, 5 Schwere Kreuzer, 24 Leichte Kreuzer, 36 Spähkreuzer, 70 Zerstörer, 78 Torpedoboote, 162 U-Boote mit großem Aktionsradius, 27 U-Boote für Spezialaufgaben, 60 U-Boote für heimische Gewässer. Der entscheidende strategische Fehler dieses Mammutplanes: Sein Schwergewicht liegt bei den gegen Luftangriffe empfindlichen Großkampfschiffen. Dabei werden weder die operative Bedeutung der Luftkampfmittel noch Ortungsprobleme berücksichtigt. Schlimmer noch: Als »entgegen 1944« kaum neun Monate später der von Hitler durch seine aggressive Politik verursachte Krieg ausbricht, muß die Kriegsmarine mit einem Torso ihrer Seestreitkräfte gegen England, die mächtigste Seemacht der Welt, antreten.

Da Admiral Raeder als entschiedener Befürworter der »Dickschiffe« gilt, wird der von Dönitz seit 1937 geforderte Bau von U-Booten im Z-Plan vernachlässigt. Dagegen ist Kapitän zur See Dönitz – nun Führer der U-Boote – der Ansicht, daß für einen erfolgversprechenden Handelskrieg gegen England 300 Front-U-Boote erforderlich seien. Für seine U-Boot-Waffe hat er eine neue Taktik erfunden: Handelsschiffe im Konvoi mit U-Boot-Gruppen konzentrisch anzugreifen. Das OKM ist aber der Meinung, daß die U-Boote wie bisher einzeln eingesetzt werden sollen.

Am 27. Januar 1939 verliert die Kriegsmarine außerdem ein Kampfmittel, das zur Seekriegführung unentbehrlich ist: Der Oberbefehlshaber der Luftwaffe, Generalfeldmarschall Hermann Göring, bei dem der Grundsatz gilt, »was fliegt, gehört mir«, zwingt Raeder, auf eine eigenständige Marine-Luftwaffe zu verzichten; er überläßt der Kriegsmarine lediglich die Seeaufklärung.

Am 28. April 1939 kündigt Hitler in seiner Reichtags-

Links: Murmansk, Stützpunkt der Roten Flotte: Sowjetisches U-Boot

Rechts: 8. 12. 1938, Kiel: Stapellauf des deutschen Flugzeugträgers *Graf Zeppelin* (31 367 t)

rede das Flottenabkommen mit England. Im Mai 1939 führt Dönitz das erste und letzte Friedensmanöver der U-Boot-Waffe im Atlantik durch. Zwischen Kap Trafalgar und dem Westausgang des Ärmelkanals proben 20 U-Boote die Schlacht im Atlantik und die Rudeltaktik.

Am 15. August 1939 wird Dönitz überraschend von einem Kuraufenthalt nach Kiel zurückberufen: Er soll den für einen Mobilmachungsfall vorgesehenen Aufmarsch der U-Boote durchführen.

Am 19. August 1939 laufen aus Kiel und Wilhelmshaven die ersten 14 deutschen U-Boote vom Typ VII und IX aus, um ihre Wartepositionen für die Schlacht im Atlantik einzunehmen.

Am 21. August 1939 sticht das Panzerschiff *Admiral Graf Spee* von Wilhelmshaven aus mit Kurs Südatlantik in See.

Am 23. August 1939 setzt das Coastal Command der Royal Air Force seinen Krisenplan in Kraft: Die Maschinen starten zu Überwachungsflügen über der Nordsee in der Hoffnung, deutsche U-Boote und Schiffe bei ihrem Anmarsch zum Atlantik aufzuspüren. Die Einheiten der Kriegsmarine befinden sich jedoch bereits außerhalb der Reichweite britischer Flugzeuge. Das Coastal Command hat jetzt etwa 300 Flugzeuge weniger als am Ende des Ersten Weltkrieges. Die Besatzungen sind nicht für den Kampf gegen U-Boote ausgebildet und die Maschinen völlig ungeeignet für längeren Einsatz über See. Die Royal Navy besitzt zuwenig Geleitfahrzeuge und Zerstörer, um den Atlantik-Konvois auch nur ein Minimum an Schutz gegen U-Boote zu bieten. Am gleichen Tag passieren das letzte französische und polnische Schiff den Nord-Ostsee-Kanal.
Ebenfalls am 23. August 1939 fliegt Hitlers Außenminister v. Ribbentrop zur Unterzeichnung eines Nichtangriffspaktes nach Moskau. Der am nächsten Tag mit der Sowjetunion unterzeichnete Vertrag ermöglicht der Seekriegsleitung eine Verlegung ihrer schweren Einheiten in die Nordsee. Großadmiral Raeder: »Der kurz vor Kriegsausbruch 1939 erfolgte Abschluß des deutsch-sowjetischen Paktes war für die Marine mit ihren schwachen Kräften besonders wichtig, weil sie nun von der Sorge um die Ostsee befreit wurde, sobald die polnischen Seestreitkräfte ausgeschaltet waren. Die Ostseeküste und die im Sommer laufende Erzzufuhr aus Schweden waren damit gesichert, ohne daß Seestreitkräfte aus der Nordsee abgezweigt werden mußten.«
Man ist im Stab des U-Boot-Führers der Ansicht, daß dank des Hitler-Stalin-Paktes die im Osten gewonnene Rückenfreiheit es ermöglicht, notfalls auch einen längeren Handelskrieg mit England erfolgreich durchstehen zu können.
An diesem Tag wird zwei Stunden vor Mitternacht in Memel der Marinestoßtrupp (Oberlt. Hennigsen), eine für handstreichartige Landeeinsätze ausgebildete Eliteeinheit, in Alarm versetzt. Gegen 23 Uhr laufen sechs Minensuchboote in den Hafen von Memel ein und nehmen im Schutz der Dunkelheit den 225 Mann starken Stoßtrupp an Bord.

Am 24. August 1939 verläßt der letzte britische Dampfer den Hamburger Hafen. Am Tag darauf erhält die deutsche Handelsschiffahrt eine erste Warnung: In verschlüsselten Funksprüchen wird den Schiffen befohlen, sofort die üblichen Routen zu verlassen. Sie unterstehen nun nicht mehr ihren Reedereien, sondern dem Reichsverkehrsministerium. Die Frachter sollen – mit grauer Farbe getarnt – über die Route nördlich der Britischen Inseln in ihre Heimathäfen zurückkehren und die Eismeldungen der nördlich von Island kreuzenden deutschen Segeljacht *Arthur II* beachten.
Am gleichen Tag läuft das Panzerschiff *Deutschland,* Schwesterschiff der *Admiral Graf Spee,* aus Wilhelmshaven aus. Ohne von der Royal Navy entdeckt zu werden, erreichen beide Schiffe ihre Wartestellungen in der Weite des Atlantiks.

In der nächsten Nacht treffen südlich von Bornholm die sechs Minensuchboote mit dem »Marinestoßtrupp Hennigsen« wie vereinbart das alte Linien- und jetzige Schulschiff *Schleswig-Holstein* (Kpt. z. S. Kleikamp). Schweres Gerät und Waffen werden unter Deck des Linienschiffes verfrachtet, der Marinestoßtrupp in Stauräumen untergebracht.

Am 25. August 1939 erwähnt Hitler während des Gesprächs mit dem britischen Botschafter Henderson den tags zuvor unterzeichneten Pakt mit Stalin und versucht, Großbritannien von einem Beistand Polens abzuhalten. Hitler: »Der Vertrag mit Rußland sichert Deutschland auch wirtschaftlich während eines unbeschränkt dauernden Krieges.« Jetzt braucht Hitler dank dem Vertrag mit Moskau nicht mehr die britische Blockade zu fürchten und kann das Risiko eines Krieges gegen England auf sich nehmen.
In London wird unterdessen das Operational Intelligence Center (OIC), die Operative Feindnachrichtenzentrale, mobilisiert, die zur Naval Intelligence Division (NID), einer Abteilung des Geheimdienstes der britischen Admiralität, gehört und sich mit dem Entziffern feindlicher Funksprüche befaßt. Unter dem Vorwand einer großangelegten Küstenverteidigungsübung hat man OIC in Kriegsbereitschaft versetzt.
Kurz nach 16 Uhr läuft am 25. August 1939 die *Schleswig-Holstein* in Danzig-Neufahrwasser ein. Sie stattet dem unter dem Schutz des Völkerbundes stehenden, wirtschaftspolitisch aber Polen angeschlossenen Freistaat Danzig einen »Freundschaftsbesuch« ab. Dieser mit der polnischen Regierung abgesprochene Besuch gilt – wie es offiziell heißt – dem Gedächtnis des Kreuzers *Magdeburg,* der an diesem Tag vor 25 Jahren untergegangen war und dessen Besatzung in Danzig beigesetzt ist. Dicht gegenüber der Westerplatte, einer flachen sandigen, zwei Kilometer langen und 600 Meter breiten Halbinsel, macht das Linienschiff fest. Durch den Beschluß des Völkerbundes vom 14. März 1924 wurde die Westerplatte Polen »als Platz zum Löschen,

Schlachtschiff *Gneisenau* mit Begleitzerstörer und einem Wasserflugzeug Heinkel He 115 als U-Boot-Jäger

Lagern und Transport von Sprengstoffen und Kriegsgerät zuerkannt«. Im »Außenposten Westerplatte« entstanden ein Hafenbassin, Vorratsschuppen, Ausladekräne sowie eine Kaserne für Mannschaften etwa in Kompaniestärke. Im Kriegsfall hat die polnische Mannschaft den Befehl, »zwölf Stunden lang dem Feind Widerstand zu leisten«.

Während Tausende von Danzigern dem Schiff *Schleswig-Holstein* zuwinken und an Deck die Kadetten in Reih und Glied angetreten sind, läuft in den unteren Lagerräumen der Waffenappell für den »Stoßtrupp Hennigsen«. Sein Auftrag: Er soll mit massiver Feuerunterstützung des Linienschiffes am nächsten Morgen, dem 26. August 1939, um 4.45 Uhr, den Sturm auf die Westerplatte beginnen. Kurz vor der um 21.30 Uhr geplanten Ausschiffung wird der Angriffsbefehl zurückgezogen: Nachdem Hitler vom Abschluß des Beistandsabkommens zwischen Großbritannien und Polen sowie von der Weigerung Mussolinis, sich am Krieg zu beteiligen, erfährt, läßt er den Kriegsbeginn verschieben.

Am gleichen Tag übernimmt die Trade Division der Admiralität die Kontrolle über die gesamte britische Handelsschiffahrt. Die für einzelne Seeräume zuständigen Befehlshaber bereiten die Einführung von Konvois vor. Am Nachmittag verlegt der Chef der polnischen U-Boot-Division, Fregattenkapitän Mohuczy, seinen Stab sowie die U-Boote *Sep, Rys* und *Zbik* nach Hela. Hier befindet sich jetzt auch das Hauptquartier von Konteradmiral Unrug, dem Befehlshaber der polnischen Flotte. Józef Unrug, ehemaliger hoher Offizier der Kaiserlichen Marine, war in den letzten Jahren des Ersten Weltkrieges Ausbildungschef der deutschen U-Boot-Waffe. Einer seiner besten Schüler: Karl Dönitz.

Nachdem Polen und England im Frühjahr 1939 eine Vereinbarung über militärische Zusammenarbeit im Falle eines deutschen Angriffs auf Polen getroffen haben, arbeitet die polnische Marineleitung drei Operationspläne für die Flotte aus. Einer davon, der Plan »Worek« (dt.: Sack) regelt den Einsatz der U-Boote: Sie sollen eine vermutete deutsche Landeoperation auf der Halbinsel Hela oder in der Danziger Bucht stören. Die beiden in Oxhöft, dem Kriegshafen von Gdingen, liegenden U-Boote *Orzel* und *Wilk* sollen in der Danziger Bucht operieren, die U-Boote *Sep, Rys* und *Zbik* vor der Küste von Hela. Die polnische Kriegsflotte zählt insgesamt 4 Zerstörer, 5 U-Boote, 1 Minenleger, 2 alte Torpedoboote, 2 Kanonenboote und 6 kleine veraltete Minensucher sowie eine Reihe von Hilfsfahrzeugen, viele davon noch aus dem Ersten Weltkrieg. Von deutscher Seite stehen bereit: 3 Leichte Kreuzer (*Nürnberg,*

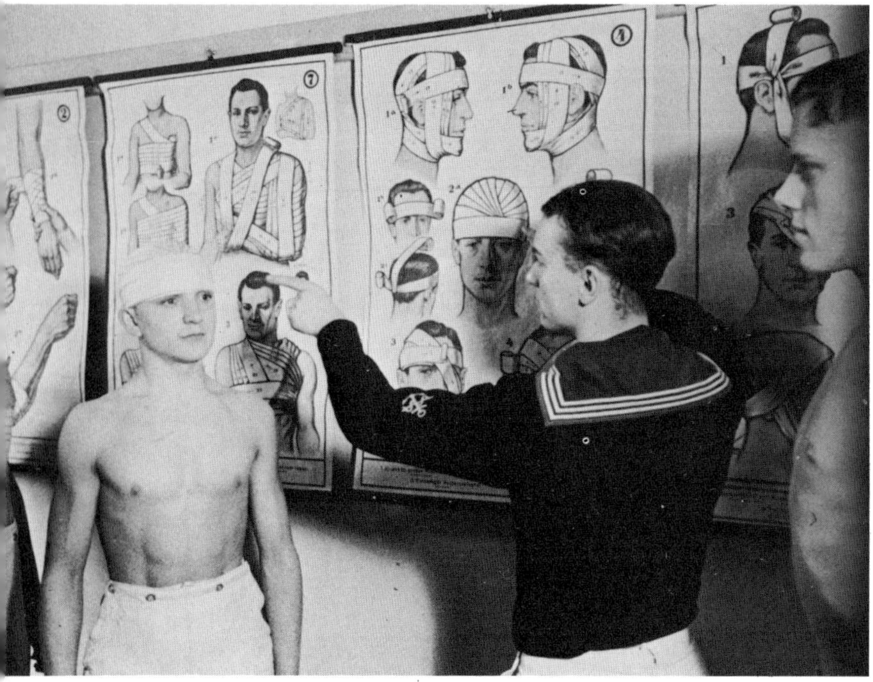

Letzte Vorbereitungen: Sanitätsausbildung bei der Kriegsmarine

Leipzig, Köln), 1 Linienschiff (*Schleswig-Holstein*), 10 Zerstörer, 4 Torpedoboote, 6 Schnellboote und 1 Begleitschiff, 49 Minenräum- und Minensuchboote mit 5 Begleitschiffen und 1 Torpedoboot für den Führer der Minensuchboote Ost, außerdem 14 U-Boote, davon 2 als Schulschiffe, 9 U-Boot-Jäger, 8 Wachboote, 2 Artillerieschulschiffe, 4 Versorgungsschiffe, dazu 4 Marinefliegergruppen (10 Kriegsstaffeln). Die Befehlsführung hat das Marinegruppenkommando Ost unter General Admiral Albrecht.

Am 27. August 1939 stechen sechs weitere deutsche U-Boote in See. Am Morgen funkt das OKM über Radio Norddeich an die deutschen Handelsschiffe: »Alle Möglichkeiten ausnutzen, um innerhalb der nächsten vier Tage die Heimathäfen oder Häfen befreundeter bzw. neutraler Staaten anzulaufen.« Dieses Vier-Tage-Telegramm stiftet Verwirrung bei den Kapitänen der Handelsdampfer, die bereits auf dem Heimweg sind. Sie kehren zum Teil wieder um und versuchen mit Volldampf einen neutralen Hafen zu erreichen.

Am Nachmittag des 28. August 1939 macht zwar das OKM das Vier-Tage-Telegramm wieder rückgängig, doch wird es manchem Schiff zum Verhängnis, das nun nicht mehr rechtzeitig vor Kriegsausbruch in den Heimathafen gelangen kann.

Am 29. August 1939 erreichen noch sechs weitere deutsche U-Boote ihre Warteposition. Es stehen nun von Gibraltar bis zur Südspitze von Island 35 deutsche U-Boote. Die Küsten-U-Boote kleineren Typs dagegen warten in der Nordsee auf den Befehl, Minen vor britischen Häfen und Stützpunkten der Royal Navy zu legen.

Am 30. August 1939 bekommen die polnischen Zerstörer *Burza, Blyskawica* und *Grom* den Befehl, sofort die Kessel anzuheizen und mit maximaler Geschwindigkeit die Nordsee zu erreichen, um dort mit der Royal Navy Kontakt aufzunehmen. Um 16 Uhr lichten sie die Anker und verlassen mit voller Fahrt den Kriegshafen Gdingen.

Am 31. August 1939 erscheint das Panzerschiff *Deutschland* vor der Südspitze Grönlands und wird hier vom Tanker *Westerwald* versorgt. Dann nimmt es Kurs nach Süden, um bis zum 30. Breitengrad vorzustoßen. Am gleichen Tag, um 18.35 Uhr, gibt es auf der *Schleswig-Holstein* zum zweiten Mal einen Waffenappell für den »Stoßtrupp Hennigsen«. Jetzt steht fest: am 1. September 1939, um 4.45 Uhr, soll der Angriff beginnen. Das Linienschiff wird für den Feuerüberfall in unmittelbare Nähe der Westerplatte geschleppt. Maat Hein Denker: ». . . Ab 23 Uhr wurden wir an Land gesetzt und gingen in die Ausgangsstellungen. Wir wußten, daß wir von der *Schleswig-Holstein* zwei Stunden Artillerievorbereitung erhalten sollten.«
In der Nacht vom 31. August zum 1. September 1939 übernimmt das polnische Kanonenboot *General Haller* den Patrouillendienst in der Danziger Bucht. Von der Dämmerung an pendelt es langsam zwischen Gdingen und Hela. An Deck des verbliebenen Zerstörers *Wicher*, der jetzt auf der Reede von Gdingen liegt, hält Maat Krassowski Wache: ». . . Der Abend war wirklich schön, leichter Nebeldunst lag über dem Hafen, der Wind brachte von weit her das Quietschen der Kräne im Handelshafen. Längsseits der *Wicher* machte ein Schlepper fest, der Wasser und Brot brachte. Ringsum herrschte Ruhe, und die ersten Hafenlichter schimmerten auf den Wellen.«

1939

September – Dezember

Tagesbefehl an die Kriegsmarine

Der Ruf des Führers ist an uns ergangen. Die Stunde der Entscheidung findet uns bereit, einzustehen für Ehre, Recht und Freiheit unseres Vaterlandes. Eingedenk unserer ruhmreichen Tradition werden wir den Kampf führen in unerschütterlichem Vertrauen auf unseren Führer und im festen Glauben an die Größe unseres Volkes und Reiches. Es lebe der Führer!
1. September 1939

Der Oberbefehlshaber der Kriegsmarine
Raeder, Großadmiral

Deutschland greift Polen an

Freitag, 1. September 1939, Warschau
Die *Agentur PAT* teilt mit:
Von deutscher Seite wurden die ersten Angriffshandlungen in der vergangenen Nacht begangen. Die deutsche Luftwaffe bombardierte den polnischen Küstenort Puck (Putzig) in der Umgebung von Gdynia (Gdingen).

1. September 1939, abends
Das *Oberkommando der Wehrmacht* gibt bekannt:
. . . Teile der deutschen Seestreitkräfte haben Positionen vor der Danziger Bucht eingenommen und sichern die Ostsee. Das in Neufahrwasser liegende Schulschiff *Schleswig-Holstein* nahm die von den Polen besetzte Westerplatte unter Feuer. In Gdingen wurde der Kriegshafen durch die Luftwaffe bombardiert.

Kriegsmarine in der Ostsee

Sonntag, 3. September 1939
Das *Deutsche Nachrichtenbureau (DNB)* meldet:
Die Seestreitkräfte vor der Danziger Bucht beschossen heute vormittag den Kriegshafen und die Befestigungen der Halbinsel Hela. Anschließend griffen Marinefliegerverbände mehrfach den Kriegshafen Gdingen mit Bomben an.

Warnung an neutrale Schiffe
Montag, 4. September 1939, Berlin
Das *DNB* berichtet:
In der westlichen Ostsee legen deutsche Schiffe Minen, um die britische Flotte abzusperren. Die Schiffe der neutralen Staaten werden daher gewarnt.

4. September 1939, Berlin
Das *Oberkommando der Wehrmacht* gibt bekannt:
. . . Die Seestreitkräfte waren auch gestern erfolgreich tätig. Zerstörer haben die im Kriegshafen von Hela liegenden feindlichen Schiffe unter wirkungsvolles Feuer genommen. Vor der Danziger Bucht wurde ein polnisches Unterseeboot versenkt. Luftangriffe gegen Gdingen und Hela wurden erneuert und brachten hierbei den polnischen Zerstörer *Wicher* zum Sinken. Der Minenleger *Gryf* wurde schwer beschädigt . . .

Versenkung der »Athenia«

4. September 1939, London
United Press berichtet:
Mit der Torpedierung des britischen Passagierschiffes *Athenia* heute in den frühen Morgenstunden hat Deutschland den ersten schweren Schlag im Krieg gegen England geführt. Das Schiff ist mit 1400 Passagieren an Bord etwa 200 Seemeilen vor der Nordwestküste Schottlands gesunken. Wie viele Menschen gerettet worden sind, ist noch nicht bekannt. Die *Athenia* lief am Freitag in Glasgow mit dem Ziel Montreal aus und verließ Liverpool am Sonnabend um 16 Uhr. Die Donaldson Atlantic Line Ltd. in Glasgow erklärt, daß zahlreiche Amerikaner und Kanadier sich an Bord befanden. Die Versenkung des Schiffes erinnert an den Fall der *Lusitania* im Ersten Weltkrieg.

1. 9. 1939, 4.45 Uhr: Das alte kaiserliche Linien- und heutige Schulschiff *Schleswig-Holstein* (Kpt. z. S. Kleikamp) eröffnet das Feuer auf die Westerplatte

Minen in der Ostsee
4. September 1939, Stockholm
Svenska Dagbladet meldet:
Die deutsche Marine hat, wie bereits gemeldet, den Großen Belt und den Öresund außerhalb der dänischen und schwedischen Hoheitsgewässer durch Minen gesperrt. Die Durchfahrt durch den Öresund ist nur mit Lotsen möglich, der Große Belt dagegen völlig unpassierbar. Durch diese Minensperre hat Deutschland die Ostsee abgeriegelt. Dänische Marinestreitkräfte verminen zur Zeit den Großen und Kleinen Belt, um die Ostsee abzusperren. Die Bevölkerung der dänischen Insel Sprogoe im Großen Belt ist bereits evakuiert worden.

Der Handelskrieg beginnt

Dienstag, 5. September 1939, London
Die *Agentur Exchange* berichtet
Am Nachmittag des 4. September wurden weitere deutsche Frachtschiffe auf hoher See aufgebracht und zum Teil nach Übernahme der Besatzungen versenkt. In der Ostsee und Nordsee liefen einige Schiffe auf Minen, darunter ein dänischer Kutter.

5. September 1939, Berlin
Das *Oberkommando der Wehrmacht* gibt bekannt:
. . . Die Kriegsmarine hat die Sicherungsmaßnahmen für die deutsche Küste planmäßig durchgeführt . . .

Auf der Westerplatte
5. September 1939
Die *Agentur PAT* meldet:
Das ganze polnische Volk beobachtet mit Bewunderung und Sorge die heldenhafte Verteidigung der Westerplatte-Besatzung. Dort schlägt eine polnische Infanterieabteilung immer wieder Angriffe weit überlegener gegnerischer Kräfte, die durch Artilleriefeuer schwerer Geschütze des Linienschiffes *Schleswig-Holstein* unterstützt werden, zurück.

Britische Liste der Kriegskonterbande
Donnerstag, 7. September 1939, London
Die *Agentur Havas* berichtet:
Die königliche Proklamation vom 4. September über die Kriegskonterbande unterscheidet als absolute Konterbande: Waffen, Munition, Sprengstoffe, chemische Produkte oder im Krieg verwendbare Erzeugnisse; Brennstoffe aller Art, Transportmittel zu Land, in der Luft und im Wasser; alle Nachrichtenübertragungsgeräte, Werkzeuge, Instrumente, sowie Ausrüstungen, geographische Karten, Tabellen und Dokumente, die für die Kriegführung benötigt werden, außerdem Barren,

Devisen oder Schuldurkunden; und als bedingte Konterbande: alle Arten von Lebensmitteln, Futtermitteln, Kleider usw.

Freitag, 8. September 1939
Das *Oberkommando der Wehrmacht* gibt bekannt:
. . . Die Besatzung der Westerplatte in Danzig hat sich ergeben, ihr Widerstand wurde durch Pioniere, Marinesturmkompanien und SS-Heimwehr unter Mitwirkung der *Schleswig-Holstein* gebrochen . . .

Montag, 11. September 1939, Berlin
Das *Oberkommando der Wehrmacht* gibt bekannt:
. . . Die Einschließung des polnischen Kriegshafens Gdingen wurde fortgesetzt. Neustadt und Putzig sind in deutscher Hand. Seestreitkräfte unterstützen das Vorgehen des Heeres durch erfolgreiche Beschießung polnischer Batterien sowie des Hafen Gdingen.

F. D. Roosevelt an den Ersten Lord der Admiralität W. Churchill
11. September 1939:
Da Sie und ich im Weltkrieg ähnliche Stellungen eingenommen haben, möchte ich Sie wissen lassen, wie sehr es mich freut, daß Sie wieder in die Admiralität zurückgekehrt sind . . .

Deutsche Banngut-Liste
Mittwoch, 13. September 1939, Berlin
Das *DNB* meldet:
Die Reichsregierung hat folgendes Gesetz erlassen: Nachdem die britische Regierung eine Liste bedingten Banngutes aufgestellt und in diese Lebensmittel und andere lebenswichtige Güter aufgenommen hat, sieht sich die Reichsregierung gezwungen, auch ihrerseits entsprechend zu verfahren. Es wird daher folgendes bekanntgemacht: Als Banngut (bedingtes Banngut) werden unter den Voraussetzungen des Artikels 24 der Prisenverordnung vom 28. August 1939 folgende Gegenstände und Stoffe angesehen: Nahrungsmittel (einschließlich lebende Tiere), Genußmittel, Futtermittel und Kleidung, Gegenstände und Stoffe, die zu ihrer Herstellung gebraucht werden. Diese Bekanntmachung tritt mit dem 14. September 1939 in Kraft . . .

Freitag, 15. September 1939
Das *Oberkommando der Wehrmacht* gibt bekannt:
. . . Die Stadt Gdingen ist in unserer Hand. Seestreitkräfte griffen in den Kampf um Gdingen und auf der Halbinsel Hela wirkungsvoll ein. Die Einfahrt in den Südhafen von Gdingen wurde erzwungen . . .

Die Versenkung der »Courageous«

Montag, 18. September 1939, London
Das *britische Informationsministerium* teilt mit:
Zu dem Zeitpunkt, als der Flugzeugträger *Courageous* versenkt wurde, war er nicht vollzählig mit Flugzeugen bestückt. Dadurch war auch die Zahl der Besatzungsmitglieder geringer.

Polnisches U-Boot im Finnischen Meerbusen
Dienstag, 19. September 1939, Reval (Tallinn)
Die *Agentur Reuter* meldet:
Das polnische Unterseeboot *Orzel,* das letzte Woche hier interniert wurde, ist in der vergangenen Nacht trotz Artilleriefeuer estnischer Geschütze geflüchtet. Mehrere Angehörige der Armee wurden beim Versuch, das U-Boot zu stoppen, getötet. Es wurde sofort von Flugzeugen verfolgt. Die Geschützverschlüsse und 14 von 20 Torpedos der *Orzel* hatte man tags zuvor entfernt.

19. September 1939, Moskau
Die *Agentur TASS* teilt mit:
Wie aus Leningrad berichtet wird, sollen sich polnische U-Boote unter Duldung und mit Unterstützung der Regierungen baltischer Staaten in deren Häfen versteckt halten. Der Oberbefehlshaber der sowjetischen Flotte im Baltischen Meer wird gegen mögliche Aktionen von Unterseebooten, die sich in den baltischen Gewässern aufhalten, Maßnahmen ergreifen.

ON YOUR FEET FOR HOURS? ZAM-BUK

Daily Herald

SAUSAGES GO BETTER WITH H-P SAUCE

MONDAY, SEPTEMBER 4, 1939 — ONE PENNY

WAR DECLARED BY BRITAIN AND FRANCE

We Have Resolved To Finish It—PRIME MINISTER

GREAT BRITAIN DECLARED WAR ON GERMANY AT 11 O'CLOCK YESTERDAY MORNING.

Six hours later, at 5 p.m., France declared war.

Britain's resolution to defend Poland against Nazi aggression was described by the newly-formed Ministry of Information in one of its first announcements, as follows:—

WAR CABINET

Unthinkable We Should Refuse The Challenge —THE KING

POLES SMASH WAY INTO E. PRUSSIA

OFFICIALS in Warsaw stated late last night that the Polish army has smashed a way across the Northern border into East Prussia, after driving the Germans from several Polish towns in bitter fighting.

London Hears Its First Raid Warning

BLACK-OUT TIME

Rechts oben: »Die Kriegserklärung«, London, 4. 9. 1939

Rechts: 3. 9. 1939: Der von *U 30* (Oberlt. z. S. Lemp) torpedierte britische Passagierdampfer *Athenia*

Mittwoch, 20. September 1939
Das *Oberkommando der Wehrmacht* gibt bekannt:
. . . Die Kämpfe bei Gdingen wurden gestern mit der Einnahme des Kriegshafens abgeschlossen. Auch hier fielen mehrere tausend Gefangene in unsere Hand. Das Schulschiff *Schleswig-Holstein* und Streitkräfte des Führers der Minensuchboote griffen wirksam in diese Kämpfe ein . . .

Polnische U-Boote in Schweden

Freitag, 22. September 1939, Stockholm
Svenska Dagbladet berichtet:
Die beiden polnischen Unterseeboote, die in schwedische Gewässer geflüchtet sind, heißen *Rys* und *Sep*. Sie hatten 66 bzw. 56 Mann starke Besatzungen und wurden nach Erreichen der schwedischen Hoheitsgewässer entwaffnet und in die Festung Barholm außerhalb Stockholms gebracht. Die Besatzungen wurden interniert.

22. September 1939, Paris
Das *französische Hauptquartier* gibt bekannt:
Ruhiger Tag an der ganzen Front. Die Seestreitkräfte sorgen weiterhin in wirksamer Weise für den Schutz der Handelsschiffe und sind auf der Jagd nach feindlichen Unterseebooten.

Versenkung eines sowjetischen Dampfers
Mittwoch, 27. September 1939, Moskau
Die *Agentur TASS* meldet:
Heute gegen 18 Uhr hat in der Bucht von Narwa ein polnisches U-Boot den sowjetischen 400-Tonnen-Dampfer *Metallist* torpediert und zum Sinken gebracht. Von der 24 Mann starken Besatzung konnten 19 durch Patrouillenboote gerettet werden.

Die »Bremen« in Murmansk?

27. September 1939, London
Die *Agentur Havas* berichtet:
Churchill gab im Unterhaus bekannt, daß der deutsche Luxusdampfer *Bremen* gegenwärtig in einem nordrussischen Hafen liegen soll.

Hitler bei der Kriegsmarine
Donnerstag, 28. September 1939, Wilhelmshaven
Das *DNB* meldet:
Der Führer besuchte heute unerwartet in Begleitung von Großadmiral Raeder in Wilhelmshaven die von Feindfahrt zurückgekehrten U-Boot-Besatzungen, denen er für ihren Erfolg seine Anerkennung aussprach.

Montag, 2. Oktober 1939
Das *Oberkommando der Wehrmacht* gibt bekannt:
. . . Der letzte Stützpunkt polnischen Widerstandes, die befestigte Halbinsel Hela, hat sich gestern bedingungslos ergeben, noch bevor der von Heer und Kriegsmarine gemeinsam vorbereitete Angriff durchgeführt wurde. Die Besatzung von 52 Offizieren, darunter der polnische Flottenchef Konteradmiral von Unrug, und 4000 Mann werden heute vormittag die Waffen strecken.

Untergang der »Royal Oak«

Montag, 16. Oktober 1939, New York
United Press berichtet:
Der Verlust des britischen Schlachtschiffes *Royal Oak* wird von der US-Presse als sehr schwerwiegend bezeichnet. Diese jüngste Entwicklung wirft wichtige strategische Probleme auf. Es scheint, als wäre die *Royal Oak* durch ein Torpedo versenkt worden, das eine Vernichtungskraft besitzt, wie man sie bisher in den Kämpfen zur See überhaupt noch nicht erlebt hat. Ob dies etwa die neue tödliche Geheimwaffe ist, mit der Hitler in seiner Danziger Rede am 19. 9. 1939 gedroht hat?

Dienstag, 17. Oktober 1939
Das *Oberkommando der Wehrmacht* gibt bekannt:
. . . Nach Meldung des deutschen Unterseeboots-Kommandanten fanden die Torpedierungen des Schlachtschiffes *Royal Oak* und des Schlachtkreuzers *Repulse* in der Bucht von Scapa Flow statt . . .

Oben: Oktober 1939, Nordseeküste:
Gestrandete britische Mine

Rechts oben: 17. 9. 1939, Nordatlantik:
Der britische Flugzeugträger *Courageous* (Capt. Makeig-Jones), torpediert durch *U 29* (KptLt. Schuhart)

Rechts: September 1939, Southampton:
Britischer Passagierdampfer wird in einen Hilfskreuzer umgestaltet

Keine Dementis mehr
17. Oktober 1939, London
Die *Agentur Reuter* meldet:
Wenn die Deutschen behaupten, sie hätten die wichtigsten Schiffe der britischen Kriegsflotte versenkt, so haben sie u. a. die Hoffnung, aus englischen Dementis Näheres über die aktuelle Position dieser Kriegsschiffe zu erfahren. Sie wissen, daß, falls die Home Fleet ausgelaufen ist, Funkstille für sie besteht. Und ein sofortiges Dementi einer behaupteten Versenkung würde den Deutschen beweisen, daß die Flotte mit der Admiralität in Verbindung steht und nicht ausgelaufen ist. Deswegen gibt die Admiralität in Zukunft keine Dementis mehr. Die deutschen Falschmeldungen verfolgen auch den Zweck, die neutralen Staaten zu beeinflussen.

W. Churchill an das Marineministerium
Donnerstag, 19. November 1939:
Als Vergeltungsmaßnahme kann es notwendig werden, eine große Anzahl von Treibminen im Rhein zu legen . . . Wir benötigen also einen kleinen Minentyp, ungefähr von der Größe eines Fußballs. Die Geschwindigkeit der Strömung beträgt höchstens 11 Kilometer in der Stunde und 5 bis 7 bei normalem Wasserstand; es ist einfach, das genau festzustellen . . . Das Uhrwerk sollte auch bewirken, daß die Mine automatisch versinkt oder noch besser explodiert, bevor sie die holländische Grenze erreicht . . . Es wäre ein weiterer Vorteil, die

Mine so zu konstruieren, daß sie losgeht, wenn sie nach einer gewissen Zeitspanne strandet. Auf diese Weise könnte man an den deutschen Ufern Schrecken und Verwirrung hervorrufen. Zudem müßte sich die Mine so tief unter der Oberfläche bewegen, daß sie nicht zu sehen wäre . . . Außerdem sollte man eine sehr große Zahl von Blechkugeln, die wie Minen aussehen und Verwirrung verbreiten sowie die Gegenmaßnahmen erschweren würden, in den Strom werfen . . .

Britischer Hilfskreuzer gesunken
Sonntag, 26. November 1939, London
Die *Agentur Reuter* meldet:
Der bewaffnete Handelsdampfer *Rawalpindi* (16 000 BRT) wurde versenkt. Wie die Admiralität mitteilt, befürchtet man, daß alle Offiziere und die ganze Besatzung, mit Ausnahme von 14 Mann und einem Offizier, ums Leben gekommen sind.

Neues Opfer der Magnetminen
Montag, 27. November 1939, London
Die *Agentur Reuter* teilt mit:
Bis jetzt sind 171 Überlebende des ehemaligen polnischen Passagierschiffes *Pilsudski* in englischen Häfen an Land gesetzt worden. Es heißt, daß der Dampfer nicht torpediert, sondern nacheinander auf zwei Minen gelaufen ist. Nach letzten Informationen soll die Zahl der Opfer der *Pilsudski* nicht mehr als sieben Mann betragen.

Dienstag, 28. November 1939
Das *Oberkommando der Wehrmacht* gibt bekannt:
. . . Deutsche Seestreitkräfte unter Führung von Vizeadmiral Marschall haben beim Passieren der nordatlantischen Gewässer den Seeraum zwischen Färöer und Grönland aufgeklärt. Hierbei stellten sie in der Nähe von Island den britischen Hilfskreuzer *Rawalpindi,* der nach kurzem Gefecht vernichtet wurde. Es gelang, trotz sofort einsetzender Rettungsmaßnahmen, nur 26 Mann der Besatzung des Hilfskreuzers zu bergen.

Britische Blockade

Dienstag, 28. November 1939, London
Die *Agentur Reuter* meldet:
Die »Order in Council« über die Aufbringung der deutschen Exportgüter ist heute abend veröffentlicht worden und tritt am 4. Dezember in Kraft. Sie sieht u. a. vor, daß alle Handelsschiffe, die einen feindlichen Hafen oder den Hafen eines Gebietes verlassen, das vom Feind besetzt oder kontrolliert wird, in einem britischen Hafen oder in einem Hafen der Alliierten beschlagnahmt werden können. Alle Handelsschiffe, die nach dem 4. Dezember 1939 einen nichtfeindlichen Hafen verlassen, jedoch Güter feindlicher Herkunft an Bord haben, können ebenfalls beschlagnahmt werden. Die in britischen oder alliierten Häfen gelöschten Waren werden durch das Prisengericht überwacht. Falls man sie nicht beschlagnahmt, sollen sie zurückbehalten oder verkauft werden, wobei der Ertrag dem Prisengericht zukommt.

Weisung Nr. 8

Der Chef des OKW Berlin, den 11. 12. 1939

Nr. 22231/39
g. Kdos. Chefs. Abt. L (Ib)
Geheime Kommandosache
Chef Sache 8 Ausfertigungen
Nur durch Offizier 2. Ausfertigung

Betr.: Ergänzung der Weisung Nr. 8 für die Kriegführung.

Zu Ziff. 4, 1. Absatz, der Weisung Nr. 8 für die Kriegführung hat der Führer folgende Änderung befohlen:
Außer für die U-Boote wird auch für Überwasserstreitkräfte der Einsatz zu den Sperrmaßnahmen gegen die belgischen und holländischen Häfen in der Nacht vor dem Angriff freigegeben. Dabei ist jedoch der Grundsatz zu beachten, daß eine Vorwarnung dieser Länder und damit eine Gefährdung der Überraschung bei den Landeoperationen vermieden werden muß. Aus diesem Grunde soll ebenso wie bei den U-Booten die Zeitspanne zwischen dem Beginn der Sperrtätigkeit und dem Angriffsbeginn zu Lande so gering wie möglich gehalten werden. Falls jedoch vorher zu übersehen ist, daß infolge ungünstiger Verhältnisse, wie z. B. helle Mondnacht, der Sperrangriff nicht unbemerkt durchzuführen ist, so hat in diesem Falle der Einsatz der Überwasserstreitkräfte zu unterbleiben.
Die Bindung, daß die Sperrangriffe bis 23 Uhr der Angriffs-Vornacht angehalten werden können, bleibt bestehen.
Ebenfalls ändert sich nichts an der Bestimmung, daß der Einsatz von Flugzeugen nicht vor der Angriffszeit zu Lande erfolgen darf.

(gez.) Keitel

Rechts: 14. 12. 1939: Englische Pressemeldung: »Britische Kriegsschiffe greifen *Admiral Scheer* an.« Die deutsche Täuschung war gelungen, denn in Wirklichkeit handelt es sich um die *Admiral Graf Spee*

Daily Mail

FOR KING AND EMPIRE

NO. 13,618 THURSDAY, DECEMBER 14, 1939 ONE PENNY

ATLANTIC NAVAL BATTLE

British Warships Attack Admiral Scheer

POCKET WARSHIP "NOT UNSCATHED"

RAIDER DAMAGED BY CRUISER'S GUNS

A NAVAL action has been fought in the South Atlantic off the coast of Uruguay. The ships engaged are believed to be two British cruisers and the German pocket battleship Admiral Scheer.

The British Embassy in Buenos Aires announced last night that two British ships had established contact with a German warship. None of the ships had been sunk, but there was some damage on both sides.

One of the British cruisers is believed to be the Achilles, which, with two sister ships, has been on special duty patrolling the Pacific and, lately, the South Atlantic in search of the Admiral Scheer.

Earlier reports that the Achilles had been sunk were denied by the Admiralty last night. "As far as the Admiralty is aware," it was stated, "the report that H.M.S. Achilles has been sunk is without foundation."

Heavy Gunfire

Reports from Buenos Aires (quoted by B.U.P.) state that ...

Say 15s. To-day Sir John

GESTAPO

MINE 'PLANES BATTLE

R.A.F. "Police" Cripple Nazis

By Daily Mail Reporter

TWO British aircraft attacked two German mine-sowing 'planes over the North Sea and crippled them with machine-gun fire before the enemy found refuge in the clouds, the Air Ministry announced last night.

Sadie of the Bolivar Weds in Secret

From Daily Mail Correspondent

CAERNARVON, North Wales, Wednesday.

SISTER SADIE OGILVIE, the 25-years-old Scottish nurse whose heroism in the Simon Bolivar disaster thrilled Britain, was married here to-day—to her fellow survivor Mr. Charles Bridgwood, a young Leeds engineer.

Sister Sadie met Mr. Bridgwood in the liner's smoke-room only a few hours before the Simon Bolivar was mined. They were talking together when the first explosion rocked the vessel.

Rumanian Oil for Nazis

LATEST NEWS

SUBMARINE SINKS

Linke Seite: November 1939, Atlantik: An Deck eines von der Royal Navy gekaperten deutschen Frachters wird der Kapitän vernommen

Seegefecht vor der Ostküste Südamerikas

Donnerstag, 14. Dezember 1939, London
Associated Press berichtet:
Zwischen drei britischen Kreuzern und dem Panzerschiff *Admiral Scheer* hat seit 6 Uhr morgens ein Gefecht stattgefunden. Die *Admiral Scheer* soll zahlreiche Treffer erhalten und sich zurückgezogen haben. Der britische Kreuzer *Exeter* wurde beschädigt und stellte die Verfolgung ein, während die beiden anderen Kreuzer, *Achilles* und *Ajax,* das deutsche Panzerschiff bis in die Küstengewässer von Uruguay verfolgt haben.

14. Dezember 1939
Das *Oberkommando der Wehrmacht* gibt bekannt:
. . . Das Panzerschiff *Admiral Graf Spee,* eines der seit Kriegsausbruch in den Atlantischen Gewässern operierenden Kriegsschiffe, stieß gegen den Geleitzugsweg La Plata – Europäische Gewässer vor und versenkte die britischen Dampfer *Tairoa* (7983 BRT) und *Streonshalla* (3895 BRT). Hierbei kam das Panzerschiff in Gefechtsberührung mit dem Schweren englischen Kreuzer *Exeter* und den Leichten Kreuzern *Ajax* und *Achilles.* Bei dem Gefecht gelang es dem Panzerschiff, den zahlenmäßig überlegenen feindlichen Streitkräften schweren Schaden zuzufügen. *Exeter* mußte sich nach schweren Treffern aus dem Gefecht zurückziehen. Einer der Leichten Kreuzer wurde gleichfalls schwer beschädigt. Das Panzerschiff *Admiral Graf Spee* erhielt seinerseits einige Treffer. Zur Zeit befindet es sich in dem Hafen von Montevideo (Uruguay).

Es war nicht die »Admiral Scheer« . . .
14. Dezember 1939, London
Die *Agentur Reuter* meldet:
Die uruguayischen Behörden haben festgestellt, daß es sich bei dem deutschen Kriegsschiff nicht um das Panzerschiff *Admiral Scheer,* sondern um die *Admiral Graf Spee* handelt.

Gefangene und Gefallene
Freitag, 15. Dezember 1939
United Press berichtet:
Britische Seeleute, die sich als Gefangene an Bord der *Admiral Graf Spee* befanden, nachdem ihre Schiffe von dem deutschen Panzerschiff versenkt worden waren, äußerten sich nach ihrer Befreiung im Hafen von Montevideo positiv über die Behandlung, die ihnen von deutscher Seite zuteil geworden ist . . . Am Freitagmorgen werden die 35 gefallenen deutschen Seeleute auf dem Cementerio del Norte in einem gemeinsamen Grab unter einem Kreuz bestattet.

Der Entscheid der Regierung von Uruguay
Sonnabend, 16. Dezember 1939, London
Die *Agentur Reuter* meldet:
Das Panzerschiff *Admiral Graf Spee* hat von der Regierung Uruguays die Weisung erhalten, den Hafen von Montevideo spätestens am Sonntag, 17 Uhr (23 Uhr mitteleuropäische Zeit), zu verlassen. Das Panzerschiff soll bereit sein, jeden Augenblick auszulaufen.

Denkschrift des britischen Marineministers
16. Dezember 1939, London:
Die Unterbindung der schwedischen Erzlieferungen über Norwegen nach Deutschland hat die Bedeutung einer größeren Offensivoperation . . . Die Erzverschiffungen von Lulea aus (an der Ostsee) sind bereits durch den Frost unterbunden worden: Eventuelle Versuche des russischen Eisbrechers, die Verbindung mit dem Hafen wieder herzustellen, dürfen nicht geduldet werden. Die Erztransporte von Narvik aus müssen verhindert werden, indem wir hintereinander an zwei oder drei günstigen Punkten eine Reihe kleiner Minenfelder in norwegischen Hoheitsgewässern legen und so die nach Deutschland fahrenden Erzschiffe zwingen, die Hoheitsgewässer zu verlassen und auf hohe See zu kommen, wo sie, wenn es sich um deutsche Schiffe handelt, als Prise aufgebracht, oder, wenn es neutrale Fahrzeuge sind, unserer Konterbandekontrolle unterworfen würden . . .

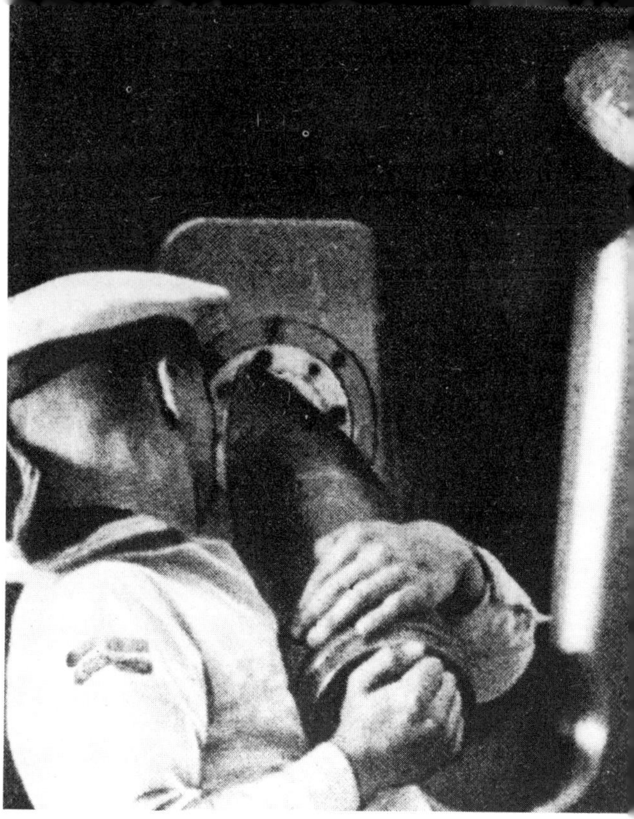

Oben: 17. 12. 1939, La-Plata-Mündung:
Einer Atombomben-Explosion ähnlich steigt ein Rauchpilz über der *Admiral Graf Spee* auf

Rechts oben: Kanoniere der *Admiral Graf Spee* beim Geschützladen

Unten: Auch im Krieg muß die Werbung weiterlaufen

Minengefahr an der englischen Küste
Sonntag, 17. Dezember 1939, London
Die *britische Admiralität* teilt mit:
An der Mündung der Flüsse Tyne und Tees besteht Minengefahr, die Schiffe werden gewarnt, sich in diese Gebiete zu begeben.

Montag, 18. Dezember 1939
Das *Oberkommando der Wehrmacht* gibt bekannt:
. . . Das Panzerschiff *Admiral Graf Spee* hat die zur Wiederherstellung seiner Seefähigkeit benötigte Frist von der uruguayischen Regierung nicht bekommen. Der Führer und Oberste Befehlshaber der Wehrmacht hat deshalb dem Kommandanten den Befehl gegeben, das Panzerschiff außerhalb der Hoheitsgewässer selbst zu sprengen und zu vernichten. Dies ist am 17. Dezember gegen 20 Uhr geschehen.

Selbstversenkung der »Admiral Graf Spee«

18. Dezember 1939, Montevideo
United Press meldet:
Eine 20 000 Köpfe zählende Menschenmenge sah in atemloser Spannung zu, als die *Admiral Graf Spee* die Anker lichtete und um 18.20 Uhr aus dem Hafen dampfte, begleitet von sechs Beibooten und dem Kreuzer *Uruguay*. In einer Entfernung von etwa vier Seemeilen stoppte das langsam fahrende deutsche Schiff. Zwei argentinische Schlepper mit einem Leichter kamen dicht an die *Admiral Graf Spee* heran, ebenso die Beiboote; nach wenigen Minuten zogen sich die Fahrzeuge von dem Panzerschiff zurück. Kurz darauf er-

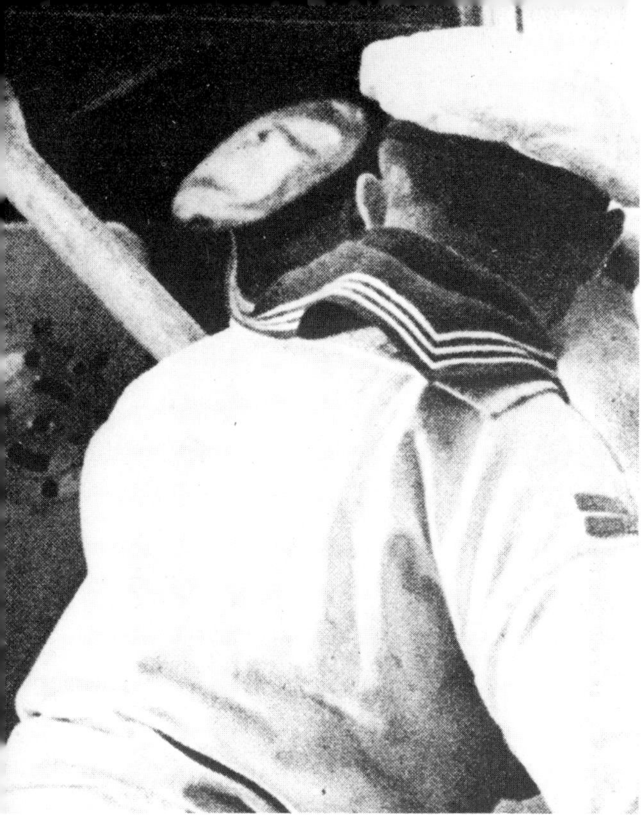

schütterte eine gewaltige Explosion Montevideo und tauchte die Umgebung in einen orangegelben Schein. Die *Graf Spee* setzte auf dem Grund der Fahrtrinne auf, und nur die Deckaufbauten blieben über Wasser.

Geheimer Bericht des *Sicherheitsdienstes der SS* zur innenpolitischen Lage:
Nr. 31 vom Mittwoch, 20. Dezember 1939 (Auszug)
I. Allgemeines: Die Nachricht von der Versenkung des Panzerschiffes *Graf Spee* kam für die Allgemeinheit überraschend. Die Art und Weise, wie die Presse in den letzten Tagen über den Kampf der *Graf Spee* vor der La-Plata-Mündung berichtet hatte, führte dazu, daß ein großer Teil der Bevölkerung die Lage des Schiffes völlig falsch beurteilte. So stellte z. B. der »Dresdner Anzeiger« vom 15. 12. in dick gedruckter Überschrift fest: *Graf Spee* unbeschädigt. Und die »Preußische Zeitung« vom gleichen Tage brachte die Schlagzeile: »Keine Kampfspuren auf *Admiral Graf Spee.«* Verschiedentlich wurde deshalb angenommen, daß das deutsche Panzerschiff kampffähig und auch wieder zu weiteren Seefahrten bereit sei. Viele hatten jedoch die Nachricht über das Seegefecht vor der La-Plata-Mündung, insbesondere über das Ausmaß der Beschädigungen der *Graf Spee* und des englischen Kreuzers *Exeter,* von vornherein mit Vorbehalt aufgenommen, und sie empfanden die Mitteilung von der Versenkung des deutschen Panzerschiffes als eine Rechtfertigung ihrer Bedenken. Die Anordnung des Führers selbst, das Schiff zu versenken, wurde fast allgemein verstanden und in keiner Weise kritisiert. Die Meldungen von dem deutschen Luftsieg über der Nordsee haben den Rückschlag in der Stimmung, der nach den letzten Meldungen über das Schicksal der *Graf Spee* eintrat, aufgehalten . . .

Selbstversenkung deutscher Schiffe
20. Dezember 1939, London
Die *Agentur Havas* berichtet:
Mit der Versenkung des deutschen Riesendampfers *Columbus* (32565 BRT) – eines der schönsten Schiffe der Welt – durch seine eigene Mannschaft steigt die Zahl der selbstversenkten deutschen Schiffe auf 23. Ihre Gesamttonnage beträgt 139423 BRT. Außerdem sind von den Alliierten 19 Schiffe mit einer Gesamttonnage von 88128 BRT gekapert worden.

Finnisch-sowjetischer Krieg

Freitag, 22. Dezember 1939, Paris
Die *Agentur Havas* teilt mit:
Die Sowjetunion hat von Deutschland angeblich die sofortige Lieferung von vier Kriegsschiffen zur Verstärkung ihrer Offensive gegen Finnland gefordert. Die deutsche Marineleitung lehnt aber die Erfüllung dieses Begehrens ab. Diese Informationen stammen aus zuverlässiger Berliner Quelle.

Einsatz der sowjetischen Flotte
22. Dezember 1939, Helsingfors
UPI meldet:
Ein Kreuzer und ein Zerstörer der Roten Flotte traten gestern in Höhe von Mokta in Aktion. Finnische Küstenbatterien haben die beiden sowjetischen Schiffe verjagt.

Trotzki gegen den sowjetischen Angriff
Donnerstag, 28. Dezember 1939, Mexiko
Die *Agentur Reuter* meldet:
Der im mexikanischen Exil lebende Leo Trotzki hat sich in einer Rundfunkansprache gegen das sowjetische Vorgehen in Finnland ausgesprochen.

Freitag, 29. Dezember 1939, Berlin
Das *Oberkommando der Wehrmacht* gibt bekannt:
. . . Ein deutsches Unterseeboot hat westlich Schottland ein englisches Schlachtschiff der Queen-Elisabeth-Klasse torpediert.

Die Sowjets zur Schlacht am La Plata
Sonntag, 31. Dezember 1939, Leningrad
Zeitung *Rote Flotte:*
Niemand wird zu behaupten wagen, daß die Versenkung dieses deutschen Panzerschiffes einen glänzenden Sieg der britischen Flotte darstellt. Es ist vielmehr eine Offenbarung der britischen Machtlosigkeit, die ohne Beispiel in der Geschichte ist: Am Morgen des 13. Dezember eröffnet das Panzerschiff ein Artillerieduell mit der *Exeter* und zwang innerhalb weniger Minuten den Kreuzer, sich aus dem Gefecht zurückzuziehen. Den neuesten Berichten zufolge sank dann die *Exeter* nahe der argentinischen Küste auf der Fahrt nach den Falkland-Inseln.

Strategie und Taktik

SEPTEMBER BIS DEZEMBER 1939

Freitag, 1. September 1939. »Am frühen Morgen, um 4.45 Uhr, wurde ich durch einen kräftigen Donnerschlag geweckt, kurz danach folgte ein zweiter. Überzeugt, daß ein Gewitter aufziehe, sprang ich aus dem Bett, um das Fenster zu schließen. Plötzlich hörte ich einen Knall; gleichzeitig zerschlug eine MG-Garbe das Fenster über meinem Kopf, und ein Regen von Glassplittern prasselte auf mich nieder«, berichtete der Paleton-Führer Edward Luszynski, einer der Soldaten von der Westerplatte. Das nur in etwa 360 Meter Entfernung ankernde alte deutsche Linienschiff – das jetzige Schulschiff *Schleswig-Holstein* (14 900 Tonnen) – nimmt vom Danziger Hafen Neufahrwasser aus mit seinen 19 Geschützen die im dichten Morgendunst liegende Westerplatte unter Beschuß. Der Zweite Weltkrieg hat begonnen.

Als das Feuer der *Schleswig-Holstein* aufhört, greift die SS-Sturmkompanie »Danziger Heimwehr« zusammen mit dem Stoßtrupp »Hennigsen« an. Die kleine polnische Streitmacht von etwa 180 Mann wirft trotz ihrer schwachen Ausrüstung – eine 7,5-cm-Feldkanone, Modell 1897, zwei Pak 3,7 cm, vier Mörser 8,1 cm, 16 schwere und 25 leichte MG, 160 Gewehre und 1000 Handgranaten – den ersten Ansturm zurück.

Gegen 6 Uhr morgens zerstört ein heftiger Bombenangriff der deutschen Luftwaffe den Stützpunkt der polnischen Seefliegerdivision in Putzig, dabei fällt ihr Chef Lieutenant-Commander E. Szystowski, der erste Marineoffizier, der im Zweiten Weltkrieg den Tod findet.

Nachdem das Flottenkommando in Hela den Notruf »Wir werden angegriffen« von der Westerplatte empfangen hat, ergeht an die polnischen U-Boote der Befehl, nun den Plan »Worek« auszuführen und getaucht in die vorgesehenen Einsatzräume auszulaufen.

Gegen 14 Uhr wird Oxhöft, der Kriegshafen von Gdingen, durch Stukas der 1. Fliegerdivision angegriffen. Sie versenken das kleine Taucher-Werkstattschiff *Nurek* und kurz danach das Torpedoboot *Mazur*. Die beiden Einheiten sind die ersten, die in diesem Krieg durch Fliegerbomben versenkt werden. Durch das Sehrohr können die polnischen U-Boote *Orzel* und *Wilk* die deutschen Fliegerangriffe auf den Hafen von Hela und auf die beiden größten polnischen Kriegsschiffe, den Zerstörer *Wicher* und den Minenleger *Gryf*, beobachten. Trotz des heftigen Abwehrfeuers der polnischen Bord- und Küstenflak werden diese einzigen kampfstarken Überwasserschiffe stark beschädigt. Bei diesen ersten schweren See-Luft-Gefechten des Zweiten Weltkrieges kämpfen die Flakkanoniere des sinkenden Torpedobootes *Mazur* auch dann noch, als bereits die Wellen das Deck überspülen.

Am Sonnabend, dem 2. September 1939, sind bereits in der Morgendämmerung starke deutsche Patrouillen vor der Westerplatte tätig. Um 9.35 Uhr erfolgt der erste

Angriff deutscher Wasserflugzeuge auf das polnische U-Boot *Rys.* Obwohl das Boot nicht direkt getroffen wird, entsteht ein Leck im Achterschiff, so daß es Öl verliert. Um 11.50 Uhr richtet die *Schleswig-Holstein* ihre Geschütze gegen die Westerplatte, und zu gleicher Zeit feuern 15-cm-Haubitzen sowie 8,8-cm-Geschütze aus Weichselmünde und schwere MG von umliegenden Speicherdächern in Neufahrwasser. Danach erscheint ein deutscher Aufklärer, und gegen 18 Uhr greifen 60 Sturzkampfflugzeuge die Westerplatte an. Nach diesem Inferno ist die Verteidigung desorganisiert, das Verbindungsnetz unterbrochen, und alle Mörser sind ausgefallen. Da schon am ersten Tag ein Artilleriegeschoß der *Schleswig-Holstein* das einzige 7,5-cm-Geschütz zerstört hat, bleiben den Verteidigern nur MG und zwei leichte Panzerabwehrgeschütze.

Um 12.38 Uhr greift das polnische U-Boot *Sep* den deutschen Zerstörer *Friedrich Ihn* an. Obwohl der Zerstörer nur mit einer Geschwindigkeit von 7 Knoten* in 400 Meter Entfernung fährt, verfehlen die Torpedos ihr Ziel. Der Zerstörer bekämpft das polnische U-Boot sofort mit Wasserbomben und meldet, nachdem ein Rettungsring des U-Bootes auf der Wasseroberfläche treibt, seine Versenkung.
An diesem Tag werden im Hafen von Hela der polnische Zerstörer *Wicher* und der Minenleger *Gryf* in schwimmende Batterien umfunktioniert. Die verankerten Schiffe sind nun – ohne Bewegungsmöglichkeit – das bevorzugte Ziel deutscher Artillerie und Bomber.

Oben: Ständig sucht der Ausguck eines deutschen U-Bootes den Horizont nach Rauchfahnen ab

Links: 1. 9. 1939, Westerplatte: Dicke Rauchwolken liegen über der polnischen Bastion. Rechts im Bild das Schulschiff *Schleswig-Holstein*

* 1 Knoten = 1 Seemeile (1852 m)

Ebenfalls am 2. September 1939 stellt das britische Küsten-Patrouillenboot *Lorna* den ehemaligen Dampfer *Zeinikos,* jetzt *Tiger Hill,* einige Seemeilen vor Tel Aviv. Der rostige Frachter und ein weiteres Fahrzeug im Schlepp haben 1400 illegale Einwanderer, jüdische Flüchtlinge aus Polen, Rumänien und Bulgarien, an Bord. Der Kapitän der *Tiger Hill* und seine Besatzung steigen in die Rettungsboote und rudern zur Küste, um sich der Festnahme durch die britische Mandatsbehörde von Palästina zu entziehen. Die Passagiere bemächtigen sich des Schiffes, setzen die Fahrt fort und lassen den Dampfer im seichten Gewässer bei Sukria auf Grund laufen. Die Besatzung des britischen Patrouillenbootes versucht, das Emigrantenschiff zu entern und nimmt es unter Beschuß. Zwei Flüchtlinge werden dabei getötet und mehrere verletzt. So hat die Royal Navy bei ihrem ersten Einsatz im Zweiten Weltkrieg ihr Feuer nicht gegen ein deutsches Kriegsschiff eröffnet, sondern auf jene Menschen gerichtet, die sich dem Zugriff des NS-Regimes entziehen konnten.

Am Abend des 2. September 1939 pflügt mit 27 Knoten der Schnelldampfer *Bremen* die Wellen mit Kurs auf Grönland. Ein beträchtlicher Teil der Royal Navy ist auf der Jagd nach diesem Luxus-Liner. Britische U-Boote liegen an den Ausfahrten der deutschen Häfen auf der Lauer. Zwei Kreuzer mit acht Zerstörern stehen vor der norwegischen Küste. Die Hauptmasse der Home Fleet durchkreuzt den Nordatlantik. Jedoch in den gefährlichen Treibeisfeldern der Dänemarkstraße, wo 1912 die *Titanic* ihr Ende fand, erwartet niemand den Schnelldampfer. Nur 40 Seemeilen entfernt eilt die *Bremen,* ohne daß es jemand ahnt, am Panzerschiff *Deutschland* vorbei.

Am frühen Morgen des 3. September 1939 können die im Hafen von Hela liegenden Schiffe *Wicher* und *Gryf* gemeinsam mit der 15-cm-Küstenbatterie »H. Laskowski« auf 12 Seemeilen Distanz einen Vorstoß deutscher Zerstörer abwehren, die sich im Schutz einer künstlichen Nebelwand zurückziehen. Ein Zerstörer wird von der Küstenbatterie manövrierunfähig geschossen und muß abgeschleppt werden.
An diesem 3. September 1939 erklären Großbritannien und Frankreich Deutschland den Krieg. Um 13.30 Uhr befiehlt das deutsche Oberkommando die sofortige Eröffnung der Feindseligkeiten gegen England. Die deutsche Kriegsmarine kann zur Zeit lediglich 18 frontklare U-Boote einsetzen, die diesen Handelskrieg nach der Prisenordnung führen sollen. Es beginnt die 1. Phase der Schlacht im Atlantik: In dieser Phase (bis Juni 1940) operieren die deutschen U-Boote einzeln im östlichen Nordatlantik zwischen den Hebriden und Gibraltar mit dem Schwerpunkt westlich des Ärmelkanals. England verhängt ebenfalls die Blockade Deutschlands. Während das Panzerschiff *Deutschland* die Dänemarkstraße passieren konnte und sich jetzt in der Nähe von Grönland aufhält, hat das Panzerschiff *Admiral Graf Spee* unbemerkt die nordatlantische Handelsroute durchkreuzt und bereits den Südatlantik erreicht. Beide

Einheiten werden von je einem Versorgungsschiff begleitet.
Die deutschen schweren Überwassereinheiten sind mit einem Funkmeßgerät (Radar) ausgestattet. Dieses Feuerleitgerät (Deckname: Seetakt) liefert der Schiffsartillerie Zieldaten, wegen seiner gitterförmigen Antenne am Vormast auch »Matratze« genannt. Zu dieser Zeit arbeitet das Gerät noch auf 2,40-Meter-Wellenlänge und hat eine Reichweite bis zu 30 Kilometern (16 Seemeilen).
Die Verwendung des Funkmeßgerätes »Seetakt« auf allen schweren deutschen Kampfschiffen und das Fehlen solcher Geräte bei der Royal Navy ermöglicht es der Kriegsmarine, westlich und östlich von Island durchzubrechen sowie vor Einheiten der Royal Navy in die Dänemarkstraße auszuweichen. Auch das Aufspüren alliierter Geleitzüge in der Weite des Atlantiks und die Treffs mit dem eigenen Versorgungsschiff sind oft dem Funkmeßgerät »Seetakt« zu verdanken.
Um die Mittagszeit startet vom britischen Flugplatz Wyton (Huntingdonshire) ein Blenheim-Aufklärer der 139. Squadron. Der erste Einsatz des Krieges der RAF gilt der deutschen Kriegsmarine. Der Pilot, Flying Officer A. McPherson, sichtet nach zwei Stunden deutsche Kriegsschiffe auf der Wilhelmshavener Schillig-Reede und beginnt sofort Luftaufnahmen zu machen. Da die Maschine in 6000 Meter Höhe fliegt, ist das Sendegerät eingefroren, so kommt die wichtigste Meldung des Flying Officer über die Position der deutschen Flotte nicht an. Er kehrt jedoch mit 75 Aufnahmen zurück und kann ins Bordbuch eintragen: »Auftrag erfüllt – das erste Flugzeug der RAF, das die deutsche Grenze überflogen hat.«
Am gleichen Tag, gegen 15 Uhr, wird bei einem heftigen Luftangriff der polnische Minenleger *Gryf* im Hafen von Hela zerstört. Der Besatzung gelingt es noch, drei Kanonen, Kaliber 12 cm, aus dem Wrack zu bergen, die nun zur Verteidigung der Halbinsel eingesetzt werden. Kurz danach kentert der von vier Bomben getroffene Zerstörer *Wicher,* und um 16 Uhr sinkt das Kanonenboot *General Haller.* Mit der Versenkung des Zerstörers *Wicher* und des Minenlegers *Gryf* scheiden die beiden gefährlichsten polnischen Kriegsschiffe aus. Dies ermöglicht der deutschen Kriegsmarine, beinahe ungestört Minenräumarbeiten in der Danziger Bucht durchzuführen.
Am Abend dieses 3. September 1939 verläßt der englische Passagierdampfer *Carinthia* den Hafen von New York in Richtung Großbritannien, an Bord in der Arrestzelle eine hübsche deutsche Blondine, Helene Mutterer (27), Stewardess auf dem Schiff der Cunard-Linie *Georgic,* jetzt die »erste britische Kriegsgefangene«. In New York hat man sie auf die *Carinthia* gebracht und nach England verfrachtet. »Eine der hübschesten Stewardessen, die je zur See fuhr«, schwärmen die Offiziere der *Carinthia.*
Sofort nach der Kriegserklärung wird von alliierter und von deutscher Seite eine Liste der Konterbande veröffentlicht, jener Güter, die bei Beförderung auf neutralen Schiffen der Beschlagnahme auf See unterliegen. In Großbritannien setzt man gleichzeitig für die aus englischen Häfen auslaufenden Schiffe das Geleitzug-System in Kraft. Es werden keine Einzelfahrten von England aus mehr gestattet, und in den Überseehäfen trifft man Vorbereitungen zur Bildung von Geleitzügen nach Großbritannien.

Rechts: Propagandaminister Dr. Goebbels will glaubhaft machen, daß der Passagierdampfer *Athenia* keinesfalls von einem deutschen U-Boot versenkt wurde

Links: September 1939 im Kriegshafen von Hela: Der von der Luftwaffe versenkte polnische Minenleger *Gryf*

Unten: September 1939, Halbinsel Hela mit Kriegshafen

VÖLKISCHER BEOBACHTER

Münchener Ausgabe

Deutsches U-Boot versenkt englischen Zerstörer

Herr Churchill schoß doch den Torpedo

Die Beweise einwandfrei erbracht

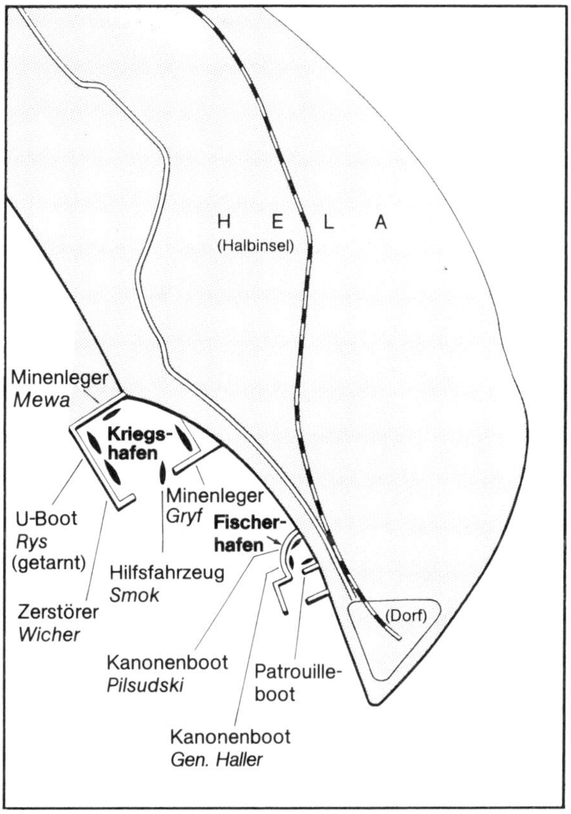

England hat zu Beginn des Krieges 2000 Handelsschiffe weniger als am Ende des Ersten Weltkrieges. Da die Bevölkerungszahl der Insel in der Zwischenzeit um rund 4 Millionen Menschen gestiegen ist und der Ölverbrauch bereits um das Zehnfache, wirkt sich das Versorgungsproblem besonders drastisch aus.
In der Nacht vom 3./4. September 1939 sichtet Kapitänleutnant Lemp, Kommandant von *U 30,* ein großes Schiff, das abgeblendet im Zickzackkurs fährt. Lemp glaubt, es sei ein Hilfskreuzer und versenkt das Schiff mit drei Torpedos. Es war jedoch der Passagierdampfer *Athenia* (13 000 BRT) auf der Fahrt nach den USA, der sich 250 Seemeilen westlich von Irland befand. Die Überlebenden werden vom norwegischen Tanker *Knut Nelson,* der schwedischen Jacht *Southern Cross,* dem US-Frachter *City of Flint* sowie von den britischen Torpedobooten *Electra* und *Escort* geborgen. 112 Menschen sind dabei ums Leben gekommen, darunter 28 amerikanische Passagiere.
Propagandaminister Goebbels leugnet anfänglich diese Torpedierung, behauptet aber später, die Engländer hätten auf Befehl Churchills das Schiff selbst versenkt, um die USA zum Eintritt in den Krieg zu bewegen. Kapitänleutnant Lemp erhält nach der Rückkehr vom Führer der Unterseeboote, Kapitän zur See Karl Dönitz, den Befehl, über den Vorgang der Versenkung Stillschweigen zu bewahren. Die Eintragung vom 3. September 1939 ist aus dem Kriegstagebuch des U-Bootes entfernt worden.

Am Montag, dem 4. September 1939, wird Winston Churchill zum Ersten Lord der Admiralität ernannt. Churchill: »Die ersten Stunden eines Krieges können für eine Flotte von lebenswichtiger Bedeutung sein. Ich benachrichtigte daher die Admiralität, daß ich sofort den Dienst antreten und um 6 Uhr im Amt eintreffen würde.«
In den Morgenstunden des 4. September 1939 versuchen die *Schleswig-Holstein* und kleinere Einheiten der Kriegsmarine sowie eine Batterie schwerer 21-cm-Haubitzen, die aus Ostpreußen herangeschafft wurde, den polnischen Widerstand auf der Westerplatte zu brechen. Die Lage der Verteidiger ist äußerst schwierig. Sie sind durch den ständigen Kampf erschöpft; dazu können die Verletzten, deren Anzahl bereits auf ein Drittel der gesamten Besatzung gestiegen ist, nicht versorgt werden, und die Funknachrichten aus Polen heben keineswegs die Stimmung der Soldaten. Trotzdem werden an diesem Tag sämtliche deutschen Angriffe abgewehrt.

Zu gleicher Zeit unternimmt das Bomber Command der RAF den Versuch, deutsche Schiffe auf der Schillig-Reede bei Wilhelmshaven und vor Brunsbüttel am Westausgang des Nord-Ostsee-Kanals anzugreifen. Das Panzerschiff *Admiral Scheer* wird zwar einige Male getroffen, doch keine der Bomben explodiert. Fünf der 29 britischen Maschinen werden abgeschossen.

Am Dienstag, dem 5. September 1939, um 8.15 Uhr, versenkt *U 47* (KptLt. Prien) den ersten englischen Frachter dieses Krieges, einen kleinen Dampfer namens *Bosnia*.

Um 14 Uhr sichtet *U 48* (KptLt. Schultze) ein bewaffnetes Handelsschiff, das keine Nationalflagge führt. Schultze fordert den verdächtigen Frachter durch Schüsse vor den Bug auf, zu stoppen. Der Dampfer hißt die britische Flagge und funkt gleichzeitig: »Werde von einem U-Boot gejagt und unter Feuer genommen.« Danach schießt *U 48* einen Torpedo ab. Die *Royal Sceptre* ist das erste bewaffnete Handelsschiff, das im Zweiten Weltkrieg von einem deutschen U-Boot versenkt wird.

Als Hitler von dem SOS-Ruf der *Royal Sceptre* erfährt, wird allen U-Boot-Kommandanten befohlen, sämtliche Schiffe, die angehalten werden und noch von ihrer Funkanlage Gebrauch machen, zu versenken oder als Prise aufzubringen.

Eines der Geräte, die Großbritannien zur Abwehr deutscher U-Boote einsetzt, ist der »Asdic«, ein U-Boot-Ortungsgerät, das mit horizontal abgestrahlten Schallwellen nach dem Prinzip des Echolotes arbeitet. Zwei oder drei Geleitfahrzeuge sind notwendig, um die Position eines U-Bootes auszumachen. Eines davon muß dann über die Position laufen und Wasserbomben werfen. Danach wird der Asdic-Kontakt sofort wieder hergestellt, wenn die Turbulenzen nach den Bombenexplosionen aufhören.

Am gleichen Tag greift eine Anson-Maschine der 233. Squadron des Coastal Command vor der Westküste Schottlands ein aufgetauchtes U-Boot an. Das Flugzeug wirft zwei 50-kg-Bomben auf das bereits tauchende Boot. Die beiden Bomben schlagen auf dem Wasser auf und prallen zurück. Nach der Explosion in der Luft zerstören Bombensplitter die Treibstofftanks der Maschine, und die Besatzung muß in der St.-Andrews-Bucht wassern. Dem U-Boot, das übrigens zur Royal Navy gehörte, ist nichts geschehen.

Am Mittwoch, dem 6. September 1939, ist es auf der Westerplatte relativ ruhig. Die Verteidiger werden nur durch das Feuer des Schulschiffes und der 15-cm- sowie 8,8-cm-Batterien gestört. Unterdessen stellt man in Großbritannien aus älteren Kreuzern die »Northern Patrol« zusammen, um das Gebiet zwischen England und Island ständig zu überwachen.

Bereits an diesem Tag versucht Hitler, da er unbedingt die alliierte Blockade brechen will, die Einstellung der Sowjets zu ermitteln. Der deutsche Botschafter in Moskau, Graf von der Schulenburg, soll der sowjetischen Regierung mitteilen, daß man beabsichtige, weitere

Blockadebrecher nach Murmansk umzuleiten und eine Unterstützung seitens der UdSSR erwarte, ebenso beim Ausladen und dem Weitertransport per Eisenbahn nach Leningrad, wo die Güter von deutschen Frachtern übernommen werden. Das Auswärtige Amt bittet um sofortige telegrafische Nachricht, wie Moskau auf dieses Kommuniqué reagiert hat.

Das größte deutsche Passagierschiff, die *Bremen* (51 731 BRT), hält zu dieser Stunde Kurs auf den rettenden Hafen von Murmansk. Kommodore Adolf Ahrens: ». . . Um 14.15 Uhr rasselte die schwere Ankerkette durch die Klüse. Die *Bremen* war im Hafen von Murmansk. 4045 Seemeilen hatte sie seit der Abfahrt von New York zurückgelegt. Sechs Tage, 13 Stunden und 36 Minuten war sie unterwegs gewesen, um diese Strecke zu bewältigen.«

Am Donnerstag, dem 7. September 1939, nimmt die *Schleswig-Holstein* die Westerplatte bereits um 4.15 Uhr wieder unter Beschuß, ebenso die Feldartillerie an der Weichselmündung, dazu Mörser, die man direkt bis zur Westerplatte vorgezogen hat, sowie eine große Anzahl MG. Ein Infanterieangriff wird von den Verteidigern erneut zurückgeworfen. Es sind jedoch die letzten Anstrengungen der polnischen Besatzung. Um 10.15 Uhr kapituliert die Westerplatte.

An diesem Tag gibt Hitler den Befehl, daß keine französischen Handelsschiffe angegriffen und die französischen Gewässer nicht vermint werden dürfen.

In der Nacht vom 7./8. September 1939 legt das polnische U-Boot *Zbik* die mitgeführten 20 Minen aus und läuft dann in den neuen Einsatzraum. Das deutsche

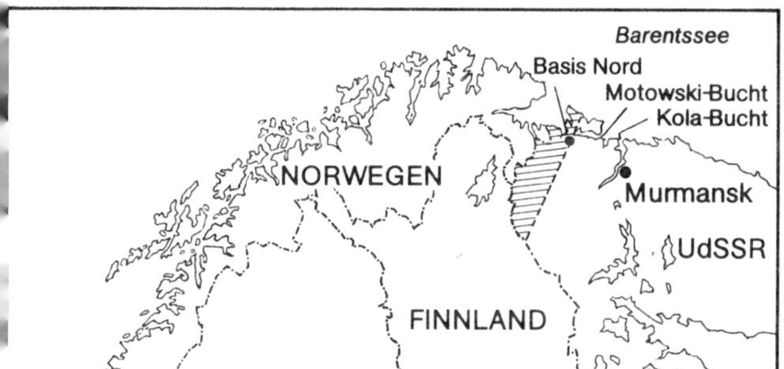

Links oben: Ausschnitt der Geheimkarte »Basis Nord« (Pfeil), nordwestlich von Murmansk

Ganz oben: Mala-Sapadnaja-Liza-Bucht: Hier entsteht mit Stalins Billigung die »Basis Nord«, Stützpunkt der deutschen Kriegsmarine

Darunter: Murmansk und Umgebung (schraffiert: Februar 1940 von Finnland an die UdSSR abgegeben)

U 22 (KptLt. Winter) sichtet die *Zbik*, die beigedreht hat und in einer Entfernung von etwa 600 Metern liegenbleibt. Um 23.09 Uhr nähert sich *U 22* bis auf 200 Meter und feuert einen Torpedo ab, welcher, laut Meldung, »das U-Boot direkt hinter dem Turm traf und vernichtete«. Tatsächlich war es jedoch ein »Fehldetonierer« der Magnetzündbefehlspistole des Torpedos. Dieser Umstand wird im späteren Verlauf des Krieges den deutschen U-Boot-Kommandanten zu schaffen machen.

Am Freitag, dem 8. September 1939, erkrankt der Kommandant des polnischen U-Bootes *Orzel.* Da bei Komandor Kloczkowski Verdacht auf Typhus besteht, ist die Einlieferung in ein Lazarett dringend nötig.
Am gleichen Tag erreichen das Panzerschiff *Admiral Graf Spee* (Kpt. z. S. Langsdorff) und sein Versorgungsschiff *Altmark* (Kpt. Dau) im Südatlantik den Äquator.
Inzwischen meldet der deutsche Botschafter in Moskau, er habe soeben von der sowjetischen Regierung die Nachricht bekommen, daß deutsche Handelsschiffe Murmansk regelmäßig anlaufen können und der Transport ihrer Ladung nach Leningrad gesichert sei.
Die Kriegsmarine plant nun, den außerhalb der englischen Blockade liegenden, das ganze Jahr über eisfreien und gut ausgebauten sowjetischen Nordmeerstützpunkt Murmansk für ihre Operationen zu benutzen. Da Stalin jedoch weiß, daß Murmansk von der ausländischen Seefahrt »nicht isoliert ist«, beauftragt er Außenminister Molotow, den Deutschen die abgelegene Bucht von Teribierka, etwa 50 Kilometer östlich der Kola-Bucht, zu empfehlen. Diesen Vorschlag lehnt aber die deutsche Seekriegsleitung ab, weil Teribierka nicht für ihre Zwecke geeignet ist. Danach führt der deutsche Marineattaché in Moskau, Norbert v. Baumbach, ein weiteres Gespräch mit Molotow. Der sowjetische Außenminister bietet der deutschen Kriegsmarine nun die Sapad-

Links: September 1939, Nordseeküste: Eine gestrandete britische Mine wird entschärft

Rechts: Das polnische U-Boot *Orzel*, gebaut in Vlissingen (Holland), Stapellauf am 15. 1. 1939; Wasserverdrängung 1110/1473,5 t, Bewaffnung 1 Bofors-Geschütz 10,5 cm, 1 Zwillings-Flak 4 cm, 12 Torpedorohre; Geschwindigkeit 10 kn über Wasser, 5 kn getaucht; Besatzung 60 Mann

naja-Liza-Bucht im gesperrten Grenzgebiet an, da »diese Bucht wesentlich günstigere Ankerplätze als Teribierka besitzt«.

In der Nacht zum Sonntag, dem 10. September 1939, legen die beiden britischen Zerstörer *Express* und *Esk* die erste offensive Minensperre vor der deutschen Nordseeküste. Einige Stunden später sinkt der Dampfer *Magdepur* vor Aldeburgh. Er ist das erste Opfer einer deutschen Magnetmine.
Inzwischen haben die *Graf Spee* und die *Altmark* die Gewässer zwischen Trinidad und St. Helena erreicht. Der Name am Heck der *Admiral Graf Spee* wird nun in *Admiral Scheer* geändert.
An diesem Tag sichtet das britische U-Boot *Triton* ein nicht zu identifizierendes U-Boot. Der Kommandant der *Triton* befiehlt einen Angriff, steuert auf das Boot zu und rammt es. Das U-Boot sinkt sofort. Erst danach stellte sich heraus: Es war das britische U-Boot *Oxley* mit 54 Mann Besatzung, das erste im Zweiten Weltkrieg von einem U-Boot versenkte U-Boot.

Da die vollständige deutsche Luftherrschaft es den polnischen U-Booten unmöglich macht, ihre Hochsee-Eignung auszunützen, ergeht am Montag, dem 11. September 1939, an die Kommandanten der Befehl: »Versuchen Sie, nach England durchzubrechen.«
In der Nacht vom 11./12. September 1939 gelangt zum letztenmal ein deutsches U-Boot durch den Ärmelkanal, bevor britisch-französische Minensperren die Durchfahrt fast unmöglich machen.

Am Dienstag, dem 12. September 1939, meldet das polnische U-Boot *Wilk* seinen Entschluß, sofort aus der Ostsee mit Kurs auf die Britische Insel auszubrechen.

Am Mittwoch, dem 13. September 1939, verzeichnet die französische Marine ihren ersten Verlust: Als der Minenleger *Platon* in Casablanca vor der Übergabe seine Minen entschärfen soll, explodiert eine davon. Die *Platon* wird restlos zerstört, und 215 Mann der Besatzung finden den Tod.
In der Nacht vom 13./14. September 1939 gelingt es drei polnischen Minensuchern der Vogel-Klasse, etwa 5 Seemeilen südlich vom Leuchtturm Hela eine Sperre von 60 Minen zu legen.

Am Donnerstag, dem 14. September 1939, torpediert *U 39* (KptLt. Glattes) den Flugzeugträger *Ark Royal* (21 652 Tonnen) nahe den Hebriden-Inseln. Der britische Träger wird von mehreren Zerstörern der Northern Patrol begleitet, die mit Asdic-Geräten deutsche U-Boote aufspüren sollen. Von drei abgeschossenen Torpedos mit Magnetzündung explodieren zwei bereits vorzeitig. Anstatt unter dem Kiel der *Ark Royal* zünden sie neben der Bordwand, beschädigen jedoch lediglich den Farbanstrich. Drei Begleitzerstörer nehmen sofort die Verfolgung auf und greifen *U 39* mit Wasserbomben an. Plötzlich wird das schwer beschädigte U-Boot an die Wasseroberfläche gerissen und sinkt kurz darauf. Ein Teil der Besatzung kann gerettet werden. Dies ist das erste deutsche U-Boot, das die Royal Navy versenkt hat. Die an der Verfolgung von *U 39* beteiligten Trägerflugzeuge haben speziell entwickelte Bomben für die U-Boot-Bekämpfung abgeworfen. Dabei sind jedoch zwei tieffliegende Maschinen durch eigene Bombensplitter getroffen worden und abgestürzt. Das sich in der Nähe aufhaltende deutsche *U 30* (KptLt. Lemp) nimmt die Piloten gefangen. *U 39*, das erste versenkte deutsche U-Boot, ist übrigens das erste Opfer der unzuverlässigen Magnetzündung und Tiefensteuerung deutscher Torpedos.
In der Abenddämmerung des 14. September 1939 hängt sich das polnische U-Boot *Wilk* bei seinem Durchbruchsversuch nach England hinter einen Geleitzug, der sich vor der schwedischen Küste für eine Fahrt durch schwedische Minensperren gebildet hat. Das U-Boot folgt den Hecklichtern des Konvois. In der Flint-Rinne sichtet der Ausguck plötzlich zwei Kriegsschiffe auf Gegenkurs. Als man auf der *Wilk* mit Entset-

zen feststellt, daß es sich um deutsche Zerstörer handelt, bleibt nur noch die Möglichkeit weiterzulaufen, denn die Fahrrinne läßt keine Kursänderung mehr zu. In einer Entfernung von etwa 50 Metern muß das polnische U-Boot die beiden deutschen Schiffe passieren. Einer der Zerstörer läßt kurz seinen Scheinwerfer aufleuchten, der das U-Boot erfaßt; wahrscheinlich wird aber angenommen, daß es zum Geleit der schwedischen Einheit gehört.

Am gleichen Abend geht das polnische U-Boot *Orzel* auf der Reede von Reval (Tallinn) vor Anker und funkt: »Wir müssen einen Kranken an Land bringen und haben einen Maschinenschaden. Dürfen wir den Hafen anlaufen? O. R. P. Orzel.« Um 01.03 Uhr kommt ein Motorboot mit estnischen Offizieren und einigen Matrosen an Bord. Die *Orzel* wird ins Marinebecken von Reval gelotst und bekommt hinter dem Kanonenboot *Laine* einen Liegeplatz angewiesen.

Am Freitag, dem 15. September 1939, versucht das polnische U-Boot *Sep* den Ausbruch durch den Sund in Richtung Großbritannien. Das Vorhaben muß jedoch aufgegeben werden, da das U-Boot tauchunklar ist.

Zu gleicher Stunde zeigt sich in Reval, daß eine Weiterfahrt des U-Bootes *Orzel* innerhalb von 24 Stunden noch keineswegs sicher ist, da der im Hafen liegende deutsche Tanker *Thalatta* ebenfalls auslaufen will. Laut internationaler Bestimmungen darf nämlich ein Kriegsschiff den neutralen Hafen erst 24 Stunden nach dem feindlichen Handelsschiff verlassen. So muß die *Orzel* mindestens einen Tag länger bleiben. Auf Druck von Berlin und Moskau erklären die estnischen Behörden plötzlich, das U-Boot *Orzel* internieren zu müssen. Unter dem Befehl estnischer Offiziere kommt eine Wachmannschaft an Bord, die sämtliche Navigationsunterlagen, Seekarten, die gesamte Geschützmunition, die Geschützverschlüsse und fast alle Torpedos an Land bringt. Das Geheimmaterial kann jedoch noch rechtzeitig vernichtet werden. Die Besatzung wird von der bevorstehenden Internierung unterrichtet, doch der 28jährige Leutnant zur See Piasecki, der jetzt den Ersten Offizier vertritt, beschließt mit Einverständnis des neuen U-Boot-Kommandanten, Kapitänleutnant Grudzinski, Vorbereitungen für einen Ausbruch zu treffen: An Bord des U-Bootes sind in den Heckrohren noch 6 Torpedos, die nur mit einem Kran abtransportiert werden können. Dazu muß das U-Boot jedoch wenden. Nun liegt die *Orzel* wieder in Fahrtrichtung. Das Entladen der sechs restlichen Torpedos wird wegen des bevorstehenden Wochenendes von der estnischen Marine auf den nächsten Montag verschoben.

An diesem Tag läuft der belgische Motorfrachter *Alex van Opstal* (5965 BRT) auf eine von *U 26* (Kpt. z. S. Ewerth) gelegte Mine. Es ist das erste in diesem Krieg versenkte Schiff eines neutralen Staates.

Am Sonnabend, dem 16. September 1939, verläßt der erste Geleitzug Halifax (Kanada) in Richtung England.

Am Sonntag, dem 17. September 1939, erreicht das tauchunklare polnische U-Boot *Sep* um 4.45 Uhr bei Landsort die schwedischen Gewässer und wird interniert.

In der Abenddämmerung sichtet das deutsche *U 29* (KptLt. Schuhart) vor der irischen Küste den Träger *Courageous,* der sich gerade in den Wind dreht, um den Flugzeugen die Landung an Deck zu ermöglichen. *U 29*

schießt um 19.50 Uhr drei Torpedos ab. Die darauffolgenden Detonationen sind so stark, daß der U-Boot-Kommandant annimmt, sein eigenes Boot sei durch Wasserbomben getroffen worden. Der Träger *Courageous* (22 500 Tonnen) mit 48 Flugzeugen an Bord hat aus einer Entfernung von etwa 3000 Metern zwei Volltreffer mittschiffs bekommen, bricht auseinander und sinkt innerhalb von 15 Minuten.
Erstaunlicherweise haben die mit Asdic-Geräten ausgestatteten fünf Geleitzerstörer der Sicherungsgruppe den Träger nicht vor der Anwesenheit eines deutschen U-Bootes gewarnt. Von der 1260 Mann starken Besatzung sind mehr als 500 ertrunken, darunter auch der Kapitän des Schiffes. Die *Courageous* ist der erste Flugzeugträger, der im Zweiten Weltkrieg versenkt wird. Nach diesem Verlust setzt die britische Admiralität ihre Träger nicht mehr zu U-Boot-Jagd ein.

In der Nacht vom 17./18. September 1939 werden um 3 Uhr morgens auf dem polnischen U-Boot *Orzel* die beiden estnischen Wachen überwältigt und festgenommen. Matrose Chojecki kappt mit einem Beil das Kabel des am nächsten stehenden Suchlichtes, auch die Telefonleitung wird abgeschnitten; danach werden die Leinen heimlich gelöst. Die Maschinisten werfen die Dieselmotoren an, und das U-Boot steuert vom Pier in Richtung Hafenausgang. Plötzlich sitzt die *Orzel* fest. Sie ist auf eine der zahlreichen Sandbänke im Hafenbecken aufgelaufen und hat die Mole gerammt. Nun heulen die Sirenen auf, Suchlichter erhellen das gesamte Hafenbecken, und die Esten eröffnen MG-Feuer. Die beiden Motoren des U-Bootes laufen volle Kraft zurück. Diesmal kommt den Polen die leichte Brise von Land her zu Hilfe.
Leutnant zur See Piasecki: »Dichte Abgase der voll achtern drehenden Dieselmotoren nebelten unser U-Boot ein. Die *Orzel* kam mit letzten Anstrengungen langsam frei. Kurz nachdem wir endlich den Hafen verlassen hatten, eröffneten in der Nähe der Insel Naissar (Nargön) schwere estnische 15-cm-Küstenbatterien das Feuer. Die Seetiefe betrug hier bereits etwa 20 Meter, und die *Orzel* konnte langsam tauchen.«
Während am 18. September 1939 die sowjetische Agentur TASS Estland der Beihilfe zur Flucht des polnischen U-Bootes beschuldigt, liegt die *Orzel* den ganzen Tag auf dem Meeresgrund. Von Zeit zu Zeit erschüttern schwere Bombendetonationen den Bootskörper: Estnische und sowjetische Zerstörer machen Jagd auf das geflüchtete polnische U-Boot.
Dieser Ausbruch bietet den Sowjets einen willkommenen Anlaß, ihren Druck auf Estland zu verstärken: Molotow behauptet, die Esten hätten den Polen zur Flucht verholfen, und die *Orzel* stelle nun eine Bedrohung für die sowjetische Schiffahrt dar.
Am Abend verläßt die *Orzel* die estnischen Hoheitsgewässer, um in Richtung Insel Gotland vorzustoßen. Zu dieser Zeit entschließt sich der Kommandant, Kapitänleutnant Grudzinski, trotz der fehlenden Navigationsgeräte und Seekarten in der Ostsee zu bleiben, solange es die Vorräte an Treibstoff und Süßwasser erlauben.

Sofort mit Ausbruch des Krieges
führt Großbritannien das Konvoi-System ein

Grudzinski hat die Hoffnung, einen günstigen Augenblick abzupassen, um deutsche Einheiten angreifen zu können.
Am gleichen Tag erreicht das polnische U-Boot *Rys* mit zwei schwer beschädigten Periskopen die schwedischen Küstengewässer. Es hat nur noch 16,5 Tonnen Treibstoff, die nicht mehr für die Fahrt nach England ausreichen. *Rys* wird in den Hafen von Stavnäs gelotst und interniert.

Am Dienstag, dem 19. September 1939, formuliert Churchill den Plan, ein Minenfeld in norwegischen Hoheitsgewässern zu legen und damit den Transport der schwedischen Erze von Narvik nach Deutschland zu unterbinden. Churchill: »Heute morgen erklärte ich dem Kabinett, wie wichtig es ist, die Verschiffung der schwedischen Eisenerze von Narvik aus längs der norwegischen Küste zu verhindern; dieser Transportweg wird benutzt werden, sobald der Bottnische Meerbusen zuzufrieren beginnt . . .«
Es gelingt Churchill jedoch nicht, sich durchzusetzen, weil das Außenministerium vor der Verletzung der Neutralität Norwegens zurückschreckt.

Am Mittwoch, dem 20. September 1939, gelingt es der Royal Navy, den Kommandanten des deutschen U-Bootes *U 27*, Kapitänleutnant Franz, mit seiner Besatzung gefangenzunehmen. *U 27* ist von den Zerstörern *Fortune* und *Forrester* unter Feuer genommen worden. In aussichtsloser Lage hat der Kommandant befohlen, das sinkende Boot zu räumen.
In der Nacht vom 20./21. September 1939 taucht das polnische U-Boot *Orzel* in den Gewässern östlich von Gotland nahe des Leuchtturmes Östergarn auf. Die beiden gefangengehaltenen estnischen Wachtposten, von denen selbst die sowjetische Propaganda die Nachricht verbreitet, »polnische Matrosen hätten sie ermordet«, werden mit dem einzigen Beiboot, versorgt mit Konserven, Weingeist und je 50 Dollar für die Kosten der Rückreise von Schweden nach Estland, ausgesetzt. Sie erhalten auch ein Schreiben in englischer Sprache für den Oberkommandierenden der estnischen Flotte mit der Erklärung, daß die beiden Seeleute überwältigt worden seien, damit sie keinen Alarm schlagen konnten.
Das größte Problem für das polnische U-Boot ist nun die Navigation: Die Esten haben sämtliche Seekarten – bis auf zwei von der Küste Polens, die jetzt wertlos sind – konfisziert. In dieser fast hoffnungslosen Lage entdeckt der 24jährige Navigationsoffizier, Leutnant zur See Mokrski, in einer Schublade das von den Esten übersehene aktuelle Handbuch mit einem deutschen Verzeichnis der Leuchtfeuer und Signalstellen. Nach diesen Unterlagen mit genauen geographischen Angaben der Sektoren und den Merkmalen jedes einzelnen

Leuchtturms und jeder Leuchtboje zeichnet Mokrski zwei Navigationskarten von der Ostsee und den Meeresengen.

Am Donnerstag, dem 21. September 1939, erreicht das polnische U-Boot *Wilk* den britischen Flottenstützpunkt Scapa Flow.

Am Sonntag, dem 24. September 1939, hebt Hitler den Befehl, französische Kriegsschiffe nicht anzugreifen, auf.

In den Morgenstunden des 25. September 1939 verläßt die *Schleswig-Holstein* zusammen mit ihrem Schwesterschiff *Schlesien* unter dem Schutz von zwei Minensuch-

boot-Flottillen den Danziger Hafen, um die polnische Batterie »Laskowski« auf der Halbinsel Hela anzugreifen. Die Batterie erwidert sofort das Feuer und trifft bereits bei der dritten Salve das erste der Schiffe, die *Schlesien.* Nachdem eine Kunstnebelwand die *Schlesien* abschirmt, beginnt die »Laskowski«-Batterie mit der Beschießung der *Schleswig-Holstein* und erzielt einen Treffer an der Bordwand des Schulschiffes.
Am gleichen Tag läuft das polnische U-Boot *Zbik,* begleitet von einem schwedischen Lotsenboot, in den Hafen Sandhamn ein und wird interniert.

Am Dienstag, dem 26. September 1939, meldet die Agentur TASS, ein polnisches U-Boot habe einen Torpedoangriff auf den sowjetischen Dampfer *Pionier* durchgeführt – wenn auch erfolglos –, während der Frachter *Metallist* (968 BRT) von dem gleichen U-Boot in der Narwa-Bucht torpediert und versenkt worden sei. Einige Besatzungsmitglieder seien dabei umgekommen. Erst zwei Jahre später, im Herbst 1941, stellt sich heraus, daß Kapitän R. Osipow den Dampfer *Metallist* aufgrund eines Befehls des Leningrader Parteisekretärs, A. R. Zdanow und des Oberbefehlshabers der Sowjetflotte, Admiral N. G. *Kuznecov,* in die Narwa-Bucht gebracht hat, um ihn dort zu versenken. Anschließend soll er melden, »ihn habe ein polnisches U-Boot torpediert«. Am vorgesehenen Versenkungsort warten bereits das sowjetische U-Boot *S. C. 303* und das Torpedoboot *Tuca.* Nachdem die Besatzung der *Metallist* das Schiff verlassen hat, feuert die *S. C. 303* drei Torpedos ab, mit denen kein Treffer erzielt wird. Schließlich bringt das Torpedoboot *Tuca* den Dampfer durch Geschützfeuer zum Sinken. Zur Erleichterung der späteren Bergungsarbeiten hat man vorsorglich eine seichte Stelle ausgesucht, so daß die *Metallist* nur bis Deckhöhe sinkt und die Aufbauten über Wasser bleiben.
Zu dieser Zeit hält sich der estnische Außenminister Karl Selter auf Einladung der sowjetischen Regierung in Moskau auf. Als die Agentur TASS und Radio Moskau berichten, ein polnisches U-Boot habe in estnischen Hoheitsgewässern bei Narwa den sowjetischen Dampfer *Metallist* versenkt, zitieren Außenminister Molotow und Volkskommissar Mikojan den estnischen Außenminister zu sich und erklären ihm, »Estlands militärische Schwäche sei für die Sowjetunion und deren Sicherheit untragbar. Man müsse einen gegenseitigen Beistandspakt schließen, in dem Estland der UdSSR Luft- und Marinebasen überlasse«. Nach den Einwänden von Selter geht Molotow zu offenen Drohungen über. Sollte sich Estland diesen Forderungen widersetzen, »würde die Regierung der Sowjetunion sich gezwungen sehen, ihre Wünsche mit Gewalt durchzusetzen«.
Während Selter sich mit seiner Regierung berät, wiederholt der Kreml sein Ansinnen in Form eines unbefristeten Ultimatums. Die sowjetische Flotte ist inzwischen in die estnischen Hoheitsgewässer eingedrungen; sowjetische Bombenflugzeuge kreisen über Reval, und von estnischen Grenzwachen wird der Aufmarsch starker sowjetischer Truppenverbände jenseits der Grenze gemeldet. Nachdem die estnischen Hilferufe sowohl an das Deutsche Reich als auch an die Westalliierten und Finnland ohne Antwort bleiben, muß sich der kleine Staat dem Willen des mächtigen Nachbarn beugen. Estland wird besetzt und später »auf Wunsch der estnischen Bevölkerung« in eine sowjetische Republik umgewandelt.
Ebenfalls am 26. September 1939 gibt die britische Admiralität bekannt, daß in Kürze alle englischen Handelsschiffe bewaffnet sein werden. Diese Entscheidung, auch wenn es sich überwiegend um veraltete Geschütze aus dem Ersten Weltkrieg handelt, wird von Hitler sofort als Rechtfertigung genutzt, alle bewaffneten Schiffe ohne Warnung anzugreifen.

Am Sonnabend, dem 30. September 1939, erfolgt die Anweisung Hitlers, daß die Prisenordnung in den Seegebieten westlich von Irland und Großbritannien bis zum 15. Breitengrad nicht mehr anzuwenden sei.
An diesem Tag versenkt die *Admiral Graf Spee,* getarnt als *Admiral Scheer,* den englischen Frachter *Clement* (5051 BRT). Nach alter Marinetradition läßt der Kommandant der *Graf Spee,* Kapitän zur See Langsdorff, an eine brasilianische Funkstation durchgeben, man möge nach den Rettungsbooten der *Clement* Ausschau halten.

Bis Ende September 1939 werden fast 300 000 Tonnen für Deutschland bestimmte Güter von der Royal Navy als Prise erbeutet. Die Jagd der britischen Kreuzer auf deutsche Blockadebrecher legt die deutsche Schiffahrt beinahe völlig lahm. Andererseits gelingt es den deutschen U-Booten im ersten Kriegsmonat, 48 Frachter mit insgesamt 178 644 BRT im Nordatlantik und in der Nordsee zu versenken.
Eigene Verluste: zwei U-Boote.
Die französische Marine überwacht inzwischen einen großen Teil des Mittelmeeres. In den Küstengewässern sowie im Golf von Biskaya beteiligen sich französische Einheiten an der Jagd auf deutsche U-Boote, und im mittleren Atlantik steht ein in Dakar stationiertes kampfkräftiges französisches Geschwader zur Unterstützung der Royal Navy im Kampf gegen deutsche Überwasserstreitkräfte.
Im September legen deutsche Kreuzer, Zerstörer und Minenleger das ausgedehnte System von Minensperren, den sogenannten »Westwall«, der sich von den holländischen Hoheitsgewässern etwa 150 Seemeilen nach Norden erstreckt. Diese von der deutschen Seekriegsleitung bekanntgegebene Sperre bildet eine Flankendeckung gegen englische Vorstöße. Der »Westwall« schützt auch die Deutsche Bucht von der Nordsee bis zum Skagerrak.

Am Sonntag, dem 1. Oktober 1939, greift das III. Bataillon des deutschen Infanterieregiments 374 erneut die polnischen Stellungen auf der Halbinsel Hela an. Gleichzeitig eröffnen die deutschen Minenräumboote

Eines der wohl ausgefallensten Seekrieg-Souvenirs: »In Erinnerung an Ihren Aufenthalt auf der *Deutschland.* Viel Glück! Kapitän Wenneked.« Dieses Foto mit Widmung bekam Captain Randall vom Kommandanten der *Deutschland*, der sein Schiff *Stonegate* am 5. 10. 1939 versenkt und ihn an Bord genommen hat. Am 9. 10. 1939 wird Capt. Randall auf die gekaperte *City of Flint* gebracht. Einige Wochen später gelingt ihm die Flucht über Norwegen nach England

M 4, M 111, M 132 und *Nettelbek* zusammen mit den Heeresbatterien und einer Marine-Eisenbahnbatterie das Feuer. Um 14 Uhr bittet der Befehlshaber des Flottenkommandos in Hela um Feuereinstellung und bietet Kapitulationsverhandlungen an. Damit ist der letzte polnische Widerstand an der Ostseeküste zusammengebrochen.
Um 14.30 Uhr sinkt das deutsche Minensuchboot *M 85* nach einem Unterwassertreffer innerhalb einer Minute. 23 Mann der Besatzung gehen mit dem Schiff unter, der Kommandant und 47 Seeleute werden gerettet. Es ist der einzige Erfolg eines polnischen U-Bootes: *M 85* ist auf eine vom U-Boot *Zbik* gelegte Mine gelaufen. Der Einsatz polnischer U-Boote hatte mehr psychologischen Erfolg als spürbare Wirkung. Allein ihre Anwesenheit in der Ostsee ist eine Belastung für die Deutschen, da sie gezwungen sind, bis Mitte Oktober M-Boote zur U-Boot-Bekämpfung einzusetzen. Keines der polnischen U-Boote ist trotz wiederholter deutscher Vernichtungsmeldungen verlorengegangen.
Am 1. Oktober 1939 gibt die britische Admiralität ihren Handelsschiffen den Rat, feindliche U-Boote zu rammen. Von jetzt an fahren alle britischen Handelsschiffe nachts mit abgeblendeten Lichtern, während die Seekriegsleitung schrittweise den warnungslosen Waffeneinsatz ihrer Boote, die in den Gewässern um England operieren, freigibt.

Am Dienstag, dem 3. Oktober 1939, beschließen in Panama die Delegierten von 21 Republiken, eine »amerikanische Sicherheitszone« festzusetzen, die aus einem 300 bis 600 Seemeilen breiten Streifen vor ihren Küsten bestehen soll, in dem keine Kriegshandlungen vorgenommen werden dürfen. Diese Gewässer sollen für Kriegsschiffe der kriegführenden Parteien geschlossen werden. Ein neuaufgestelltes Atlantikgeschwader der US Navy wird diese Neutralitätszone schützen.

Am Donnerstag, dem 5. Oktober 1939, werden acht starke britische und französische Kampfgruppen zur Jagd auf das Panzerschiff *Admiral Graf Spee* gebildet. Jede dieser Gruppen wäre allein imstande gewesen, die *Graf Spee* niederzukämpfen. Churchill: »Das Mißverhältnis zwischen den Kräften des Feindes und den Gegenmaßnahmen, zu denen er uns zwang, war ärgerlich.« Die Engländer schicken vorsichtshalber einige Südatlantik-Geleitzüge nun in ihre Häfen zurück.

Am Freitag, dem 6. Oktober 1939, hat das Panzerschiff *Deutschland* die Bondary Panamerican Military Zone erreicht und versenkt hier den britischen Dampfer *Stonegate* (5044 BRT).

An diesem Freitag kapitulieren bei Kock und Lublin die letzten polnischen Truppen unter General Kleeberg. Nur in der Ostsee kreuzt immer noch das polnische U-Boot *Orzel* ohne Navigationskarten und kaum bewaffnet. Es hat bisher vergeblich nach einem Ziel für seine restlichen Torpedos gesucht. Inzwischen fehlt es der Mannschaft an Süßwasser, da der Destillator beschädigt ist. Auch das Ruder arbeitet nicht mehr richtig, und der Treibstoff geht langsam zu Ende.

Bis Sonnabend, 7. Oktober 1939, sind 161 000 Soldaten, 24 000 Fahrzeuge und 140 000 Tonnen Material des britischen Expeditionskorps ohne Verluste über den Ärmelkanal gebracht worden. Die Kriegsmarine hat kaum einen Versuch unternommen, den Transport der britischen Streitmacht nach Frankreich zu unterbinden. An diesem Tag entschließt sich der Kommandant des polnischen U-Bootes *Orzel,* den Durchbruch von der Ostsee zur Britischen Insel zu wagen.

Seit dem 7. Oktober 1939 läuft ein erster dreitägiger Vorstoß starker deutscher Überwasserstreitkräfte – das Schlachtschiff *Gneisenau* und der Kreuzer *Köln* mit neun Zerstörern – in Richtung norwegische Küste, um die britische Home Fleet in den Wirkungsbereich der Luftwaffe zu locken. Da Deutschland eine speziell auf den Seekrieg ausgebildete Marine-Luftwaffe fehlt, bleiben die Angriffe deutscher Bomber ohne Wirkung.

Am Sonntag, dem 8. Oktober 1939, verläßt Kapitänleutnant Prien mit seinem *U 47* den Kieler Hafen mit Kurs auf Scapa Flow, dem Hauptstützpunkt der britischen Flotte. Das neun Monate zuvor in Dienst gestellte Boot hat eine Besatzung von 40 Mann und läuft nach der Fahrt durch den Kaiser-Wilhelm-Kanal bei Windstärke 7 in die Nordsee.
Am gleichen Abend, gegen 19 Uhr, taucht das polnische U-Boot *Orzel* wieder auf. Die schwedische Flagge, ein mit Ölfarbe bemaltes Bettlaken, wird aufgezogen, und am Turm entfernt man die Metallbuchstaben des Namens. Die *Orzel* fährt jetzt bei Trelleborg durch den Sund. Zur See hin sind die Silhouetten verdunkelter Schiffe zu erkennen, darunter die einiger deutscher Torpedoboote. Unerwartet strahlt von der Landseite her ein Suchlicht auf und bleibt kurz vor dem U-Boot stehen. Da an dieser Stelle das Wasser zu seicht ist, kann man nicht tauchen, so bleibt nur die Weiterfahrt. Plötzlich geht eine starke Erschütterung durch das U-Boot. Die *Orzel* ist auf ein Riff aufgelaufen. Der Kommandant befiehlt »Alle Mann an Deck«. Die Besatzung, mit Ausnahme von drei Maschinisten, stürzt mit Schwimmwesten an Deck. Die Dieselmotoren laufen auf Hochtouren, und die Stahlplatten des Rumpfes schieben sich kreischend über die Steine. Mit kräftigen Schüben überwindet das U-Boot das Unterwasserhindernis. Anderthalb Stunden dauert der Marsch durch die engste Stelle im Sund. Gegen Mitternacht sehen sie die Lichter von Kopenhagen. Nun muß die *Orzel* wieder tauchen und den ganzen Tag in einer Tiefe von etwa 30 Metern auf dem Meeresboden bleiben. Erst gegen Abend des 9. Oktober um 20.30 Uhr geht die Fahrt weiter.

Am Dienstag, dem 10. Oktober 1939, um 18 Uhr, sichtet Captain A. H. Brown vom Dampfer *Huntsman* (8300 BRT) im Südatlantik ein Kriegsschiff, das sich dem Frachter in voller Fahrt nähert. An der Mastspitze weht die Trikolore, und Brown ist überzeugt, es sei das französische Schlachtschiff *Dunkerque.* Doch plötzlich wird anstelle der Trikolore die deutsche Flagge gehißt. Das kurz darauf eintreffende deutsche Prisenkommando der *Admiral Graf Spee* findet Geheimcode-Unterlagen, die der Kapitän noch nicht über Bord geworfen hat, dazu genaue Angaben über die Routen von Handelsschiffen. Ein Funker des deutschen Panzerschiffes gibt vom englischen Frachter aus den unterbrochenen Notruf mit falschem Schiffsnamen und falscher Position weiter, und »daß das Schiff von einem deutschen U-Boot torpediert worden sei«.
Am gleichen Tag stimmt Großadmiral Raeder auf einer Konferenz in Berlin Hitler zu, daß der Handelskrieg gegen England verschärft werden müsse. Zugleich weigert sich Hitler aber »aus politischen Gründen«, auf das Angebot des U-Boot-Baus in der Sowjetunion oder den Ankauf von sowjetischen U-Booten einzugehen. Ungeachtet dessen verlangt die deutsche Kriegsmarine, daß man ihre Kreuzer, U-Boote und Hilfseinheiten in sowjetischen Häfen mit Treibstoff und Proviant ausstatte. Die Munition solle aus Deutschland direkt auf dem Landwege dorthin verschickt werden. Daneben erhofft sich Raeder, daß die sowjetischen Schiffe die Versorgung deutscher Kreuzer und U-Boote auf hoher See übernehmen, um »ihre Einsatzdauer zu verlängern«. Außerdem hält der Großadmiral vor Hitler Vortrag über die strategische Bedeutung Norwegens.

Am Freitag, dem 13. Oktober 1939, gibt Dönitz einer Gruppe von neun deutschen U-Booten den Befehl, den ersten Versuch mit der neuen »Rudeltaktik« zu unternehmen. Es stehen jedoch nur drei von neun Booten zur Verfügung, um südwestlich von Irland den Konvoi HG 3 anzugreifen. Den Einsatz bis 19. Oktober führt Korvettenkapitän Hartmann mit *U 37.* Allerdings sind die Schwierigkeiten in dieser Rudeltaktik erheblich, denn der Geleitzug zerstreut sich sofort, dazu gibt es mehrere Torpedoversager. Es gelingt schließlich, einige Schiffe zu versenken.

In den ersten Stunden des 13. Oktober 1939 steht Kapitänleutnant Prien mit *U 47* in Sichtweite der Orkney-Inseln. Es weht ein frischer, leichter Nordost, der Himmel ist nur schwach bewölkt und die Nacht sehr hell. Die große Bucht von Scapa Flow liegt zwischen einer Anzahl vorgelagerter Inseln, deren Durchfahrten bis auf die Haupteinfahrt durch versenkte Schiffe und Netze gesperrt sind. Der Einsatz ist nicht ungefährlich, da *U 47* kein Ortungsgerät hat und auch die Gefahr besteht, daß man neben einem feindlichen Kriegsschiff auftaucht oder von einem Schiffsbug gerammt wird.

In der Nacht vom 13./14. Oktober 1939, als Prien durch den nördlichen Zugang in die Bucht fährt, herrscht Nordlicht. Das hätte der Abwehr leicht ermöglicht, das aufgetaucht fahrende und durch die vielen Sperren und Blockadeschiffe behinderte Boot schnell auszumachen. An Land ist alles dunkel, und die im Sund versenkten

Oben: Schlachtschiff *Royal Oak* (Capt. Benn), das von *U 47* (KptLt. Prien) versenkt wurde

Unten: Priens Manöver in der Bucht von Scapa Flow

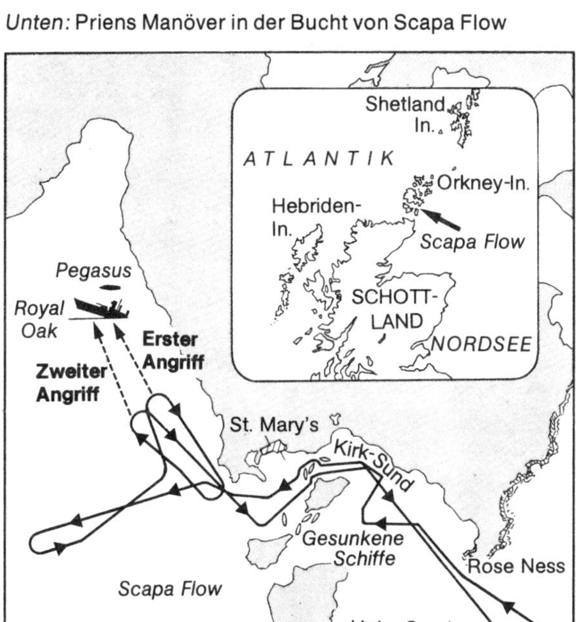

Schiffe wirken wie Theaterkulissen. Prien: ». . . dann wurde es mit einmal hell. Eine Bucht öffnete sich, weitgedehnt bis zum Horizont. Unbewegtes Wasser, in dem der brennende Himmel sich spiegelte. Es sah aus, als wäre die See von unten her erleuchtet. ›Wir sind drin!‹ gab ich nach unten durch.« Prien stößt in der Bucht nach Südwesten vor. Endlich findet er zwei schwere Einheiten, die dicht nebeneinander liegen. *U 47* feuert seine Torpedos ab. Die ersten Treffer detonieren entweder am Bug des Schlachtschiffes *Royal Oak* (Capt. Benn) oder an deren Ankerketten. Prien: »Es klang, als wenn fern in den Bergen irgendwo gesprengt würde.«

Um 00.59 Uhr geht eine Erschütterung durch den Rumpf der *Royal Oak*. Captain Benn vermutet eine Explosion und steigt in die unteren Räume, um sich zu vergewissern. Auch Konteradmiral Blagrove, Befehlshaber des 2. Schlachtgeschwaders, der ebenfalls an Bord ist, glaubt nicht, daß ein Torpedo das wohlgeborgen vor Anker liegende Schiff getroffen haben könnte. Er nimmt an, es handle sich um eine Explosion im Schiffsinnern oder um einen deutschen Bombenangriff. Immer noch über Wasser, läuft *U 47* nun von seinem Ziel ab, um zwei Torpedorohre nachzuladen. Trotz der Explosionen ist es im Hafen noch ruhig. *U 47* stoppt mitten in der Bucht. Als die Rohre klar gemeldet sind, steuert es im Bogen gegen den Kirk-Sund.

01.23 Uhr: Prien: ». . . Aus den Vorderrohren drei Torpedos auf das nächstliegende Ziel und wieder Kurs auf die Ausfahrt genommen. Drei Minuten später erfolgte auf dem Schlachtschiff eine starke Detonation.

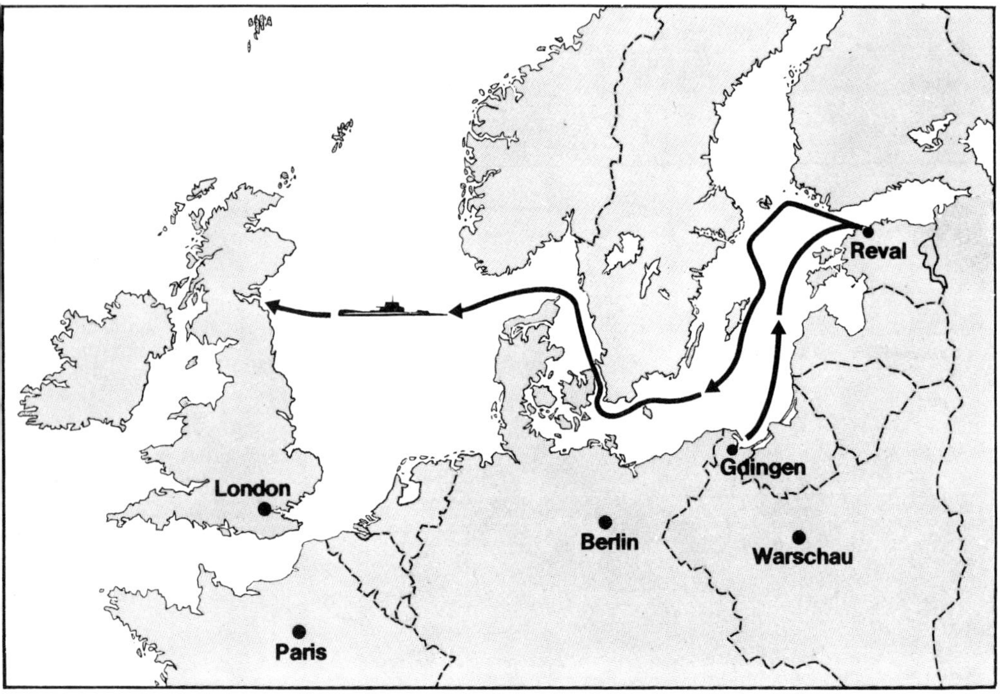

Links: Die Odyssee des polnischen U-Bootes *Orzel*

Rechts: 18. 10. 1939, Berlin: Kapitänleutnant Prien, »der Stier von Scapa Flow«, vor dem Brandenburger Tor

Wassersäulen stiegen auf, Feuerschein wurde sichtbar, und Materialtrümmer wurden durch die Luft geschleudert. Jetzt wurde es im Hafen lebendig! Zerstörer hatten Lichter, aus allen Ecken wurde gemorst . . .« In knapp zwei Minuten sinkt die *Royal Oak* (29 000 Tonnen). Der größte Teil der Besatzung ist zwar auf Gefechtsstation, doch das Schiff kentert sehr schnell. 833 Offiziere und Mannschaften, darunter Captain Benn und Konteradmiral Blagrove, finden den Tod.
U 47 läuft dicht unter Land nach Süden auf die Abzweigungen von Kirk- und Skerry-Sund zu, damit es sich für die suchenden Patrouillenboote möglichst nicht von den dunklen Bergen abhebt. Prien: »Langsam quälte sich das Boot durch den Engpaß. Es war dunkel um uns. Nur aus der Ferne drang verhallend, immer leiser der Knall der krepierenden Wasserbomben hinter uns her. Dann lag das Meer vor uns.«

Am Sonnabend, dem 14. Oktober 1939, veröffentlicht die britische Admiralität ein Kommuniqué über den Verlust der *Royal Oak*. Dönitz: »Ich erhielt die Nachricht über das geglückte Unternehmen zuerst von englischer Seite.«
An diesem Morgen befindet sich das polnische U-Boot *Orzel* auf der Höhe des Firth of Forth und gibt seine Funkmeldung im Klartext durch: »Supposed position 0630 on appointed place for Polish Navy. Beg permission entrance and pilot, but have no chart. *Orzel.*«
Gegen 11 Uhr vormittags findet der britische Zerstörer *Valorous* die *Orzel* etwa 30 Seemeilen westlich des kleinen Eilands Isle of May. Die 44 Tage dauernde Odyssee ist zu Ende. Churchill: »Die Fahrt des U-Bootes *Orzel* ist ein wahres Epos.«
Mitte Oktober 1939 beginnt eine neue U-Boot-Offensive gegen die alliierte Schiffahrt. Als erstes werden die Zugänge der britischen Häfen vermint.
Zum gleichen Zeitpunkt regt in Moskau Volkskommissar Mikojan eine beschleunigte Zuführung von deutschen Werkstatt- und Troßschiffen sowie Schleppern durch den Eismeer-Kanal in die Sapadnaja-Liza-Bucht an. Der Militärattaché v. Baumbach meldet nach Berlin: »Abhängig bleiben wir in dieser Sache nur noch von der Leistungsfähigkeit der von uns entsandten schwimmenden Reparaturmittel. Wir dürfen in der Sapadnaja-Liza-Bucht Kriegsschiffe jeder Art und jeder Größe an dem genannten Platz reparieren.« Auf Vorschlag von Baumbach gibt Großadmiral Raeder der Enklave der deutschen Kriegsmarine am arktischen Meer den Namen »Basis Nord«.
So bekommt Hitler dank der Sowjetunion den einzigen Marinestützpunkt außerhalb der englischen Blockadestellung. Nachdem die Seekriegsleitung bei Dönitz angefragt hat, ob er Wert auf U-Boot-Versorgungen in der Basis Nord lege, schlägt er sofort einen Zeitplan für die ersten U-Boot-Versorgungen vom 18. bis 23. November 1939 vor. Moskau stimmt grundsätzlich zu, gibt jedoch nur die Genehmigung zur Versorgung eines U-Bootes in der Basis Nord. Dies enttäuscht Dönitz dermaßen, daß er zuerst das ganze Vorhaben stoppt. Ungeachtet dessen stellt Raeder fest: »Die Bedeutung der wirtschaftlichen Hilfe der Sowjets ist entscheidend. Die Offerte Rußlands ist so umfangreich, daß die wirtschaftliche Blockade mit größter Sicherheit zu nichts führen wird.«

Am Montag, dem 16. Oktober 1939, stimmt Hitler zu, künftig alle feindlichen Handelsschiffe ohne Warnung torpedieren zu lassen und nach vorheriger Warnung

auch Passagierschiffe im Geleit zu versenken. Am gleichen Tag greifen deutsche Bomber ebenfalls den Firth of Forth an. Es ist der erste Versuch, die britische Flotte an ihrem Liegeplatz von der Luft aus zu treffen. Die Kreuzer *Southampton* und *Edinburgh,* dazu der Zerstörer *Mohawk,* werden leicht beschädigt. 25 Offiziere und Seeleute finden den Tod oder werden verwundet. Vier deutsche Bomber kehren nicht zurück, drei werden von Jagdflugzeugen und einer von der Flak abgeschossen.

Am Dienstag, dem 17. Oktober 1939, gibt das deutsche Oberkommando der Marine (OKM) den U-Boot-Kommandanten freie Hand, jedes als feindlich erkannte Schiff ohne Warnung anzugreifen.
Gegen Mittag läuft Kapitänleutnant Prien mit *U 47* in Wilhelmshaven ein. Großadmiral Raeder begrüßt das Boot am Kai, und Kapitän zur See Dönitz wird anschließend an Deck von *U 47* zum Konteradmiral befördert. Die Besatzung von *U 47* fliegt mit der Privatmaschine des Führers nach Berlin, wo Prien von Hitler mit dem Ritterkreuz des Eisernen Kreuzes ausgezeichnet wird. Die NS-Kriegspropaganda macht aus Prien einen Nationalhelden. Churchill: »Diese Episode, die eine beachtenswerte Waffentat des deutschen U-Boot-Kommandanten, Kapitänleutnant Prien, darstellte, versetzte die öffentliche Meinung in lebhafte Erregung.«

Am Donnerstag, dem 19. Oktober 1939, entscheidet Hitler, daß jedes Schiff mit abgeblendeten Lichtern, das auf einer Route bis zum 20. Breitengrad fährt, anzugreifen und zu versenken ist.

Bis zum 20. Oktober 1939 sind den Magnetminen 19 Handelsschiffe mit 59027 BRT zum Opfer gefallen, eine größere Anzahl von Handelsschiffen ist beschädigt worden. Großadmiral Raeder will nun die sich bietenden Erfolgschancen nutzen und auch durch Flugzeuge Minen vor jene englischen Hafeneinfahrten legen lassen, die für Über- oder Unterwasserminenleger unerreichbar sind.
In den ersten zwölf Kriegswochen haben britische Zerstörer und Minenleger ein tiefes Minenfeld mit insgesamt 3636 Minen zwischen Kap Griz-Nez und Folkestone gelegt.

Im Oktober 1939 werden bei dem Versuch, den Ärmelkanal trotz der britisch-französischen Minensperre zu durchqueren, drei deutsche U-Boote, *U 12, U 40, U 60,* versenkt und ein viertes U-Boot beschädigt. Nach diesen Erfahrungen erteilt die deutsche Seekriegsleitung den U-Booten strikten Befehl, Großbritannien durch den Nordatlantik zu umfahren.
Ende Oktober 1939 bombardiert die deutsche Luftwaffe – zuerst sporadisch und ohne Erfolg – britische Geleitzüge entlang der Ostküste. Die Handelsschiffe sind zur Zeit nur notdürftig mit veralteter und feuerschwacher Flak ausgerüstet.
Die von deutschen U-Booten in flachen, küstennahen Gewässern auf dem Meeresboden ausgelegten Magnetminen sind eine deutsche Geheimwaffe mit verheerender Wirkung. Sie werden auf elektromagnetischem Wege durch die Veränderung, die der Stahlrumpf eines Schiffes im Erdmagnetfeld bewirkt, gezündet. Die Druckwelle bricht meistens den Kiel des Schiffes ab. Man hofft, daß die Engländer nicht imstande sein werden, eine Abwehrwaffe zu entwickeln. In der Tat, an den Küsten, in den Buchten und Flußmündungen gehen auf unerklärliche Weise britische Schiffe unter. Man hält die Erfolge der Magnetminen für Torpedotreffer oder übliche Minen, die durch einen unbekannten Mechanismus die Arbeit der Räumboote erschweren.
Im Oktober 1939 versenken deutsche U-Boote im Atlantik und in der Nordsee 34 Handelsschiffe mit insgesamt 168140 BRT. Eigene Verluste: fünf U-Boote.

Am Mittwoch, dem 1. November 1939, meldet die deutsche Botschaft in Moskau den Beginn der Gespräche zum Thema Rohstoff-Transit durch die Sowjetunion. Graf von der Schulenburg betont dabei, daß die Sowjets bereit sind, jene Rohstoffe zu importieren, die Deutschland vor dem Krieg eingekauft hat und die jetzt noch im Ausland lagern. Er fügt hinzu: »Die Sowjets legen größten Wert auf äußerste Diskretion und völlige Geheimhaltung dieser Transaktion.« Mikojan beschreibt es als »deutsch-sowjetische Verschwörung«, von der nur einzelne Personen etwas erfahren dürften. Ohne Zweifel hat er Gründe dafür: Es ist die gröbste Verletzung der Neutralitätsregeln.

Das Panzerschiff *Deutschland* patrouilliert zur Zeit südlich von Grönland. Es läuft zwar keine Gefahr, hier entdeckt zu werden, hat aber auch keine Gelegenheit, ein feindliches Schiff zu versenken. Am 1. November 1939 bestimmt die Seekriegsleitung seine Rückkehr.

Rechts: Eine Heinkel He 115 C-1: Der bewährte Seeaufklärer wird als Wasserflugzeug zum Legen der neuen Magnetminen eingesetzt

Unten: 23. 11. 1939, Shoeburyness: Die bei Ebbe im Watt gefundene geheime deutsche Magnetmine

Die bisherige Jagdbeute ist recht bescheiden: zwei alliierte Frachter mit insgesamt rund 7000 BRT. Churchill: »Die bloße Anwesenheit des mächtigen Schiffes auf unseren wichtigsten Handelsrouten zwang jedoch, wie vorausgesehen, unsere Begleit- und Jagdschiffe im Nordatlantik zu höchst gespannter Aufmerksamkeit.«

Am Dienstag, dem 7. November 1939, erklären die USA die Seegebiete vor der britischen und französischen Küste zu Kriegszonen, deren Befahren den US-Handelsschiffen verboten ist.
Am gleichen Tag erhalten die beiden polnischen Zerstörer *Blyskawica* und *Grom* den Befehl, im südlichen Teil der Nordsee, in den Gewässern zwischen England und Holland Patrouillendienst zu übernehmen. Es herrscht Nebel, und die Sicht ist begrenzt, als gegen 8 Uhr morgens – die beiden Einheiten befinden sich östlich von Lowestoft – zwei Wasserflugzeuge gemeldet werden. Sie kreisen erst eine Weile in größerer Entfernung, dann fliegen sie gegen 8.45 Uhr direkt die polnischen Zerstörer an. Die Besatzungen sind der Meinung, es seien britische Maschinen. Erst beim Näherkommen sehen sie die Balkenkreuze und eröffnen sofort das Feuer. Nachdem sich ein länglicher, schwarzer Gegenstand aus dem Rumpf eines Wasserflugzeuges gelöst hat, glaubt man, das Flugzeug habe einen Schwimmer verloren. Doch als sich auf dem Wasser eine weiße Spur zeigt und der »Schwimmer«, mal tauchend, mal aus den Wellen springend, auf einen der Zerstörer zuläuft, erkennt die verblüffte Besatzung einen knapp den Zerstörer verfehlenden Torpedo. Dies ist der erste Torpedoangriff eines deutschen Flugzeuges auf ein alliiertes Schiff.

Am Mittwoch, dem 15. November 1939, erreicht das Panzerschiff *Deutschland* unbehelligt den Kieler Hafen.

Mitte November 1939 besucht der deutsche Marineattaché in Moskau, v. Baumbach, die Basis Nord in der Sapadnaja-Liza-Bucht. Baumbach:
»Die Basis Nord ähnelt der Bucht von Cattaro. Sie ist sieben Seemeilen lang und sehr stark gewunden. Die umliegenden Steilküsten und Felseninseln von 80 bis 100 Meter Höhe verhindern jeden Einblick in den inneren Teil der Bucht sowohl vom Meer aus als auch von der etwa 25 Kilometer entfernten finnischen Grenze und bietet erheblichen Schutz gegen Stürme. Liegemöglichkeiten sind für Kriegsschiffe bis zur Größe der Panzerschiffe in begrenzter Zahl vorhanden. Die Bucht ist wesentlich günstiger als die Teribierka-Bucht und ist überhaupt die weitaus günstigste, bis in die Gegend des Kap Swatow Noss am Eingang des Weißen Meeres.«

Am Freitag, dem 17. November 1939, verschärft sich die Eskalation im U-Boot-Krieg: Die Frachter dürfen, wenn man sie eindeutig als feindliches Handelsschiff identifiziert hat, sofort angegriffen werden. Damit beginnt von diesem Tag an der uneingeschränkte U-Boot-Krieg gegen die britische und französische Handelsschiffahrt. Es sind elf Wochen seit Kriegsausbruch vergangen, und schon ist eine ähnliche Situation eingetreten, wie sie im Ersten Weltkrieg erst nach zweieinhalb Jahren bestand.
Am gleichen Tag wird das im Kieler Hafen vor Anker liegende Panzerschiff *Deutschland* in *Lützow* umgetauft und erhält die Klassifizierung »Schwerer Kreuzer«, damit – so befindet Hitler – der mögliche Verlust eines Schiffes mit dem Namen »Deutschland« keine nachträglichen Auswirkungen habe. Man will außerdem den für April 1940 geplanten Verkauf des noch im Bau befindlichen Kreuzers L – wie Lützow – an die Sowjetunion verschleiern.

Am Sonntag, dem 19. November 1939, ist die *Admiral Graf Spee* nach einem Streifzug im Indischen Ozean vor Durban und Süd-Madagaskar wieder in den Atlantik zurückgekehrt.

Am Montag, dem 20. November 1939, wird der erste Mineneinsatz von Seeflugzeugen durchgeführt. Bei dieser Operation werden im ganzen sieben Magnetminen ohne Zwischenfall vor der Hafeneinfahrt von Harwich, Kings Channel und Themsemündung abgeworfen. In der nächsten Nacht soll der Abwurf von zehn weiteren und am 22. November von 24 Magnetminen erfolgen. Diese neue deutsche Minenoffensive mit der höchsten Prioritätsstufe richtet sich gegen Schiffahrtswege an der Ostküste Englands, auf denen jährlich rund 50 Millionen Tonnen Güter befördert werden.

Am Dienstag, dem 21. November 1939, laufen unter Führung des Flottenchefs Admiral Marschall die Schlachtschiffe *Gneisenau* (Kpt. z. S. Netzbandt) und *Scharnhorst* (Kpt. z. S. Hoffmann) in den Nordatlantik Richtung Island – Färöer-Enge aus, um hier die Einheiten der Northern Patrol anzugreifen. Man will gleichzeitig einen Vorstoß in den Atlantik vortäuschen, um so

die im Südatlantik operierende *Admiral Graf Spee* zu entlasten.
Am gleichen Tag erhält im Firth of Forth der neueste britische Leichte Kreuzer *Belfast* einen Minentreffer und wird schwer beschädigt.

Am Mittwoch, dem 22. November 1939, hat man zwischen 21 und 22 Uhr in der Nähe von Shoeburyness beobachtet, wie ein deutsches Flugzeug, eine He 115 der 3./Küstenfliegergruppe 106, einen großen, an einem Fallschirm befestigten Gegenstand, der wie ein Seesack aussieht, über der Themsemündung abgeworfen hat, wo zahlreiche Handelsschiffe vor Anker liegen. Hier an der Küste sind bei Ebbe große Wattgebiete freigelegt, so daß am frühen Nachmittag des 23. November 1939 zwei Minen im Watt gefunden werden. Eine Sonderstelle der Royal Navy (HMS *Vernon*) wird sofort benachrichtigt. Korvettenkapitän Ouvry untersucht zusammen mit Obermaat Baldwin eine der Minen, während Korvettenkapitän Lewis und ein Matrose in sicherer Entfernung warten. Vorher hat man vereinbart, daß Ouvry alle Arbeiten, die er vornimmt, Lewis durch Signale mitteilt, so daß ihm, falls etwas passiert, »die bereits erworbenen Kenntnisse beim Zerlegen der zweiten Mine zugute kämen«. Noch am gleichen Abend können Ouvry und sein Team der Admiralität melden, daß die Mine intakt geborgen sei und sich zur eingehenden Untersuchung auf dem Weg nach Portsmouth befinde.

Am Donnerstag, dem 23. November 1939, sichtet gegen Abend der britische Hilfskreuzer *Rawalpindi* (Capt. Kennedy) auf einer Patrouillenfahrt zwischen Island und Färöer ein feindliches Kriegsschiff, das sich rasch nähert. Der Kreuzer vermutet, daß es sich um das aus dem Atlantik zurückkehrende Panzerschiff *Deutschland* handelt und erstattet eine entsprechende Meldung. Kurz danach trifft in der Dämmerung das Schlachtschiff *Scharnhorst* auf den zur Northern Patrol gehörenden britischen Hilfskreuzer *Rawalpindi*, einen umgebauten Passagierdampfer mit einer Bewaffnung von vier alten 15,2-cm-Kanonen, dessen Kommandant den aussichtslosen Kampf aufnimmt. Die *Scharnhorst* erhält einen Treffer, doch setzen ihre 28-cm-Geschütze den Gegner schnell außer Gefecht. Die *Rawalpindi* steht bereits in hellen Flammen, als auch die Geschütze des Schlachtschiffes *Gneisenau* den Hilfskreuzer unter Beschuß nehmen. Kurz nach Einbruch der Dunkelheit versinkt die *Rawalpindi*. Der Kapitän und 270 Mann finden den Tod. Fast zwei Stunden lang bemühen sich die *Scharnhorst* und die *Gneisenau* mit der Bergung von Überlebenden der *Rawalpindi*. Es bleibt das einzige Mal während des Zweiten Weltkrieges, daß deutsche Großkampfschiffe dieses Risiko eingehen.
Von 38 Überlebenden geraten 27 in deutsche Gefangenschaft. Weitere elf Überlebende werden nach 36 Stunden von einem britischen Schiff gerettet. Noch während die beiden deutschen Schlachtschiffe die Überlebenden an Bord nehmen, nähert sich der britische Kreuzer *Newcastle*. Er kann jedoch bei der Dunkelheit und den heftigen Regenböen keine Fühlung zu den sofort mit Höchstfahrt nach Osten abdrehenden deutschen Schiffen halten. Die Deutschen sichten zwar einige patrouillierende britische Schiffe, werden aber selbst nicht identifiziert und erreichen unbehelligt Wilhelmshaven. Die Engländer wissen nicht, daß der Streifzug der beiden Schlachtschiffe dem deutschen Funkbeobachtungsdienst zu verdanken ist, dem das Wichtigste gelang: den britischen Marinecode zu brechen.

Am Freitag, dem 24. November 1939, beginnt abends in Portsmouth ein Team von Wissenschaftlern mit den Untersuchungen der vor zwei Tagen geborgenen Mine. Man entfernt im Minenkörper eine gewölbte Aluminiumscheibe, die in eine Gummitrennwand eingelassen ist. Bei dieser Entdeckung glauben die Wissenschaftler zuerst, sie seien einem akustischen Mechanismus auf der Spur, der auf Schußgeräusche reagiert. Aber unter der Aluminiumkuppel ist eine Skala eingebaut, die mit dem Wort »Gauss« bezeichnet ist. »Gauss« ist die Einheit im elektromagnetischen Maßsystem. Die Mine ist also magnetisch. Jetzt, nachdem das Geheimnis gelüftet ist, muß man eine neue Räummethode finden.

Am Sonnabend, dem 25. November 1939, befiehlt Hitler, einen konzentrierten Versuch zu unternehmen, England mit der U-Boot-Waffe ganz von der Außenwelt abzuschneiden.

Am Montag, dem 27. November 1939, beginnt man auf dem Kreuzer *Manchester* mit einer Reihe von Versuchen für Maßnahmen gegen deutsche Magnetminen, die zeigen, daß der Magnetismus eines Schiffes neutralisiert werden kann, wenn man ein Kupferkabel um den Schiffsrumpf legt und unter Strom setzt.

Am Dienstag, dem 28. November 1939, wird die Silhouette der *Admiral Graf Spee* verändert: Auf dem Vorschiff entsteht jetzt eine überhöhte Geschützturmattrappe mit zwei 28-cm-Rohren aus Holz und Segeltuch, ein zweiter Schornstein – ebenfalls aus Holz und Segeltuch – ist bereits aufgestellt. Ein Teil der Besatzung streicht das ganze Schiff dunkelgrau an. Diese Tarnfarbe und die zusätzlichen Aufbauten verleihen dem »neuen deutschen Kreuzer« das Aussehen des britischen Schlachtkreuzers *Renown.* Das Heck des Panzerschiffes trägt jetzt auf einer Seite den Namen *Admiral Scheer,* auf der anderen den Namen *Deutschland.*

Am Donnerstag, dem 30. November 1939, greift die Sowjetunion ohne Kriegserklärung das kleine Finnland an. Die baltische Flotte nimmt die Hauptstadt Helsinki unter Feuer.
Stalin beabsichtigt vor allem, den Finnischen Meerbusen von beiden Küsten aus zu blockieren, um feindlichen Kriegs- und Transportschiffen das Eindringen in den Golf zu verwehren. Damit soll der Landweg nach Leningrad besser geschützt und die finnische Grenze so weit zurückverlegt werden, daß Leningrad außerhalb der Reichweite schwerer Artillerie liegt. Auch die Grenze im hohen Norden bei Petsamo soll neu gezogen werden, weil sie nach sowjetischer Meinung dort »ungünstig und unnatürlich verläuft«.
Einige Stunden später setzen sowjetische Kriegsschiffe und Transporter, von der Roten Luftflotte und Küstenartillerie unterstützt, auf den finnischen Inseln Landetruppen aus. Die beiden größten finnischen Einheiten, die Panzerschiffe *Väinämäinen* und *Ilmarinen,* liegen weiß getarnt im Eis in den Schärengewässern unterhalb Abo und werden mit Erfolg als Flakbatterien eingesetzt; sie schießen mehrere sowjetische Bomber ab.

Am gleichen Tag unternimmt die britische Admiralität die ersten Vorbereitungsarbeiten zur Errichtung einer riesigen Minensperre zwischen Schottland und Island, um den deutschen U-Booten zu erschweren, die britischen Inseln von Norden her zu umfahren.
Ende November 1939 wird die britische Blockade weiter verschärft: Alle Güter deutschen Ursprungs auf neutralen Schiffen werden ohne Rücksicht auf die Besitzverhältnisse von den Engländern und Franzosen als Bannware angesehen und beschlagnahmt.
Durch den sowjetischen Angriff auf Finnland hat Churchill nun einen willkommenen Vorwand, mit Hilfeleistungen für Finnland den für Deutschland so wichtigen Hafen Narvik zu bedrohen. Churchill: »Ich sympathisierte stark mit den Finnen und trat für alle Vorschläge ein, die zu ihrer Unterstützung vorgebracht wurden; auch begrüßte ich diese neue günstige Wende als Möglichkeit, größere strategische Vorteile zur Unterbindung der für Deutschland lebenswichtigen Eisenerzlieferungen zu erlangen.«
Sollte nämlich Narvik ein alliierter Stützpunkt zur Versorgung Finnlands werden, besteht die Möglichkeit, die deutschen Schiffe daran zu hindern, im Hafen schwedisches Erz zu laden und dann ungefährdet die norwegische Küste entlang nach Deutschland zu transportieren.

Im November 1939 versenken deutsche U-Boote im Atlantik und in der Nordsee 28 Handelsschiffe mit insgesamt 74 623 BRT. Eigene Verluste: ein U-Boot. Es entspricht zwar nur der Hälfte des Monats Oktober, dafür fallen jedoch 27 Schiffe mit 120 958 BRT den Minen zum Opfer.

Am Freitag, dem 1. Dezember 1939, führt Großbritannien das Navicert-System (navigation certificate) ein, eine Warendurchgangsbescheinigung für neutrale Schiffe, die ein alliierter Vertreter im Ausgangshafen ausstellt, nachdem er sich vergewissert hat, daß keine Bannware an Bord ist.
Am gleichen Tag werden von den Deutschen die flachen Gewässer vor der englischen Küste zum ersten »Minenwarngebiet« erklärt. In dieser Zone sollen die deutschen U-Boote alle Schiffe – mit Ausnahme der neutralen – ohne Warnung torpedieren.
Als am 1. Dezember 1939 das Wetterbeobachtungsschiff *Sachsenwald* und das Wohnschiff *Cordillera* die Basis Nord in der Sapadnaja-Liza-Bucht erreichen und auch der Tanker *Jan Wellem* dort vor Anker geht, verfügt die Basis Nord über eine bedeutende Versorgungskapazität.
Mit dem Ausbruch des finnischen Winterkrieges fordern die Sowjets ihrerseits ein Entgegenkommen von der deutschen Kriegsmarine: Dem deutschen Botschafter in Moskau wird mitgeteilt, daß die Rote Flotte eine U-Boot-Blockade gegen Finnland im Bottnischen Meerbusen plant. Botschafter von der Schulenburg richtet an den Chef der Seekriegsleitung die Anfrage, »ob deutsche nach Nordschweden verkehrende Dampfer Treibstoff und Proviant für sowjetische U-Boote mitnehmen und sie ihnen unauffällig auf See übergeben können«. Er empfiehlt persönlich, dem sowjetischen Wunsch nachzukommen.

THE DAILY MAIL, Tuesday, November 28, 1939.

Port tones you up! The real thing comes from Oporto in Portugal

Daily Mail

FOR KING AND EMPIRE

NO. 13,602 TUESDAY, NOVEMBER 28, 1939 ONE PENNY

THE SECRET OF HEALTH & FITNESS BILE BEANS Taken Regularly At Bedtime

RAWALPINDI WAS SUNK BY THE DEUTSCHLAND

40-Minute Battle, Down with Colours Flying

THE Rawalpindi, it was revealed by the Admiralty last night, was sunk by the German "pocket battleship" Deutschland and another warship, believed to be the cruiser Emden, in the first sea battle of the war. She went down, ablaze from end to end but with Colours flying, after every gun had been put out of action.

On the British side the action was fought by a crew of reservists and pensioners. Not a man on board was drawn from the active list of the Royal Navy.

Here is the story related by the handful of survivors as told in the statement issued by the Admiralty:

"The armed merchant-cruiser Rawalpindi, which was manned by merchant seamen, reservists, and pensioners of the Royal Navy, and men of the Royal Naval Reserve and Royal Naval Volunteer Reserve, was forming part of the Northern Patrol by which the contraband control of German trade is enforced.

"This duty is particularly arduous on account of the long dark nights in severe cold, and required for its

Navy Code Will Start Blockade

Neutrals Told To-day

By Daily Mail Reporter

THE British Navy awaits the code signal from the

Guns that Sank Rawalpindi

THREE 11in. guns in the "pocket" battleship's forward turret go into action during manœuvres. Inset: Deutschland's crew line her deck—a peacetime picture. The "Pocket Raider" special diagram in BACK Page.

NAZI TO R.A.F.: 'I SALUTE YOU'

Finland Makes Offer

From RALPH HEWINS, "Daily Mail" Special Correspondent

HELSINKI, Tuesday Morning.

FINLAND is ready to withdraw her troops from the Leningrad frontier if the Soviet forces are also moved back.

This is Helsinki's reply to Russia's demand for the Finnish withdrawal following Sunday's frontier incident.

The Soviet alleges that Finnish guns fired seven shells, killing four Russian soldiers.

The reply was handed to M. Molotov, Soviet Premier and Foreign Commissar, early this morning.

It suggests that a joint border commission should hold an inquiry into the incident.

The Finnish Government say that no shot was fired from the Finnish side of the frontier, but seven cannon shots were heard from the Soviet side.

Soviet Anger Mounts.—Page TWO.

LATEST NEWS

Die »*Rawalpindi* durch Panzerschiff *Deutschland* versenkt« – auch diesmal tappt die britische Presse im dunkeln. Der Hilfskreuzer wurde tatsächlich vom Schlachtschiff *Scharnhorst* versenkt

Weil Molotow verspricht, die von Deutschland an die sowjetischen U-Boote gelieferten Versorgungsgüter in natura zurückzuerstatten, »dort, wo die Deutschen es haben wollen«, besteht durchaus die Möglichkeit, einen zweiten Stützpunkt im Fernen Osten zu eröffnen. Dem deutschen Marineattaché v. Baumbach wird daraufhin in Aussicht gestellt, eine Fernostbasis im Beringmeer zu eröffnen. Die deutschen diplomatischen Vertreter in Japan erheben aus politischen Gründen Einspruch.
Welche Bereitschaft Stalin für eine Kooperation mit Deutschland trotz der eigenen kriegsbedingten Schwierigkeiten zeigt, beweist Moskau mit der Genehmigung, den Schweren Kreuzer *Admiral Hipper* in der Basis Nord zu versorgen. Das Risiko erscheint jedoch der deutschen Seekriegleitung zu groß, und so verzichtet sie auf dieses sowjetische Angebot.

Am Sonnabend, dem 2. Dezember 1939, stoppt die *Graf Spee* in Höhe der Walfischbai vor der afrikanischen Küste den Frachter *Doric Star* (10000 BTR). Diesmal ist es dem Funker noch gelungen, den Notruf mit Positionsangabe abzusetzen. Den letzten Funkspruch der *Doric Star,* um 12.45 Uhr, hat der kleine Frachter *Port Chalmers* nahe der Insel St. Helena aufgefangen. Dadurch erfährt die britische Admiralität von der Rückkehr des Panzerschiffes Admiral *Graf Spee* in den Südatlantik und benachrichtigt sofort die alliierten Streitkräfte in diesem Seegebiet.
Die Meldung erreicht auch Commodore Harwood in seinem Stützpunkt in Port Stanley auf den Falkland-Inseln. Harwood befehligt die South American Division mit zwei Schweren Kreuzern, die *Exeter* und *Cumberland.* Von den beiden anderen, auch Harwood unterstellten Kreuzern, hält sich die *Achilles* zu diesem Zeitpunkt vor Rio de Janeiro auf, und die *Ajax* sticht gerade Richtung Rio de la Plata in See.

Am Sonntag, dem 3. Dezember 1939, beginnt die Sowjetunion mit der Blockade gegen Finnland und läßt zwei U-Boot-Brigaden vor der finnischen Südküste im Bottnischen Meerbusen patrouillieren.
Ebenfalls am 3. Dezember 1939 versenkt das Panzerschiff *Admiral Graf Spee* – als *Admiral Scheer* getarnt – den britischen Frachter *Tairoa* (7983 BRT). Dem Funker gelingt noch ein Notruf, in dem er erwähnt, daß sie »von dem deutschen Schweren Kreuzer *Admiral Scheer* angegriffen worden sind.«
Am Nachmittag ist Commodore Harwood überzeugt, nachdem er die Position der *Admiral Scheer* aufgrund der Notrufe festgestellt hat und deren Durchschnittsgeschwindigkeit kennt, daß das Schiff womöglich im Morgengrauen des 13. Dezember den Rio de la Plata erreichen könnte, um dort den regen englischen Handelsschiffahrtsverkehr zu stören. Commodore Harwood erteilt daraufhin entsprechende Befehle an seine Einheiten und ordnet für alle Schiffe absolute Funkstille an.

Am Montag, dem 4. Dezember 1939, ist das bedeutendste Schlachtschiff der britischen Flotte, die *Nelson,* Flaggschiff von Admiral Forbes, am Ankerplatz der Home Fleet bei Lock Ewe auf eine deutsche Mine gelaufen und so schwer beschädigt worden, daß es für mehrere Monate ins Dock muß.

Am Mittwoch, dem 6. Dezember 1939, findet das letzte

Im Funkraum des Panzerschiffs *Admiral Graf Spee*

Treffen zwischen der *Admiral Graf Spee* und der *Altmark* statt, um Proviant und Treibstoff zu übernehmen. Die 180 britischen Seeleute der versenkten Handelsschiffe, die als Gefangene an Bord der *Graf Spee* gehalten werden, teilt man nun in zwei Gruppen ein: Kapitäne und leitende Ingenieure bleiben auf dem Panzerschiff, die britischen Unteroffiziere und Mannschaften werden an Bord der *Altmark* zu den anderen Gefangenen gebracht, um sie nach Deutschland zu befördern. Dann dampft die *Altmark* in Richtung Norden ab.

Am Donnerstag, dem 7. Dezember 1939, stoppt die *Graf Spee* den Frachter *Streonshalh* (3895 BRT). Der Funker schafft es nicht mehr, einen Notruf zu senden. Als sich das Prisenkommando dem Dampfer nähert, wirft der Kapitän zwei Säcke über Bord. Es gelingt den Deutschen, einen Sack aufzufischen, in dem sich ein detaillierter Plan aller Routen der alliierten Handelsschiffe, die den Rio de la Plata in Richtung Großbritannien verlassen, befindet. Die *Graf Spee* versenkt den Frachter, und Kapitän zur See Langsdorff nimmt jetzt Kurs auf den Rio de la Plata.
Zur gleichen Zeit führen die deutschen Zerstörer *Hans Lody* und *Erich Giese* die planmäßige Verminung an der englischen Ostküste durch. Auf dem Rückweg werden zwei englische Zerstörer der J-Klasse gesichtet. Die beiden deutschen Zerstörer schießen je einen Torpedo ab. Der britische Zerstörer *Jersey* wird getroffen und gerät in Brand, der zweite Zerstörer nebelt die *Jersey* und sich selbst ein. Dies ist der erste Feuerwechsel zwischen deutschen und englischen Zerstörern.

Am Sonntag, dem 10. Dezember 1939, befiehlt die britische Admiralität, alle Kriegsschiffe mit Kupferschlingen als Schutzmaßnahme gegen Magnetminen auszurüsten. Auch bei Handelsschiffen ist es vorgesehen. Dieses Verfahren, »Entgaussen« genannt, erfordert keine baulichen Veränderungen und keine komplizierten Mechanismen. Eine Anzahl von Schiffen braucht allerdings eine zusätzliche Stromanlage. Als vorläufigen Schutz kann das Kupferkabel in wenigen Tagen außen um den Schiffskörper gelegt werden. Dies ermöglicht zwar, die Verzögerungen im Schiffsverkehr auf ein Mindestmaß zu reduzieren, doch beträgt der wöchentliche Bedarf an wertvollem Kupferkabel rund 2400000 Meter, die gesamte Kapazität Großbritanniens. Außerdem braucht man einen technisch ausgebildeten Stab, der den Einbau der Anlagen überwacht und die genauen Erfordernisse eines jeden Schiffes in allen Häfen feststellt. Um den enormen Verbrauch von Kupferkabel zu beenden, wird ein neues, einfacheres Verfahren der Entmagnetisierung entwickelt, das sogenannte »Whipping« (Abwischen), das nur wenige Stunden Zeit benötigt. Ein schweres Kupferkabel wird längs des Schiffes gelegt und von der Hafenanlage aus einmal kräftig unter Strom gesetzt. Das Verfahren muß aber jeweils nach einigen Monaten wiederholt werden. »Whipping« eignet sich zwar nicht für größere Schiffe,

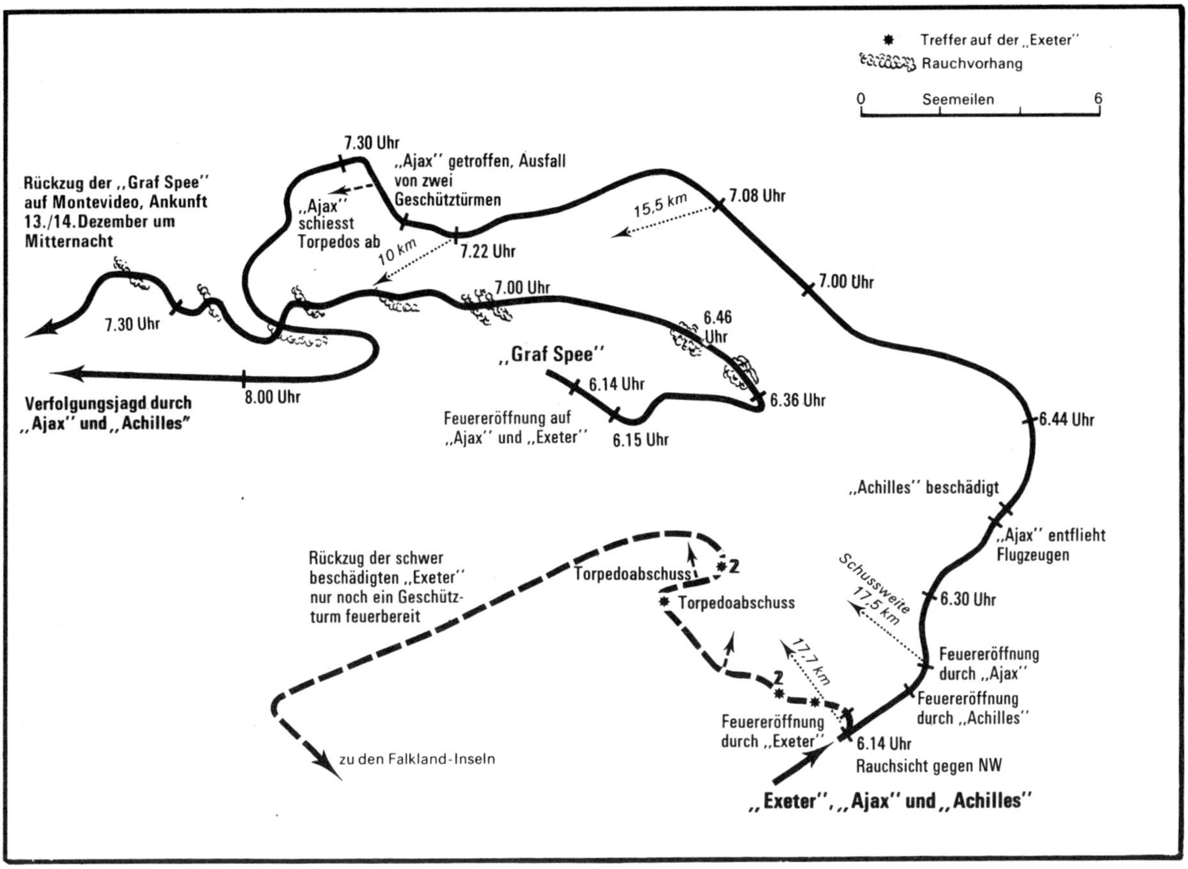

13. 12. 1939: Das Seegefecht vor der La-Plata-Mündung zwischen dem deutschen Panzerschiff *Admiral Graf Spee* und überlegenen britischen Kräften

doch ist seine Anwendung ein wahrer Segen für die in den Gefahrenzonen navigierenden kleineren Küstenfahrzeuge und bedeutet eine große Erleichterung für die Organisation, die mit dem »Entgaussen« betraut ist.

Am Dienstag, dem 12. Dezember 1939, um 7 Uhr morgens, treffen sich die britischen Leichten Kreuzer *Ajax* und *Achilles* sowie der Schwere Kreuzer *Exeter* am Einsteuerungspunkt der La-Plata-Schiffahrt. Gegen 12 Uhr erteilt Commodore Harwood den ihm unterstellten Einheiten den Befehl, das deutsche Kriegsschiff unverzüglich anzugreifen, sobald es sich zeigt. Zu dieser Stunde nähert sich die *Admiral Graf Spee* mit etwa 15 Knoten dem britischen Geschwader.

Am Mittwoch, dem 13. Dezember 1939, um 5.52 Uhr, meldet der Ausguck der *Graf Spee* backbord voraus, in einer Entfernung von etwa 17 Seemeilen, zunächst zwei, dann drei Masten. Das Panzerschiff *Graf Spee* nähert sich mit voller Fahrt den unbekannten Schiffen. Man vermutet, den langersehnten Geleitzug vor sich zu haben. Gegen 6 Uhr kommt der Befehl: »Alle Mann auf Gefechtsstation!« Der 1. Artillerieoffizier F. Rasenack: »Als wir erkannten, daß unsere Gegner drei Kriegsfahrzeuge sind, war es zu spät zum Abdrehen.«
Um 6.08 Uhr, genau 24 Stunden nachdem Commodore Harwood die Konzentration seiner Schiffe vollzogen hat, meldet der Leichte Kreuzer *Ajax* Rauchwolken im Nordwesten, acht Minuten später gibt *Exeter* das Signal: »Ich glaube, dies ist ein Panzerschiff.«
Um 6.25 Uhr wechselt die *Graf Spee* den Kurs und geht auf 115 °, um von Steuerbord anzugreifen. Überzeugt, daß die radargeleitete Bewaffnung des Panzerschiffes ihm entscheidenden Vorteil bietet, gibt Kapitän Langsdorff den Befehl, die britischen Kreuzer anzusteuern. Aus einer Entfernung von elf Seemeilen eröffnet das Panzerschiff das Feuer, einen Turm auf *Exeter,* den anderen auf *Ajax* gerichtet. Anstatt so lange wie möglich den Gegner aus einer sicheren Entfernung unter Feuer zu halten, gibt die *Graf Spee* damit ihren Hauptvorteil auf: die größere Reichweite ihrer Geschütze.
Harwood, der sich auf *Ajax* befindet, läßt seine drei Schiffe aus drei verschiedenen Richtungen auf die *Graf Spee* zulaufen, um so ihr Artilleriefeuer zu zersplittern. Langsdorff konzentriert jedoch sein Feuer ausschließlich auf *Exeter.* Ein Hagel von 28-cm-Geschossen setzt den Turm »B« der *Exeter* außer Gefecht; Granatsplitter töten fast alle Mann auf der Brücke und zerstören die Verbindungen von dort ins Schiffsinnere. Aber die *Exeter* hat mit ihren Granaten die *Graf Spee* bereits beschädigt, auch *Ajax* und *Achilles* haben mit ihren 15,2-cm-Geschützen Treffer erzielt.
Die *Admiral Graf Spee* ist jedem einzelnen der drei Gegner weit überlegen und hat beste Aussichten, die britischen Kreuzer nacheinander zu vernichten, ohne selbst zu riskieren, ernsthaften Schaden zu erleiden. Ihre 28-cm-Kanonen haben eine um 7300 Meter größe-

re Reichweite als die Geschütze der britischen Kreuzer, und keiner von ihnen kann diesem Feuer auf längere Zeit widerstehen. Ihre einzige Chance: das von Harwood befohlene Zulaufen auf die *Graf Spee* aus verschiedenen Richtungen, um sie zu einer Verteilung ihres Feuers zu zwingen.

Um 6.50 Uhr ist die *Exeter* praktisch außer Gefecht gesetzt: Von den drei Geschütztürmen sind zwei unbrauchbar, der dritte (achtern) feuert nur noch aus einem Rohr und ohne Instrumente. Der Brand breitet sich aus, das Schiff nimmt vorn 650 Tonnen Wasser und liegt dort beinahe drei Meter tiefer. *Ajax* und *Achilles,* die nur über 15-cm-Geschütze verfügen, setzen ihren Angriff fort und zwingen endlich das Panzerschiff zum Zielwechsel. Daraufhin richtet die *Graf Spee* ihre 28-cm-Geschütze von der *Exeter* auf die beiden Leichten Kreuzer.

Um 7.30 Uhr unterbricht die *Exeter* ihr Artilleriefeuer, nebelt sich ein und läuft mit Kurs auf Port Stanley. *Ajax* und *Achilles* setzen das Gefecht noch einige Zeit fort, nebeln sich dann ebenfalls ein.

Nach etwa 90 Minuten ist das Gefecht, in dem zum erstenmal in der Geschichte Radarmessung angewendet wurde, beendet. Obwohl die *Graf Spee* rund 20 Treffer bekommen hat und 36 Mann Besatzung gefallen sind, ist die Kampfkraft des Schiffes nicht beeinträchtigt.

Commodore Harwood: »Um 7.38 Uhr meldete mir *Achilles,* daß sie nur noch 20 Prozent ihrer Munition hat und daß die Türme X und Y ausgefallen sind.« Harwood geht mit seinen Schiffen auf Ostkurs: »Ich beschloß daher, das Gefecht abzubrechen, um es unter dem Schutz der Dunkelheit wieder aufzunehmen.«

Von jetzt ab beschatten die beiden britischen Kreuzer *Achilles* und *Ajax* in einem Abstand von etwa 14 Seemeilen die mit 24 Knoten fahrende *Graf Spee* mit Kurs auf Rio de la Plata. Kapitän zur See Langsdorff entscheidet sich nun, den nächsten neutralen Hafen – Montevideo – anzusteuern, um die Schäden dort reparieren zu lassen und die Verwundeten an Land zu geben. Währenddessen nehmen der Kreuzer *Cumberland* und weitere englische Kriegsschiffe Kurs auf die La-Plata-Mündung, um die Chancen eines Durchbruchs der *Graf Spee* zu verringern.

Um Mitternacht läuft die *Graf Spee* in den Hafen von Montevideo ein. Das beschädigte Panzerschiff hat für seine sechs schweren Geschütze nur noch für etwa 80 Minuten Munition. Erfolgsbilanz der *Graf Spee:* neun versenkte Dampfer mit 50 089 BRT.

Die Engländer haben nun die Absicht, die *Graf Spee* so lange in Montevideo festzuhalten, bis der Flugzeugträger *Ark Royal* und das Schlachtschiff *Renown* von Norden her eingetroffen sind. Geschickt verbreitete Berichte von Radio BBC (London) über starke englische Kräfte vor der Mündung des La Plata lassen Langsdorff vermuten, daß ihn bereits außer *Achilles* und *Ajax* auch der Flugzeugträger *Ark Royal* und das Schlachtschiff *Renown* erwarten. In Wirklichkeit sind die *Renown* und der Flugzeugträger *Ark Royal* zu dieser Zeit noch etwa 1000 Seemeilen von Montevideo entfernt. Kapitän zur See Langsdorff hat sich inzwischen mit Berlin in Verbindung gesetzt und meldet die von ihm angenommene Stärke der noch außer Sichtweite wartenden Schiffskonzentration. So fällt Langsdorff der ersten, im Zweiten Weltkrieg angewandten Funktäuschung zum Opfer.

Unterdessen erreicht am 13. Dezember 1939 die *Bremen* endlich Bremerhaven. Kommodore Ahrens: ». . . Die Freude, zum zweiten Male das Rennen gewonnen zu haben, unsere geliebte *Bremen,* diesen kostbaren Besitz der deutschen Handelsflotte, sicher heimgebracht zu haben, leuchtet aus aller Augen.« Großadmiral Raeder unterstreicht besonders die Tatsache, daß die Sowjetunion »fremde Schiffe in Murmansk drei volle Tage behielt, nachdem der Passagierdampfer *Bremen* in See gestochen ist und ihm somit die Rückkehr nach Deutschland ermöglichte«.

Am Donnerstag, dem 14. Dezember 1939, reist der norwegische Politiker Vidkun Quisling nach Berlin, um mit Hitler und Großadmiral Raeder die Vorbereitungen eines Staatsstreiches in Norwegen zu besprechen. Quisling hat zwar einen bis ins einzelne gehenden Plan vorgelegt, doch erklärt ihm Hitler, er ziehe ein neutrales Skandinavien vor. Einige Stunden später, nachdem er Quisling, der vor einer britischen amphibischen Ope-

Rechts: 19. 12. 1939 im Atlantik:
Luxus-Liner *Columbus,* das größte je von der eigenen Besatzung versenkte Schiff

Unten: 17. 12. 1939, La-Plata-Mündung:
Nach der Sprengung setzt die *Admiral Graf Spee* in dem seichten Gewässer auf Grund

ration warnte, verabschiedet hat, gibt Hitler seinem Oberkommando den Befehl, eine Studie als ersten Schritt für eine Invasion Norwegens auszuarbeiten. Der Zufall will es, daß Churchill auch an diesem Tag das gleiche dem britischen Generalstab empfiehlt.

Im Morgengrauen des 17. Dezember 1939 macht sich im Hafen von Montevideo das Sprengkommando der *Graf Spee* an die Arbeit: Die Besatzung des Panzerschiffes wird am Spätnachmittag von dem deutschen Frachter *Takoma* übernommen. An Bord der *Graf Spee* befinden sich nur noch der Kommandant und 40 Mann, die zum Auslaufen und für die Sprengung benötigt werden. Um 17.30 Uhr lichtet das Panzerschiff den Anker und stößt aus dem Hafen zur Mündung des La Plata vor. Ein Boot nach dem anderen legt ab, zuletzt die Barkasse mit dem Kommandanten. Kurz danach erschüttert eine gewaltige Explosion die Stadt. Rasenack: »Deutlich sah ich, wie zwei 28-cm-Rohre des hinteren Turms wie Streichhölzer in die Luft wirbelten. Über 300 Meter hoch stand nun die Sprengwolke schon über dem Schiff, und immer noch erfolgen neue Detonationen . . .« Das Panzerschiff sinkt nur bis zur Hälfte in das seichte, drei Meter tiefe Gewässer. Seine Besatzung wird interniert. Mit der Selbstversenkung der *Admiral Graf Spee* (12100 Tonnen) werden die deutschen Überwasser-

Handelsschiffsoperationen für mehrere Monate unterbrochen. Churchill: »Jedenfalls hatte der Ausgang des Gefechts an der La-Plata-Mündung eine ermutigende Wirkung und bedeutete einen Lichtblick in dem trüben, bedrückenden Winter, den wir durchmachten.«
Die britische Flotte macht nun Jagd auf die *Altmark,* das Versorgungsschiff der *Graf Spee.*

Am Montag, dem 18. Dezember 1939, nimmt das sowjetische Schlachtschiff *Oktjabrskaja Revoljucija* (Kpt. 2. Rg. Vdovicenko), das zum Geschwader der baltischen Flotte gehört, mit fünf Zerstörern die finnischen Küstenbatterien auf der Insel Koivisto unter Feuer.

In der Mündung des La Plata schießen Reporter unzählige Fotos vom Wrack der *Graf Spee.* Auf einer dieser Aufnahmen entdecken Spezialisten des Secret Service ein geheimnisvolles, über der Brücke des Panzerschiffes montiertes Gebilde. Ein Radarfachmann wird mit der nächsten Maschine nach Montevideo beordert. Nachdem er die Antenne untersucht hat, berichtet er nach London, daß es sich um ein Funkmeßgerät, »nach seiner Meinung für das Richten der Geschütze«, handelt, das für die Royal Navy erst in den nächsten zwei Jahren geplant ist.

Am Dienstag, dem 19. Dezember 1939, um 15.30 Uhr, sichtet der britische Zerstörer *Hyperion* etwa 200 Seemeilen östlich von Norfolk die Silhouette eines riesigen Passagierdampfers. Es ist der deutsche Luxus-Liner *Columbus* (32581 BRT), eines der schönsten und schnellsten Schiffe der Welt. Die Besatzung der *Columbus* ist auf diesen Augenblick vorbereitet: Auf Befehl des Kapitäns W. Dähne »Schiff versenken« öffnet sie die Flutventile und gießt Benzin in die Luftschächte. Die *Columbus,* der Stolz der deutschen Seefahrt, wird in Brand gesteckt. So endet die vier Monate und fünf Tage dauernde Irrfahrt des Luxus-Liners auf seinem Weg von New York in die Heimat. Die Besatzung steigt in die Rettungsboote, kaum zehn Minuten später versinkt das in dicke Qualmwolken gehüllte Passagierschiff. Der US-Zerstörer *Tuscaloosa* fischt die deutschen Seeleute aus dem Meer. Die *Columbus* ist in der Seefahrtgeschichte das größte, von der eigenen Besatzung versenkte Schiff.

Am Morgen des 20. Dezember 1939 wird der Kommandant der *Admiral Graf Spee,* Kapitän zur See Langsdorff, in seinem Hotelzimmer in Buenos Aires tot aufgefunden. In voller Uniform, auf der Kriegsflagge ausgestreckt, hat er sich eine Kugel in die Schläfe geschossen.

Am Donnerstag, dem 28. Dezember 1939, torpediert *U 30* (KptLt. Lemp) vor der Clydemündung das britische Schlachtschiff *Barham.* Die *Barham* muß für einige Zeit ins Dock zur Reparatur.

Am Sonnabend, dem 30. Dezember 1939, entscheidet Hitler auf Drängen von Großadmiral Raeder, daß die Schiffe jener Länder, die ihre Dampfer an England verchartert oder verkauft haben, ohne Warnung von U-Booten angegriffen und auch versenkt werden können.

Am Sonntag, dem 31. Dezember 1939, findet im Kreml eine dreistündige deutsch-sowjetische Wirtschaftskonferenz in Anwesenheit von Stalin statt. Es ist die erste von drei Konferenzen. In seinem Bericht hat der Sonderbeauftragte Hitlers, Botschafter Ritter, danach festgestellt: »Das bedeutendste von allem ist die Tatsache, daß Stalin hier zum erstenmal den Ausdruck benutzte ›Gemeinsame Hilfe‹. Er sagte, daß die sowjetische Regierung den Handelsvertrag nicht als ein übliches Abkommen betrachte, sondern als einen Vertrag der ›gegenseitigen Hilfe‹. Die Sowjetunion ist bereit, Deutschland bei der Lieferung von Rohstoffen und Lebensmitteln, die sie selbst woanders gegen teure Devisen verkaufen könnte, zu unterstützen.«
Im Laufe dieser Konferenz ist auch die Regelung der Eisenlieferungen für Deutschland besprochen worden. Was die Kriegsschiffe betrifft, war Stalin besonders zufrieden, daß Hitler bereit ist, ihm den modernen Schweren Kreuzer L. *(Lützow)* zu verkaufen. Stalin hat auch seine Bereitschaft erklärt, einen Teil der sowjetischen Metallvorräte zu liefern sowie Metall in den dritten Ländern für Deutschland einzukaufen.

Im Dezember 1939 werden 50 Prozent aller erfolgreichen U-Boot-Angriffe bei Nacht und über Wasser geführt. Damit bestätigt sich auch die Wirksamkeit der neuen von Dönitz befohlenen Angriffstaktik, die außerdem das Asdic-Gerät, mit dessen Hilfe nur getauchte U-Boote aufgespürt werden können, wirkungslos macht. In dieser neuen Taktik kann man darauf verzichten, der U-Boot-Gruppe einen Einsatzführer zu geben. Im Augenblick des Angriffs hat jeder U-Boot-Kommandant völlige Handlungsfreiheit. Der Erfolg eines Unternehmens hängt von seiner Geschicklichkeit und seinen Fähigkeiten ab.
Ende 1939 ergeht an die Kommandanten deutscher U-Boote die in der Nähe britischer See- und Luftstützpunkte operieren, der Befehl, wegen Gefährdung der Boote keine Überlebenden aufzunehmen.

In den ersten vier Kriegsmonaten haben die Flugzeuge des Coastal Command insgesamt 57mal deutsche U-Boote gesichtet, davon 40 U-Boote angegriffen und acht beschädigt. Es ist ihnen jedoch nicht gelungen, ein einziges U-Boot zu versenken.
Im Dezember 1939 versenkten deutsche U-Boote im Atlantik und in der Nordsee 37 Handelsschiffe mit insgesamt 100413 BRT. Eigene Verluste: ein U-Boot. Die Verlustziffern durch Minen waren jedoch fast genauso hoch wie die der U-Boote. Allein im Dezember sanken durch deutsche Minen 33 alliierte Schiffe mit 82712 BRT. Im Vergleich zu den eingesetzten 470 Magnetminen waren die alliierten Schiffsverluste verhältnismäßig hoch. Sie betrugen bis Ende 1939 insgesamt 79 Schiffe mit 162697 BRT.

1940

Januar – Juni

Donnerstag, 11. Januar 1940
Das *Oberkommando der Wehrmacht* gibt bekannt:
. . . Die Luftwaffe setzte die Aufklärung der englischen und schottischen Ostküste und der Shetlands fort. An der schottischen Küste wurden drei britische Vorpostenboote und ein bewaffneter Handelsdampfer, der das Feuer auf die deutschen Aufklärer eröffnete, angegriffen und versenkt . . .

Tagesparole der Reichspressechefs
Mittwoch, 24. Januar 1940:
. . . Gegen die englischen Greuelmeldungen aus dem Gouvernement soll ein Dementi herausgegeben werden. Ebenfalls sollen wir uns zur Wehr setzen gegen die englischen Meldungen über die warnungslose Versenkung neutraler Schiffe durch deutsche U-Boote . . .

Der Fall »Altmark«

Sonnabend, 17. Februar 1940, Oslo
Associated Press berichtet:
In der vergangenen Nacht hat ein britischer Zerstörer in den norwegischen Hoheitsgewässern den deutschen Dampfer *Altmark* gewaltsam in Besitz genommen und nach englischer Darstellung 300 bis 400 gefangengehaltene englische Matrosen befreit.

Norwegische Stellungnahme
17. Februar 1940, Oslo
Das *Außenministerium* teilt mit:
Gestern nachmittag fuhr der deutsche Dampfer *Altmark* in unseren Hoheitsgewässern unter dem Geleit eines norwegischen Torpedobootes. Um 16.30 Uhr versuchten zwei britische Zerstörer, die *Altmark* durch Warnschüsse zu stoppen. Das norwegische Torpedoboot protestierte, und die *Altmark* drehte in den Joessing-Fjord ab. Nach einem neuen Protest des norwegischen Torpedobootes zogen sich die britischen Einheiten – nun ein Kreuzer und fünf Zerstörer – aus der Dreimeilenzone zurück. Später hielt sich ein Zerstörer wieder in norwegischen Hoheitsgewässern nahe der Küste auf und ließ seine Scheinwerfer aufleuchten. Um 23 Uhr lief der britische Zerstörer in den Fjord ein und enterte die *Altmark*. Gefangene Engländer, die sich an Bord der *Altmark* befanden, wurden von den britischen Kriegsschiffen übernommen. Die norwegische Sicherung, die nur aus zwei kleinen Torpedobooten bestand, konnte abgesehen von energischen Protesten nichts ausrichten.

Befreite Seeleute
17. Februar 1940, London
Die *Agentur Reuter* meldet:
Unter den befreiten Gefangenen befinden sich 55 Offiziere und 20 Matrosen, darunter die Kapitäne der beiden vom Panzerschiff *Graf Spee* versenkten britischen Dampfer *Huntsman* und *Taiora.*

Deutsche Darstellung
17. Februar 1940, Berlin
Das *DNB* berichtet:
Englische Seestreitkräfte haben sich einer unerhörten Verletzung der norwegischen Neutralität schuldig gemacht. Sie versuchten 200 Meter vom Land entfernt, in norwegischen Hoheitsgewässern, längsseits des völlig unbewaffneten deutschen Handelsdampfers *Altmark* zu gehen, um das Schiff zu entern. Nachdem dieser unglaubliche und den primitivsten Gesetzen des Völkerrechts hohnsprechende britische Gewaltakt zunächst noch verhindert werden konnte, treffen nunmehr Meldungen über einen neuen unerhörten Überfall auf die *Altmark* ein, der in seinen Einzelheiten einen beispiellosen Akt britischen Piratentums darstellt und ein neuer bleibender Schandfleck für die britische Marine ist.

Französische Marine kapert die »Rostock«
Montag, 19. Februar 1940, London
Die *Agentur Reuter* meldet:
Der deutsche Frachtdampfer *Rostock* (2542 BRT), der sich auf der Fahrt von Vigo nach Deutschland befand, wurde von der französischen Marine gekapert.

Oben: 17. 2. 1940, Jössing-Fjord, Südnorwegen: Die deutsche *Altmark* (Kpt. Dau) kurz nach der Befreiungsaktion des britischen Zerstörers *Cossack* (Capt. Vian)

Sowjetische Flottenmanöver im Schwarzen Meer
Donnerstag, 22. Februar 1940, Moskau
Das *DNB* teilt mit:
Wie aus Sewastopol gemeldet wird, haben in diesen Tagen umfangreiche Manöver der sowjetrussischen Flotte im Schwarzen Meer stattgefunden. An den Manövern haben Einheiten aller Klassen teilgenommen, darunter zu fast zwei Dritteln auch neue Kriegsschiffe, die erst in letzter Zeit auf sowjetischen Werften gebaut wurden. Die Manöver umfaßten außerdem Übungen der Küstenartillerie und der Marineflieger.

Britische Blockade von Murmansk?

Freitag, 23. Februar 1940, Kopenhagen
Berlinske Tidende berichtet:
Die britische Flotte hat eine Blockade von Murmansk eingeleitet, und zwar, wie man annimmt, mit einem ganzen Geschwader von Kriegsschiffen, zu denen sämtliche Einheiten der Flotte gestoßen sein sollen, die bisher die norwegischen Küstengewässer und das Gebiet bis zum Kola-Fjord überwachten. Diese Blockade soll keine Intervention zugunsten Finnlands einleiten, sondern den Zweck verfolgen, sowohl die deutschen Schiffe zu überwachen, die sich bei Ausbruch des Krieges in den nördlichsten Hafen der UdSSR geflüchtet haben und nun allmählich versuchen, durch norwegi-

sche Küstengewässer nach Deutschland zurückzukehren, als auch deutsche Dampfer zu kontrollieren, die den Sowjets anscheinend Kriegsmaterial nach Murmansk bringen.

Geheimer Bericht des *Sicherheitsdienstes der SS* zur innenpolitischen Lage:
Nr. 59 vom 28. Februar 1940 (Auszug)
Auswirkungen der Berichterstattung über den *Altmark*-Fall in Presse und Rundfunk.
Nach Meldungen aus allen Reichsteilen wurde die Art der Berichterstattung über den *Altmark*-Fall außerordentlich begrüßt. Es wurde vor allem die Schnelligkeit der Berichterstattung und das ergänzende Zusammenspiel zwischen offiziellen Pressemeldungen, Augenzeugenberichten, Bildfolgen in den Zeitungen und Rundfunkreportagen ehrlich anerkannt. Überall wuchs die Stimmung in der Bevölkerung innerhalb von 48 Stunden so an, daß allgemein eine deutsche militärische Aktion erwartet wurde . . .

Unten: 3. 4. 1940, Unternehmen »Weserübung«: Deutscher Handelsdampfer der »Ausfuhrstaffel« auf dem Weg nach Norwegen

»Fall Weserübung«

Der Führer und Oberste Befehlshaber der Wehrmacht

Berlin, den 1. 3. 1940

WFA/Abt. L Nr. 22070/40
g. Kdos. Chefs.
Geheime Kommandosache
Chef Sache — 9 Ausfertigungen
Nur durch Offizier — 1. Ausfertigung

Weisung für »Fall Weserübung«

1. Die Entwicklung der Lage in Skandinavien erfordert es, alle Vorbereitungen dafür zu treffen, um mit Teilkräften der Wehrmacht Dänemark und Norwegen zu besetzen (»Fall Weserübung«). Hierdurch soll englischen Übergriffen nach Skandinavien und der Ostsee vorgebeugt, unsere Erzbasis in Schweden gesichert und für Kriegsmarine und Luftwaffe die Ausgangsstellung gegen England erweitert werden.
Kriegsmarine und Luftwaffe fällt im Rahmen der gegebenen Möglichkeit die Sicherung des Unternehmens gegen das Eingreifen englischer See- und Luftstreitkräfte zu.
Die für »Fall Weserübung« einzusetzenden Kräfte werden im Hinblick auf unsere militärpolitische Stärke gegenüber den nordischen Staaten so schwach als möglich gehalten. Ihre zahlenmäßige Schwäche muß durch kühnes Handeln und überraschende Durchführung ausgeglichen werden.
Grundsätzlich ist anzustreben, der Unternehmung den Charakter einer friedlichen Besetzung zu geben, die den bewaffneten Schutz der Neutralität der nordischen Staaten zum Ziel hat. Entsprechende Forderungen werden mit Beginn der Besetzung den Regierungen übermittelt werden. Flotten- und Luftdemonstrationen werden erforderlichenfalls den nötigen Nachdruck geben . . .
2. . . . Die Seestreitkräfte der Kriegsmarine und die von der Luftwaffe eingesetzten Kräfte bleiben dem Ob. d. M. bzw. Ob. d. L. unterstellt. Sie sind im engen Einvernehmen mit dem Befehlshaber der Gruppe XXI einzusetzen. Von dieser Regelung sind bei der Luftwaffe 1 Aufkl. Staffel (F) und 2 mot. gl. Flak-Abteilungen ausgenommen, die bis zur erfolgten Besetzung Dänemarks der Gruppe XXI unmittelbar unterstehen . . .
(gez.) Adolf Hitler

W. Churchill an den Ersten Seelord
Donnerstag, 14. März 1940:
Wäre es nicht möglich, da man uns die Verminung der norwegischen Hoheitsgewässer untersagt, ein oder zwei schnelle Handelsschiffe verfügbar zu machen, die am Bug besonders verstärkt oder gar mit einem Rammsteven ausgestattet würden? Diese Schiffe sollten längs der norwegischen Küste Waren transportieren und dabei nach deutschen Erzdampfern oder anderen deutschen Handelsschiffen Ausschau halten, die sie dann »zufälligerweise« rammen würden . . .

Sonntag, 17. März 1940
Das *Oberkommando der Wehrmacht* gibt bekannt:
. . . Auf Grund der Aufklärungsergebnisse der letzten Tage unternahmen stärkere deutsche Kampffliegerverbände in den Abendstunden des 16. März einen Vorstoß nach Nordwesten und griffen in Scapa Flow liegende Teile der britischen Flotte an.
Hierbei wurden drei Schlachtschiffe und ein Kreuzer durch Bomben getroffen und schwer beschädigt. Die Beschädigung von drei weiteren Kriegsschiffen ist wahrscheinlich . . .

W. Churchill an den Ersten Seelord
Montag, 25. März 1940:
In der deutschen Presse werden unsere Seeleute des Plünderns bezichtigt. Ich hätte nicht geglaubt, daß ich auf diese Anklage eingehen müßte – leider ist mir aber zu Ohren gekommen, daß die Uhr, der Chronometer und das Eiserne Kreuz des Kapitäns der *Altmark* gestohlen wurden und sich jetzt als Andenken in den Händen einiger unserer Seeleute befinden. Solche Vorkommnisse müssen mit unnachsichtiger Strenge verhindert werden. Kein »Souvenir« von irgendwelchem Wert darf ohne Meldung und Genehmigung behalten werden. Persönliches Eigentum von Feinden kann vom Staat konfisziert werden, aber niemals von Einzelpersonen.

Einstellung der Küstenschiffahrt
Montag, 8. April 1940, Bergen
United Press meldet:
Die gesamte norwegische Küstenschiffahrt ist wegen der Verminung norwegischer Gewässer eingestellt worden. Die auf dem Weg nach Bergen befindlichen Dampfer wurden in Alesund, Molde und Kristiansand aufgehalten.

Landungsversuch in Norwegen?

8. April 1940, Oslo
Das *Norwegische Telegrammbureau* teilt mit:
Das deutsche Truppentransportschiff *Rio de Janeiro* (9000 Tonnen) mit Infanteristen an Bord ist heute von einem britischen Unterseeboot bei Lillesand in Südnorwegen torpediert worden. 130 Mann sind von norwegischen Fahrzeugen gerettet, 10 Leichen an Land geschwemmt worden, mehrere hundert Mann treiben noch im Wasser. Die Überlebenden gaben als Einschiffungshafen Stettin an, sie wußten jedoch nicht, wohin die Reise gehen sollte. Man befürchtet in Norwegen, daß die *Rio de Janeiro* zu einer größeren deutschen Einheit gehört, die in den nächsten Stunden eine Landung in Südnorwegen in Verbindung mit dem deutschen Flottenvorstoß durch die dänischen Gewässer plant.

Neutralitätsverletzungen
8. April 1940, Oslo
Das *Norwegische Telegrammbureau* berichtet:
Der Verkehr zur See zwischen Trondheim und Bodö ist eingestellt worden. Der nordwärts gehende Schnelldampfer muß bis auf weiteren Befehl in Bodö liegen bleiben. Ein anderer Schnelldampfer vom Norden her wurde gestoppt. Drei große, vom Süden kommende Frachter sind von britischen Kriegsschiffen angehalten worden und mußten im äußeren Hafen von Bodö Anker werfen. Britische Kriegsschiffspatrouillen fahren so nahe an der Küste entlang, daß sie vom Schiffssteg in Bodö aus gesehen werden konnten. Ein britischer Kreuzer im West-Fjord hat drei Dampfer angehalten, ihre Weiterfahrt nach Bodö untersagt und in einem Fall sogar einen Warnungsschuß abgefeuert.

Deutsche Kriegsschiffe im Skagerrak
8. April 1940, Stockholm
Svenska Dagbladet teilt mit:
Wie wir aus Kopenhagen und Oslo erfahren, sind ungefähr 50 deutsche Kriegsschiffe – andere Meldungen sprechen von etwa 100 Schiffen – am Montag früh aus der Kieler Bucht ausgelaufen und haben auf dem Weg durch den Großen Belt und den Öre-Sund bereits am Nachmittag um 16 Uhr das Skagerrak erreicht.

Britischer Sabotageversuch auf der Donau?
8. April 1940, Berlin
Das *DNB* meldet:
Das Auswärtige Amt ist im Besitz genauer Unterlagen über einen großangelegten Sabotageversuch des englischen »Secret Service« auf der Donau . . . Aus aufgefundenen Befehlen und Anordnungen geht hervor, daß die Absicht bestand, im Falle von Störungen der vorgesehenen Sprengungen durch Grenzjäger oder Regierungstruppen einer der Südoststaaten Landungsmanöver vorzunehmen und von dieser Basis aus dann die Sabotageakte durchzuführen. Gewisse Uferstellen der Donau und das »Eiserne Tor« sollten in die Luft gesprengt und die Lastkähne in der Fahrrinne versenkt werden.

Britisch-französische Minensperren
8. April 1940, London
Die *Agentur Reuter* berichtet:
Das Minenlegen an der norwegischen Küste ist heute früh erfolgreich durchgeführt worden. An der Aktion beteiligten sich französische und britische Kriegsschiffe.

Dienstag, 9. April 1940
Das *Oberkommando der Wehrmacht* gibt bekannt:
(Sondermeldung) Um dem im Gang befindlichen britischen Angriff auf die Neutralität Dänemarks und Norwegens entgegenzutreten, hat die Deutsche Wehrmacht den bewaffneten Schutz dieser Staaten übernommen . . .

Deutscher Einmarsch in Dänemark

9. April 1940, London
Die Agentur *Reuter* teilt mit:
Nach Berichten aus Kopenhagen haben deutsche Truppen in Schleswig die dänische Grenze überschritten.

Neue Aktion der Royal Navy
9. April 1940, London
Die *Agentur Exchange* berichtet:
Im Laufe der Nacht haben starke Einheiten der britischen Flotte die Heimathäfen in Richtung Norwegen verlassen.

Deutsche Überraschungsaktion
9. April 1940, Stockholm
United Press meldet:
Wie man jetzt erfährt, wurde die Besetzung von Narvik, Bergen und Stavanger durch die deutschen Truppen dadurch ermöglicht, daß deutsche Marineabteilungen, als gewöhnliche Seeleute verkleidet, auf deutschen Erzfrachtschiffen in diese Häfen einfuhren und plötzlich an den Kais anlegten. Vielerorts, so wird gemeldet, warfen sie dann Handgranaten auf die Hafenbeamten und das Hafenpersonal, während sie von ihren Schiffen auf die Piers herabkletterten.

10. 4. 1940, Narvik:
Deutsche Zerstörer setzen die Gebirgsjäger im brennenden Erzhafen aus

Seegefecht bei Narvik

Mittwoch, 10. April 1940
Die *britische Admiralität* teilt mit:
Heute in der Morgendämmerung ist der britische Zerstörer *Hunter* während der Kämpfe bei Narvik gesunken. Der britische Zerstörer *Hardy* lief an der Küste auf.

W. Churchill an Admiral Pound
10. April 1940, London:
Den Deutschen ist es gelungen, sämtliche Häfen an der norwegischen Küste, darunter Narvik, zu besetzen, und umfangreiche Operationen werden nötig sein, um sie auch nur aus einem zu vertreiben. Die norwegische Neutralität und unser Respekt vor ihr haben es unmöglich gemacht, diesen brutalen Handstreich zu verhindern . . . Bergen müssen wir durch ein bewachtes Minenfeld sperren und unsere Angriffe auf Narvik konzentrieren, dessen Eroberung lange und schwere Kämpfe erfordern wird . . . Wir müssen auch die Färöer-Inseln besetzen . . .

Geheimer Bericht des *Sicherheitsdienstes der SS* zur innenpolitischen Lage:
Nr. 75, 10. April 1940 (Auszug)
I. Allgemeines: Die militärische Besetzung Dänemarks und Norwegens hat im ganzen deutschen Volk einen ungeheuren Eindruck gemacht und ausnahmslos begeisterte Zustimmung gefunden. Hierzu hat vor allem das Ausmaß und die Schnelligkeit der deutschen Maßnahmen beigetragen. Wenn die Bevölkerung auch infolge der fortlaufenden deutschen Veröffentlichungen über die Neutralitätsverletzungen der Westmächte, insbesondere nach dem *Altmark*-Zwischenfall, Gegenmaßnahmen erwartet hatte, so ist doch die Überraschung besonders über den Umfang der Aktion groß. Die Ereignisse wurden überall in Stadt und Land, an den Arbeitsplätzen und auf den Straßen lebhaft besprochen, und mit Spannung erwartete man die Meldungen über den weiteren Verlauf der Ereignisse . . .

Seeschlacht vor Norwegen

Donnerstag, 11. April 1940, London
Radio Stockholm meldet:
Seit der vergangenen Nacht ist die größte Seeschlacht aller Zeiten auf einer Strecke von rund 1100 Seemeilen in nord-südlicher Richtung entbrannt, an der auf alliierter Seite 150 Kriegsschiffe und 800 Flugzeuge, auf deutscher Seite 100 Kriegsschiffe und 1000 Flugzeuge teilnehmen.

W. Churchill an den stellvertretenden Chef des Admiralstabes
Freitag, 12. April 1940, London:
. . . Ersuchen Sie bitte den Stab, die Lage in Curaçao zu prüfen, für den Fall, daß Holland überrannt wird. Der vierte Seelord erwähnte mir gegenüber, daß unsere Ölversorgung von den Ölraffinerien in Curaçao abhängt. Ich bitte um einen kurzen Bericht über diese Frage.

Deutsche Besatzungen auf norwegischen Kriegsschiffen
Sonnabend, 13. April 1940, Berlin
Das *DNB* berichtet:
Die Kriegsmarine hat in den besetzten norwegischen Häfen angetroffene Einheiten der norwegischen Kriegsmarine übernommen und mit deutschen Besatzungen in Dienst gestellt.

Sieben deutsche Zerstörer versenkt
Sonntag, 14. April 1940
Die *britische Admiralität* teilt mit:
Seit dem Angriff, den am Mittwoch die zweite Zerstörerflottille gegen die deutschen Zerstörer in Narvik unternommen hatte, wurde der Feind im Fjord von Narvik durch Verstärkungen blockiert. Gestern mittag liefen das Schlachtschiff *Warspite* und ein starkes Zerstörergeschwader in Begleitung von Minensuchern und anderen Einheiten in den Fjord ein, um die deutschen Zerstörer anzugreifen, von denen einige, die im Hafen Zuflucht gesucht hatten, bereits beschädigt waren. Die Aktion diente auch dazu, alle Küstenbatterien an den Fjord-Ufern anzugreifen.

Oben: 17. 4. 1940, Raum Narvik:
Truppen des alliierten Expeditionskorps vor der Landung in Norwegen; im Hintergrund ein Sicherungsflugzeug

Rechte Seite: April 1940:
Deutscher Zerstörer vor der norwegischen Küste

Landung britischer Truppen in Norwegen
Montag, 15. April 1940
Die *britische Admiralität* und das *Kriegsministerium* geben bekannt:
Britische Streitkräfte sind an verschiedenen Stellen in Norwegen gelandet.

Eine Woche ohne Verluste

Dienstag, 16. April 1940
Die *britische Admiralität* teilt mit:
Die britische Handelsflotte hat zum erstenmal seit Ausbruch des Krieges in der am Sonntag um Mitternacht zu Ende gegangenen Woche keine Verluste erlitten.

Britische Besetzung der Färöer-Inseln
16. April 1940, London
Die *Agentur Reuter* meldet:
Unterstaatssekretär Butler vom Außenministerium teilte im Unterhaus mit, daß britische Truppen auf den Färöer-Inseln gelandet sind. Am 10. April habe der Gouverneur der Färöer-Inseln auf eine Mitteilung der britischen Regierung geantwortet und sich einverstanden erklärt, unter den gegenwärtigen Verhältnissen der britischen Regierung die erforderlichen Erleichterun-

gen zu gewähren, um zu verhindern, daß deutsche Truppen auf den Färöer-Inseln Fuß fassen. Hinsichtlich Grönland sei man noch nicht in der Lage, eine Erklärung abzugeben.

Donnerstag, 18. April 1940
Das *Oberkommando der Wehrmacht* gibt bekannt:
Im Raum von Narvik versuchten am 17. April zum erstenmal schwache englische Kräfte, im Herjangen-Fjord in der Gegend von Elvegarsman zu landen. Der Versuch wurde durch die dort stehenden deutschen Truppen abgewiesen.

Überwachung der Donauschiffahrt
18. April 1940, Belgrad
Die *Agentur Havas* meldet:
Die ständige Internationale Donaukommission tagte in Belgrad und nahm gestern eine Entschließung an, die sich auf die Sicherheit der Schiffahrt bezieht und die folgende vier Punkte umfaßt:
1. Schiffe, die in Kriegseinheiten umgewandelt werden können, dürfen die Donau nicht befahren.
2. In allen Häfen unterliegen die Besatzungen aller Schiffe einer Paßkontrolle.
3. Schiffe, die mit Waffen, Zement, Sprengstoffen oder anderem Material beladen sind, das zerstörende Wirkung hat, dürfen das Eiserne Tor nicht passieren, es sei denn mit besonderer Erlaubnis der angrenzenden Staaten.
4. Die gegenwärtige Zollkontrolle wird durch eine viel strengere ersetzt.

Die Verluste der britischen Handelsmarine
18. April 1940, London
Der *Minister für Handelsschiffahrt* teilt mit:
Seit Kriegsausbruch bis zum 10. April 1940 sind insgesamt 81 englische Handelsdampfer einschließlich 17 Tanker von deutschen U-Booten versenkt worden.

Engländer in Namsos

Freitag, 19. April 1940, Stockholm
Die *Agentur Reuter* meldet:
Im Gebiet von Trondheim treffen die Deutschen fieberhaft Vorbereitungen, um dem erwarteten Angriff britischer und norwegischer Truppen zu begegnen, nachdem 130 Kilometer nördlich von Trondheim britische Einheiten bei Namsos an Land gegangen sind. Bei Steinkjer, etwa 30 Kilometer südlich von Namsos, haben sich norwegische Truppen konzentriert. Deutsche Verstärkungen werden in großen Transportmaschinen herangeschafft. Alle Brücken bei Trondheim sollen vermint sein.

Flottenpolitik der USA
19. April 1940, Washington
United Press berichtet:
Der Senat hat die Kredite für den Bau von zwei 45 000-Tonnen-Schlachtschiffen, einem Flugzeugträger, zwei Kreuzern, acht Zerstörern und sechs U-Booten bewilligt.

Französische Truppen gelandet
Sonnabend, 20. April 1940, London
Die *Agentur Havas* teilt mit:
Britische und französische Streitkräfte des Expeditionskorps konnten bisher, ohne irgendwelche Verluste zu erleiden, in Norwegen an Land gehen.

W. Churchill an den Chef der Marineinspektion
Dienstag, 30. April 1940, London:
Als Folge des deutschen Angriffes auf Norwegen und Dänemark hat unsere Handelsflotte einen Zuwachs von ungefähr 750 Schiffen mit insgesamt 3 000 000 BRT erhalten. Die Auswirkungen dieses Zuwachses auf unsere Handelsschiffahrt und auf unseren Schiffsbau müssen sorgfältig erwogen werden . . .

»The Nailed Fist« (Die festgenagelte Faust): So einfach sah am 17. 4. 1940 ein Karikaturist die alliierte Intervention in Norwegen

Sender Beromünster (Schweiz)

30. April 1940:
Heute nacht werden es drei Wochen her sein, daß deutsche Truppen in Dänemark einmarschiert und deutsche Kriegsschiffe in die wichtigsten Häfen Norwegens eingefahren sind, um diese beiden skandinavischen Königreiche militärisch zu besetzen. Diese plötzliche Weiterung des vor acht Monaten ausgebrochenen Krieges der Großmächte, dem zwei sorglose neutrale Staaten zum Opfer gefallen sind, beherrscht heute noch die ganze Lage und wird sie, wenn nicht alle Zeichen trügen, noch einige Zeit beherrschen. Vom Blitzkrieg hat sich diese Expedition zu einem erbitterten Gebirgskrieg auf schwierigem Terrain und unter schwierigen Witterungsverhältnissen entwickelt. Der zuerst zögernd, dann entschlossen einsetzende Widerstand der Norweger leidet allerdings darunter, daß die Mobilisation zu spät kam, daß die Truppen wenig zahlreich sind und in über das Land verstreuten Gruppen kämpfen, daß außerdem die Ausbildung der norwegischen Soldaten nicht immer den Anforderungen eines modernen Krieges genügt, sowenig wie ihre Bewaffnung, die einem mit automatischen Waffen ausgerüsteten Feind, seinen Panzerkolonnen und Bombenflugzeugen nicht gewachsen ist . . . In diesem Zusammenhang erinnern wir uns eines Satzes aus der Weihnachtsbotschaft des Papstes, die jedem Bürger eines Kleinstaates aus dem Herzen gesprochen war: »Der Lebenswille eines Volkes«, sagte Pius XII., »darf niemals gleichbedeutend sein mit dem Todesurteil über ein anderes Volk.«

Donnerstag, 2. Mai 1940
Das *Oberkommando der Wehrmacht* gibt bekannt:
Die Operationen in Norwegen zwischen Oslo und Trondheim sind in Verfolgungskämpfe übergegangen. Die Briten räumen überstürzt und in Auflösung das Gebiet um Andalsnes. Unübersehbare englische Vorräte sind bei Dombas in die Hände unserer Truppen gefallen, die mit ihren Anfängen schon 40 km südostwärts Andalsnes stehen . . .

Krieg im Westen!

Freitag, 10. Mai 1940
Das *Oberkommando der Wehrmacht* gibt bekannt:
. . . Die deutschen Truppen haben heute um 5.30 Uhr die holländische, luxemburgische und belgische Grenze überschritten. Feindlicher Widerstand in Grenznähe wurde überall in scharfem Zugriff, vielfach in engstem Zusammenwirken mit der Luftwaffe, gebrochen . . .

Britische Truppenlandung in Island
10. Mai 1940, London
Das *britische Außenministerium* teilt mit:
Seit dem deutschen Einmarsch in Dänemark muß auch mit einem Überfall auf Island gerechnet werden. Es ist klar, daß es der isländischen Regierung mit ihrer kleinen Streitmacht nicht möglich ist, einen deutschen Angriff abzuwehren. Die britische Regierung hat daher beschlossen, einem möglichen deutschen Handstreich zuvorzukommen und heute morgen britische Truppen in Island an Land gesetzt.

Rückzug aus Dünkirchen

Donnerstag, 30. Mai 1940
Das *britische Informationsministerium* gibt bekannt:
Die Truppen, die nicht direkt an den Kämpfen in Nordfrankreich beteiligt waren, sind mit Unterstützung der britischen Flotte evakuiert worden. Diese Operationen gehen erfolgreich weiter, und eine Anzahl von Truppentransportern sind bereits in England eingetroffen. Die Schlacht tobt gegenwärtig in Küstennähe.

Sonntag, 2. Juni 1940, London
Die *Agentur Reuter* meldet:
Augenzeugenbericht über den Abtransport britischer und französischer Truppen aus Dünkirchen:
»Ich verbrachte den Donnerstag in einem Flottenstützpunkt der Südküste Englands, wo die Schiffe, die mit dem Transport der Truppen betraut waren, aus- und einliefen. Während mehrerer Tage und Nächte herrschte dort Hochbetrieb. Transportschiffe, Zerstörer und Fischkutter waren beim Einlaufen oft bis zum Sinken mit Truppen überladen. Die meisten Schiffe waren das Ziel feindlicher Fliegerangriffe. Tausende von Soldaten mußten, um an Bord zu gelangen, oft bis zu den Achselhöhlen durchs Meer waten. Noch während die Truppen

28. 5. 1940, Dünkirchen:
Schwere Rauchwolken kennzeichnen viele Kilometer weit den Rückzug der britischen Truppen vom Kontinent

an Bord kletterten, wurden sie von deutschen Bombern mit MG und Gewehren beschossen. Ein schottisches Regiment, dessen Männer zwar total erschöpft waren, schoß trotzdem noch mit Gewehren gegen feindliche Flieger. Ich kam an Bord eines Zerstörers, der soeben eingetroffen war. Das Schiff hatte 12 Bombentreffer, sein Kapitän war gefallen. Trotzdem klappte es, die Truppen sicher nach England zu bringen.«

338 226 Mann über den Kanal zurückgebracht
Dienstag, 4. Juni 1940, London
Premierminister W. Churchill gab heute nachmittag vor dem Unterhaus folgende Erklärung ab:
. . . Es hat sich ein Rettungswunder vollzogen, ein Wunder an Tüchtigkeit, Ausdauer, vollkommener Disziplin, unerschrockenen Dienstes, Geschicklichkeit und unerschütterlicher Treue . . . Wir müssen uns hüten, den gelungenen Abtransport der britischen und französischen Soldaten als einen Sieg zu bezeichnen. Kriege werden nicht durch Räumungen gewonnen . . . (Beifall)

Rückzug über den Kanal beendet

4. Juni 1940, Paris
Die *Agentur Havas* berichtet:
Der französische Admiral Abrial verließ als letzter heute morgen um 7 Uhr die Stadt Dünkirchen.

Sonntag, 9. Juni 1940
Das *Oberkommando der Wehrmacht* gibt bekannt:
Deutsche Seestreitkräfte, darunter die beiden Schlachtschiffe *Gneisenau* und *Scharnhorst,* operierten unter Führung des Admirals Marschall zur Entlastung der um Narvik kämpfenden Truppen im Nordmeer.

Montag, 10. Juni 1940
Das *Oberkommando der Wehrmacht* gibt bekannt:
(Sondermeldung) . . . Über Narvik selbst weht endgültig die deutsche Flagge. Die norwegischen Streitkräfte haben in der Nacht vom 9. zum 10. Juni ebenfalls ihre Feindseligkeiten eingestellt. Die Kapitulationsverhandlungen sind im Gange.

Versenkung eines britischen Kreuzers
Sonnabend, 15. Juni 1940
Die *britische Admiralität* teilt mit:
Der Kreuzer *Calypso* (4180 Tonnen) ist im Mittelmeer von einem italienischen U-Boot versenkt worden. Ein Offizier und 38 Matrosen werden vermißt; man fürchtet, daß sie ums Leben gekommen sind. Der Kreuzer *Calypso* mit einer Besatzung von über 400 Mann ist das erste britische Kriegsschiff, das von den Italienern versenkt wurde.

Sonntag, 23. Juni 1940
Das *Oberkommando der Wehrmacht* gibt bekannt:
(Sondermeldung) Am 22. Juni, 18.50 Uhr deutscher Sommerzeit, wurde im Walde von Compiègne der deutsch-französische Waffenstillstand unterzeichnet ... Über den Inhalt des Waffenstillstandsvertrages kann zunächst nichts bekanntgegeben werden.

Absetzung von General de Gaulle
23. Juni 1940, Bordeaux
Die *Agentur Havas* meldet:
Der Ministerrat hat heute auf Vorschlag von General Weygand General de Gaulle wegen seiner gestrigen Ansprache im Londoner Radio abgesetzt. Weitere Maßnahmen gegen de Gaulle bleiben vorbehalten.

Oben: Generalleutnant Eduard Dietl, der Verteidiger von Narvik, nach erfolgreichem Abschluß der Kämpfe in Norwegen

Schematischer Querschnitt durch einen Geschützturm

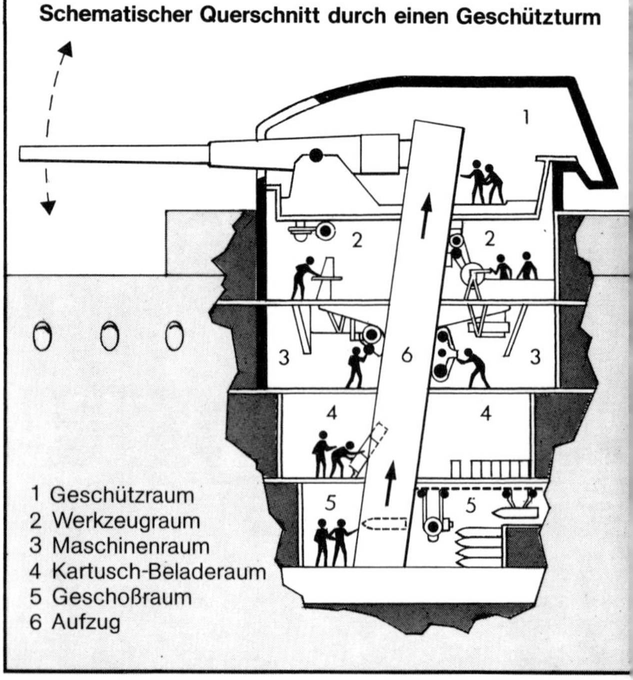

Strategie und Taktik

JANUAR BIS JUNI 1940

Anfang des Jahres 1940 liegt ganz Mittel- und Westeuropa unter einer tiefen Schneedecke, selbst die größeren Flüsse sind zugefroren, die bottnischen Häfen wie Malmö und Göteborg vereist. Das schwedische Erz, das große strategische Bedeutung für Deutschland hat, muß nun bis zum eisfreien norwegischen Hafen Narvik gebracht werden. Von hier aus wird es auf deutschen Frachtern im Schutz der norwegischen Hoheitsgewässer bis zum Skagerrak transportiert und auf dem weiteren Weg in die deutschen Häfen von den Einheiten der deutschen Kriegsmarine gesichert. Bereits im Herbst 1939 überlegten die Alliierten ernsthaft, den Seeweg entlang der norwegischen Küste zu verminen, um diese Erztransporte zu unterbinden.

Am Sonnabend, dem 27. Januar 1940, befiehlt Hitler, für den »Notfall« die Invasion Norwegens vorzubereiten. Er faßt den Plan einer Besetzung Norwegens hauptsächlich aus militärstrategischen Überlegungen, wobei die Möglichkeit, die Erztransporte durch Errichtung von Marinestützpunkten zu sichern, eine erhebliche Rolle spielt.
Der Zufall will es, daß zur gleichen Stunde in Paris der alliierte Kriegsrat zusammentritt. Auf der Konferenz wird die Aufstellung eines Expeditionskorps als »England-Hilfe« für Finnland beschlossen. Um einen offenen Konflikt mit der Sowjetunion zu verhindern, werden die Angehörigen des Korps als Freiwillige deklariert. Gleichzeitig dienen sie jedoch als Vorwand für die Besetzung von Narvik. Daher soll nur ein Teil des Korps nach Finnland entsandt werden.

Am Montag, dem 29. Januar 1940, findet im Kreml die zweite deutsch-sowjetische Konferenz in Anwesenheit von Stalin, Molotow und Mikojan statt. Man bespricht dabei auch die Artillerie und Ausstattung der Türme für Kriegsschiffe, die Deutschland der Sowjetunion liefern soll. Stalin, der großes Sachverständnis und Interesse zeigt, drängt dabei auf größere Kaliber der Geschütze. Auf dieser Konferenz wird auch über den Verkauf des Kreuzers L. *(Lützow)* verhandelt. Da man nur schwerlich annehmen kann, daß die UdSSR von Deutschland Kriegsschiffe kaufen will, um sie gegen die Deutschen einzusetzen, vermutet man, daß Moskau sich für einen Krieg gegen Großbritannien rüstet.

Im Winter 1939/40 besteht auf der Konvoi-Route allein im Nordatlantik ein ungesicherter Raum von fast 1700 Seemeilen, durch den die Handelsschiffe ohne Geleitschutz fahren. Noch größere Lücken gibt es auf anderen wichtigen Seewegen.
Im Januar 1940 beschleunigt England die Entmagnetisierung von Schiffen zum Schutz gegen die neuen deutschen Magnetminen. Trotzdem gehen in diesem Monat durch deutsche Minen 21 Schiffe und 77116 BRT verloren.
Im gleichen Monat arbeitet der deutsche Befehlshaber der U-Boote (BdU) ein Kurzsignalheft aus, um die Gefahr einer Anpeilung der Boote möglichst herabzusetzen. Es gestattet den U-Boot-Kommandanten, aus ihrem Operationsgebiet Funkmeldungen an den BdU in einem nach bisherigen Erfahrungen vom Gegner kaum anzupeilenden Kurzsignal von wenigen Zahlen abzusetzen.
Ebenfalls im Januar 1940 legen die sowjetischen Minenleger *Murman* und *Puskin* zwischen Vardö und der Fischer-Halbinsel zur Sicherung des besetzten finnischen Gebietes von Petsamo und wegen zu erwartender alliierter Operationen eine Minensperre von 200 Minen.
Im Januar 1940 versenken deutsche U-Boote im Atlan-

Panzerarten eines Schweren Kreuzers

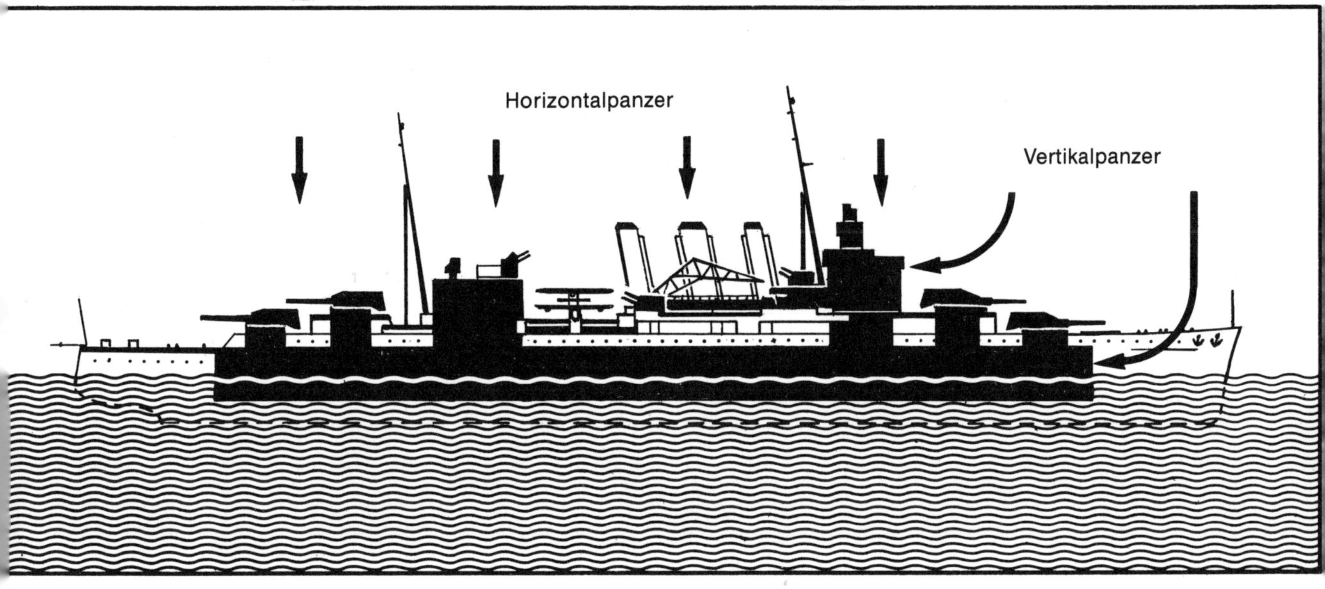

tik und in der Nordsee 58 Handelsschiffe mit 178884 BRT. Eigene Verluste: ein U-Boot.

Am Dienstag, dem 6. Februar 1940, meldet aus Moskau der deutsche Marineattaché v. Baumbach, daß die Sowjetunion dem deutschen Hilfskreuzer, Schiff Nr. 45 *Komet*, die freie Durchfahrt für die geplante Nord-Ost-Passage im nördlichen Polarmeer genehmigt hat. Dieser Seeweg – dem Zugriff der Royal Navy entzogen – ist zugleich die kürzeste Verbindung zum Pazifik.

Am Sonnabend, dem 10. Februar 1940, wird im Kreml ein Wirtschaftsabkommen zwischen Deutschland und der UdSSR unterzeichnet. Stalin verpflichtet sich, in den ersten zwölf Monaten unter anderem eine Million Tonnen Futtermittel zu liefern sowie 900000 Tonnen Öl, darunter die volle Produktion des polnischen Ölgebietes Drohobycz. Um der deutschen Rüstungsindustrie die Einfuhr der strategisch wichtigen Rohstoffe aus dem Nahen und Fernen Osten zu erleichtern und die alliierte Blockade zu umgehen, haben die Sowjets ihre Frachtkosten auf der transsibirischen Eisenbahn um die Hälfte gesenkt.

Am Sonntag, dem 11. Februar 1940, beginnt auf der Karelischen Landenge zehn Tage nach der ersten erneut eine Offensive der sowjetischen 7. und 13. Armee. Wegen Vereisung des Finnischen Meerbusens kann die Rote Flotte jedoch keine Unterstützung geben. Nach dem Durchbruch bei Summa sind die finnischen Streitkräfte gezwungen, ihren Südflügel östlich Wiborg zurückzunehmen.
Am gleichen Tag wird in Moskau der Kaufvertrag für den deutschen Schweren Kreuzer L. (für den der Name *Lützow* vorgesehen war) abgeschlossen.

Oben: Auf der Wilhelmshavener Schillig-Reede

Rechts: Einerseits riesige Öllieferungen aus der UdSSR, andererseits steigende Versenkungserfolge der deutschen U-Boote

Am Montag, dem 12. Februar 1940, versenkt das britische Minensuchboot *Cleaner* in der Clydemündung vor der britischen Küste das deutsche U-Boot *U 33* (KptLt. v. Dresky) beim Versuch, dort eine Minensperre zu legen. Bei Rettung der Besatzung gelingt es, drei Schlüsselwalzen der streng geheimen Marine-Chiffriermaschine Enigma M zu bergen.

Am Donnerstag, dem 15. Februar 1940, erklärt Deutschland, daß alle britischen Handelsschiffe genauso wie Kriegsschiffe behandelt werden.

Am Freitag, dem 16. Februar 1940, sichtet der britische Zerstörer *Cossack* (Capt. Vian) vor der norwegischen Küste südlich von Bergen den langgesuchten Tanker *Altmark* (Kpt. Dau), das ehemalige Versorgungsschiff des Panzerschiffs *Admiral Graf Spee*, das mit gefange-

Illustrierter Beobachter

HUMOR

Öl für Deutschland aus Rußland — Öl für England aus Mossul

Zeichnung: Stroda / Deike.

nen britischen Seeleuten an Bord auf dem Weg nach Deutschland ist. Der *Altmark* gelingt es, mit Hilfe von zwei norwegischen Torpedobooten in den nahegelegenen Jössing-Fjord einzulaufen und dort zu ankern. Der britische Zerstörer *Cossack* folgt ihr, erhält jedoch von Norwegen die Auskunft, das Schiff sei bereits durchsucht und nicht bewaffnet, daher zum Befahren neutraler Gewässer berechtigt.
Die *Cossack* läuft daraufhin zurück und erbittet von der britischen Admiralität neue Anweisungen. Churchill gibt Captain Vian den Befehl, nochmals in die norwegischen Gewässer einzudringen, die *Altmark* zu entern und die Gefangenen zu befreien.
In der Nacht erscheint die *Cossack* wieder im Jössing-Fjord, und Vian verlangt von Norwegen, daß die *Altmark* nach Bergen zu einer erneuten gemeinsamen Inspektion zurückgebracht wird. Die Norweger weigern sich. Plötzlich steuert die *Cossack* auf die *Altmark* zu. Der Tanker versucht, die *Cossack* mit seinem Heck an Land zu drücken, und läuft dabei selbst auf Grund.
Die *Cossack* geht längsseits, und ein britisches Enter-Kommando springt an Deck. Nach kurzem Kampf, in dem sieben deutsche Seeleute fallen und fünf verwundet werden, befreien sie mit dem Ruf »Die Marine ist da« die 303 Gefangenen. Man findet dabei (nach britischen Angaben) auf der *Altmark* neben zwei automatischen Flugabwehrgeschützen auch vier Maschinengewehre. Es stellt sich heraus, daß die Norweger das Schiff überhaupt nicht durchsucht hatten.
Gegen Mitternacht läuft die *Cossack* mit den befreiten Seeleuten aus dem Fjord. Diese Befreiungsaktion ruft in England die gleiche Begeisterung hervor wie der Untergang der *Admiral Graf Spee* im Dezember 1939. Churchill: »Diese beiden Ereignisse stärkten meine Stellung und das Prestige der Admiralität.« In Deutschland, Italien und der Sowjetunion dagegen wird der Vorfall als Akt britischer Piraterie bezeichnet. Großadmiral Raeder: »Durch dieses Ereignis erhielt die ganze Norwegen-Frage ein wesentlich anderes Gesicht, denn nun war eindeutig bewiesen, daß die norwegische Regierung nicht in der Lage gewesen war, ihre Neutralität aufrechtzuerhalten.«

Am Sonntag, dem 18. Februar 1940, beginnt das Unternehmen »Nordmark«, Vorstoß der Schlachtschiffe *Gneisenau* und *Scharnhorst* mit dem Schweren Kreuzer *Hipper* und zwei Zerstörern gegen den Geleitzugverkehr zwischen England und Skandinavien. Nach erfolgloser Operation wird in Höhe der Shetland-Norwegen-Enge das Unternehmen abgebrochen.

Am Dienstag, dem 20. Februar 1940, beordert Hitler den General der Infanterie v. Falkenhorst, Kommandierender General des XXI. Armeekorps (Koblenz), der im Ersten Weltkrieg an den Kämpfen in Finnland teilgenommen hatte, nach Berlin. Falkenhorst: »Hitler bezog sich auf meine Erfahrungen in Finnland und sagte mir: ›Nehmen Sie Platz und erzählen Sie mir, was Sie dort getan haben.‹ Kaum hatte ich begonnen, unterbrach er mich und führte mich zu einem kartenbedeckten Tisch. ›Ich habe eine ähnliche Aktion im Sinn‹, erklärte er, ›die Besetzung Norwegens. Ich bin im Besitz von Meldungen, wonach die Engländer dort zu landen beabsichtigen, und ich will ihnen zuvorkommen . . . Die Besetzung Norwegens durch die Briten wäre eine strategische Umfassungsbewegung, die sie in die Ostsee führt, wo wir weder Truppen noch Küstenbefestigungen haben . . . Der Feind wäre in der Lage, nach Berlin zu marschieren, um das Rückgrat unserer beiden Fronten zu brechen.‹ Abschließend sagte er zu mir: ›Ich übertrage Ihnen das Kommando dieses Unternehmens.‹« Falkenhorst wird zum Leiter des Arbeitsstabes »Weserübung« – so der Tarnname für die Invasion Norwegens –, ernannt. Als er die Reichskanzlei verläßt, kauft er sich erst einmal einen Baedeker, um sich über Norwegen zu informieren.

In den ersten Februarwochen 1940 melden deutsche Aufklärer wiederholt starke Ansammlungen britischer Fischdampfer in der Doggerbank. Und die Kriegsmarine sieht hier die Möglichkeit, einige dieser Schiffe zu kapern und dabei Karten über britische Minenfelder zu erbeuten. Das Unternehmen mit dem Decknamen »Wikinger« soll die 1. Zerstörerflottille (Kommodore Bonte) durchführen. Das Marinegruppenkommando West ist jedoch nicht informiert, daß die Luftwaffe am gleichen Tag einen Einsatz plant. Das X. Fliegerkorps wiederum weiß nichts von einem Zerstörerunternehmen in der Nordsee.

Am Vormittag des 22. Februar 1940 fahren sechs deutsche Zerstörer durch den mit dicken Eisschollen bedeckten Wilhelmshavener Jadebusen mit Kurs auf die Doggerbank. Gegen 18.00 Uhr starten in Neumünster acht Heinkel He 111 der II. Gruppe des Kampfgeschwaders 26, um »Handelskrieg zwischen Themsemündung und dem Firth of Forth zu führen«. Inzwischen steuert nach Einbruch der Dunkelheit der Zerstörerverband durch eine Sperrlücke im deutschen Minenfeld. Um 19.30 Uhr sichten die Zerstörer ein von achtern aufkommendes nicht identifizierbares Flugzeug. Es wird Fliegeralarm gegeben, und der Zerstörer *Leberecht Maass,* der den Verband führt, schießt das Erkennungssignal. Die Maschine antwortet jedoch nicht, und die Schiffsflak eröffnet das Feuer. Das Flugzeug kreist so tief über einem der Zerstörer, daß trotz der Dunkelheit jetzt das Balkenkreuz auf den Tragflächen deutlich zu erkennen ist. Das Flakfeuer wird eingestellt. Plötzlich hört man mehrere Bombeneinschläge, und danach morst die *Leberecht Maass:* »Bin getroffen, brauche Hilfe!« Das Schiff hat einen Bombentreffer in die Aufbauten bekommen. Kurz darauf zerreißt eine heftige Detonation das 2232-Tonnen-Schiff, das sofort sinkt. Die anderen Zerstörer beginnen mit der Rettung von Schiffbrüchigen. Währenddessen erhellt eine zweite heftige Detonation die Dunkelheit. Der Zerstörer *Max Schulz* (2232 Tonnen) geht innerhalb weniger Minuten mit der ganzen Besatzung unter. Da man einen Torpedo gesichtet hat, muß die Rettungsaktion abgebrochen werden. Der Besatzung des Zerstörers *Erich Koellner* ist es gelungen, etwa 60 Mann von der *Leberecht Maass* zu retten.
Eine von Hitler eingesetzte Untersuchungskommission der Marine und Luftwaffe stellt fest: »Der Verlust der

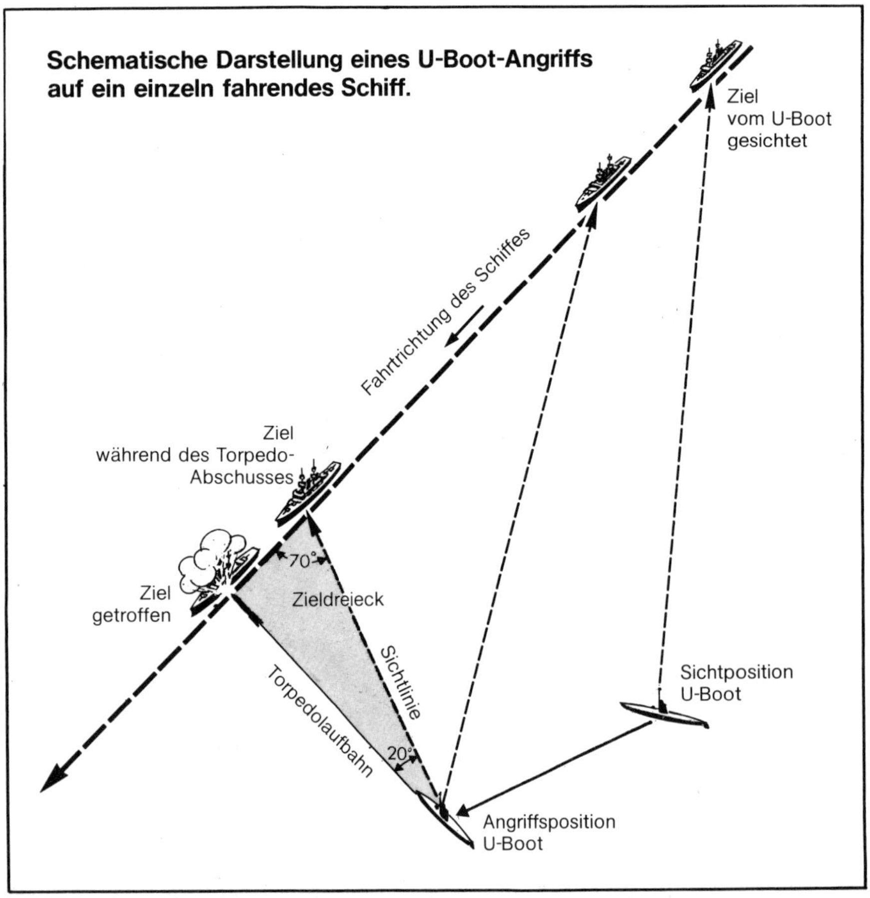

Rechts oben: Das ehemalige Walfangmutterschiff *Jan Wellem* (12000 BRT), als Großtanker und Transporter umfunktioniert, spielt in Hitlers Plänen zur Besetzung von Narvik eine bedeutende Rolle

Darunter: Die *Jan Wellem* in Narvik, im Hintergrund der zerstörte Erzhafen

Links: Angriffstaktik der U-Boote

beiden Zerstörer wurde wahrscheinlich durch 50-kg-Bombentreffer eigener Flugzeuge verursacht.« Erst nach dem Krieg erfährt man, daß die Royal Navy im Januar 1940 Minen in die Sperrlücke der deutschen Minenfelder geworfen hat und die Zerstörer höchstwahrscheinlich sowohl deutschen Bomben als auch Minentreffern zum Opfer gefallen sind. Dieser Vorfall ist ein Beispiel mangelhafter Koordination zwischen Kriegsmarine und Luftwaffe.

Ende Februar 1940 muß die britische Admiralität feststellen, daß ihre Offensive gegen deutsche U-Boote ein Fehlschlag ist. Die Geleitzüge bleiben weiterhin die beste Verteidigung gegen U-Boote: Nur sechs Schiffe aus Geleitzügen werden in diesem Monat durch U-Boote versenkt, dagegen 43 allein fahrende Frachter. Es gibt jedoch zur Zeit noch nicht genügend Eskorten, um jedem Konvoi wenigstens zwei Geleitschiffe zu geben. Insgesamt sind zwei Dutzend Zerstörer aus dem Ersten Weltkrieg, einige Dutzend Kanonenboote und ein paar umgerüstete Fischdampfer für Geleitzüge frei.
Im Februar 1940 erreichen die alliierten Schiffsverluste insgesamt fast eine Viertelmillion Tonnen. Allein die zehn einsatzfähigen deutschen U-Boote versenken im Atlantik und in der Nordsee 49 Handelsschiffe mit insgesamt 185 950 BRT. Durch Minen gehen 15 Schiffe mit 54 740 BRT verloren. Eigene Verluste: fünf U-Boote.
Am Freitag, dem 1. März 1940, erläßt Hitler seine Weisung zur Durchführung des Unternehmens »Weserübung«. Auch Dänemark soll als wichtiges strategisches Sprungbrett und zum Schutz der deutschen Nachschublinien besetzt werden. Erhebliche Sorgen bereitet die Planung des Handstreichs auf den Erzhafen Narvik, den strategischen Schlüsselpunkt Norwegens. Narvik liegt immerhin über 2000 Kilometer vom nächsten deutschen

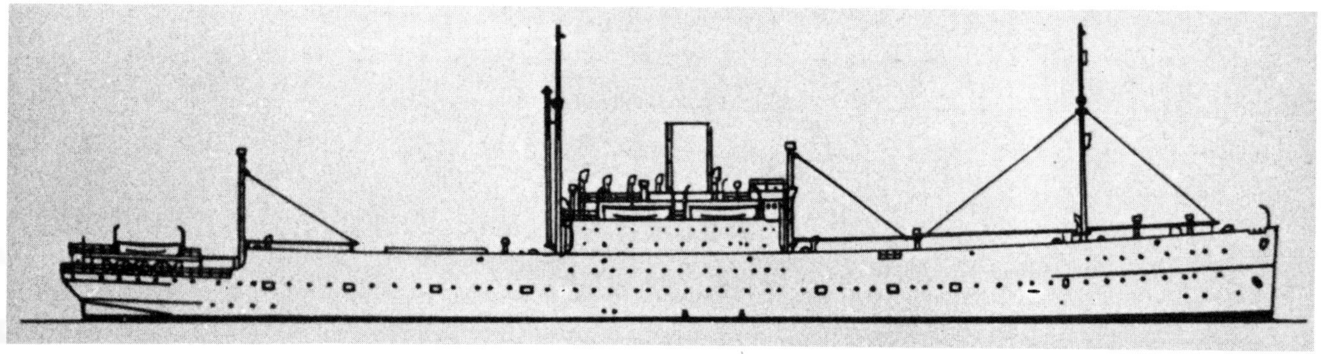

Flottenstützpunkt entfernt. Die zehn Zerstörer, die die Landetruppen nach Narvik bringen sollen, sind fast die Hälfte des Kriegsmarine-Gesamtbestandes dieser Einheiten. Sie können jedoch von Narvik aus die Heimfahrt erst antreten, wenn sie mit dem nötigen Treibstoff versorgt worden sind. Man entscheidet sich für den Großtanker und U-Boot-Versorger *Jan Wellem* (12000 BRT), der zur Zeit in der Basis Nord, dem von Stalin der deutschen Kriegsmarine zur Verfügung gestellten geheimen Stützpunkt liegt. So erlangt die Basis Nord für das Unternehmen »Weserübung« eine operative Bedeutung von außerordentlichem Ausmaß. Die *Jan Wellem* soll nämlich am Vortag des Handstreichs in Narvik als normaler Tanker vor Anker gehen. Wie sich später herausstellt, ist die *Jan Wellem* sogar das einzige Versorgungsschiff, das im kritischen Augenblick in Narvik erscheint und wesentlich zum deutschen Erfolg beiträgt. Großadmiral Raeder: ». . . Der einzige Tanker, der bei der Besetzung Norwegens rechtzeitig in Narvik eintraf, kam aus Polarskoje.«

Am Sonnabend, dem 2. März 1940, fliegen erstmalig deutsche Flugzeuge Angriffe auf Schiffsziele im südlichen Ärmelkanal. Nahe der Insel Wright versenken die Bomber des Kampfgeschwaders 26 den britischen Passagierdampfer *Domala* (8441 BRT).

Am Montag, dem 4. März 1940, bekommt Dönitz von der deutschen Seekriegsleitung den Befehl: »Auslaufen

Oben: 7. 3. 1940, New York:
Dieses Foto vom Luxus-Liner *Queen Elizabeth* verrät die britischen Abwehrmaßnahmen gegen deutsche Magnetminen

Rechte Seite: Die Operationsgebiete der deutschen »Handelsstörer« (Hilfskreuzer)

weiterer U-Boote zunächst stoppen. Kein Einsatz der bereits ausgelaufenen U-Boote an norwegischer Küste. Verwendungsmöglichkeit aller Seestreitkräfte beschleunigt herstellen.« Das Unternehmen »Weserübung« steht bevor.

Am Tag darauf, dem 5. März 1940, muß Dönitz jedoch einige U-Boote vor die norwegische Küste beordern, um die dortigen Verteidigungsanlagen zu erkunden.

Anfang März 1940 wird von der britischen Admiralität zusammen mit dem Geheimdienst eine Aktion auf das strategisch wichtige Eiserne Tor vorbereitet. Durch diese Donauenge wird ein erheblicher Teil des deutschen Ölbedarfs transportiert. Eine bedeutende Rolle soll dabei der griechische Dampfer *Dionysia* (1542 BRT) spielen. Der britische Geheimdienst, der unter anderem zur Bekämpfung der illegalen jüdischen Einwanderung nach Palästina eingesetzt wird, arrangiert sich nun mit der jüdischen Untergrundorganisation Haganah; gegen

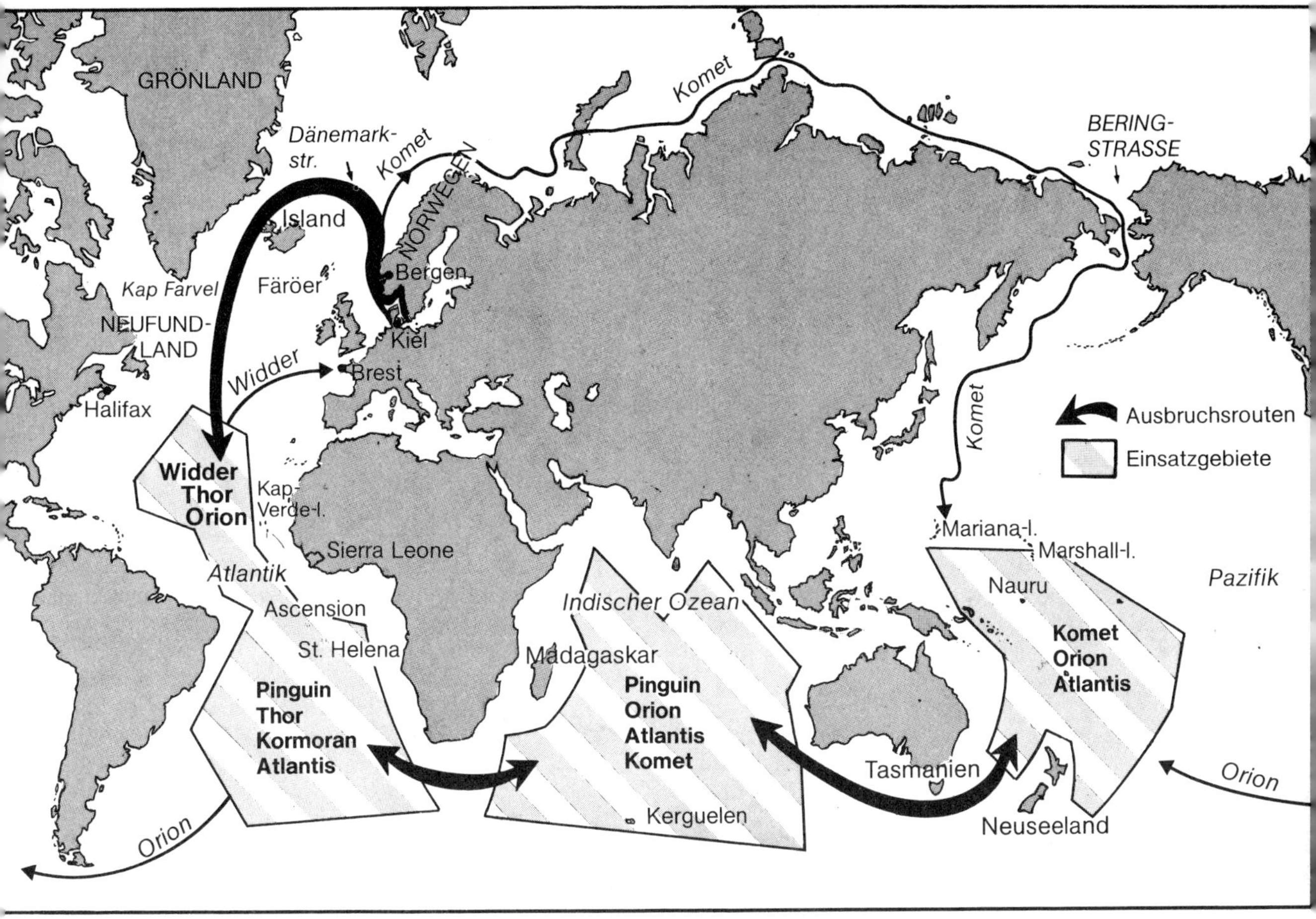

entsprechende Chartergebühren und der Zusage, über die illegalen Einwanderertransporte von Sullin (Donaudelta) nach Haifa Stillschweigen zu bewahren, »leiht« die Haganah ihrem britischen Gegenspieler den Dampfer *Dionysia* für den Anschlag auf das Eiserne Tor.

Am Donnerstag, dem 7. März 1940, läuft das größte Passagierschiff der Welt, der britische Luxus-Liner *Queen Elizabeth* (83673 BRT) auf seiner Jungfernfahrt in New York ein. Die Bilder von der Ankunft des Riesendampfers werden in der Presse veröffentlicht. So entdeckt die deutsche Seekriegsleitung auf den Fotos das rund um den Bug laufende Kupferkabel und erfährt von den englischen Abwehrmaßnahmen gegen deutsche Magnetminen.

In der Nacht zum 11. März 1940 läuft aus Kiel der erste deutsche Hilfskreuzer und »Handelsstörer«, das Schiff 16 *Atlantis* (Kpt. z. S. Rogge), der ehemalige Frachter *Goldenfels* (7862 BRT) aus. Als norwegisches Motorschiff getarnt, befindet er sich auf dem Weg in sein Operationsgebiet. Er hat sechs 15-cm-Geschütze, ein 7,5-cm-Geschütz, zwei 3,7-cm-Flak, zwei 2-cm-Flak, sechs Torpedorohre, zwei Wasserflugzeuge vom Typ Arado, ein Schnellboot und 420 Minen an Bord. Der Hilfskreuzer soll unbemerkt in den Atlantik eindringen und dort die alliierten Handelsschiffe angreifen. Die *Atlantis* ist der erste von 12 deutschen »Handelsstörern«, die die Seekriegsleitung im Laufe des Krieges aus ehemaligen Handelsschiffen umrüstet. Diese Hilfskreuzer sollen zuerst die Lücke schließen, die durch das Norwegen-Unternehmen im Handelskrieg der Überwasserstreitkräfte entstanden ist. Ihre Führung übernehmen in der Regel ehemalige Segelschulschiff-Kommandanten. An entlegenen geheimen Treffpunkten warten Versorgungsschiffe auf sie, um gegebenenfalls Öl und Vorräte zu ergänzen.

Die Taktik der Hilfskreuzer: Nur einzeln fahrende Handelsschiffe – freundliche Absichten vortäuschend – anzugreifen oder sie nach Möglichkeit nachts zu überfallen. Diese Geisterschiffe haben eine große Reichweite von etwa 60000 Seemeilen, was ihnen theoretisch eine zweieinhalbmalige Weltumrundung gestattet, bei einer mittleren Geschwindigkeit von etwa 18 Seemeilen pro Stunde. Wird ihnen ein Seegebiet zu gefährlich, sollen sie in neuer Tarnung in andere, weit entfernte Jagdgründe vorstoßen. Der alliierten Schiffahrt entstehen dadurch zahlreiche Probleme, da die Hilfskreuzer schwer auffindbar sind und dank ihrer Bewaffnung praktisch nur von einem Kreuzer niedergekämpft werden können. Sie haben die Order, Gefechte mit Kriegsschiffen zu vermeiden, keine Konvois anzugreifen und strenge Funkstille zu wahren. Sie sollen in Gebieten operieren, in die zur Zeit noch keine deutschen U-Boote gelangen. Die dafür bevorzugte Tarnung: als neutraler Handelsdampfer. Ihr Erscheinen soll die Engländer veranlassen, ein erhebliches Aufgebot an Seestreitkräften einzusetzen. Auch erwartet man Unterbrechungen der gegnerischen Seeverbindungen.

Dem Einsatz von »Handelsstörern« liegt die Erfahrung der deutschen Hilfskreuzer *Möwe* und *Wolf* aus dem Ersten Weltkrieg zugrunde. Sie können durch einfache Änderung der Aufbauten und des Anstrichs bestimmten Handelsschiffstypen in ihrem Operationsgebiet ähnlich gemacht werden. Auch für die Besatzungen, die oft schweren Belastungen während der Monate dauernden Kreuzfahrten ausgesetzt sind, wird gesorgt. Die Handelsstörer haben Filmvorführungsräume, eine umfangreiche Bibliothek sowie Musik und Gesellschaftsspiele an Bord, selbst Urlaub wird eingeführt. Die Urlauber sind dann vom Dienst befreit, ausgenommen nur im Alarmfall. Der Hilfskreuzer *Kormoran* hat sogar ein Schwimmbecken. Die notwendigen Unterwasser-Reparaturen werden von Tauchern ausgeführt, was oft von entscheidender Bedeutung ist, da die Handelsstörer Monate hindurch, ohne einen Stützpunkt anzulaufen, operieren. Eines der Probleme bei längeren Feindfahrten in tropischen Gewässern: der immer stärkere Bodenbewuchs vermindert mit der Zeit die Geschwindigkeit derart, daß moderne Handelsschiffe nicht mehr eingeholt werden können.

Am Dienstag, dem 12. März 1940, wird in Moskau ein Waffenstillstandsabkommen unterzeichnet, das den sowjetisch-finnischen Winterkrieg beendet. Durch den Friedensvertrag muß Finnland die Karelische Landenge mit Wiborg, neben weiteren karelischen Gebietsstreifen, sowie den finnischen Teil der Fischer-Halbinsel abtreten. Der Sowjetunion wird die am Ausgang des Finnischen Meerbusens liegende Halbinsel Hangö zur Errichtung eines Stützpunktes »verpachtet«.

Am Mittwoch, dem 13. März 1940, trifft in Berlin die Meldung ein, daß britische U-Boote vor der norwegischen Südküste patrouillieren. Zwei Tage später, am Freitag, dem 15. März 1940, landet eine Anzahl englischer Offiziere als »halboffizielle Besucher« im norwegischen Hafen Bergen.

Am Donnerstag, dem 28. März 1940, beschließt man auf der Sitzung des alliierten Kriegsrates in London im Rahmen der Operation »Wilfried«, die Verminung der norwegischen Gewässer am 5. April 1940 durchzuführen. Gleichzeitig werden alliierte Truppen bei Narvik, Trondheim, Stavanger und Bergen an Land gehen. Das erste Truppenkontingent für Narvik soll am 8. April 1940 aus den schottischen Häfen auslaufen. Ebenfalls am 5. April soll die Operation »Royal Marines« beginnen, ein Unternehmen, das Churchill schon seit Monaten geplant hat: Der Erste Lord der Admiralität will von Flugzeugen aus schwimmende Minen in den Rhein werfen lassen, um die Brücken zu zerstören und die Rheinschiffahrt zu behindern. Weil man sich nicht einigt – die französische Regierung befürchtet Repressalien von deutscher Seite – sieht Chamberlain einen willkommenen Anlaß, das Eingreifen Englands in Norwegen noch hinauszuzögern; er vertagt die Operation »Wilfried«.

Im Laufe des Monats März 1940 verlegt die britische Admiralität die Home Fleet wieder nach Scapa Flow, das man nach dem spektakulären U-Boot-Angriff von Kapitänleutnant Prien geräumt hatte. Zugleich sperren die Engländer den Ausgang von der Nordsee zum Atlantik in Höhe der Shetland-Inseln durch eine großangelegte Minensperre. Jetzt glaubt man in London, alle Maßnahmen gegen Operationen der deutschen Flotte getroffen zu haben, die für den Schutz der britischen Versorgungslinien im Atlantik notwendig sind.
Im März 1940 versenken deutsche U-Boote im Atlantik und in der Nordsee 23 Handelsschiffe mit insgesamt 66 246 BRT, durch Minen gehen 14 Schiffe mit 35 501 BRT verloren. Eigene Verluste: zwei U-Boote.

Am Mittwoch, dem 3. April 1940, beginnt für die Kriegsmarine das Unternehmen »Weserübung«: Die ersten Handelsdampfer – die »Ausfuhrstaffel« – stechen mit schwerem Gerät, Artillerie, Flak, Munition und Verpflegung in See, um rechtzeitig für die geplante Operation zur Stelle zu sein. Ihr Ziel ist, wie in Moskau ausgemacht, der sowjetische Hafen Murmansk.
Aus Hamburg laufen die Dampfer *Bärenfels* (7600 BRT) und *Alster* (8500 BRT) mit Munition, *Rauenfels* (8500 BRT) mit 15-cm-Batterien, 8,8 Flak, schweren Infanteriegeschützen und Pak aus. Zu gleicher Stunde verläßt der Tanker *Kattegatt* (6000 BRT) Wilhelmshaven. Keines dieser als normale Handelsdampfer getarnten Versorgungsschiffe erreicht jedoch sein Ziel: Sie werden unterwegs entweder durch RAF-Flugzeuge versenkt, durch britische Seestreitkräfte aufgebracht oder von britischen U-Booten torpediert.
Für diese erste amphibische Operation des Zweiten Weltkrieges stellt die Kriegsmarine: 2 Schlachtschiffe, 1 Panzerschiff, 2 Schwere Kreuzer, 4 Leichte Kreuzer, 14 Zerstörer, 7 Torpedoboote, 30 U-Boote, daneben noch Minensuch- und Hilfsfahrzeuge, Frachter und Tanker.

Ebenfalls am 3. April 1940 berichtet der britische Geheimdienst dem Kriegs- und Außenministerium, daß eine große Anzahl deutscher Schiffe mit Truppen an Bord in den Norwegen am nächsten gelegenen deutschen Häfen zusammengezogen worden sei. Während der Sitzung des britischen Kriegskabinetts teilt der Kriegsminister mit, er habe von einer starken Truppenkonzentration bei Rostock erfahren, und es scheine, »daß eine Invasion Skandinaviens unmittelbar bevorstehe.« Diese Meldung wird jedoch interpretiert, als würden sich deutsche Truppen lediglich in Bereitschaft befinden, um auf einen zu erwartenden alliierten Überfall auf Norwegen zu reagieren. Und man verschiebt wiederholt den Beginn der norwegischen Operation, »diesmal um drei Tage« auf den 8. April, und gerade dieser Entschluß ermöglicht es Hitler, noch vor den Alliierten in Norwegen zu landen.

Am Donnerstag, dem 4. April 1940, meldet der deutsche Gesandte in Helsinki, v. Blücher, er habe aus sicherer Quelle von einer bevorstehenden alliierten Aktion gegen Narvik und Bergen erfahren.

6. 4. 1940, »Weserübung«: Flottenverband von Vizeadmiral Lütjens auf dem Weg nach Norwegen. Im Hintergrund das Schlachtschiff *Scharnhorst*

Am gleichen Tag unterrichtet Oberst Oster, Abteilungschef im Amt Ausland/Abwehr des OKW, den niederländischen Militärattaché in Berlin, Major Sass, über das Unternehmen »Weserübung« und das Vorhaben »Gelb«, Tarnname für den Angriff auf Frankreich. Major Sass informiert sofort seinen schwedischen Kollegen und den dänischen Gesandten Zahle. Sie leiten die Nachricht noch am selben Tage per Sonderkurier ihren Regierungen zu. Die zuständigen Stellen in London und Paris sind jedoch der Meinung, daß es sich dabei um Spielmaterial handelt, mit dem das deutsche Oberkommando sie zu provozieren versucht.

Sonnabend, der 6. April 1940. Es herrscht zunehmende Bewölkung, dazu mäßige Sicht und Regenschauer. Die zum Transport auf Kriegsschiffen bestimmten Truppen werden in Wilhelmshaven, Wesermünde, Kiel, Cuxhaven, Travemünde und Swinemünde verladen. Einige Stunden danach beginnt Vizeadmiral Lütjens mit seinem Flottenverband den Marsch mit Kurs auf Norwegen. Ihm unterstehen auch die Schlachtschiffe *Scharnhorst* (Kpt. z. S. Hoffmann) und *Gneisenau* (Kpt. z. S. Netzbandt).
Am Nachmittag trifft auf dem Bahnhof in Bremen das bewährte Gebirgsjägerregiment 139 (Oberst Windisch) neben dem Stab der 3. Gebirgsdivision (GenMaj. Dietl) ein. Im Hafen von Wesermünde wird sofort mit ihrer Einschiffung begonnen. Die österreichischen Gebirgsjäger haben laut Operationsplan »Weserübung Nord« den Auftrag, Narvik zu erobern. An Bord der Zerstörer werden nur die Kampfteile sowie deren Ausrüstung und Bewaffnung verladen. Die schweren Waffen, Flak, der größte Teil an Munition und Verpflegung befinden sich bereits seit drei Tagen auf der »Ausfuhrstaffel«. Jeder Zerstörer hat zwischen 200 bis 250 Mann an Bord, die so gegliedert sind, daß sie geschlossene, kampfkräftige Einheiten bilden.

Trotz aller Anzeichen einer bevorstehenden deutschen Operation befiehlt die britische Admiralität, an diesem Tag keine besonderen Vorkehrungen zu treffen, um die Home Fleet in unmittelbarer Bereitschaft zu halten.

Am 6. April 1940 läuft aus der Elbe der zweite deutsche Hilfskreuzer und »Handelsstörer«, das Schiff 36 *Orion* (FregKpt. Weyher), aus. Es ist die 1936 gebaute ehemalige *Kurmark* (7021 BRT). Das Operationsgebiet der *Orion:* der Südatlantik. Sie hat 377 Mann Besatzung. Ihre Bewaffnung: sechs 15-cm-Geschütze, ein 7,5-cm-Geschütz, eine 3,7-cm-Flak, vier 2-cm-Flak, sechs Torpedorohre, zwei Wasserflugzeuge vom Typ Arado und 228 Minen.
Ebenfalls am 6. April 1940 verläßt um 22 Uhr der Tanker *Jan Wellem* die geheime deutsche Basis Nord in der Sowjetunion, nahe Murmansk, beladen mit Treibstoff und großen Mengen Nachschub, um die im Erzhafen landenden Gebirgstruppen sowie vor ihrer Heimfahrt die Zerstörer zu versorgen. Drei Stunden später läuft in Wesermünde die I. Gruppe aus, die Narvik einnehmen soll. Die Zerstörer fahren mit abgeblendeten Lichtern stromab in die freie Nordsee. Erst jetzt wird den Gebirgsjägern Auftrag und Fahrtziel mitgeteilt. Fast alle von ihnen sind zum erstenmal auf See.

Am Sonntag, dem 7. April 1940, stoßen um 3 Uhr die Schlachtschiffe *Gneisenau* und *Scharnhorst* dazu. Sie sollen die Anfahrt nach Narvik gegen schwere feindliche Überwasserstreitkräfte sichern. Der 1100 Seemeilen lange Weg ist nicht ungefährlich, da er durch ein Gebiet geht, in dem Großbritannien die Seeherrschaft hat. So muß im Gegensatz zur Luftwaffe und zum Heer die Kriegsmarine beinahe die gesamte deutsche Flotte für das Unternehmen »Weserübung« einsetzen. Man ist sich auch darüber im klaren, daß nur das Überraschungsmoment zum Erfolg verhelfen kann, denn der von Hitler entworfene Operationsplan verstößt gegen fast alle Regeln der Strategie. So rechnet z. B. der Oberbefehlshaber des Marinegruppenkommandos Ost, Admiral Carls, mit einem Verlust von etwa 50 Prozent aller eingesetzten Streitkräfte.

Am Morgen des 7. April 1940 bringen RAF-Aufklärer Luftaufnahmen vom Kieler Hafen, auf denen eine ungewöhnliche Anzahl von Kriegs- und Handelsschiffen zu erkennen ist. Mittags wird die britische Admiralität unterrichtet, daß Meldungen über gewisse deutsche Absichten vorliegen. Dieser Funkspruch wird jedoch durch den Kommentar abgeschwächt: »Alle diese Berichte sind von zweifelhaftem Wert und könnten sehr wohl nur ein weiterer Schachzug im Nervenkrieg sein.«
Einige Stunden später berichtet ein RAF-Aufklärer, daß er ein deutsches Flottengeschwader am Eingang des Skagerrak mit Nordkurs gesichtet habe. Auf diese Meldung hin verläßt um 20.30 Uhr die Home Fleet unter Admiral Forbes Scapa Flow mit den Schlachtschiffen *Valiant* und *Rodney*, dem Schlachtkreuzer *Repulse* sowie mit zwei Kreuzern und zehn Zerstörern. Um 22.00 Uhr laufen die Kreuzer *Galatea* und *Arethusa* neben vier weiteren Zerstörern unter Vizeadmiral Edward-Collins aus dem Hafen Rosyth. Das Kreuzergeschwader von Vizeadmiral Cunningham, das gerade Truppen eingeschifft hat, um die strategisch wichtigen norwegischen Häfen zu besetzen, erhält von der Admiralität den Befehl, »die Soldaten sofort wieder auszuschiffen und sich der Home Fleet auf See anzuschließen«. Als die Einheiten von Rosyth und Scapa Flow in See stechen, sind sie davon überzeugt, daß sie ein deutsches Geschwader, das einen Durchbruch in den Atlantik versucht, abfangen sollen.

Die ganze Nacht hindurch stampft die britische Armada durch schwere See nach Norden, dreht dann aber wieder nach Süden ab. So verpaßt die Royal Navy den entscheidenden Augenblick auf hoher See. Dieser verhängnisvolle Befehl macht es ihr unmöglich, die deutschen Landetruppen zurückzuwerfen, bevor sie sich in den norwegischen Häfen festsetzen.

In der stockdunklen Nacht vom 7./8. April 1940 passieren die beiden deutschen Gruppen für Narvik und Trondheim bei Windstärke 9 das gefährliche, von der Royal Navy sonst stark gesicherte Seegebiet zwischen den Shetland-Inseln und der norwegischen Küste. Es herrscht ungewöhnlich grobe See, und an allen Zerstörern entstehen schwere Schäden. Riesige Brecher reißen an Deck festgezurrte Munitionskästen und schwere Waffen über Bord. Sämtliche Gebirgsjäger sind seekrank, zehn Mann werden über Bord gespült, und es gibt zahlreiche Verletzte.
In der gleichen Nacht, zwischen 4.30 Uhr und 5.00 Uhr, setzen vor Narvik vier britische Zerstörer die Verminungsaktion im Rahmen der Operation »Wilfried« fort, gesichert durch den Schlachtkreuzer *Renown*, durch einen Kreuzer und acht Zerstörer. Selbst zu diesem Zeitpunkt glaubt jedoch die britische Admiralität noch

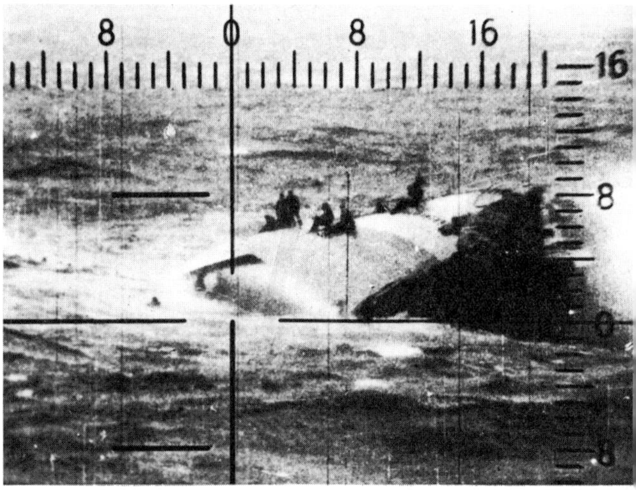

Ganz oben: April 1940, Unternehmen »Weserübung«: Einnahme von Narvik, einem der wichtigsten Operationsziele

Darunter: 8. 4. 1940, der britische Zerstörer *Glowworm* kentert, nachdem er den Schweren Kreuzer *Admiral Hipper* gerammt hat

Rechte Seite: Der deutsche Frachter *Rio de Janeiro* (5261 BRT), versenkt durch das polnische U-Boot *Orzel* (KptLt. Grudzinski)

immer nicht an eine deutsche Operation gegen Norwegen.
Am Morgen des 8. April 1940, um 8.30 Uhr, meldet der britische Zerstörer *Glowworm* (Lt.Cdr. Roope), daß er etwa 150 Meilen südwestlich vom West-Fjord mit einem deutschen Zerstörer im Gefecht stehe. Bald danach erscheint ein zweiter deutscher Zerstörer und dann der Schwere Kreuzer *Admiral Hipper*. Nur durch einen Zufall kommen die britischen Einheiten mit der deutschen Flotte überhaupt in Kontakt: Der Zerstörer *Glowworm* war zurückgeblieben, um nach einem bei schwerem Sturm über Bord gefallenen Matrosen zu suchen, und trifft so auf die *Admiral Hipper* und vier Sicherungszerstörer. Sie haben die für Trondheim bestimmte deutsche II. Gruppe mit 1700 Infanteristen an Bord.
Als der Schwere Kreuzer das Feuer eröffnet, legt die *Glowworm* einen Nebelschleier und schießt aus 3000 Metern Entfernung einen Fächer von drei Torpedos ab, der sein Ziel nur knapp verfehlt. Daraufhin stößt die *Admiral Hipper* durch die Rauchwand und sieht plötzlich, wie der britische Zerstörer ihr mit Volldampf entgegenkommt. Der 14 000-Tonnen-Kreuzer hat keine Möglichkeit mehr, einem Zusammenstoß auszuweichen. Die *Glowworm* rammt das mächtige Schiff und reißt ein 40 Meter breites Leck in seine Flanke. Selbst schwer beschädigt, geht die *Glowworm* einige Minuten später in Flammen auf. Der *Admiral Hipper* gelingt es, 40 Überlebende aufzufischen, unter ihnen den britischen Kommandanten, der jedoch im letzten Augenblick kurz vor Erreichen der Reling erschöpft abrutscht und nicht mehr gerettet werden kann.

Am 8. April 1940 meldet das Deutsche Nachrichtenbureau (DNB): ». . . am 5. April erfuhr man, daß nachstehende Fahrzeuge die Donau stromaufwärts fuhren: Die Schlepper *Britannia, Danubia Shell, King George, Scotland* und *Lord Byron* in Begleitung britischer Motorboote, ferner ein gecharterter griechischer Frachter *Dionysia,* mit 4 Schleppkähnen, und der Schlepper *Albion* mit 5 Schleppkähnen. Infolge von Indiskretionen britischer Besatzungsmitglieder sind folgende Einzelheiten bekannt geworden: An Bord der englischen Fahrzeuge befanden sich in großer Menge: Revolver, Signalpistolen, Handgranaten, Maschinengewehre, Schiffsgeschütze, Wasserbomben, Minen und über 100 spezialausgebildete britische Soldaten, die als Schiffsleute verkleidet und mit besonderen Pässen versehen waren, fünf britische Offiziere, mehrere RAF-Offiziere sowie technisches Personal englischer Feuerwerks- und Pionierabteilungen. Diese militärische, in allen Einzelheiten organisierte Expedition hatte die Aufgabe, die Donau an einigen Stellen für den Handelsverkehr mit Deutschland unbrauchbar zu machen und auf diese Weise den Handelsverkehr zwischen den südosteuropäischen Staaten und Deutschland zu unterbrechen.«
Am gleichen Tag sichtet vormittags das polnische U-Boot *Orzel,* das nach seiner abenteuerlichen Flucht aus Reval (im September 1939) nun der Royal Navy unterstellt ist, vor Lillesand einen Frachter mit Kurs nach Norden, der weder die Bezeichnung der Reederei noch der Nationalität trägt. Man stellt beim Näherkommen fest, daß der Schiffsname *Rio de Janeiro* und der Heimathafen Hamburg überpinselt sind. Das U-Boot taucht auf und befiehlt dem Frachter zu stoppen. Das

Schiff versucht zwar zu entfliehen, wird jedoch vom U-Boot eingeholt. Nachdem es gestoppt hat, wird erst nach einigen Minuten ein Boot zu Wasser gelassen, das zögernd Kurs auf die *Orzel* nimmt. Als man Funkrufe des Schiffes abfängt und von der Küste Norwegens zwei herannahende Patrouillenboote sieht, befiehlt der U-Boot-Kommandant Kapitänleutnant Grudzinski um 12.05 Uhr, einen Torpedo abzuschießen. Erst der zweite Torpedo trifft die *Rio de Janeiro* (5261 BRT). Es ist das erstemal in diesem Krieg, daß ein polnisches Schiff einen Torpedotreffer erzielt.

Die norwegischen Patrouillenboote retten 120 deutsche Soldaten aus dem sinkenden Frachter, die aussagen, sie seien durch ein Hilfeersuchen der Osloer Regierung auf dem Weg nach Bergen gewesen. Dieser eindeutige Beweis deutscher Invasionsabsichten in Norwegen bleibt jedoch unbeachtet: Nachdem der Polizeichef in Lillesand dem nahestehenden norwegischen Marinestab mitteilt, daß sich auf dem versenkten Schiff deutsche Landungstruppen mit Kanonen und Pferden befanden, zeigt man kaum Interesse und verweist den Polizeichef an den Generalstab. Auch dort findet er kein Gehör für seine Meldung. Als er darauf aufmerksam macht, daß die Männer Uniformen tragen, sagt der Admiral am anderen Ende der Telefonleitung: »Ja, das machen doch in Deutschland heute alle«, und legt den Hörer auf. Erst nachdem der Polizeichef mit dem Innenministerium telefoniert hat, wird ihm dort der Befehl zur Entwaffnung der deutschen Soldaten erteilt. Das norwegische Kabinett befiehlt nun, allen einlaufenden Kriegsschiffen Widerstand zu leisten.

Am Abend erreicht die Nachricht, daß sich deutsche Gebirgsjäger auf der versenkten *Rio de Janeiro* befunden haben, die britische Admiralität. Diese Eilmeldung landet jedoch in einem Korb für »laufende Angelegenheiten«, so daß sie erst am nächsten Morgen vom zuständigen Offizier vorgefunden wird.

Man beschließt nun in Paris und London, eine britische Brigade und ein französisches Truppenkontingent nach Narvik zu senden, um den Erzhafen zu besetzen und bis zur schwedischen Grenze vorzurücken. Auch in Bergen, Namsos und Trondheim sollen alliierte Truppen an Land gehen, um den Deutschen die Besetzung dieser Stützpunkte zu verwehren.

In der Nacht vom 8./9. April 1940 verschlechtert sich das Wetter noch mehr, der Sturm nimmt zu. Die deutschen Zerstörer stampfen in starkem Nordweststurm. Man ahnt an Bord nicht, daß das schwere Wetter die britische Zerstörerflottille veranlaßt hat, nahe des West-Fjords unter den Landschutz der vorgelagerten Lofoten zu gehen. So kann die deutsche I. Gruppe unbehelligt in den West-Fjord und weiter in Richtung Narvik vorstoßen.

In dieser Nacht funkt die vor Trondheim stehende *Admiral Hipper* an die Besatzung der norwegischen Küstenbatterie in Englisch: »Auf den Befehl der norwegischen Regierung wollen wir in Trondheim vor Anker gehen. Wir haben keine feindlichen Absichten.« Dank dieser Täuschung können sie den gefährlichsten Teil der Einfahrt passieren. Die norwegischen Kanoniere werden mit Scheinwerfern geblendet. Nur die Batterie in Hysnes hat das Feuer eröffnet, sie wird aber von den Geschützen der *Admiral Hipper* zum Schweigen gebracht.

Am Dienstag, dem 9. April 1940, sichtet im ersten Morgengrauen bei Schneesturm und schwerem Seegang der britische Schlachtkreuzer *Renown* vor dem West-Fjord zwei abgeblendete Schiffe. Es sind die aus Narvik kommenden Schlachtschiffe *Scharnhorst* und *Gneisenau,* die als Begleitschutz eingesetzt waren. Die *Renown* eröffnet aus einer Entfernung von 12 Seemeilen das Feuer. Ein Volltreffer zerstört die Gefechtsstation der *Gneisenau,* so daß sie ihr Feuer einstellen muß. Die *Scharnhorst* hat zwei Treffer erhalten, die jedoch wenig Schaden anrichten. Die deutschen Schlachtschiffe nebeln sich sofort ein und verschwinden.

Zur gleichen Stunde laufen zwei deutsche Minensucher in den Oslo-Fjord ein, um nahe der Küstenbatterien Truppen zu landen. Währenddessen eröffnet der norwegische Minenleger das Feuer und beschädigt den Kreuzer *Emden.* Die V. Gruppe fährt durch die Dröbak-Enge, als plötzlich aus 500 Meter Entfernung die 28-cm-Geschütze des Forts Oscarsborg den Schweren Kreuzer *Blücher* (14 000 Tonnen) unter Beschuß nehmen. Die getarnte Torpedo-Batterie Koholm erzielt ebenfalls zwei Treffer, so daß die *Blücher* sofort sinkt. Mit ihr gehen einige höhere Offiziere des deutschen Verwaltungsstabes und fast die ganze Besatzung unter. Die übrigen deutschen Schiffe, darunter auch der Kreuzer *Lützow,* das ehemalige Panzerschiff *Deutschland,* ziehen sich zurück. Der Versuch, die Fahrt durch den Oslo-Fjord zu erzwingen, wird aufgegeben, bis sich die Festung Oscarsborg am Nachmittag nach einem heftigen Luftangriff ergibt. Die Einnahme der norwegischen Hauptstadt übernehmen Fallschirmjäger, die auf dem Flugplatz Oslo-Fornebu gelandet sind.

Die deutsche Streitmacht, die Oslo und die wichtigsten Häfen Norwegens im Handstreich nimmt, ist relativ klein: An keiner der Stellen wird die erste Landung von mehr als 3000 Mann durchgeführt.

An den Hafen von Bergen funkt der Leichte Kreuzer *Köln* in einwandfreiem Englisch: »British cruiser ›Cairo‹ I am proceeding to Bergen for a short visit«. Die Norweger sind beruhigt, weil der Kreuzer seine Geschütze nicht feuerbereit hält. Der erste Verdacht taucht erst auf, als Kutter mit deutschen Landetruppen sich dem Ufer nähern. Die Küstenbatterien können jedoch durch den toten Winkel die schnell fahrenden Kutter nicht mehr ins Visier nehmen. Egersund wird kampflos besetzt und Stavanger nach einem starken Luftangriff erobert. In Bergen gelingt es den norwegischen Küstenbatterien, das deutsche Artillerieschulschiff *Bremse* und den Leichten Kreuzer *Königsberg* zu beschädigen.

Als am Morgen des 9. April 1940 der englische Admiral Forbes mit seinem Verband die Deutschen unter Feuer nehmen will, die gerade ihre Truppen an Land setzen, verbietet ihm die Admiralität jeden derartigen Angriff: »Man weiß nicht, ob sich die Küstenbefestigungen noch

in norwegischer Hand befinden, und man will die unersetzlichen Schiffe nicht unnötigen Gefahren aussetzen.« Vor dem Hafen von Narvik stellen sich zwei norwegische Küstenpanzerschiffe den deutschen Zerstörern entgegen; sie werden nach kurzem Feuerwechsel versenkt. Im Erzhafen liegen 29 Handelsschiffe, die von der deutschen Zerstörerflottille überrascht werden. Den Besatzungen bleibt nur, entweder freundlich zu winken oder eiligst das Auslaufen der Schiffe vorzubereiten. Dank Dämmerung und dichtem Schneetreiben ist die Überraschung gelungen: fünf feindliche Handelsdampfer werden versenkt, neun stranden teilweise brennend.
In der Morgendämmerung beginnen die Landungen der deutschen 5. Gebirgsjägerdivision. Das hier stationierte norwegische 13. Infanterieregiment leistet kaum Widerstand. Nach Ausladung der Truppen versuchen die zehn deutschen Zerstörer, ihre Brennstoffvorräte zu ergänzen und Sturmschäden auszubessern, um wieder fahrbereit zu sein. Es stellt sich jedoch heraus, daß der Tanker *Jan Wellem* den Treibstoff nicht schnell genug überpumpen kann. So können die Zerstörer nicht – wie vorgesehen – in kürzester Frist wieder auslaufen.
Als bei der britischen Admiralität der Funkspruch eintrifft, daß die Deutschen soeben in Narvik an Land gehen, schenkt man dieser Meldung keinen Glauben und nimmt an, daß es sich um Larvik handelt, einen kleinen Walfängerhafen bei Oslo. Nachdem die Nachricht nochmals bestätigt wird, vermutet man, daß es womöglich einem einzelnen deutschen Frachter gelungen sei, das schlechte Wetter auszunutzen, um dort eine Handvoll Soldaten abzusetzen.
Aus Moskau meldet der deutsche Botschafter Graf von der Schulenburg an den Reichsaußenminister: »Die mit Spannung erwartete Antwort der Sowjetunion auf die deutsche Aktion in Skandinavien war überraschend günstig.« Molotow hat dem deutschen Botschafter erklärt: »Wir wünschen Deutschland für seine Verteidigungsmaßnahmen vollen Erfolg.«
Am Nachmittag führt die Luftwaffe heftige Angriffe auf die britischen Schiffe vor der Narvik-Küste. Gleichzeitig greifen 88 Bomber des X. Fliegerkorps (Gen. d. Fl. Geisler) die britische Flotte westlich von Bergen an: Der Zerstörer *Gurkha* wird versenkt, die beiden Kreuzer *Glasgow* und *Southampton* beschädigt und ein Treffer auf dem Schlachtschiff *Rodney* erzielt. Die britischen Seestreitkräfte geben danach ihren Versuch auf, in Bergen Truppen an Land zu setzen. Das britische U-Boot *Truant* (Lt. Cmdr. Hutchinson) sichtet am gleichen Tag den Leichten Kreuzer *Karlsruhe* kurz nach dessen Auslaufen aus dem Hafen Kristiansand. Das U-Boot beschädigt mit drei Torpedos den 6650-Tonnen-Kreuzer so schwer, daß er von seinen eigenen Begleitschiffen versenkt werden muß.
Am Nachmittag des 9. April 1940 veranlaßt die Pressemeldung über ein feindliches Schiff im Hafen von Narvik die britische Admiralität, dem Flottillenchef der Zerstörer, Captain Wartburton-Lee, den Befehl zu geben: »Fahren Sie nach Narvik und versenken oder kapern Sie dieses feindliche Schiff.« Captain Wartburton-Lee trifft mit fünf Zerstörern seiner Flottille in der Dämmerung am West-Fjord ein und erfährt von der Lotsenstation, daß der Hafeneingang vermint, Narvik bereits in deutscher Hand sei und doppelt so viele Zerstörer dort liegen würden. Er funkt dies an die Admiralität, die sich weigert, ihm Verstärkung zu schikken. Churchill: »Wir in der Admiralität waren auch nicht gewillt, die *Renown,* einen unserer beiden einzigen Schlachtkreuzer, bei einem solchen Unternehmen aufs Spiel zu setzen.« Die Antwort der Admiralität: »Captain Wartburton-Lee soll selbst entscheiden, was er machen will.«
Bis zum Abend des 9. April 1940 sind innerhalb von 48 Stunden die wichtigsten norwegischen Häfen in deutscher Hand. In Dänemark ist man kaum auf Widerstand gestoßen. Etwa 1000 Soldaten sind in Kopenhagen gelandet. Die Reaktion der Alliierten auf die deutsche Invasion in Norwegen ist weiterhin recht unentschlossen: Da weder Aufklärungsflugzeuge noch Agentenmeldungen den Alliierten ein klares Bild verschafft haben, kommen die deutschen Landungen für sie völlig überraschend.
Den britischen Seestreitkräften gelingt es nicht, die viel schwächeren deutschen Einheiten mit den Landungstruppen abzufangen. Und die britische Admiralität hat es versäumt, die deutschen Verbände in Norwegen abzuschneiden: Hätte man das Skagerrak zwischen Dänemark und Norwegen gesperrt, wozu genügend U-Boote zur Verfügung standen, wären die deutschen Landungstruppen in eine ernste Lage geraten.

In den frühen Morgenstunden des 10. April 1940, während die Zerstörer im Hafen von Narvik nur schleppend von der *Jan Wellem* mit Treibstoff versorgt werden können, läuft unbemerkt durch das stark dunstige Wetter die britische II. Zerstörerflottille (Capt. Wartburton-Lee) mit fünf Zerstörern in den West-Fjord ein. In einem Überraschungsangriff werden einige Handelsschiffe sowie die deutschen Zerstörer *Wilhelm Heidkamp* und *Anton Schmitt* (je 2232 Tonnen) versenkt, zwei weitere durch Artilleriefeuer beschädigt, und zwei sind nicht seeklar. Als sich die britischen Zerstörer nach dem Angriff zurückziehen, kommt es zu einem Gefecht mit den übrigen Zerstörern der I. Gruppe. Dabei wird Captain Wartburton-Lee tödlich verwundet, die Zerstörer *Hardy* und *Hunter* sind versenkt und zwei weitere britische Zerstörer schwer beschädigt worden. Beim Auslaufen stoßen die restlichen britischen Zerstörer auf den mit Munitionsnachschub beladenen deutschen Frachter *Rauenfels* (8460 BRT) und versenken ihn.
In den Mittagsstunden reißen die Wolken auf, und der klare Himmel macht den Einsatz von Flugzeugen möglich. Die 15 Skua-Sturzbomber der Fleet Air Forces der Squadron 800 und 803 sind von ihrem Stützpunkt Haston auf den Orkney-Inseln gestartet. An der Grenze ihrer Reichweite sichten sie den von norwegischen Küstenbatterien beschädigten Leichten Kreuzer *Königsberg* und greifen ihn sofort an. Nach drei Volltreffern von je 225-kg-Bomben sinkt der 6650-Tonnen-Kreuzer.

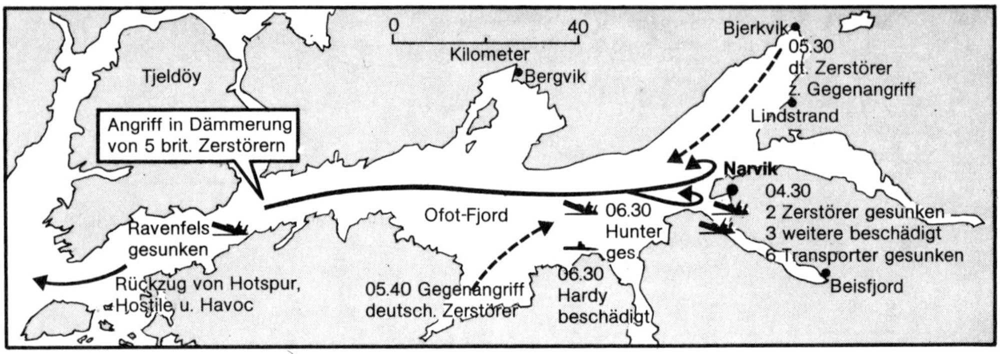

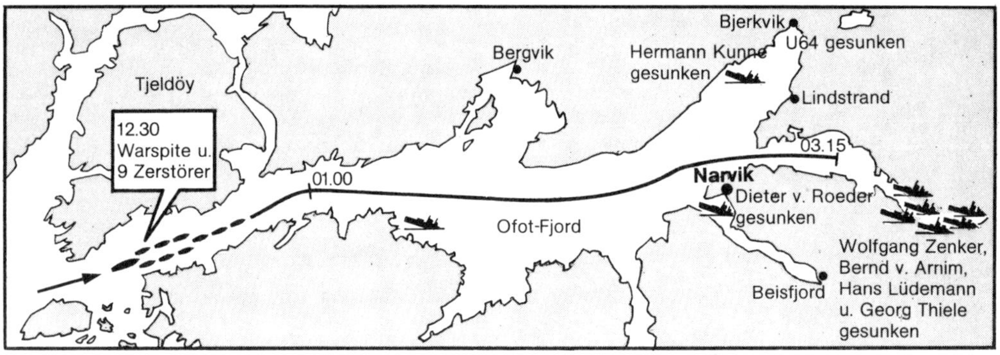

Links: Narvik, Angriffe britischer Zerstörer vom 11. 4. 1940 und 13. 4. 1940

Rechts: 15. 4. 1940, Bremen: Der Schwere Kreuzer der Hipper-Klasse »L.« *(Lützow)* nach dem Stapellauf auf dem Weg nach Leningrad

Unten: 15. 4. 1940: Britischer Truppentransport vor Namsos

Die eigenen Verluste: ein Flugzeug. Zum erstenmal in der Geschichte des Seekrieges wird ein Schiff dieser Größe von Flugzeugen versenkt.
Am Nachmittag verläßt der Schwere Kreuzer *Lützow* (ex *Deutschland*) den Oslo-Fjord, um nach Kiel zurückzukehren.
Am gleichen Abend versuchen die deutschen Zerstörer, von Narvik aus in den Atlantik zu gelangen, um die Heimfahrt anzutreten. Bereits am Ausgang des West-Fjord versperren ihnen britische Kreuzer und Zerstörer den Weg. Daraufhin laufen um Mitternacht die deutschen Zerstörer wieder ein und machen im Hafen von Narvik fest.

Am Donnerstag, dem 11. April 1940, wird der Schwere Kreuzer *Lützow* kurz vor dem Kattegatt von dem britischen U-Boot *Spearfish* (Lt.Cdr. Forbes) torpediert und so schwer beschädigt, daß er den Kieler Hafen nur noch im Schlepp erreichen kann und für ein ganzes Jahr im Dock bleiben muß.

Am Sonnabend, dem 13. April 1940, stoßen bei schlechter Sicht und Schneetreiben neun britische Zerstörer, diesmal vom Schlachtschiff *Warspite* unterstützt, überraschend durch den West-Fjord bis zum Erzhafen vor. In dem darauffolgenden Gefecht gehen acht deutsche Zerstörer verloren. Am Abend existiert keiner der zehn Zerstörer mehr, die vor vier Tagen die Gebirgsjäger nach Narvik gebracht haben. Etwa 2100 Überlebende der Besatzungen können sich an Land retten und so die Truppen von Generalmajor Dietl verstärken, dessen Gebirgsjäger sich in den umliegenden Bergen halten.

Am Sonntag, dem 14. April 1940, landen die ersten alliierten Truppen, die britische 24. Brigade (Brig. Fraser) in Norwegen. Sie soll der norwegischen 6. Division (GenMaj. Fleischer) zu Hilfe kommen. Bereits die Wahl von Harstad, dem abgelegenen Hafen nördlich von Narvik, für diese erste Landung erweckt in der britischen Admiralität Zweifel: Die Brigade kann von Harstad aus weder die deutsche Nachschubroute nach Narvik unterbrechen noch den Erzhafen ohne zusätzliche amphibische Operationen angreifen. Einen direkten Angriff auf Narvik hat Brigadier Fraser bereits auf hoher See abgelehnt. Er hält sich an seine Instruktionen, die ihm eine »Beschießung der Gebiete, in denen Zivilpersonen wohnen«, verbieten. Nach der Landung in Harstad meldet Brigadier Fraser wiederum, daß er nicht in der Lage sei, nach Narvik weiterzumarschieren, »bevor der Schnee geschmolzen ist«. Und das wird etwa drei bis vier Wochen dauern.

Am Montag, dem 15. April 1940, gehen bei Namsos Teile der britischen 49. Division (Maj.Gen. Carton de Wiart) an Land. Das Unternehmen wird mit der Absicht durchgeführt, die Deutschen in Trondheim abzuschneiden, doch der Schnee behindert die Truppenbewegungen, und der britische Vorstoß wird bereits südlich von Namsos vereitelt.
An diesem Tag orten die britischen Zerstörer *Fearless* und *Brazen* vor dem Vaagsö-Fjord das U-Boot *U 49* (KptLt. v. Goßler) und versenken es kurz darauf mit Wasserbomben. Unter den auftreibenden Trümmern findet man verschiedene Geheimunterlagen, darunter eine Karte mit den U-Boot-Positionen in den norwegischen Gewässern.

Am gleichen Tag übernimmt die Bugsier-Reederei in Bremen den im Bau befindlichen Schweren Kreuzer L. *(Lützow)*, um ihn von der Deschimag-Werft im Schlepp nach Leningrad zu überführen. Dort soll er unter Anleitung deutscher Techniker in der Ordzonikidze-Werft fertiggestellt werden.
In der Nacht vom 15./16. April 1940 erreicht *U 47* (KptLt. Prien) den Vaagsö-Fjord, wo zahlreiche alliierte Transporter und Kreuzer vor Anker liegen. Prien schießt acht Torpedos ab, ohne dabei einen einzigen Treffer zu erzielen: Der Angriff schlägt infolge Torpedoversagens fehl, ein in den Jahren 1939/40 häufig beobachteter Mangel.

Am Dienstag, dem 16. April 1940, besetzen britische Truppen mit Einverständnis des Gouverneurs die dänischen Färöer-Inseln.

Am Mittwoch, dem 17. April 1940, ist die Lage der hart bedrängten deutschen Gebirgsjäger in Narvik so kritisch, daß Hitler in Erwägung zieht, der Gruppe Dietl den Übertritt in das neutrale Schweden freizugeben. Erst am Abend kann Generaloberst Jodl Hitler dazu bewegen, den Befehl an die Verteidiger des Erzhafens »Halten so lange wie möglich« zu erteilen.

Am Donnerstag, dem 18. April 1940, landen in Namsos Truppen der französischen 5. Alpenjäger-Halbbrigade (Gen. Béthoaurt).

Am Montag, dem 22. April 1940, bringt der französische Hilfskreuzer *Ville d'Alger* 1100 Mann Verstärkungen nach Namsos. Heftiger Schneesturm und die beschädigten Hafenanlagen hindern ihn, am Kai anzulegen. So muß alles mühsam in Booten an Land geschafft werden. Beim Hellwerden muß *Ville d'Alger* wegen der Gefahr deutscher Bombenangriffe auslaufen. An Bord befinden sich noch 350 Soldaten, sämtliche Flugabwehrgeschütze und alle Maultiere.

Am Sonnabend, dem 27. April 1940, gelingt es in Namsos drei französischen Frachtern, den Nachschub – darunter Treibstoff, leichte Kanonen und Munition – an Land zu bringen. Wenig später greifen deutsche Bomber an, und alles geht in Flammen auf. Noch bevor der letzte Frachter den Hafen verlassen kann, kommt der Befehl, Namsos zu räumen.

Bereits im Frühjahr 1940 kann die britische Admiralität wirksame Räumgeräte gegen deutsche Magnetminen in ausreichender Zahl einsetzen. Von etwa 400 zur Zeit vorhandenen Minenräumbooten, meistens umgebauten Fischereifahrzeugen, wird etwa die Hälfte mit Geräten zum Räumen von Magnetminen ausgestattet. Die Verluste durch Minen verringern sich auch dementsprechend: Im April 1940 sind es nur 11 Schiffe mit 19799 BRT.
In diesem Monat versenken deutsche U-Boote lediglich sechs Handelsschiffe mit 30927 BRT. Eigene Verluste: sechs U-Boote. Dieser Mißerfolg wird durch Bereitstellung von U-Booten für das Unternehmen »Weserübung« und vor allem durch immer wieder auftretendes Versagen der Torpedos verursacht. Großadmiral Raeder: »Die Erkenntnis von dem Versagen unserer Torpedowaffe auf den U-Booten war bestürzend. Es entstand eine schwere Vertrauenskrise . . . Den U-Booten waren hierdurch viele sichere Erfolge entgangen, die auf die weitere Seekriegführung von wesentlichem Einfluß gewesen wären.«

Am Mittwoch, dem 1. Mai 1940, übernimmt Kapitänleutnant Kretschmer, der erfolgreichste aller U-Boot-Kommandanten, *U 99* vom Typ VII C. Es wird jetzt eines der meistgebauten deutschen Kampfboote.

Am Donnerstag, dem 2. Mai 1940, geht die Evakuierung der alliierten Truppen aus Namsos zu Ende. Die Stadt sowie Hafenanlagen stehen in Flammen. Die Luftwaffe führt pausenlos Angriffe gegen die Räumtransporter. Nach einem Volltreffer auf den französischen Zerstörer *Bison* (Capt. z. S. Bouan) explodiert die Munitionskammer, die Überlebenden fischt der britische Zerstörer *Afridi* (Capt. Vian) auf, der zwei Stunden danach durch Stukas versenkt wird. Selbst kurz danach entgehen die letzten Geretteten des Zerstörers *Bison* nur knapp einer Katastrophe.

Am Morgen des 3. Mai 1940 sichtet der deutsche Hilfskreuzer *Atlantis* zwischen Kapstadt und Freetown einen Dampfer. Der »Handelsstörer«, jetzt als Frachter *Kaschii Maru* getarnt, fährt unter japanischer Flagge. Die *Atlantis* hißt nun die deutsche Kriegsflagge und funkt die Warnung: »Machen Sie keinen Gebrauch von Ihrer Sendeanlage.« Gleichzeitig setzt sie einen Warnschuß vor den Bug des Schiffes. Der britische Frachter *Scientist* (6200 BRT) sendet trotzdem einen Hilferuf. Erst nach einigen Schüssen stoppt die *Scientist*. Das Prisenkommando geht an Bord, um die Papiere und Ladung zu untersuchen. Nach Anbringen der Sprengpatronen wird der Frachter versenkt. Die *Scientist* ist das erste von einem deutschen Handelsstörer versenkte Schiff.

Am Sonntag, dem 5. Mai 1940, starten in der Morgendämmerung vom dänischen Flugplatz bei Aalborg zwei deutsche Arado-Wasserflugzeuge der Küstenfliegergruppe 706. Sie sichten in der Nähe der schwedischen Hoheitsgewässer ein aufgetauchtes britisches U-Boot und zwingen es zu stoppen. Eine der Maschinen wassert neben dem U-Boot, und der Kommandant wird aufgefordert, zum Flugzeug zu schwimmen. Es ist das große Minen-U-Boot *Shark*, das am Abend zuvor auf eine Mine gelaufen und schwer beschädigt worden ist. Die herbeigeholten deutschen Marinefahrzeuge nehmen die *Shark* ins Schlepp und bringen sie nach Wilhelmshaven. Die *Shark* ist das erste, durch Flieger erbeutete U-Boot.
Am gleichen Tag landen in Tromsö Truppen der 13. Halbbrigade der französischen Fremdenlegion (Col. Magrin-Verneret). Der polnischen 1. Selbständigen Gebirgsschützenbrigade (Gen. Szyszko-Bochusz) wird die Landung hier nicht erlaubt, weil – wie berichtet –

6. 5. 1940, Wilhelmshaven: Das britische U-Boot *Shark* wird von zwei deutschen Wasserflugzeugen Arado Ar 196 A-3 erbeutet

»... die Bevölkerung deutsche Luftangriffe befürchtet«.
In der Nacht vom 5./6. Mai 1940 verläßt der dritte deutsche Hilfskreuzer, das Schiff 21 *Widder* (KorvKpt. d. R. v. Ruckteschell) den Hamburger Hafen. Es ist die ehemalige *Neumark* (7851 BRT) und hat eine Besatzung von 363 Mann. Bewaffnung: sechs 15-cm-Geschütze, vier 3,7-cm-Flak, zwei 2-cm-Flak, zwei Torpedorohre in Doppelsätzen, zwei Bordflugzeuge und 60 Minen.

Bis zum Dienstag, dem 7. Mai 1940, kreuzt zwei Tage und Nächte lang der Geleitzug mit den 4873 Soldaten der polnischen Gebirgsschützenbrigade vor der norwegischen Küste, ehe die Männer bei Harstad an Land gehen können – zwei Wochen, nachdem sie am 23. April 1940 in Brest eingeschifft wurden.
Narvik wird zur Zeit von 2000 deutschen Gebirgsjägern – verstärkt durch die Besatzungen der versenkten Zerstörer – und etwa 600 eingeflogenen Soldaten, insgesamt etwa 5400 Mann, verteidigt. Die alliierten Truppen im Raum Narvik zählen dagegen 24 000 Mann.

In den Nachtstunden vom 9./10. Mai 1940 legen deutsche Flugzeuge vor der holländischen und belgischen Küste Minensperren. Um 5.35 Uhr beginnt von der Nordsee bis Luxemburg die deutsche Westoffensive.
Die Kriegsmarine spielt nach ihren Verlusten im Unternehmen »Weserübung« bei den Operationen gegen Holland, Belgien und Frankreich kaum eine Rolle. Hitler hat bei der Besetzung Norwegens den rücksichtslosen Einsatz der Flotte gefordert, um die Landkriegsoperationen zu decken. Und als »Weserübung« jetzt zu Ende geht, bleibt von den Großkampfschiffen lediglich das Schlachtschiff *Gneisenau* im Einsatz. Nur zwei deutsche U-Boote operieren in den ersten Wochen des Westfeldzuges am nördlichen Eingang des Ärmelkanals. So erfahren die Sicherungsstreitkräfte der Kriegsmarine in der Deutschen Bucht die neue Lage erst über den Rundfunk.

Am Freitag, dem 10. Mai 1940, besetzen britische Truppen Island. Die Kreuzer der Home Fleet bringen eine Vorausabteilung der Royal Marines nach Reykjavik. Ebenfalls am 10. Mai 1940 tritt Chamberlain zurück.
Premierminister wird Winston Churchill, der zugleich sein Amt als Erster Lord der Admiralität und Marineminister an A. V. Alexander übergibt. Der Rücktritt der britischen Regierung ist eine Folge der Niederlage der alliierten Truppen in Norwegen. Der neue Premier bildet jetzt ein nationales Kriegskabinett mit Ministern aus allen Parteien.

Am Sonntag, dem 12. Mai 1940 gegen 20.00 Uhr, beginnt bei Schnee und Regenschauern der Aufmarsch britischer Seestreitkräfte im West-Fjord vor Narvik. Um Mitternacht steigt ein rotes Leuchtsignal, und die Schiffe der Royal Navy eröffnen aus allen Rohren das Feuer auf die Küste. Nach zweistündiger Artillerievorbereitung landen die französischen Alpenjäger (Gen. Béthoaurt) und stoßen schnell in Richtung Erzhafen vor.

Am Montag, dem 13. Mai 1940, treffen Königin Wilhelmina der Niederlande, Kronprinzessin Juliana und Prinzgemahl Bernhard an Bord eines britischen Zerstörers in England ein. Auch der holländischen Flotte gelingt es teilweise, nach England zu kommen. Dort wird sie später mit der Royal Navy gegen die Kriegsmarine kämpfen. Starke Flottenteile bleiben in den holländischen Kolonien in Südostasien.

Am Dienstag, dem 14. Mai 1940, erreicht der Schwere Kreuzer *Lützow* Leningrad. Zusammen mit dem Kreuzer trifft Konteradmiral (Ing.) Feige mit 70 deutschen Technikern ein. Der Kreuzer soll nach deutschen Originalplänen 1942 in Dienst gestellt werden. Die Bewaffnung wird aus acht deutschen 20,3-cm-Geschützen und zwölf 10,5-cm-Flak, dazu zwölf 3,7-cm-Flak und zwölf Torpedorohren bestehen.

Am Mittwoch, dem 15. Mai 1940, läuft *U 37* (KptLt. Oehrn) in den Atlantik aus. Es ist ein neues Boot vom Typ IX A. Kapitänleutnant Oehrn zählt zu einem der besten U-Boot-Kommandanten und hat an Bord Torpedos mit einer verbesserten Magnetzündung. *U 37* ist das erste U-Boot, das seit fast sechs Wochen wieder nordwestlich von Kap Finisterre operiert.
An diesem Tag sendet Churchill seine erste Botschaft als Premierminister an Präsident Roosevelt. Es ist eine Bitte um Überlassung von 40 oder 50 alten US-Zerstörern. In seiner Antwort, die bereits am 18. Mai bei Churchill eintrifft, schreibt Roosevelt, daß die US-Marine auf den Pazifik und Atlantik verteilt werden müsse und ». . . die Schiffe nicht entbehrt werden können, nicht einmal vorübergehend«.

In Frankreich haben innerhalb weniger Tage deutsche Panzerspitzen in einer Sichelbewegung durch das für unwegsam gehaltene Gelände der Ardennen Abbéville an der Somme-Mündung erreicht. Das britische Expeditionskorps (Gen. Lord Gort) ist von der Masse der französischen Armee abgeschnitten.

Am Sonntag, dem 19. Mai 1940 um 16.30 Uhr, wird das britische Kriegskabinett verständigt, daß der Befehlshaber des Expeditionskorps, Lord Gort, ». . . die Möglichkeit eines Rückzuges über den Hafen Dünkirchen erwäge, wenn er dazu gezwungen würde«. Es sind erst zehn Tage seit dem deutschen Angriff vergangen. Einige Stunden später wird dann die Leitung eines eventuellen Rückzuges vom Festland, Operation »Dynamo«, Admiral Ramsay, dem Flaggoffizier in Dover, übertragen.

Am Dienstag, dem 21. Mai 1940, nachdem deutsche Panzerverbände die Kanalküste erreicht haben, weist Großadmiral Raeder Hitler darauf hin, daß für eine eventuelle Invasion Englands keine Vorbereitungen getroffen seien. Raeder will vermeiden, daß die Kriegsmarine nach den erheblichen Verlusten bei dem Unternehmen »Weserübung« womöglich kurzfristig vor neue schwierige Aufgaben gestellt wird. Es vergehen jedoch vier Wochen, ehe Raeder erneut die Möglichkeit hat, den Führer auf das Thema einer Landung in England anzusprechen.

Am Donnerstag, dem 23. Mai 1940, nachmittags, teilt Göring Hitler telefonisch mit, die »große Aufgabe der nationalsozialistischen Luftwaffe« sei es jetzt, die sich auf Dünkirchen zurückziehenden Engländer zu zerschlagen.

Am Freitag, dem 24. Mai 1940, beschließt die britische Admiralität, die Norwegen-Operation abzubrechen. Churchill: ». . . Die Eroberung von Narvik muß jedoch durchgeführt werden, damit der Hafen zerstört und unser Rückzug gedeckt werden kann.«
Am gleichen Tag stoppt der Befehl Hitlers die Panzer des Generals v. Kleist vor Dünkirchen. Einen 35 Kilometer breiten Abschnitt entlang des Flusses Aa sichert lediglich ein britisches Bataillon; nur ein Teil der Brükken ist bereits gesprengt oder für eine Sprengung vorbereitet. Aber Hitler will die Panzer für die zweite Phase des Frankreich-Feldzuges schonen. Außerdem verläßt er sich auf die Versprechungen Görings, die dort eingekesselten britischen und französischen Truppen allein durch die Luftwaffe zu vernichten. Die Startplätze der Bomber sind jedoch zu weit von Dünkirchen entfernt und zudem noch drei entscheidende Tage lang durch Nebel blockiert.

Am Montag, dem 27. Mai 1940, befiehlt die britische Admiralität, »mit der Operation ›Dynamo‹ zu beginnen«. Am Abend versammeln sich in den Kanalhäfen die Fischerboote, Leichter, Jachten, Themseschlepper, Barken, Ausflugsdampfer und Rettungsboote von Passagierschiffen und nehmen Kurs auf den Strand von Dünkirchen.
Zu gleicher Stunde laufen in den West-Fjord starke alliierte Seestreitkräfte ein und eröffnen um 23.40 Uhr das Feuer auf die deutsche Küstenfront um Narvik. Nach dieser Artillerievorbereitung dringen um 0.15 Uhr nach zweiwöchigen Kämpfen die alliierten Streitkräfte in Narvik ein. Die Norweger haben die Ehre, als erste in die Stadt einzurücken. Die Gruppe Dietl hält sich nur noch an der Erzbahn östlich von Narvik. Die alliierten Befehlshaber haben jedoch seit 24 Stunden den Befehl in der Tasche, die Hafenanlagen zu sprengen und Narvik wieder zu räumen.

Am Dienstag, dem 28. Mai 1940, dem ersten Tag der Operation »Dynamo«, werden gesamt nur 17804 Soldaten über den Kanal nach England geschafft. Der Dampfer *Monas Isle* ist das erste Schiff, das in Dünkirchen anlegt, beim Auslaufen von den deutschen Batterien in Gravelines bescnossen, hat es 100 Tote an Bord.
Am gleichen Tag unterzeichnet der belgische König Leopold III. die Kapitulation seiner Armee und begibt sich in deutsche Kriegsgefangenschaft. Das geflüchtete belgische Kabinett bildet nun in London eine Exilregierung.

Am Mittwoch, dem 29. Mai 1940, setzt die britische Admiralität einen Kreuzer, acht Zerstörer und 26 verschiedene Schiffe für die Operation »Dynamo« ein. An diesem Tag werden 47310 Mann evakuiert.

Norwegen:
Nach einem Angriff der deutschen Luftwaffe auf die vor der Küste versammelten britischen Truppentransporter

Am Donnerstag, dem 30. Mai 1940, dem dritten Tag der Operation »Dynamo«, werden insgesamt 860 Schiffe aller Art eingesetzt. 300 deutsche Bomber stehen startbereit, können jedoch wegen der tiefhängenden Wolken keine Angriffe gegen Dünkirchen fliegen. 53 823 Mann erreichen an diesem Tag die englischen Häfen.

Am Freitag, dem 31. Mai 1940, dem vierten Tag der Operation »Dynamo«, werden 68 014 alliierte Soldaten evakuiert. Die See ist weiterhin ruhig, ununterbrochen pendeln kleine Boote zwischen der Küste und den Schiffen und holen die Männer vom Strand ab oder ziehen sie aus dem Wasser, ungeachtet der deutschen Bomber. Die kleinen Schiffe der Evakuierungsflotte sind für die Stukas ungewohnte Ziele, und am Strand graben sich die Bomben tief in die Sanddünen ein, so daß sie mit geringer Wirkung explodieren. Entscheidend ist jedoch die örtliche Luftüberlegenheit am Tage, die die erstmalig eingesetzten britischen Spitfire-Jäger – von englischen Basen startend – über Dünkirchen erringen können. Von der deutschen Kriegsmarine ist nichts zu sehen: Keine Überwasserschiffe, keine U-Boote.

Im Mai 1940 verlieren die Alliierten durch Minen 20 Schiffe mit 47 716 BRT; die deutschen U-Boote versenken in der Nordsee und im Atlantik 15 Handelsschiffe (63 407 BRT). Eigene Verluste: ein U-Boot.
In diesem Monat tritt der sogenannte ständige deutsche Kriegsbefehl Nr. 154 in Kraft. Er verbietet die Rettung von Schiffbrüchigen aus versenkten feindlichen Schiffen in unmittelbar um England liegenden Gewässern.

Am Sonnabend, dem 1. Juni 1940, erreicht der Rückzug aus Dünkirchen seinen Höhepunkt. Bis Mitternacht landen in England 64 429 Soldaten, von denen fast ein Drittel in kleinen Fahrzeugen unter heftigen Luftangriffen und Artilleriefeuer vom Strand abgeholt wurden. Es gelingt den RAF-Jägern, den Rückzug der britischen Expeditionsarmee zu decken, und über Dünkirchen verlieren die Deutschen zum erstenmal die bisherige Luftherrschaft.
Am gleichen Tag werden die norwegischen Marinestützpunkte erstmalig von deutschen U-Booten benutzt.

Am Morgen des 2. Juni 1940 stehen noch etwa 4000 britische Soldaten mit sieben Flak und 12 Pak in Dünkirchen und halten mit beträchtlichen französischen Kräften zusammen den immer enger werdenden Brükkenkopf. Die Evakuierung ist jetzt nur noch bei Dunkelheit möglich.

In der Nacht vom 2./3. Juni 1940 erscheinen vor Dünkirchen 13 Postdampfer, 11 Torpedoboote, 5 Raddampfer und eine Armada von kleinen Schiffen und Schleppern, die ganze Züge von Booten hinter sich herziehen. Sie werden von einigen Kriegsschiffen und rund 100 französischen Fischkuttern verstärkt. Vor Mitternacht

sind die letzten britischen Nachhuten eingeschifft. Während etwa 34000 französische Soldaten zum Teil noch in Gefechtsberührung mit den Deutschen an der Küste zurückgelassen werden, sind viele Schiffe noch leer, als sich die Nachhuten im Morgengrauen zurückziehen müssen. Um 3.30 Uhr verläßt das letzte Schiff, der britische Zerstörer *Shikari*, mit 338 Mann den Hafen von Dünkirchen. In dieser Nacht werden 26256 Mann evakuiert. Um 9.40 Uhr meldet die deutsche 4. Armee (GenOberst v. Kluge) die Einnahme der Stadt und des Hafens.
In der Operation »Dynamo«, die in der modernen Kriegführung keine Parallele hat, werden insgesamt 225000 Engländer und 112000 Franzosen, die jedoch ihre ganze Ausrüstung verlieren, evakuiert. 85 Prozent des britischen Expeditionsheeres erreichen England. Von 848 Schiffen aller Art gehen 72 Einheiten, darunter 7 Zerstörer, verloren. 163 Klein- und Kleinstfahrzeuge werden vorwiegend von der Luftwaffe versenkt.

Am Dienstag, dem 4. Juni 1940, beginnt das Unternehmen »Juno«. Die Schlachtschiffe *Scharnhorst* und *Gneisenau* mit dem Schweren Kreuzer *Admiral Hipper*, nach Norden beordert, sollen den alliierten Räumungstransport aus dem Raum Narvik abfangen. Auch diesmal gelingt es den beiden Schlachtschiffen, aus Kiel auszulaufen, ohne daß die britische Admiralität davon erfährt. Während die Royal Navy mit der Sicherung der Räumungstransporte aus Narvik beschäftigt ist, erreichen die deutschen Schiffe Trondheim.
In der Nacht vom 4./5. Juni 1940 befiehlt Hitler nach der Einnahme von Dünkirchen, daß alle Kirchenglokken im Reich drei Tage lang zur Feier der Beendigung »der größten Schlacht der Weltgeschichte« läuten sollen.

Am Donnerstag, dem 6. Juni 1940, läuft aus Kiel der Hilfskreuzer Schiff 10 *Thor* (Kpt. z. S. Kähler) aus. Es ist die ehemalige *Santa Cruz* (3862 BRT) mit 345 Mann Besatzung an Bord. Die Bewaffnung: sechs 15-cm-Geschütze, zwei 3,7-cm-Flak, zwei 2-cm-Flak, zwei Torpedorohre in Doppelsätzen, zwei Bordflugzeuge und 300 Ankertauminen.

Am Freitag, dem 7. Juni 1940, erfährt die deutsche Seekriegsleitung von der alliierten Räumung von Narvik. Auf diese Nachricht hin beschließt der Flottenchef Admiral Marschall, die britischen Geleitzüge auf hoher See anzugreifen.

Am Sonnabend, dem 8. Juni 1940, gelingt es den Deutschen, Funksprüche eines Truppentransporters zu stören, der alliierte Schiffe vor den auf der Lauer liegenden feindlichen Geschwadern warnen will. Um 16.00 Uhr sichten *Gneisenau* und *Scharnhorst* die Rauchfahne des Flugzeugträgers *Glorious*, eskortiert von den Zerstörern *Ardent* und *Acasta*.
Der Träger, dem lediglich diese beiden Zerstörer als Geleitschutz zugeteilt sind, hat keine Chance, nachdem er von den deutschen Schlachtschiffen gesichtet worden ist. Die *Glorious* hat zwar mehrere Swordfish-Torpedobomber an Bord, die jedoch aus unerklärlichen Gründen keine Sicherung über dem eigenen Schiff fliegen. Die völlig überraschte Trägerbesatzung macht verzweifelte Anstrengungen, um jetzt die Flugzeuge mit Torpedos zu bewaffnen und zu starten. Um 16.30 Uhr eröffnet die *Scharnhorst* auf eine Entfernung von 15 Seemeilen das Gefecht. Der vordere Hangar erhält mehrere Treffer, und es bricht Feuer aus. Um 17.40 Uhr sinkt in Rauch gehüllt der Träger *Glorious*. Die zwei Geleitzerstörer greifen mit Torpedos die beiden deutschen Schlachtschiffe an, werden jedoch ebenfalls versenkt. 1474 Offiziere und Mannschaften der Royal Navy und 41 der RAF finden den Tod. Die *Glorious* ist der erste Träger, der von einer Überwassereinheit versenkt wurde. Während des Gefechts erhält die *Scharnhorst* einen Torpedotreffer, und das schwer beschädigte Schlachtschiff läuft nach Trondheim zurück. Die *Glorious*-Gruppe bewahrt durch ihren Kampf den zur Zeit nur 100 Seemeilen nördlich stehenden, schwach gesicherten Räumungskonvoi vor einer Katastrophe.

Am Sonntag, dem 9. Juni 1940, trifft in Wilhelmshaven *U 37* (KptLt. Oehrn) ein. Es hat auf seiner rund dreiwöchigen Feindfahrt 47000 BRT versenkt. Aus dem Bericht des Kommandanten von *U 37* geht hervor, daß von fünf Torpedos mit Magnetzündung zwei Frühzünder und zwei vermutlich Nichtzünder waren. Danach verbietet Dönitz endgültig die Verwendung dieser Torpedos; es dürfen nur noch solche mit Aufschlagzündung verwendet werden.

Am Montag, dem 10. Juni 1940, erklärt Italien Frankreich und England den Krieg. Italienische Truppen überschreiten die französische Grenze. Italiens Marine besitzt sechs Schlachtschiffe, von denen sich vier der neuesten in der Umrüstung befinden und nur die beiden ältesten einsatzbereit sind. Hinzukommen 19 Kreuzer, 59 Zerstörer, 67 Torpedoboote und 116 U-Boote. Diese zahlenmäßig starke Flotte mit vielen veralteten Einheiten leidet jedoch unter unzulänglicher Ausbildung der Besatzungen. Der Ölmangel hindert die Durchführung größerer Operationen. Die italienische Marine hat – ähnlich der deutschen – keine eigenen Luftstreitkräfte. Sogar die Torpedoflugzeuge sind der Regia Aeronautica unterstellt. Das Comando Supremo tritt ohne eine Gesamtstrategie in den Krieg ein. Die italienische Flotte hat die Aufgabe, die Seeverbindungen zwischen dem Mutterland, Libyen und den ostafrikanischen Kolonien zu sichern, sowie Angriffe auf britische Konvois zu führen. Das Comando Supremo stimmt jedoch dem Plan der Marine, die nur schwach gesicherte Insel Malta zu besetzen, nicht zu, eine Entscheidung, die sich für die Zukunft als schwerwiegender Fehler erweist.
Am gleichen Tag kapitulieren die norwegischen Truppen (Maj.Gen. Ruge). Das Unternehmen »Weserübung« ist beendet. Großadmiral Raeder: »Es war das erstemal, daß bei einem Unternehmen so großen Stils die drei Wehrmachtteile in enger taktischer Verbindung eingesetzt wurden . . .«

Operation »Dynamo«:
Die drei Seewege
für die Evakuierung
Dünkirchens

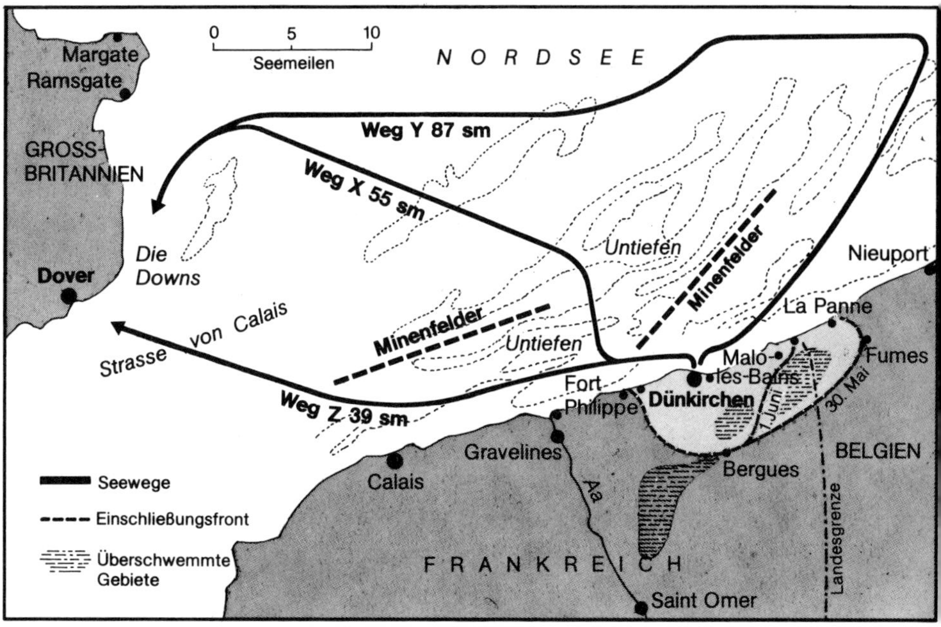

Das Unternehmen »Weserübung«, das bisher einzige große Landeunternehmen der deutschen Kriegsgeschichte, kostete die Kriegsmarine 1 Schweren Kreuzer, 2 Leichte Kreuzer, 10 moderne Zerstörer, 4 U-Boote und einige kleinere Schiffe. Beschädigt wurden: 2 Schlachtschiffe, 2 Schwere Kreuzer und einige weitere Einheiten.
Die Alliierten haben dabei 1 Flugzeugträger, 2 Kreuzer, 9 Zerstörer, 6 U-Boote und kleinere Einheiten verloren. Schwer beschädigt wurden: 4 Kreuzer, 8 Zerstörer und einige weitere Kriegsschiffe.
Die deutsche Seekriegsleitung nennt den Einsatz der Großkampfschiffe gegen Norwegen »einen schweren strategischen Fehler«. Infolge dieser Verluste ist die Kriegsmarine nicht mehr in der Lage, eine mögliche Invasion Englands zu unterstützen. Belastend wirken sich auch die Verzögerungen aus, bis die beschädigten Einheiten wieder einsatzbereit sind. Von bedeutendem Vorteil für Großbritannien ist trotz der Niederlage in Norwegen die Übernahme von beinahe 90 Prozent der riesigen norwegischen Handelsflotte, insgesamt 1024 Schiffe, darunter 200 moderne Tanker, die fast 40 Prozent des Treibstoffbedarfs für die alliierten Luftstreitkräfte nach Großbritannien transportieren können. Die norwegische Handelsflotte wird von Nortraship in London verwaltet, einer Organisation, die eng mit der norwegischen Exilregierung zusammenarbeitet, der die anfallenden Chartergebühren für diese Frachtfahrten zukommen.
Eine der erstaunlichsten Tatsachen, die sich während des Unternehmens »Weserübung« herausgestellt hat: Im Gegensatz zur deutschen Funkaufklärung (B-Dienst), der es gelingt, die deutsche Seekriegsleitung laufend mit Meldungen über die Bewegungen der alliierten Seestreitkräfte zu informieren, fehlen den Alliierten fast völlig Erkenntnisse aus Geheimdienstquellen.

Am Mittwoch, dem 12. Juni 1940, versenkt das italienische U-Boot *Bagnolini* (KorvKpt. Tosoni-Pittoni) südlich von Kreta mit einem Torpedo den britischen Leichten Kreuzer *Calypso*. Es ist der erste Erfolg der italienischen Marine.
Bei Tagesanbruch des 14. Juni 1940 führt das französische III. Geschwader (Vizeadm. Duplat) aus Toulon ein Unternehmen in italienischen Gewässern durch. Vier Schwere Kreuzer und 11 große Zerstörer nehmen die Öltanks und militärischen Anlagen an der ligurischen Küste und im Hafen von Genua unter Feuer. Kein italienisches Flugzeug zeigt sich am Himmel; die Küstenartillerie erzielt nur einen einzigen Treffer: Der Zerstörer *Albatros* erhält eine 15,2-cm-Granate in den Kesselraum.

Am Sonntag, dem 16. Juni 1940, zwingt der französische Aviso *La Curieuse* das italienische U-Boot *Provana* (KorvKpt. Botta) zum Auftauchen und versenkt es durch Rammstoß. Es ist das erste von der französischen Marine versenkte italienische U-Boot.
In der Nacht vom 16./17. Juni 1940 richtet Marschall Pétain an Deutschland ein Waffenstillstandsangebot.

Am Montag, dem 17. Juni 1940, wird während der Operation »Aerial«, der Evakuierung alliierter Truppen von der Biskaya-Küste, der auf der Reede von St. Nazaire liegende Truppentransporter *Lancastria* durch deutsche Bomber versenkt. Obwohl der ehemalige Passagierdampfer nicht sofort untergeht, ertrinken von über 5300 Mann etwa 3000 Soldaten, da nicht genügend Schwimmwesten vorhanden sind. Die Pressemeldung über dieses Desaster wird gesperrt. Churchill: »Für heute haben die Zeitungen genug Katastrophen zu melden.« Der Premier weigert sich jedoch auch später, dieses Verbot aufzuheben, so wird erst einige Jahre danach das Schiffsunglück bekannt.

Die Evakuierungsoperationen »Aerial« und »Cycle« ermöglichen immerhin 192 000 Mann an der Biskaya und der französischen Nordküste, einer drohenden Kriegsgefangenschaft zu entgehen. Damit stehen über eine halbe Million Soldaten für den Einsatz gegen die Achsenmächte bereit.

Am Mittwoch, dem 19. Juni 1940, beginnen deutsche Schnellboote aus holländischen, belgischen und französischen Häfen mit Vorstößen gegen die englische Südküste. Die S-Boote *S 19* und *S 26* versenken vor Dungeness den britischen Frachter *Roseburn*.
Am gleichen Tag kapert im Roten Meer der kleine britische Trawler *Moonstone* nach einem Artilleriegefecht das unbeschädigte italienische U-Boot *Galilei* (KorvKpt. Nardi) und schleppt es bis Aden. Nach Auswertung verschiedener Geheimunterlagen und der Bordpapiere können im Persischen Golf zwei weitere italienische U-Boote versenkt werden.

Am Donnerstag, dem 20. Juni 1940, bittet die französische Regierung nun auch Italien um Waffenstillstand. Zu gleicher Stunde gelingt dem deutschen B-Dienst (Funkbeobachtungsdienst) der bedeutendste Coup während des Westfeldzuges: Um zu verhindern, daß Teile der französischen Flotte beim Zusammenbruch nach England entkommen, wird dank der Kenntnis des französischen Marinecodes vom B-Dienst ein verschlüsselter Funkspruch an alle französischen Schiffe abgesetzt, der die Unterschrift »Admiral Darlan« trägt und ihnen verbietet, die Häfen zu verlassen. Der Funkspruch stiftet noch mehr Verwirrung, als schon bei den Einheiten der französischen Marine herrscht. Einer der französischen Marinefunker quittiert diesen Funkbefehl knapp: »Toutes merde!« Der fingierte Funkspruch trägt dazu bei, daß selbst bei Feuereinstellung an der Front die meisten französischen Kriegsschiffe in ihren Heimathäfen bleiben.
An diesem Tag unternimmt das Schlachtschiff *Gneisenau* zusammen mit dem Schweren Kreuzer *Admiral Hipper* einen Scheinvorstoß in Richtung Island als Vorwand für die Rückführung der beschädigten, in Trondheim liegenden *Scharnhorst.* Das vor Trondheim stehende britische U-Boot *Clyde* (Lt.Cdr. Ingam) greift die *Gneisenau* an und erzielt einen Torpedotreffer im Bug.

Während am Freitag, dem 21. Juni 1940, sich die französische Waffenstillstandskommission in Rom mit den italienischen Delegierten an einen Tisch setzt, eröffnet das französische Schlachtschiff *Lorraine* sein Feuer auf

Rechte Seite: Die französische Flotte nimmt mit ihren schweren Einheiten am Seekrieg bis zur Kapitulation teil

Unten: 17. 6. 1940, Loire-Mündung: Der Truppentransporter *Lancastria* geht mit 3000 Mann unter

den italienischen Hafen Bardia (Nordafrika). Die Marineflugzeuge führen Angriffe auf Tarent und Livorno. Es ist die letzte Operation der französischen Marine gegen die italienische Flotte.
Noch vor Unterzeichnung des Waffenstillstandes läuft die deutsche 2. Räumbootflottille (KorvKpt. v Kamptz) in Brest ein. Die R-Boote beginnen sofort, die Einfahrten der Häfen in der westlichen Bretagne, Brest, Lorient und St. Nazaire für die U-Boote zu sichern und die französischen Minensperren zu räumen.

Am Sonnabend, dem 22. Juni 1940, nach Abschluß des deutsch-französischen Waffenstillstandes, besetzen deutsche Truppen die französische Küste von Dünkirchen bis zur spanischen Grenze. Eine der wichtigsten, die französische Marine betreffende Klausel des Waffenstillstandsabkommens lautet: » . . . Die Flotte muß in noch festzulegenden Häfen zusammengezogen und desarmiert werden. Die deutsche Regierung erklärt feierlich, daß sie eine Verwendung der französischen Kriegsschiffe für eigene Zwecke nicht beabsichtigt.«
Auf Hitlers Geheiß wird die französische Flotte der Vichy-Regierung unterstellt.
Von den drei Millionen BRT Handelsschiffsraum, die Frankreich zu Beginn des Krieges besaß, gehen 271 000 BRT durch Feindeinwirkung verloren, weitere 450 000 BRT werden von den Engländern beschlagnahmt, 196 000 BRT sind in amerikanischen Häfen interniert, 25 000 BRT hält man in überseeischen Häfen fest, und 275 000 BRT requirieren die Deutschen nach der Besetzung Frankreichs.

Der Besitz der französischen Küste ändert zum erstenmal in der Geschichte Deutschlands seine seestrategische Lage grundlegend: Die Deutschen können nun unmittelbar am Atlantik operieren. Und während am 22. Juni 1940 in Compiègne die deutsche und französische Delegation das Waffenstillstandsabkommen unterzeichnen, verlassen lange Lkw-Kolonnen Wilhelmshaven, beladen mit Torpedos und Gerät für die neuen U-Boot-Stützpunkte an der französischen Westküste.

Am gleichen Tag läuft der Hilfskreuzer Schiff 33 *Pinguin* (Kpt. z. S. Krüder), die ehemalige *Kandelfels* (7766 BRT), vom Sörgulen-Fjord in sein Operationsgebiet Antarktis – Indischer Ozean aus. Die Besatzung zählt 420 Mann. Bewaffnung: sechs 15-cm-Geschütze, ein 7,5-cm-Geschütz, zwei 3,7-cm-Flak, zwei 2-cm-Flak, vier Torpedorohre, zwei Wasserflugzeuge und 420 Minen.

Am Dienstag, dem 25. Juni 1940, herrscht in Frankreich ab 1.35 Uhr Waffenruhe. In Gibraltar wird an diesem Tag die britische Force H unter Vizeadmiral Somerville gebildet. Der Flottenverband soll die Lücke füllen, die im westlichen Mittelmeer nach der Kapitulation Frankreichs entstanden ist. An der französischen Nordküste und im Bereich der Biskayaküste sind die Evakuierungsoperationen der alliierten Truppen beendet. Es gelingt der Royal Navy, 144 171 Engländer, 24 325 Polen, 18 246 Franzosen, 4938 Tschechen und 136 Belgier sowie etwa 50 000 Zivilisten nach Großbritannien zu schaffen.

Vizeadmiral Emile Muselier, Befehlshaber der »Freien Französischen Flotte« (FNFL)

Am Donnerstag, dem 27. Juni 1940, erhalten die Hafenkommandanten von Portsmouth und Plymouth den Befehl, die dort liegenden französischen Schiffe zu internieren. Am Vormittag erklärt Churchill die Blockade Europas vom Nordkap bis zur spanischen Grenze.

Am Freitag, dem 28. Juni 1940, entsteht die »Freie Französische Flotte«, Forces Navales Françaises Libres (FNFL). Vier französische Handelsschiffe und ein Hilfsschiff der Marine schließen sich zum ersten Verband der neuen Flotte zusammen. Ihr Organisator und Chef ist Vizeadmiral Muselier, dessen Idee es ist, anstelle der Trikolore auf seinen Schiffen eine blaue Fahne mit dem weißen Lothringer Kreuz zu hissen, die später zu einem Symbol der »Freien Franzosen« von General de Gaulle wird. Zu den ersten französischen Marineeinheiten, die den Krieg gegen die Achsenmächte wiederaufnehmen, gehört auch der U-Boot-Minenleger *Rubis* (KorvKpt. Cabanier).

Am Sonntag, dem 30. Juni 1940, landet Vizeadmiral Dönitz mit einer Junkers Ju 52 in Vannes (Bretagne). Dönitz will nun persönlich die Einrichtung der neuen U-Boot-Stützpunkte beaufsichtigen. Dank der Atlantikhäfen an der französischen Küste werden jetzt die U-Boote den 450 Seemeilen langen Anlaufweg von Wilhelmshaven um Nordengland herum sparen. Damit steigt auch das ökonomische Verhältnis für militärische Operationen für jedes U-Boot in See um 22 Prozent. Jetzt können selbst kleinere U-Boote vom Typ II (250 t) gegen Geleitzüge eingesetzt werden. Was noch wichtiger ist: Die Möglichkeit einer engeren Zusammenarbeit mit der Luftwaffe, die nun ihre Aufklärungsflüge über dem Atlantik weit ausdehnen und Luftangriffe auf Geleitzüge führen kann. Mit den norwegischen Häfen wiederum beherrscht das Deutsche Reich die gesamte Nordsee bis zum nördlichen Polarkreis. Dies gestattet der deutschen Kriegsmarine den Durchbruch von U-Booten, Blockadebrechern und Hilfskreuzern zum Atlantik. Die Hilfskreuzer und Blockadebrecher können in weit entfernte Gewässer vordringen, ohne Gebiete zu durchkreuzen, in denen sie auf die Royal Navy stoßen.
Im Juni operieren deutsche U-Boote wieder auf den großen Schiffahrtswegen im Atlantik. Obwohl im Durchschnitt zur Zeit nur sechs U-Boote eingesetzt werden können, stellen sie einen neuen Rekord auf: Sie versenken alle 24 Stunden ein Schiff. Damit wird der Juni 1940 zum bisher erfolgreichsten Monat. 36 alliierte Schiffe mit 355 431 BRT fallen den U-Booten zum Opfer, da wegen der Abwehrvorbereitungen einer zu erwartenden deutschen Invasion fast keine Geleitsicherung im Einsatz ist. Eigene Verluste: ein U-Boot.
In diesem Monat endet die am 3. 9. 1939 begonnene 1. Phase der Schlacht im Atlantik. In der 2. Phase, die bis März 1941 dauert, operieren die U-Boote in Gruppen (Rudel) gegen Konvois im Nordatlantik. Durchschnittlich stehen 12 U-Boote in See.
Unmittelbar nach dem Frankreichfeldzug beginnt die Luftwaffe mit Stukas, Bombern und einigen Torpedoflugzeugen, die jetzt aus den französischen Stützpunkten starten können, die Schiffahrt an der englischen Süd- und Südostküste zu stören.

Die deutsche Handelsmarine hatte starke Einbußen erlitten: Bis Juni 1940 verlor sie in den ersten 10 Kriegsmonaten fast 600 000 BRT überwiegend bei dem Versuch, in die Heimat zurückzukehren. Das Unternehmen »Weserübung« kostete etwa 250 000 BRT.
Mitte 1940 entwickelte sich ein immer besseres Zusammenwirken zwischen den Überwasserschiffen des Western Command und den Flugzeugen des Coastal Command der RAF, eine der wichtigsten Voraussetzungen für den späteren Ausgang der Schlacht im Atlantik.
Inzwischen wurden auch die britischen Minenräumverbände auf 700 Fahrzeuge erweitert. Minenräumflottillen sind jetzt in jedem wichtigen Handelshafen stationiert, um die Einfahrten freizuhalten. Die Hälfte der Minenräumboote kann sowohl Magnet- als auch Ankertauminen räumen.
Zur Zeit wird in Großbritannien unter größter Geheimhaltung eine Streitmacht aufgestellt, die im Falle einer deutschen Annexion der Iberischen Halbinsel die spanischen und portugiesischen Inselgruppen im Atlantik und vor allem die Azoren besetzen soll.
Die Ereignisse des ersten Halbjahres verschafften der deutschen Kriegsmarine eine breite Ausgangsbasis von Kirkenes bis Biarritz. Vom gesamtstrategischen Aspekt aus bot sich die Schwerpunktsetzung im Mittelmeer an, um Großbritannien an seiner schwächsten Stelle, am Suez, im Vorderen Orient und in Nordafrika zu treffen. Der Rückzug der Engländer vom europäischen Festland zwang Großbritannien zu einer grundlegenden Änderung seiner kontinentalen in eine vorwiegend maritime Strategie.

1940

Juli – Dezember

Erklärung im Unterhaus

4. Juli 1940, London
Die *Agentur Reuter* teilt mit:
Premierminister Churchill gab heute nachmittag im Unterhaus vor vollbesetztem Hause eine Erklärung über die Kriegslage ab. Churchill hat zunächst mit aufrichtigem Bedauern bekanntgegeben, daß Maßnahmen ergriffen werden mußten, um zu verhindern, daß die französische Flotte in deutsche Hände fällt. Der Beschluß der britischen Regierung zu einer Aktion gegen die französische Flotte ist einstimmig erfolgt. Gestern morgen hat England den größten Teil der französischen Flotte unter seine Kontrolle genommen oder diese unter Anwendung entsprechender Gewalt aufgefordert, die englischen Bedingungen anzunehmen. Zwei Schlachtschiffe, zwei Leichte Kreuzer, einige U-Boote, darunter das große Boot *Surcouf*, acht Zerstörer und 200 kleine Minenleger und Unterseebootjäger sind in Portsmouth, Plymouth und Sherness nach kurzer Notifizierung an ihre Kommandanten, soweit dies möglich war, übernommen worden. Die Operation konnte ohne Widerstand oder Blutvergießen durchgeführt werden; mit einer Ausnahme – im Fall des U-Bootes *Surcouf* sind ein britischer Marineoffizier und ein französischer Offizier getötet und einige Matrosen verwundet worden.

Britischer Überfall
Donnerstag, 4. Juli 1940, Clermont-Ferrand
Die *Agentur Havas* meldet:
Angesichts dieses unverantwortlichen Angriffs hat die französische Regierung den neben der britischen Flotte auf der Reede von Alexandria liegenden französischen Einheiten Befehl gegeben, die Anker zu lichten und notfalls mit Gewalt in die offene See vorzustoßen. Nach diesem verabscheuungswürdigen Angriff unserer Verbündeten von gestern hat die französische Admiralität unverzüglich allen Kriegsschiffen, die sich auf hoher See befinden, Weisung gegeben, jedes britische Handelsschiff anzuhalten und weitere Angriffe sofort zu erwidern. Auch die in England liegenden französischen Schiffe haben Befehl, sich die Ausfahrt zu erzwingen und entsprechend den Waffenstillstandsbedingungen Brest anzulaufen.

Französische Warnungen

Sonnabend, 6. Juli 1940, Vichy
Das *französische Kriegsministerium* gibt bekannt:
Der Oberbefehlshaber der Flotte und Marineminister warnt die Seeleute aller Dienstgrade und alle guten Franzosen vor der mehr als zweifelhaften Persönlichkeit des Admirals Muselier, der nach England emigriert und in den Dienst dieses Landes gegen sein Vaterland getreten ist . . . Der Admiral a. D. Muselier wird von den Gerichten seines Landes zur Rechenschaft gezogen werden.

Sonntag, 7. Juli 1940, Toulouse
Das *französische Kriegsministerium* meldet:
Das Gericht des 17. Militärbezirks verhandelte in Toulouse den Fall des in England weilenden französischen Generals de Gaulle. Er wurde in Abwesenheit zu vier Jahren Gefängnis und 100 Frs. Buße verurteilt wegen militärischen Ungehorsams und Anstiftung von Militärpersonen zum Ungehorsam.

Beschlagnahme britischer Handelsschiffe
Montag, 8. Juli 1940, Shanghai
Die *Agentur Domei* berichtet:
Die Behörden von Französisch-Indochina beschlagnahmten am Sonnabend sämtliche englischen Handelsschiffe im Hafen von Haiphong.

Der Krieg im Mittelmeer
8. Juli 1940, Rom
Das *Comando Supremo* gibt bekannt:
Während des gestrigen Tages wurden die Flottenstützpunkte von Malta und Alexandria wieder erfolgreich angegriffen. Zwei italienische Flugzeuge kehrten nicht zurück.

Links: Oran/Mers-el-Kebir, Stützpunkt der französischen Flotte

Rechts: 3. 7. 1940, Oran/Mers-el-Kebir: Vorn das Linienschiff *Provence,* dahinter das auslaufende Schlachtschiff *Strasbourg* und die schwer getroffene *Bretagne*

Weisung Nr. 16

Der Führer und Oberste Befehlshaber der Wehrmacht — F. H. Q., den 16. 7. 1940.

OKW/WFA/L Nr. 33160/40 g. Kdos.
Chefsache
Geheime Kommandosache! — 7 Ausfertigungen
Chefsache – Nur durch Offizier! — 2. Ausfertigung.

Weisung Nr. 16 über die Vorbereitungen einer Landungsoperation gegen England.
Da England, trotz seiner militärisch aussichtslosen Lage, noch kein Anzeichen einer Verständigungsbereitschaft zu erkennen gibt, habe ich mich entschlossen, eine Landungsoperation gegen England vorzubereiten und, wenn nötig, durchzuführen.
Zweck dieser Operation ist es, das englische Mutterland als Basis für die Fortführung des Krieges gegen Deutschland auszuschalten, und wenn es erforderlich werden sollte, in vollem Umfang zu besetzen. Hierzu befehle ich folgendes:
1.) Die Landung muß sich in Form eines überraschenden Überganges in breiter Front etwa von Ramsgate bis in die Gegend westlich der Insel Wight vollziehen, wobei Teilen der Luftwaffe die Rolle der Artillerie, Teilen der Kriegsmarine die Rolle der Pioniere zufallen wird. Ob es zweckmäßig ist, vor dem allgemeinen Übergang Teilaktionen, etwa zur Besetzung der Insel Wight oder der Grafschaft Cornwall, zu unternehmen, ist vom Standpunkt jedes Wehrmachtteils aus zu prüfen, und das Ergebnis mir zu melden. Die Entscheidung behalte ich mir vor.
Die Vorbereitungen für die Gesamtoperation müssen bis Mitte August abgeschlossen sein . . .

Freitag, 19. Juli 1940, Berlin
Das *Oberkommando der Wehrmacht* gibt bekannt:
Die deutsche U-Boot-Waffe hat weitere Erfolge zu verzeichnen. Ein Unterseeboot versenkte 31300 BRT feindlichen Handelsschiffsraumes. Einem anderen Boot gelang es, aus einem stark gesicherten Geleitzug einen großen bewaffneten Handelsdampfer herauszuschießen.

. . . denn wir fahren gegen Engeland

Heute wollen wir ein Liedlein singen,
trinken wollen wir den kühlen Wein,
und die Gläser sollen dazu klingen,
denn es muß, es muß geschieden sein.
Gib mir deine Hand, deine liebe Hand,
lebe wohl, mein Schatz leb wohl;
denn wir fahren, denn wir fahren,
denn wir fahren gegen Engeland . . .

Unsre Flagge und die weht vom Maste,
sie verkündet unsres Reiches Macht;
denn wir wollen es nicht länger leiden,
daß der Englischmann darüber lacht.
Gib mir deine Hand, . . .

Kommt die Kunde, daß ich bin gefallen,
daß ich schlafe in der Meeresflut,
weine nicht um mich, mein Schatz,
und denke, für das Vaterland
da floß sein Blut.
Gib mir deine Hand, . . .

Seegefecht bei Kreta

Sonnabend, 20. Juli 1940, Rom
Das *Comando Supremo* teilt mit:
In der Umgebung der Insel Kreta fand gestern bei Sonnenaufgang eine Seeschlacht statt, die drei Stunden dauerte. Unsere Leichten Kreuzer *Giovanni delle Bande Nere* und *Bartolomeo Colleoni* standen einem aus zwei 7000-Tonnen-Kreuzern vom Typ »Sydney« sowie vier Torpedojägern bestehenden englischen Flottenverband gegenüber. Trotz der deutlichen Überlegenheit der feindlichen Streitkräfte nahmen unsere Kreuzer den Kampf auf und fügten dem Gegner ernsthaften Schaden zu. Der Kreuzer *Bartolomeo Colleoni* ist schwer getroffen worden und gesunken. Ein großer Teil der Besatzung konnte gerettet werden. Unsere Bomberverbände haben Treffer auf den feindlichen Einheiten erzielt. Ein feindliches Schiff geriet in Brand und sank. Unsere Flugzeuge kehrten alle zurück.

Geheimer Bericht des *Sicherheitsdienstes der SS* zur innenpolitischen Lage:
Nr. 114, 12. August 1940 (Auszug)
I. Allgemeines: Bei den Erörterungen der Bevölkerung über den mutmaßlichen weiteren Verlauf des Kriegsgeschehens stellen sich in der letzten Zeit immer deutlicher zwei Meinungen heraus. Die einen halten nach wie vor fest daran, daß England vom Beginn des eigentlichen Kampfes an in wenigen Wochen niederzuwerfen sei und der Krieg in diesem Jahre noch zu Ende gehe. Die anderen dagegen, deren Zahl mit jedem Tag weiteren Wartens zunimmt, befürchten, daß sich der Krieg bis zum nächsten Jahre hinziehen werde . . .

Mittwoch, 14. August 1940
Das *Oberkommando der Wehrmacht* gibt bekannt:
Deutsche Fliegerverbände griffen am 13. August die Hafen- und Kaianlagen in Wallsend, Hartlepool, Bournemouth und Plymouth, Rüstungswerke in Exeter und Bristol sowie Großtanklager in North-Killingham wirksam mit Bomben an . . .

Erfolge der italienischen Marine
Sonntag, 8. September 1940, Rom
Das *Comando Supremo* teilt mit:
Eines unserer U-Boote hat ein feindliches Kriegsschiff, das in der Gegend von Gibraltar patrouillierte, versenkt. Bomberstaffeln, von Jagdflugzeugen begleitet, haben den Kriegshafen von Malta angegriffen, Brände und Zerstörungen verursacht sowie ein Unterseeboot im Dock getroffen. Von den feindlichen Jagdflugzeugen, die versucht haben, unsere Bomber und Begleitjäger anzugreifen, wurde eines an der Küste und ein anderes über dem Meer abgeschossen, ein drittes ist wahrscheinlich ebenfalls abgestürzt. Alle unsere Flugzeuge sind mit einigen Verwundeten an Bord zu ihren Stützpunkten zurückgekehrt. Im Roten Meer haben unsere Luftstreitkräfte einen feindlichen Geleitzug bombardiert. Ein schwer beschädigter Dampfer mußte von der Besatzung verlassen werden.

Vor einem Invasionsversuch?

Sonnabend, 14. September 1940, London
Die *Agentur Reuter* meldet:
Der Eindruck verstärkt sich hier, daß ein Invasionsversuch unmittelbar bevorsteht. Die Öffentlichkeit reagiert

auf derartige Gerüchte genauso ruhig und zuversichtlich wie die Behörden und militärische Kreise. Ein Bericht von »United Press«, daß ein deutscher Einsatzbefehl für alle Waffen auf den 16. September erlassen worden sei, findet zwar Beachtung, ohne jedoch alarmierend zu wirken. Es wird angenommen, daß auch die deutsche Flotte, soweit sie die Kampfhandlungen um Norwegen überstanden hat, zum erstenmal in größerem Maßstab wieder eingesetzt wird.

Verlegung französischer Kriegsschiffe
14. September 1940, Vichy
Die *Agentur Havas* berichtet:
Die Leichten Kreuzer *Montcalm, Georges Leygues* und *Gloire* in Begleitung von drei Zerstörern sind aus Toulon kommend in Dakar eingetroffen und haben damit die erste größere Flottenbewegung seit dem Waffenstillstand beendet. Eine offizielle Begründung der Verlegung wird nicht angegeben. Man nimmt jedoch an, daß damit bezweckt werden soll, die für Frankreich lebenswichtigen Schiffsrouten zu schützen, in denen, wie es heißt, Lebensmittelsendungen auf den Abtransport nach Frankreich warten.

W. Churchill an General Ismay
Mittwoch, 18. September 1940:
Erkundigen Sie sich, ob es keine Möglichkeit gibt, über einen oder mehrere der Invasionshäfen eine Decke von brennendem Öl auszubreiten. Das ist nichts anderes als die alte Geschichte vom Feuerschiff, mit modernen Verbesserungen, die zur Zeit der Armada bei Dünkirchen ausprobiert worden ist. Bestimmt kann die Admiralität irgend etwas ausfindig machen.

Sonntag, 22. September 1940
Das *Oberkommando der Wehrmacht* gibt bekannt:
Ein Unterseeboot unter Führung von Kapitänleutnant Schepke hat acht feindliche Handelsschiffe von zusammen 61 300 BRT versenkt. Gleichzeitig melden andere Unterseeboote die Versenkung von weiteren acht feindlichen Handelsschiffen von zusammen 35 700 BRT. Einschließlich der gestern gemeldeten versenkten feindlichen Handelsschiffe wurden damit in zwei Tagen 176 000 BRT feindlichen Handelsschiffsraums durch Unterseeboote versenkt, eine Höchstleistung, die zum erstenmal in diesem Krieg erreicht wurde, noch dazu in Gebieten, in denen der Gegner über reichhaltige Mittel zur Unterseebootbekämpfung verfügt . . .

W. Churchill an General Smuts
22. September 1940:
Sie werden meine Botschaft betreffend Dakar zur Kenntnis genommen haben . . . Wenn Dakar in deutsche Hände fiele und zum U-Boot-Stützpunkt würde, müßten die Folgen für die Kap-Route tödlich sein. Wir haben es uns darum zum Ziel gesetzt, de Gaulle zum Besitz von Dakar zu verhelfen, wenn möglich auf friedliche Weise, wenn nötig aber auch mit Gewalt, und die Expeditionsstreitmacht, die jetzt zum Schlag ausholt, dürfte stark genug sein . . .

De Gaulle vor Dakar

Montag, 23. September 1940, Vichy
Das *französische Außenministerium* teilt mit:
Der frühere General de Gaulle traf mit einem britischen Geschwader vor Dakar ein und hat an die französischen Behörden ein Ultimatum gerichtet mit der Aufforderung, Dakar zu übergeben. Dieses Ultimatum wurde abgelehnt. Die britischen Einheiten eröffneten dann das Feuer auf Dakar. Man war der Ansicht, der frühere General de Gaulle habe sich nach England begeben, um den Kampf gegen unsere früheren Feinde fortzusetzen. Die Ereignisse widersprechen dem. De Gaulle führt vielmehr fremde Streitkräfte zum Angriff auf seine Landsleute. Den Franzosen, die bisher noch zögerten, ihn als Verräter zu betrachten, werden jetzt die Augen geöffnet.

Französischer Luftangriff auf Gibraltar

Dienstag, 24. September 1940, Rom
Die *Agentur Stefani* berichtet:
120 französische Flugzeuge sind aus Marokko gestartet und haben die Festung Gibraltar als Vergeltungsmaßnahme für die Beschießung von Dakar am gestrigen Morgen mit Bomben belegt.

Kein Angriff auf Gibraltar?
24. September 1940, Vichy
United Press meldet:
Die französische Regierung dementiert die Berichte, nach denen die französischen Luftstreitkräfte Gibraltar bombardiert haben sollen. Es sind bisher noch keine Vergeltungsmaßnahmen ergriffen worden, aber »die französischen Repressalien stehen unmittelbar bevor«.

Verlust eines französischen U-Bootes
Mittwoch, 25. September 1940, Vichy
Das *französische Marineministerium* teilt mit:
Das französische U-Boot *Persée* ist in der Nähe von Dakar gesunken, nachdem es einen britischen Kreuzer erfolgreich angegriffen hat. Der größte Teil der Mannschaft konnte gerettet werden.

Luftangriff auf britische Schiffe
25. September 1940, Vichy
United Press berichtet:
Ein französisches Bombergeschwader hat vor Dakar liegende britische Kriegsschiffe angegriffen. Es kam dabei zu einem Luftkampf, in dessen Verlauf ein französisches und drei britische Flugzeuge abgeschossen wurden.

Wie Napoleons Alte Garde
Freitag, 27. September 1940, Vichy
United Press meldet:
Der britische Kreuzer *Adelaide* hat dem Kommandanten des französischen Kanonenbootes *Dumont d'Urville,* das sich auf der Höhe von Roumea in Neu-Kaledonien

19. 7. 1940, vor Kreta: Der italienische Leichte Kreuzer *Bartolomeo Colleoni*, vom Deck des australischen Kreuzers *Sydney* aus gesehen

befand, die Einladung von Admiral Muselier übermittelt, sich den Streitkräften des Generals de Gaulle anzuschließen. Der Kommandant, Kapitän de Quivrecourt, signalisierte als Erwiderung auf diese Einladung das einzige Wort: »Merde«.

Rückzug der Royal Navy

27. September 1940, Buenos Aires
United Press teilt mit:
Der britische Rückzug vor Dakar hat in ganz Südamerika Erstaunen hervorgerufen. Man war hier der Ansicht, die Engländer würden keine Anstrengungen scheuen, diesen strategisch wichtigen Punkt zu erobern, der für die südamerikanischen Staaten von großem Interesse ist.

Sender Beromünster (Schweiz)

Donnerstag, 31. Oktober 1940:
. . . Wie wichtig das Mittelmeer im gegenwärtigen Krieg geworden ist, zeigen neuerdings die Vorfälle in Griechenland. Italien klagte die griechische Regierung einer unneutralen Haltung an und verlangte von ihr die Besetzung wichtiger strategischer Punkte durch italienische Streitkräfte. Die Ablehnung dieser ultimativen Forderungen durch die griechische Regierung hatte die Eröffnung der Feindseligkeiten an der albanisch-griechischen Grenze zwischen italienischen und griechischen Truppen zur Folge. Da England bekanntlich vor etwas mehr als einem Jahr ein Garantieversprechen an Griechenland abgegeben hat, erklärte es sich zur sofortigen Hilfeleistung bereit. Diese Ereignisse sind noch so neu, daß weder über die Entwicklung der militärischen Operationen noch über die politischen Folgen des italienisch-griechischen Konflikts bereits etwas gesagt werden kann.

Ausbau der schwedischen Kriegsflotte
Mittwoch, 13. November 1940, Stockholm
Svenska Dagbladet berichtet:
Zur weiteren Verstärkung der schwedischen Kriegsflotte, die im Laufe des letzten Jahres bereits durch 60 neue Einheiten – Zerstörer, Motortorpedoboote, U-Boote und Minensucher – ergänzt worden ist, hat die Regierung heute den Bau von zwei Leichten Kreuzern für 100 Millionen Kronen und einer Anzahl Zerstörer und U-Boote für 41,4 Millionen Kronen beantragt.

Der britische Angriff auf Tarent
Donnerstag, 14. November 1940, Rom
Die *Agentur Stefani* meldet:
Der italienische Heeresbericht Nr. 138 brachte die Nachricht über einen feindlichen Luftangriff auf Tarent in der Nacht vom 12. November. Gestern gab Churchill im Unterhaus eine vollkommen erfundene Version dieses Vorfalls bekannt. Auf italienischer Seite hält man es nicht für notwendig, derart tendenziöse Verdrehungen der Tatsachen, wie sie die Erklärungen Churchills und des Ersten Lords der britischen Admiralität enthalten, zu beantworten. Man wird in den nächsten Tagen genaue Angaben über den Angriff auf Tarent sowie über die Gesamtlage im Seekrieg und über die Situation im Mittelmeer machen.

Sender Beromünster (Schweiz)

14. November 1940:
. . . Die Handelsschiffe, die die Britische Insel mit der übrigen Welt verbinden, können nur noch in Geleitzügen fahren, die von englischen Kriegsschiffen begleitet und geschützt werden. Die Blockierung Englands, das heißt die Unterbrechung seiner Zufuhr und Ausfuhr mittels Unterseeboots- und Fliegerangriffen, ist eine der wichtigsten taktischen Formen der deutschen Kriegführung gegen England. Täglich werden aus den Geleitzügen heraus Handelsschiffe torpediert, bombardiert und zum Sinken gebracht. In den letzten Wochen hat der Verlust der englischen Handelsmarine an Schiffsraum die höchsten Zahlen seit Kriegsbeginn erreicht. In der letzten Rede des Premierministers Churchill klang die Besorgnis über diese schwere Gefährdung der Zufahrtsstraßen nach der britischen Insel durch . . . Zweifellos ist wie im vorigen Weltkrieg die Seekriegführung einer der wichtigsten Aspekte des gegenwärtigen Konfliktes. Darüber darf man sich nicht täuschen, auch wenn es in der Natur der Seekriegführung liegt, daß sie weniger in die Augen fällt als Feldzüge von Landarmeen. Denn es ist nie die Aufgabe der Kriegsflotten gewesen, sich frühzeitig in offenen Seeschlachten zu exponieren. Die Hochseeflotte ist für jede kriegführende Macht, die über eine solche verfügt, eine wertvolle Reserve, die sie schwerlich zur Unzeit aufs Spiel setzen wird. Manchmal genügt ihr Vorhandensein und die Organisierung eines guten Patrouillendienstes durch kleinere Schiffseinheiten, um die Seeherrschaft der stärksten Flotte aufrechtzuerhalten . . .

W. Churchill an den Marineminister
Dienstag, 3. Dezember 1940:
Die neue Katastrophe, die den Geleitzug aus Halifax ereilt hat, erfordert eine genaue Untersuchung. Vor etwa einer Woche vernahmen wir, daß nicht weniger als 13 U-Boote an dieser Route auf der Lauer lägen. Wäre es nicht richtig gewesen, den Geleitzug nach den Minches zu dirigieren? Wäre dies nicht noch wünschenswerter gewesen, als wegen des schlechten Wetters das Ausfahren der Geleitzüge zu verzögern, so daß die Eskorte für die einfahrenden Konvois die Gefahrenzone nicht rechtzeitig erreichen konnte?

Ein zweiter »Westwall«

Sonnabend, 7. Dezember 1940, Berlin
United Press berichtet:
Der »zweite deutsche Westwall«, eine Kette von Forts und schweren Batterien an der Küste des Festlandes gegenüber England und dem Atlantik, ist nach vier Monaten fast fertiggestellt. Die Löffelbagger sind bereits abtransportiert worden, und es bleiben nur noch Fachkräfte zurück, um die letzten Arbeiten an den gewaltigen Batteriestellungen auszuführen. Der neue Atlantikwall unterscheidet sich darin grundlegend vom Westwall, daß er nicht nur defensiven, sondern auch offensiven Charakter hat. Neben den Küstenbatterien in den Stranddünen ist auch ein starker Gürtel von Flakbatterien vorhanden. Mit dem Bau des zweiten Westwalls wurde begonnen, noch ehe die Tinte der Unterschriften auf dem Waffenstillstandsabkommen getrocknet war. Zehntausende von Angehörigen der Organisation Todt begannen unverzüglich mit der Herstellung von Betonbauten und setzten die Arbeit Tag und Nacht bis in die vergangene Woche hinein fort.

Kritik am britischen Flottenkommando
7. Dezember 1940, London
United Press meldet:
Im britischen Parlament und in der Presse sind energische Maßnahmen zur Sicherung der Schiffahrt gefordert worden, und in verschiedenen Zeitungen wird vorausgesagt, daß ein Personalwechsel im Oberkommando der britischen Flotte bevorstehe; dabei soll auch Sir Dudley Pound durch einen jüngeren Offizier ersetzt werden. So schreibt A. J. Cummings im »News Chronicle«: »Sehr fähige Marineoffiziere äußern sich kritisch über die von der Admiralität zur Bekämpfung der bedrohten Schiffahrt angewandten Methoden, die sie für veraltet und unwirksam halten. Viele sind der Meinung, Sir Dudley Pound, Oberbefehlshaber der britischen Flotte, sollte in ehrenvoller Weise zurücktreten und es Lord Alexander, dem Ersten Lord der Admiralität, ermöglichen, einen geeigneten Nachfolger zu wählen.«

Zwischenfälle am Mekong
Montag, 9. Dezember 1940, Hanoi
United Press teilt mit:
Gestern morgen beschossen siamesische Truppen, ohne provoziert zu werden, das zu Frankreich gehörende indochinesische Ufer des Mekong bei Vientiane mit MG. Man erwiderte das Feuer, ohne Verluste zu erleiden. Am Nachmittag wurde das Feuergefecht wieder aufgenommen. Um 17 Uhr warfen drei siamesische Kampfbomber und ein Kampfflugzeug zehn Bomben auf Vientiane ab, durch die ein Zivilist verletzt wurde und ein Haus in Brand geriet; außerdem wurden zwei Hütten zerstört. Die französischen Behörden haben in den letzten drei Monaten genug Kaltblütigkeit und Verhandlungsbereitschaft gezeigt, sie können daher diese Provokation nicht weiter dulden. Heute morgen warfen daher französische Flugzeuge 22 Bomben auf den südöstlich von Vientiane gelegenen siamesischen Ort Lakon ab.

W. Churchill an den Marineminister
Sonnabend, 14. Dezember 1940:
Lassen Sie mir einen ausführlichen Bericht über den Zustand der amerikanischen Zerstörer zugehen, woraus ihre zahlreichen Defekte ersichtlich sind und der geringe Gebrauch, den wir bisher von ihnen machen konnten . . .

Dienstag, 17. Dezember 1940
Das *Oberkommando der Wehrmacht* gibt bekannt:
. . . Der soeben mit seinem Unterseeboot zurückge-

kehrte Kapitänleutnant Kretschmer versenkte auf dieser Fahrt gegen den Feind 34935 BRT feindlichen Handelsschiffsraum. Damit hat dieser Offizier eine Gesamtversenkungsziffer von 252100 BRT erreicht und als erster Unterseebootkommandant die 250000-BRT-Grenze überschritten . . .

Royal Navy beschießt Bardia

Freitag, 20. Dezember 1940
Die *britische Admiralität* teilt mit:
In der Zeit vom 13. Dezember abends bis zum 18. Dezember mittags bombardierten schwere und leichte Einheiten der britischen Mittelmeerflotte in kurzen Abständen das Gebiet von Bardia. Am Nachmittag des 17. Dezember wurde eine schwere britische Flotteneinheit während des Bombardements von Bardia von italienischen, mit Torpedos ausgerüsteten Flugzeugen erfolglos angegriffen. Feindliche Küstenbatterien richteten das Feuer auf unsere Kriegsschiffe, ohne einen Treffer zu erzielen. Seit Sonntag schwelen in Bardia große Brände, die am Dienstag ein gewaltiges Ausmaß annahmen. In den frühen Morgenstunden des Dienstags gelang einer britischen Flotteneinheit ein Nahangriff auf den Hafen von Bardia. Trotz des heftigen MG-Feuers drang das Kriegsschiff in den inneren Hafen von Bardia ein und versenkte dort drei Transportschiffe. Die Flotte konnte in der Zwischenzeit Gefangene abtransportieren. Britische Marineflugzeuge nahmen gemeinsam mit der Royal Air Force an den Aktionen teil. Die Seeoperationen dauern an.

20. Dezember 1940
Das *Oberkommando der Wehrmacht* gibt bekannt:
Ein Unterseeboot meldet die Versenkung seines 40. feindlichen Handelsschiffes. Damit hat der Kommandant dieses Bootes, Kapitänleutnant Schepke, eine Gesamtversenkungsziffer von 208975 BRT erreicht und somit als dritter Unterseebootkommandant die 200000-Tonnen-Grenze überschritten . . .

Strategie und Taktik

JULI BIS DEZEMBER 1940

Hitler beherrscht jetzt – im Sommer 1940 – Europa von der Weichsel bis zum Atlantik und vom Nordkap bis zu den Pyrenäen, das italienische Imperium erstreckt sich bis Nordafrika und Somaliland. England ist nach der Niederlage Frankreichs auf sich allein gestellt. Unmittelbar nach dem deutsch-französischen Waffenstillstand entscheidet Hitler, »es möge einem Landeunternehmen auf der britischen Insel planende Aufmerksamkeit zugewandt werden«.
Um jedes Risiko zu vermeiden – die Deutschen könnten womöglich entgegen den Waffenstillstandsbedingungen sich doch noch der französischen Flotte bemächtigen – befiehlt Churchill, diese Flotte außer Gefecht zu setzen. Er will damit zugleich beweisen, daß England fest entschlossen ist, den Kampf mit allen Mitteln fortzusetzen.

In den frühen Morgenstunden des 3. Juli 1940 überwältigen mit Gummiknüppeln bewaffnete britische Matrosen – von Admiral Sir Martin befehligt – etwa 5000 französische Seeleute an Bord der in den britischen Kanalhäfen liegenden Einheiten. Die Schlachtschiffe *Paris* und *Courbet,* die Zerstörer *Leopard, Mistral* und *Ouragan,* sechs Torpedoboote, fünf U-Boote, der U-Boot-Kreuzer *Surcouf* und über hundert kleinere Fahrzeuge werden von den Engländern beschlagnahmt und der Royal Navy eingegliedert. Die Offiziere des Zerstörers *Mistral* öffnen die Ventile. Die Selbstversenkung wird jedoch vereitelt, da man dem Kommandanten androht, seine eingesperrte Besatzung mit dem Schiff untergehen zu lassen. Auf dem größten U-Boot der Welt, *Surcouf,* gibt es mehrere Tote und Verletzte. Die französischen Besatzungen werden in ein Lager nahe Liverpool gebracht, die Offiziere auf der Isle of Man interniert.

3. 7. 1940, Oran/Mers-el-Kebir: Das zusammengeschossene Schlachtschiff *Bretagne* kurz vor dem Kentern

Links: 3. 7. 1940, Oran/Mers-el-Kebir: An Deck eines französischen Kriegsschiffes nach der Torpedierung

Unten: 9. 7. 1940, vor Punta Stilo: Das Schlachtschiff *Hood* im Artilleriefeuer der italienischen Kampfgruppe (Adm. Campioni)

Am Nachmittag des 3. Juli 1940 führt der in Gibraltar neuaufgestellte britische Flottenverband Force H (Vizeadm. Somerville) mit einem Schlachtkreuzer, zwei Schlachtschiffen, einem Flugzeugträger, zwei Kreuzern und elf Zerstörern die Operation »Catapult«, den Überfall auf die im Stützpunkt Mers-el-Kebir bei Oran liegende französische Flotte durch. Vizeadmiral Somerville fordert in einem Ultimatum Vizeadmiral Gensoul auf, sich der Force H anzuschließen oder seine Einheiten zu versenken. Somerville verhandelt fast neun Stunden lang und bittet zwischendurch die Admiralität um andere Befehle. Churchill bleibt jedoch bei seinem Entschluß.

Um 17.40 Uhr, nach Ablauf des Ultimatums, eröffnet die Royal Navy das Feuer auf den überfüllten Ankerplatz der französischen Flotte. Die hier liegenden Schiffe sind nicht gefechtsbereit und bilden so ein leichtes Ziel. Das Schlachtschiff *Bretagne* sinkt nach mehreren Treffern (977 Tote), das Schlachtschiff *Dunkerque* wird schwer beschädigt (210 Tote), dem Großzerstörer *Mogador* reißt ein Volltreffer das Heck ab (42 Tote), das Schlachtschiff *Provence* wird schwer beschädigt. Dem Schlachtschiff *Strasbourg* gelingt es, zusammen mit den Zerstörern *Le Terrible, Tigre, Volta, Lynx* und *Kersaint,* die Anker zu lichten und in hoher Fahrt durch die von den Engländern gelegte Minensperre zu entkommen. Trotz rollender Angriffe der Trägerflugzeuge und dem Feuer der Schiffsartillerie erreichen sie unbeschädigt Toulon. Die Gesamtverluste der französischen Marine an diesem Tag: 1147 Tote.

Die Operation »Catapult« ist das bisher größte und erfolgreichste Unternehmen der Royal Navy. Seit 125 Jahren, seit der Schlacht bei Waterloo, schießen die Engländer und Franzosen zum erstenmal wieder aufein-

ander. Churchill: »Daß die französische Marine als Machtfaktor fast mit einem einzigen Schlag durch eine gewaltsame Handlung ausgeschaltet wurde, machte in allen Ländern tiefen Eindruck.« Als die Admiralität den im östlichen Mittelmeer Kommandierenden Admiral Cunningham drängt, die in Alexandria liegende französische Flotte im Handstreich zu nehmen, funkt er nach London: »Bin ganz und gar gegen diesen Vorschlag. Angesichts der kritischen Munitionslage habe ich keine Lust, meine Schiffe einzusetzen, es sei denn gegen den Feind.«
Am gleichen Tag verläßt der deutsche Hilfskreuzer, Schiff 45 *Komet* (Kpt. z. S. Eyssen), Gdingen/Gotenhafen. Es ist der ehemalige Bananendampfer *Ems* (3287 BRT) mit 269 Mann Besatzung, der kleinste unter den deutschen Handelsstörern. Bewaffnung: sechs 15-cm-Geschütze, eine 6-cm-Kanone, zwei 3,7-cm-Flak, vier 2-cm-Flak, sechs Torpedorohre, ein Schnellboot, zwei Bordflugzeuge vom Typ Arado 196 und 30 Magnetminen. Das Schiff 45 hat 10000 kg Farbe für seinen Tarnanstrich an Bord und läuft in den norwegischen Hafen Bergen ein. Von hier aus steuert es als sowjetischer Frachter *Denjew* (»Heimathafen« Leningrad) getarnt die Insel Nowaja-Semlja in der Barentssee an. Sowjetische Eisbrecher begleiten ihn nun auf der

Marschroute nördlich von Sibirien in den ostasiatischen Operationsraum.

Am Donnerstag, dem 4. Juli 1940, beginnen die Angriffe der deutschen Luftwaffe von französischen Stützpunkten aus gegen die britische Schiffahrt. Die Stukas Ju 87 des Sturzkampfgeschwaders 2 greifen vor der britischen Küste einen Konvoi an und versenken fünf Schiffe, neun weitere werden beschädigt, während S-Boote den zum gleichen Konvoi gehörenden Frachter *Elmcrest* (4343 BRT) vernichten und zwei weitere Schiffe torpedieren.

Am Freitag, dem 5. Juli 1940, bricht die Vichy-Regierung ihre diplomatischen Beziehungen zu Großbritannien ab, ohne jedoch den Krieg zu erklären. Unter Kontrolle der Vichy-Regierung befinden sich nun im Mittelmeer 1 Schlachtschiff, 1 Flugzeug-Mutterschiff, 4 Schwere und 8 Leichte Kreuzer, 30 Zerstörer und 70 U-Boote. Die Einheiten liegen fast alle im Marinestützpunkt Toulon.

Im Morgengrauen des 6. Juli 1940 erscheint die Royal Navy erneut vor Mers-el-Kebir (Oran). In drei Wellen greifen Torpedoflugzeuge des Trägers *Ark Royal* das französische Schlachtschiff *Dunkerque* an. Ein Torpedo trifft ein längsseits des Schlachtschiffes liegendes Fahrzeug, dessen Wasserbomben explodieren. Die *Dunkerque* wird dadurch schwer beschädigt. Die Trägermaschinen nehmen auch die geretteten französischen Matrosen unter Beschuß. Insgesamt 150 Mann kommen um.
Am gleichen Tag meldet der Kommandant von Brest den Stützpunkt klar für die Aufnahme von U-Booten.

Am Sonntag, dem 7. Juli 1940, einigt sich Admiral Cunningham mit dem französischen Vizeadmiral Godfroy über das Schicksal des französischen Geschwaders Force X, das hier in Alexandria stationiert ist: Nachdem das Geschwader seine Treibstoffvorräte abgegeben und die Verschlüsse der Geschütze sowie Zündvorrichtungen der Torpedos im französischen Konsulat deponiert hat, verpflichtet sich Cunningham, keinen Versuch zu unternehmen, die Schiffe mit Gewalt zu besetzen.
Am gleichen Tag läuft das erste deutsche U-Boot *U 30* (KptLt. Lemp) zur Torpedoübernahme in den Stützpunkt Brest ein.

Am Montag, dem 8. Juli 1940, überfällt ein Schnellboot der Royal Navy das in Dakar liegende neue französische Schlachtschiff *Richelieu* und versucht, mit Wasserbomben die Ruder- und Schraubenanlagen zu zerstören. Auch Torpedoflugzeuge des britischen Trägers *Hermes* greifen das Schlachtschiff wiederholt an und erzielen einen Volltreffer. Die *Richelieu* bleibt jedoch seeklar.

Am Dienstag, dem 9. Juli 1940, kommt es bei Punta Stilo (Kalabrien) zu einem Seegefecht zwischen dem Alexandria-Geschwader Force B (Adm. Cunningham) und den erheblich stärkeren, durch Luftverbände unterstützten italienischen Streitkräften. Nachdem das Schlachtschiff *Warspite* aus 16 Seemeilen Entfernung mit einem Treffer das italienische Schlachtschiff *Giulio Cesare* schwer beschädigt hat, bricht die italienische Kampfgruppe (Adm. Campioni) trotz der besseren Position durch die Nähe ihrer Heimathäfen das Gefecht ab. Diese Seeschlacht ist für die italienische Marine das erste bedeutende Zusammentreffen mit der Royal Navy. Die italienischen landgestützten Maschinen erzielen dabei nur einen einzigen Treffer.

Am Mittwoch, dem 10. Juli 1940, teilt Admiral Darlan dem Kabinett in Vichy mit, er habe die italienische Admiralität ersucht, gemeinsam mit ihm eine Flottenaktion gegen Alexandria vorzunehmen, um dort das abgeschnittene französische Geschwader von Vizeadmiral Godfroy zu befreien. Darlan schlägt zugleich einen französischen Angriff auf die britische Kolonie Sierra Leone (Westafrika) und einen Bombenangriff auf Gibraltar vor.

Am Freitag, dem 12. Juli 1940, wird die I. Gruppe des Kampfgeschwaders 40 nach Bordeaux-Mérignac verlegt. Sie ist mit Maschinen vom Typ Focke Wulf 200 »Condor« ausgestattet. Als Langstreckenbomber und Fernaufklärer soll sie vorerst über dem Nordatlantik eingesetzt werden.
Am gleichen Tag greift eine FW 200, etwa fünf Seemeilen vor der Südküste Irlands, den kleinen 255-Tonnen-Trawler *Volante* an. Fünf Männer der Besatzung werden durch MG-Feuer getötet. Es ist das erste von einer FW 200 während der Schlacht im Atlantik versenkte Schiff.

Ab Montag, dem 15. Juli 1940, gibt Großbritannien die südliche Zufahrt um Irland endgültig auf. In diesen Tagen legt die Royal Navy starke Minensperren in den Nordwest- und Südwestzugang des Ärmelkanals. Es ist eine der ersten Maßnahmen zur Abwehr der zu erwartenden deutschen Invasion.
Am gleichen Tag fordert Hitler von der Vichy-Regierung als Gegenleistung für die zugesicherte Erhaltung der Kampfbereitschaft der französischen Flotte die Ermächtigung, Häfen und Stützpunkte im französischen Nordafrika besetzen zu dürfen. Marschall Pétain lehnt dies jedoch strikt ab und befiehlt sofort Admiral Darlan, alle Vorbereitungen für eine Wiederaufnahme des Kampfes um Nordafrika zu treffen, falls die Deutschen das Waffenstillstandsabkommen verletzen sollten.

Am Dienstag, dem 16. Juli 1940, gibt Hitler seine Weisung Nr. 16 für das Unternehmen »Seelöwe«, die Landung in England.
Deutschland verfügt zur Zeit über etwa 1,2 Millionen Tonnen seetüchtigen Schiffsraum, der für alle Erfordernisse ausreichen muß. Davon wird für das Übersetzen der Invasionstruppen mehr als die Hälfte benötigt. Insgesamt stehen an Transportraum zur Verfügung: 155 Dampfer mit 700 000 BRT, 1722 Fährschiffe, 471 Schlepper und 1160 Motorboote. Die kleinen Vergnügungsdampfer, Jachten und Flußschiffe werden beschlagnahmt. Die Siebel-Flugzeugwerke konstruieren »Siebel-Fähren«, die – mit alten Flugzeugmotoren angetrieben – als Panzerlandungsschiffe vorgesehen sind. Und die in ganz Europa requirierten Lastkähne bekommen einen Bodenbelag aus Beton sowie eine Bugrampe. Paarweise sollen sie, beladen mit Truppen, Panzern, Ausrüstungen und Maultieren, von Schleppern über den Kanal gezogen werden. Viele der Fahrzeuge sind nur bei Windstärke 1–2, die im Kanal selten herrscht, einsatzfähig. Diese Armada wird mit einer Geschwindigkeit, die noch geringer ist als die Fahrt jener Segler, mit denen Cäsar vor 2000 Jahren nach England kam, den Kanal überqueren, und das angesichts der stärksten Flotte der Welt, die sie vor der Küste Großbritanniens erwartet. Zu diesem Zeitpunkt besitzt Deutschland praktisch kein einziges einsatzbereites schweres Kriegsschiff, das für die Sicherung der Invasion zur Verfügung stehen könnte. Das Ganze ist also eine riskante Improvisation und erfüllt nicht die Forderung, die eine sorgsam geplante amphibische Operation verlangt.

Am Donnerstag, dem 18. Juli 1940, beschlagnahmt die britische Admiralität alle französischen Handelsschiffe im Bereich des Suezkanals.

Am Freitag, dem 19. Juli 1940, wird in einem Gefecht zwischen der Royal Navy und italienischen Seestreitkräften bei Kap Spada der italienische Leichte Kreuzer *Bartolomeo Colleoni* (Kpt. z. S. Novara) durch den australischen Leichten Kreuzer *Sydney* (Capt. Collins) sowie die Zerstörer *Havock* und *Ilex* versenkt. Es ist die erste größere italienische Einheit, die verlorengeht.

Am Sonntag, dem 21. Juli 1940, fünf Tage nach seinem Befehl, »Seelöwe« vorzubereiten, erteilt Hitler den Auftrag, »einen Ostfeldzug gegen die Sowjetunion, der 1941 durchgeführt werden soll, ins Auge zu fassen«. Nichts kann besser als dieses Beispiel die Spaltung in Hitlers strategischem Denken aufzeigen.

Am Sonntag, dem 28. Juli 1940, beginnen britische U-Boote (B-Patrol) die Überwachung der deutschen Seestützpunkte an der Biskaya.
Am gleichen Tag kommt es zum ersten Gefecht zwischen einem deutschen und einem britischen Hilfskreuzer: Westlich von Trinidad stößt der britische Hilfskreuzer *Alcantara* (22 209 BRT) auf den als jugoslawischen Dampfer *Vis* – aus Split – getarnten deutschen Handelsstörer *Thor* (3862 BRT). Die *Alcantara* wird schwer beschädigt und kann gerade noch Rio de Janeiro errei-

Juli 1940 bei Ostende: Unternehmen »Seelöwe«, die Invasion Englands, wird geprobt chen. Der deutsche Hilfskreuzer, auf dem eine Granate einige Kabel und Rohrleitungen zerrissen hat, kann bereits in zwei Stunden den Schaden beheben und seine Operationen fortsetzen.

Ende Juli 1940 wird in der britischen Admiralität eine Abteilung gegründet, die sich mit den deutschen Hilfskreuzern befaßt. Jeder ausgemachte Handelsstörer erhält, da sein deutscher Schiffsname nicht bekannt ist, als Kennung einen Großbuchstaben. So bekommt z. B. die *Atlantis* die Kennung Raider C.

Am Mittwoch, dem 31. Juli 1940, erklärt Großbritannien eine Blockade der gesamten französischen Küste. Man ist überzeugt, daß alles, was in das unbesetzte Frankreich gelangt, direkt dem Deutschen Reich zugute kommt. Die Vichy-Regierung, die sich als strikt neutral bezeichnet, hat sogar die Todesstrafe für eine Beteiligung französischer Staatsbürger im Kampf gegen Hitler eingeführt.

Am gleichen Tag bittet Churchill nochmals den Präsidenten Roosevelt um Überlassung von US-Zerstörern. Die Royal Navy, die ihre Zerstörer in südenglischen Gewässern konzentriert hat, verliert durch schwere Luftangriffe innerhalb von zehn Tagen 11 Schiffe. Die Admiralität will ältere US-Zerstörer als Geleitschutz einsetzen. Churchill: ». . . Herr Präsident, bei aller Hochachtung muß ich Ihnen sagen, daß dies jetzt geschehen muß.«

Im Juli 1940 vernichten deutsche Kampfflugzeuge, Stukas und Torpedoflieger 33 Handelsschiffe mit etwa 70 000 BRT. Vier andere Frachter mit 35 000 BRT laufen auf Minen, die von deutschen Flugzeugen abgeworfen wurden. Die deutschen U-Boote versenken in diesem Monat 38 Schiffe mit 194 922 BRT. Eigene Verluste: ein U-Boot.
In England beginnen in diesen Tagen trotz der deutschen Luftangriffe, U-Boot-Versenkungen und der drohenden Gefahr einer Invasion die Vorbereitungen für den Serienbau von Panzerlandungsschiffen. Man plant, damit in Zukunft Commando-Raids durchzuführen.

Am Donnerstag, dem 1. August 1940, wird am Kap Gris-Nez die erste deutsche schwere Batterie »Großer Kurfürst« mit vier 28-cm-Geschützen fertiggestellt. Am gleichen Tag gibt Hitler in seiner Weisung Nr. 17 den Befehl für »den verschärften See- und Luftkrieg« gegen England. Das Operationsgebiet für U-Boote wird beträchtlich nach Westen erweitert und innerhalb der festgelegten Zonen auch der warnungslose Angriff gegen Passagierschiffe freigegeben.

Am Donnerstag, dem 15. August 1940, versenkt das italienische U-Boot *Delfino* vor dem Hafen von Tinos im Ägäischen Meer den griechischen Kreuzer *Helli*. Es ist der erste griechische Verlust seit Kriegsbeginn.

Am Sonnabend, dem 17. August 1940, erklärt das OKW die »totale Blockade« der Britischen Inseln. Hit-

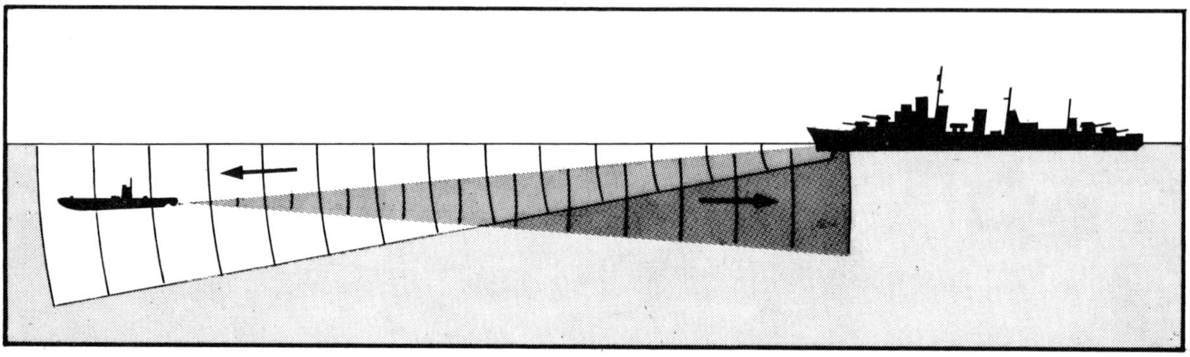

ler kündigt an, daß auch neutrale Schiffe ohne weiteres versenkt werden.

Am Dienstag, dem 20. August 1940, kehrt das U-Boot *U A* (KptLt. Cohausz) in seinen Einsatzhafen zurück. Bei seinen Aktionen im Operationsgebiet des westafrikanischen Freetown und auf dem Rückmarsch hat es insgesamt sieben Schiffe mit 40706 BRT versenkt. Es war die erste Südunternehmung eines deutschen U-Bootes.

Am Sonnabend, dem 24. August 1940, ist das Schlachtschiff *Bismarck* einsatzbereit.

Am Donnerstag, dem 29. August 1940 wird die Operationsabteilung des Befehlshabers der U-Boote (BdU), Vizeadmiral Dönitz, von Sengwarden bei Wilhelmshaven nach Paris an den Bois de Boulogne, Boulevard Suchet, verlegt.

Am Freitag, dem 30. August 1940, gelingt es dem B-Dienst, die Kursanweisung für den Konvoi SC. 2 mit 23 Schiffen zu entziffern. Damit beginnt die erste erfolgreiche Gruppen-Operation der U-Boote, ein Angriff im Rudel, typisch für die 2. Phase der Schlacht im Atlantik. Am gleichen Tag übernimmt der italienische Vizeadmiral Perona, Führer der U-Boote im Atlantik, mit seinem Stab den neueingerichteten Stützpunkt bei La Pallice. Die italienischen U-Boote werden zur einheitlichen Führung Konteradmiral Dönitz unterstellt. Der italienische U-Boot-Stützpunkt in Bordeaux erhält den Tarnnamen Betasom (Beta für Basis, som für sommergibile = U-Boot).

Im August 1940 beginnt die deutsche 9. Fliegerdivision die Häfen vor der Themsemündung sowie an der Ost-, Süd- und Südwestküste Englands intensiv zu verminen. Heftige Luftangriffe auf Häfen und Konvois fordern unter den britischen Handelsschiffen starke Verluste. Dabei wird erstmalig eine neue Mine mit akustischer Zündung eingesetzt, die auf Schraubengeräusche reagiert.
Bedeutungsvolle Ereignisse in der Atlantikschlacht, denen zur Zeit keine besondere Wichtigkeit beigemessen wird: Der deutschen Seekriegsleitung fällt im August 1940 auf, daß die Alliierten versuchen, ihre Geleitzüge um erkannte U-Boot-Positionen herumzuführen. So werden einige Konvois im letzten Augenblick umgeleitet und die Treffpunkte etwa 50 Seemeilen verschoben. Außerdem ändert im August 1940 die britische Admiralität plötzlich ihr Schlüsselverfahren. Die Beobachtungen des deutschen B-Dienstes werden damit vorerst unmöglich gemacht.
Für die Geleit-Sicherungsfahrzeuge, die getauchte U-Boote mit ihren Asdic-Geräten orten können, ist die neue, von Dönitz bereits vor dem Kriege konzipierte Rudeltaktik eine böse Überraschung: Die Überwasserangriffe der U-Boote machen Asdic wirkungslos, und da die Angriffe bei Dunkelheit erfolgen, sind die Geleitschiffe praktisch blind. Bei dieser Angriffstaktik werden die Konvois und ihre Sicherungsfahrzeuge von mehreren U-Booten gleichzeitig nach einem genauen Plan wie mit einem Zangengriff erfaßt. Ein weiterer Vorteil der Rudeltaktik: Da die U-Boote sich in einem Suchstreifen von 10 bis 15 Seemeilen Abstand aufstellen, ist es möglich, selbst mit kleineren Kräften ein relativ großes Seegebiet zu überwachen.
Wird ein Konvoi von der quer zu seiner vermeintlichen Kursrichtung aufgestellten U-Boot-Vorpostenstreife erfaßt, setzt der BdU jeweils ein U-Boot als Fühlungsfahrzeug während des Tages auf den Geleitzug an, das die Aufgabe hat, andere U-Boote der Gruppe über Funk an den Konvoi heranzuführen. Hat das gesamte Rudel den Geleitzug erfaßt, versucht es noch vor Sonnenuntergang, eine günstige Position zu erreichen. Bei Anbruch der Dunkelheit schleichen die U-Boote zwischen den Geleitfahrzeugen hindurch. Sie führen ihre Überwasserangriffe ähnlich wie Schnellboote durch, etwa 45 Grad voraus, was einen nur relativ kurzen Torpedolauf ergibt und dem Frachter kaum Zeit für ein Ausweichmanöver läßt.
Die Geleitfahrzeuge, die zur Zeit noch nicht mit Radar ausgerüstet sind, müssen nun versuchen, den Angreifer

Oben: Das Prinzip der Asdic-Ortung.
Der Name entstammt dem 1917 gegründeten Anti-Submarine Detection Investigation Committee

Rechts: Asdic – unter dem Rumpf eines Sicherungsfahrzeuges – sendet Schallimpulse aus. Das von einem U-Boot reflektierte Echo wird als Ping-Ping-Ton empfangen. Das Gerät hat jedoch viele Tücken

auszumachen, was ja bei der niedrigen Silhouette nachts recht problematisch ist, da die über Wasser marschierenden U-Boote schneller als die meisten Geleitfahrzeuge sind. Das Schwierigste der neuen Rudeltaktik: die Konvois in der Weite des östlichen Atlantiks aufzuspüren. Weil der Turm des U-Bootes nur etwa fünf Meter aus dem Wasser ragt, wird z. B. ein Konvoi, der sich in einer Entfernung von 20 Seemeilen befindet, nicht entdeckt, da er unter der Horizontlinie läuft.
Ein bedeutender Nachteil der Rudeltaktik: Das mit einem Konvoi in Fühlung stehende U-Boot muß zahlreiche Funksignale über dessen Kursänderung, Geschwindigkeit und Position an den BdU absetzen. Diese Funksprüche werden fast immer von britischen Peilstationen abgefangen. So kann sich die britische Admiralität eine Vorstellung von Gliederung und Position der deutschen U-Boote verschaffen, obwohl man die eigentlichen Funksprüche im Herbst 1940 noch nicht entziffern kann. Die Deutschen versuchen durch Verkürzung der Sendezeiten mit Hilfe des Kurzsignals, die feindliche Funkpeilung an einer genauen Standortbestimmung des angepeilten Bootes zu hindern.
Um der U-Boot-Gefahr zu begegnen, laufen in der Operationszentrale der Admiralität sämtliche Nachrichten über U-Boote zusammen: Eilmeldungen der eigenen Sicherungseinheiten, der angegriffenen Frachter, der Luft- und Funkaufklärung, sowie Funkpeilergebnisse. Nach Eintragung auf Übersichtskarten des benachbarten U-Boot-Lageraumes ergeben diese Meldungen innerhalb weniger Minuten eine recht genaue Position der funkenden U-Boote. Auf einer anderen Lagekarte werden Position, Kurs und Geschwindigkeit aller sich in See befindlichen Konvois und der einzeln fahrenden Frachter laufend ergänzt. Dank dieser Kombination von »U-Boot-Lage« und »Frachter-Lage« können Ausweichmanöver sowie Abwehrmaßnahmen angeordnet werden. Zuerst erhalten die Konvois über Funk den Befehl zur Kursänderung, damit sie den Ansammlungen von U-Booten ausweichen können.

Im August 1940 stehen durchschnittlich acht bis neun U-Boote im Operationsgebiet und versenken 56 Schiffe mit 267618 BRT, etwa 700 bis 900 BRT pro U-Boot und Tag. Eigene Verluste: drei U-Boote. Dönitz: »Diese Zahl zeigt, wie sehr viel günstiger es gewesen wäre, wenn wir bereits damals mit mehr U-Booten hätten operieren können.«
Im gleichen Monat gibt die britische Admiralität nach und nach die französischen Marineeinheiten frei, die sie am 3. Juli 1940 in englischen Häfen gewaltsam besetzen ließ. Sie werden den Forces Navales Françaises Libres (FNFL) des Admirals Muselier übergeben.
Im August 1940 erreicht die italienische Flotte ihre größte Stärke mit fünf einsatzbereiten Schlachtschiffen, von denen zwei zu den modernsten der Welt gehören.
Ebenfalls im August 1940 gelingt es dem technischen Direktor des Signal Corps Service der US-Armee, W. F. Friedman, mit seinem Team, den Code der aus einer deutschen Enigma-Version abgeleiteten japanischen »Purpur«-Schlüsselmaschine zu brechen. Mit diesem Code wird der diplomatische Verkehr der Japaner verschlüsselt.

Am Montag, dem 2. September 1940, wird das Abkommen über den Tauschvertrag zwischen den USA und England bekanntgegeben. Für 50 alte US-Zerstörer, die Großbritannien bekommt, räumt man den USA die Benutzung der Stützpunkte auf den Bahamas, auf Jamaika, Antigua, Santa Lucia, auf den Bermudas, in Argentia (Neufundland) und in Britisch-Guayana für 99 Jahre ein.
Zu gleicher Stunde treffen im kanadischen Halifax die ersten drei US-Zerstörer ein. Nach einer kurzen Übergabezeremonie laufen sie zur Schlacht in den Atlantik aus. Die Engländer taufen die meisten der Zerstörer auf Namen von Städten, die es sowohl in England als auch in den USA gibt. Nachdem die Zerstörer fast 22 Jahre lang eingemottet waren, ist eine gründliche Überholung in der Werft mehr als nötig. Die nach Meinung der britischen Seeleute schlimmsten Mängel stellen sich bereits in der ersten Nacht heraus: »Die Mannschaftsunterkünfte waren mit Kojen ausgestattet, und viele britische Matrosen verbrachten schlaflose Nächte, in denen sie sich fragten, warum die US-Navy die Hängematten abgeschafft hatte.« Die Übergabe der 50 verrosteten Zerstörer bedeutet – was den Krieg in Europa betrifft – eine Wende in der Politik der US-Regierung, die gesetzlich an die Neutralität gebunden ist.

Am Mittwoch, dem 4. September 1940, läuft das erste italienische U-Boot aus La Spezia kommend in Bordeaux ein. Das U-Boot *Allessandro Malaspina* (KorvKpt. Leoni) hat auf dem Weg nach Bordeaux einen englischen Frachter mit 8406 BRT versenkt, der erste Erfolg eines italienischen U-Bootes im Atlantik. Weitere sieben italienische U-Boote sind bereits zu

ihrem neuen Stützpunkt in der Biskaya unterwegs. Bald stellt sich jedoch heraus, daß sich die italienischen U-Boote für den Einsatz im rauhen Atlantik kaum eignen. Am gleichen Tag versenken vier deutsche Schnellboote der 1. S-Flottille (KptLt. Birnbacher) aus einem Konvoi nordöstlich von Great Yarmouth fünf Schiffe und beschädigen ein weiteres.
Die Zerstörer, Torpedo- und Schnellboote der Kriegsmarine legen zur Zeit ein ausgedehntes Sperrsystem mit mehreren tausend Minen, das sich vom östlichen Eingang des Ärmelkanals bis zur Irischen See zieht. Es soll die eigenen küstennahen Verbindungswege und vor allem die an der französischen Westküste liegenden Marinestützpunkte schützen.

Am Donnerstag, dem 5. September 1940, um 5 Uhr morgens, hat der deutsche Hilfskreuzer *Komet* die Beringstraße hinter sich. Die *Komet* ist somit das erste und einzige deutsche Schiff, das die Nord-Ost-Passage ohne Überwinterung in einem Turn durchfahren hat. Für den sibirischen Seeweg (rund 3000 sm) hat die *Komet* an reiner Fahrzeit nur 18 Tage benötigt, davon waren 720 Seemeilen Eisfahrt. Die *Komet* tarnt sich jetzt wieder als sowjetischer Frachter *Denjew* und nimmt Kurs auf ihr Operationsgebiet.
Das Erscheinen des deutschen Hilfskreuzers *Komet* im Pazifik trifft zeitlich mit einer sehr kritischen Phase in England zusammen, da für das allein gegen Deutschland kämpfende Großbritannien jedes versenkte Schiff einen großen Verlust bedeutet.

Am Montag, dem 9. September 1940, wird in Washington offiziell mitgeteilt, daß die US-Navy Aufträge für den Bau von 210 Kriegsschiffen, darunter sieben Schlachtschiffe und zwölf Flugzeugträger, vergibt.

In der Nacht vom 12./13. September 1940 führt die Royal Air Force Bombenangriffe auf die Häfen Vlissingen, Ostende, Dünkirchen, Calais und Boulogne durch, wo sich die Landungsflotte für das Unternehmen »Seelöwe« sammelt.

Links: Alte US-Zerstörer, die gegen eine Reihe von englischen Stützpunkten getauscht werden

Mitte: September 1940, Bordeaux: Italienisches U-Boot in seinem Stützpunkt

Rechts außen: Deutsche Schnellboot-Angriffstaktik

Rechts: September 1940, bei Ostende: Landeübungen für das Unternehmen »Seelöwe«, das allerdings auf unbestimmte Zeit verschoben wird

Am Freitag, dem 13. September 1940, beginnt die italienische Armee unter Marschall Graziani ihre Offensive über die libysch-ägyptische Grenze.
In der Nacht vom 14./15. September 1940 greifen britische Bomber wiederholt erfolgreich die Landungsflotte in den Häfen zwischen Antwerpen und Boulogne an.

Am Montag, dem 16. September 1940, erobern italienische Truppen die ägyptische Hafenstadt Sidi el Barani. Sie werden jedoch bald aufgehalten: Die Royal Navy beginnt den Nachschub über See massiv zu stören.

Am Dienstag, dem 17. September 1940, beschließt Hitler nach den schweren Verlusten der Luftwaffe vom 15.

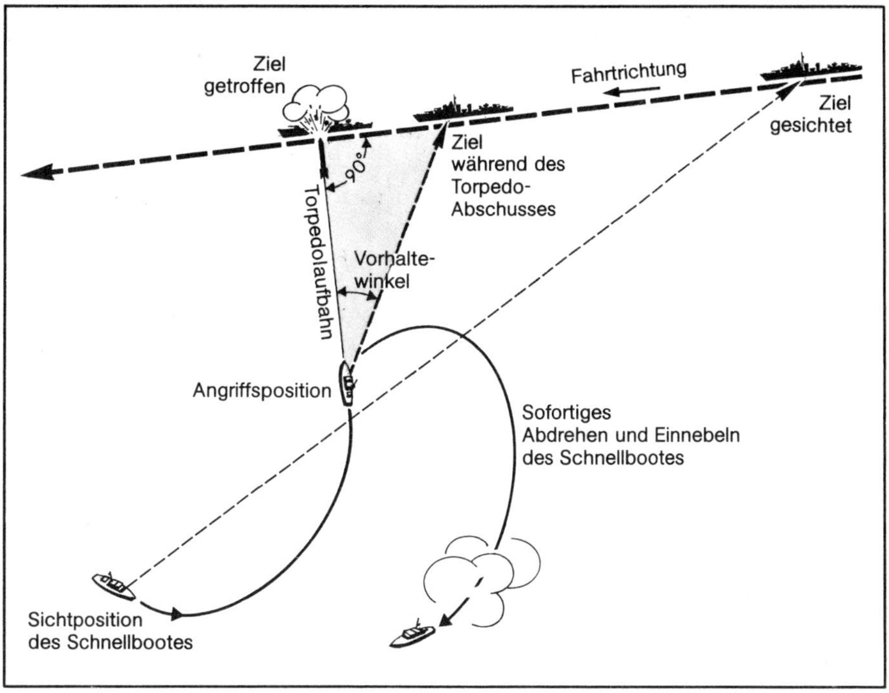

September, das Unternehmen »Seelöwe« zunächst auf unbestimmte Zeit zu verschieben.
Obwohl er den Plan einer Landung in England praktisch aufgegeben hat, läßt er uneingeschränkt weitere Vorbereitungen treffen: Die gesamte deutsche Werftkapazität wird mit Arbeiten an Flußkähnen, Schleppern und Trawlern für das Unternehmen »Seelöwe« belegt. Auf Hitlers ausdrückliche Anweisung muß alles andere zurückgestellt werden. Dadurch verzögert sich nicht nur die Fertigstellung des Schlachtschiffes *Tirpitz,* sondern auch der Bau von U-Booten, und die notwendigsten Reparaturarbeiten an U-Booten, leiden darunter.
Mitte September 1940 werden die acht intakten Zerstörer, über die die deutsche Kriegsmarine im Sommer 1940 noch verfügt, nach Brest verlegt.

Am Freitag, dem 20. September 1940, gelingt es *U 47* (KptLt. Prien), fünf U-Boote zu sammeln und mit diesem U-Boot-Rudel den Konvoi HX-72 anzugreifen. In zwei Nächten versenkt es zwölf von insgesamt 41 Schiffen mit 77 863 BRT und beschädigt ein weiteres schwer.

Am gleichen Tag wird die Überführung des italienischen Expeditionskorps von Brindisi nach Albanien für einen Feldzug gegen Griechenland ohne Verlust abgeschlossen. Insgesamt sind 40 310 Mann, 701 Fahrzeuge und 33 535 Tonnen Material über das Adriatische Meer transportiert worden.

Am Montag, dem 23. September 1940, beginnt die Operation »Menace«: Der britische Verband Force H (Vizeadm. Somerville) mit den Schlachtschiffen *Barham* und *Resolution,* dem Flugzeugträger *Ark Royal,* 3 Schweren Kreuzern, 6 Zerstörern, einem Verband der Freien Französischen Flotte, sowie mit den Truppentransportern *Pennland* (16 381 BRT) und *Westernland* (16 479 BRT) erscheint vor Dakar. Er soll zusammen mit 4000 britischen Soldaten die Landung von 2400 französischen Fremdenlegionären unterstützen. General de Gaulle will sich dieses wichtigen Hafens und Stützpunktes, der zugleich das einzige Groß-Dock (205 m Länge) zwischen Gibraltar und Kapstadt hat, bemächtigen. Jedoch weisen die vichytreuen Streitkräfte das Ultimatum von General de Gaulle zurück. Die Küstenbatterien eröffnen das Feuer auf die Landungsflotte und beschädigen dabei drei englische Schiffe. Der immer dichter werdende Nebel verzögert die Landung der Truppen von de Gaulle östlich der Stadt.
In den Morgenstunden des 24. September 1940 eröffnen britische Schlachtschiffe und Schwere Kreuzer das Feuer auf die Küstenbatterien und den Hafen von Dakar, in dem die französischen Einheiten, das Schlachtschiff *Richelieu,* zwei Leichte Kreuzer und drei Zerstörer liegen. Das französische U-Boot *Ajax* wird von einem britischen Zerstörer versenkt.

Am Dienstag, dem 24. September 1940, versucht die *Admiral Hipper* den Atlantik zu erreichen. Ein erheblicher Maschinenschaden zwingt den Schweren Kreuzer jedoch, das geplante Unternehmen abzubrechen und die Rückfahrt anzutreten.
Am gleichen Tag befiehlt die Vichy-Regierung, den Stützpunkt und die Stadt Gibraltar zu bombardieren. Sechs Bombergruppen der ehemaligen Armée de l'Air und vier Escadrilles der französischen Marine bekommen den Einsatzbefehl. Die insgesamt 64 Bomber befinden sich auf den Stützpunkten Oran, Tafaroui (Algerien) und Merknes, Mediouna, Port Lyautey (Marokko). Diese Aktion wird sowohl von der deutschen als auch von der italienischen Waffenstillstandskommission akzeptiert. Das Kommando liegt in den Händen von Général de Brigade Aérienne Tarnier, dem Befehlshaber der Luftstreitkräfte in Marokko.
An der Operation nehmen die modernsten Maschinen, die die Franzosen zur Verfügung haben, teil: 18 Bomber LéO 45, 27 Bomber Douglas und 19 Bomber Glenn Martin. Der Angriff soll in mehreren Wellen erfolgen. Kurz nach 12.20 Uhr starten die ersten Gruppen LéO 45 (GB I/23 und GB II/23) vom Flugplatz Meknes und nehmen Kurs auf Gibraltar. Der Südteil der Festung, die südliche Mole und ein größeres Schiff im Hafen werden schwer getroffen. Im Norden Gibraltars entstehen mehrere Brände.

Am darauffolgenden Tag, dem 25. September 1940, wird für den nächsten Einsatz gegen Gibraltar der französische Bomberverband um zwei weitere Gruppen und zwei Escadrilles verstärkt. Insgesamt sind es 83 Kampfflugzeuge, die bei gutem Wetter ihren Angriff von 15.00 Uhr bis 16.15 Uhr durchführen, diesmal ohne Jagdschutz. Die Besatzungen melden stärkeres Flakfeuer als am Vortage. Auch jetzt begegnen ihnen keine englischen Jäger. Der Verband wirft 56 Tonnen Bomben ab. Ein LéO-45-Bomber (GB II/23) aus Merknes mit der Besatzung von Lieutenant Court wird von der britischen Flak abgeschossen und stürzt ins Meer. 13 Maschinen sind leicht beschädigt. Die Aufklärer stellen Bombentreffer im Stützpunkt und an den Hafenanlagen fest. Dieser Angriff ist zugleich die größte Aktion französischer Bomberkräfte seit Kriegsausbruch.

Ebenfalls am 25. September 1940 beschießen britische Schlachtschiffe erneut die Stadt und den Hafen von Dakar. Das französische U-Boot *Bévéziers* (KptLt. Lancelot), das gerade aus dem Trockendock gekommen und noch frisch mit Mennige gestrichen ist, torpediert die *Resolution.* Das schwer getroffene Schlachtschiff hat starke Schlagseite, kann aber mit 60 Toten und 100 Verwundeten an Bord nach Kapstadt abgeschleppt werden. Churchill befiehlt den Abbruch des Unternehmens, das den Engländern einen schweren Prestigeverlust einbringt. In London bedrängen die wütenden Generäle Churchill, an Stelle von de Gaulle einen neuen Chef für die Freien Franzosen zu suchen. Die Verluste der französischen Streitkräfte in Dakar betragen 100 Tote und 182 Verwundete.

24. 9. 1940, Dakar: Von britischem Schlachtschiff in Brand geschossener Frachter *Tacoma*

Am Donnerstag, dem 26. September 1940, unternimmt Großadmiral Raeder den Versuch, Hitler dafür zu gewinnen, den Schwerpunkt der deutschen Kriegführung in den Mittelmeerraum zu verlegen, übrigens ergebnislos: Der Mittelmeerraum wird sträflicherweise wie bisher von Hitler als lästiger Nebenkriegsschauplatz angesehen.

Am Sonntag, dem 29. September 1940 gegen 22.30 Uhr, wird das zu einem Angriff mit Torpedoreitern (bemannte Torpedos) ausgelaufene italienische U-Boot etwa 22 Seemeilen westlich von Alexandria von dem australischen Zerstörer *Stuart* und einem Flugboot, Typ Sunderland, versenkt. Ein Teil der Besatzung, darunter auch einer der beiden Konstrukteure des bemannten Torpedos *Maiali,* geraten in englische Gefangenschaft.

Im September 1940 vernichten deutsche U-Boote insgesamt 52 Handelsschiffe mit 256 737 BRT. Ein deutsches U-Boot geht verloren. Bis September 1940, in den ersten zwölf Monaten des Krieges, werden 12 deutsche U-Boote versenkt, in der gleichen Zeit aber 28 neue Boote gebaut. Zehn von ihnen sind die für den Atlantikeinsatz nicht geeigneten kleinen U-Boote vom Typ II (250 t).
Mit dem Herbst kommt für die alliierte Schiffahrt auch eine kurze Atempause: Die im Atlantik tobenden Stürme behindern die deutschen U-Boote so, daß ein Aufspüren von Konvois aus dem niedrigen, im starken Wellengang immer wieder überspülten Turm erheblich erschwert wird. Zwar können die viermotorigen Focke Wulf 200 die Schiffahrtswege ausmachen, doch gibt es zuwenig davon, und nicht alle werden für die Seeaufklärung freigestellt. Dazu hat die Kriegsmarine bis jetzt kein Weisungsrecht gegenüber dem Teil des in Bordeaux stationierten Kampfgeschwaders 40. Doch hat

der Einsatz von Focke-Wulf-200-Aufklärern auch Nachteile: die oft ungenauen Konvoi-Standortmeldungen, die manchen Erfolg der U-Boote verhindern.
In diesem Monat wird der geheime deutsche Marinestützpunkt in der Sowjetunion, Basis Nord, aufgelöst; man hat ihn nach Inbesitznahme norwegischer und französischer Marinestützpunkte kaum noch benutzt.
Raeder: »Nach der Besetzung Norwegens wurde dieser Stützpunkt nicht mehr von uns benötigt; ich dankte dem russischen Admiralstabschef telegrafisch für die geleistete Hilfe.«

Seitdem die britische Admiralität gezwungen ist, den größten Teil ihrer Zerstörerflotte zur Verteidigung der Insel gegen eine drohende Invasion einzusetzen, versenken die U-Boote in der Zeit von Juli bis einschließlich September 1940 aus schwach gesicherten Geleitzügen 217 Handelsschiffe. Diese Erfolge werden von namhaften U-Boot-Kommandanten wie Prien, Kretschmer, Schepke, Schultze, Endrass und Wolfarth erreicht, die zumeist der Crew 1929 angehören und einzeln operieren. Die »glückliche Zeit« werden diese Monate von den U-Boot-Kommandanten genannt.
Vom Beginn des Krieges bis Ende September 1940 haben Kriegsmarine und Luftwaffe 1102 Handelsschiffe (4 Millionen BRT) versenkt.

Am Donnerstag, dem 10. Oktober 1940, läuft in den Hafen von Wladiwostok das sowjetische U-Boot *SC 423* (Kpt. 3. Rg. Zajdulin) ein. Es ist das erste U-Boot, das die sibirische Seeroute von Murmansk geschafft hat.

Am Sonnabend, dem 12. Oktober 1940, gibt Hitler den Befehl, das Unternehmen »Seelöwe« auf das Frühjahr 1941 zu verschieben.

Am Montag, dem 21. Oktober 1940, wiederholt die italienische Marine ihren Versuch, den Hafen von Gibraltar mit bemannten Torpedos anzugreifen. Aus La Spezia setzt sich das U-Boot *Scirè* (KorvKpt. Borghese) mit drei bemannten Torpedos in einem Spezialbehälter in Marsch.

Am Mittwoch, dem 23. Oktober 1940, läuft aus Gdingen/Gotenhafen das in einen Schweren Kreuzer umgebaute frühere Panzerschiff *Admiral Scheer* (Kpt. z. S. Krancke) aus, um im Atlantik Handelskrieg zu führen. Der Kreuzer zieht – von der britischen Luftaufklärung unbemerkt – entlang der norwegischen Küste nach Norden, und von dort durch die Dänemarkstraße in den Atlantik.

Am Freitag, dem 25. Oktober 1940, bespricht Vizeadmiral Dönitz auf einer Konferenz mit Hitler den Bau von U-Boot-Schutzbunkern an der französischen Küste. Dönitz will, daß sich alle U-Boote in ihren Stützpunkten an der französischen Westküste während der Ausrüstungs-, Ruhe- und Werftzeit unter bombensicherem Betonschutz befinden.

Am Sonnabend, dem 26. Oktober 1940, wird der britische Passagierdampfer *Empress of Britain* (42 348 BRT) durch eine Focke Wulf 200 (Oberlt. Jope) 70 Seemeilen nordwestlich von Irland angegriffen. Zwei schwere Bombentreffer in den Maschinenraum verursachen einen Brand. Die zu Hilfe eilenden beiden Zerstörer unterstützen die Löscharbeiten und nehmen den Dampfer ins Schlepp.

Am Montag, dem 28. Oktober 1940, sichtet das durch Funk verständigte U-Boot *U 32* (Oberlt. z. S. Jenisch) die havarierte *Empress of Britain* und die beiden Zerstörer. *U 32* gelingt es, mit zwei Torpedos den Dampfer zu versenken. Die *Empress of Britain* ist der größte alliierte Passagierdampfer, der im Zweiten Weltkrieg von den Deutschen vernichtet wird.
Am gleichen Tag um 5.30 Uhr marschieren italienische Streitkräfte von Albanien aus in Griechenland ein.

Am Dienstag, dem 29. Oktober 1940, einen Tag nach Mussolinis Angriff auf Griechenland, besetzen die Engländer Kreta und schaffen sich damit eine Schlüsselposition im Mittelmeer.

Am Donnerstag, dem 31. Oktober 1940, läuft der Hilfskreuzer Schiff 21 *Widder* (KorvKpt. d. R. v. Ruckteschell) wegen Maschinenschadens in Brest ein. *Widder* ist der erste deutsche Handelsstörer, der von seinem Unternehmen zurückkehrt. Sein Operationsgebiet war der Atlantik, vor allem die Trinidad-Azoren-Route. Erfolg: neun Schiffe mit 49 321 BRT, ein Tanker (9323 BRT) als Prise. Spätere Verwendung: Werkstattschiff in Norwegen. 1945 wird der Tanker an Großbritannien ausgeliefert.
An diesem 31. Oktober 1940, gegen 1.30 Uhr, nähert sich das italienische U-Boot *Scirè* der Bucht von Algeciras gegenüber Gibraltar. Es liegt in 15 Meter Tiefe auf Grund, und die Besatzung beginnt, die zu bemannenden Torpedos aus den Behältern zu ziehen.

★ BEAR BRAND STOCKINGS ★ FINER–STRONGER ★

Daily Mail

FOR KING AND EMPIRE

NO. 13.903 THURSDAY, NOVEMBER 14, 1940 ONE PENNY

LATE WAR NEWS SPECIAL

GOOD WHISKY JOHNNIE WALKER

GREATEST BLOW TO DUCE

Taranto Raid Halves Italian Battle Fleet

'ALERT' WAS ON, THE QUEEN RIDES IN ARMOURED CAR

ONE STROKE CHANGES POWER BALANCE

Daily Mail Naval Correspondent

ITALY to-day reels under two staggering blows from the British Navy. The magnificent raid by the Fleet Air Arm on Taranto Harbour has cut her proud battle-fleet in half at one blow.

The whole balance of power in the Mediterranean has changed in Britain's favour overnight. The repercussions throughout the wider seas of the world are too great at this moment even to begin to estimate.

The prestige of Italy—as a fighting power in general and a naval power in particular—has suffered such a blow as it will hardly recover from till the war ends.

On top of Mr. Churchill's great news there came last night from the Admiralty evidence that the British Navy has pierced deep into Mussolini's own sea—the Adriatic—to strike at the lines of communication so vital to his hard-pressed armies in Greece.

MOSCOW DOUBTS

Here a squadron of our light forces off Valona, in

Cocktails for Molotov

By FROOM TYLER, Daily Mail Foreign Editor

THERE were cocktails for Molotov in Berlin yesterday — but not for Hitler. The teetotal Führer, true to the only pledge he has ever kept, toasted the health of the Soviet Premier in Munich near-beer.

Taranto: How it Was Done

By NOEL MONKS, Daily Mail Air Correspondent

THE attack on Taranto by the Fleet Air Arm was carried out in moonlight, in spite of a balloon barrage and in the face of strong anti-aircraft fire.

Talks I have had with naval and air experts in London indicate that the tactics employed would be along the following lines:

First, it is thought, Skua dive-bombers—terror of the U-boats—went over, carrying their load of one 500lb. bomb each.

Their bombs dropped, the lightened Skuas, with their five machine-guns, become deadly fighters.

They would then, probably, remain to defend a second wave of attackers—Swordfish 'planes.

New Fighters

These carry deadly torpedoes, which would account for the terrific damage sustained by the Italian battleships.

The entry of Greece into the war as our ally has provided air-

Greeks Joined by Albanians

From CHRONIS PROTOPAPPAS, Daily Mail Correspondent

ATHENS, Wednesday.

AN entire company of Albanian troops "co-operating" with the Italian forces have marched over to the Greek lines and given themselves up, together with their officers and full equipment.

The Italians retreating from the Pindus Mountains, in the centre of the front, have abandoned quantities of guns, arms, munitions, and other material, including two war flags.

A small village in the Epirus region, without a vestige of military importance, and a very small town in Western Macedonia have been bombed by the

LOOTING

It's Not, if L.C.C. Give 'Permit'

THERE were a number of looting cases in London courts yesterday. Sentences as high as five years' imprisonment were imposed.

In one case three A.R.P. workers, accused of stealing goods said to be "so damaged as to have only nominal value," were each sent to prison for a month.

One case varied somewhat from the others. Articles "of little value" were mentioned. The accused man was an A.R.P. worker employed by the L.C.C.

Navy Hero Wins D.S.O. Again

DURING an Alert yesterday the Queen drove from Buckingham Palace in this armoured car to visit the disabled ex-Servicemen's Christmas Sale. Car and escort are seen drawn up. The Queen's own car, which followed behind, pulls out on the right.

BERLIN ALERT

Berlin, Thursday.—An raid alarm was sounded in Berlin last night.—B.U.P.

R.A.F. BOMB ADRIATIC OIL PLA

Athens, Wednesday. The R.A.F. have bombed oil refinery at Bari (Italian Adriatic base opposite Albania) and repeated attacks on Albanian ports, announced to-night by R.A.F. headquarters in Greece. B.U.P.

ITALIAN RETREA

Athens, Wednesday.—

Links: Britische Erfolgsmeldung über den Angriff auf Tarent

Rechte Seite oben: 11./12. November 1940 – britischer Luftangriff auf Tarent

Rechts: 11. 11. 1940, an Deck der *Illustrious:* Bomben für die Trägermaschinen

Bereits beim Aussetzen zeigen sich technische Mängel: Schon beim ersten Torpedo fällt der Kompaß aus. Trotz wiederholter Versuche ist der Torpedo nicht mehr einsatzfähig und muß auf dem Grund zurückgelassen werden. Die beiden »Torpedoreiter« schwimmen an die zwei Seemeilen entfernte spanische Küste und werden dort von italienischen Agenten erwartet, die ihnen weiterhelfen. Beim zweiten Torpedo streikt die Wasserpumpe, kurz danach fallen die Sauerstoffgeräte aus. Die Besatzung läßt den Gefechtskopf versinken und fährt auf dem Gerät bis zur spanischen Küste. Um 7.10 Uhr wird sie von italienischen Agenten übernommen. Nun begeht der Fahrer des Torpedos einen verhängnisvollen Fehler: Er stößt das Gerät mit laufendem Motor wieder ins Wasser in der Annahme, daß es sinken wird. Die Engländer spüren jedoch den Torpedo auf, bergen ihn und lassen ihn nachbauen. Er wird zum Prototyp der britischen Kleinkampfmittel. Auch die Besatzung des dritten Torpedos ist vom Pech verfolgt: Ein Mann kommt bei der Aktion um, seine Leiche wird später von den Engländern aus dem Hafen gefischt, auch der völlig entkräftete Fahrer kann die spanische Küste nicht mehr erreichen. Er klettert an Bord eines an der Mole liegenden neutralen Dampfers. Die englische Hilfspolizei entdeckt ihn jedoch bei der Durchsuchung des Schiffes und nimmt ihn gefangen.

Im Oktober 1940 versenken deutsche U-Boote 61 Handelsschiffe mit 344684 BRT. Eigene Verluste: ein U-Boot.

In den Abendstunden des 5. November 1940 sichtet der Schwere Kreuzer *Admiral Scheer* im Nordatlantik den Konvoi HX 84. Der britische Hilfskreuzer *Jervis Bay* (Capt. Fegen), der diesen Geleitzug sichert, nimmt das Gefecht mit der *Admiral Scheer* auf, um seinem Geleitzug die Chance zum Entkommen zu geben. Doch der Schwere Kreuzer erhält während des Gefechts keinen Treffer, da die Geschütze des britischen Hilfskreuzers eine um 9000 Meter geringere Reichweite haben. Als die brennende *Jervis Bay* mit der gesamten Besatzung untergeht, ist der Konvoi schon weit zerstreut, so daß die *Admiral Scheer* nur fünf Schiffe versenken kann. Zu den Opfern zählt auch der britische Tanker *San Demetrio*, der brennend von seiner Besatzung aufgegeben wird.

Am Mittwoch, dem 6. November 1940, sichtet eines der Rettungsboote die in Qualm gehüllte, aber noch schwimmende *San Demetrio*. Das Rettungsboot geht jetzt längsseits des Tankers, und einige Männer klettern wieder an Bord. Das Deck ist glühend heiß. Es gelingt ihnen, den Brand zu löschen und die Maschine in Gang zu setzen. Die *San Demetrio* beginnt nun ihre abenteuerliche Fahrt nach Großbritannien. Ohne Navigationsgeräte und nur mit einem an Bord aufgefundenen Schulatlas schaffen es die Männer, den Tanker mit einem Großteil seiner wertvollen Ölladung nach England zu bringen.

Die Operationen der *Admiral Scheer* im mittleren Atlantik veranlassen die Royal Navy zu einer Jagd auf diesen Kreuzer, sie entblößt damit aber den Nordatlantik.

Als Admiral Cunningham feststellt, daß die italienische Flotte es meidet, eine Entscheidungsschlacht auf See anzunehmen, beschließt er, die italienischen Kriegsschiffe in ihrem Hauptstützpunkt aufzusuchen.

In der Nacht vom 11./12. November 1940 greifen britische Torpedo- und Bombenflugzeuge den italienischen Flottenstützpunkt Tarent (Operation »Jugdment«) an. Die italienische Flotte ist zur Stunde auslaufbereit: Sie soll am folgenden Tag Tarent verlassen, um Suda (Kreta) zu beschießen, wo Teile der britischen Mittelmeerflotte liegen. Kurz nach Einbruch der Dunkelheit startet die erste Welle (KptLt. K. Williamson) mit 12 Doppeldecker-Torpedoflugzeugen mit Zusatztanks, Typ »Swordfish«, vom Träger *Illustrious*, etwa 140 Seemeilen südöstlich von Tarent. Die zweite Welle (KptLt. J. W. Halle), die wegen einiger Ausfälle nur aus acht Flugzeugen besteht, folgt eine Stunde später. Eine Maschine nach der anderen fliegt zwischen den Fesselballons hindurch und wirft ihre Torpedos genau über der Fangnetzlücke, etwa 600 bis 700 Meter von den Angriffszielen entfernt, ab. Sie fliegen dabei so niedrig, daß hier und da ein Flugzeug mit den Rädern die Wasseroberfläche streift. Hätten sie die Torpedos aus einer größeren Höhe abgeworfen, wären diese beim Aufprall zerschellt.

Die Flak eröffnet ein heftiges Sperrfeuer. Durch Mond und Leuchtbomben erhellt, heben sich die italienischen Schlachtschiffe deutlich gegen den Westhimmel ab. Die *Conte di Cavour* erhält einen Torpedotreffer, die *Littorio* zwei. Dann erscheint die zweite Welle, die trotz ihrer geringeren Stärke auf der *Caio Duilio* einen und auf der *Littorio* zwei weitere Torpedotreffer erzielt. Beide Angriffsverbände verlieren nur je ein Flugzeug.

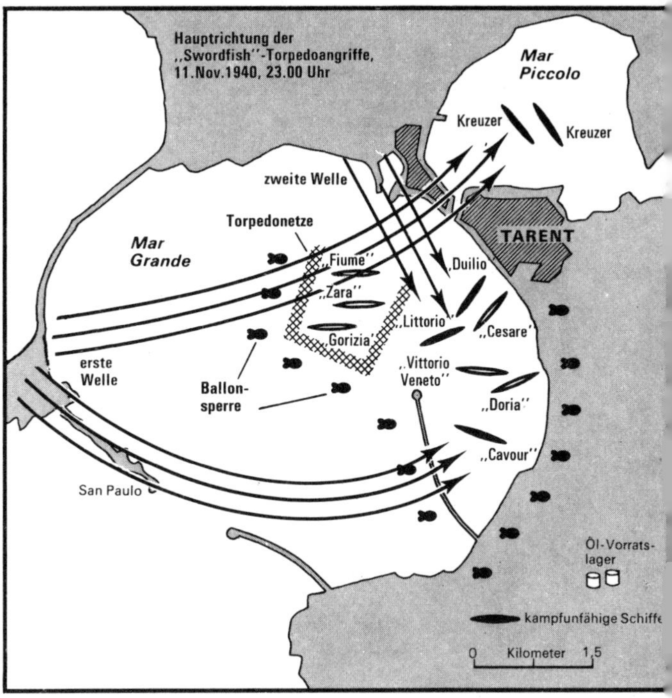

Die drei getroffenen Schlachtschiffe sinken vor Anker. Obwohl die *Littorio* und die *Caio Duilio* später gehoben und repariert werden, sind sie doch für fünf oder sechs Monate außer Gefecht gesetzt; die *Conte di Cavour* wird nie wieder in Dienst gestellt. Die Bombenangriffe auf die Kreuzer und Zerstörer im inneren Hafen sind weniger erfolgreich: die einzigen beiden Bomben, die getroffen haben, explodieren nicht.

»Ich habe gute Nachrichten für Sie«, rief Churchill im Unterhaus, die Siegesdepesche schwenkend: »Das Gleichgewicht der Seestreitkräfte im Mittelmeer hat sich verlagert.« Die restlichen italienischen Schlachtschiffe werden nach Neapel zurückgezogen. So bleibt der östliche Teil des Mittelmeeres frei von schweren italienischen Einheiten. Dieser taktische und strategische Erfolg kostet lediglich zwei abgeschossene britische Flugzeuge. Ein Flieger wird getötet, drei geraten in Gefangenschaft.

Der Angriff der Torpedo-Trägerflugzeuge auf den Marinestützpunkt Tarent, der die Hälfte der italienischen Schlachtschiffe außer Gefecht setzt, bestätigt die Bedeutung des Flugzeugträgers in der neuen Seekriegsepoche.

Das Trägerflugzeug hat die schwere Schiffsartillerie als Hauptwaffe des Seekrieges ersetzt. Zum erstenmal ist eine Schlachtflotte im eigenen Hafen ausgeschaltet worden, ohne daß die Gegenseite selbst nur einen Schuß abgefeuert hat.

Die italienische Flotte wird sich von dem schweren Schlag in Tarent nie wieder erholen können, und es genügt bereits die Anwesenheit eines britischen Flug-

zeugträgers, um die Admirale von einer Aktion abzuhalten. Die Royal Navy kann jetzt ihre Geleitzüge zur Verstärkung Maltas ohne größere Schwierigkeiten durch das zentrale Mittelmeer bringen.
Admiral Cunningham zu Tarent: »Ein noch nie dagewesenes Beispiel für den ökonomischen Einsatz von Kampfverbänden.« Der Admiral ahnt nicht, daß sein eifrigster Schüler im fernen Tokio sitzt. Der englische Erfolg in Tarent bestätigt nämlich dem japanischen Admiral Yamamoto, daß sein Plan, den US-Flottenstützpunkt Pearl Harbor mit Trägerflugzeugen anzugreifen, richtig ist.

Bis zum 30. November 1940 versenken italienische U-Boote im gemeinsamen Operationsgebiet mit den Deutschen im Atlantik 200 BRT pro Tag und Boot. In der gleichen Zeit haben die deutschen U-Boote 1115 BRT pro Boot und Tag erzielt.
Im November 1940 vernichten Langstreckenbomber vom Typ Focke Wulf 200 insgesamt 18 Schiffe mit 66000 BRT, durch deutsche U-Boote gehen im Atlantik 34 Handelsschiffe mit 173995 BRT verloren. Eigene Verluste: drei U-Boote.

Am Dienstag, dem 3. Dezember 1940, läuft aus Gdingen/Gotenhafen der Hilfskreuzer Schiff 41 *Kormoran* (KorvKpt. Detmers) aus. Es ist die ehemalige *Steiermark* (8736 BRT) mit 400 Mann Besatzung. Die *Kormoran* ist der größte aller deutschen Hilfskreuzer. Bewaffnung: sechs 15-cm-Geschütze, zwei 3,7-cm-Flak, fünf 2-cm-Flak, sechs Torpedorohre, ein Schnellboot, 2 Bordflugzeuge Arado 196 und 390 Minen.

Am Donnerstag, dem 5. Dezember 1940, trifft der deutsche Hilfskreuzer *Thor* im Morgendunst südöstlich von Rio de Janeiro den britischen Hilfskreuzer *Carnavon Castle* (20122 BRT). Sein Kommandant, Captain Hardy, eröffnet das Feuer auf die *Thor*. Um 8.02 Uhr, nachdem die *Carnavon Castle* keine Treffer erzielen konnte, dreht der britische Hilfskreuzer, da selbst schwer beschädigt, mit 37 Toten und 87 Verwundeten an Bord hart nach Norden ab und ergreift die Flucht. Die Royal Navy ordnet sofort eine Großjagd auf den deutschen Handelsstörer *Thor* an, an dem sich die britischen Kreuzer *Cumberland*, *Enterprise* und *Newcastle* beteiligen, sie bleibt jedoch ohne Erfolg.
Die beiden Gefechte der britischen Hilfskreuzer – *Alcantara* am 28. Juli 1940 und jetzt *Carnavon Castle* – mit dem deutschen Handelsstörer *Thor* sollen im Jahre 1940 die einzige Chance für die britische Admiralität bleiben, auch nur einen der schwer zu fassenden deutschen Hilfskreuzer zu vernichten.

Am Sonnabend, dem 7. Dezember 1940, läuft der Kreuzer *Admiral Hipper* (Kpt. z. S. Meisel) unbemerkt durch die Dänemarkstraße in den Nordatlantik.

Am Montag, dem 9. Dezember 1940, beginnt unter General Wavell die erfolgreiche britische Offensive in der Cyrenaika.

Am Dienstag, dem 10. Dezember 1940, wird wegen wiederholter Mißerfolge die italienische Marine reorganisiert: Den Chef des Admiralstabes, Admiral Cavagnari, löst Admiral Riccardi ab, und Admiral Campioni wird stellvertretender Chef des Admiralstabes. Das Flottenkommando übernimmt Admiral Iachino, der bisherige Befehlshaber des 2. Kreuzergeschwaders.

Im Dezember 1940 setzt die deutsche Seekriegsleitung auch Magnet- und akustische Minen mit einer neuartigen Verzögerungszündung ein. In der zweiten Dezemberwoche führt das deutsche IX. Fliegerkorps (GenLt. Coeler) einen Minen-Großeinsatz durch: Zwischen dem 12. und 19. Dezember 1940 werden in Nachteinsätzen vor der Themsemündung 299 Minen gelegt.
Mitte Dezember 1940, fast ein halbes Jahr nach der Besetzung der Marinestützpunkte an der Atlantikküste, fehlt immer noch eine zuverlässige Fernaufklärung für U-Boote. Dönitz: » . . . Ohne weiträumige Aufklärung und Heranführung der U-Boote an ihre Ziele, sowohl durch Aufklärungen wie durch Peilmeldungen, stehen die U-Boote häufig unausgenutzt in See. Falls sie vom Geleitzug abgedrängt werden und ihn verlieren, ist es für Flugzeuge viel leichter, ihn wiederzufinden und die U-Boote an ihn heranzuholen.« Dönitz fordert energisch eine bessere Unterstützung der Luftwaffe durch Fernaufklärung. Nur dem persönlichen Kontakt zwischen Dönitz und dem späteren Fliegerführer Atlantik, Oberstleutnant Harlinghausen, einem ehemaligen Seeoffizier, ist es zu verdanken, daß künftig wenigstens zwei Focke Wulf 200 täglich für die U-Boot-Waffe Fernaufklärung fliegen werden.

Am Mittwoch, dem 18. Dezember 1940, beschießen die britischen Schlachtschiffe *Valiant* und *Warspite* den für die italienischen Streitkräfte wichtigen Nachschubhafen Valona (Albanien).
Am gleichen Tag unterzeichnet Hitler seine Weisung Nr. 21 (»Fall Barbarossa«) für den Angriff auf die Sowjetunion. Damit entscheidet er sich nach monatelangem Schwanken, die Seestrategie gegenüber Großbritannien aufzugeben. Die Wehrmacht soll jetzt »England in der Weite Rußlands schlagen«. Dieser kontinentale Weg zwingt eine Verlagerung der Kriegsrüstung mit Schwerpunkt auf die Erfordernisse des Heeres.
Raeder: »Ich habe Hitler gesagt, daß er doch unmöglich einen Zweifrontenkrieg entfesseln könne, nachdem er bisher immer betont habe, daß er die Dummheit der Regierung von 1914 nicht wiederholen würde . . . Ich versuchte Hitler davon zu überzeugen, daß mit einem Vorgehen im Mittelmeer gleichzeitig ein Druck auf Rußland ausgeübt würde.«

Am Freitag, dem 20. Dezember 1940, entscheidet die britische Admiralität, die Konvois durch den Nordatlantik nahe der Eisgrenze zu leiten. Auch eine Anzahl von Flugzeugen sowie mehr Schiffe als bisher werden zur Sicherung abgestellt.

Am Dienstag, dem 24. Dezember 1940, greift das in der

Rechts: Ein wichtiges Manöver von Flugzeugträgern: Drehen zum Wind für den Start der Trägermaschinen

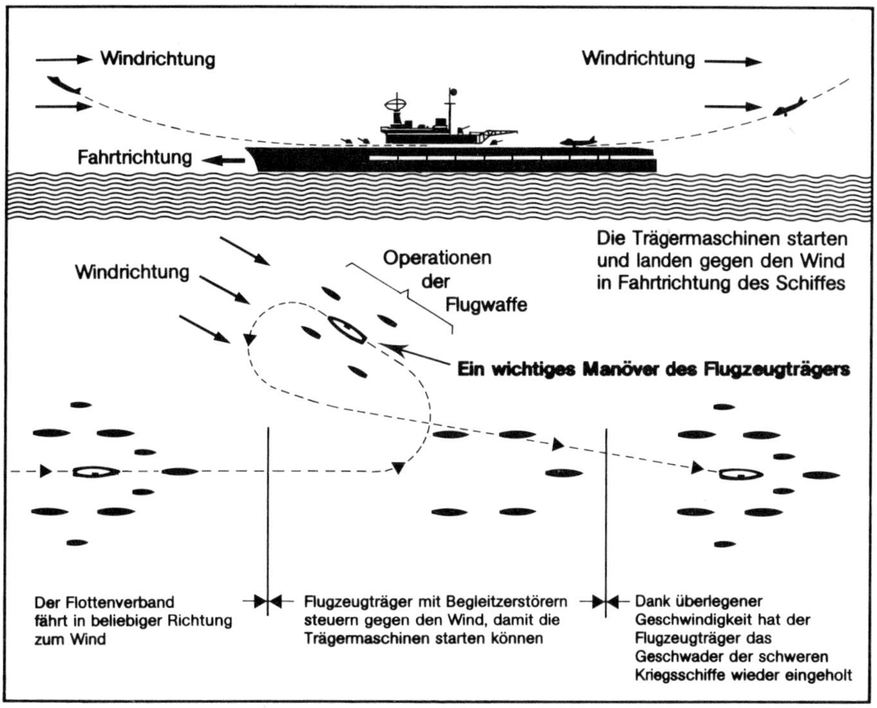

Unten: Querschnitt durch einen Flugzeugträger. Hallen und Kesselraum bestimmen die Form des Schiffes

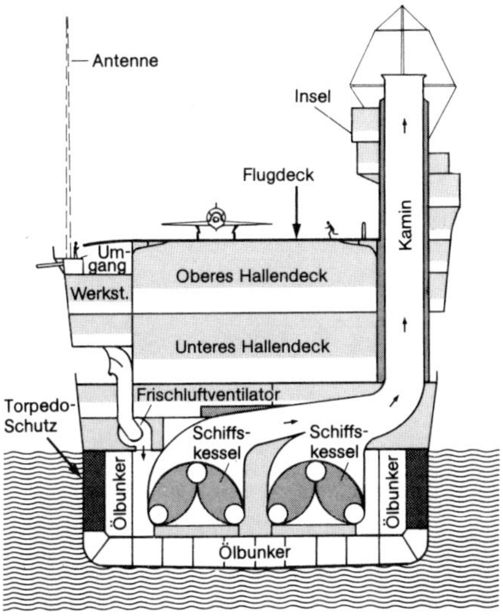

Adria operierende griechische U-Boot *Papanicolis* (Oberlt. Jatrides) einen italienischen Nachschubkonvoi nach Albanien an und versenkt einen Transporter mit 3952 BRT.
Auch am Heiligabend läuft aus einem geheimen Stützpunkt bei Flemington House nördlich von Lerwik (Shetland-Inseln) das norwegische Fischerboot *Vita* (Kpt. Larsen) aus. Diese Fahrten von den Shetland-Inseln nach Norwegen werden »Shetland-Bus« genannt. Das zusammen mit der norwegischen Sektion des Special Operation Executive (SOE) und dem britischen Geheimdienst geführte Unternehmen wird von Major L. H. Mitchell und Commander Horvard mit norwegischen Fischern und deren Booten geführt. Später werden die Fischkutter durch Walfangschiffe, britische Schnellboote und durch amerikanische U-Boot-Jäger ersetzt. Sie legen Minen vor der norwegischen Küste, transportieren Waffen, Munition und Sprengstoff für die norwegische Untergrundorganisation Milorg, befördern SOE-Agenten und bringen auf jeder Fahrt norwegische Freiwillige nach England mit. Später wird der Stützpunkt für die Shetland-Bus-Flottille nach Luna Voe am Yella-Sund verlegt und vergrößert. Die Mannschaft besteht aus etwa 100 Matrosen. Vier Besatzungen sind ständig unterwegs, die anderen ruhen sich aus.
Ebenfalls am 24. Dezember 1940 sichtet der Schwere Kreuzer *Admiral Hipper* auf der Schiffsroute nach Sierra Leone einen Konvoi mit 20 Schiffen und folgt ihm die ganze Nacht hindurch. Der beschattete Geleitzug ist ein von schweren Einheiten der Royal Navy für den Mittleren Osten bestimmter Truppentransport.

Am Morgen des 25. Dezember 1940 kommt es zu einem kurzen Feuerwechsel mit den Geleiteinheiten. Die ungewöhnlich starke Konvoi-Sicherung und ein Maschinenschaden veranlassen die *Admiral Hipper*, das Unternehmen abzubrechen.
Zu Weihnachten 1940 befindet sich nur ein einziges deutsches U-Boot auf Feindfahrt, die anderen dienen als Schulboote oder liegen in der Werft.

Am Freitag, dem 27. Dezember 1940, trifft der Kreuzer *Admiral Hipper* als erste schwere Einheit in Brest ein. Seine Ankunft ist der Beginn einer neuen Phase im Handelskrieg, in dem die deutschen Überwasserkampfschiffe versuchen werden, die Vorteile des nahe der britischen Flanke gelegenen Stützpunktes Brest auszunutzen.

Am Sonnabend, dem 28. Dezember 1940, läuft aus dem japanischen Hafen Kobe das Motorschiff *Ermland* (später *Weserland*), der erste deutsche Blockadebrecher, nach Europa.
Auf Initiative des deutschen Marineattachés in Tokio, Vizeadmiral Wennecker, ist nämlich in Japan eine Or-

Oben: Vizeadmiral Dönitz
bei der Auszeichnung von U-Boot-Besatzungen

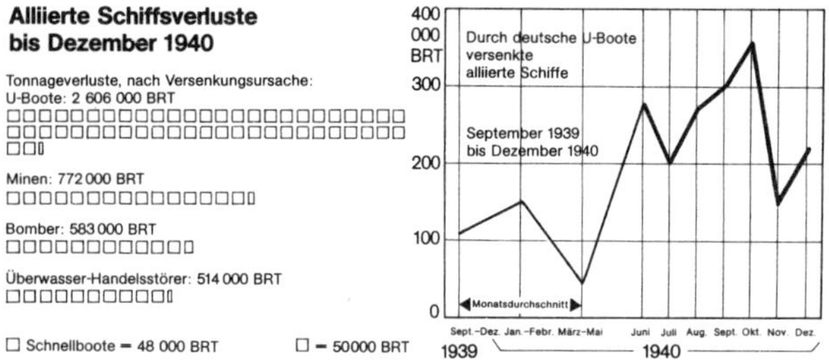

ganisation aufgebaut worden, die die deutsche Rüstungsindustrie mit dringend erforderlichen Rohstoffen versorgen soll. Die seit Kriegsausbruch in japanischen Häfen liegenden deutschen Handelsschiffe werden jetzt als Blockadebrecher eingesetzt, um diese kriegswichtigen Güter in die Heimat zu bringen.

Ende Dezember 1940 müssen die italienischen U-Boote nach ihrer Rückkehr in den Stützpunkt Bordeaux in die Werft gehen: Die Zuluft-Masten für Dieselmotoren werden eingebaut, die durch Salzwasser beschädigten Elektroanlagen erneuert und vor allem die hohen Türme durch niedrigere ersetzt.
Der katastrophale Zusammenbruch der italienischen Armee im Dezember 1940 in der Cyrenaika kommt für Hitler völlig überraschend. Noch einen Monat zuvor war nach seiner Meinung die Lage dort so günstig, daß er mit einer baldigen italienischen Offensive gerechnet hat. Aber bis Ende 1940 haben britische Schiffe und Flugzeuge vom italienischen Nachschub für Nordafrika 28 Schiffe mit fast 190 000 BRT versenkt und so diese Niederlage eingeleitet.

In der zweiten Jahreshälfte 1940 haben die U-Boote 343 Handelsschiffe mit insgesamt 1 700 000 BRT, im Durchschnitt etwa 240 000 BRT pro Monat vernichtet. Diese Verluste zwangen die britische Admiralität, die Route der Geleitzüge um die Südspitze Irlands aufzugeben und statt dessen den längeren Weg um die Nordspitze Islands herum zu nehmen. Trotzdem wurden im Dezember 1940 insgesamt 39 Handelsschiffe mit 229 501 BRT durch deutsche U-Boote im Atlantik versenkt. Eigene U-Boot-Verluste: keine.
Hitler hat dem U-Boot-Bau eine so geringe Priorität gegeben, daß nach 15 Kriegsmonaten nicht einmal 31 verlorene U-Boote ersetzt werden konnten. Der Kriegsmarine hatte man insgesamt fünf Prozent der Stahlerzeugung zugewiesen. So war Ende 1940 die Operationsstärke der U-Boot-Waffe auf den bisher niedrigsten Stand von 21 Booten gesunken. Dönitz: »Es war ein entscheidender Fehler, daß unsere politische Führung diese totale Änderung zu unseren Gunsten in unserer geographischen und seestrategischen Lage in ihrer ganzen Bedeutung nicht erkannt hatte . . . Wir hatten Ausgangshäfen am Atlantik für den Seekrieg gewonnen und nutzten sie nicht mit allen Kräften für den U-Boot-Krieg aus, weil wir es unterließen, beschleunigt die ausreichende Zahl von U-Booten zu bauen.« Und diese Fehlentscheidung trug gewiß zur Rettung Großbritanniens bei.
Die Handelsstörer verursachten im Jahr 1940 ebenfalls schwere Verluste selbst im Pazifik, Indischen Ozean und Atlantik. Die sechs deutschen Hilfskreuzer versenkten insgesamt 54 Schiffe mit 367 000 BRT. Dazu stifteten sie beträchtliche Verwirrungen im britischen Überseeverkehr. Die von deutschen Hilfskreuzern gelegten Minensperren forderten weitere Verluste. Großbritannien konnte diese enormen Ausfälle zunächst wenigstens teilweise noch durch Organisationsmaßnahmen der Friedensschiffahrt ausgleichen. Im Dezember 1940 wurde in den USA in der Werft Henry J. Kaiser and Co. das erste Liberty-Schiff im neuen Bauverfahren gefertigt: Die Anwendung der Schweißtechnik ermöglichte den Schiffsbau in Rekordzeit.
In diesem Jahr konnte die Reichweite der britischen Geleitfahrzeuge weiter in den Atlantik hinaus ausgedehnt werden, besonders durch die Stützpunkte auf Island.
Zu dieser Zeit wurde auch der obligatorische Geleitschutz für einen Konvoi auf zwei Schiffe verstärkt. Churchill: »Als das Ende des Jahres 1940 heranrückte, hoben sich Lichter und Schatten scharf und deutlich aus dem Gesamtbild ab. Wir lebten noch. Wir hatten die deutsche Luftwaffe geschlagen. Es war zu keiner Invasion gekommen.«
Am letzten Tag des Jahres 1940 trafen sich irgendwo in der Weite des Südatlantiks, bei erdrückender Hitze, der Schwere Kreuzer *Admiral Scheer*, der Hilfskreuzer *Thor*, zwei deutsche Versorgungsschiffe, der Tanker *Eurofeld* (5863 BRT) und die *Nordmark* (22 850 BRT) sowie die Prise *Duguesa* (8652 BRT), ein britisches Kühlraumschiff mit 3500 Tonnen Rindfleisch und 15 Millionen Eiern an Bord. Das war wohl die größte Zusammenkunft der deutschen Kriegsmarine auf der südlichen Halbkugel während des Krieges.
In Europa setzte langsam der Winter ein, im Norden des Atlantiks herrschte strenge Kälte, und dichter Nebel breitete sich aus. Im mittleren Atlantik erschwerten heftige Winde und grobe See den Einsatz der wenigen deutschen U-Boote.

1941

Januar – Juni

Sender Beromünster (Schweiz)

Donnerstag, 2. Januar 1941:
... Es klingt fast wie eine Kriegserklärung, wenn Roosevelt seinem Volk sagt, es gebe keinen Frieden mit dem Nationalsozialismus; denn ein solcher Frieden wäre nichts als ein Waffenstillstand, der zu einem riesigen Wettrüsten und zum größten Handelskrieg der Geschichte führen müßte. Mit anderen Worten kettet Roosevelt das Schicksal Amerikas an dasjenige Englands, indem er versichert, die künftige Sicherheit der Vereinigten Staaten hänge vom Ausgang dieses Krieges ab ... Die schicksalsschwere Entscheidung Roosevelts kann für die Feinde Englands in einer mehr oder weniger nahen Zukunft eine Gefahr bedeuten, aber noch nicht in den unmittelbar bevorstehenden Wochen und Monaten. Für Großbritannien bedeutet sie, daß es auf diese Hilfe eines größeren und weniger unmittelbar gefährdeten Verbündeten angewiesen ist, um in seinem schweren Existenzkampf bestehen zu können ...

Geheimer Bericht des *Sicherheitsdienstes der SS* zur innenpolitischen Lage:
Nr. 152, 9. Januar 1941 (Auszug)
I. Allgemeines: Die Haltung der Bevölkerung zu Beginn des neuen Jahres war nach den Meldungen aus allen Teilen des Reiches im wesentlichen bestimmt durch die allgemeine Siegeszuversicht, die von der Neujahrsbotschaft des Führers ausging. Besonders die Worte des Führers: »Das Jahr 1941 wird die Vollendung des größten Sieges unserer Geschichte bringen«, standen überall im Mittelpunkt der politischen Betrachtungen. Die nach den Feiertagen anhaltende rege Tätigkeit der deutschen Luftwaffe und Marine, besonders die neuen Erfolge der deutschen Kriegsschiffe im Stillen Ozean, wirkten sich ebenfalls sehr günstig auf die Zuversicht der Bevölkerung aus ...

Italienische Torpedoflugzeuge in Aktion
Sonnabend, 11. Januar 1941, Rom
Das *Comando Supremo* gibt bekannt:
In der Straße von Sizilien wurden feindliche Flottenverbände wiederholt von unseren Torpedoflugzeugen und Schnellbooten angegriffen. Zwei Torpedoflugzeuge unter dem Befehl des Piloten Hauptmann Bernardini mit Oberleutnant zur See Bassigo als Beobachter und dem Flugzeugführer Oberleutnant Caponetti haben einen Flugzeugträger durch Torpedo getroffen.

Der Fliegerangriff auf die »Illustrious«
Donnerstag, 16. Januar 1941, Kairo
Die *Agentur Exchange* berichtet:
Wie soeben bekannt wird, ist der in der vergangenen Woche durch Bombentreffer beschädigte Flugzeugträger *Illustrious* mit eigener Kraft in einen britischen Flottenstützpunkt eingelaufen.

Verlust des Kreuzers »Southampton«
16. Januar 1941, London
Die *britische Admiralität* gibt bekannt:
Der Kreuzer *Southampton* (9100 Tonnen), der am vergangenen Freitag im Mittelmeer durch Bombentreffer beschädigt wurde, mußte aufgegeben werden. Der Versuch, den Kreuzer in einen Hafen abzuschleppen, konnte aufgrund einer Kesselexplosion nicht fortgesetzt werden.

Neuer Angriff auf die »Illustrious«
Freitag, 17. Januar 1941, Berlin
Das *DNB* meldet:
Der englische Flugzeugträger *Illustrious* wurde gestern abermals von deutschen Sturzkampffliegern angegriffen. Volltreffer mit einer Bombe schweren Kalibers und zwei Bomben mittleren Kalibers wurden erzielt. Es steht nun nach Ansicht deutscher zuständiger Kreise

fest, daß es der britischen Admiralität nicht mehr gelingen wird, im Laufe dieses Krieges die *Illustrious* wieder kampffähig zu machen und sie in Dienst zu stellen.

Ein U-Boot hörte den Führer

Von Kriegsberichter Herbert Kühn

Durch die rauhe, grüne See bahnt sich »U . . .« langsam seinen Weg. Auf der Brücke stehen die Männer, die wochenlang mit einer Handvoll Kriegsschifftonnage den Kampf gegen England führten . . .
Plötzlich gellt aus dem Innern des Bootes durch das Turmluk herauf: »Der Führer spricht!« Wie elektrisiert turnt alles, was an Deck entbehrlich ist, in die Zentrale herunter. Der Funkmaat, unser Karlheinz, dreht an seinem Empfänger, und da tönt gerade der Badenweilermarsch auf! Der Sprecher schildert die Begeisterung, die wir aus dem Äther auf uns überspringen hören! Keiner mehr, der in seiner Koje »ruckst«, keiner mehr, der die letzte Wache gegangen ist und der nicht jetzt hier in drangvoller Enge um das Funkschapp sich ein Plätzchen gesucht hat! . . .
Der Kommandant ist ebenfalls auf einem Sprung heruntergewetzt und sitzt inmitten seiner braven Männer. Ölig und dreckig sehen sie alle aus, gar nicht die »schmucken, blauen Jungen«, wie man sich das so vorstellt! Aber die Augen, die Augen! Hell glänzend stehen sie wie leuchtende Punkte in den bärtigen, wetterharten Gesichtern! Im Geiste sind sie jetzt hier noch auf hoher See, da in Berlin, im Sportpalast in der Potsdamer Straße!
Und nun spricht der Führer! Klar und deutlich vernehmen wir seine Stimme, hier am Rande des Atlantik. Wir lauschen seinen prägnanten Ausführungen. Wir klatschen mit und rufen Bravo und Heil, genauso wie die dort in Berlin! Wir nicken uns gegenseitig zu, schmunzeln und freuen uns. Wir wissen, der Führer spricht zu uns, der erste Soldat Großdeutschlands spricht zu seinen Kameraden!
»Jedes Schiff, ob mit, ob ohne Begleitung, das vor unsere Torpedorohre kommt, wird torpediert!«
Der ungeheure Jubel, der diese Worte begleitet, löst auch bei uns höchste Begeisterung aus. Jetzt hat ja der Führer persönlich zu uns gesprochen! Uns meinte er mit diesen Worten, uns, die Marine, und in erster Linie seine U-Boot-Männer! Und wir bringen ihm ja gerade eine runde Zahl von Dampfern, die wir in treuer Erfüllung dieses Wortes dem Feinde vernichtet haben. Tief in uns ist das Glück dieser Stunde! Vom Kommandanten bis zum jüngsten Matrosen! Kann es einen schöneren und stolzeren Empfang in der Heimat geben als den Ruf des Führers? . . .
Die Brücke hat Teile der Rede durch das Sprachrohr heraufbekommen. Auch diese Männer hier oben auf der Wache stehen im Bann der Worte des Führers. In uns aber erneuert sich der Treueschwur: »Führer, befiehl, wir folgen!«

Völkischer Beobachter, 31. 1. 1941

Geheimer Bericht des *Sicherheitsdienstes der SS* zur innenpolitischen Lage:
Nr. 159, 3. Februar 1941 (Auszug)
I. Allgemeines: . . . Der durch den Führer für das Frühjahr angekündigte »beginnende« U-Boot-Krieg wird allgemein mit Spannung und Freude erwartet. Immer wieder werden die Worte zitiert, daß jedes Schiff, welches vor die deutschen Torpedorohre komme, angegriffen werde . . .

Nummer 3 los!

Kapitänleutnant Schepke erzählte der Berliner Jugend vom U-Boot-Krieg

» . . . Es ist ein kleines U-Boot, das zu Beginn des Krieges in die Nordsee hinaussteuert. Zwar ist es auch mit Torpedorohren versehen, aber auf dem Deck steht nicht eine Kanone, wie das bei größeren U-Booten der Fall ist, sondern nur ein Maschinengewehr. Der Aktionsradius ist beschränkt. Die Mannschaft aber, die viele Tage auf kleinstem Raum zusammen lebt, bildet eine Kameradschaft sondergleichen; denn auf einem U-Boot mit seiner verhältnismäßig kleinen Besatzung ist jeder auf den anderen angewiesen.
Diese Kameradschaft macht stolz und siegessicher. Wer von den U-Boot-Männern wollte wohl den Augenblick missen, in dem der Ausguck meldet: Rauchfahne in Sicht! Zwei Masten am Horizont: Der britische Gegner, der gestellt und getroffen werden muß. Da gilt es, die Fahrtgeschwindigkeit des Feindes zu erkennen, in wenigen Sekunden die Fahrtrichtung zu berechnen und das U-Boot in die richtige Schußstellung zu bringen. Wenn der erlösende Ruf des Kommandanten kommt: Nummer 3 los! dann steht in der Zentrale des Bootes ein Mann mit der Stoppuhr und zählt die Sekunden. Die ganze Mannschaft fiebert, ist vielleicht schon enttäuscht, und dann geht ein Ruck durch das Boot und löst den Jubel aus: Der Brite ist getroffen! . . .«

Völkischer Beobachter, 5. 2. 1941

Weisung Nr. 23

Der Oberste Befehlshaber der Wehrmacht — Berlin, den 6. 2. 1941

OKW/WFSt/Abt. L (IL Op)

Nr. 44095/41 g. K. Chefs.
Geheime Kommandosache
Chefsache! — 10 Ausfertigungen
Nur durch Offizier — 1. Ausfertigung

Weisung Nr. 23
Richtlinien für die Kriegführung gegen die englische Wehrwirtschaft

1.) Die Wirkung unserer bisherigen Kriegführung gegen England:

a) im Gegensatz zu unseren früheren Auffassungen ist die stärkste Wirkung im Kampf gegen die englische Wehrwirtschaft durch die hohen Verluste an Handelsschiffen durch See- und Luftkrieg eingetreten. Diese Wirkung wurde durch die Zerstörung von Hafenanlagen und die Vernichtung großer Vorräte, sowie durch die geringere Ausnutzung der Schiffe, wenn sie im Geleit fahren müssen, noch erhöht.
Eine weitere erhebliche Steigerung ist durch den vermehrten Einsatz von Unterseebooten im Laufe dieses Jahres zu erwarten und kann damit in absehbarer Zeit zum Zusammenbruch der englischen Widerstandskraft führen.
2.) Folgerungen für die eigene Kampfführung:
Im Laufe der nächsten Monate wird sich die Wirkung der Seekriegführung gegen die feindlichen Handelsschiffe durch den vermehrten Einsatz von Unterseebooten und Überwasserstreitkräften voraussichtlich erhöhen. Dagegen läßt sich der Umfang unserer Angriffe zur Luft nicht aufrechterhalten, da die Aufgaben auf anderen Kriegsschauplätzen dazu zwingen, immer stärkere Teile der Luftwaffe aus dem Einsatz gegen die britischen Inseln herauszulösen.
Deshalb wird es erforderlich, die Luftangriffe in Zukunft noch schärfer zusammenzufassen und vorwiegend gegen solche Ziele zu richten, deren Zerstörung sich in derselben Richtung auswirkt wie der Seekrieg. Nur dadurch ist in absehbarer Zeit ein kriegsentscheidendes Ergebnis zu erwarten . . . *(gez.) Adolf Hitler*

Griechisches Dementi
Sonnabend, 8. Februar 1941, Athen
Die *griechische Admiralität* teilt mit:
Seit Kriegsausbruch ist – entgegen anderslautenden Meldungen – kein Schiff der griechischen Flotte von der italienischen Marine versenkt worden, jedoch sind seit Beginn der Feindseligkeiten mit Sicherheit drei italienische U-Boote in der Adria und drei Transportschiffe mit zusammen 35 000 Tonnen versenkt worden.

Flottenangriff auf Genua

Montag, 10. Februar 1941
Die *britische Admiralität* gibt bekannt:
Detaillierte Informationen über unsere Operationen gegen die italienischen Flottenstützpunkte in der Bucht von Genua besagen, daß die Bombardierung durch unsere Flotte und Flugzeuge noch erfolgreicher war, als zuerst angenommen wurde. Unsere Seestreitkräfte, unter dem Befehl von Vizeadmiral Sir James Somerville, bestanden aus den Schlachtschiffen *Renown, Malaya,* dem Flugzeugträger *Ark Royal* und dem Kreuzer *Sheffield* sowie aus weiteren leichten Kriegseinheiten. Militärische Ziele im Hafen von Genua und Umgebung wurden wirksam bombardiert. Während der Angriffe sind mehr als 300 Tonnen Geschosse abgefeuert worden.

In einem Heimatstützpunkt:
Die U-Boot-Besatzung geht an Land

An Bord der HMS »Malaya«
10. Februar 1941
Ein Marinekorrespondent der *Agentur Exchange* berichtet:
Der Angriff hat die Italiener völlig überrascht. Als wir den Hafen verließen, wußten selbst an Bord der *Malaya* nur wenige, welche Aktion uns bevorstand . . . Die Fahrt entlang der italienischen Küste erfolgte ohne Zwischenfall. Am Sonntag um 7 Uhr früh wurde der Befehl zum Beziehen der Gefechtsstationen gegeben und das bisher geheimgehaltene Angriffsziel genannt. Bei der Einfahrt in den Golf von Genua begegneten wir weder patrouillierenden Schiffen noch Flugzeugen. Etwas später sichteten wir Genua. Das Flugzeug der *Malaya* und das des Kreuzers *Sheffield* starteten mit dem Katapult. Sie sollten zusammen mit den Trägermaschinen der *Ark Royal* als Artilleriebeobachter dienen. Plötzlich signalisierten vom italienischen Ufer die üblichen rot-grünen Lichtzeichen die Frage: »Wer seid ihr?« Wenige Sekunden darauf ging die erste Salve aus den 38-cm-Geschützen der *Renown* in die Hafenanlagen von Genua. Zugleich richtete die *Malaya* breitseitig das Feuer auf den inneren Hafen. Rechts von uns beschoß der Kreuzer *Sheffield* die Ansaldo-, Elektro- und Kesselwerke. Volle 15 Minuten dauerte es, bis die italienischen Küstenbatterien in Aktion traten. Ihr Feuer war schwach und nicht gezielt. Von insgesamt 20 oder 21 Granaten lag der nächste Einschlag 500 Meter entfernt.

Funkempfänger für kleine Handelsschiffe
Sonnabend, 15. Februar 1941, London
Die *Agentur Reuter* teilt mit:
Englische Handelsschiffe unter 1600 Tonnen, die bisher nicht verpflichtet waren, eine Radioanlage an Bord zu haben, müssen in Zukunft mit einem Funkempfänger ausgerüstet sein, der es ihnen ermöglicht, die Sendungen der BBC zu hören. Diese Verfügung ist vom Marineministerium erlassen worden. Sie ordnet weiter an, daß auf diesen Schiffen zu den Sendezeiten der Nachrichten von BBC Funkwache gehalten werden muß.

Erfahrungsbericht
Täuschungsmaßnahmen auf Schiffen: Nach Nachrichten aus neutraler Quelle werden auf angegriffenen Schiffen zur Irreführung der Flugzeugbesatzungen Treffer vorgetäuscht, indem Scheinbrände (durch brennende Teerpfannen?) an Bord erzeugt werden und die Besatzung in die Boote geht.
Frontnachrichtenblatt der Luftwaffe, Februar 1941

Britischer Handstreich gegen die Lofoten
Mittwoch, 5. März 1941, Berlin
Das *DNB* meldet:
In den Vormittagsstunden des 4. März versuchten britische leichte Seestreitkräfte einen Handstreich gegen eine unbefestigte Insel in den Schären Nordnorwegens. Nach kurzer Beschießung, der einige dort liegende Fischerfahrzeuge zum Opfer fielen, wurden Soldaten gelandet, die einige Deutsche und norwegische Fischer gefangennahmen. Nach kurzem Aufenthalt verließen die feindlichen Fahrzeuge, um sich den deutschen Gegenmaßnahmen zu entziehen, in voller Fahrt die norwegischen Gewässer. Wie von sachverständiger deutscher Seite mitgeteilt wird, hat es sich dabei zweifellos um eine englische Propagandaaktion gehandelt, der keinerlei militärische Bedeutung beizumessen ist.

Donnerstag, 6. März 1941, London
Die *Agentur Reuter* berichtet:
Die beim Angriff auf die Lofoten eingesetzten norwegischen Streitkräfte sind in England ausgebildete Soldaten, die sich seit dem Abbruch der Kämpfe in Norwegen an militärischen Aktionen der Alliierten als Sondereinheit beteiligen. Wie verlautet, haben britische Schiffe, die den Handstreich gegen die Lofoten durchführten, nicht nur Deutsche und Anhänger Quislings, sondern auch über 300 Norweger mitgenommen, die der alten Regierung treu geblieben sind und sich freiwillig nach England einschifften.

Sender Beromünster (Schweiz)

Donnerstag, 13. März 1941:
Das bedeutendste Ereignis der Woche ist die Annahme und Inkraftsetzung der sogenannten Lend- and Lease-Bill, das heißt des Leih- und Pachtgesetzes in den Vereinigten Staaten von Amerika. Durch dieses Gesetz erhält der im letzten Dezember zum erstenmal vom Präsidenten Roosevelt vorgeschlagene Hilfsplan zugunsten Englands und Griechenlands legale Gestalt. Gleichzeitig erhält der Präsident zur Durchführung dieses Hilfsplans außerordentliche Vollmachten . . . In Berlin und Rom wird die Ansicht geäußert, es sei nun zur Hilfeleistung für England zu spät. Jedenfalls wird es das Ziel der Achsenstrategie sein müssen, dem Krieg durch wuchtige und entscheidende Aktionen ein so rasches Ende zu bereiten, daß die amerikanische Hilfe gegenstandslos wird . . .

Geheimer Bericht des *Sicherheitsdienstes der SS* zur innenpolitischen Lage:
Nr. 174, 27. März 1941 (Auszug)
I. Allgemeines: . . . Die zunehmenden Erfolge deutscher See- und Luftstreitkräfte im Atlantischen Ozean wurden mit dankbarer Freude und großer Begeisterung aufgenommen. Besondere Freude löste die Nachricht über den erfolgreichen Einsatz eines deutschen Schlachtschiffverbandes im Nordatlantik aus . . .

Neuer Einsatz italienischer Sturmboote
Freitag, 28. März 1941, Rom
Das *Comando Supremo* teilt mit:
In der Nacht zum 26. März drangen Sturmboote der

Das britische Schlachtschiff *Malaya* (31 465 t), das an der Beschießung von Genua am 10. 2. 1941 teilgenommen hat italienischen Kriegsmarine in die Suda-Bucht (Kreta) ein und griffen britische Kriegsschiffe und vor Anker liegende Transporter an, wobei der Gegner schwere Verluste erlitt. Ein feindliches Kriegsschiff wurde versenkt.

Schwerer britisch-französischer Zwischenfall
Sonntag, 30. März 1941, Vichy
Die *französische Admiralität* gibt bekannt:
Heute, um 9 Uhr vormittags, griff in den französischen Gewässern zwischen Nemours und Oran ein starker britischer Marineverband einen aus vier französischen Handelsschiffen bestehenden Geleitzug an, der sich unter Beteiligung von nur einem französischen Torpedoboot auf der Fahrt von Casablanca nach Oran befand. Unter dem Feuerschutz der Marinegeschütze des Geleitschiffes gelang es dem französischen Konvoi, unversehrt den Hafen von Nemours anzulaufen.

Deutsche und italienische Seeleute in Schutzhaft
Montag, 31. März 1941, Berlin
United Press berichtet:
Zur Beschlagnahme italienischer, dänischer und deutscher Schiffe in den USA wurde von maßgebender deutscher Seite erklärt: »Das ist möglicherweise ein Ereignis von historischer Bedeutung.« Eine deutsche Stellungnahme soll, so wurde hinzugefügt, später erfolgen.

Sender Beromünster (Schweiz)

Donnerstag, 3. April 1941:
. . . Die militärischen Ereignisse in Abessinien sind vielleicht mit den Ereignissen im Nahen Osten in einem engeren Zusammenhang, als es auf den ersten Blick scheinen möchte. Zwei Faktoren bestimmen die große Energie und Eile, mit der die britischen Reichstruppen und ihre Verbündeten den konzentrischen Angriff auf das Innere Abessiniens ausgelöst haben: einmal die kommende Regenzeit, die Mitte April beginnen wird, zweitens die Notwendigkeit, möglichst bald die in Abessinien gebundenen Kräfte frei zu bekommen, um sie an anderen Stellen einsetzen zu können. Sobald der Hafen Massaua in Eritrea in britischer Hand sein wird, können die bisher im Roten Meer stationierten britischen Marinestreitkräfte entweder in Singapur oder im Mittelmeer eingesetzt werden, da dann Italien seinen letzten Hafen am Roten Meer verloren haben wird. Im Osten Abessiniens sind durch den Fall von Harrar und Diredaua den Briten die wichtigsten Punkte auf dem Weg nach Addis Abeba in die Hände gefallen.

Neuer Angriff auf Brest
Freitag, 4. April 1941, London
Das *Luftfahrtministerium* teilt mit:
Erkundungsflüge haben den Beweis erbracht, daß sich die deutschen Schlachtschiffe *Scharnhorst* und *Gneise-*

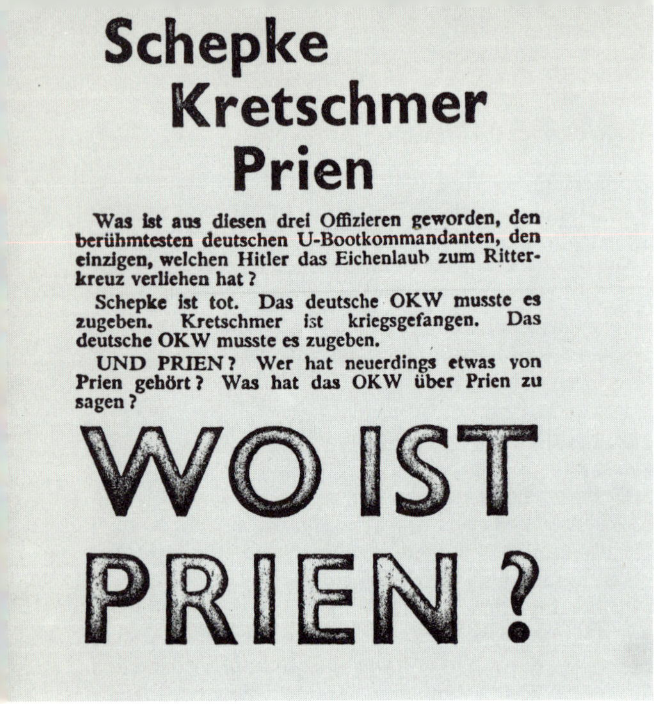

Schepke Kretschmer Prien

Was ist aus diesen drei Offizieren geworden, den berühmtesten deutschen U-Bootkommandanten, den einzigen, welchen Hitler das Eichenlaub zum Ritterkreuz verliehen hat?

Schepke ist tot. Das deutsche OKW musste es zugeben. Kretschmer ist kriegsgefangen. Das deutsche OKW musste es zugeben.

UND PRIEN? Wer hat neuerdings etwas von Prien gehört? Was hat das OKW über Prien zu sagen?

WO IST PRIEN?

Britisches Flugblatt, das im Mai 1941 über Deutschland abgeworfen wurde

nau zur Zeit noch in den Docks von Brest befinden. Trotz des schlechten Wetters wurde daraufhin in der vergangenen Nacht ein konzentrierter Angriff schwerer Bomber der RAF und des Coastal Command gegen die Docks von Brest durchgeführt.

Gemeinsames Geleitzugsystem
4. April 1941, New York
Der Washingtoner Korrespondent der *New York Times* berichtet:
Zuständige Stellen erklären, daß Vertreter der britischen und US-Flotte Besprechungen über den Plan eines gemeinsamen Geleitzugsystems abhalten.

US-Offiziere als Beobachter
Sonntag, 6. April 1941, Washington
Die *Agentur Reuter* meldet:
Die Aufgabe dieser Beobachter besteht darin, über die mit US-Bombern im Krieg gesammelten Erfahrungen Bericht zu erstatten. Amerikanische Marineoffiziere haben in gleicher Eigenschaft seit mehreren Monaten an Bord britischer Kriegsschiffe im Atlantik und im Mittelmeer an den Operationen teilgenommen.

Die britische Blockade
Montag, 7. April 1941, Marseille
United Press berichtet:
Die Engländer haben die Blockadeüberwachung in der Straße von Gibraltar verstärkt, nachdem es kürzlich vier französischen Frachtdampfern gelungen war, unter der Eskorte eines Zerstörers von Casablanca nach Oran zu gelangen. Jetzt patrouillieren fünf britische Zerstörer in der Straße von Gibraltar, um zu verhindern, daß Schiffe die Enge passieren, ohne sich der britischen Kontrolle zu unterziehen. Zur Zeit sollen 30 Frachtschiffe und fünf Tanker im Hafen von Gibraltar liegen und auf die Abfertigung durch britische Kontrolleure warten. Die meisten dieser Schiffe fahren unter französischer Flagge.

Britische Kriegsschiffe zur Reparatur in den USA
Dienstag, 8. April 1941, Washington
Die *Agentur Exchange* meldet:
Marineminister Knox richtete an die Journalisten das Ersuchen, über die jüngst erfolgte Ankunft einiger britischer Kriegsschiffe in den USA, die dort auf Grund des Lend-Lease-Abkommens Reparaturen und Überholungen unterzogen werden, keine näheren Angaben zu machen. »Eine solche Veröffentlichung könnte nur den Achsenmächten dienen«, erklärte der Minister, »und ich appelliere an Ihre Solidarität, wenn ich die Bitte zur Diskretion an Sie richte.«

Krieg auf dem Balkan

8. April 1941, Sydney
Der *australische Marineminister* teilt mit:
Die britischen Truppentransporte nach Griechenland sowie der Nachschub von Material und Munition sind ohne jeden Verlust vor sich gegangen, obwohl die italienische Flotte und die Luftwaffen der Achsenmächte alles versucht haben, das Unternehmen zu stören.

Explosion in Piräus
8. April 1941, Athen
Das *griechische Sicherheitsministerium* gibt bekannt:
Im Hafen von Piräus explodierte in einem Handelsschiff eine Ladung Munition und Sprengstoff, wobei bedeutender Schaden angerichtet wurde.

W. Churchill an den Informationsminister
Montag, 14. April 1941:
Die Veröffentlichung der wöchentlichen Schiffsverluste ist von jetzt an einzustellen – also keine am nächsten Dienstag und keine weiteren. Wenn man sich seitens der Presse erkundigt, warum die wöchentlichen Ziffern ausbleiben, dann muß die Antwort lauten, sie würden künftig monatlich statt wöchentlich veröffentlicht . . . Wir werden in naher Zukunft noch eine Menge weit schlimmerer Dinge zu verdauen haben . . .

W. Churchill an den Chef der Royal Air Force
Donnerstag, 17. April 1941:
Es muß zugegeben werden, daß die Unfähigkeit des Bomberkommandos, die in Brest befindlichen feindlichen Kreuzer zu treffen, einen sehr entschiedenen Mißerfolg dieser Waffengattung darstellt. Kein ernsthafter Tiefangriff bei Tag ist versucht worden . . .

W. Churchill an Präsident Roosevelt
Donnerstag, 24. April 1941:
. . . Ein Raum bereitet uns ziemliche Unannehmlichkeiten, nämlich der von Freetown via Kapverdische

Inseln nach den Azoren . . . (nur für Sie bestimmt) . . . Natürlich werden wir, sobald Spanien nachgibt oder angegriffen wird, zwei schon lange bereitgehaltene Expeditionen entsenden: eine von Großbritannien zur Besetzung der Azoren und anschließend eine zweite zu den Kapverdischen Inseln . . .

Wende in der Atlantik-Schlacht?

Freitag, 25. April 1941
Das *Oberkommando der Wehrmacht* gibt bekannt:
. . . Die von Korvettenkapitän Kretschmer und Kapitänleutnant Schepke geführten Unterseeboote sind von Feindfahrt nicht zurückgekehrt. Beide Boote waren an kürzlich unter schwierigen Bedingungen durchgeführten Vernichtungen von feindlichen Geleitzügen maßgeblich beteiligt und haben hierbei ihre Gesamterfolge beträchtlich erhöht.
Korvettenkapitän Kretschmer hat nunmehr neben der Vernichtung von drei feindlichen Zerstörern – davon zwei während seiner letzten Unternehmung – insgesamt 313 611 BRT, darunter die Hilfskreuzer *Laurentic* und *Forfar*, Kapitänleutnant Schepke 233 971 BRT feindlichen Schiffsraums versenkt.
Die beiden Kommandanten, in Anerkennung ihrer hervorragenden Verdienste im Freiheitskampf des deutschen Volkes mit dem Eichenlaub zum Ritterkreuz des Eisernen Kreuzes ausgezeichnet, haben mit ihren tapferen Besatzungen unvergänglichen Lorbeer errungen. Ein Teil der Besatzungen, unter ihnen Korvettenkapitän Kretschmer, geriet in Gefangenschaft.

Das stärkste Schlachtschiff der Welt
25. April 1941, London
Die *Agentur Reuter* berichtet:
Das neue Schlachtschiff *Prince of Wales* ist so gebaut, daß es nicht versenkt werden kann. Wenn Havarien entstehen, wird ihre Wirkung durch ein kompliziertes System von Abdichtungswänden eingedämmt. Der Konstruktionsplan wird noch strenger geheimgehalten als der für das Schiff *King George V*. Die *Prince of Wales* ist das vollkommenste und stärkste Schlachtschiff der Welt.

Rückzug aus Griechenland

Montag, 28. April 1941, Kairo
Das *Oberkommando der britischen Streitkräfte im Nahen Osten* gibt bekannt:
Die Evakuierung des britischen Expeditionskorps aus Griechenland hat begonnen und ist – soweit bisher durchgeführt – erfolgreich.

W. Churchill an General Wavell
28. April 1941:
Aus unseren Informationen geht klar hervor, daß in Kürze ein starker Luftlandeangriff der deutschen Truppen und Bomber gegen Kreta angesetzt wird. Lassen Sie mich bitte wissen, welche Kräfte Sie auf der Insel haben und wie Ihre Pläne aussehen. Die Insel muß zäh verteidigt werden.

Eines der letzten Fotos
von Korvettenkapitän Günter Prien

Catalina-Flugboote in der Atlantik-Schlacht
28. April 1941, London
Die *Agentur Exchange* berichtet:
Durch das Eintreffen zahlreicher Flugzeugbesatzungen aus Kanada konnte das Coastal Command mehrere neue Staffeln aufstellen, die sofort in der Schlacht im Atlantik eingesetzt werden. Die Bildung dieser neuen Staffeln ist vor allem durch die Ankunft der US-Flugboote vom Typ »Catalina« möglich gewesen, die über einen Aktionsradius von rund 6000 Kilometer verfügen. Die Flugboote sind mit den modernsten Waffen ausgerüstet und führen zur Bekämpfung von U-Booten neuartige Tiefseebomben an Bord. Die Besatzung besteht aus jeweils sieben Mann.

Geheimer Bericht des *Sicherheitsdienstes der SS* zur innenpolitischen Lage:
Nr. 181 vom 28. April 1941 (Auszug)
Die Meldung vom Verlust der U-Boot-Helden Schepke und Kretschmer, von deren Schicksal die Bevölkerung mit tiefster Anteilnahme spricht, hat die seit einiger Zeit geführten Auseinandersetzungen der Volksgenossen über die U-Boot-Waffe völlig in den Vordergrund treten lassen. Dies war nach den vorliegenden Berichten besonders der Fall, weil vor diesen Mitteilungen über den Verlust der beiden Boote längere Zeit in den OKW-Berichten keine größeren Versenkungsziffern der U-Boote gebracht worden waren. Mit zunehmender Besorgnis wurde daher in den Gesprächen die Frage des verstärkten Frühjahrs-U-Boot-Krieges behandelt.

Von OKW-Bericht zu OKW-Bericht wurde die Frage nach Versenkungsziffern durch U-Boote immer häufiger gestellt. Der nunmehr gemeldete Verlust wird als Bestätigung angesehen für die schon länger umlaufenden Gerüchte und Vermutungen, daß die Engländer ein neues, sicheres Mittel zur Vernichtung von U-Booten, vielleicht besondere Bomben oder »U-Boot-Fallen«, erfunden hätten. (Dresden, Kiel, Halle, Leipzig, Stuttgart, Stettin, Weimar, Würzburg, Koblenz u. a.)
Die schon wiederholt bei längerer Nichterwähnung Priens im Wehrmachtsbericht geäußerten Besorgnisse der Bevölkerung über dessen Schicksal leben erneut in verstärktem Maße wieder auf, da es schon lange her sei, daß man zum letzten Mal von ihm gehört habe. Bei den Versuchen der Bevölkerung, sich die in den letzten Wochen verhältnismäßig geringen Erfolge der U-Boot-Waffe zu erklären, wird vereinzelt auch die Vermutung geäußert, daß die U-Boote sicher die Invasion in England vorbereiteten und zur Absperrung des Kanalgebietes bereitgestellt seien, wobei die kürzliche Besichtigungsfahrt des Großadmirals Raeder als angeblicher Beweis angeführt wird.

W. Churchill an General Ismay
Dienstag, 29. April 1941:
Ist es nicht seltsam, daß der Hafen von Benghasi, den wir für unbenutzbar erklärten, als er sich in unseren Händen befand, und den wir darüber hinaus bei der Räumung noch mehr zerstörten, vom Feinde so ausgiebig benutzt werden kann?

Jugoslawische Kriegsschiffe in britischen Stützpunkten
Donnerstag, 1. Mai 1941
Die *britische Admiralität* teilt mit:
Das jugoslawische U-Boot *Nebojša* sowie zwei jugoslawische Torpedoboote sind in einem britischen Marinestützpunkt eingetroffen und haben sich einem britischen Flottenverband angeschlossen.

Geheimer Bericht des *Sicherheitsdienstes der SS* zur innenpolitischen Lage:
Nr. 183 vom Montag, 5. Mai 1941 (Auszug)
Mit größter innerer Anteilnahme wird die Schlacht im Atlantik verfolgt. Die Gedenkaufsätze zum Verlust der U-Boote von Kretschmer und Schepke und die Hinweise auf die Gefahren, denen die U-Boote ausgesetzt sind, rückten dabei in den Vordergrund. Es verbreiteten sich zahlreiche Gerüchte darüber, daß es den Engländern gelungen sei, eine absolut sicher wirkende U-Boot-Abwehr zu schaffen. Mit größter Besorgnis wird nach dem Verbleib des Bootes von Prien gefragt . . .

Sender Beromünster (Schweiz)

Freitag, 9. Mai 1941:
Der Balkankrieg – der vierte in unserem Jahrhundert – ist zu Ende gegangen . . . Der Abschluß des Krieges auf dem Balkan bildete die Besetzung der Inseln des Ägäischen Meeres durch deutsche Truppenverbände, nachdem auch die Inseln des Ionischen Meeres von den

Norddeutsche Ausgabe
Berlin, Montag, 26. Mai 1941
VÖLKISCHER BEOBACHTER
Kampfblatt der nationalsozialistischen Bewegung Großdeutschlands
Lähmendes Entsetzen in England über den Untergang der „Hood“
Groteske Beschönigungsversuche der britischen Admiralität
Schiffsfriedhöfe um Kreta
Die Initiative auf seiten der Achse

Italienern in Besitz genommen wurden. Das bedeutet, daß die Dardanellen und die türkische Westküste vollständig blockiert sind. Die vorsichtige Politik der Türkei kam darin zum Ausdruck, daß sie nichts unternahm, um die Transportschiffe, auf denen deutsche Truppen vom Schwarzen Meer aus durch die Dardanellen nach den griechischen Inseln des Ägäischen Meeres befördert wurden, irgendwie zu behindern. In der Tat macht es das bekannte Meerengen-Abkommen von Montreux der Türkei zur Pflicht, Handelsschiffe ungehindert passieren zu lassen; nur fremden Kriegsschiffen kann sie den Transit verweigern.

Schiffsverluste im April 1941
Sonnabend, 10. Mai 1941, London
Die *Agentur Exchange* berichtet:
Angesichts der sich widersprechenden Berichte der ausländischen Presse über die Gesamtverluste der Alliierten an Handelstonnage im April 1941, wurde gestern abend amtlich die Tonnageverlustliste für den vergangenen Monat herausgegeben. Sie umfaßt: Total 106 Schiffe mit insgesamt 488 124 BRT.

Beschlagnahmung europäischer Schiffe
Freitag, 16. Mai 1941, Washington
United Press meldet:
Der Senat hat die Gesetzesvorlage, durch die Präsident Roosevelt zur Requirierung der in US-Häfen liegenden ausländischen Schiffe ermächtigt werden soll, mit 59 gegen 20 Stimmen angenommen.

Bau von Handelsschiffen wird gesteigert
16. Mai 1941, Washington
Die *Agentur Exchange* berichtet:
Die Serienproduktion von Handelsschiffen ist in vollem

BIRD'S CUSTARD & JELLIES

Daily Mail

LATE WAR NEWS SPECIAL

Sheer Strength BEAR BRAND STOCKINGS

NO. 14,067 ONE PENNY FOR KING AND EMPIRE WEDNESDAY, MAY 28, 1941

BISMARCK: FOUR TREMENDOUS DAYS

Three British Fleets Raced to Make 'the Kill'

HIS SHIP IS GONE

By Daily Mail Naval Correspondent

THE full tremendous story of the vengeance meted out by the Navy to Hitler's crack battleship Bismarck was told last night in one of the most stirring communiqués yet issued by the Admiralty. Bismarck, after sending the mighty Hood to the bottom of the Atlantic, became the centre of the most astounding sea hunt of all time.

From the Admiralty in London signals were flashed north, east, south, and west. Within the space of a few hours the surface of the sea was covered with a racing host of warships, while the skies were darkened with the avenging wings of British aircraft.

The main body of the Home Fleet, led by the great new battleship King George V., flying the flag of Admiral Tovey, raced towards the fleeing German from northern waters.

THE HUNT AT A GLANCE

America is Jubilant Over News

LAST SIGNAL

BIG NEW ATTACK IN CRETE

Our Troops Retire

Canea is Held

Lost 18,000

SIX SHIPS LOST OFF CRETE

500 Bombers Swooped on Battle Fleet

From W. F. HARTIN. ALEXANDRIA, Tuesday

FROM the look-out platform of the battleship Warspite I have watched part of the greatest battle in history between sea power and air power. We had no air support, and there was no naval support for the 500 German bombers that attacked us in relays, often 100 at a time, from dawn until dark.

Purchase Tax Fraud: Gaol, £1,350 Fines

186 Bombs

Woman Aids Escape

LATEST

NIGHT RAIDS OFF AGAIN

39 RESCUED AFTER TORPEDOING

"It's up to me."

Oben: 28. 5. 1941, britische Meldung von der Versenkung des Schlachtschiffes *Bismarck*

Links: 26. 5. 1941, deutsche Meldung von der Versenkung des Schlachtschiffes *Hood*

Gange. Der erste der geplanten 200 Frachter ist vor einigen Tagen auf Kiel gelegt worden, der zweite am vorigen Donnerstag und der dritte wird am Montag folgen. Damit wurde gegenüber dem Bauplan ein Vorsprung von einem halben Monat erreicht. Man rechnet jetzt mit dem Stapellauf eines mittelgroßen Handelsdampfers spätestens fünf Monate nach der Kiellegung.

Wachtposten auf französischen Schiffen
16. Mai 1941, Washington
Der *Küstenwachdienst* meldet:
An Bord aller französischen Schiffe in den US-Häfen sind bewaffnete Wachtposten aufgestellt worden. Von dieser Maßnahme sind zehn Schiffe betroffen, darunter die *Normandie*. Es werden hierfür keine Gründe angegeben. Von offizieller Seite wurde lediglich erklärt: »Ihr könnt Eure Schlußfolgerung selber ziehen.«

Einsatz irakischer Bomber
Sonntag, 18. Mai 1941, Bagdad
Das *irakische Hauptquartier* teilt mit:
Die irakische Luftwaffe bombardierte am Freitag mit Erfolg einige britische Schiffe vor dem Hafen von Basra.

Beförderungen bei der Roten Flotte
Freitag, 23. Mai 1941, Moskau
Die *Agentur Exchange* berichtet:
Stalin hat umfangreiche Beförderungen und Ernennungen in der Roten Flotte durchgeführt. Die Ernennungen umfassen zwei Vizeadmiräle, sieben Konteradmiräle, außerdem acht Generalmajore und vier Generäle für den Küstenschutz, sowie zwei Generalmajore für das Flottenkommando.

Freitag, 23. Mai 1941
Das *Oberkommando der Wehrmacht* gibt bekannt:
. . . Das von Korvettenkapitän Günter Prien geführte Unterseeboot ist von seiner letzten Fahrt gegen den Feind nicht zurückgekehrt. Mit dem Verlust dieses Bootes muß gerechnet werden. Korvettenkapitän Günter Prien, der Held von Scapa Flow, der vom Führer in Anerkennung seiner überragenden Verdienste mit dem Eichenlaub zum Ritterkreuz des Eisernen Kreuzes ausgezeichnet worden war, und seine tapfere Besatzung leben im Herzen aller Deutschen weiter . . .

Schlachtkreuzer »Hood« versenkt!

Sonnabend, 24. Mai 1941
Die *britische Admiralität* teilt mit:
Die Royal Navy hat heute in den frühen Morgenstunden vor der Küste Grönlands Einheiten der deutschen Kriegsmarine, darunter das 35 000-Tonnen-Schlachtschiff *Bismarck,* angegriffen. Im Verlauf der Kämpfe erhielt der britische Schlachtkreuzer *Hood* einen Treffer in die Hauptmunitionskammer und explodierte. Es muß befürchtet werden, daß von der Besatzung nur wenige überlebt haben. Die *Bismarck* wurde beschädigt und die Verfolgung des deutschen Flottenverbandes fortgesetzt.

24. Mai 1941
Das *Oberkommando der Wehrmacht* gibt bekannt:
. . . Ein im Atlantik operierender deutscher Kampfverband unter Führung des Flottenchefs Admiral Lütjens stieß im Seegebiet um Island auf schwere britische Seestreitkräfte. Das Schlachtschiff *Bismarck* hat dabei einen englischen Schlachtkreuzer, wahrscheinlich die *Hood,* vernichtet. Ein weiteres englisches Schlachtschiff wurde zum Abdrehen gezwungen. Die deutschen Seestreitkräfte setzten ohne nennenswerte Beschädigung ihre Operationen fort.

Tagesbefehl des BdU
»Günther Prien steht für immer mitten unter uns.«
Der Befehlshaber der Unterseeboote, Vizeadmiral Dönitz, hat folgenden Tagesbefehl an die Unterseebootwaffe erlassen:
»Günther Prien, der Held von Scapa Flow, tat seine letzte Fahrt. Wir U-Boot-Männer neigen uns in stolzer Trauer und grüßen ihn und seine Männer. Auch wenn ihn der weite Ozean deckt, Günther Prien steht doch für immer mitten unter uns. Kein U-Boot wird nach Westen fahren, das er nicht begleitet, das nicht von seinem Geiste mitnimmt. Kein Schlag gegen England wird von uns geschlagen werden, den er nicht, zum Angriff drängend, mitführt. Überschäumend von Jugendkraft und Draufgängertum, ist er den U-Boot-Kämpfern ewiges Vorbild. Wir verloren ihn und gewannen ihn wieder: Symbol ist er uns geworden für unseren harten unerschütterlichen Angriffswillen gegen England. Der Kampf geht weiter in seinem Geiste.«

Völkischer Beobachter Berlin, den 24. 5. 1941

Sonntag, 25. Mai 1941
Das *Oberkommando der Wehrmacht* gibt bekannt:
. . . Wie ebenfalls durch Sondermeldung bekanntgegeben wurde, stieß ein deutscher Flottenverband unter Führung des Flottenchefs Admiral Lütjens im Seegebiet um Island auf schwere britische Seestreitkräfte. Nach einem kurzen schweren Gefecht versenkte das Schlachtschiff *Bismarck* den britischen Schlachtkreuzer *Hood,* das größte Schlachtschiff der britischen Flotte. Ein weiteres Schlachtschiff der neuesten englischen King-Georg-Klasse wurde beschädigt und zum Abdrehen gezwungen. Die deutschen Seestreitkräfte setzten ohne Verluste ihre Operationen fort.

Torpedoflieger gegen die »Bismarck«
Montag, 26. Mai 1941
Die *britische Admiralität* teilt mit:
Torpedoflugzeuge der Royal Navy verfolgen weiterhin den von der *Bismarck* geführten deutschen Flottenverband. Britische Seestreitkräfte nehmen ebenfalls an der Verfolgungsjagd teil.

Tagesparole des Reichspressechefs
26. Mai 1941:
Der Minister verweist zunächst auf sehr brauchbare amerikanische Stimmen zur Versenkung der *Hood,* die wir natürlich weiter herausbringen müßten. Mit der englischen Behauptung, daß sie die *Bismarck* verfolgt hätten, soll polemisiert werden, allerdings ohne Erwähnung des nach englischer Behauptung auf ein deutsches Schiff abgeworfenen Lufttorpedos . . .

Oben: Stolz der Royal Navy,
das Schlachtschiff *Hood* (42 100 t)

Rechts: Das zur Zeit stärkste Schlachtschiff der Welt,
die *Bismarck* (41 700 t)

Tagesparole des Reichspressechefs
Dienstag, 27. Mai 1941:
Der Minister hält es im Hinblick auf den noch nicht feststehenden Ausgang des Kampfes des Schlachtschiffes *Bismarck* mit überlegenen feindlichen Streitkräften für zweckmäßig, daß wir im Augenblick nicht auf den Fall *Bismarck* und *Hood* näher eingehen. Sowohl im Sprachendienst wie in der deutschen Presse müsse die ganze Flottendebatte wieder auf das Mittelmeer abgedreht werden . . .

Die »Bismarck« gesunken

Mittwoch, 28. Mai 1941
Das *Oberkommando der Wehrmacht* gibt bekannt:
. . . Wie schon gestern bekanntgegeben, wurde das Schlachtschiff *Bismarck* nach seinem siegreichen Gefecht bei Island am 26. Mai abends durch einen Torpedotreffer eines feindlichen Flugzeuges manövrierunfähig. Getreu dem letzten Funkspruch des Flottenchefs Admiral Lütjens ist das Schlachtschiff mit seinem Kom-

mandanten Kapitän zur See Lindemann und seiner tapferen Besatzung am 27. Mai vormittags der vielfachen feindlichen Übermacht erlegen und mit wehender Flagge gesunken . . .

Lord Mountbatten gerettet
28. Mai 1941, Alexandria
Die *Agentur Exchange* berichtet:
Über das Ausmaß der deutschen Luftangriffe auf die Royal Navy in den Gewässern um Kreta berichtet der Kommandant eines soeben in Alexandria eingelaufenen Kreuzers. Oft würden nicht weniger als 500 deutsche Bomber gleichzeitig britische Einheiten angreifen. Allein innerhalb von zwei Stunden sind am Donnerstag vormittag auf ein einziges britisches Kriegsschiff mehr als 186 Bomben abgeworfen worden. Wie verlautet, konnte jedoch der Kapitän des gesunkenen Zerstörers *Kelly*, Lord Louis Mountbatten, ein Verwandter des britischen Königshauses, gerettet werden.

Erfolge italienischer Flieger
28. Mai 1941, Rom
Das *Comando Supremo* gibt bekannt:
In der Nacht zum Mittwoch bombardierten unsere Fliegerformationen den Stützpunkt Malta . . . Während des 26. Mai haben italienische und deutsche Verbände zahlreiche britische Kriegsschiffe etwa 100 Meilen östlich von Derna angegriffen. Getroffen wurden ein Flugzeugträger, ein Kreuzer, ein Zerstörer und vier Dampfer. Auf einem anderen Kreuzer verursachten schwere Bomben eine Explosion. Ebenfalls bombardiert wurden militärische Anlagen und Schiffe im Hafen von Tobruk.

Syrien und Libanon Blockadegebiete

28. Mai 1941, London
Die *Agentur Exchange* meldet:
Mit sofortiger Wirkung werden Syrien und Libanon als »vom Feind besetzte Gebiete« angesehen und damit in die britischen Blockadebestimmungen eingeschlossen.

Landung italienischer Truppen auf Kreta
Donnerstag, 29. Mai 1941, Rom
Die *Agentur Stefani* berichtet:
Italienische See- und Landstreitkräfte sind auf dem östlichen Teil der Insel Kreta gelandet und haben eine neue Front gegen die Engländer errichtet. Diese Landung stellt einen neuen entscheidenden Beitrag zum großangelegten Angriff auf die britische Hochburg Kreta dar.

Schwerer Kreuzer »York« versenkt
29. Mai 1941
Die *britische Admiralität* gibt bekannt:
Der Kreuzer *York*, der vor einiger Zeit Beschädigungen erlitt und wegen Reparaturarbeiten bei Ausbruch der Schlacht um Kreta in der Sudabucht lag, wurde wiederholt bombardiert und muß als verloren betrachtet werden. Von seiner Besatzung wurden zwei Mann getötet und fünf verletzt.

Überlebende des Schlachtschiffes »Hood«
29. Mai 1941, London
Die *Agentur Reuter* teilt mit:
Man befürchtet, daß von der Besatzung der *Hood* lediglich ein Offizier und drei Matrosen überlebt haben. Die Vernichtung des Schiffes erfolgte so schnell, daß für die Besatzungsmitglieder, die nicht auf der Stelle tot waren, kaum die Möglichkeit bestand, sich zu retten. Die normale Besatzung der *Hood* betrug 1341 Mann.

Die Versenkung der »Bismarck«
Sonnabend, 31. Mai 1941, London
Die *Agentur Reuter* berichtet:
Offiziere und Matrosen der an der Verfolgung des Schlachtschiffes *Bismarck* beteiligten Einheiten haben erklärt, das Schiff sei von acht bis neun Torpedos getroffen worden. Die Deutschen hätten sich sehr tapfer geschlagen. Bei der Bergung von Überlebenden hieß es plötzlich, feindliche U-Boote seien in der Nähe, daher mußten die britischen Schiffe abdrehen. Die *Bismarck* soll gefeuert haben, bis ihre Geschütze zum Schweigen gebracht wurden. Sie habe keinerlei Kapitulationsabsichten gezeigt und sei mit wehender Flagge untergegangen.

Ein deutsches Geschenk
Sonnabend, 7. Juni 1941, Santiago de Chile
Das *DNB* meldet:
In einem feierlichen Akt übergab der deutsche Botschafter, Freiherr v. Schoen, gestern das Segelschiff »Privall« als Geschenk der Reichsregierung an die chilenische Marine.

Die Verteidigung Maltas
Sonntag, 8. Juni 1941, La Valetta
Die *Agentur Reuter* berichtet:
Der Gouverneur von Malta erklärte in einer Rundfunkansprache an die Bevölkerung, daß Malta sich auf eine Invasion gefaßt machen müsse.

Britische Landung vereitelt

Montag, 9. Juni 1941, Vichy
Das *französische Kriegsministerium* teilt mit:
Britische Seestreitkräfte, bestehend aus einem Panzerkreuzer, zwei Kreuzern und fünf Torpedobooten, haben gestern morgen an der Küste des Libanon, südlich von Beirut, Truppen in geringer Stärke an Land gesetzt. Diese mit MG ausgerüsteten britischen Soldaten wurden sofort gefangengenommen.

Kämpfe in Syrien
9. Juni 1941
Aus dem *Hauptquartier von General Wilson:*
Ein aus Kreuzern und Zerstörern bestehendes britisches Flottengeschwader unterstützt von See her die Operationen seiner Truppen und hält den Kontakt mit ihnen aufrecht.

An Bord eines deutschen Kriegsschiffes:
Funker an der Chiffriermaschine »Enigma M«

Geheimer Bericht des *Sicherheitsdienstes der SS* zur innenpolitischen Lage:
Nr. 194, 16. Juni 1941 (Auszug)
In einer ganzen Anzahl von Einzelberichten wird neuerdings darauf hingewiesen, daß alle Meldungen der Presse und des Rundfunks von den Volksgenossen in erster Linie unter dem Gesichtspunkt betrachtet würden, ob sie sich für die Dauer des Krieges verkürzend oder verlängernd auswirken könnten . . . Man erkenne zwar die Stetigkeit der Erfolge der Seekriegführung im Atlantik an, doch treffe man in der Bevölkerung häufig auf die Meinung, daß England trotz schwerster Schläge einfach nicht umzubringen sei und die USA-Hilfe nach und nach doch noch wirksam werden könne . . . Unter Hinweis auf die Berichterstattung über den Untergang der *Bismarck* stoßen sich viele Volksgenossen an der Polemik der deutschen Presse, daß England seine Verluste zur See nur lückenhaft oder überhaupt nicht bekanntgibt. Auch zu dem zusammenfassenden Bericht des OKW, bei dem von den Volksgenossen mit besonderem Interesse auf die Verlustzahlen gesehen wurde, wurde ungläubig geäußert, daß nur die drei U-Boote unserer erfahrensten Kommandanten verloren sein sollen . . .

Krieg im Osten

Sonntag, 22. Juni 1941
Das *Oberkommando der Wehrmacht* gibt bekannt:
An der sowjetrussischen Grenze ist es seit den frühen Morgenstunden des heutigen Tages zu Kampfhandlungen gekommen. Ein Versuch des Feindes, nach Ostpreußen einzufliegen, wurde unter schweren Verlusten abgewiesen. Deutsche Jäger schossen zahlreiche rote Kampfflugzeuge ab . . .

Strategie und Taktik

JANUAR BIS JUNI 1941

Stärker als das rauhe Winterwetter, Nebel und Stürme beeinflussen Anfang 1941 politische Entwicklungen die Schlacht im Atlantik: Deutschland – mit den Vorbereitungen für das Unternehmen »Barbarossa«, dem Angriff auf die Sowjetunion, beschäftigt – muß das Tempo der U-Boot-Offensive drosseln. Die Ausrüstung des Heeres und die Flugzeugproduktion haben nun Priorität. Auch das bis zum äußersten belastete Transportwesen kann nicht mit den Bedürfnissen des U-Boot-Krieges Schritt halten.
Anfang 1941 sind sechs der deutschen Hilfskreuzer auf dem Wege zur südlichen Halbkugel.
In den ersten Januartagen bekommen die Kapitäne der Royal Navy Anweisung, keine sich bietende Chance zur Erbeutung einer deutschen Schlüsselmaschine oder von Schlüsselmaterial außer acht zu lassen. Der Geheimdienst der britischen Admiralität (NID) stellt ein Spezialistenteam zusammen, das auf dem Zerstörer *Somali* (Capt. Caslon) eingeschifft wird. Seine Aufgabe ist es, während der geplanten Commando-Aktionen oder beim Aufbringen von deutschen Wetter- und Versorgungsschiffen Schlüsselmaschinen oder -material zu erbeuten.
Die wichtigste Nachrichtenquelle für den britischen Generalstab und die RAF sind nämlich – dank dem Nachbau der deutschen Chiffriermaschine Enigma – die deutschen Funksprüche selbst. Das Geheimnis der vom Heer und der Luftwaffe benutzten Chiffriermaschine ist bereits im Frühjahr 1940 von britischen Spezialisten gelüftet worden. Dagegen läßt sich die Enigma-Maschine Typ M der deutschen Kriegsmarine – durch die Eigenart ihrer Konstruktion – trotz intensiver Bemühungen der Codebrecher der Naval Intelligence Division (NID), dem Nachrichtendienst der britischen Admiralität im Rahmen der Operation »Ultra«, erst Anfang 1941 knacken.
Diese Operation hat eine lange Vorgeschichte: Im Jahre 1932 gelingt es in Warschau einem Team von drei jungen polnischen Mathematikern, J. Różycki, M. Rejewski und H. Zygalski, beim intensiven Studium der Zyklentheorie den Code der deutschen Chiffriermaschine »Enigma« zu entziffern. Und einige Monate vor dem deutschen Überfall auf Polen, im Sommer 1939, schaffen die drei Gelehrten den großen Coup: Sie bauen die »Enigma« nach. Auf diese geheime Nachricht hin reist Major G. Bertrand, Chef der Abteilung DY des französischen Geheimdienstes, am 24. Juli 1939 in die polnische Hauptstadt. Auch die britischen Spezialisten, Commander Denniston und der Mathematiker D. Knox, sind zur Stelle. Und zwei Tage später bekommen sie das wohl kostbarste Geschenk, das Polen seinen Alliierten vor dem Kriege machen konnte: zwei nachgebaute deutsche Chiffriermaschinen. Eine davon bleibt in Paris, die andere geht nach London und wird dort anfangs nur recht skeptisch betrachtet.
Im Herbst 1939 schlagen Kryptologen des Secret Intelligence Service (SIS) in Bletchley Park, einem Landsitz nördlich von London, ihr Hauptquartier auf. Hier steht auch ein Urahn des Computers, der helfen soll, abgefangene »Enigma«-Funksprüche des Heeres oder der Luftwaffe zu entschlüsseln. Eine besondere Geheimhaltungsstufe »Top Secret Ultra« (äußerst streng geheim) wird für alle Informationen eingeführt, die sich aus dem geknackten deutschen Schlüsselverfahren ergeben oder sich darauf beziehen. Churchill: »Es ist besser, selbst eine Schlacht zu verlieren, als diese lebenswichtige nachrichtendienstliche Quelle bloßzustellen.«

Am Sonntag, dem 5. Januar 1941, erobern die britischen Truppen unter General Wavell die Hafenstadt Bardia an der libysch-ägyptischen Grenze.

Am Dienstag, dem 7. Januar 1941, wird auf Hitlers Befehl die in Bordeaux-Mérignac stationierte I. Gruppe des Kampfgeschwaders 40 (I./KG 40) mit ihren Focke Wulf 200 »Condor« für Seeaufklärung dem BdU taktisch unterstellt. Reichsmarschall Göring, der sich bei Erlaß dieses Befehls auf Jagdurlaub befindet, versucht nach seiner Rückkehr, Dönitz zu bewegen, auf Durchführung des Befehls zu verzichten.

Am Freitag, dem 10. Januar 1941, führen deutsche Sturzkampfflugzeuge Ju 87 des X. Fliegerkorps (Gen. Geisler) Angriffe auf die Force A (Adm. Cunningham). *Illustrious,* der erste Träger mit einem 10,2-cm-Panzerdeck, wird sechsmal mit 500-kg-Bomben getroffen. Es gelingt ihm jedoch, brennend und mit schwer beschädigter Ruderanlage Malta zu erreichen. Das Eintreffen von deutschen Luftwaffenkräften im Mittelmeer verändert die strategische Lage erheblich.

Am Sonnabend, dem 11. Januar 1941, starten die deutschen Stukas Ju 87 des X. Fliegerkorps zum Angriff auf die Royal Navy im Mittelmeer. Der Kreuzer *Southampton* bekommt in der Nähe von Malta mehrere Treffer und muß am Abend aufgegeben werden.

Am Dienstag, dem 14. Januar 1941, hört der Funker des Hilfskreuzers Schiff 33 *Pinguin* (Kpt. z. S. Krüger), der zur Zeit in der Arktis operiert, den Funksprechverkehr einer Walfangflottille. Tags darauf gelingt es dem Hilfskreuzer, die überraschte Flottille zu kapern: zwei Walkochereien und ein Öltransporter von insgesamt 36530 BRT, mit 22200 Tonnen Walöl an Bord, dazu 11 Fangboote mit 3417 BRT. Mit Ausnahme von drei Fangbooten erreichen bis März 1941 alle Prisen Westfrankreich. Das Walöl deckt in Deutschland den Bedarf der Margarineproduktion für gut eine Woche.

Am Mittwoch, dem 22. Januar 1941, erobert das britische XIII. Korps (Lt. Gen. O'Connor) den wichtigen libyschen Hafen Tobruk mit Artillerieunterstützung vom Monitor *Terror* und den Flußkanonenbooten *Aphis* und *Ladybird.* Das italienische Artillerieschulschiff *San Giorgio* wird von der Besatzung gesprengt.

Am gleichen Tag laufen die Schlachtschiffe *Scharnhorst* und *Gneisenau* aus Kiel zum neuen Ausbruchsversuch in den Atlantik, um dort Handelskrieg zu führen (Unternehmen »Berlin«).

Am Donnerstag, dem 23. Januar 1941, startet der Geheimdienst der britischen Admiralität die Operation »Rubble«. Unter Führung von Commander Sir Binney, dem Repräsentanten der britischen Handelsorganisation Iron and Steel Control in Schweden und Mitarbeiter des Intelligence Service, laufen aus Göteborg die fünf norwegischen Frachter *Lizabeth Bakke* (5450 BRT), *John Bakke* (4718 BRT), *Tai Shan* (6962 BRT), *Taurus* (4767 BRT) und *Dicto* (5263 BRT) nach Großbritannien aus. Sie sind vollbeladen mit strategisch äußerst wichtigen Gütern, die die Regierung Seiner Majestät im neutralen Schweden offiziell eingekauft hat, unter anderem 25 000 Tonnen schwedischen Edelstahl und Kugellager. Die Operation steht unter einem guten Stern: Die fünf Blockadebrecher entgehen nur knapp den beiden deutschen Schlachtschiffen *Scharnhorst* und *Gneisenau,* die gerade durch das Kattegatt zu ihrem Unternehmen »Berlin« marschieren. Nachdem die Frachter das von der Kriegsmarine stark bewachte und durch mehrere Minensperren verseuchte Skagerrak passiert haben, werden sie von Einheiten der Home Fleet, den Kreuzern *Naiad, Aurora, Edinburgh* und *Birmingham* sowie von den Zerstörern *Escapade, Echo* und *Electra* in Empfang genommen. Es ist die größte Blockadebrecher-Aktion dieses Krieges.

In der zweiten Hälfte Januar 1941 schreibt der Oberbefehlshaber der Vereinigten Japanischen Flotte, Admiral Yamamoto, ehemaliger Harvardstudent und späterer Marineattaché in Washington, seinem Freund Admiral Onischi einen vertraulichen Brief, in dem er seinen Plan eines Überraschungsangriffs auf Pearl Harbor schildert. Er fragt ihn, ob er einen solchen Angriff für durchführbar hält.
Yamamoto hat vor, den Angriff auf die US-Schlachtschiffe und Flugzeugträger zu konzentrieren und möglichst viele davon zu versenken. Er will damit eine Lähmung des amerikanischen Kampfgeistes erreichen. Yamamoto ist auch einer der ersten, der die überragende Bedeutung einer kombinierten Flotten- und Luftoperation für die zukünftige Kriegführung erkennt. Mit den modernen Flugzeugträgern, die er hat bauen lassen, beabsichtigt Yamamoto, die Macht der USA im südlichen Pazifik für längere Zeit auszuschalten und in der so gewonnenen Frist Südostasien, die Philippinen und Niederländisch-Indien von der japanischen Armee erobern zu lassen. Seinen Entschluß erleichtert die Tatsache, daß das Kräfteverhältnis zwischen den Marineeinheiten Japans und der USA mit etwa vier zu fünf noch nie so günstig war und sich bereits im nächsten Jahr verschlechtern muß.
Admiral Onischi läßt sich Fregattenkapitän Genda kommen, einen 36jährigen Offizier der Marine-Luftwaffe. Genda, der auf dem Flugzeugträger *Kaga* dient, gilt als der hervorragendste Offizier seiner Waffengattung. Sein Urteil zum Angriffsplan auf Pearl Harbor: »Schwierig, aber nicht unmöglich.« Fregattenkapitän Genda soll nun die taktischen Einzelheiten des Luftangriffs ausarbeiten.

Zwei Tage später legt Genda Admiral Onischi einen bis ins Detail gehenden Plan vor: Seiner Meinung nach sollten für diese Operation alle verfügbaren Flugzeugträger eingesetzt werden. Der Angriff muß im Morgengrauen beginnen, damit der Anflug der Bomber- und Torpedoflugzeuge größtenteils im Schutz der Dunkelheit erfolgen kann. Auf die Bemerkung von Onischi, daß die Gewässer von Pearl Harbor für den Torpedoabwurf zu flach seien, antwortet Genda, daß man dieses Problem eben lösen müsse.

Am Freitag, dem 24. Januar 1941, schreibt der US-Marineminister Knox an seinen Kollegen, Kriegsminister H. L. Stimson: »Es ist durchaus denkbar, daß die Feindseligkeiten von Japan mit einem plötzlichen Angriff auf die Flotte oder den Stützpunkt Pearl Harbor eröffnet werden.«

Am Sonnabend, dem 25. Januar 1941, trifft in Alexandria der aus Malta kommende schwer beschädigte Flugzeugträger *Illustrious* ein. Nach behelfsmäßiger Reparatur geht er durch den Suezkanal und den Indischen Ozean nach USA, wo er in der Werft von Norfolk ein ganzes Jahr bleiben muß.

Am Montag, dem 27. Januar 1941, sendet der US-Botschafter in Tokio ein chiffriertes Telegramm nach Washington: »Mein peruanischer Kollege hört aus vielen Quellen, darunter einer japanischen, daß Japan für den Fall eines Konfliktes mit Amerika einen Überra-

Rechts: Liverpool, Derby House, im Hauptquartier des Western Approaches Command: Zu jeder Zeit einen genauen Überblick

Links: Fregattenkapitän Genda

schungsangriff auf Pearl Harbor plant . . . So phantastisch ihm diese Idee erscheint, will er uns die Information doch nicht vorenthalten . . .« Admiral Kimmel, Oberkommandierender der Pazifikflotte: »Der Abwehrdienst der Marine schenkt jedoch diesem Gerücht keinen Glauben.«

Im Januar 1941 übersteigt die Verlustquote der Handelsschiffahrt bei weitem die Baukapazität der britischen Werften. Auch die Anzahl der beschädigten Schiffe ist so groß, daß die Docks sie nicht mehr aufnehmen können. Um wiederum ihre Reparaturen zu beschleunigen, müssen die Neubauten von Frachtern zurückgestellt werden.

Am Mittwoch, dem 29. Januar 1941, beginnt in Washington die geheime Konferenz der Generalstäbe aus Großbritannien und den USA, um Maßnahmen für den Fall eines amerikanischen Kriegsbeitritts zu beraten. Thema war: Eine koordinierte Kriegführung.

Im Januar 1941 versenken deutsche U-Boote im Atlantik (ohne eigene Verluste) 17 Handelsschiffe mit insgesamt 98 702 BRT und das Kampfgeschwader 40 mit seinen viermotorigen Focke Wulf FW 200 »Condor« insgesamt 15 Schiffe mit 63 175 BRT. Zu dieser Zeit sind 22 deutsche U-Boote im Einsatz.

Am Sonnabend, dem 1. Februar 1941, bildet die US-Navy die Atlantic Fleet unter Admiral King, der sofort Geleitschutzdienst und U-Boot-Jagd vorbereitet.
Am gleichen Tag läuft aus Brest der Schwere Kreuzer *Admiral Hipper* (Kpt. z. S. Meisel) zum zweiten Atlantikunternehmen aus. Er geht auf Südkurs, um auf dem Weg der Gibraltar-Geleitzüge zu operieren.

Am Dienstag, dem 4. Februar 1941, brechen – von der Royal Navy unbemerkt – die Schlachtschiffe *Scharnhorst* (Kpt. z. S. Hoffmann) und *Gneisenau* (Kpt. z. S. Fein) durch die Dänemarkstraße.

Am Donnerstag, dem 6. Februar 1941, erläßt Hitler seine »Weisung Nr. 23, die die Richtlinien für die Kriegführung gegen die englische Wirtschaft« darlegt. Präzise wird hier von Hitler bestätigt, daß der Tonnage-Krieg das effektivste Mittel ist, um England zu besiegen. Die britischen Hafenanlagen, Werften und Schiffe sollen auch in verstärktem Maße das Ziel der Luftwaffe sein.

Am Freitag, dem 7. Februar 1941, wird das Western Approaches Command (Vizeadm. Dunbard-Nasmith) von Plymouth nach Liverpool verlegt. Diese Befehlsstelle der westlichen Seeverbindungen mit Großbritannien – verantwortlich für das planmäßige und sichere Einlaufen der Geleitzüge – arbeitet eng mit dem Coastal Command zusammen. So kann der Einsatz von Überwasserstreitkräften und Flugzeugverbänden zur Bekämpfung deutscher U-Boote koordiniert werden.
Am gleichen Tag verlangt Göring von Dönitz die Rückgabe der I. Gruppe des Kampfgeschwaders 40, (I./KG 40) anderenfalls – so droht er – würden der I. Gruppe die Ersatzteillieferungen gesperrt.

Am Sonnabend, dem 8. Februar 1941, läuft aus Neapel der erste Konvoi mit deutschen Verbänden, dem späteren Deutschen Afrika-Korps, nach Tripolis. Drei deutsche Dampfer, als Geleitschutz ein italienischer Zerstörer und drei Torpedoboote, erreichen ohne Feindberührung ihren Zielhafen in Nordafrika.

Am Sonntag, dem 9. Februar 1941, erscheinen in den Morgenstunden Teile des britischen Gibraltar-Geschwaders Force H (Vizeadm. Somerville) vor Genua. Der Schlachtkreuzer *Renown,* das Schlachtschiff *Malaya* und der Leichte Kreuzer *Sheffield* eröffnen das Feuer auf die Hafenanlagen, Docks und Industrieanlagen. Vier Frachter und ein Schulschiff werden versenkt, 18 Schiffe beschädigt. Die Flugzeuge des Trägers *Ark Royal* legen währenddessen vor La Spezia Minen und bombardieren die Ölraffinerien bei Livorno. Der starke Nebel hindert die italienischen Küstenbatterien, Treffer zu erzielen. Obwohl die italienische Flotte aus Neapel ausgelaufen ist, gelingt es ihr nicht, die Force H auf der Rückfahrt abzufangen. So erreicht das britische Geschwader ohne Zwischenfälle wieder Gibraltar.
Gleichfalls am 9. Februar 1941 beginnt westlich von Kap St. Vincent die einzige gemeinsame Operation im

Atlantik zwischen deutschen U-Booten und der Luftwaffe: *U 37* (KptLt. Clausen) sichtet auf dem Marsch in Richtung Westafrika den nach England gehenden Geleitzug HG 53 und führt durch Peilzeichen die 2. Staffel des KG 40 (Hptm. Fliegel) und den Schweren Kreuzer *Admiral Hipper* an den Geleitzug heran. Mittags greifen fünf Focke Wulf 200 den Konvoi an und versenken fünf Schiffe mit 9200 BRT.

Am Montag, dem 10. Februar 1941, erscheinen vor der Küste von Somali in Italienisch-Ostafrika die britischen Kreuzer *Capetown, Ceres* und *Shropshire* der East Indies Flotte Force T (Vizeadm. Leatham) und nehmen italienische Truppenansammlungen unter Feuer. Die Swordfish-Maschinen vom Träger *Hermes* bombardieren die Hauptstadt Mogadiscio (Mogadischu) und den Hafen Chisimaio mit Erfolg.

Am Dienstag, dem 11. Februar 1941, beteiligt sich der Schwere Kreuzer *Admiral Hipper* weiterhin an der Jagd auf den Konvoi HG 53 und versenkt eines der Schiffe. Von 16 Frachtern werden aus diesem Geleitzug neun Schiffe mit insgesamt 15218 BRT vernichtet. Am späten Abend sichtet dann auch die *Admiral Hipper* den ohne jeglichen Geleitschutz fahrenden Konvoi SLS. 64.

In den Morgenstunden des 12. Februar 1941 greift *Admiral Hipper* den Konvoi SLS. 64 an und kann nach britischen Angaben sieben von 19 Schiffen versenken (32800 BRT) und zwei weitere schwer beschädigen.

Am Freitag, dem 14. Februar 1941, trifft die *Admiral Hipper* nach zwölftägigem Einsatz in Brest ein.
Am gleichen Tag besetzen südafrikanische Truppen (Gen. Cunningham) Chisimaio an der Somali-Küste. Die Operationen werden vom Träger *Hermes* (Capt. Onslow), vier Kreuzern und einigen Zerstörern der Force T (Vizeadm. Leatham) unterstützt.
Ebenfalls am 14. Februar 1941 läuft in Tripolis, gesichert durch italienische Zerstörer und Torpedoboote, der zweite Konvoi mit deutschen Truppen und Material für Nordafrika ein.

Am Montag, dem 17. Februar 1941, führen die in Ägypten aufgestellten 50. und 52. »Middle East«-Commandos ihr erstes Unternehmen zur Eroberung der strategisch wichtigen Ägäis-Inselgruppe Dodekanes durch: die Einnahme der Insel Kos. Die Landung scheitert jedoch gleich zu Beginn, da die Boote keinen geeigneten Landeplatz finden können.

Am Dienstag, dem 18. Febuar 1941, führen die Flugzeuge der 2. Staffel des Kampfgeschwaders 4 (Hptm. Kühl) erstmalig die Verminung des Suezkanals durch.
Am gleichen Tag erhalten die deutschen Truppen in Nordafrika die Bezeichnung Deutsches Afrika-Korps (DAK).

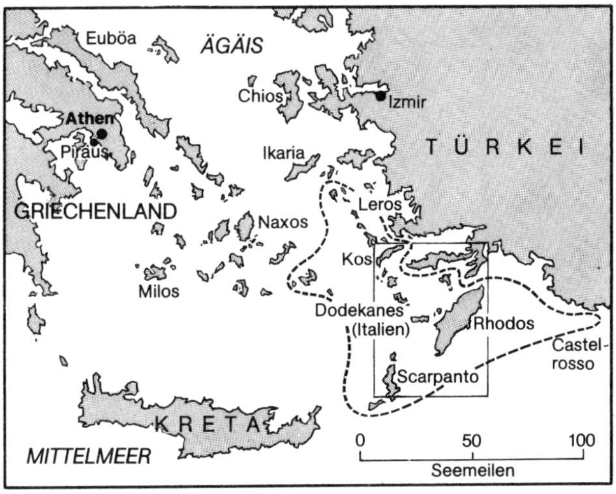

Oben und unten: Das Kriegsgebiet Mittelmeer: Ägäis – Dodekanes – Rhodos

Links: 14. 2. 1941, Somali-Küste: Landung von südafrikanischen Truppen (Gen. Cunningham)

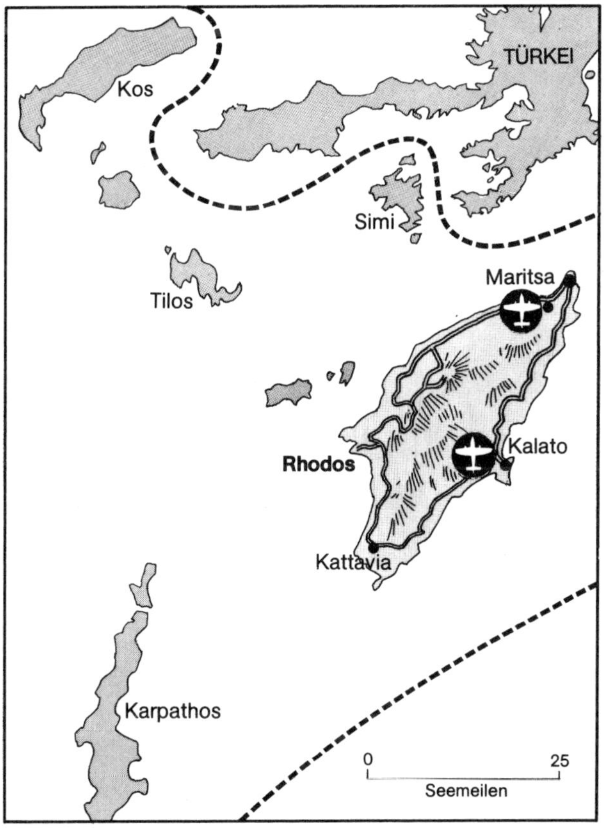

Am Mittwoch, dem 19. Februar 1941, sichtet eine FW 200 der I. Gruppe (Maj. Petersen) des Kampfgeschwaders 40 den aus Liverpool kommenden Konvoi OB. 287. Die Flugzeugbesatzung gibt die Position des Konvois nordwestlich von Kap Wrath, die sich jedoch als ungenau erweist, an den BdU weiter. Die FW 200 versenkt den Frachter *Gracia* (5642 BRT) und den Tanker *Housatonic* (5559 BRT). Fünf deutsche und drei italienische U-Boote können jedoch den gemeldeten Konvoi nicht finden.

Auch am nächsten Tag, dem 20. Februar 1941, suchen die deutschen und italienischen U-Boote vergeblich nach dem Konvoi OB. 287. Zwei Focke Wulf 200 gelingt es dann, den Konvoi noch einmal zu sichten; sie beschädigen den Tanker *D. L. Harper* (12 223 BRT) sowie die beiden Frachter *St. Rosario* (4312 BRT) und *Rosenborg* (1997 BRT) schwer.

Am Freitag, dem 21. Februar 1941, greift wiederum eine FW 200 einen Tanker an, der einige Stunden danach von *U 96* (KaptLt. Lehmann-Willenbrock) versenkt wird. Nachdem der Konvoi durch andere U-Boote vergeblich gesucht wird, läßt Dönitz die Operation abbrechen.

Am Sonnabend, dem 22. Februar 1941, sichten die Schlachtschiffe *Gneisenau* und *Scharnhorst* etwa 500 Seemeilen östlich von Neufundland einen sich gerade auflösenden Konvoi mit Westkurs. Sie versenken fünf Handelsschiffe mit 25 784 BRT. Dann nehmen sie Südostkurs, tanken im Mittelatlantik aus einem Versorgungsschiff und verlegen ihr Operationsgebiet in die Nähe von Sierra Leone.
Am gleichen Tag wird der Schwere Kreuzer *Admiral Scheer* (Kpt. z. S. Krancke) von einem Bordflugzeug des britischen Leichten Kreuzers *Glasgow* entdeckt. Daraufhin versucht die Force T (Vizeadm. Leatham) mit sechs Kreuzern und dem Träger *Hermes* die *Admiral Scheer* abzufangen. Kapitän z. S. Krancke hat jedoch Glück: Das Wetter verschlechtert sich so rapide, daß das Bordflugzeug der Glasgow den deutschen Kreuzer nicht mehr finden kann. *Admiral Scheer* nimmt wieder Kurs auf den Atlantik, und die Force T muß die Verfolgung aufgeben.

Am Dienstag, dem 25. Februar 1941, gegen 16 Uhr, sichtet *U 47* (KaptLt. Prien) eine Reihe von Frachtern, die zum Konvoi OB. 290 gehören. Kurz danach wird ein feindliches Flugzeug gemeldet, und *U 47* muß die Verfolgung abbrechen. Es gibt jedoch die Funkmeldung über die Position des Konvois an den BdU, der drei deutsche und zwei italienische U-Boote auf den Geleitzug ansetzt. Während der Nacht gelingt es *U 47,* sich dem Konvoi OB. 290 wieder zu nähern, drei Schiffe zu versenken und einen Tanker zu beschädigen.
Am gleichen Tag schaffen zwei britische Zerstörer und ein Kanonenboot 200 Mann vom 50. »Middle East«-Commando, zusammen mit einem kleinen Trupp der Royal Marines, zu der östlich von Rhodos liegenden

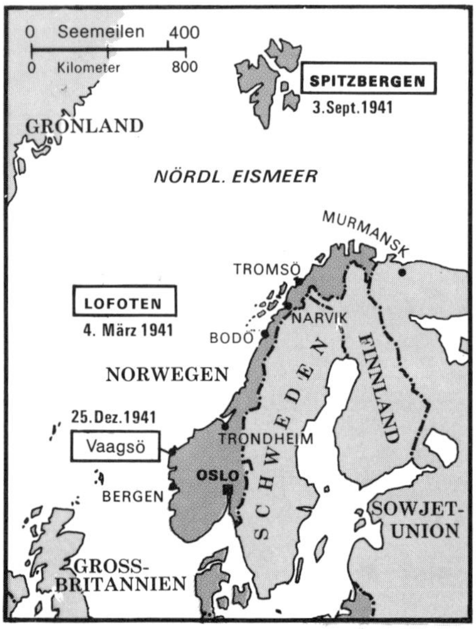

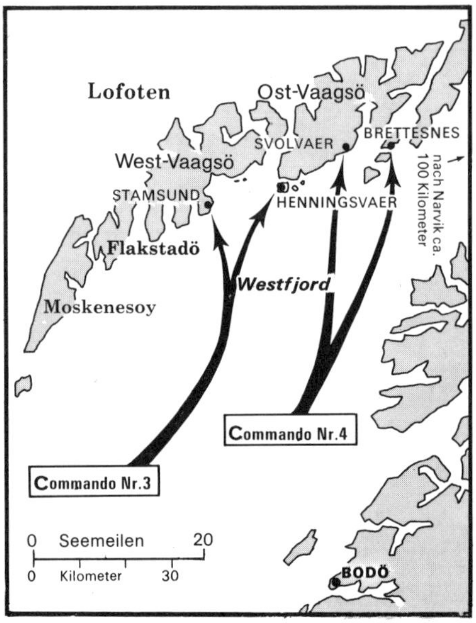

Oben: Am 4. 3. 1941 führt das britische 3. und 4. Commando den erfolgreichsten Raid gegen die Lofoten (Norwegen)

Rechts: Frühjahr 1941, England: Die ersten Commando-Übungen in einer Landungsboot-Attrappe

Insel Castelrosso. Die überraschte kleine italienische Garnison leistet zuerst nur geringen Widerstand.

Am nächsten Tag, dem 26. Februar 1941, bringen die italienischen Zerstörer *Crispi* und *Sella* zusammen mit den Torpedobooten *Lince* und *Lupo* Verstärkungen von der Hauptinsel Rhodos nach Castelrosso. Nun geht die italienische Garnison, unterstützt durch das Artilleriefeuer der Kriegsschiffe, zum Angriff über. Die Commandos fordern per Funk Verstärkungen an. Aus Zypern gehen daraufhin einige britische Zerstörer mit weiteren Landetruppen in See, werden aber irrtümlich statt nach Norden nach Süden in Marsch gesetzt und treffen in Alexandria ein. Die Insel Castelrosso (heute Kastelorizon) muß nach heftigen italienischen Gegenangriffen unter beträchtlichen Verlusten in der Nacht zum 27. Februar 1941 aufgegeben werden.
In den Mittagsstunden des gleichen Tages greift eine FW 200 der I./KG 40 – von *U 47* (KptLt. Prien) herbeigeholt – den Konvoi OB. 290 an. Gegen 15 Uhr erscheinen fünf weitere FW 200. Die sechs Condor-Maschinen vernichten die Handelsschiffe *Llanwern* (4966 BRT), *Leeds City* (4758 BRT), den holländischen Frachter *Amstelland* (8156 BRT), die *Mahanada* (7181 BRT), die *Swinburne* (4659 BRT), *Beursplein* (4368 BRT) und *Solferino* (2162 BRT), insgesamt 36 250 BRT, und sie beschädigen vier weitere Frachter mit 20 755 BRT. Es ist der erfolgreichste Einsatz der I./KG 40 gegen die alliierte Handelsschiffahrt.

Am Donnerstag, dem 27. Februar 1941, sichtet der neuseeländische Leichte Kreuzer *Leander* (Capt. Bevan) im Indischen Ozean, südwestlich der Malediven-Inseln, den einzigen italienischen Hilfskreuzer *Ramb 1* (KptLt. Bonezzi) mit 3667 BRT und versenkt ihn.

Zu dieser Zeit gewinnen die britischen Commando-Truppen immer größere Bedeutung für zukünftige amphibische Operationen.
Die Commandos sollen an den Küsten Nord- und Westeuropas sowie im Mittelmeerraum ihre Einsätze führen. Sie sind ausgebildet und ausgerüstet für kleine Stoßtruppunternehmen. Churchill verspricht sich von ihren Aktivitäten neben Aufrechterhaltung der britischen Kampfmoral die Schwächung der deutschen Truppen, da praktisch kaum ein Küstenabschnitt des besetzten Europas vor ihren Operationen sicher ist.
Im Februar 1941 versenken die im Atlantik eingesetzten deutschen U-Boote (ohne eigene Verluste) 42 Handelsschiffe mit insgesamt 207 649 BRT, die Focke Wulf 200 des KG 40 insgesamt 22 Schiffe (84 515 BRT).
Vom November 1940 bis zum Februar 1941 stehen von 24 deutschen U-Booten nur etwa zehn im operativen Einsatz.
Im Februar 1941, erst 18 Monate nach Kriegsbeginn, wird vom britischen Kabinett angeordnet, daß U-Boote nun auch ohne Vorwarnung feindliche Handelsschiffe versenken sollen.

Am Sonnabend, dem 1. März 1941, bildet die US Navy eine aus drei Zerstörerflottillen und vier Flugboot-Aufklärungsstaffeln bestehende »Support Force Atlantic Fleet« (Konteradm. Bristol jr.). Ihre Aufgabe: Sicherung der Nachschubkonvois nach Island, denen sich außer amerikanischen Transportern auch neutrale Handelsschiffe anschließen. An diesem 1. März 1941 teilt die britische Admiralität mit, daß bereits 3434 alliierte Handelsschiffe mit Geschützen ausgerüstet sind.

Anfang März 1941 marschieren erstmalig sieben U-Boote vom Typ IX in losen Gruppen an der afrikani-

schen Küste entlang in das Gebiet um Freetown. Sie können dort nur sinnvoll eingesetzt werden, wenn sie die Möglichkeit haben, unterwegs Brennstoff zu ergänzen. Zu gleicher Zeit bekommt Kapitän Rothe, der seit Anfang September 1939 mit seinem Tanker *Charlotte Schliemann* (7747 BRT) im Hafen von Las Palmas auf den zu Spanien gehörenden Kanarischen Inseln liegt, den Funkspruch, er solle in der kommenden Nacht auslaufen. Die spanische Polizei sperrt den Hafen in weitem Umkreis ab, damit kein Unbefugter das Ablegen bemerkt. Offiziell wird erklärt, daß ein spanischer Munitionsdampfer eintreffe, dessen gefährliche Ladung gelöscht werden soll. Bei Dunkelheit werden die Dieselmotoren der *Charlotte Schliemann,* die 19 Monate stillstanden, angelassen. Abgeblendet und mit eigener Kraft verläßt der Tanker den Hafen.
Erst als er auf offener See ist, erfährt die Mannschaft, daß der Tanker seine erste Einsatzfahrt als Versorgungsschiff der U-Boote mache und keinesfalls in Feindeshand fallen dürfe. Das mit 10 800 Tonnen Treibstoff voll beladene Schiff stampft schwer durch die Atlantikdünung und steuert auf das befohlene Planquadrat zu.

In der Nacht vom 3./4. März 1941 taucht das Boot *U 124* (KptLt. Schulz) aus der Dunkelheit und übernimmt von *Charlotte Schliemann* Brennstoff und Proviant. In den beiden darauffolgenden Nächten werden auch *U 105* (KptLt. Schewe) und *U 106* (KptLt. Oesten) versorgt.

Am Dienstag, dem 4. März 1941, beginnt unter dem Befehl von Brigadier Haydon der erste Commando-Raid des Jahres in Nordeuropa, die Operation »Claymore«. Das Ziel: einige Häfen auf den Lofoten-Inseln. Man plant, die dortigen Lebertranwerke, die 40 Prozent der Gesamtkapazität Norwegens ausmachen, zu zerstören und die im Hafen liegenden Schiffe zu versenken. Eine Landungsflotte mit den beiden ehemaligen Kanalfähren *Queen Emma* und *Princess Beatrix* als Mutterschiffe für die LCA-Landungsboote, eskortiert von fünf Zerstörern – darunter die *Somali* (Capt. Caslon) mit dem Kapertrupp des Geheimdienstes der britischen Admiralität an Bord – gelangt unversehrt in den Hafen, nachdem das sich heftig wehrende deutsche Vorpostenboot NN 04 *Krebs,* ein ehemaliger Trawler, zusammengeschossen worden ist. Der Kapitän hat, bevor er fällt, noch die Enigma-Schlüsselmaschine und die Schlüsselunterlagen über Bord geworfen. Er schafft es aber nicht mehr, sämtliche Geheimunterlagen zu vernichten. Nachdem die Überlebenden das brennende Vorpostenboot verlassen haben, drängt der britische Prisentrupp vom Zerstörer *Somali* an Bord und findet den Kasten mit den Reserve-Verschlüsselwalzen der Marine-Schlüsselmaschine Enigma M, die an diesem Tag nicht in Gebrauch waren.
500 Mann des 3. und 4. Commandos, dazu 52 Pioniere und ein Dutzend Exil-Norweger nehmen an der Operation teil. Neben elf Lebertranfabriken in Brettesnes, Henningsvaer, Stamsund und Svolvaer werden das Kraftwerk und einige Tanks mit 3,5 Millionen Liter Öl gesprengt. Das Telegrafenamt ist noch intakt, und Lieutenant Richard Wills vom 4. Commando sendet ein Telegramm nach Berlin an Adolf Hitler: »You said in your last speech German troops would meet the English wherever they landed ›stop‹ Where are your troops? – Signature Wills 2. Lieut.« (»Sie haben in Ihrer letzten Rede gesagt, daß die deutschen Truppen die Engländer, egal wo sie landen werden, zurückschlagen – stop – wo sind Ihre Truppen?«)
Die Luftwaffe auf dem norwegischen Festland wird zwar alarmiert, aber keiner der Flugplätze ist wegen der Tauperiode startklar. Die im Hafen ankernden zehn Schiffe von über 20 000 BRT werden versenkt, darunter das Handelsschiff *Hamburg* (5470 BRT). 215 Soldaten der deutschen Besatzungstruppen und zehn »Quislinge«, norwegische Kollaborateure, nimmt man gefangen, 300 norwegische Freiwillige gehen mit nach England. Die Rückfahrt im Schutze der Leichten Kreuzer der Home Fleet, *Edinburgh* und *Nigeria,* gelingt ungestört. Diese Operation ist bis jetzt der größte und erfolgreichste Commando-Raid, vor allem durch die erbeuteten Enigma-Walzen und die Zerstörung erheblicher Mengen Rohstoffs zur Produktion von Nitroglyzerin sowie der Vitamine A und B. Die britischen Verluste: Ein Commando-Offizier schießt sich versehentlich in den Fuß.
Diese »Enigma«-Walzen ermöglichen den britischen Experten den entscheidenden Einbruch in den Marine-Schlüsselkreis, genannt »heimische Gewässer«, und damit die Entzifferung des Funkverkehrs der im Nordmeer stehenden Wetterbeobachtungsschiffe.

Am Mittwoch, dem 5. März 1941, beginnt die Operation »Lustre«, das heißt das Verschiffen britischer, australischer und neuseeländischer Truppen von Alexandria nach Griechenland, vorwiegend auf Handelsschiffen. Die Royal Navy muß diese Transporte durch die Ägäis sichern, was eine weitere Belastung für die Force A (Adm. Cunningham) bedeutet.

Am Donnerstag, dem 6. März 1941, proklamiert Churchill »Die Schlacht im Atlantik«. Er ruft »The Battle of Atlantic Committee« ins Leben, dessen Sitzungen einmal wöchentlich stattfinden. Von den Streitkräften sollen 40 000 Mann abgezogen werden, um in den Werften mitzuhelfen, die Reparaturarbeiten von 100 000 Tonnen Schiffsraum fertigzustellen.
Ebenfalls am Donnerstag, dem 6. März 1941, erhalten *U 70* (KptLt. Matz) und *U 99* (KptLt. Kretschmer) vom BdU bei Einbruch der Nacht den Befehl, zu *U 47* (KorvKpt. Prien) zu stoßen. Prien hält, ohne anzugreifen, Fühlung mit dem großen Konvoi OB. 293 und wartet, bis sich ein Rudel bildet. *U 70* torpediert zwei Schiffe mit zusammen 13 916 BRT. Plötzlich erscheinen in nur 1000 Meter Entfernung die britischen Korvetten *Arbutus* und *Camelia* und zwingen *U 70* zu tauchen. Sie werfen Wasserbomben und vernichten das Boot. Kapitänleutnant Kretschmer mit seinem *U 99* versenkt einen Tanker und beschädigt das Walfangschiff *Terje Viken* (20 638 BRT) schwer.

Am Freitag, dem 7. März 1941, setzen im Rahmen der Operation »Lustre« die ersten britischen Truppen in den Häfen Piräus und Volos an Land.
Am späten Abend des 7. März 1941 versucht *U 47* (KorvKpt. Prien) wiederum, den Konvoi OB. 293 anzugreifen. Bei stürmischem Regenwetter wird *U47* vom Zerstörer *Wolverine* (Cdr. Rowland) zum Tauchen gezwungen und anschließend mit Wasserbomben versenkt.

Am Dienstag, dem 11. März 1941, tritt in den USA das Leih- und Pacht-Gesetz in Kraft. Es gestattet Großbritannien, sich in den USA ohne Bezahlung – deshalb so gut wie geschenkt – mit allem zu versorgen, was es zur Fortsetzung des Krieges benötigt. Die Bestimmung, daß es mit Schiffen Kriegführender abgeholt werden muß, bleibt vorerst noch bestehen.

Am Sonnabend, dem 15. März 1941, versenken die Schlachtschiffe *Scharnhorst* und *Gneisenau* vor Neufundland aus einem sich auflösenden Konvoi 13 Schiffe mit 61 773 BRT, die *Gneisenau* kapert zusätzlich noch drei Tanker. Die *Gneisenau* wird danach vom britischen Schlachtschiff *Rodney* gesichtet, kann aber noch entkommen.
Am gleichen Tag werden die italienischen Kleinkampfmittel zu einem eigenen selbständigen Verband zusammengefaßt. Man zieht sie aus dem Bestand der 1. Flottille MAS heraus. Zur Tarnung wird die 10. Flottille MAS gebildet. Dadurch sind diese Kampfmittel völlig von anderen Teilen der Flotte unabhängig.
Am Abend des 15. März 1941 sichtet *U 110* (KptLt. Lemp) den aus 41 Schiffen bestehenden Konvoi HX. 112, begleitet von fünf Zerstörern und zwei Korvetten. Auf die Fühlungshaltermeldung von *U 110* setzt der BdU die in der Nähe stehenden U-Boote *U 37, U 74, U 99* und *U 100* ein.

In der Nacht vom 15./16. März 1941 torpediert *U 110* einen Tanker.

Am Sonntag, dem 16. März 1941, greifen zwei Heinkel He 111 (X. Fliegerkorps) bei einer bewaffneten Aufklärung westlich von Kreta Teile der britischen Mittelmeerflotte an, und die Besatzungen berichten nach ihrer Rückkehr, daß sie Torpedotreffer auf zwei schwere Einheiten, die sie irrtümlich als Schlachtschiffe bezeichnen, feststellen konnten. Nun, da dieser Erfolg eine erhebliche Schwächung der Royal Navy im Mittelmeer bedeutet, drängt die deutsche Führung auf die Falschmeldung hin die italienische Marine, nun im Rahmen des für den 6. April geplanten deutschen Angriffs auf Griechenland einen Vorstoß in das östliche Mittelmeer, nördlich und südlich von Kreta, durchzuführen.
Im Laufe des 16. März 1941 versuchen *U 37* (KptLt. Clausen), *U 100* (KptLt. Schepke) und *U 110* (KptLt. Lemp) zusammen den Konvoi anzugreifen, jedoch ohne Erfolg. Erst *U 99* (KptLt. Kretschmer) schafft es, sich zwischen den Geleitfahrzeugen auf günstige Schußposition dem Konvoi zu nähern. Er versenkt zwei Dampfer und drei Tanker mit 34 505 BRT, beschädigt einen anderen Tanker und dreht nach Abschuß des letzten Torpedos ab. *U 100* – eine halbe Stunde zuvor durch Wasserbomben gezwungen aufzutauchen – wird auf eine Entfernung von 1000 Meter vom Zerstörer *Vanoc* gesichtet und, ehe es wieder tauchen kann, gerammt. Kapitänleutnant Schepke wird auf dem Turm seines Bootes eingeklemmt und verliert beide Beine. Als der Zerstörer *Vanoc* mit voller Kraft zurücksetzt, um sich vom U-Boot freizumachen, wird Schepke über Bord geschleudert. Fünf Mann von *U 100* werden gerettet.
Commander Power: »Dies war für uns ein glücklicher Moment, ein erfolgreicher Höhepunkt in einem langen, mühsamen Kampf. Wir hatten uns für die Verluste des Konvois gerächt.« Es ist der erste erfolgreiche Einsatz eines Radargerätes von Überwasserschiffen gegen U-Boote. Kurz nachdem *Vanoc* die Überlebenden von *U 100* aufgefischt hat, wird *U 99* (KptLt. Kretschmer) mit Asdic geortet. Der Zerstörer *Walker* (Capt. MacIntyre) beschädigt *U 99* mit Wasserbomben und zwingt es so zum Auftauchen. Walker eröffnet das Feuer, und die Besatzung verläßt das sinkende Boot. Kapitänleutnant Kretschmer, der erfolgreichste U-Boot-Kommandant des Zweiten Weltkrieges (313 611 BRT) und 39 Mann geraten in Gefangenschaft.
Der Tod der beiden U-Boot-Kommandanten Prien, Schepke und die Gefangennahme von Kretschmer stellen eine Wende in der Schlacht im Atlantik dar. Nie wieder werden von einzeln operierenden U-Booten so bedeutende Erfolge erzielt. Die »glückliche Zeit«, die 2. und für alle deutschen Seestreitkräfte erfolgreichste Phase in der Schlacht im Atlantik, mit monatlichen Versenkungen von acht Schiffen für jedes in See stehende U-Boot, ist mit Ausschaltung der drei Asse zu Ende.

16. 3. 1941, Bremerhaven, Lausbubenstreich: Wegen einer Ohrfeige den großen Luxus-Liner *Bremen* in Brand gesteckt

Nun beginnt die 3. Phase der Schlacht im Atlantik (bis Dezember 1941) mit langwierigen, erbitterten Gefechten zwischen U-Boot-Gruppen (Rudel) und Geleitfahrzeugen, mit beschwerlichen Rudel-Such-Aktionen im Nordatlantik.

Am 16. März 1941 wird in Bremerhaven Feueralarm gegeben: Das Flaggschiff des Norddeutschen Lloyd, der Luxus-Liner *Bremen* – jetzt mit einem Tarnanstrich und als Truppentransporter *Nr. 802* für die Invasion Englands vorbereitet – steht in Flammen. Das Feuer breitet sich im Nu über das ganze Schiff aus, und die Versuche, es zu retten, schlagen fehl. Die *Bremen* wird geflutet und auf Grund gesetzt, um wenigstens die wertvolle Maschinenanlage zu erhalten. Selbst der Geheimen Staatspolizei, der Gestapo, gelingt es nicht, die Ursache des Feuers, das den Ozeanriesen vernichtet hat, einwandfrei festzustellen. Man weiß nur, daß der Brand zuerst im Jagdzimmer ausgebrochen ist, einem mit kostbaren Hölzern getäfelten Separat-Speisezimmer, das jetzt als Matratzenlager dient. Um so eifriger stürzt sich nun die Gestapo, die zunächst einen Anschlag des britischen Geheimdienstes vermutet hat, auf die Erzählungen des 15jährigen Schiffsjungen Walter Schmidt. Er gibt an, aus Rache für eine Ohrfeige, die er von seinem Vorgesetzten erhielt, das größte Passagierschiff Deutschlands in Brand gesetzt zu haben. Der Junge wird hingerichtet, die *Bremen* verschrottet.

Am Donnerstag, dem 20. März 1941, läuft aus Gibraltar ein Teil der Force H (Vizeadm. Somerville) mit dem Schlachtschiff *Renown,* dem Leichten Kreuzer *Sheffield* und dem Flugzeugträger *Ark Royal* aus. Sie sollen die heimkehrenden Schlachtschiffe *Scharnhorst* und *Gneisenau* abfangen. Auch die Home Fleet setzt alle verfügbaren Einheiten ein. Durch den Funkbeobachtungsdienst (B-Dienst) gewarnt, können die beiden deutschen Schlachtschiffe jedoch ausweichen.

Am Sonnabend, dem 22. März 1941, laufen die Schlachtschiffe *Scharnhorst* und *Gneisenau* nach Beendigung ihres Handelskriegunternehmens »Berlin« in Brest ein. Sie haben insgesamt 22 Schiffe mit 115 622 BRT versenkt. Auf Befehl des Oberkommandos der Kriegsmarine werden etwa 800 deutsche Werftarbeiter, spezialisiert auf U-Boot-Reparatur, sofort nach Brest beordert, um die nun dort liegenden beiden »Dickschiffe« *Scharnhorst* und *Gneisenau* instandzusetzen. So verschieben sich erheblich die notwendigen U-Boot-Reparaturen, und die Versenkungen im Atlantik nehmen ab.

Am Montag, dem 24. März 1941, beginnt Generalleutnant Rommel seine Offensive in Nordafrika mit der Einnahme von El Agheila. Bis zu dieser Zeit haben die deutsch-italienischen Transporter noch keine Verluste. Sie benutzen teils den Weg dicht unter der tunesischen

THE DAILY MAIL, Monday, March 31, 1941.

WHO KNOWS?

Who knows that awful stuffed-up feeling, unable to smell, unable to taste, unable to Hear? – THE CHRONIC CATARRH SUFFERER: 'Mentholatum' STOPS Catarrh where it starts. This antiseptic breathable balm — when applied into the nostrils — ...

Daily Mail

FOR KING AND EMPIRE

LATE WAR NEWS SPECIAL

THE BEST CYCLE PUMP IN THE WORLD Bluemel's

NO. 14,018 * MONDAY, MARCH 31, 1941 ONE PENNY

GREATEST NAVAL VICTORY OF WAR

3 Cruisers and 3 Destroyers Sunk by Cunningham

THE greatest naval victory of the war has been won by the British Mediterranean Fleet. Six Italian warships—three 10,000-tons cruisers and three destroyers—have been sunk in the Eastern Mediterranean during a long and sustained action which began last Friday.

Two destroyers are claimed in the official communiqué, but last night it was reported from Athens that survivors from a sunken Italian destroyer not named by the Admiralty had been landed at the Piraeus.

An earlier official communiqué stated that at least one battleship of the 35,000-tons Littorio class—most powerful ships in the Italian Navy—had been damaged, and two cruisers severely damaged.

It is not yet clear whether these are two of the three cruisers now stated to have been sunk.

In addition, three other warships, two cruisers, and a destroyer have been damaged by British planes, which caught them, limping for home, in the Ionian Sea.

In this long action none of our ships was damaged or had any casualties. Two British planes have not yet returned.

More Aid in Atlantic War Now

By CAPTAIN BERNARD ACWORTH, D.S.O., R.N.

THE great victory of Admiral Sir Andrew Cunningham cannot fail to have important repercussions in the Atlantic, where reinforcements from the Mediterranean would be welcome.

Little at present can be said about the tactics of this remarkable sea action pending further reports, but the most extraordinary feature at present known is the absence of damage to our own ships.

The 8in. guns of the Zara class, to which the sunk cruisers belong, could engage our ships at any practicable range, and the Italians have had the reputation of being good gunners.

THE Navy sank this trio of heavy cruisers — Pola, Zara, and Fiume. They are three of the four in the Zara class, and their loss halves Italy's remaining heavy cruiser strength. Each displaced 10,000 tons and carried eight 8in. guns. Zara and Fiume were completed in 1931, Pola in 1932. They were designed to carry two seaplanes, had an official speed of 32 knots, and a crew of 706. When this picture was taken the ships were lined up at Naples for inspection by Hitler.

Nazis Rush for Home

SLAVS READY

From TERENCE ATHERTON, Daily Mail Correspondent

BELGRADE, Sunday.

CLOSURE of the frontier between Yugoslavia and Styria (Austria) by the Yugoslavia authorities was announced over the German radio to-night.

Only passenger traffic on the Marberg-Graz line is being allowed to continue, according to this German report, which has not yet been confirmed here.

FRENCH BOMB OUR DESTROYERS

Intercepting a Convoy

FRENCH shore batteries and bomber formations yesterday attacked British warships after they had challenged a convoy believed to be carrying war materials for Germany.

Our warships, which were undamaged, scored hits on the French batteries, but refrained from shelling the merchant ships "in the

French Coast Pounded

BIG RAF RAID

THE R.A.F. made another heavy attack on German invasion ports along the French coast last night, and fires were seen blazing within a few minutes of the raid starting.

Watchers on the English side of the Channel saw unmistakable bomb flashes from Calais to Boulogne and the thud of big explosions was heard and even felt.

Ace RAF Men Reach Singapore

SINGAPORE, Sunday.

CRACK pilots of the Battle of Britain—one a D.F.C with 20 victories—are among strong R.A.F. and Army reinforcements which arrived in British Malaya.

Most of the Army reinforcements consist of [illegible] Indian regiments, but there are also British artillery, infantry, and mechanised units.

Air Chief Marshal Sir Robert Brooke-Popham, Commander-in-Chief, Far East, said to-day that the British troops and R.A.F. units were the first to reach the Far East from the United Kingdom since the war.

Many of the British soldiers have seen war service, and are equipped with some of the latest British material, designed as a result of the lessons learned in the first year of the war.—*Reuter.*

SLEET IN STRAITS

Weather in the Straits of Dover last night was cold and cloudy with the wind in the north-east, following showers of sleet during the day. The sea was fairly calm and visibility was good.

SPY EXECUTED

Rome, Sunday.—A foreig[n]… named Giovanni Spearoes … been executed somewhere … Southern Italy for espionage … is officially announced in Ro[me] —B.U.P.

Küste oder umfahren Malta, um außerhalb der Reichweite der dort stationierten Torpedoflugzeuge zu bleiben.

Am Dienstag, dem 25. März 1941, um 23.30 Uhr, setzen die italienischen Zerstörer *Crispi* und *Sella,* zehn Seemeilen vor der Suda-Bucht (Kreta) sechs Sprengboote unter dem Kommando von Kapitänleutnant Faggioni ab. Es sind 5,20 Meter lange Schnellboote mit Einmann-Besatzung und mit 300-kg-Sprengladung im Bug. Knapp 100 Meter vor dem Ziel schleudert sich der Fahrer außenbords, während das Boot allein auf das Ziel lossteuert. Trotz dreifacher Netz- und Balkensperre gelingt es den Sprengbooten, in die Bucht einzudringen. Die Engländer haben die Boote erst hinter der letzten Sperre entdeckt und eröffnen das Feuer. Der britische Schwere Kreuzer *York* wird getroffen und setzt sich auf Grund. Ein anderes Sprengboot versenkt den Tanker *Pericles* (8324 BRT). Einige Boote können wegen der starken Abwehr ihr Ziel nicht erreichen, die anderen werden vorher zusammengeschossen. Alle Sprengboot-Besatzungen werden bei ihrem Einsatz gefangengenommen.

Bereits am 25. März 1941 liegen den Codebrechern von »Ultra« Einzelheiten über die am 6. April 1941 geplante italienische Flottenoperation vor. Wing Commander F. W. Winterbotham, der für die Weitergabe bestimmter entschlüsselter »Enigma«-Meldungen an Churchill verantwortlich ist, berichtet: »Glück für uns, daß die Details des Operationsplanes per Funk an die Luftwaffe übermittelt wurden, die der italienischen Schlachtflotte die Luftsicherung stellen sollte. Wir fingen die Funksprüche ab und gaben sie rechtzeitig an Admiral Cunningham weiter.«

Oben: Der erste britische Bericht über die größte Seeschlacht des Krieges in europäischen Gewässern

Rechte Seite oben: Verlauf der Seeschlacht bei Kap Matapan

Darunter: 28. 3. 1941, bei Kap Matapan: Britisches Trägerflugzeug während des Torpedoangriffs

Am Mittwoch, dem 26. März 1941, passiert der Schwere Kreuzer *Admiral Scheer* auf seiner Rückkehr unbemerkt die Dänemarkstraße, weil der größte Teil der Home Fleet gerade den Schlachtschiffen *Scharnhorst* und *Gneisenau* nachjagt.

Der italienische Admiralstabschef Admiral Riccardi plant aufgrund der Meldung der deutschen Luftwaffe vom 16. 3. 1941 eine überraschende bewaffnete Aufklärung in den Gewässern westlich von Kreta, um die britischen Griechenland-Konvois anzugreifen – die erste Initiative der italienischen Marine.

Am 26. März 1941 sticht die italienische Flotte mit dem modernen Schlachtschiff *Vittorio Veneto* (Flottenchef Adm. Iachino), 5 Schweren Kreuzern, 2 Leichten Kreuzern, 13 Zerstörern und unter Luftsicherung durch das X. Fliegerkorps in See. Sie soll durch gezielte Angriffe auf britische Geleitzüge und die Mittelmeerflotte die Versorgung Griechenlands von Kreta und Ägypten lahmlegen. Doch aus den Jägern werden Gejagte: Admiral Cunningham zieht seine Flotte aus dem umkämpften Gebiet heraus und versucht den Eindruck zu erwekken, daß er unvorbereitet sei. Trotz der Bedrohung

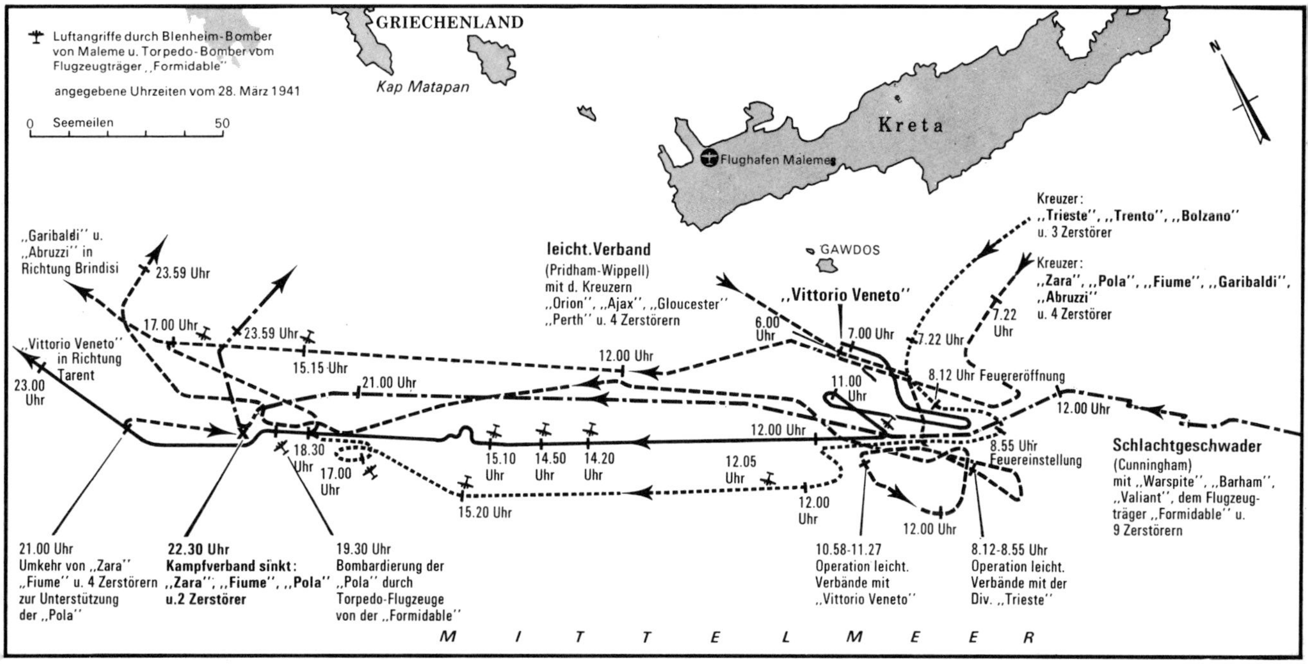

durch die deutsche Luftwaffe schickt der Admiral ein Flugboot los, um den Anschein zu geben, daß die Information über die Anwesenheit der italienischen Flotte in der Ägäis von einem Aufklärer stammt.

Am Donnerstag, dem 27. März 1941, fängt die *Vittorio Veneto* die Meldung eines britischen Aufklärungs-Flugbootes auf, »daß drei italienische Kreuzer 80 Seemeilen östlich von Sizilien mit Kurs auf Kreta gesichtet worden sind«. Riccardi und Iachino wissen jetzt, daß eine Überraschung des Gegners nicht mehr möglich ist und damit jede Aussicht, einen britischen Konvoi zu fassen, schwindet. Um jedoch die Deutschen nicht zu verärgern, auf deren Betreiben dieses Unternehmen überhaupt begann, faßt Riccardi einen folgenschweren Entschluß und befiehlt, den Vorstoß fortzusetzen. In der Tat, wie auch »Ultra« meldet, sichtet am 27. März 1941 das Flugboot drei italienische Kreuzer etwa 320 Seemeilen westlich von Kreta auf Südostkurs. Daraufhin befiehlt Cunningham, die drei Schlachtschiffe in Alexandria seeklar zu machen, und verläßt selbst demonstrativ das Hafengebiet mit seinen Golfschlägern, um feindliche Agenten irrezuführen. Später kehrt er heimlich zurück und läuft in der Abenddämmerung mit seinen drei Schlachtschiffen, der *Warspite, Barham* und *Valiant,* dem Träger *Formidable* und neun Zerstörern aus.

Im Morgengrauen des 28. März 1941 meldet ein Flugzeug des Trägers *Formidable* einen italienischen Verband von vier Kreuzern und sechs Zerstörern auf südöstlichem Kurs in Richtung Ägäis. Es handelt sich um die Spitze des viel stärkeren Verbandes von Admiral Iachino. Um 7.45 Uhr sichtet der englische Kreuzerverband den Gegner, greift an, dreht kurz danach ab und läuft mit Höchstfahrt zurück, um die Italiener in die Reichweite der drei Schlachtschiffe Cunninghams zu locken, die noch etwa 70 Seemeilen östlich entfernt sind. Und gegen 11 Uhr beginnt am 28. März 1941 unweit Kap Matapan die Schlacht: Am Nachmittag greifen Trägerflugzeuge der *Formidable* mit den in Griechenland und auf Kreta stationierten Maschinen die *Vittorio Veneto* an. Durch Torpedos und Bomben beschädigt, dreht sie nach 15 Minuten mit 19 Knoten Fahrt nach Nordwesten ab. Der Besatzung gelingt es nur mit größten Anstrengungen, den Wassereinbruch aufzuhalten und das Schlachtschiff nach Tarent zu bringen. Nach dem Angriff der Trägerflugzeuge ist Iachino überzeugt, daß zwar ein britischer Träger mit Kreuzern und Begleitzerstörern in See ist, aber er glaubt immer noch, daß die drei britischen Schlachtschiffe den Hafen von Alexandria nicht verlassen haben. Aufgrund der Luftaufklärung rechnet der italienische Admiral damit, daß das nächste englische Schiff wenigstens 170 Seemeilen entfernt ist.
Die italienischen Kreuzer bilden nun einen Schutzschirm um die *Vittorio Veneto,* um weitere Luftangriffe

von ihr abzuwehren, und die britischen Trägerflugzeuge bombardieren den Schweren Kreuzer *Pola.* In der Abenddämmerung sehen die Ausguckposten der Schlachtschiffe *Warspite, Barham* und *Valiant,* mehrere italienische Schiffe, die nur zwei Seemeilen entfernt ihren Kurs kreuzen. Ahnungslos passieren die Kreuzer *Zara* und *Fiume* (DivAdm. Cattaneos) die drei britischen Schlachtschiffe. Cunningham: »Nie in meinem Leben habe ich einen so spannenden Augenblick erlebt. Der Gegner war in Reichweite, kaum zwei Seemeilen entfernt, auf kürzeste Schußentfernung.«

Um 22.27 Uhr richten britische Zerstörer ihre Scheinwerfer auf den Schweren Kreuzer *Fiume,* der aus 1,5 Seemeilen Entfernung 38-cm-Granaten aus den Geschützen der *Warspite* und der *Valiant* erhält. Fünf Granaten der ersten Salve der *Warspite* treffen unterhalb des Oberdecks, die sechste reißt den Achterturm über Bord. Cunningham: »Man sah ganze Türme und Massen von Wrackteilen durch die Luft wirbeln und ins Wasser schlagen . . . in kürzester Zeit waren die Schiffe nur noch glühende Fackeln . . .«

Während die Italiener bei diesem Nachtgefecht wortwörtlich im Dunkeln tappen, bedienen sich die Engländer bei der Feuerleitung des Radars. Ohne einen Schuß abgegeben zu haben, sinken die italienischen Kreuzer *Fiume* und *Zara* sowie die großen Zerstörer *Alfieri* und *Carducci.* Im Morgengrauen geht auch die schwer angeschlagene *Pola* auf Grund. Die Versenkung der *Pola* bedeutet das Ende der Schlacht bei Matapan. Die Italiener verlieren insgesamt fünf wertvolle Kriegsschiffe sowie rund 3000 Offiziere und Mannschaften. Die britischen Verluste: ein »Swordfish«-Doppeldecker.

Diese Schlacht endet mit der unumstrittenen Seeherrschaft Englands im östlichen Mittelmeer. Sie ist zugleich die erste große Schlacht des Zweiten Weltkrieges in europäischen Gewässern und bedeutet den Übergang von Seegefechten, die – wie im Ersten Weltkrieg – mit schwerer Artillerie und Torpedos ausgetragen werden, zu den späteren Trägeroperationen im Pazifik, die endgültig die Ära der Flugzeugträger bringen.

Die Italiener sind nicht im Nachtkampf ausgebildet, da sie glauben, dieser sei für Großschiffe nicht durchführbar. Ein weiterer Nachteil der italienischen Marine: Sie ist nicht mit mündungsfeuerfreien Kordit-Treibladungen ausgestattet, die eine Blendung der Geschützbedienungen durch die Mündungsflamme verhindern soll. Sie besitzt auch kein Radar und kann so ihre Hauptbewaffnung nicht in der Nacht einsetzen. Daneben hat sie keine Möglichkeit der Feuerleitung bei Dunkelheit. Entscheidend ist jedoch das Fehlen einer italienischen Trägerluftwaffe.

In der Nacht vom 30./31. März 1941 startet die Royal Air Force zu einem Bombenangriff auf die gerade erst am Tag zuvor von der britischen Luftaufklärung wieder erfaßten Schlachtschiffe *Scharnhorst* und *Gneisenau:* 109 Maschinen greifen erfolglos die beiden in Brest liegenden Schlachtschiffe an. Dieser Nachteinsatz ist der erste einer langen Reihe von Versuchen, die das RAF Bomber Command unternimmt, um die beiden gefährlichen Schiffe auszuschalten.

Nachdem drei Monate lang kein deutsches U-Boot verlorengegangen ist, werden im März 1941 fünf Boote vernichtet.

Obwohl der März 1941 der erste schwarze Monat für die deutsche U-Boot-Waffe ist, versenkt sie 43 Handelsschiffe mit insgesamt 236113 BRT.

Nun werden immer mehr alliierte Handelsschiffe in das straffe Geleitsystem einbezogen, und als man im Frühjahr 1941 die aus den USA gelieferten Catalina-Flugboote einsetzt, umfaßt die Ausdehnung des Geleitschutzes etwa 600 Seemeilen von der Britischen Insel. Das zwingt wiederum die U-Boote, die nordwestliche Route zu meiden. Zu dieser Zeit werden von der Admiralität die ersten schnellen Motorkanonenboote in Dienst gestellt, die den deutschen Schnellbooten ebenbürtig sind.

Am Dienstag, dem 1. April 1941, bekommt die britische Admiralität die operative Kontrolle über das RAF Coastal Command. So können die Einsätze dieser Maschinen mit den Konvoifahrten koordiniert werden. Das Coastal Command verfügt jetzt über 110 Flugzeuge, die mit ASV-Radar (Air Surface Vessel Radar), Funkmeßgeräten zum Orten von Überwasserschiffen, ausgerüstet sind. Diese Bordfunkmeßgeräte – wenn auch zur Zeit noch sehr störanfällig – tragen dazu bei, daß die U-Boote nachts nicht mehr ungehindert auftauchen können.

Am gleichen Tag erreicht die *Admiral Scheer* (Kpt. z. S. Krancke) den Kieler Hafen. Bei seinem 147 Tage dauernden Einsatz hat der Schwere Kreuzer 17 Schiffe mit 113233 BRT versenkt und ist damit das erfolgreichste im Zweiten Weltkrieg operierende Überwasserschiff.

Am Mittwoch, dem 2. April 1941, wird die Operation »Lustre« abgeschlossen. Etwa 58000 Mann wurden von Alexandria nach Griechenland gebracht. 25 Schiffe (115026 BRT) sind bei der Operation von italienischen Seestreitkräften und durch die Luftwaffe versenkt worden. Zu diesem Zeitpunkt stößt das Deutsche Afrika-Korps in Richtung Benghasi vor und die Royal Navy versucht, die Transporte weiterer deutscher Kräfte und deren Nachschub nach Tripolis (Nordafrika) zu verhindern.

Am Donnerstag, dem 3. April 1941, bricht im Irak ein Staatsstreich aus. Der Hitler-Sympathisant General Ali el Ghailani stürzt den proenglischen Regenten Emir Abdul Illah. Die deutsche Luftwaffe plant eine Luftbrücke nach dem Irak, und die Sowjetunion erkennt als erster Staat die neue Regierung an.

Das OKW-Amt Ausland/Abwehr unterstützt die irakischen Nationalisten. Die Hälfte der »Arabischen Bri-

Das britische Flugboot Short Sunderland
(»Fliegendes Stachelschwein«)
spielt eine wichtige Rolle bei der U-Boot-Jagd

gade« der »Brandenburger« – Haustruppe der deutschen Abwehr – kommt im Irak zum Einsatz.

Am Freitag, dem 4. April 1941, gegen 6 Uhr morgens, sichtet der Hilfskreuzer Schiff 10 *Thor* (Kpt. z. S. Kähler) den britischen Hilfskreuzer *Voltaire* (13245 BRT), der auf Schiff 10 angesetzt worden ist. In dem sich kurz danach entwickelnden Feuerwechsel beginnt bereits nach den ersten Salven die *Voltaire* zu brennen. Trotzdem wird immer noch mit Back- und Heckgeschützen gefeuert, die vom Kommandanten und seinem Ersten Offizier persönlich bedient werden.
Nach etwa 55 Minuten sinkt die *Voltaire*, die *Thor* rettet 197 Überlebende. Gleich zu Beginn des Gefechts ist die Funkanlage der *Voltaire* zerstört worden. So erfährt die britische Admiralität erst bei Kriegsende vom Schicksal des Schiffes. Die Versenkung des britischen Hilfskreuzers, der tonnagegemäß fünfmal so groß wie die *Thor* ist, beweist den Kampfwert der deutschen Hilfskreuzer. Der geringe Schaden, den die *Thor* erleidet, ist die von einer Granate zerrissene Hauptantenne, übrigens der einzige Treffer, den die *Voltaire* erzielt hat.
Am gleichen Tag, dem 4. April 1941, läuft die *Ermland*, das am 28. Dezember 1940 in Kobe (Japan) ausgelaufene Motorschiff, in den Hafen von Bordeaux ein. Die *Ermland* ist der erste Blockadebrecher, dem es gelingt, mit seiner Fracht aus Japan in einem von den Deutschen besetzten europäischen Hafen anzukommen.
Ebenfalls am 4. April 1941 erhält die britische Admiralität die Zusage, daß ihre Kriegsschiffe für notwendige Reparaturen US-Werften aufsuchen dürfen.

Am Montag, dem 7. April 1941, greifen abends die zum X. Fliegerkorps gehörenden elf Heinkel He 111 der 2. Staffel des KG 4 (Hptm. Kühl) den Athener Hafen Piräus an. Eine der .Bomben trifft das britische Munitionsschiff *Clan Frazer* und bringt die Ladung von 250 Tonnen Sprengstoff zur Explosion, die den Hafen von einem Ende bis zum anderen verwüstet und 12 Schiffe mit 51569 BRT, dazu 60 Leichter und 25 Motorsegler versenkt. Der Kommandierende der britischen Mittelmeerflotte, Admiral Cunningham: »Ein erschütternder Schlag.«
Mit diesem Volltreffer werden die englischen Truppen ihres einzigen gut ausgerüsteten Nachschubhafens beraubt. Durch die Auswirkungen des Bombenangriffs können jetzt das schwache britische Expeditionskorps und die griechischen Streitkräfte lediglich hinhaltende Gefechte führen.

Am Dienstag, dem 8. April 1941, erobern britische Truppen Massaua (Eritrea), den wichtigsten italienischen Kriegshafen in Ostafrika. Damit sind die italienischen Verbände am Roten Meer vernichtend geschlagen. Fünf Zerstörer versuchen ein verzweifeltes Unternehmen gegen Port Sudan, werden aber etwa zehn Seemeilen vor dem Ziel durch Maschinen des Flugzeugträgers *Eagle* außer Gefecht gesetzt und sinken oder versenken sich selbst. Mehrere italienische Schnellboote und 18 größere Handelsschiffe mit insgesamt 94324 BRT werden von ihren Besatzungen selbst versenkt. Vier italienische U-Boote können noch entkommen und erreichen nach wochenlanger Fahrt um das

Kap der Guten Hoffnung den Stützpunkt Bordeaux, darunter das kleine Küsten-U-Boot *Perla,* das damit eine erstaunliche Leistung vollbracht hat.

Am Donnerstag, dem 10. April 1941, belegt der US-Zerstörer *Niblack* (Lt. Cdr. Durgin), während er vor Island Überlebende eines Handelsschiffes rettet, ein deutsches, nicht identifiziertes U-Boot mit Wasserbomben: Der erste Einsatz eines amerikanischen Kriegsschiffes gegen deutsche Seestreitkräfte.
In der Nacht vom 10./11. April 1941 greifen britische Bomber wiederum den Hafen Brest an. Drei Bomben treffen einen der vorderen Geschütztürme der *Gneisenau.* Dabei werden 80 Mann der Besatzung getötet.

Am Dienstag, dem 15. April 1941, gelingt es zehn jugoslawischen Wasserflugzeugen, von ihren Stützpunkten in Boka-Kotorska nach Kreta in die Suda-Bucht zu entkommen. Auch zwei jugoslawische Motortorpedoboote, die *Kajmakcalan* und *Durmitor* sowie das U-Boot *Nebosja* schaffen die Flucht nach Alexandria, wo sie zusammen mit den Wasserflugzeugen die Royal Yugoslavian Navy im Exil bilden.

Mitte April 1941 kann die Naval Intelligence Division (NID) aufgrund der Funkpeilungen eine ungefähre Position der beiden im Gebiet zwischen Island und den Shetland-Inseln liegenden deutschen Wetterbeobachtungsschiffe feststellen. Daraufhin wird von NID der Plan gefaßt, diese Schiffe zu kapern und im Handstreich das Schlüsselmaterial zu erbeuten. Drei Kreuzer mit den Funkexperten Lieutenant Bacon und Captain Haines an Bord laufen in Begleitung von vier Sicherungszerstörern aus, um die beiden Wetterbeobachtungsschiffe *München* und *Lauenburg* aufzuspüren.

Am Abend des 16. April 1941 haben die Zerstörer *Janus, Jervis, Mohawk* und *Nubian* der 14. Zerstörerflottille (Capt. Mack), Force K, nahe der Insel Kerkennah einen aus vier Dampfern der deutschen 20. Transportstaffel und dem italienischen Frachter *Sabaudia* (1590 BRT) bestehenden Geleitzug mit Nachschub für das Deutsche Afrika-Korps abgefangen und restlos vernichtet. Dem italienischen Sicherungs-Zerstörer *Tarigo* (Freg. Kpt. Cristofaro) gelingt es, auf der *Mohawk* einen Torpedovolltreffer zu erzielen. Im weiteren Verlauf des Gefechtes werden jedoch die *Tarigo* und zwei andere italienische Sicherungs-Zerstörer versenkt oder schwer beschädigt. Es ist das erste Zerstörer-Gefecht im Mittelmeer. Von 3000 eingeschifften Soldaten überleben nur 1248.

Am Donnerstag, dem 17. April 1941, werden die jugoslawischen Kriegsschiffe durch den Waffenstillstand in ihren Häfen überrascht und von der italienischen Marine beschlagnahmt, vorher zum Teil von der einheimischen Bevölkerung geplündert. Gegen 18 Uhr sprengen sich Leutnant Masera und Leutnant Sasic mit ihrem Zerstörer *Zagreb* in die Luft.

Am Freitag, dem 18. April 1941, landen in Basra (Irak) am Persischen Golf britische und indische Truppen, die die Interessen Großbritanniens im Irak wahren und die wichtigen Ölraffinerien in Mosul schützen sollen, um einen Übergriff der Achsenmächte zu verhindern. Die Marine-Flugzeuge vom Träger *Hermes* operieren zusammen mit den RAF-Maschinen des Luftstützpunktes Shaibah und greifen militärische Ziele entlang des Euphrat an.

In der Nacht vom 19./20. April 1941 unternimmt das britische 7. Commando mit rund 450 Mann eine Landung bei Bardia, um die Nachschublinien des Deutschen Afrika-Korps zu stören. Das mit dem Mutterschiff *Glengyle* transportierte Commando geht im Schutz des Kreuzers *Coventry* und drei Zerstörern in Sturmbooten an Land, ohne einen Schuß abzufeuern. Die schwerbewaffneten Stoßtrupps treffen jedoch keinen einzigen deutschen Soldaten an, den sie hätten überraschen können. Die Commandos, die kistenweise Sprengstoff mitschleppen müssen, finden außer einem ungeschützten Lager mit alten Autoreifen weit und breit kein lohnendes Ziel. Kurz vor Sonnenaufgang müssen sie den Rückzug antreten, um sich noch im Schutz der Dunkelheit einzuschiffen. In der Eile werden mehrere Commando-Soldaten, die sich verlaufen haben, zurückgelassen. Am nächsten Tag nehmen die Deutschen die in der Wüste umherirrenden Engländer gefangen.

Am Montag, dem 21. April 1941, kapituliert Griechenland.

Am Donnerstag, dem 24. April 1941, empfehlen die britischen Stabschefs eine Invasion der Kanarischen Inseln in der Befürchtung, Hitler könnte ihnen wie in Norwegen zuvorkommen. Der Premier stimmt zu und benennt das Unternehmen Operation »Puma«. Churchill: ». . . weil ich diese große Raubkatze für die Jagd auf einen Kanarienvogel einsetzen wollte.« Im Hafen von Inveraray (Schottland) werden Schiffe und Truppen für diese Operation zusammengezogen. Die Soldaten sollen in vier Kanal-Fährschiffen und sieben Transportern dort hingebracht werden. Vom Schlachtschiff *Nelson* aus soll Lieutenant General Alexander dieses Unternehmen leiten. Als Sicherungsfahrzeuge sind drei Flugzeugträger, zwei Kreuzer und fünf Zerstörer vorgesehen.
Ebenfalls am 24. April 1941 vergrößert die US Navy den Bereich ihrer Neutralitätspatrouille im Atlantik bis auf 26 Grad West und 20 Grad Süd. Diese Linie zwischen der östlichen und westlichen Hemisphäre ist von jetzt an die tatsächliche Grenze der USA im Atlantik. Sie wird bald noch weiter nach Osten vorgeschoben und Island einbeziehen. Churchill: »Jetzt kontrollieren die amerikanischen Kriegsschiffe die Gewässer der westlichen Hemisphäre und melden uns feindliche Bewegungen innerhalb dieser Region.«
An diesem 24. April 1941 beginnt die britische Operation »Demon«, die Räumung Griechenlands. Am glei-

18. 4. 1941, Basra (Irak): »Tiger Regatta«, eine Armada aus alten Kanonen- und Landungsbooten soll die Interessen Großbritanniens schützen

chen Tag wird der letzte in Griechenland stationierte englische Jäger abgeschossen, und die nun völlige Luftherrschaft der Deutschen im östlichen Mittelmeer ist für die britische Flotte, die den Rückzug der Truppen durchführt, eine schwere Belastung. Weil die Hafenanlagen durch deutsche Luftangriffe schwer beschädigt sind, muß die Einschiffung in kleinen Fischerhäfen und an offenen Küsten erfolgen. Die Soldaten werden in beschwerlichen Eilmärschen zu Sammelplätzen geleitet, noch bevor sie ihre schweren Waffen vernichtet haben. Da die Luftwaffe nachts keine Einsätze fliegt und die Angriffe italienischer Kriegsschiffe ausbleiben, gelingt es den Engländern, in fünf Nächten über 50000 Mann an Bord zu bringen.
Das Alexandria-Geschwader Force H (Vizeadm. Somerville) setzt für die Operation »Demon« alle seine leichten Einheiten sowie sechs Kreuzer und 19 Zerstörer ein. Davon versenken deutsche Flugzeuge zwei Zerstörer und vier Truppentransporter mit 40480 BRT. Etwa 12000 englische Soldaten sind in Griechenland gefallen oder in Gefangenschaft geraten. Die deutschen Verluste während des ganzen griechischen Feldzuges: 100 Tote, 3500 Verwundete oder Vermißte. Nach der Räumung Griechenlands übernimmt Lieutenant General Freyberg mit den neuseeländischen Truppen die Verteidigung von Kreta.

Am Dienstag, dem 29. April 1941, versuchen zwei britische Kreuzer und sechs Zerstörer etwa 8000 Mann, dazu 1400 jugoslawische Flüchtlinge, vom Strand bei Spakia aufzunehmen. Da bei Ankunft der Schiffe der Ort schon von deutschen Truppen besetzt ist, können nur noch 450 Mann an den Stränden weiter östlich eingeschifft werden.

Am Abend des 30. April 1941 macht der Hilfskreuzer Schiff 10 *Thor* nach 329 Tagen in Hamburg fest. Er hat insgesamt 57532 Seemeilen zurückgelegt und in seinem zehnmonatigen Einsatz im Atlantik, in der Antarktis und im Pazifik zwölf Schiffe mit 96602 BRT vernichtet.

Bis Ende des Monats treffen in Alexandria die Reste der griechischen Flotte ein: der alte Panzerkreuzer *Georgius,* sechs Zerstörer, drei Torpedoboote, einige Hilfsschiffe, Frachter und Passagierschiffe. Die meisten werden zu Reparaturen in die Werften von Kalkutta und Bombay beordert, danach setzt man sie im Indischen Ozean als Geleitfahrzeuge ein. Ein Teil der Schiffe kehrt nach Alexandria zurück und bleibt im östlichen Mittelmeer als Geleitsicherung.

Im April 1941 stehen 32 U-Boote im Einsatz, sieben weniger als zu Kriegsbeginn. Sie haben in diesem Monat im Atlantik 46 Handelsschiffe mit insgesamt 260414 BRT versenkt. Eigene Verluste: zwei U-Boote. Die Luftwaffe hat mit 116 Schiffen (323000 BRT) den größten Erfolg des ganzen Krieges errungen.
Im April 1941 stellt der BdU erste Anzeichen fest, daß die britische Admiralität über unbekannte Ortungsmethoden verfügen muß, mit denen sie die Position der U-Boot-Rudel ausmachen kann. Der Funkbeobachtungsdienst (B-Dienst) hat den Beweis, daß die Konvois öfters Befehle bekommen, ihren Kurs unerwartet zu ändern, um die U-Boot-Rudel zu umgehen. Und immer seltener können Geleitzüge erfaßt werden. Fieberhaft wird nach Ursachen gesucht, und man vermutet, daß dahinter die Verwendung neuartiger Radargeräte steckt. Seit April 1941 hat die alliierte Luftaufklärung von Schottland, Neufundland, Grönland, Kanada und

Island aus eine lückenlose Überwachung der Route Kanada – Schottland übernommen. Nun ist es für deutsche Überwassereinheiten kaum noch möglich, die Gewässer südlich oder nördlich von Island unbemerkt zu passieren.
Im April bekommen die Geleitfahrzeuge, anstelle der bisherigen Leuchtraketen, mit Fallschirm niedergehende Leuchtbomben (flake), die 40 bis 50 Sekunden lang einen Umkreis von etwa 1000 Metern erhellen. Ihr Widerschein auf dem Wasser kann bis zu drei Seemeilen reichen und jedes aufgetauchte U-Boot sofort erfassen.

Am Freitag, dem 2. Mai 1941, werden die Funkmeldungen des deutschen Wetterbeobachtungsschiffes *München,* das für den geplanten Atlantik-Raid (Unternehmen »Rheinübung«) des Schlachtschiffes *Bismarck* und des Schweren Kreuzers *Prinz Eugen* bereits im Nordatlantik steht, von britischen Peilstationen wiederholt abgefangen. Die Kreuzer *Manchester, Edinburgh* und *Birmingham* mit vier Zerstörern, darunter die *Somali,* stechen in See, um die *München* aufzubringen.

Am Sonnabend, dem 3. Mai 1941, beginnt man im Hafen von Inveraray (Schottland) mit dem Beladen der Schiffe für die beabsichtigte Besetzung der Kanarischen Inseln. Die Aktion ist auf den 17. Mai festgelegt, wird jedoch mehrere Male verschoben, dann von Operation »Puma« in »Pilgrim« umbenannt und letztlich ad acta gelegt.

In der ersten Maiwoche 1941 startet die Luftwaffe fünf Nächte lang zu schweren Angriffen auf den Hafen von Liverpool. Dabei werfen 625 Kampfflugzeuge insgesamt 905 Tonnen Spreng- und Brandbomben ab. 18 Handelsschiffe (35 605 BRT) werden vernichtet, 25 weitere mit insgesamt 92 964 BRT schwer beschädigt. Fast die Hälfte der Ladedocks fällt aus, und die Umschlagkapazität des Hafens verringert sich um 75 Prozent.

Am Mittwoch, dem 7. Mai 1941, sichtet der Kreuzer *Edinburgh* in der Nähe der Färöer-Inseln das Wetterbeobachtungsschiff *München.* Der britische Kreuzer eröffnet das Feuer und setzt die *München* in Brand. Der Zerstörer *Somali* mit seinem Spezialteam geht sofort längsseits, um die Selbstversenkung zu verhindern. Der Besatzung des Wetterschiffes gelingt es noch, die Schlüsselmaschine »Enigma M« und die Geheimunterlagen zu vernichten, bevor sie in die Rettungsboote steigt. Das Prisenkommando der *Somali* findet jedoch an Bord wichtige Schlüsselunterlagen, darunter das Wetterkurzsignalbuch, das Kenngruppenbuch für die Einstellung der Spruchschlüssel sowie ein Verzeichnis der vorgesehenen aktuellen Schlüsseleinstellungen. Der Zerstörer *Nestor* bringt das erbeutete Material schnellstens nach Scapa Flow.

Am Donnerstag, dem 8. Mai 1941, wird der Handelsstörer Schiff 33 *Pinguin* (Kpt. z. S. Krüger) im Indi-

schen Ozean bei den Seychellen vom Bordflugzeug des Schweren Kreuzers *Cornwall* (Capt. Manwaring) gesichtet. Der Pilot – durch die perfekte Tarnung beinahe getäuscht – findet es jedoch seltsam, daß keiner an Deck kommt, um ihm zuzuwinken. Danach eröffnet die *Cornwall* das Feuer. Ein Treffer in die Minenkammer der *Pinguin* verursacht eine starke Explosion und den Untergang. Die *Pinguin* ist der erste deutsche Hilfskreuzer, der versenkt wird und mit 32 vernichteten oder eingebrachten Schiffen (154 619 BRT) der erfolgreichste des Zweiten Weltkrieges.
Am gleichen Tag entdeckt abends in der Nähe von Grönland *U 110* (KptLt. Lemp), das am 3. September 1939 den britischen Passagierdampfer *Athenia* vernichtet hat, den Konvoi HX 123 und versenkt am darauffolgenden Tag gegen Mittag aus dem Konvoi zwei Schiffe mit 7585 BRT. Was sich jetzt abspielt, gehört zu den bestgehüteten Geheimnissen des Zweiten Weltkrieges und der Jahre danach:
Die britische Korvette *Aubrietia* legt eine Wasserbombenserie nach der anderen. Plötzlich taucht *U 110* auf,

Links: Kapitänleutnant Fritz Julius Lemp (rechts) verläßt Lorient zu seinem letzten Einsatz

Unten: 9. 5. 1941, vor Grönland: Das zum Auftauchen gezwungene *U 110*, rechts die britische Korvette *Aubrietia*

und seine Besatzung verläßt im Feuerhagel das beschädigte Boot. Der Zerstörer *Bulldog* fischt die Deutschen nacheinander auf, und sein Kommandant Baker-Cresswell bemerkt, daß *U 110* weiter auf den Wellen schaukelt. Als Lemp zu seinem Entsetzen erkennt, daß sich das U-Boot weiterhin über Wasser hält, schwimmt er zurück, um das Boot zu versenken. Bevor er jedoch hinaufklettern kann, wird er vom Prisenkommando erschossen. Die gerettete Besatzung, die man sofort unter Deck eingesperrt hat, ist davon überzeugt, daß ihr Boot gesunken ist.
Ein Prisenkommando, geführt von Lieutenant Balmé, begibt sich an Bord von *U 110.* Balmé: »Die Lampen brannten noch, und es herrschte völlige Stille. Es war ein schönes neues Schiff, makellos sauber und mit einer herrlichen Kombüse. Wir waren beeindruckt von der Qualität der U-Boot-Verpflegung. Die Matrosen halfen mir, Stapel geheimer Geräte, Karten und Dokumente durch den Kommandoturm in den Kutter zu bringen. Unser Ingenieur kam herüber, um zu sehen, ob er die Maschine des U-Bootes in Gang bringen könnte, doch es gelang ihm nicht. Als wir alles für uns Wertvolle auf den Zerstörer HMS *Bulldog* gebracht hatten, wurde das U-Boot klar zum Schleppen gemacht.« Die Schlüsselmaschine »Enigma M«, die aktuellen Codesatz- und Kenngruppenbücher, das U-Boot-Kurzsignalheft, die wichtigen Schlüsseleinstellungspapiere, die auf wasserlöslichem Papier gedruckt sind, und sämtliche Schlüsselwalzen, daneben die Funkkladde und das Kriegstagebuch fallen den Engländern in die Hände.
Die Nachricht vom Kapern eines U-Bootes mit unzerstörter »Enigma M«-Codemaschine und Stapeln von Geheimmaterial – der einzige Fall im Zweiten Weltkrieg – versetzt die Admiralität in helle Aufregung. Das Ganze wird sofort zum Geheimnis höchster Stufe (Ultra Secret) erklärt. Wie weit die Operation »Primerose« – unter dieser Bezeichnung läuft der Fall *U 110* in den Akten des Secret Service – den Ausgang des Zweiten Weltkrieges beeinflußt hat, können die Historiker erst beurteilen, wenn der Secret Service einmal seine Archive restlos öffnet; bis heute sind allerdings sogar noch manche Papiere aus der Zeit seines Gründers – Sir Walsingham (1536–1590) – auf der Geheimliste.
Ein Flugboot mit Spezialisten an Bord fliegt der *Bulldog* entgegen. Doch kurz vor Island hebt *U 110* plötzlich den Bug und versinkt. »Die Blütenblätter ihrer Blume sind von seltener Schönheit«, funkt der Erste Admiral an Captain Baker-Cresswell, als er die erbeutete Codemaschine sieht. »Das war der wichtigste Einzelerfolg des Krieges«, meint König Georg VI.
Das auf *U 110* gefundene Schlüsselmaterial ist für den Zeitraum bis Ende 1941 und gibt der NID die Möglichkeit, endgültig den Schlüssel »Hydra« zu entziffern, der von den U-Booten und dem BdU benutzt wird. Eine andere wichtige Geheimunterlage, der Plan für die zweimal täglich vorschriftsmäßig zu ändernden Einstellungen der »Enigma M«-Walzen, macht die Entschlüsselung des Funkverkehrs der deutschen U-Boote noch einfacher. Das alles ermöglicht der britischen Admiralität, sich erstmals ein umfassendes Bild von der gesam-

ten deutschen U-Boot-Waffe zu verschaffen. Und diese Tatsache ist mit entscheidend für den Verlauf der U-Boot-Operationen.

Am Sonntag, dem 11. Mai 1941, erbeutet die »Arabische Brigade« der deutschen »Brandenburger«-Abwehrtruppe auf dem Tigris zwei Kanonenboote und etwa 50 Versorgungsschiffe.

Am Montag, dem 12. Mai 1941, bringen die Engländer (Operation »Tiger«) mit einem von Schlachtschiffen, Flugzeugträgern, Kreuzern und Zerstörern gesicherten Konvoi 238 Panzer und 43 Jagdmaschinen für die britische Nil-Armee nach Alexandria. Nur ein Frachter geht dabei verloren.
Am gleichen Tag besucht Hitler mit seinem Stab das in Gdingen/Gotenhafen liegende Schlachtschiff *Bismarck*.

Ab Donnerstag, dem 15. Mai 1941, hält sich die britische Mittelmeerflotte in den Gewässern um Kreta auf.

Am Sonnabend, dem 17. Mai 1941, stehen auf Kreta die griechisch-britischen Truppen (426 460 Mann, davon 10 258 Griechen) in Alarmbereitschaft und erwarten stündlich den deutschen Angriff.

Am Sonntag, dem 18. Mai 1941, laufen aus Gdingen unter Führung des Flottenchefs Admiral Lütjens das Schlachtschiff *Bismarck* (Kpt. z. S. Lindemann) und der Schwere Kreuzer *Prinz Eugen* (Kpt. z. S. Brinkmann) zur Atlantik-Operation »Rheinübung« aus. Es ist der bisher größte Einsatz von deutschen Überwasser-Einheiten. Zwei Versorgungsschiffe und fünf Tanker liegen in verschiedenen Wartestellungen in norwegischen Gewässern und im Nordatlantik. Zwei Spähschiffe sind zur Erkundung günstiger Operationsräume für die Kampfgruppe vorausgefahren. Für den Ausbruch der Kampfgruppe aus der Ostsee wird ihre Route von der ganzen Schiffahrt freigehalten.

Am Dienstag, dem 20. Mai 1941, beginnt das Unternehmen »Merkur«, die deutsche Luftlandung auf der Insel Kreta. Die Kampfflugzeuge des VIII. Fliegerkorps (Gen. d. Fl. v. Richthofen) bombardieren britische Truppenansammlungen auf Kreta. Das Absetzen der ersten Welle von Fallschirmjägern geht reibungslos vor sich. Dann versteift sich jedoch der Widerstand.
Ebenfalls am 20. Mai 1941 werden *Bismarck* und *Prinz Eugen* im Skagerrak gesichtet.
Am gleichen Abend noch funkt der britische Militärattaché in Stockholm, Captain Denham, nach London: »Äußerst dringend. Kattegatt 20. Mai. Heute, 15.00 Uhr, passierten 2 große Kriegsschiffe mit 3 Zerstörern, 5 Begleitschiffen, 10 oder 12 Flugzeugen Marstrand im Kurs Nordwest.«

Am Mittwoch, dem 21. Mai 1941, wird die Kampfgruppe während der Ölergänzung im Kors-Fjord nahe Bergen von einem britischen Aufklärer erfaßt.
An diesem Tag versenkt das deutsche U-Boot *U 69*

(KptLt. Metzler) auf dem Weg zwischen New York und Kapstadt den ersten US-Frachter *Robin Moore*.
Am Abend verläßt die deutsche Kampfgruppe den Kors-Fjord. Zur gleichen Stunde laufen aus Scapa Flow in das Seegebiet südlich von Island der Schlachtkreuzer *Hood*, das Schlachtschiff *Prince of Wales* und sechs Zerstörer.

Am Donnerstag, dem 22. Mai 1941, starten um 5.30 Uhr die Ju 88 des Stukageschwaders 2 »Immelmann« (Oberstlt. Dinort) zum Angriff auf die vor Kreta stehende Royal Navy und erzielen mehrere Treffer auf dem Schlachtschiff *Warspite* (Capt. Crutchley). Zu dieser Stunde befinden sich außer den Schiffen der Force D die Kreuzer *Gloucester* (Capt. Rowley) und *Fiji* (Capt. William-Powlett) mit den Zerstörern *Greyhound* und *Griffin* 25 Seemeilen vor der Nordküste Kretas.
Schwere Nahtreffer setzen zwei Geschütztürme des Kreuzers *Naiad* außer Gefecht. Kurz nach Mittag wird der zweite Flottenverband, Force C (Konteradm. King), gesichtet und zehn Minuten später das Schlachtschiff *Warspite*, Flaggschiff von Admiral Rawlings, schwer getroffen. Gegen 13 Uhr sinkt der Zerstörer *Greyhound* nach zwei Volltreffern. Mehrere Ketten Stukas Ju 87 und Jagdbomber Me 109 stürzen sich auf die einzeln fahrenden Kreuzer. Die *Gloucester* wird sofort getroffen. In schwarze Qualmwolken gehüllt, treibt der Kreuzer langsam im Kreise und sinkt nach einer Explosion im Schiffsinnern gegen 16 Uhr mit 45 Offizieren und 648 Mann. Diese erste See-Luft-Schlacht der Geschichte wird nach mehrtägiger Dauer eindeutig zu Gunsten der deutschen Luftwaffe entschieden.
Ohne die Luftherrschaft wären die auf dem Seeweg nach Kreta gebrachten Truppen rettungslos verloren

Rechts:
Die Fahrt der *Bismarck*

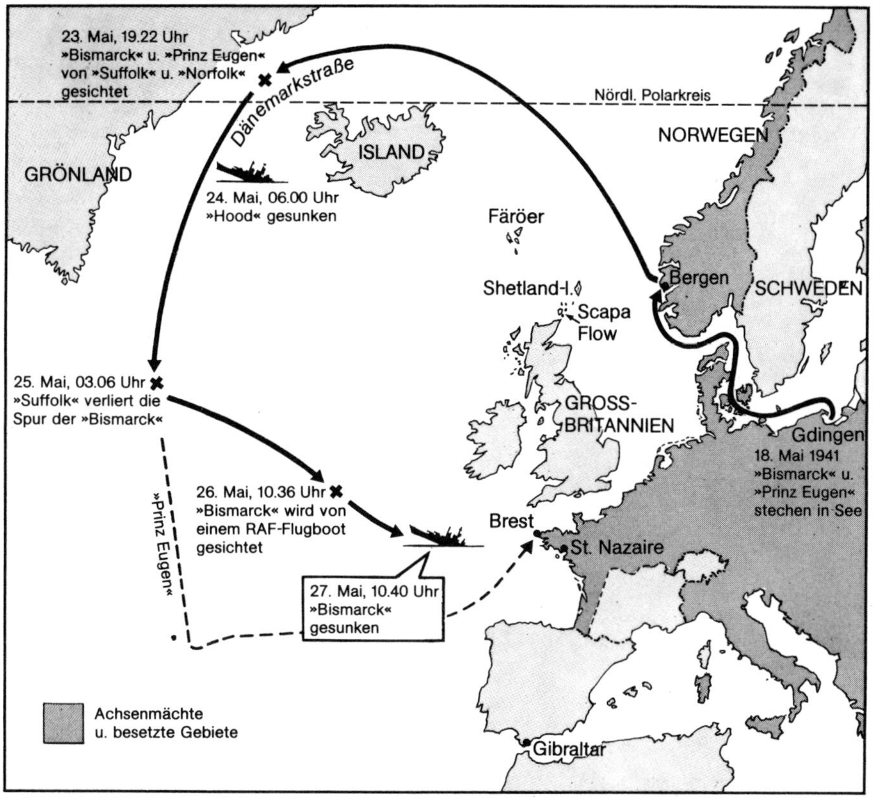

Links: 24. 5. 1941, Dänemarkstraße: Das letzte Foto der *Hood,* bevor sie in die Luft flog, aufgenommen vom Deck der *Prince of Wales*

gewesen. So aber gelingt es den deutschen Bombern, der britischen Mittelmeerflotte derart beträchtliche Verluste zuzufügen, daß diese sich aus den Gewässern nördlich von Kreta zurückziehen muß.
Ebenfalls am 22. Mai 1941 sticht die Home Fleet (Adm. Tovey) in See, nachdem britische Aufklärer festgestellt haben, daß der Kors-Fjord leer ist.
Am gleichen Tag meldet irrtümlich ein deutscher Pilot nach seiner Rückkehr vom Flug über Scapa Flow, er habe dort vier große Schiffe liegen sehen. Diese Information verleitet Admiral Lütjens zu der Annahme, daß es ihm gelungen sei, unerkannt durchzubrechen.
Um Mitternacht des 22. Mai 1941 wird die aus Piräus kommende Staffel (Oberlt. z. S. Oesterlin) mit 20 Küstenmotorseglern und etwa 2300 Gebirgsjägern an Bord vor der Küste Kretas von der britischen Force D (Konteradm. Glennie) gestellt und beinahe völlig aufgerieben. Dem zweiten Konvoi mit rund 4000 Gebirgsjägern kommen die Bomber des VIII. Fliegerkorps im letzten Augenblick zu Hilfe.

Am Freitag, dem 23. Mai 1941, bestätigt man offiziell nach fast zwei Monaten den geheimgehaltenen Verlust von *U 47:* An diesem Tag meldet der OKW-Bericht, daß das von Korvettenkapitän Prien geführte U-Boot von seiner letzten Fahrt nicht zurückgekehrt sei.
Am Abend des 23. Mai 1941 wird die deutsche Kampfgruppe in der Dänemarkstraße von den britischen Kreuzern *Norfolk* und *Suffolk* entdeckt. Danach steuern *Bismarck* und *Prinz Eugen* dicht an die Eisgrenze heran, damit die beiden Kreuzer sie nur von achtern beschatten können. Die *Prinz Eugen* gerät dabei so dicht an das Packeis, daß ihre Steuerbordschraube beschädigt wird.

Am gleichen Tag befiehlt Roosevelt, eine Streitmacht von 25 000 Mann aufzustellen, die innerhalb von vier Wochen eine Invasion der Azoren durchführen soll. Die portugiesische Regierung erfährt jedoch davon und legt strikten Protest dagegen ein, weil sie weder Amerikaner noch Engländer auf ihren Inseln haben will, bevor die Achsenmächte nicht die Neutralität Portugals verletzen.

Am Sonnabend, dem 24. Mai 1941, stößt in den Morgenstunden die deutsche Kampfgruppe auf den britischen Schlachtkreuzer *Hood* (Capt. Kerr) und das Schlachtschiff *Prince of Wales* (Capt. Leach). Aus einer Entfernung von 17 Seemeilen eröffnen beide Seiten gleichzeitig das Gefecht. Die *Prinz Eugen* erzielt die ersten Treffer, und dicht am Großmast der *Hood* flammt ein heftiges Feuer auf, das sich rasch ausbreitet. Die *Bismarck* hat die *Hood* ebenfalls getroffen. Plötzlich schießt eine riesige Stichflamme empor; die *Hood* explodiert im Mittelschiff und verschwindet in einer gewaltigen Rauchsäule.
Vier Stunden später erreicht der Zerstörer *Electra* die Untergangstelle der *Hood.* Man findet drei erschöpfte Seeleute an schwimmenden Wrackteilen hängend, die mit letzter Kraft versuchen, sich trotz der ölbedeckten Oberfläche über Wasser zu halten. Kein Geräusch ist zu hören, kein Leichnam zu sehen, keine Spur von Großbritanniens stolzestem Kriegsschiff.
William Dundas, Robert Tilburn und Edward Briggs, so heißen die drei Männer, die von 1418 Offizieren, Seeleuten und Werftarbeitern übriggeblieben sind.
Dundas befand sich auf der geschlossenen oberen Brükke zur Unterstützung des wachhabenden Offiziers. Tilburn, ein Flakschütze, war auf der Gefechtsstation

einer 4-inch-Flak an der Backbordseite des Bootsdecks. Briggs, ein Melder des Adjutanten von Vizeadmiral Holland, stand im Augenblick der Explosion auf der Kompaß-Plattform. Dundas schaffte es, sich zwischen zwei Brückenfenstern hindurchzuzwängen, bevor die *Hood* sank. Briggs erinnert sich nur an die gewaltige Explosion, eine riesige Stichflamme und wie der Schlachtkreuzer auseinanderfiel. Dann kraulte er im Wasser durch eine brennende Öllache. Tilburn wurde ins Meer geschleudert, kurz bevor die *Hood* ganz untertauchte. Behindert durch sein Ölzeug, einen dicken Filzmantel und schwere Stiefel, ging er wie ein Stein unter. In etwa zehn Meter Tiefe wickelten sich die Drähte der Funkantennen um seine Beine. Dann, als er langsam das Bewußtsein verlor, erinnerte er sich plötzlich an sein Klappmesser, das alle Seeleute bei sich haben. Er tastete verzweifelt seine Taille ab und fand es. Zwei Hiebe mit dem Messer befreiten ihn von seinen Stiefeln und der Antenne. Dann tauchte er mit fast geplatzter Lunge endlich wieder an die Oberfläche. Tilburn, selbst Kanonier, bestreitet kategorisch die Version, die ursprünglich von der NS-Propaganda ausging und bis heute immer noch kursiert, daß die *Hood* durch eine einzige Salve zerstört worden sei. Er bestätigt dagegen, daß der deutsche Beschuß von Anfang an bis zuletzt deckend war. Tilburn: »Throughout the action *Bismarck's* gunnery was deadly accurate«. (Während des ganzen Beschusses waren die Geschütze der *Bismarck* tödlich genau.)
Die *Prinz Eugen* überstand das Gefecht völlig unversehrt, die *Bismarck* dagegen erhielt zwei schwere und einen leichten Treffer, von denen einer im Vorschiff einen Ölbunker leckgeschlagen hat. Der kostbare Treibstoff läuft aus und hinterläßt eine deutlich sichtbare, verräterische Ölspur. Admiral Lütjens entschließt sich jetzt, das Unternehmen abzubrechen. Er wählt jedoch nicht den Rückweg nach Norwegen, sondern zieht es vor, in der Weite des Atlantiks zu verschwinden und dann Brest anzusteuern. Nun werden zur Jagd auf die deutsche Kampfgruppe zwei weitere Schlachtschiffe, die Force H (Vizeadm. Somerville) mit dem Träger *Ark Royal,* einem Schlachtkreuzer und einem Kreuzer nach Norden beordert.
In der Nacht vom 24./25. Mai 1941 entläßt Admiral Lütjens den Schweren Kreuzer *Prinz Eugen* zu selbständigen Aktionen. Die das Schlachtschiff *Bismarck* verfolgenden britischen Kreuzer verlieren den Radarkontakt zu ihm.
In der gleichen Nacht wird ein italienischer Truppentransport mit vier ehemaligen Passagierdampfern auf dem Weg nach Tripolis von britischen Kriegsschiffen angegriffen. Östlich von Sizilien versenkt das britische U-Boot *Upholder* (Lt.Cdr. Wanklyn) aus diesem Geleitzug den Dampfer *Conte Rosso* (17879 BRT). Von den 2500 Soldaten werden 1680 gerettet.

Am Sonntag, dem 25. Mai 1941, läuft das Schlachtschiff *Bismarck* nach Südosten, ohne zu ahnen, daß die britische Flotte es seit 30 Stunden nicht mehr finden kann. Lütjens, der immer noch glaubt, beschattet zu werden, setzt eine persönliche Erfolgsmeldung an Hitler auf und beschreibt in einem fast halbstündigen Funkspruch das Gefecht mit dem Schlachtkreuzer *Hood.* Als die Seekriegsleitung den Abbruch des Funkverkehrs fordert, ist es bereits zu spät: Noch bevor der Funkspruch endet, gehen die Peilmeldungen an die britische Admiralität. Die dem Befehlshaber der Home Fleet, Admiral Tovey, gefunkten Informationen werden auf seinem Flaggschiff jedoch falsch ausgewertet, und so vermutet er, die *Bismarck* sei auf Nordkurs. Tovey läßt die Home Fleet diesen Kurs ansteuern, und verfolgt den Gegner sieben Stunden lang in falscher Richtung.

Endlich, am Montag, dem 26. Mai 1941, um 10.36 Uhr, sichtet ein Catalina-Flugboot (Fl.Offic. Briggs) von der 209. Squadron des Coastal Command die *Bismarck* rund 700 Seemeilen von ihrem Zielhafen Brest entfernt und meldet ihre Position.
Am Nachmittag starten bei schwerem Wetter 15 »Swordfish« vom Träger *Ark Royal* zum Angriff auf die *Bismarck.* Durch einen Torpedotreffer wird die Backbordruderanlage in einem Winkel von 15 Grad verklemmt und das Schlachtschiff manövrierunfähig.
Es ist das erste Mal in der Seekriegsgeschichte, daß Trägerflugzeuge ein Schlachtschiff auf hoher See angreifen. Die Besatzungen der »Swordfish«-Maschinen melden, daß unmittelbar nach der Torpedierung die *Bismarck* zwei volle Kreise geschlagen habe und dann mit dem Bug nach Norden offenbar zum Stehen gebracht wurde.
Admiral Lütjens soll die sofortige Verleihung des Eisernen Kreuzes jedem angeboten haben, dem es gelingt, die verklemmte Ruderanlage wieder freizusetzen, jedoch ohne Erfolg.
Um 21.52 Uhr erhält der Zerstörer *Cossack* (Capt. Vian) mit den ihm unterstellten fünf Zerstörern Kontakt mit der *Bismarck.* Der zum Verband gehörende polnische Zerstörer *Piorun* (Cdr. Plawski) sichtet in der

Linke Seite: 26. 5. 1941,
eine »Swordfish« kehrt nach dem Einsatz zum Träger *Ark Royal* zurück

Oben: Schlachtschiff *Bismarck* während des Feuergefechts, aufgenommen vom Deck der *Prinz Eugen*

Unten: Antwort von Admiral Lütjens auf die Funkbotschaft Hitlers

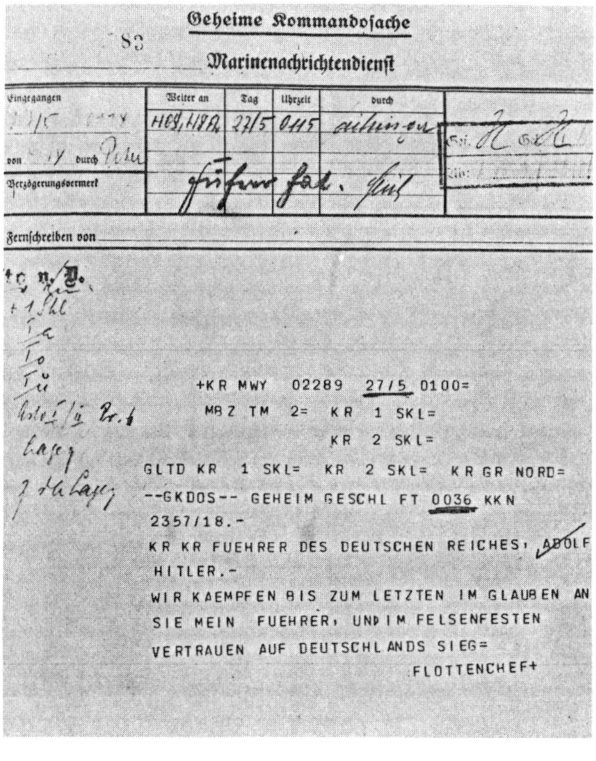

Geheime Kommandosache

Marinenachrichtendienst

Eingegangen	Weiter an	Tag	Uhrzeit	durch
	HOY, HBF	27/5	0115	

Verzögerungsvermerk

Fernschreiben von

+KR MWY 02289 27/5 0100=
MBZ TM 2= KR 1 SKL=
KR 2 SKL=
GLTD KR 1 SKL= KR 2 SKL= KR GR NORD=
--GKDOS-- GEHEIM GESCHL FT 0036 KKN
2357/18.-
KR KR FUEHRER DES DEUTSCHEN REICHES, ADOLF
HITLER.-
WIR KAEMPFEN BIS ZUM LETZTEN IM GLAUBEN AN
SIE MEIN FUEHRER, UND IM FELSENFESTEN
VERTRAUEN AUF DEUTSCHLANDS SIEG=
FLOTTENCHEF+

Abenddämmerung die *Bismarck* auf neun Seemeilen Entfernung und führt mit dem Schlachtschiff einen 59 Minuten langen Feuerwechsel.

Am Dienstag, dem 27. Mai 1941, bekommt Admiral Lütjens – zwei Tage nach seinem 52. Geburtstag – um 1.53 Uhr die letzte Funkbotschaft vom Führer, »für Flottenchef: Ich danke Ihnen im Namen des ganzen deutschen Volkes – Adolf Hitler. – An die Besatzung Schlachtschiff *Bismarck:* Ganz Deutschland ist bei Euch. Was noch geschehen kann, wird getan. Eure Pflichterfüllung wird unser Volk im Kampfe um sein Dasein stärken. – « Bald darauf, um 8.47 Uhr, eröffnet das Schlachtschiff *Rodney* (Capt. Dalrymple-Hamilton) und eine Minute später die *King George V.* (Adm. Tovey) das Feuer auf die *Bismarck,* die um 8.50 Uhr erwidert und sich bis zum Ausfall ihrer Geschütze zur Wehr setzt.
»U-Boot senden zum Wahrnehmen des Kriegstagebuches. Flottenchef.« Das ist das letzte Signal, das von der *Bismarck* ausgeht und aufgefangen wird.
Um 10.15 Uhr ordnet Admiral Tovey das Unterbrechen der Aktion an, da *King George V.* und *Rodney* wegen Brennstoffmangel den Rückmarsch antreten müssen. Um 10.10 Uhr schießt der Kreuzer *Norfolk* (Capt. Phillips) auf die brennende *Bismarck* vier Torpedos ab. Zehn Minuten später greift auch der Schwere Kreuzer *Dorsetshire* (Capt. Martin) mit zwei Torpedos und um 10.36 Uhr mit dem dritten und letzten Torpedo das gestoppt liegende deutsche Schlachtschiff an.
Korvettenkapitän (Ing.) G. Junack: »Gegen 10.15 Uhr erhielt ich den Befehl vom leitenden Ingenieur über das Bordtelefon: ›Bereiten Sie das Schiff zur Versenkung vor.‹ Das war der letzte Befehl, den ich an Bord der *Bismarck* erhalten habe. Gleich danach brach die gesamte Befehlsübermittlung zusammen. Schließlich verließ ich bei noch langsam laufenden Turbinen nach Ausführung der Befehle des leitenden Ingenieurs die Turbinenräume . . .

Die Flagge wehte noch am hinteren Mast, und die Geschützrohre der beiden hinteren Türme ragten hoch in den Himmel . . . Nach einem dreifachen ›Sieg Heil‹ gab ich den Befehl: Alle Mann von Bord!« Kurz darauf legt sich die *Bismarck* auf die Seite und sinkt innerhalb von vier Minuten.
Admiral Tovey: »The *Bismarck* had put up a most gallant fight against impossible odds, worthy of the old days of the Imperial German Navy, and she went down with her colours flying.« (Die *Bismarck* führte einen äußerst tapferen Kampf gegen eine Übermacht. Es erinnerte an die Tradition der Kaiserlichen Marine, das Schiff ging mit wehender Flagge unter.)
Der Schwere Kreuzer *Dorsetshire* (Capt. Martin) und der Zerstörer *Maori* (Cdr. Armstrong) retten 110 Mann, darunter zwei Offiziere.
Einige Stunden später kreuzt der Zerstörer *Cossack* (Capt. Vian) dieses Gewässer auf seiner Heimfahrt. Da entdeckt einer der Seeleute zwischen Trümmern und Leichen eine auf dem Brett schwimmende schwarze Katze. Der Zerstörer stoppt, und man holt das vor Kälte zitternde, triefend nasse Tier an Bord. Der Kater bekommt den Namen Oscar, und so beginnt das Maskottchen des Schlachtschiffs *Bismarck* seine Karriere bei der Royal Navy.
Dem deutschen U-Boot *U 75* (KptLt. Ringelmann), das später die Untergangsstelle erreicht, gelingt es, fünf Überlebende an Bord zu nehmen, und in der darauffolgenden Nacht fischt das Wetterschiff *Sachsenwald* noch drei Mann auf. Von insgesamt 2400 Offizieren und Seeleuten werden 118 gerettet.
8 Schlachtschiffe und Schlachtkreuzer, 2 Flugzeugträger, 4 Schwere und 7 Leichte Kreuzer, 21 Zerstörer und 6 U-Boote, daneben mehrere landgestützte Flugzeuge hat die Royal Navy für die Jagd auf das Schlachtschiff *Bismarck* eingesetzt.
Der von einem Trägerflugzeug erzielte Torpedotreffer, der den Untergang der *Bismarck* mit verursacht hat, läßt eine neue Taktik des Seekrieges und die schwindende Rolle des Schlachtschiffes erkennen.
Die Versenkung der *Bismarck* bedeutet für die Seekriegsleitung das Scheitern ihrer Pläne, die Schlacht im Atlantik mit Überwasserschiffen zu entscheiden. Nun verlagert man den Schwerpunkt dieser Schlacht auf die U-Boote. Großadmiral Raeder: »Die Folgen des Untergangs der *Bismarck* waren für die Führung des Seekrieges einschneidend. Auch das Verhalten Hitlers auf die von mir vorgeschlagenen Maßnahmen für den Seekrieg wurde jetzt anders . . . Das Entsenden weiterer Überwasser-Streitkräfte nach dem Atlantik wurde als erstes von ihm untersagt . . .«
Die Seekriegsleitung sieht nur noch die Möglichkeit, erfolgversprechende Einsätze der Großschiffe zu führen durch Vorstöße von norwegischen Stützpunkten aus in Richtung Nordmeer.

An diesem 27. Mai 1941 läuft aus Halifax (Kanada) der Konvoi HX 129, der als erster Geleitzug für die ganze Route durch den Nordatlantik eine U-Boot-Sicherung erhält.

Am gleichen Tag, als die *Bismarck* untergeht, ist der Kampf um Kreta beendet: Am Abend des 27. Mai 1941 erhält Lieutenant General Freyberg die Order, Kreta zu räumen. Die britische Flotte muß für den Kampf um diese Insel einen hohen Zoll entrichten: 2 Schlachtschiffe, *Barham* und *Warspite,* sowie der Flugzeugträger *Formidable.* 6 Kreuzer und 7 Zerstörer werden mehr oder weniger schwer beschädigt, 3 weitere Kreuzer und 6 Zerstörer gehen verloren.
Hätte jedoch die in Gibraltar stationierte Force H (Adm. Somerville) mit ihrem Schlachtkreuzer *Renown,* dem Träger *Ark Royal,* dem Kreuzer *Sheffield* und sechs Zerstörern in die Kämpfe um Kreta eingegriffen, wäre das Unternehmen »Merkur« vermutlich abgeschlagen worden. Statt dessen ist dieser Verband am 24. Mai 1941 zur Jagd auf die *Bismarck* nach Norden in den Atlantik ausgelaufen.

Im Mai 1941 versenken die Luft- und Seestreitkräfte der Achsenmächte 58 Handelsschiffe mit insgesamt 325 400 BRT. Ein deutsches U-Boot, *U 110* (KptLt. Lemp), geht verloren.
Ab Mai 1941 sind zwar ständig etwa 30 deutsche U-Boote am Feind, doch muß sich ein Teil von ihnen zeitweise zwischen Bordeaux und den Azoren bereithalten, um ein- und auslaufende Blockadebrecher und Hilfskreuzer zu sichern.
Im gleichen Monat versenken britische U-Boote mehr als 100 000 BRT deutschen und italienischen Schiffsraum.

Dönitz verlegt nun das Operationsgebiet der U-Boot-Gruppen etwa 200 Seemeilen weiter westlich, außerhalb der Reichweite der in Nordirland stationierten Maschinen des Coastal Command. Diese Entscheidung macht den rationellen Tonnage-Krieg deutlich: Den Schwerpunkt der U-Boot-Einsätze verlegt man in Gebiete, in denen die meisten Handelsschiffe mit einem Minimum an Aufwand und den geringsten Verlusten für die U-Boot-Waffe versenkt werden können.
Die auf dem Wetterbeobachtungsschiff *München* erbeuteten Unterlagen (7. 5. 1941) und Anpeilung der deutschen U-Boot-Funksprüche durch britische Landstationen ermöglicht der Admiralität die Aufbringung oder Versenkung der für das Unternehmen »Rheinübung« im Atlantik stehenden Wetterbeobachtungs-, Versorgungs- und Spähschiffe.
Bis Ende Mai 1941 wird – mit Ausnahme der im Februar 1941 gekaperten *Altmark* – kein Versorgungsschiff abgefangen. Nun schlägt die britische Admiralität zu:

Am Dienstag, dem 3. Juni 1941, wird der in den Gewässern zwischen Grönland und Labrador liegende Versorgungstanker *Belchen* (6367 BRT) von den britischen Kreuzern *Aurora* (Capt. Agnew) und *Kenya* (Capt. Denny) versenkt.

Am nächsten Tag, dem 4. Juni 1941, steckt die eigene Besatzung das Spähschiff *Gonzenheim* (4000 BRT) etwa 700 Seemeilen westlich von Brest in Brand, nach-

9. 6. 1941, östliches Mittelmeer:
Der französische Zerstörer *Valmy* unter dem Feuer des britischen Zerstörers *Janus*

dem sie das sich nähernde Schlachtschiff *Nelson* und plötzlich den Kreuzer *Neptune* (Capt. O'Connor) gesichtet hat.
Zu gleicher Stunde kapert in diesem Seegebiet der britische Hilfskreuzer *Marsdale* (4890 BRT) den Versorgungstanker *Gedania* (8923 BRT). Kapitän zur See Paradeis schafft es nicht mehr, die Geheimunterlagen zu vernichten. So kommt die britische Admiralität in den Besitz von genauen Angaben über Treffpunkte zur Versorgung von U-Booten, Kriegsschiffen und Hilfskreuzern, sowie einer Aufstellung der Wetterschiffe, Marschrouten der Blockadebrecher und Prisen, dazu der kompletten Funkunterlagen mit Schlüssel. Und nicht ganz 24 Stunden später bereitet die Besatzung des Versorgungstankers *Esso Hamburg* (9849 BRT) zwischen Freetown und Natal vor der südafrikanischen Küste die Selbstversenkung vor, um der Aufbringung zu entgehen.

Am Tag darauf, dem 5. Juni 1941, befiehlt der Kapitän des ebenfalls im Raum zwischen Kanaren und Freetown stehenden Versorgungstankers *Egerland* (9798 BRT) die Selbstversenkung, als der Schwere Kreuzer *London* (Capt. Servaes) und der Zerstörer *Brilliant* versuchen, ihn zu kapern.
Dieser schlagartige Ausfall der deutschen Versorgungsorganisation ändert die seestrategische Lage und bringt zugleich eine Wende in der deutschen Operationsführung: Der Kriegsmarine, die außerhalb Europas über keine Stützpunkte verfügt, bot jedes der Versorgungsschiffe zumindest die Möglichkeit, den nötigen Brennstoff und die Versorgungsgüter zu ergänzen. In Zukunft sind nur noch kurzfristige Unternehmungen durchführbar.

Am Sonntag, dem 8. Juni 1941, greifen britische Truppen (Gen. Wilson) und die 1. Division der »Freien Franzosen« (Gen. Lengentilhomme) die von den Vichy-Verbänden (Gen. Dentz) verteidigten französischen Mandatsgebiete in Syrien und im Libanon an. Der französische Vichy-Marinebefehlshaber, Konteradmiral Gouton, verfügt an der syrischen Küste über die Zerstörerführer *Valmy* (Korv.Capt. Guiot) und *Guépard* mit dem Flottillenchef, Capitain de Lafond, sowie über die U-Boote *Caimon, Morse, Souffleur,* den Aviso *Elan* und über mehrere schwach bewaffnete Suchboote. Auf britischer Seite werden diese Operationen von Vizeadmiral King mit den Kreuzern *Ajax* (Capt. McCarthy), *Coventry, Phoebe* sowie mit acht Zerstörern und einigen U-Booten geführt.
Der britische Überfall wird durch die Befürchtung ausgelöst, die deutschen Luftwaffenverbände könnten mit Zustimmung der Vichy-Regierung nach der Eroberung von Kreta nach Syrien verlegt werden. Dieser Zusammenstoß zwischen der Royal Navy und der französischen Marine bringt erbitterte Seegefechte mit sich.
In der Nacht vom 8./9. Juni 1941 werden unter dem Schutz von zwei Zerstörern und dem Flakkreuzer *Coventry* die Männer vom 11. Commando (Lt.Col. Pedder) mit dem Landungsboot-Mutterschiff *Glengyle* vor der syrischen Küste ausgesetzt. Ihre Aufgabe: 30 Kilometer nördlich der Grenze von Palästina an der wichtigen Küstenstraße die Brücke über den Litani-Fluß unversehrt zu nehmen und bis zum Eintreffen der eigenen Angriffsspitzen zu halten. Das Commando kann jedoch nur feststellen, daß diese Brücke bereits von den Franzosen gesprengt worden ist. Man entscheidet daher, am nördlichen Litaniufer einen Brückenkopf zu bilden, um der Armee den Flußübergang zu erleichtern. Zwei Commando-Trupps landen allerdings auf der südlichen Uferseite. Alle drei Gruppen stoßen auf harten Widerstand und auf das Feuer der eigenen inzwischen eintreffenden Angriffsspitzen. Auch dieser Commando-Raid ist vom Pech verfolgt: Das Commando verliert ein Drittel seiner Männer.

Am Montag, dem 9. Juni 1941, führen die französischen Zerstörer *Valmy* und *Guépard* ein Feuerduell mit dem britischen Zerstörer *Janus.* An diesem Tag treffen vor der syrischen Küste der britische Kreuzer *Leander* und sechs Zerstörer als Verstärkung ein.
Am gleichen Tag werden in Basra (Irak) Material und indische Truppen auf improvisierte Transportboote der »Tigris Regatta« verladen. Eine bunt zusammengewürfelte Armada aus alten Raddampfern und arabischen Feluken, begleitet von der australischen Sloop *Yarra,* startet den Tigris stromauf in Richtung Kut, einem strategisch wichtigen Ort.

Am Mittwoch, dem 11. Juni 1941, landen überraschend britische Truppen bei Assap am Roten Meer und erobern diesen letzten italienischen Stützpunkt.

Am Donnerstag, dem 12. Juni 1941, geht ein britisches Expeditionskorps bei Sidon an Land und zwingt die Franzosen zum Rückzug.
Die Beteiligung der auf Kreta stationierten deutschen Bomber an den Seegefechten vor der syrischen Küste erschwert den Engländern die Bekämpfung der modernen französischen Zerstörer.

Ebenfalls am 12. Juni 1941 sichtet der britische Kreuzer *Sheffield* (Capt. Maund) im Nordatlantik den deutschen Versorgungstanker *Friedrich Breme* (10 397 BRT). Bevor es der Besatzung gelingt, ihr Schiff zu versenken, findet das britische Prisenkommando an Bord verschiedene Geheimunterlagen.

Drei Tage später, am Sonntag, dem 15. Juni 1941, kapert der britische Leichte Kreuzer *Dunedin* im mittleren Atlantik das deutsche U-Boot-Versorgungsschiff *Lothringen* (10 746 BRT). Die Besatzung kann zwar noch rechtzeitig die Schlüsselmaschine Enigma M über Bord werfen, doch fallen dem Prisenkommando noch diverse Geheimunterlagen in die Hände.
Am gleichen Tag versucht die Luftwaffe den arg bedrängten französischen Seestreitkräften zu Hilfe zu kommen: Junkers Ju 88 der II. Gruppe des Lehrgeschwaders 1 (Hptm. Kollewe) greifen britische Kriegsschiffe vor der syrischen Küste an und erzielen schwere Treffer auf den beiden Zerstörern *Illex* und *Isis.*
Am Abend bombardieren auch französische Flugzeuge vom 4. Aero-Navale Groupment die britischen Marineeinheiten vor der syrischen Küste.

Am Montag, dem 16. Juni 1941, versenkt ein britisches Torpedoflugzeug den aus Toulon von der französischen Admiralität mit Munitionsnachschub für Syrien entsandten Zerstörer *Chevalier Paul.*

Am Dienstag, dem 17. Juni 1941, greifen britische Bomber den zweiten mit Munitionsnachschub aus Frankreich eingetroffenen Zerstörer im Hafen von Beirut an und beschädigen ihn schwer.

Bereits am Mittwoch, dem 18. Juni 1941, legen deutsche Minenschiffe in der Ostsee zwischen Memel und Öland drei Minensperren.

Am Tag darauf, dem 19. Juni 1941, verkündet Admiral Kusnezow, Volkskommissar der Roten Flotte, die Alarmstufe 2.

Bei Ausarbeitung der Pläne für das Unternehmen »Barbarossa« rechnet Hitler mit dem Erfolg eines Blitzkrieges, ohne die Kriegsmarine aktiv einsetzen zu müssen. Im Juni 1941 befindet sich die Kriegsmarine tatsächlich in einer recht kritischen Situation: Die *Bismarck* ist gesunken, das neue Schlachtschiff *Tirpitz* noch nicht eingefahren, dazu sind die beiden Schlachtschiffe *Scharnhorst* und *Gneisenau* zusammen mit dem Schweren Kreuzer *Prinz Eugen* durch ständige britische Luftangriffe in Brest blockiert. Die Schweren Kreuzer *Admiral Scheer* und *Admiral Hipper* befinden sich in Reparatur-Werften, der Schwere Kreuzer *Lützow* ist durch Torpedotreffer außer Gefecht gesetzt, und von vier Leichten Kreuzern sind nur die *Köln* und die *Nürnberg* voll einsatzbereit. Von den neuen im Bau befindlichen Torpedobooten und Zerstörern sind erst einige frontverwendungsfähig.

Am Sonnabend, dem 21. Juni 1941, verlassen in den Morgenstunden – unter dem Vorwand einer Urlaubsreise in die Heimat – die letzten deutschen Spezialisten Leningrad, die hier an der Fertigstellung des an die UdSSR verkauften Kreuzers *Lützow* mitgearbeitet haben. Konteradmiral (Ing.) Feige, der von deutscher Seite die Arbeiten beaufsichtigt hat, ist bereits Ende April 1941 »wegen Erkrankung« zurückgekehrt. Der

Oben: 12. 6. 1941, Nordatlantik:
Der zum Unternehmen »Rheinübung« gehörende Versorgungstanker *Friedrich Breme* unter Beschuß, kurz vor der Kaperung durch den britischen Kreuzer *Sheffield*

Unten: Admiral Nikolai Kusnezow:
1936/37 Militärattaché und Marineberater in Spanien, ab 1939 Volkskommissar der Roten Flotte

Bau des Kreuzers lief zuerst unter der Bezeichnung »Projekt 53«, ab Mitte Februar 1941 trägt er den Namen *Petropawlowsk*. Sein Kommandant wird Kapitän 1. Ranges A. G. Wanifatéw. Instandgesetzt und feuerbereit sind nach sowjetischen Angaben vom 21. Juni 1941 alle deutschen 20,3-cm-Geschütze der Türme A, B und D. Die beiden Geschütze für den Turm C befinden sich noch in Deutschland.
Am Abend des 21. Juni 1941 ist nach drei Tagen das Legen der Minensperren abgeschlossen (Wartburg I–III). Und kurz vor Sonnenuntergang bekommen die deutschen Handelsschiffe in der Ostsee den Funkbefehl, sofort den nächsten deutschen, finnischen oder schwedischen Hafen anzulaufen.
Kusnezow: »Um 23.15 Uhr hat der Befehlshaber der Baltischen Flotte von mir den mündlichen Befehl bekommen, zur Alarmstufe 1 überzugehen und im Falle der Bedrohung von den Waffen Gebrauch zu machen.«
Um 23.30 Uhr beginnt die Minenschiffsgruppe Nord (FregKpt. v. Schönermarkt), Sperren zwischen dem Fanö-Fjord und Dagö (Finnischer Meerbusen) zu legen. Eine andere Gruppe legt etwa 30 Seemeilen östlich davon ebenfalls eine Minensperre. Die Arbeit der beiden Gruppen wird von einem sowjetischen Schlachtschiff und einigen Zerstörern aus beobachtet. Zwei Maschinen der Roten Luftflotte versuchen, die Minenboote zu stören. Und von den sowjetischen Küstenbatterien erhalten die Minenleger mit Scheinwerfern Morsezeichen.

Am Sonntag, dem 22. Juni 1941, dem Tag der Roten Flotte, beginnt der deutsche Angriff auf die Sowjetunion (Unternehmen »Barbarossa«). Kusnezow: »Um 3.15 Uhr rief mich aus Sewastopol der Befehlshaber der Schwarzmeerflotte an und meldete mir den Angriff deutscher Flugzeuge. Also Krieg . . . Obwohl ich den Lauf der Dinge aufmerksam verfolgte und in gewisser Weise moralisch auf einen eventuellen Überfall Hitler-Deutschlands auf unser Vaterland vorbereitet war, hatte mich die Nachricht im ersten Augenblick geschockt . . .«
Der Einsatz deutscher Streitkräfte in der Ostsee beschränkt sich auf Sicherung der eigenen Küsten- sowie Handelsschiffahrt und soll gleichzeitig einen Ausbruch der Sowjets in die Ostsee verhindern. Die Kriegsmarine will abwarten, bis die deutsche Armee Leningrad erobert und die dort liegende Rote Flotte ausgeschaltet hat. Zu Beginn des Unternehmens »Barbarossa« hat die Kriegsmarine in der Ostsee – außer einigen Schnell- und U-Booten – nur Hilfskriegsschiffe und Kleinfahrzeuge zur Verfügung.
Die sowjetische Flotte besteht aus der Nordflotte (Vizeadm. Golowko), der Baltischen Flotte (Vizeadm. Tribuz), der Schwarzmeerflotte mit der Donau-Flottille (Vizeadm. Oktjabrski) und der Pazifikflotte (Adm. Jumasew). Die wichtigste Aufgabe der sowjetischen Flotte: das unmittelbare Zusammenwirken mit den Heeresverbänden im Küstenbereich. Vom Herbst 1939 bis zum Sommer 1941 ist die Rote Flotte fast völlig umgerüstet und erheblich verstärkt worden. Ihre Organisation ist

Oben und rechts: Sommer 1941, auf beiden Seiten der Nordsee das gleiche Bild: Eine deutsche (*oben*), eine britische Flottille (*rechts*) leichter Fahrzeuge beginnt ihren täglichen Einsatz im Küstenvorfeld

äußerst einfach und sinnvoll. Als besonders nützlich erweist sich die uneingeschränkte Befehlsgewalt über starke Marine-Luftstreitkräfte. Eine gut bestückte Marine-Küstenartillerie und mehrere Marine-Infanteriebrigaden ermöglichen, die Verteidigung von Häfen und Landeoperationen mit eigenen Mitteln durchzuführen. Ein großer Nachteil dagegen ist die begrenzte Anzahl von Spezialfahrzeugen, so fehlen z. B. völlig Schiffe für Landeoperationen, auch hat man der Entwicklung von Radar bisher keine große Aufmerksamkeit geschenkt. Wiederum zählt die sowjetische U-Boot-Waffe 254 Boote und ist mit Abstand die stärkste der Welt. Trotz des erkannten deutschen Aufmarsches stehen keine sowjetischen U-Boote in der Ostsee in Warteposition.

Am 22. Juni 1941 kehrt *U 48* (KptLt. Schultze) von seiner letzten Feindfahrt nach Kiel zurück. *U 48* hat auf seinen zwölf Fahrten unter drei verschiedenen Kommandanten insgesamt 54 alliierte Handelsschiffe mit 322 292 BRT versenkt, dazu eine Sloop und zwei Schiffe mit 11 024 BRT beschädigt. Es ist das erfolgreichste U-Boot des Zweiten Weltkrieges.

In der Nacht vom 22./23. Juni führt die *Guépard* vor der syrischen Küste ein Gefecht mit zwei britischen Kreuzern und sechs Zerstörern. Der französische Zerstörer kann sich jedoch im Schutz der Dunkelheit zurückziehen.

Am Montag, dem 23. Juni 1941, kommt es im Nordatlantik zur ersten großen Geleitzugschlacht zwischen einer deutschen U-Boot-Gruppe und einer Escort Group: Am Morgen erhält die britische Admiralität aufgrund des entschlüsselten Enigma-M-Funkverkehrs eine Vorwarnung – der erste Beweis, wie wichtig die »Ultra«-Berichte für die U-Boot-Bekämpfung sind –, daß sich 10 U-Boote südlich von Grönland gruppieren, um den von Halifax nach England gehenden Geleitzug HX 133 anzugreifen. Dem Konvoi wird sofort eine Kursänderung befohlen. Weitere Sicherungsfahrzeuge stoßen dazu, um die Escort Group zu unterstützen. Fünf Tage und fünf Nächte lang kämpfen 10 U-Boote gegen 13 Geleitfahrzeuge. *U 556* (KptLt. Wolfarth) und *U 651* (Kpt. Lohmeyer) werden von der Geleitsicherung versenkt, fünf alliierte Handelsschiffe gehen verloren. Die Taktik, bedrohte Escort Groups nach Bedarf zu verstärken, wird hier erstmalig praktiziert. Nach den Erfahrungen dieser Schlacht bildet die britische Admiralität ein Jahr später die Support Group, die sich im Atlantik besonders bewähren wird.

Am Mittwoch, dem 25. Juni 1941, torpediert und versenkt das britische U-Boot *Parthian* (Cdr. Rimington) vor der syrischen Küste das französische U-Boot *Souffleur*.
Kurz danach wird der französische Tanker *Adour* – mit dem gesamten Brennstoffvorrat für die französischen Streitkräfte im Mittleren Osten an Bord – von einem britischen Torpedoflugzeug angegriffen und stark beschädigt.

Am gleichen Tag wird im Atlantik das Wetterbeobachtungsschiff *Lauenburg* von dem britischen Zerstörer *Bedouin*, der über das Kurzwellen-Funkpeilgerät verfügt, angepeilt. Der Kreuzer *Nigeria* und die anderen drei Begleitzerstörer kapern die *Lauenburg*. Der NID-Spezialist, Lieutenant Bacon, kann auf dem Schiff wertvolle Schlüsselunterlagen und Karten sicherstellen. Jetzt ist es der NID möglich, weitere Schlüsselbereiche der Kriegsmarine, wie z. B. den von den U-Booten im Mittelmeer angewandten »Medusa«-Code und »Neptun«, den operativen Schlüssel der Überwasser-Kriegsschiffe bei besonderen Unternehmungen, zu brechen. Die Versenkung oder Kaperung fast sämtlicher deutscher Versorgungsschiffe für das Unternehmen »Rheinübung« sowie der Wetterbeobachtungsschiffe veranlaßt die deutsche Seite zu Untersuchungen, die jedoch zu keinem Ergebnis führen. Man glaubt der Gefahr des feindlichen Einbruchs in den Code durch eine geplante Schlüsseländerung begegnen zu können. Auf britischer Seite wiederum werden alle Operationen, die tatsächlich dem Brechen des deutschen Codes zu verdanken sind, so durchgeführt, als würden sie anderen Quellen wie Funkpeilung, Luftbildaufklärung oder Agenteninformationen entstammen.

Am Morgen des 26. Juni 1941 beginnen die beiden sowjetischen Zerstörer *Charkow* und *Moskwa* einen Feuerüberfall auf den Ölhafen und die Bahnanlagen von Konstanza, dem rumänischen Hafen am Schwarzen Meer. Einige Öltanks geraten in Brand, und ein Munitionszug wird durch eine Explosion zerstört. Die deutsche 28-cm-Küstenbatterie »Tirpitz« und eine Eisenbahnbatterie nehmen die sowjetischen Kriegsschiffe unter Beschuß. Der Zerstörer *Moskwa* gerät beim Ausweichmanöver in eine Minensperre und sinkt, die *Charkow* zieht sich im Schutz einer künstlichen Nebelwand zurück.
Am späten Abend des 26. Juni 1941 muß der sowjetische U-Boot-Stützpunkt Libau (Lettland) geräumt werden, noch bevor die hier liegenden U-Boote einsatzbereit sind. Da die Rote Armee nicht imstande ist, das Baltikum zu halten, verliert die sowjetische Flotte ihre wichtigsten Stützpunkte und muß nun fast alle Schiffe für die Evakuierung der Truppen oder Versorgung der in diesem Raum eingeschlossenen Armeen verwenden.

Im Juni 1941 besaß das Coastal Command an Flugzeugen nur ein Drittel mehr als im September 1939.

Sommer 1941, östliches Mittelmeer:
An Deck einer Einheit der französischen Marine.
Die Bedienung der leichten Flak in Erwartung
eines neuen Angriffs britischer Flugzeuge.
Die Gefechte der einstigen Alliierten werden
mit äußerster Härte geführt

Obwohl 75 Prozent der Maschinen schon mit Radargeräten ASV Mark II ausgerüstet waren, die alle aufgetauchten U-Boote theoretisch bei jedem Wetter und sogar nachts hätten erfassen können, wurden die U-Boote noch überwiegend von den Flugzeugbesatzungen direkt gesichtet.
Ab Juni 1941 operierten die bereits 1940 ausgelaufenen Hilfskreuzer als einzige deutsche Überwasser-Kriegsschiffe auf den Ozeanen, mit Ausnahme des nördlichen Eismeeres, gegen die feindliche Handelsschiffahrt. Sie hatten von Januar bis Juni 1941 insgesamt 38 Handelsschiffe mit 191 000 BRT versenkt.
Im Juni 1941 erreichten die Versenkungszahlen der deutschen U-Boote 61 Handelsschiffe mit insgesamt 310 000 BRT. Eigene Verluste: vier U-Boote.

Das Forcieren des U-Boot-Bauprogrammes wirkte sich im Juni 1941 erstmals aus: Man erreichte die geplante Stückzahl von 15 Booten und überstieg damit bereits die Verluste. So wurde im Juni 1941 mit 39 Frontbooten der Anfangsbestand von September und Oktober 1939 wieder aufgeholt. Allerdings entstand für den BdU ein fast unlösbares Problem: die erforderliche Bemannung der Neubauten mit gründlich geschulten U-Boot-Männern und Kommandanten. Den neuen Besatzungen fehlten einfach die Erfahrungen. Außerdem waren die Geleitzüge inzwischen so stark gesichert, daß ein einzelnes U-Boot nur noch unter besonders günstigen Verhältnissen bis zu den Handelsschiffen vordringen konnte.

1941

Juli – Dezember

W. Churchill an J. W. Stalin

Dienstag, 8. Juli 1941:
Wir freuen uns hier alle sehr, daß die russischen Armeen dem völlig unprovozierten und erbarmungslosen Überfall der Nazis einen so starken und mutigen Widerstand entgegensetzen. Die Tapferkeit und Hartnäckigkeit der sowjetischen Soldaten und des sowjetischen Volkes finden allgemeine Bewunderung. Wir werden alles tun, um Ihnen zu helfen, soweit die Zeit, die geographische Lage und unsere wachsenden Ressourcen es erlauben . . . Sonnabend nacht griffen mehr als 200 schwere Bomber, von denen einige drei Tonnen Bomben mit sich führten, deutsche Städte an, und in der vergangenen Nacht wurden fast 250 schwere Bomber eingesetzt . . . Außerdem hat die Admiralität auf meinen Wunsch eine bedeutende Operation vorbereitet, die in allernächster Zeit in der Arktis stattfinden und, wie ich hoffe, die Verbindung zwischen den britischen und russischen Seestreitkräften herstellen wird . . .

Wie lange lebt ein deutscher U-Boot-Mann?
Donnerstag, 10. Juli 1941:
Am 5. Juli kamen im Deutschlandsender Seeoffiziere zu Wort. Sie gaben zu, daß deutsche U-Boote anhaltend mit frischen Besatzungen bemannt werden müssen, um die verlorengegangenen zu ersetzen. Einer der Offiziere, der das Glück hatte, zwölf Fahrten zu überleben, bezeichnete sich selbst als einen »alten U-Boot-Mann«. Ein anderer fügte hinzu, daß es jetzt, wo die Nächte so kurz sind, noch viel schlimmer sei . . .
Vor ein paar Monaten haben Lebensversicherungsgesellschaften in neutralen Ländern berechnet, daß die durchschnittliche Lebensdauer eines deutschen U-Boot-Matrosen nach seinem Eintritt in den aktiven Dienst 62 Tage betrage. Nach den Feststellungen dieser deutschen Seeoffiziere ist es klar, daß jene Berechnung nicht mehr stimmt. Das Leben eines deutschen U-Boot-Mannes währet heute nicht einmal 62 Tage!

RAF-Flugblattzeitung »Luftpost« N-8/1941

Sender Beromünster (Schweiz)

Freitag, 11. Juli 1941:
Seit fast drei Wochen trägt die sowjetische Armee das Hauptgewicht des Kampfes, den Deutschland und seine Verbündeten um die Neuordnung der Welt führen . . . Präsident Roosevelt hat den Augenblick gewählt, in dem die deutsche Heeresmacht in Rußland engagiert ist, um den ersten Schritt zu einer militärischen Intervention auf europäischem Boden zu tun. Anders kann die Besetzung der Insel Island durch ein amerikanisches Truppenkontingent nicht genannt werden. Jedenfalls ist diese am 7. Juli erfolgte Entsendung amerikanischer Truppen nach Island gleichzeitig eine militärische und eine politische Demonstration der Regierung von Washington. Es ist daher verständlich, daß die deutsche Reaktion auf diesen Schritt Roosevelts besonders heftig war. Er wird in Berlin als ein sehr wichtiges kriegspolitisches Ereignis gewertet und von der deutschen Presse als eine »kriegerische Provokation« bezeichnet. Als militärische Demonstration ist die Landung amerikanischer Truppen deshalb von Wichtigkeit, weil diese zwischen Schottland und Grönland gelegene Insel mitten in der von Deutschland verhängten Blockadezone liegt. Jedenfalls ist die amerikanische Politik von dem Stadium, in dem sie sich mit dem Ausbau von Flottenstützpunkten zum Schutz der westlichen Hemisphäre begnügte, in ein neues Stadium übergetreten, in dem sie den Schutz der Verbindungswege über den Ozean an die Hand nimmt.

Luftangriffe auf die »Scharnhorst« und »Gneisenau«
Freitag, 25. Juli 1941, London
Die *Agentur Exchange* berichtet:
Britische Aufklärer stellten am Mittwoch fest, daß das deutsche Schlachtschiff *Scharnhorst* Brest verlassen hat und in den 240 Seemeilen südlich davon liegenden Hafen La Pallice eingelaufen ist. Am Donnerstag nachmittag wurde bei klarer Sicht ein neuer, fast eine Stunde dauernder Angriff gegen die *Scharnhorst* in La Pallice und gleichzeitig gegen das Schlachtschiff *Gneisenau* in Brest durchgeführt . . . Im Angriff gegen Brest wurden zum erstenmal US-Bomber vom Typ »Flying Fortress« eingesetzt.

Italienische Sprengboote vor La Valetta
Sonntag, 27. Juli 1941
Die *britische Admiralität* teilt mit:
Gestern morgen bei Tagesanbruch wurde gegen den Hafen von La Valetta auf Malta ein Angriff mit Schnellbooten durchgeführt. Der Angriff wurde abgewiesen, wobei der Feind schwere Verluste erlitt. Genaue Angaben sind noch nicht bekannt; man weiß aber bereits, daß ungefähr ein Dutzend feindlicher Schnellboote durch die Küstenverteidigungen und die RAF versenkt worden sind. Es wurden Gefangene gemacht und Leichen geborgen.

Angriff auf britischen Geleitzug

Sonnabend, 2. August 1941, Rom
Die *Agentur Stefani* meldet:
Bei den Angriffen italienischer Luft- und Seestreitkräfte in der Zeit vom 23. bis 25. Juli gegen einen stark geschützten englischen Geleitzug, der von Gibraltar in das östliche Mittelmeer durchbrechen wollte, hatte der Gegner, wie sich aus Mitteilungen der britischen Admiralität sowie aus einwandfreien und unwiderlegbaren Meldungen ergibt, folgende Verluste: sechs Dampfer von 10000 bis 15000 BRT, darunter ein Tanker. Der Zerstörer *Fairless* wurde von einem Lufttorpedo getroffen und anschließend durch Artillerie der eigenen Einheiten versenkt.

Eisernes Kreuz für italienischen U-Boot-Kommandanten
Montag, 2. August 1941, Rom
Das *DNB* berichtet:
Dem italienischen Kapitänleutnant Mario Pollina, Kommandant des U-Bootes *Marconi,* wurde vom Führer das Eiserne Kreuz verliehen. Kapitänleutnant Pollina hatte im Atlantik einen feindlichen geschützten Geleitzug angegriffen und 30000 Tonnen bewaffneten Handelsschiffraum versenkt.

Sender Beromünster (Schweiz)

Freitag, 15. August 1941:
In dieser Sommerzeit hat der See- und Luftkrieg an Intensität stark zugenommen . . . Über die Schlacht auf dem Atlantik sind beiderseits die Nachrichten ziemlich spärlich. Die Engländer haben seit einiger Zeit darauf verzichtet, Angaben über die ihrer Handelsflotte zugefügten Verluste und über die von ihnen versenkten deutschen Unterseeboote zu machen. Nach deutschen Angaben sind im Monat Juli von den Unterseebooten weniger britische und alliierte Handelsschiffe torpediert worden als in den vorhergehenden Monaten. Nach den Erklärungen des britischen Vizeministerpräsidenten Attlee sind die deutschen Unterseeboote seit dem Frühjahr in steigender Zahl zum Einsatz gekommen; obwohl die britische Schiffahrt schwere Verluste gehabt habe, könne man in England mit den Ergebnissen der beiden letzten Monate zufrieden sein . . .

W. Churchill an den Marineminister
Montag, 25. August 1941:
Die Entsendung eines Abschreckungsgeschwaders in den Indischen Ozean muß in nächster Zukunft möglich gemacht werden. Dieses Geschwader hätte aus einem kleinsten Verband erstklassiger Schiffe zu bestehen (z. B. *Prince of Wales* und *Repulse*). Wenn wir uns überlegen, welche Belastung uns aus der *Tirpitz* – dem einzigen Deutschland verbliebenen Großkampfschiff – trotz unserer 15 bis 16 Schlachtschiffe und Schlachtkreuzer erwächst, dann können wir ermessen, welche Wirkung die Anwesenheit einer kleinen aber sehr kampftüchtigen und schnellen Flottenmacht in den fernöstlichen Gewässern auf die japanische Admiralität hätte . . .

Britisch-sowjetischer Einmarsch im Iran

25. August 1941, London
United Press berichtet:
Der Sender Moskau hat bekanntgegeben, daß sowjetische Truppen im Iran einmarschiert sind. Wir haben soeben erfahren, daß heute morgen britische Truppen die Grenze zum Iran überschritten haben.

Kampf gegen die iranische Marine
25. August 1941, im Hauptquartier von General Wavell
Die *Agentur Exchange* teilt mit:
. . . Die Seestreitkräfte im Persischen Golf, denen Marinelandungstruppen zugeteilt wurden, stehen unter dem Kommando des Chefs der Ostindien-Armee, General Wavell, aus dessen Hauptquartier gemeldet wird, daß, nach Überwindung einigen Widerstandes und nach der Niederkämpfung von iranischen Küstenbatterien, jetzt Marinetruppen bei Bondar und Schahpur, etwa 100 Kilometer östlich der irakisch-iranischen Grenze, gelandet sind. Sie wollen die Landung weiterer Truppen sichern.

Die iranische Armee im Kampf
25. August 1941, Teheran
Das *Hauptquartier der iranischen Armee* meldet:
. . . In Kuzistan haben britische Streitkräfte die Häfen von Bondar, Schahpur und Chorramshah angegriffen und sich durch Handstreich einiger Schiffe bemächtigt.

Grönland, Landung von US-Truppen:
US-Tanker mit Patrouillenbooten

Britische Luftstreitkräfte haben Ahwaz beschossen, und motorisierte Kolonnen sind von Chanekin aus in Richtung Kermanschah vorgerückt. Die iranische Armee hat sich den eindringenden britischen Truppen überall entgegengestellt; es ist zu Zusammenstößen und Gefechten gekommen. Um den Grund dieser Grenzüberschreitung festzustellen, hat die iranische Regierung unverzüglich Besprechungen eingeleitet.

Schneller britischer Vormarsch
Mittwoch, 27. August 1941, im Hauptquartier von General Wavell
Die *Agentur Exchange* berichtet:
. . . Im Persischen Golf versuchte eine aus Kanonenbooten bestehende iranische Flottille einen Angriff auf die britischen Seestreitkräfte. In kurzem Gefecht wurden die feindlichen Einheiten versenkt oder kampfunfähig geschossen.

Harter Widerstand der iranischen Marine
27. August 1941, Simla
Die *Agentur Exchange* teilt mit:
Während des Seegefechtes im Persischen Golf ist der iranische Konteradmiral Bayendor gefallen. Zwei iranische Einheiten wurden versenkt. Von den britischen Seestreitkräften wurden eingebracht: vier Kanonenboote, zwei Schlepper, ein Versorgungsschiff und ein Schwimmdock (6000 Tonnen). Es entstanden keine britischen Verluste.

Iranisches Erdölgebiet in britischer Hand
Sonnabend, 30. August 1941
Das *Hauptquartier von General Wavell* gibt bekannt:
Der Vormarsch britischer und sowjetischer Truppen im Iran geht schnell vorwärts. Das gesamte Erdölgebiet ist jetzt in britischer Hand. Nach den letzten Berichten aus dem Iran stehen die sowjetischen Truppen bereits 60 Kilometer vor Teheran. In Teheran wurde der Belagerungszustand ausgerufen und ein Ausgehverbot während der Nachtstunden verhängt.

U-Boot-Angriff gegen US-Zerstörer
Freitag, 5. September 1941, Washington
Das *US-Marineministerium* meldet:
Der US-Zerstörer *Greer* ist in der Nähe von Island von einem U-Boot angegriffen worden. Die Torpedos ha-

ben jedoch ihr Ziel verfehlt. Die *Greer* ging unverzüglich zum Gegenangriff über und warf Wasserbomben ab. Ein Ergebnis ließ sich nicht feststellen. Die *Greer* war mit einer Ladung Post an Bord auf der Fahrt nach Island. Der Zwischenfall hat sich gestern morgen ereignet.

Die Schlacht im Atlantik

Sonnabend, 6. September 1941, London
Die *britische Admiralität* teilt mit:
Die Zahl der im August von den Deutschen eingesetzten U-Boote war nicht geringer als im Mai, zumal die italienische U-Boot-Waffe für die Schlacht im Atlantik in stärkerem Maß herangezogen wurde. Trotzdem ist es gelungen, die alliierten Schiffsverluste von fast 600 000 Tonnen im Mai innerhalb der letzten drei Monate um etwa ein Drittel bis ein Viertel zu verringern. Dagegen ist die Zahl der versenkten deutschen und italienischen U-Boote erheblich gestiegen. Besonders erfolgreich bei der U-Boot-Jagd waren die Korvetten und Aufklärungsflugzeuge.

Der Zwischenfall »Greer«
Sonntag, 7. September 1941, Washington
Die *Agentur Exchange* berichtet:
Marineminister Knox stellte fest, daß die deutsche Version, der US-Zerstörer *Greer* habe zuerst angegriffen, nicht zutreffe. Es müsse ausdrücklich betont werden, daß das deutsche U-Boot Torpedos abgeschossen und erst dann die *Greer* das Feuer erwidert habe.

»Roosevelt provoziert«
7. September 1941, Berlin
Das *DNB* teilt mit:
. . . Am 4. September wurde auf 62 Grad 31 Minuten Nord und 27 Grad 06 Minuten West ein deutsches U-Boot um 12 Uhr 30 im deutschen Blockadegebiet mit Wasserbomben angegriffen und laufend verfolgt. Das deutsche U-Boot war nicht in der Lage, die Nationalität des angreifenden Zerstörers festzustellen. Es hat in berechtigter Abwehr darauf um 14 Uhr 39 einen Zweierfächer geschossen, der fehlging. Der Zerstörer setzte die Verfolgung mit Wasserbomben bis gegen Mitternacht weiter erfolglos fort. Wenn von einer amtlichen amerikanischen Stelle, nämlich dem Marinedepartement, behauptet wird, der Angriff sei von dem deutschen U-Boot ausgegangen, kann das nur bezwecken, dem neutralitätswidrigen Angriff eines amerikanischen Zerstörers auf das deutsche U-Boot wenigstens den Anschein eines Rechts zu verleihen. Der Angriff selbst ist der Beweis dafür, daß Roosevelt, entgegen seinen Behauptungen, schon früher den amerikanischen Zerstörern allgemein den Befehl erteilt hat, den Standort deutscher Schiffe und U-Boote nicht nur neutralitätswidrig zu melden, sondern darüber hinaus diese selbst anzugreifen. Roosevelt versucht auch dadurch mit allen

ihm zu Gebote stehenden Mitteln, Zwischenfälle zu provozieren, um das amerikanische Volk gegen Deutschland in den Krieg zu hetzen.

Geheimer Bericht des *Sicherheitsdienstes der SS* zur innenpolitischen Lage:
Nr. 218, 8. September 1941 (Auszug)
... Uneinheitlich besprochen werden die Meldungen über die Seekriegführung. Die Ausführungen von Kapitänleutnant Kell »Was machen unsere U-Boote?« haben dort, wo sie in der Presse erschienen sind, als klare Auskunft günstig gewirkt. Es wurde begrüßt, daß damit wieder eine für die meisten Volksgenossen brennende Frage offen aufgegriffen wurde. Ein Teil der Bevölkerung verschließt sich allerdings nach wie vor dem Argument, daß die Ozeane leerer geworden sind. Man meint, daß sich England im Zusammenwirken mit USA auf der Nordroute einen stark gesicherten Verkehr geschaffen hat und daß die Abwehr der U-Boote sehr wirkungsvoll geworden ist ...

Britische Aktion auf Spitzbergen

Dienstag, 9. September 1941, London
Die *Agentur Reuter* meldet:
Die Besetzung von Spitzbergen war die erste Operation kanadischer Truppen außerhalb Großbritanniens seit einem Jahr. Die Landeoperation erfolgte rasch und unerwartet an einer Stelle, die 650 Seemeilen vom Pol entfernt ist. Die norwegische Regierung in London hatte diese Maßnahme gebilligt. Die kanadischen Streitkräfte wurden von starken Einheiten der Royal Navy, von Marineflugzeugen sowie von britischen und norwegischen Truppen unterstützt.

Versenkung eines US-Dampfers
Sonnabend, 13. September 1941, Washington
Das *Auswärtige Amt* gibt bekannt:
Das amerikanische Frachtschiff *Montana* ist in den isländischen Gewässern torpediert worden ... Dieser Torpedoangriff wurde von einem Flugzeug aus beobachtet. Die Besatzung des Frachtschiffes wurde gerettet.

Der »Schießbefehl« Roosevelts
13. September 1941, Berlin
Das *DNB* meldet:
Die Presse beschäftigt sich neben der Rede Roosevelts heute abend vor allem mit der Äußerung des amerikanischen Staatssekretärs Cordell Hull, wonach der »Schießbefehl« Roosevelts auf allen sieben Weltmeeren Anwendung finde, und sieht darin ein Höchstmaß an offen eingestandenen Provokationen von seiten der Vereinigten Staaten.

Verstärkung der US-Atlantikflotte

Mittwoch, 17. September 1941, Washington
Die *Agentur Reuter* berichtet:
Die Atlantikflotte der USA hat nun den Schutz der Dampfer übernommen, die den Atlantik zwischen den Vereinigten Staaten und Island befahren, was praktisch die Einführung des Geleitsystems bedeutet. Zur Durchführung ihrer Aufgabe ist die Atlantikflotte um mehr als 125 Kriegsschiffe verstärkt worden.

Linke Seite: 24. 8. 1941, Persischer Golf: Britische Truppen unter General Wavell landen nahe der iranischen Grenze

Rechts: 25. 8. 1941, Khorramshahr am Persischen Golf: Das Flaggschiff der iranischen Flotte, *Babr* (950 t), ein 1932 in Italien gebautes Kanonenboot, fällt dem britischen Angriff zum Opfer

Verluste der italienischen Marine
Sonnabend, 20. September 1941, Rom
Das *Comando Supremo* teilt mit:
. . . Zwei unserer Motorschiffe mit Truppen an Bord, die in einem Geleitzug fuhren, wurden auf der Höhe von Tripolis durch Torpedos versenkt. Nahezu alle an Bord befindlichen Soldaten und die Schiffsbesatzungen wurden von den geleitenden Kriegsschiffen und von anderen Einheiten gerettet.

Montag, 22. September 1941
Das *Oberkommando der Wehrmacht* gibt bekannt:
. . . Die Luftwaffe war am gestrigen Tage bei zahlreichen Angriffen auf sowjetrussische Schiffe besonders erfolgreich. Sie versenkte im Schwarzen Meer 1 Kreuzer, 2 Zerstörer und 1 Flakschiff sowie 9 Handelsschiffe mit zusammen etwa 25 000 Tonnen. 2 weitere Kriegsschiffe und 2 große Handelsschiffe wurden in Brand geworfen. – Im Seegebiet westlich Kronstadt erhielten das Schlachtschiff *Oktoberrevolution* und der Schwere Kreuzer *Kirow* je 2, ein weiterer schwerer Kreuzer 4 Bombenvolltreffer. Ferner wurden 3 Zerstörer, 1 Minensuchboot und 1 Kanonenboot durch Volltreffer beschädigt. Unterseeboote griffen, wie durch Sondermeldung bekannt gegeben, im Atlantik 2 feindliche Geleitzüge und ein einzeln fahrendes Handelsschiff an. In harten Kämpfen versenkten sie 13 Handelsschiffe, darunter 4 Tanker mit zusammen 82 500 Tonnen. Ein weiteres Schiff wurde durch Torpedoschüsse beschädigt.

Italienischer Handstreich auf Gibraltar
Dienstag, 23. September 1941
Die *britische Admiralität* teilt mit:
Beim Angriff italienischer Einheiten auf den Hafen von Gibraltar am vergangenen Sonnabend wurde ein alter Schiffsrumpf versenkt. Die übrigen italienischen Behauptungen müssen als unrichtig bezeichnet werden.

Ein symbolischer Akt
23. September 1941:
In der Nacht vom 16. September erhielt Kapitänleutnant Lyndon Spencer von dem amerikanischen Marinekutter *Ingham* aus Washington Befehl, das Schiff kriegsgrau anstreichen zu lassen. Die *Ingham* lag im Tajo bei Lissabon. Sie war zur Zeit das einzige amerikanische Kriegsschiff in den Küstengewässern des europäischen Festlandes. Bisher war die *Ingham* gelblichweiß angestrichen, um sie von Schiffen der kriegführenden Mächte zu unterscheiden.
In den Morgenstunden des 17. September begann man das Schiff neu anzustreichen: um 4 Uhr nachmittags war man damit fertig. Dann ging der Kutter in See mit abgeblendeten Lichtern, klar zum Gefecht. Ein symbolischer Vorgang. Die amerikanische Flotte ist von nun an nicht mehr »nichtkriegführend«. Sie macht bereits Jagd auf Schiffe der Achsenmächte. Der amerikanische Marineminister Oberst Knox antwortete auf die Frage, ob amerikanische Schiffe Fahrzeugen mit Fracht für Großbritannien bewaffnetes Geleit geben dürfen: »Seit dem Ersten Weltkrieg sind zu dem System Geleitzüge zahlreiche neue Methoden zum Schutz von Handelsschiffen hinzugekommen. Wir wenden sie alle an!«
RAF-Flugblattzeitung »Luftpost« N-19/1941

Sowjetisches Dementi
Donnerstag, 25. September 1941, Moskau
Die *Agentur TASS* berichtet:
Am 22. September wurde im deutschen Wehrmachtsbericht angegeben, die deutsche Luftwaffe habe die Rote Flotte angegriffen und mehrere Schiffe versenkt. Es wurden aber keine Schiffe getroffen. Dagegen versenkten sowjetische Einheiten kürzlich 14 deutsche Transportschiffe und ein finnisches Schiff. Zwei deutsche Transporter und mehrere Torpedoboote wurden beschädigt.

Wieder 24 Schiffe versenkt

Sonntag, 28. September 1941, Berlin
Das *DNB* meldet:
Die deutsche Kriegsmarine bewies in der abgelaufenen Woche vom 20. bis 27. September wieder, daß sie die Schlacht im Atlantik erfolgreich fortführt. Sie griff in einer Woche drei Geleitzüge, davon einen westlich Afrika, an und versenkte aus ihnen 24 Handelsschiffe, darunter vier Tanker, mit zusammen 160 500 Tonnen.

Geheimer Bericht des *Sicherheitsdienstes der SS* zur innenpolitischen Lage:
Nr. 224 vom 29. September 1941 (Auszug)
Große Freude und Begeisterung lösten die verschiedenen Sondermeldungen über die erfolgreiche Tätigkeit der deutschen U-Boote aus. Neben den empfindlichen Schlägen, die der britischen Schiffstonnage dadurch beigebracht wurden, hob die Bevölkerung besonders die Versenkung der britischen Tankschiffe hervor, in deren Vernichtung eine wirkungsvolle Beschneidung der englischen Treibstoffversorgung gesehen wird . . .

Schlachtschiff »Nelson« leicht beschädigt
Dienstag, 30. September 1941, London
Die *Agentur Reuter* meldet:
Im Verlaufe des Angriffs italienischer Flugzeuge auf einen großen britischen Geleitzug im Mittelmeer sind 13 italienische Flugzeuge, darunter zehn Sturzbomber, abgeschossen worden. Bei dem leicht beschädigten Kriegsschiff handelt es sich um das Schlachtschiff *Nelson,* das von einem Torpedo getroffen und in seiner Geschwindigkeit beeinträchtigt wurde. An Bord gab es keine Opfer. Die britischen Verluste betrugen drei Marineflugzeuge.

Deutsches Dementi
Mittwoch, 1. Oktober 1941, Berlin
Das *DNB* teilt mit:
Die sowjetrussische Meldung, wonach der Kreuzer *Köln* in der Ostsee von sowjetrussischen Seestreitkräf-

3. 9. 1941, Spitzbergen: Britische Pioniere sprengen die Funkstation von Barentsberg

ten und Küstenbatterien versenkt worden sei, ist frei erfunden.

Geheimer Bericht des *Sicherheitsdienstes der SS* zur innenpolitischen Lage:
Nr. 229 vom 16. Oktober 1941 (Auszug)
. . . Die Aufnahmen vom U-Boot-Einsatz mit Kapitänleutnant Endrass wurden als weiterer Höhepunkt der Wochenschau bezeichnet, wobei allgemein erklärt wurde, daß dies die besten Aufnahmen eines U-Boot-Einsatzes seien, die bisher überhaupt gezeigt wurden. Man habe bei der ganzen Szenenfolge immer den Eindruck, unmittelbar dabei zu sein, man erlebe die Torpedierung des Dampfers aus dem Geleitzug heraus selber mit, man sei ganz benommen bei dem Angriff des feindlichen Zerstörers und atme erleichtert auf, als der Schaden im U-Boot wieder behoben und die Gefahr vorbei sei . . .

Freitag, 17. Oktober 1941
Das *Oberkommando der Wehrmacht* gibt bekannt:
. . . Im Seegebiet vor Odessa griff die deutsche Luftwaffe Transporter des aus der Stadt fliehenden Feindes mit großem Erfolg an. Sie versenkte durch Bombenvolltreffer 6 Handelsschiffe mit zusammen etwa 30 000 Tonnen. 8 weitere große Schiffe wurden schwer getroffen, ein sowjetrussisches Schnellboot vernichtet.

Befehl an die US-Schiffe in Ostasien
17. Oktober 1941, Washington
Die *Agentur Reuter* meldet:
Alle US-Handelsschiffe sind angewiesen worden, die japanischen und chinesischen Gewässer zu verlassen, und zwar, wie die US-Marineleitung verlauten läßt, »wegen der Lage im Stillen Ozean«. Ihre Kapitäne bekommen den Befehl, den nächsten alliierten Hafen anzulaufen.

Odessa geräumt

Sonnabend, 18. Oktober 1941, Moskau
Die *Agentur Reuter* berichtet:
Nach dem sowjetischen Heeresbericht von Mitternacht hat sich die Evakuierung der sowjetischen Truppen aus Odessa, die vom Armeekommando während der letzten acht Tage vorbereitet wurde, planmäßig vollzogen. Die Truppen, die ihre Aufgabe im Gebiet von Odessa erfüllt hatten, wurden ohne Verluste von der Roten Flotte in andere Frontabschnitte abtransportiert. Die vom deutschen Rundfunk verbreiteten Meldungen, wonach sich die sowjetischen Truppen infolge des deutschen und rumänischen Ansturms zur Räumung Odessas gezwungen gesehen hätten, entbehren jeder Grundlage. Tatsächlich erfolgte die Räumung Odessas auf Weisung des sowjetischen Oberkommandos, und zwar aus strategischen Gründen und ohne Druck seitens der deutsch-rumänischen Truppen.

W. Churchill an den Marineminister
Mittwoch, 5. November 1941:
Ich bedaure sehr, daß die Zahl der gefangenen U-Boot-Leute veröffentlicht worden ist. Ich mißbilligte diese Veröffentlichung schon vor sechs Monaten. Die Zahl ist so klein, daß sie aller Welt unsere Fehlschläge gegen die U-Boote kundgibt. Es bestand nicht die geringste Notwendigkeit zu einer solchen Enthüllung, die den Gegner unnützerweise ermutigt und unsere Freunde entmutigt. Haben Sie gewußt, daß so etwas im Gange war?

Seegefecht im Mittelmeer
Montag, 10. November 1941, Rom
Das *Comando Supremo* gibt bekannt:
Einer unserer Geleitzüge, der sich im mittleren Mittelmeer befand, wurde in der Nacht zum 9. November von

einem britischen Flottenverband angegriffen. Die getroffenen Handelsschiffe sind gesunken. Von unseren den Geleitzug eskortierenden Zerstörern, die zu Torpedoangriffen übergingen, wurden zwei versenkt. Ein weiterer wurde getroffen und kehrte ohne ernste Beschädigungen in einen unserer Häfen zurück.

Britischer Zerstörer »Cossack« versenkt
10. November 1941
Die *britische Admiralität* teilt mit:
Der Zerstörer *Cossack,* der seinerzeit einen Handstreich auf den deutschen Dampfer *Altmark* in norwegischen Gewässern unternahm und dabei eine größere Zahl britischer Kriegsgefangener befreite, ist versenkt worden.

Die Revision des US-Neutralitätsgesetzes
Freitag, 14. November 1941, Washington
United Press meldet:
Das Repräsentantenhaus hat die Revision des Neutralitätsgesetzes mit 212 gegen 194 Stimmen gutgeheißen, was bedeutet, daß die US-Handelsschiffe künftig bewaffnet werden können und in die Kriegszone einfahren dürfen. Das neue Gesetz, das vom Senat bereits am letzten Freitag verabschiedet wurde, ist Präsident Roosevelt zur Unterzeichnung vorgelegt worden. Es wird voraussichtlich am nächsten Montag in Kraft treten. Man erwartet, daß die US-Flotte unverzüglich mit der Montage von Geschützen auf den US-Handelsschiffen beginnen werde.

Die »Ark Royal« versenkt

14. November 1941, London
United Press meldet:
Der Flugzeugträger *Ark Royal* wurde gestern am späten Abend im Mittelmeer, östlich von Gibraltar, von einem U-Boot angegriffen und durch einen Torpedovolltreffer im Maschinenraum schwer beschädigt. Man versuchte erst, den Flugzeugträger in den Hafen von Gibraltar abschleppen zu können. Die *Ark Royal* zeigte aber immer stärkere Schlagseite und sank schließlich heute in den frühen Morgenstunden.

W. Churchill an den Marineminister
14. November 1941:
Wir versenken monatlich nicht einmal zwei U-Boote, was mich sehr beunruhigt. Dem steht ein Zuwachs von nahezu 20 gegenüber. Das Versagen unserer – vor dem Kriege von der Admiralität so hoch gepriesenen – Methoden liegt klar auf der Hand . . .

Einsatz von US-Schiffen in den Kriegszonen
Mittwoch, 19. November 1941, Washington
Das *US-Marineministerium* gibt bekannt:
Die ersten bewaffneten US-Handelsschiffe werden für den Verkehr mit Großbritannien sowie auf der Seeroute nach Murmansk und Archangelsk eingesetzt.

W. Churchill an die Premierminister Australiens, Neuseelands und Südafrikas
Donnerstag, 20. November 1941:
. . . Um aber Japan abzuschrecken, entsenden wir einstweilen unser neuestes Schlachtschiff, die *Prince of Wales,* zur Unterstützung der *Repulse* nach dem Indischen Ozean. Wir haben uns dabei über die Proteste des Oberbefehlshabers der Home Fleet, der auf das ernste Risiko hinwies, hinweggesetzt . . .

W. Churchill an Admiral Cunningham, Oberbefehlshaber im Mittelmeer
Sonntag, 23. November 1941:
Ich habe den Ersten Seelord ersucht, Ihnen zu telegraphieren, wie ungeheuer wichtig es ist, die feindlichen Tanker, Truppen- und Materialtransporter abzufangen. Nach unseren hiesigen Informationen nähert sich eine Anzahl Schiffe Benghasi, und andere stechen zur Zeit in See. Der Feind hat Luftunterstützung für sie angefordert, doch kann sie ihm nicht gewährt werden, da seine

Links, 2. 12. 1941:
Das britische Schlachtschiff *Prince of Wales* läuft in Singapur ein

Rechte Seite:
14. 11. 1941, Mittelmeer:
Bereits in Sichtweite von Gibraltar sinkt der britische Flugzeugträger *Ark Royal* nach einem Torpedotreffer von *U 81*

ganze in Nordafrika stationierte Luftwaffe in der Schlacht engagiert ist . . . Es kann Tausende von Menschenleben retten, wenn Sie diese Schiffe abfangen, ganz abgesehen davon, daß es zu einem Sieg von überragender Bedeutung beitragen würde.

Die »Prince of Wales« in Singapur
Dienstag, 2. Dezember 1941, Singapur
Die *Agentur Reuter* meldet:
Das neue britische Schlachtschiff *Prince of Wales* (35 000 Tonnen) ist in Singapur eingetroffen.

Krise im Fernen Osten

Mittwoch, 3. Dezember 1941, London
United Press berichtet:
In England verfolgt man die Entwicklung der Krise im Fernen Osten mit um so größerer Ruhe, nachdem die britische Admiralität die Bildung einer völlig neuen »östlichen Flotte« bekanntgegeben hat . . . Sicher hat die Admiralität nicht unbeabsichtigt mitgeteilt, daß dieser neuen Flotte das große Schlachtschiff *Prince of Wales* angehört. Es ist sonst nicht üblich, daß man Einzelheiten über die Zusammensetzung der britischen Flottenverbände erfährt, am allerwenigsten während des Krieges . . .

Anfrage Roosevelts in Tokio
3. Dezember 1941, Washington
United Press teilt mit:
Präsident Roosevelt erklärte der Presse gegenüber, daß er Unterstaatssekretär Sumner Welles gebeten habe, über japanische Unterhändler in Erfahrung zu bringen, warum Japan weit mehr Land-, See- und Luftstreitkräfte nach Indochina entsandt habe, als in dem zwischen Japan und Vichy abgeschlossenen Abkommen vorgesehen ist. Der Präsident wies darauf hin, daß seine Anfra-

ge in sehr höflicher Form gehalten sei; er hoffe, von der japanischen Regierung eine prompte Antwort zu erhalten.

Urlaubssperre in Singapur
Sonnabend, 6. Dezember 1941, Singapur
Die *Agentur Reuter* meldet:
Für Offiziere und Mannschaften der Flotte ist Urlaubssperre verhängt worden. Kurz darauf hat man auch die Urlauber der Royal Air Force zurückgerufen.

Krise im Pazifischen Ozean
Sonntag, 7. Dezember 1941, Washington
Die *Agentur Reuter* berichtet:
Zwei große japanische Konvois sind mit starkem Begleitschutz gestern morgen südwestlich von Kap Camau, an der äußersten Südspitze Indochinas, auf der Fahrt zum Golf von Siam gesichtet worden.

Krieg im Pazifik

Montag, 8. Dezember 1941, Honolulu
United Press berichtet:
Die US-Flotte ist heute nacht aus dem Hafen von Pearl Harbor ausgelaufen. Auf hoher See vor Oahu wurde später das Mündungsfeuer von Geschützen beobachtet; an Land war Kanonendonner deutlich zu hören.

200 alliierte Schiffe aufgebracht
Dienstag, 9. Dezember 1941, Tokio
Das *Hauptquartier der Kaiserlichen Marine* teilt mit:
Im Verlaufe des gestrigen Tages sind 200 feindliche Handelsschiffe mit insgesamt 800000 BRT aufgebracht worden, darunter der Dampfer *President Harrison* (15000 BRT).

Einsatz der Roten Flotte
9. Dezember 1941, Moskau
Die *Agentur TASS* berichtet:
Ein besonders kühnes Unternehmen gelang der sowjetischen Flotte unter Führung des Schlachtschiffes *Parischskaja Kommuna.* Begleitet von drei Kreuzern und mehreren Zerstörern, durchfuhr das Schlachtschiff die Straße von Kertsch. Die Kriegsschiffe bezogen an der Küste des Asowschen Meeres zwischen Mariupol und Taganrog Position. Mit Unterstützung von Luftstreitkräften haben sie mehrere Stunden lang die deutschen Rückzugslinien entlang der Küste unter schwerstes Feuer genommen und Batteriestellungen sowie befestigte Linien bei Mariupol bombardiert.

Sperrung des Hafens von New York
Donnerstag, 11. Dezember 1941, Washington
Das *US-Marineministerium* teilt mit:
Die Zufahrten zum Hafen von New York sind durch Minen gesperrt worden. Alle einlaufenden Schiffe werden künftig durch Patrouillenfahrzeuge vom Eingang des Ambrose-Kanals aus begleitet.

Dezember 1941, Pazifik:
Japanische Flugzeugträger im Anmarsch

US-Träger »Lexington« versenkt
11. Dezember 1941, Tokio
Das *Hauptquartier der Kaiserlichen Marine* gibt bekannt:
Bei dem bereits am ersten Tage des Krieges von japanischen U-Booten bei Honolulu versenkten US-Flugzeugträger handelt es sich um die 33000 Tonnen große *Lexington.*

Versenkung der beiden modernsten Schlachtschiffe

11. Dezember 1941, Tokio:
Die *Marine-Abteilung des Kaiserlichen Hauptquartiers* meldet:
Die japanische Marine verlor bei ihrem gestrigen Einsatz in den malaischen Gewässern, bei dem die *Repulse* und die *Prince of Wales* versenkt wurden, lediglich drei Flugzeuge.

11. Dezember 1941, London
Ein Kriegskorrespondent des *Daily Express,* der sich an Bord der *Repulse* befand, berichtet:

. . . Nachdem das Schiff getroffen war und Schlagseite bekam, erfaßte uns nur noch der eine Gedanke, so schnell wie möglich an Deck zu gelangen. In dem Augenblick hatte sich die *Repulse* bereits so zur Seite geneigt, daß uns kaum zwei Meter vom Wasserspiegel trennten. Zusammen mit Hunderten von Offizieren und Mannschaften sprang ich in die lauwarme See und erstickte beinahe in der dicken Ölschicht, die das Wasser bedeckte. Nach kurzer Zeit – sie erschien mir wie Stunden – wurde ich in ein Rettungsboot gezogen.

11. Dezember 1941, Singapur
Rundfunksendung von Cecil Brown, CBS.
Hier ist ein Augenzeugenbericht, wie die *Prince of Wales* und die *Repulse* ihre Laufbahn im Südchinesischen Meer 50 Meilen vor der malaiischen Küste und 150 Meilen nördlich von Singapur beendeten . . .
12.20 Uhr – Ich sehe zehn Flugzeuge, die Kurs auf uns nehmen. Bis jetzt kann ich noch nicht ausmachen, ob es Bomber oder Torpedoflugzeuge sind . . . Eine Maschine umkreist uns immer enger. Jetzt ist sie ungefähr 350 Meter von unserer Backbordseite entfernt und dreht auf uns zu. Ich sehe, wie der Torpedo ins Wasser klatscht. Der Ausguck ruft: »Achtung, Torpedo!« Der Silberfisch läuft genau auf uns zu. Jemand sagt: »Der erwischt uns«. Der Torpedo trifft uns an Backbord, ungefähr 15 Meter von meinem Standort entfernt. Es ist ein Gefühl, als ob das Schiff auf einen Felsen läuft. Ich werde ein paar Schritte über Deck geschleudert, falle jedoch nicht hin und höre auch keine Explosion. Nur ein lautes Knacken. Wir lauschen, es geschieht nichts, nur eine Minute später hören wir das gleiche Knacken, diesmal an Steuerbord. Nach dem ersten Torpedotreffer kam aus dem Bordlautsprecher der ruhige Befehl: »Schwimmwesten aufblasen«. Ich war gerade damit beschäftigt, als der zweite Torpedo das Schiff traf. Es legte sich so schnell über, daß ich es aufgeben mußte, meine Schwimmweste weiter aufzublasen. Es galt keine Zeit zu verlieren . . . Die meisten Geschütze waren durch die Schlagseite des Schiffes oder durch Beschädigungen außer Gefecht gesetzt. Ich sprang um 12.35 Uhr von Bord der *Repulse*. Vom Wasser aus konnte ich die Ereignisse auf der *Wales* gut verfolgen. Sie feuerte noch eine Weile. Dann schlugen zwei Bomben auf das Deck. Wie beim Angriff auf die *Repulse* flogen die Japaner schnurgerade in einer Reihe in Längsrichtung über das Schiff und warfen Serien von drei Bomben . . . Ich schwamm, an ein Möbelstück geklammert, ungefähr eine Meile entfernt und sah, wie die *Wales* sich aufbäumte und versank . . .

11. Dezember 1941, Singapur
Die *Agentur Reuter* meldet:
Offiziell wird gemeldet, daß über 2000 Offiziere und Mannschaften der versenkten Schiffe HMS *Prince of Wales* und HMS *Repulse* gerettet worden sind. Die Überlebenden hat man in Singapur an Land gebracht.

Tagesparole des Reichspressechefs
11. Dezember 1941:
Der Minister erklärt, in England herrsche infolge der schweren Schiffsverluste eine starke Niedergeschlagenheit. Die deutsche Propaganda dürfe aber nicht in den Fehler verfallen, diese Niedergeschlagenheit zu sehr herauszustellen. Wie sich nach Dünkirchen gezeigt habe, könnten durch eine solche übertriebene Darstellung in der deutschen Öffentlichkeit ganz falsche Vorstellungen entstehen; auch sei zu beachten, daß die englische Propaganda in geschickter Weise bei Rückschlägen absichtlich die Stimmung stark absinken lasse, um sie nach kurzer Zeit unter dem Motto »so schlimm ist es ja nun auch wieder nicht« in einen fundierten Optimismus umschlagen zu lassen . . .

Sender Beromünster (Schweiz)

Freitag, 12. Dezember 1941:
Im Laufe von wenigen Tagen hat der Krieg eine Ausweitung und eine Ausbreitung auf neue Länder und Kontinente erfahren, die dem Zeitgeschehen ein neues Gesicht, wenn auch nicht eine neue Richtung geben . . . Europa ist nur noch ein verhältnismäßig kleiner, vielleicht für die weitere Kriegsentwicklung nicht mehr der wichtigste Schauplatz der Handlung. Aber die Ereignisse in Europa werden dennoch auf die Entwicklung in Amerika, in China, in der Südsee, im Orient und in Afrika einen Einfluß ausüben, wie umgekehrt

das Schicksal Europas in ungeahntem Maße von der Entwicklung in Amerika, im Fernen und im Nahen Osten und in Afrika mitbestimmt werden wird. Die Kleinheit, die Armut, die Abhängigkeit Europas werden im Lichte der jüngsten Ereignisse erst recht deutlich.

W. Churchill an Außenminister Eden (auf See)
12. Dezember 1941:
Durch Untergang der *Prince of Wales* und *Repulse* und die amerikanischen Verluste in Pearl Harbor haben Japaner volle Schlachtschiffüberlegenheit im Pazifik. Sie können jeden überseeischen Punkt mit beliebig großer Streitmacht angreifen. Einziges Glück, Raum ist so ungeheuer, daß sie ihre Kraft nur teilweise und begrenzt einsetzen können . . . Aber Kriegseintritt der USA macht natürlich alles gut und sichert mit Zeit und Geduld den Sieg . . .

Nur drei hatten U-Boot-Erfahrung
12. Dezember 1941:
U 570 mußte sich einem britischen Flugzeug ergeben. *U 570* war ein nagelneues Boot. Es war nur vier Tage auf See gewesen. Auf der Fahrt längs der norwegischen Küste sichtete es ein britisches Flugzeug und machte ein überhastetes Schnelltauchmanöver. Dabei lief es auf ein Riff auf, und der Bug sowie das Horchgerät des U-Bootes wurden beschädigt. Da es aber in Trondheim nicht genügend Facharbeiter gab, konnte nur der Bug repariert werden, und das Boot mußte mit schlecht funktionierendem Horchgerät in See stechen. Der Kommandant war niemals zuvor auf Feindfahrt gewesen, und nur drei Mann der Besatzung hatten Erfahrung im U-Boot-Dienst. Der einzige wirkliche U-Boot-Offizier an Bord war ein »Volksoffizier«, Ing.-Lt. E. Menzel. Die Maschinen arbeiteten nicht ordentlich, und die Besatzung litt schwer unter Seekrankheit.
RAF-Flugblattzeitung »Luftpost« N-26/1941

Handstreich gegen die Lofoten
Freitag, 19. Dezember 1941, London
Die *Agentur Reuter* berichtet:
Auf der kleinen Insel Maaloy und an der Südwestspitze der Insel Vaagsö sind britische Truppen gelandet. Die gesamte deutsche Besatzung von Maaloy wurde getötet oder gefangengenommen sowie militärische Anlagen und Munitionslager in die Luft gesprengt. Eine Batterie wurde zerstört. Im Süden von Vaagsö leisteten die Deutschen energisch Widerstand, und in Straßenkämpfen gab es unsererseits einige Verluste, bevor wir die Stadt vollständig besetzen konnten.

Versenkung eines sowjetischen U-Bootes
19. Dezember 1941, Bukarest
Das *DNB* meldet:
Der rumänische Zerstörer *König Ferdinand* hat gestern ein sowjetisches U-Boot im Schwarzen Meer versenkt, das versucht hat, den Zerstörer anzugreifen. Von zwei abgeschossenen Torpedos hat einer das U-Boot getroffen, das sofort sank.

Aktionen der niederländisch-indischen Flotte
Sonnabend, 20. Dezember 1941, Batavia
Die *holländische Admiralität* teilt mit:
Bei fortgesetzten Angriffen auf die japanischen Seestreitkräfte ist ein dritter Kreuzer außer Gefecht gesetzt worden und ein größeres Truppentransportschiff in Brand geraten. Die Kampfhandlungen halten an. Ein weiteres Schiff, das Flugboote an Bord hatte, explodierte und wurde zuletzt brennend beobachtet.

Japanische U-Boote an der US-Küste?

Sonntag, 21. Dezember 1941, Seattle
Die *Agentur Reuter* meldet:
Ein großes feindliches U-Boot hat vor der kalifornischen Küste den US-Tanker *Emideo* (6900 BRT) beschossen und torpediert. Fünf Besatzungsmitglieder werden vermißt.

Hongkong völlig abgeschnitten
Montag, 22. Dezember 1941, Tokio
Die *Agentur Domei* berichtet:
Die gesamte Umgebung Hongkongs wird von der japanischen Marine beherrscht. Britische Kriegsschiffe, die vor Hongkong ankern, sind vollständig eingeschlossen und sehen ihrer Vernichtung entgegen.

22. Dezember 1941
Das *Oberkommando der Wehrmacht* gibt bekannt:
Ein im Atlantik operierendes Unterseeboot unter Führung von Kapitänleutnant Bigalk torpedierte einen englischen Flugzeugträger. Das Schiff ist gesunken.

Handstreich auf St. Pierre und Miquelon
Freitag, 26. Dezember 1941, London
Das *Hauptquartier der »Freien Franzosen«* teilt mit:
Dem Wunsch der Bevölkerung entsprechend, nahm der Flottenbefehlshaber der »Freien Franzosen«, Admiral Muselier, im Namen des Freien Französischen Komitees Besitz von den Inseln St. Pierre und Miquelon . . . St. Pierre und Miquelon sind die größten Inseln zweier kleinerer Inselgruppen in der Nähe der Südküste Neufundlands. Es leben dort 4200 Einwohner . . . Die Bevölkerung sang die Marseillaise und brachte Admiral Muselier Ovationen dar, als er am Gefallenen-Denkmal einen Kranz niederlegte.

Überraschung in England
26. Dezember 1941, London
Die *Agentur Exchange* berichtet:
Die Nachricht von Admiral Museliers Besetzung der Inseln St. Pierre und Miquelon kam völlig überraschend. Soweit bisher bekannt wurde, hat Admiral Muselier ohne Wissen oder Zustimmung von Großbritannien und den USA gehandelt. Museliers Schiffe sollen nicht von einem britischen Hafen aus in Richtung Neufundland ausgelaufen sein. Die negative Reaktion in den USA wird hier zur Kenntnis genommen.

Strategie und Taktik

JULI BIS DEZEMBER 1941

Im Sommer 1941 bringt die immer stärkere Beteiligung der US-Navy an der Schlacht im Atlantik eine weitere Eskalation des Seekrieges. Churchill: »Die Überführung von 50 US-Kriegsschiffen nach Großbritannien war ein entschieden unneutraler Akt der Vereinigten Staaten. Er hätte nach allen Regeln der Geschichte der deutschen Regierung eine Rechtfertigung geliefert, den USA den Krieg zu erklären.« Die auf ausdrücklichen Wunsch des Premierministers erfolgte Abgabe der 50 US-Zerstörer birgt in sich eine andere, von Churchill gewiß sehnlichst erhoffte Gefahr: die unmittelbare Konfrontation zwischen den USA und Deutschland.
Die 50 Zerstörer sind nämlich der gleiche Typ, von dem die USA selbst noch 80 Einheiten besitzt. Jetzt – nach und nach als Geleit-Sicherungsfahrzeuge eingesetzt – sind sie kaum von jenen, die unter britischer Fahne kämpfen, zu unterscheiden. Dadurch stehen die deutschen U-Boot-Kommandanten nun unter einem harten psychischen Druck, denn jeder fühlt schließlich seine Verantwortung bei der Möglichkeit, daß durch eine falsche Torpedierung sein Land unter Umständen einen neuen mächtigen Gegner bekommen kann.

10. 12. 1941, 13.30 Uhr, vor der malayischen Küste: Ein britischer Geleitzerstörer rettet Besatzungsangehörige der *Prince of Wales*

Ab Dienstag, dem 1. Juli 1941, setzt die US-Navy erstmalig ihre Flugzeuge zu Patrouilleflügen gegen deutsche U-Boote ein. Eine Patrouille, Wing 7, startet an diesem Tag von ihrem Stützpunkt Argentia (Neufundland) zur Aufklärung über dem Nordwestatlantik. In der Nacht vom 1./2. Juli 1941 greift die RAF erneut den Hafen von Brest an: Der deutsche Kreuzer *Prinz Eugen* (Kpt. z. S. Brinkmann) wird von einer schweren Bombe getroffen, die mehrere Decks bis zur Artillerie-Rechenstelle durchschlägt, dabei finden 60 Mann der Besatzung den Tod. Das Schiff fällt für die nächsten sechs Monate aus.

Am Montag, dem 7. Juli 1941, landet auf Island die 1. Brigade des US-Marinekorps (Brig.Gen. Marston) und löst die britischen Besatzungstruppen ab. Es sind die ersten US-Truppen auf europäischem Gebiet.

Am Mittwoch, dem 9. Juli 1941, laufen von Banias (Syrien) die französischen Zerstörer *Guépard, Valmy* und *Vauquelin* nach Saloniki aus. Sie sollen von dort die aus Frankreich mit deutscher Hilfe per Bahn herangeschafften Vichy-Einheiten als Verstärkung nach Syrien bringen. Nachschub und Ausrüstungen sowie Flak und Munition werden auf zwei Frachter verladen. Nachdem der Verband 206 Seemeilen von der syrischen Küste entfernt gesichtet wird, beordert man ihn nach Toulon zurück.

Am Montag, dem 14. Juli 1941, wird in Syrien der Waffenstillstand unterzeichnet. Den französischen U-Booten *Caiman* und *Morse* gelingt es, nach Bizerta zu

entkommen, die anderen Schiffe steuern neutrale Häfen an.
Am gleichen Tag befiehlt Hitler in seiner Weisung Nr. 32 – da er den Ostfeldzug bereits als entschieden betrachtet –, den Schwerpunkt auf den U-Boot-Bau und die Produktion von Flugzeugen zu legen.

Am Sonntag, dem 20. Juli 1941, verlegt Dönitz das Operationsgebiet der U-Boote näher an die Britischen Inseln heran. Er hofft, daß sie hier im Schutz der länger werdenden Nächte und durch Unterstützung der eigenen Luftaufklärung mit größerem Erfolg angreifen können.

Am Donnerstag, dem 24. Juli 1941, bombardieren 149 RAF-Maschinen den Marine-Stützpunkt La Pallice. Das Schlachtschiff *Scharnhorst* erhält mehrere Treffer, die schwere Schäden verursachen.

Am Freitag, dem 25. Juli 1941, führt bei mondloser Nacht und ruhiger See die italienische X. Flottille (MAS) Angriffe gegen den Hafen von Malta durch: Die Fregatte *Diana,* eine ehemalige Jacht, hat acht Sprengboote sowie zwei Schnellboote mit je einem Torpedoreiter-Team an Bord. Der Verband wird von einer britischen Radarstation erfaßt. Dem ersten Torpedoreiter, Major Tessei – gleichzeitig Chef der X. Flottille (MAS) und Erfinder des Zweimann-Torpedos »Maiali« (deutsch: Schwein) – gelingt es, die Netzsperren am ersten Brückenbogen der San-Elmo-Brücke zu sprengen, die Besatzung des Torpedos kommt jedoch dabei ums Leben. Das erste heranjagende Sprengboot wird von der britischen Abwehr getroffen und rast steuerlos gegen einen Brückenpfeiler. Durch die Detonation des Sprengbootes stürzt der Brückenbogen zusammen und versperrt den nachfolgenden Booten die Einfahrt zum Hafen. So werden sie von den Küstenbatterien versenkt. Die beiden nächsten Torpedoreiter, die in den Hafen eindringen sollen, treiben durch Motorschaden an die Küste. Außer dem Verlust aller eingesetzten Kleinkampfmittel kostet es 15 Männern das Leben, 18 werden gefangengenommen.

Am Montag, dem 28. Juli 1941, fliegt der Berater von Präsident Roosevelt, Harry Hopkins, nach Moskau. Er bietet den Sowjets eine Soforthilfe sowie Unterstützung für eine längere Kriegsdauer an. Stalin wünscht sich vor allem Fla-Geschütze und Munition, schwere MG, Panzer, Stahl und Flugzeuge.

Am Mittwoch, dem 30. Juli 1941, teilt Admiral Nagumo, Chef der japanischen Admiralität, Kaiser Hirohito den Operationsplan der Marine mit.

Im Juli 1941 unternimmt der BdU erneut den Versuch einer Zusammenarbeit zwischen FW 200 »Condor« und U-Booten auf der Konvoi-Route England-Gibraltar.
Ende des Monats besetzen Japaner nach einem Abkommen mit der französischen Vichy-Regierung die Militärstützpunkte in Süd-Indochina. Von hier aus liegen nun die Philippinen, Singapur und Borneo in der Reichweite ihrer Bomber.
Im Juli 1941 versenken deutsche U-Boote im Atlantik 17 Handelsschiffe mit insgesamt 61 471 BRT ohne eigene Verluste; zwei Monate zuvor waren es noch 305 734 BRT. Die Ursache dieses Rückgangs: Die britische Admiralität kann jetzt den U-Boot-Funkverkehr – dank der Operation »Ultra Secret« – mitlesen. Die Konvois werden durch die aus Funkbefehlen ersichtlichen U-Boot-Aufstellungen herumgeführt. Und die deutschen U-Boote sind nun immer mehr auf zufälliges Sichten der Geleitzüge angewiesen. Der BdU ist sich über den Grund der Konvoi-Kursänderungen noch im unklaren, bemüht sich aber intensiv, die U-Boote trotzdem mit Informationen über Konvoi-Bewegungen zu versorgen. Eines dieser Behelfsmittel: Die nahe der Gibraltar-England-Route postierten U-Boote operieren nun aufgrund vom Meldungen des gegenüber Gibraltar in der spanischen Stadt Algeciras etablierten deutschen Agenten-Beobachtungspostens, der – mit den neuesten Infrarotgeräten ausgestattet – den Konvoi-Verkehr verfolgt. Ab Juli 1941 werden alle Konvois, die von Großbritannien nach Nordamerika auslaufen, durchgehend gesichert.
Im gleichen Monat beginnen die US-Werften mit dem Bau von Geleitzerstörern für die Royal Navy (monatlich zehn Schiffe).
Zu dieser Zeit wagen es die spanischen Behörden schon nicht mehr – nachdem Großbritannien scharf protestiert hat –, den deutschen U-Booten auch weiterhin zu gestatten, sich in den Häfen der Kanarischen Inseln zu versorgen.

Am Freitag, dem 1. August 1941, verbieten die USA – als Antwort auf die japanische Besetzung Südindochinas – den Export von Flugzeugbenzin und Öl an Länder außerhalb der westlichen Hemisphäre, wovon besonders Japan betroffen wird. Dieses Verbot macht Japan den Einkauf von Öl selbst in Niederländisch-Indien und Malaya unmöglich. Präsident Roosevelt untersagt ebenfalls das Be- und Entladen japanischer Schiffe in US-Häfen. Auch Eisen und Schrott dürfen an Japan nicht geliefert werden. Außerdem sperren Großbritannien und USA die japanischen Guthaben in ihren Ländern. Tokio bleibt jetzt als Alternative, entweder dem Verlangen von Roosevelt nachzugeben und Indochina, das als Sprungbrett nach Süden dienen soll, zu räumen, oder Krieg mit den USA.

Am Sonnabend, dem 2. August 1941, beginnt das amerikanische Hilfsprogramm mit Lieferungen (Lend-Lease) an die Sowjetunion.

Zu dieser Zeit wenden die Focke Wulf 200 »Condor« eine neue Taktik an: Statt die Geleitzüge selbst anzugreifen, senden sie den U-Booten Peilsignale. So ist es der britischen Admiralität trotz der »Enigma«-Meldungen unmöglich, die Geleitzüge auf der Strecke Gibraltar–England umzuleiten.
Einer der Versuche zur Bekämpfung der Fernaufklärer

August 1941, Nordatlantik: Eine »Sea Hurricane« startet von einem mit Katapult ausgerüsteten CAM-Frachter

Focke Wulf 200 ist der Einbau von Katapulten, wie auf dem alten Seeflugzeugträger »Pegasus« und anderen Einheiten. Diese Schiffe mit Marinejägern schützen die Geleitzüge vor den deutschen Fernaufklärern. Eine Idee, die von Churchill stammen soll, ist der Einbau von Katapulten auch auf Handelsschiffen, die man CAM (Catapult Armed Merchantmen) nennt. Sie haben meistens zwei Hurricane-Jäger an Bord, die beim Auftauchen der »Condor« katapultiert werden. Das erste CAM-Schiff ist der Dampfer *Michael E.,* der jedoch torpediert wird und samt seiner Hurricane untergeht. Insgesamt werden etwa 50 Handelsschiffe mit Katapulten ausgerüstet.

Am Sonntag, dem 3. August 1941, gelingt es Lieutenant Everett (108. Squadron), der von dem Dampfer *Maplin* gestartet ist, eine Focke Wulf 200 der I./KG 40 abzuschießen. Wie auch immer der Luftkampf zwischen einer katapultierten Hurricane und einer Condor endet, der Pilot steht jedesmal vor einer schwierigen Entscheidung: Soll er versuchen, die Küste trotz der meist großen Entfernungen zu erreichen oder in der Nähe des Konvois notwassern, was auch nicht gerade ungefährlich ist. Da die Maschine oft in Sekunden sinkt, ziehen die Piloten es in der Regel vor, mit dem Fallschirm abzuspringen, doch ist die Landung in der Nähe eines Schiffes noch keine Garantie dafür, herausgefischt zu werden: Es ist sehr schwierig, einen Piloten mit seinem Schlauchboot zu sichten, und andererseits kann ein Schiff, das ein U-Boot in seiner Nähe vermutet, nicht riskieren zu stoppen.

Am Montag, dem 11. August 1941, greifen britische Beaufighter-Maschinen den Hafen von Syrakus an und torpedieren das italienische Lazarettschiff *California* (13060 BRT).

Am Dienstag, dem 12. August 1941, proklamieren Präsident Roosevelt und Premierminister Churchill an Deck des US-Kreuzers *Augusta* in der Argentia-Bucht (Neufundland) die »Atlantik-Charta«, die Regeln für eine Weltordnung nach Kriegsende.

Am Sonnabend, dem 16. August 1941, erobert die deutsche 11. Armee (Gen.Oberst Ritter v. Schobert) einen der wichtigsten sowjetischen Marinestützpunkte, Nikolajew. Dabei werden auf dem Gelände der Marti-Werft und dem Marine-Arsenal das zum Teil selbst zerstörte Schlachtschiff *Sovetskaja Ukraina* (45000 t), der Schwere Kreuzer *Ordzonikidze,* vier Zerstörer, drei U-Boote und zwei Kanonenboote erbeutet.

Im Morgengrauen des 19. August 1941 unternimmt die Royal Navy vor der südamerikanischen Küste die streng geheime Operation »Cutting«: das Durchschneiden und Bergen von Teilen des Unterseekabels zwischen Afrika und Südamerika.

Am Mittwoch, dem 20. August 1941, legt Colonel Farthing, Chef der auf Hawaii stationierten Luftstreitkräfte, dem Kriegsministerium eine Denkschrift vor. Darin schreibt er, daß die Japaner wahrscheinlich bei einem Überfall auf Pearl Harbor sechs Flugzeugträger einsetzen und vom Norden her in den Morgenstunden angreifen werden. So fordert Colonel Farthing nun eine ständige Überwachung des Luftraumes um Hawaii mit etwa 180 Langstrecken-Aufklärern. Auf Hawaii befinden sich jedoch nur zwölf solcher Flugzeuge.

Am Donnerstag, dem 21. August 1941, verläßt den Hval-Fjord (Island) in Richtung Sowjetunion der erste britische Versuchs-Konvoi »Dervish«. Der Geleitzug von sieben Handelsschiffen wird von zwei Kreuzern und dem Träger *Victorious* gesichtet. Eines der Schiffe, der alte Träger *Argus,* hat 24 »Hurricanes« an Bord, die im Rahmen des Lend-Lease-Abkommens den Sowjets übergeben werden sollen. Weitere 15 Jagdflugzeuge gehen in Kisten verpackt als Deckladung auf anderen Schiffen mit.

Am Sonnabend, dem 23. August 1941, läuft nach 510 Tagen Kaperfahrt im Atlantik, Pazifik und Indischen Ozean der Hilfskreuzer, Schiff 36 *Orion* (Freg.Kpt. Weyher), in Bordeaux ein. Gesamterfolg: zehn Handelsschiffe mit 62915 BRT, dazu zwei weitere Frachter (21125 BRT), zusammen mit dem Schiff 45 *Komet* (Konteradm. Eyssen) versenkt. Danach wird die *Orion* als Werkstatt- und Artillerieschiff *(Hektor)* bis zum 4. Mai 1945 verwendet und in den letzten Kriegstagen vor Swinemünde durch Bombentreffer vernichtet.

Am Sonntag, dem 24. August 1941, beginnt die Verlegung der sowjetischen Baltischen Flotte (Vizeadm. Tribuz) mit den Einheiten des X. Schützenkorps vom Marinestützpunkt Reval (Estland) nach Kronstadt (Leningrad). Etwa 170 Kriegs- und Handelsschiffe versuchen auf ihrem Weg die deutsche »Juminda«-Minensperre zu durchbrechen. Bis zum 29. 8. 1941 gehen 1 Stabsschiff, 5 Zerstörer, 3 Wachboote, 3 Minensucher, 3 U-Boote, 3 Kanonenboote, 2 Netzleger, 1 Torpedokutter, 1 U-Boot-Jäger, 7 Räumfahrzeuge, 13 Dampfer (23550) BRT) und zwei Fähren verloren. Die »Minenschlacht« von Reval ist die erfolgreichste Minenoperation des Seekrieges.
Am gleichen Tag dringen britische und sowjetische Truppen unter dem Vorwand, »den Versuch der Achsenmächte, Iran unter Kontrolle zu stellen, zu vereiteln«, von Süden und Westen in das neutrale Land ein. In Wirklichkeit jedoch will man auf diesem Weg die Kriegsmaterialtransporte in die Sowjetunion sichern. Der gemischte Verband aus britischen, australischen und indischen Kriegsschiffen, unter dem Oberbefehl der East Indian Station führt mit den Truppen der britischen »Iraq Force« (Lt.Gen. Quinan) mehrere Landungen durch, um die iranischen Ölraffinerien in Abadan und die Ölfelder in Ahwaz am Persischen Golf (Operation »Countenance«) zu besetzen.
Um 21 Uhr besteigen in Basra (Irak) Teile der indischen 18. Infanteriebrigade (Brig. Lochner) die Motorboote und steuern auf die 50 Seemeilen entfernten, an der anderen Seite des Schatt-el-Arab, am Nordende des Persischen Golfs liegenden Ölraffinerien zu. Die geplante Landung im Morgengrauen scheitert jedoch: Die überladenen Boote laufen zum Teil auf Sandbänke, und dort, wo die Truppen ausgesetzt werden sollen, liegen gerade zwei Tankschiffe am Kai. Nach dem ausgelösten Sirenengeheul in den Raffinerien eröffnen die Sicherungseinheiten das Feuer. Die britische *Shoreham* versenkt ein iranisches Kanonenboot. Während sich die iranischen Truppen unerbittlich zur Wehr setzen und die Ölraffinerien jeden Moment zu explodieren drohen, läuft der Betrieb in den Anlagen weiter.
Auf der anderen Seite des Flusses Karun, der Abadan vom Festland trennt, greifen britische Kolonialtruppen den Marinestützpunkt Khorramshahr an. Die britische Feldartillerie nimmt das Fort und die Funkstation unter Beschuß. Dabei fallen der Oberbefehlshaber der iranischen Marine, Konteradmiral Bayendor, sowie acht Offiziere und über 100 Mann. Die Engländer greifen nun auch die schwache persische Flotte an. Die australische Sloop *Yarra* bringt in der Karunmündung die Kanonenboote *Chahbaaz* und *Karkass* auf und versenkt das Kanonenboot *Babr.* Der australische Hilfskreuzer *Kanimbla* (Capt. Adams) mit Kolonialtruppen an Bord sowie zwei Sloops, ein Kanonenboot, eine Korvette und mehrere Hilfsfahrzeuge kapern – etwa 50 Seemeilen von Khorramshahr entfernt – im Hafen von Bandar Shapur vier deutsche Handelsschiffe (27949 BRT), dazu einen italienischen Tanker und drei Frachter mit 17960 BRT. Der deutsche Handelsdampfer *Weißenfels* (7861 BRT) wird von der eigenen Besatzung in Brand gesteckt und zerstört. Im Hafengelände nehmen britische Soldaten 340 Deutsche, die sich als Touristen ausgeben, gefangen. Die strategisch wichtigen Ölraffinerien von Abadan fallen erst um 20 Uhr in britische Hand.
Währenddessen sind sowjetische Truppen mit Fahrzeugen der Roten Kaspischen Flottille an verschiedenen Küstenorten im persischen Teil des Kaspischen Meeres gelandet. Sie stoßen hier kaum auf Widerstand. Alle iranischen Fahrzeuge – daruner die Luxusjacht des Schah, die Wachboote *Charokh, Simorgh* und einige wenige Dampfer – werden von den Sowjets übernommen.

Am Montag, dem 25. August 1941, erscheint in den frühen Morgenstunden vor Westspitzbergen die britische Force K (Konteradm. Vian) mit den Kreuzern *Aurora* (Capt. Agnew) und *Nigeria* sowie einem Truppentransporter, dem ehemaligen Luxusdampfer *Empress of Canada* (Operation »Gauntlet«). Da keine Landungsfahrzeuge zur Verfügung stehen, müssen Rettungsboote für die britischen Truppen, unter dem Kommando von Brigadier Potts, dafür herhalten. Wider Erwarten bleibt jedoch am Ufer alles still, und die Soldaten gehen, ohne daß ein Schuß fällt, an Land. Sie sollen die Kohlenbergwerksanlagen zerstören. Den überraschten Inselbewohnern wird bekanntgegeben, daß sie innerhalb von neun Stunden evakuiert werden, die Russen nach Archangelsk, die Norweger nach Schottland. Man trifft nicht einmal auf deutsche Posten, so kann die Operation programmgemäß ablaufen.
Die Sprengtrupps bleiben zwei Tage lang auf der Insel. Obwohl dichte schwarze Rauchwolken von den brennenden Öltanks und Kohlehalden über Spitzbergen aufsteigen, erscheint kein deutsches Flugzeug. Man hat die Funkstation intakt gelassen, und die norwegischen Funker senden wie jeden Tag die Wetterberichte nach Norwegen. Weil eine tiefhängende Wolkendecke über

Spitzbergen gemeldet wird, bleiben die deutschen Aufklärer aus. Drei von Norwegen kommende Kohlendampfer werden mit ihrer deutschen Besatzung aufgebracht. Nachdem der britische Verband den Eis-Fjord verlassen hat, sprengen die Pioniere auch das E-Werk, die Funkstation und das wichtigste, die Wetterstation, dann gehen sie an Bord eines Zerstörers. Erst Tage später, am Sonnabend, dem 6. September 1941, erfahren die Deutschen von der Landung britischer Truppen auf Spitzbergen.

Ende August 1941 dringen britische und sowjetische Truppen in den Iran ein. Ihr Ziel: Sicherung des Versorgungsweges in die UdSSR und der Ölquellen

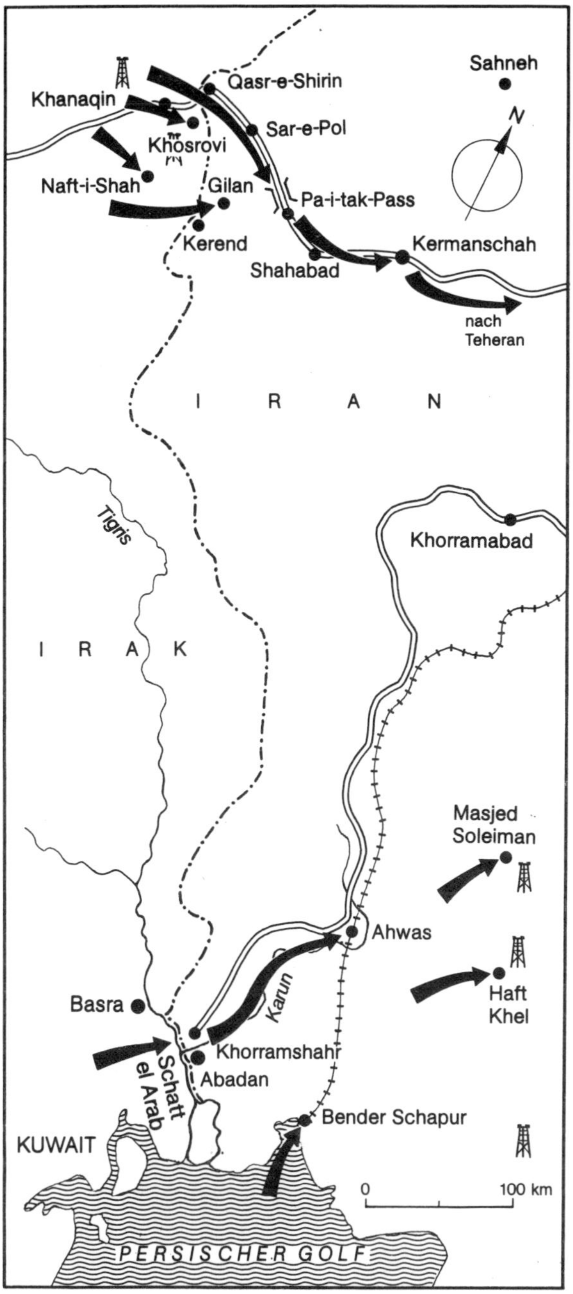

Am Mittwoch, dem 27. August 1941, um 8.30 Uhr, sichtet ein Hudson-Bomber der RAF-Squadron 269 (Sqn.Ldr. Thompson) etwa 80 Seemeilen südlich von Island ein deutsches U-Boot. Nachdem *U 570* (Oberlt.z.S. Rahmlow) durch vier Wasserbomben beschädigt worden ist, signalisiert der Kommandant mit weißer Fahne die Übergabe an den ihn umkreisenden Bomberpiloten.
Nachdem Thompson per Funk um Unterstützung gebeten hat, wird ihm ein Catalina-Flugboot der 209. Squadron gesandt. Und am Abend erscheint neben zwei Zerstörern der bewaffnete Trawler *Northern Chief*. Er blinkt: »Wenn Sie einen Versuch machen, das Boot zu versenken, werde ich niemanden retten und auf Ihre Rettungsflöße feuern.« Nach Übernahme der Besatzung wird *U 570* nach Island geschleppt. Obwohl man vorher alle Geheimunterlagen und die Schlüsselmaschine über Bord geworfen hat, ist die Kaperung von *U 570* ein empfindlicher Schlag für den BdU. Die britischen U-Boot-Abwehr-Spezialisten können einige wichtige Erkenntnisse sammeln: Die Messung von Geräuschen der einzelnen Maschinen, Fahreigenschaft und Tauchtiefe. Sie stellen unter anderem fest, daß der U-Boot-Körper aus 2,5 Zentimeter dickem Stahl, mit sorgfältig geschweißten und genieteten Nahtstellen dem Wasserdruck in 150 Meter Tiefe gut standhält. Daraufhin werden die Zündsätze an den Wasserbomben geändert, so daß sie bis nahezu 200 Meter Tiefe noch wirksam sind. Drei Wochen später (19. 9. 1941) wird *U 570* als HMS *Graph* (Lt. Colvin) in britische Dienste gestellt.

Ende August 1941 werden die deutschen U-Boote aus der Ostsee wieder abgezogen, da sich dort keine lohnenden Ziele mehr bieten.

Am Donnerstag, dem 28. August 1941, torpediert das britische U-Boot *Unique* (Lt.Cdr. Hezlet) den italienischen Truppentransporter *Esperia* (11 398 BRT) aus einem Groß-Konvoi nach Tripolis, nur elf Seemeilen vor dem Zielhafen. Von den 1170 Soldaten an Bord werden 1139 Mann gerettet.
Am gleichen Tag wird der Widerstand der iranischen Truppen gebrochen, und der Schah von Persien dankt zugunsten seines 22jährigen Sohnes Reza Pahlewi ab. Nun können bis zum Kriegsende 5 Millionen Tonnen Kriegsmaterial aus den USA und England über Persien die verbündete Sowjetunion erreichen.

Am Sonntag, dem 31. August 1941, läuft der erste britische Versuchskonvoi »Dervish« in Archangelsk ein. Er hat auf seinem Weg von Island aus keine Feindberührung gehabt.

Im August 1941 versenken deutsche U-Boote im Atlantik 22 Handelsschiffe mit insgesamt 67 638 BRT. Eigene Verluste: vier U-Boote.
Im gleichen Monat gelingt es Großbritannien – zum erstenmal seit Januar 1941 – pro Woche fast 1 Million Tonnen verschiedener Güter einzuführen und damit ein Existenzminimum zu erreichen.

Zu dieser Zeit bereiten die Angriffe der deutschen Schnellboote auf Geleitzüge in den Küstengewässern Südenglands weiterhin Schwierigkeiten. Die nachts an den Konvoi-Routen auf der Lauer liegenden Schnellboote werden von den Sicherungsfahrzeugen wegen ihrer niedrigen Silhouetten nur selten erkannt. Und man bemerkt die Angriffe in der Regel erst dann, wenn die ersten Torpedos hochgehen und die Schnellboote im Schutz der Dunkelheit mit voller Fahrt bis zu 42 Knoten (78 km/h) verschwinden.

Am Montag, 1. September 1941, übernimmt die US-Atlantik-Flotte die Sicherung der schnellen Konvois im Nordatlantik, und die »Denmark Strait Patrol« (Konteradm. Giffen) mit zwei Schlachtschiffen, zwei Schweren Kreuzern und 13 Zerstörern den Patrouillendienst in der Dänemarkstraße. Der Stützpunkt liegt im Hval-Fjord (Island).

Am Dienstag, dem 2. September 1941, wird in Lorient an der bretonischen Atlantikküste der erste Teil einer U-Boot-Bunkeranlage in Betrieb genommen. Der Bau von U-Boot-Bunkern obliegt dem Chef des Marine-Bauwesens, Ministerialdirektor Eckhardt, Erbauer des ersten Hafens von Helgoland. Sonderbeauftragter für Großbauten der Marine an der Atlantikküste ist Marine-Oberbaurat Triebel. Er gründet das Planungsamt »Kriegsmarine-Werft Lorient«, dessen Arbeitsbereich sich von Brest bis Bordeaux erstreckt. Die Bauausführung erfolgt durch die Organisation Todt (OT) unter Leitung von Regierungsbaumeister Dorsch.
Es entstehen zur Zeit U-Boot-Bunker in Brest, Lorient, St. Nazaire, La Pallice und Bordeaux. An den Marine-Bauten sind rund 15 000 Mann beteiligt. Die Kosten für die U-Boot-Bunker in Lorient betragen etwa 400 Millionen Reichsmark. Jeder dieser Bunker hat im Durchschnitt zwölf Hallen für je drei U-Boote. 500 000 Kubikmeter Beton werden für einen U-Boot-Bunker benötigt. Die Betondecken der Bunker sind bis zu 6,5 Meter stark, später sogar bis zu 10 Meter, darüber tragen sie in einer Höhe von 3,5 Meter Fangroste für Bomben. Nur ein einziges Mal schlägt eine 6-Tonnen-Bombe (»Grand Slam«) ein Loch in die Betondecke. Die U-Boot-Bunker werden in Tag- und Nachtarbeit gebaut. Die Bitte des Oberbefehlshabers vom Coastal Command an das Committee »Battle of Atlantic« um Genehmigung für Angriffe auf die Baustellen der U-Boot-Bunker wird abgelehnt.

Am Donnerstag, dem 4. September 1941, wird der Kommandant des US-Zerstörers *Greer*, Lieutenant Commander Frost, von einer »Hudson« der Squadron 269 des RAF-Command Island über ein nicht weit von seiner Position befindliches deutsches U-Boot informiert. Der US-Zerstörer ortet das getauchte U-Boot

28. 8. 1941, Island:
Das durch einen RAF-Hudson-Bomber (Squ.Ldr. Thompson) zur Übergabe gezwungene *U 570* (Oberlt. z. S. Rahmlow)

Erstmalig auf der Welt: Lorient, Einbringen eines Bootes in den U-Boot-Bunker
1. Das Boot wird mit Verholanlage eingeschleppt und auf dem Dock- und Keilwagen abgesetzt.
2. Das Boot ist mit Dock-Keilwagen von seitlich angebrachter Winde aufgeschleppt. Verschublokomotive zum Verfahren vorgespannt, dann werden Boot und Dockwagen mit Hilfe der Lok auf die Schiebebühne gefahren.
3. Das Boot und der Dockwagen sind mit Hilfe der Lok in die Abstellboxe gefahren.

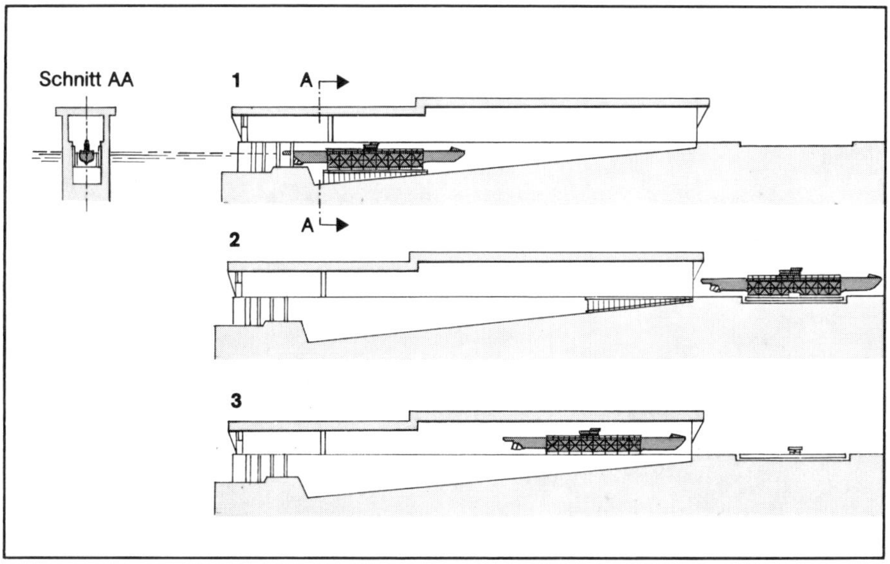

ebenfalls. Unterdessen wirft die britische Maschine Wasserbomben ab. Das angegriffene Boot *U 652* (Oberlt. z. S. Fraatz) versucht, den US-Zerstörer *Greer*, den er für den Angreifer hält, zu torpedieren. Der *Greer* gelingt es, auszuweichen und *U 652* mit Wasserbomben zu bekämpfen, wenn auch ohne Erfolg. Dieses Ereignis, »*Greer*-Zwischenfall« genannt, wird von der US-Kriegspropaganda zu einer ernsthaften Affäre hochgespielt.

Am Montag, dem 7. September 1941, eröffnen erstmalig der sowjetische Kreuzer *Maxim Gorki* vom Leningrader Handelshafen und das Schlachtschiff *Marat* vom Kronstadter Seekanal das Feuer auf die Angriffsspitzen der deutschen 18. Armee (GenOberst v. Küchler), die sich zur Zeit südlich von Leningrad befinden.

Am Donnerstag, dem 11. September 1941, gibt Präsident Roosevelt – durch den »*Greer*-Zwischenfall« veranlaßt – den Befehl, »alle deutschen und italienischen Schiffe in Gewässern anzugreifen, deren Schutz für die amerikanische Verteidigung notwendig ist«. Mit diesem »Schießbefehl« (shoot-on-sight-order) nimmt die US-Navy aktiv an der Schlacht im Atlantik teil.
Trotz heftigem Drängen der Seekriegsleitung läßt sich Hitler nicht umstimmen, seinen Befehl, wonach deutsche U-Boote keine amerikanischen Schiffe torpedieren dürfen, abzuändern. Sie sollen im Nordatlantik – außerhalb einer bestimmten Zone – nur Kriegsschiffe vom Kreuzer an aufwärts angreifen und erst dann, wenn sie einwandfrei als feindliche Einheiten identifiziert sind.

Am Sonnabend, dem 13. September 1941, als bei den Kämpfen um die Insel Ösel deutsche und finnische Kriegsschiffe Artillerieunterstützung geben, läuft das finnische Küstenpanzerschiff *Ilmarinen* (FregKpt. Goransson) auf eine Treibmine und geht mit 271 Mann unter, nur 132 werden gerettet.

Am Dienstag, dem 16. September 1941, wird die erste Gruppe der deutschen U-Boote (»Goeben«) mit sechs Booten ins Mittelmeer verlegt. Sie untersteht nun der operativen Leitung des Marinegruppenkommandos Süd in Sofia. Hitler hat trotz der Einwände des BdU die Gruppe dorthin beordert, um die Nachschubwege für Geleitzüge nach Nordafrika zu sichern. In der Tat haben die Engländer zu dieser Zeit bis zu 70 Prozent der Konvois versenkt. Die U-Boote erleiden schwere Verluste und können den britischen Vormarsch in Nordafrika nicht verhindern. Sie haben zwar große taktische Erfolge erzielt, doch durch ihre Verlegung kommt der U-Boot-Krieg im Atlantik fast zum Erliegen. Admiral Dönitz: »Daß der Tonnagekrieg die Hauptaufgabe der deutschen Seestrategie und damit die der U-Boote war, wurde also außer acht gelassen.«
Das Mittelmeer ist für die U-Boote alles andere als geeignet: Die meisten Operationsräume liegen in Reichweite der landgestützten Flugzeuge, die bei dem hier herrschenden schönen Wetter die U-Boote selbst in 15 Meter Tiefe sichten können, im Gegensatz zum Atlantik, wo die Sichttiefe nur bis zu 9 Metern reicht.
Ab 16. September 1941 beschießen deutsche Heeresküstenbatterien aus den Stellungen an der Kronstädter Bucht die vor Leningrad liegenden Kriegsschiffe. Dabei erhalten die Schlachtschiffe *Marat, Maxim Gorki* und der Kreuzer *Petropawlowsk* (ex *Lützow*), mehrere Treffer. In den Mittagsstunden bekommt der noch immer unfertige Kreuzer *Petropawlowsk* insgesamt 53 Treffer, von 21-cm- und 17-cm-Kalibern. Nachdem an Deck Feuer ausgebrochen ist, legt sich das Schiff mit der Backbordseite auf den Hafengrund, nur die Kaimauer verhindert das Kentern des Kreuzers. Von der Besatzung finden zehn Mann den Tod, 20 Soldaten werden verletzt.
Die weitverzweigten sowjetischen Binnengewässer ermöglichen es, ganze Flottillen jeweils in Schwerpunktabschnitten einzusetzen. So beteiligen sich z. B. im Herbst 1941 Kanonenboote der Wolga-Flottille auf dem

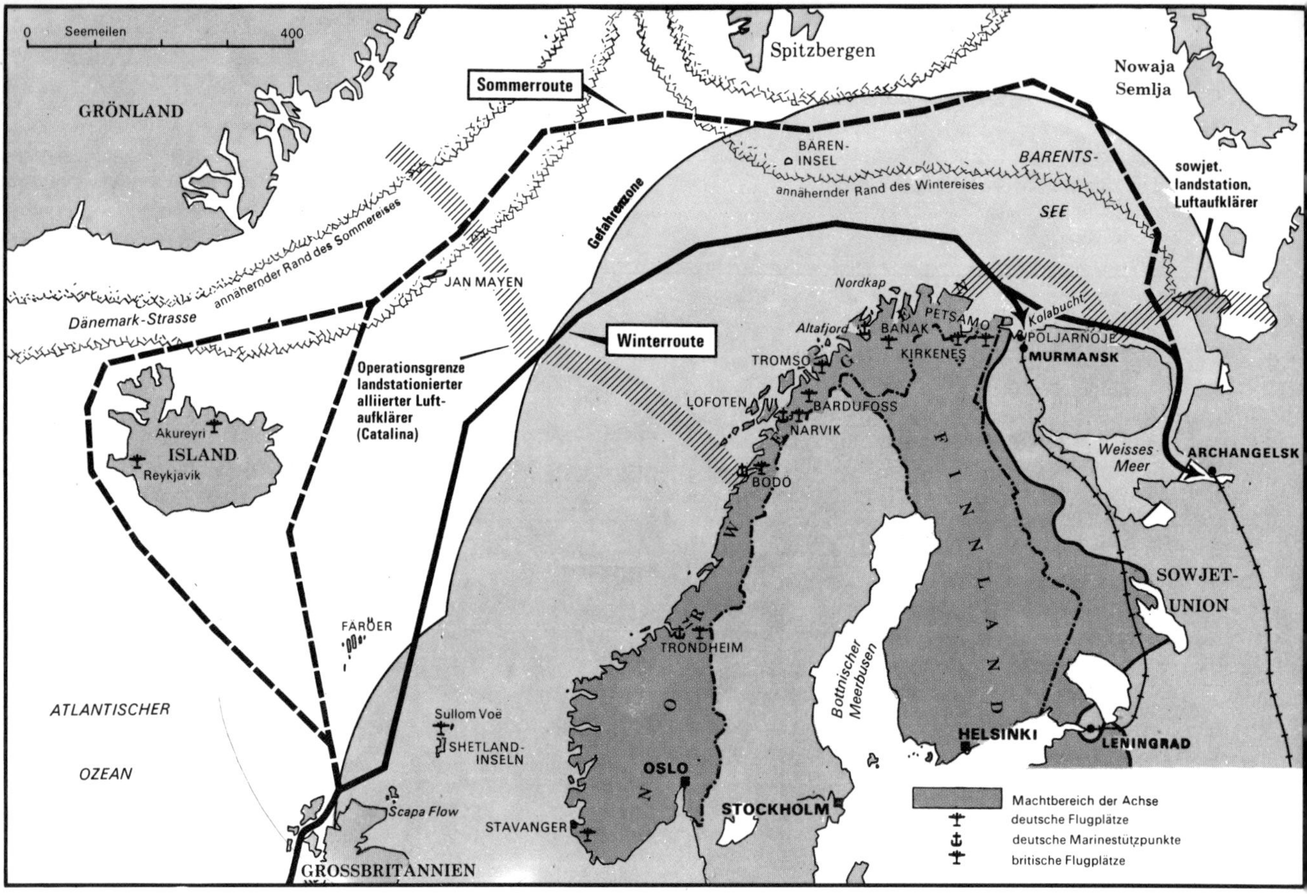

Fluß Moskwa an der Verteidigung der sowjetischen Hauptstadt. Dagegen sind deutsche Operationen auf Binnengewässern durch den Mangel an geeigneten Fahrzeugen kaum von Bedeutung. In Küstennähe erweisen sich wiederum die sowjetischen Motor-Torpedoboote als gefährliche Gegner.

Im September 1941 ist die erste Liberator-Squadron des britischen Coastal Command einsatzfähig. Mit diesen Langstreckenmaschinen werden die Patrouillenflüge zwischen Island und Großbritannien durchgeführt.
Ab Mitte September 1941 macht sich aber auch der verstärkte deutsche U-Boot-Bau bemerkbar. Mit den neuen Booten wird eine Nordgruppe aufgestellt, die zwischen Island, Grönland und Neufundland operieren soll.

Am Mittwoch, dem 17. September 1941, übernehmen zum erstenmal fünf US-Zerstörer die Sicherung eines britischen Konvois im Nordatlantik zwischen Neufundland und Island.

Am Donnerstag, dem 18. September 1941, vernichtet das britische U-Boot *Upholder* (Lt.Cdr. Wanklyn) aus einem italienischen Geleitzug nach Tripolis zwei Groß-Truppentransporter, die *Oceania* und *Neptunia*, beide etwa 19500 BRT. Die Sicherungszerstörer bergen 6500 Soldaten, 384 kommen ums Leben.

Am Sonnabend, dem 20. September 1941, bildet die Seekriegsleitung die Baltenflotte (Vizeadm. Ciliax) mit dem Schlachtschiff *Tirpitz*, dem Schweren Kreuzer *Admiral Scheer*, zwei Leichten Kreuzern, drei Zerstörern, einer Torpedobootflottille und Minenschiffen. Sie soll einen möglichen Ausbruch der in Kronstadt liegenden sowjetischen Seestreitkräfte verhindern.

In der Nacht vom 20./21. September 1941 dringt das italienische U-Boot *Sciré* (KorvKpt. Fürst Borghese) in die Bucht von Gibraltar ein. Um 1.00 Uhr werden die drei Besatzungen der neuen, verbesserten Zweimann-Torpedos (Typ SSB) mit ihren Geräten ausgesetzt. Sie versenken auf der Reede und im Kriegshafen den britischen Tanker *Fiona* (2444 BRT) sowie *Denbydale* (8145 BRT) und beschädigen erheblich das Motorschiff *Durham* (10893 BRT). Den drei Torpedoreiter-Teams gelingt es, das spanische Territorium zu erreichen.

Am Dienstag, dem 23. September 1941, führen deutsche Kampfgruppen der Luftflotte 1 (GenOberst Keller) von den vorgeschobenen Absprunghäfen im Raum Minsk gegen die im Hafen und auf der Reede vor Kronstadt liegenden schweren Einheiten der sowjetischen Marine Angriffe durch. Um 8.45 Uhr starten die 1. und die 3. Staffel des Sturzkampfgeschwaders 2 vom Feldflugplatz Tyrkowo. Ihr Ziel die Schlachtschiffe *Marat* und *Oktjabrskaja Revoljucija*. Das 23600 Tonnen große Schlachtschiff *Marat* mit seinen zwölf 30,5-cm- und sechzehn 12-cm-Geschützen ist bereits schwer angeschlagen, als es nach einem Volltreffer in zwei Teile zerbricht und sinkt. Dies ist die erste Versenkung eines Schlachtschiffes durch einen Stuka.

Rechts: September 1941: An diesem Modell, von dem nur dieses Foto übrigblieb, übten die japanischen Flieger den Angriff auf Pearl Harbor. Vorn die Schlachtschiffe *Nevada, Arizona, Tennessee, West Virginia, Maryland* und *Oklahoma*

Links:
Die Routen der Murmansk-Konvois

Mitte September 1941 beginnt Japan mit den USA über eine Milderung der Handelssperre zu verhandeln. Nach zähen Besprechungen wird vereinbart, daß Japan zwei Passagierschiffe, jedoch ohne Handelsware, nach USA und Hawaii schicken darf. Mit diesen Passagierschiffen *Tatuta Maru* und *Taijo Maru* hat Japan die Möglichkeit, seine letzten Vorbereitungen abzuschließen.

Am Montag, dem 29. September 1941, wird – nachdem man bemerkt hat, daß die sowjetischen Kriegsschiffe keinen Ausbruch in die Ostsee beabsichtigen und die Einnahme von Leningrad gescheitert ist – die am 20. 9. 1941 aufgestellte deutsche Baltenflotte wieder aufgelöst.
Unterdessen läuft nun der erste Geleitzug PQ 1 von Reykjawik (Island) nach Archangelsk. Der Konvoi, bestehend aus zehn Frachtern mit Waffenladungen, von einem Kreuzer und zwei Zerstörern gesichert, erreicht ohne Verluste den sowjetischen Bestimmungshafen. Seine kürzeste, wenn auch gefährlichste Route führt am Nordkap dicht an der Packeisgrenze vorbei. Diese Route liegt in Reichweite der in norwegischen Stützpunkten stationierten Maschinen der deutschen Luftwaffe. Erstaunlicherweise werden die Geleitzüge in den ersten Monaten nicht von den Deutschen angegriffen. Die britische Admiralität hat den Commodore P. Q. Roberts mit der Organisation dieser Konvois beauftragt. Nach ihm erhalten sie die Kennbuchstaben P. Q. und die aus der UdSSR zurückkehrenden Q. P.
Am gleichen Tag vereinbart Stalin in Moskau mit dem Vertreter Großbritanniens, Lord Beaverbrook, und mit dem Bevollmächtigten der USA, Harry Hopkins, das gesamte Ausmaß der Hilfslieferungen (Lend-Lease). Die Verlesung der langen Lieferungsliste quittiert Stalin mit den Worten: »Ich bin begeistert!« Sein Dolmetscher springt auf und ruft: »Jetzt werden wir den Krieg gewinnen . . .«

Ende September 1941 fängt in Japan die Ausbildung der Flotte 1 durch Fregattenkapitän Genda für den Überfall auf Pearl Harbor an. Es nehmen daran mehrere hundert Maschinen teil. Bomber, Sturzkampfflugzeuge, Torpedoflugzeuge und Jäger bilden nun einen Angriffsverband, dessen Chef, Fregattenkapitän Futschida, ein ehemaliger Marine-Studienkollege von Genda ist. Als Übungsplatz für Torpedoangriffe wird – wegen ihrer Ähnlichkeit mit der Bucht von Pearl Harbor – die Bucht von Kagoschima auf der japanischen Südinsel Kiuschu bestimmt. Dort wird speziell die Taktik des Torpedoangriffs in engen flachen Gewässern geprobt. Die Bauern in der Gegend beschweren sich, weil durch den ständigen Motorenlärm ihre Hühner nicht mehr legen.
Währenddessen wird in einer Versuchsanstalt der Kaiserlichen Marine ein Flachwassertorpedo mit Flossen und einem Stabilisierungssystem weiterentwickelt ähnlich dem Torpedo, den die Engländer bei ihrem Angriff auf Tarent (11. 11. 1940) verwendet haben.

In der zweiten Septemberhälfte 1941 werden erstmalig zur Sicherung für den Gibraltar-Konvoi Maschinen des Geleitträgers *Audacity* (Cdr. Mackendrick) gegen

Focke Wulf 200 und deutsche U-Boote eingesetzt. Der kleine Hilfsflugzeugträger *Audacity* ist der ehemalige deutsche Frachter *Hannover*, der im Februar 1940 vor Santo Domingo gekapert wurde. Man hat die Aufbauten entfernt und US-Jagdflugzeuge vom Typ »Martlet« (Wildcat) auf dem hölzernen Deck abgestellt, wo gleichzeitig, da ein Hangar fehlt, alle Wartungsarbeiten durchgeführt werden müssen.
Im Herbst 1941 transportiert man Kriegsmaterial und strategisch wichtige Versorgungsgüter für England zum größten Teil auf US-Frachtern mit amerikanischem Geleitschutz.
Im September 1941 versenken deutsche U-Boote im Atlantik 54 Handelsschiffe mit insgesamt 208 822 BRT. Eigene Verluste: zwei U-Boote.

Ab Mittwoch, dem 1. Oktober 1941, finden in Tokio an der Kriegsakademie die Planspiele des japanischen Generalstabs statt. Man untersucht dabei die operativen Probleme einer Südoperation. Die japanische Luftflotte und Marine sind ihrem Gegner im Pazifik und Südostasien völlig überlegen. Die Flotte zählt zur Zeit: 10 Schlachtschiffe, 6 Flugzeugträger, 5 Flugzeugmutterschiffe, 6 Hilfs-Flugzeugträger, 12 Schwere Kreuzer, 5 Küstenpanzerschiffe, 28 Leichte Kreuzer, 2 Minenkreuzer, 127 Zerstörer und 69 U-Boote.

Bis zum 6. Oktober 1941 gelingt es, die sowjetische 175. Schützendivision von Odessa auf dem Seeweg nach Sewastopol zu evakuieren.

Am Donnerstag, dem 16. Oktober 1941, befiehlt Stalin die endgültige Räumung von Odessa, und um 3 Uhr morgens verläßt die Schwarzmeerflotte mit den letzten Einheiten diesen Hafen. Insgesamt werden fünf Divisionen mit 80 000 Soldaten, dazu 15 000 Parteimitglieder, Facharbeiter und Zivilisten auf 15 Kriegsschiffen – darunter zwei Kreuzer und vier Zerstörer, 21 Transporter und mehrere Kleinfahrzeuge – nach Sewastopol geschafft. Die Räumung wird von den Deutschen bis zum Nachmittag nicht gestört, erst dann greifen sie mit Flugzeugen die Räumungstransporte an.

Am Freitag, dem 17. Oktober 1941, 350 Seemeilen südwestlich von Island, sichtet *U 568* (KptLt. Preuß) den US-Zerstörer *Kearny* (Lt.Cdr. Davis). Kapitänleutnant Preuß hält die *Kearny* für einen britischen Zerstörer und greift mit Torpedos an. Einer von ihnen trifft den US-Zerstörer an der Steuerbordseite und detoniert im vorderen Kesselraum. Elf Mann sind tot und 19 verwundet. Die *Kearny* erreicht mit Hilfe der beiden US-Zerstörer *Greer* und *Monssen* den Hval-Fjord.

Am Montag, dem 20. Oktober 1941, trifft in Japan die Kaiserliche Marine letzte Vorkehrungen zur Bereitstellung für einen Überraschungsangriff auf Pearl Harbor, falls die Verhandlungen mit den USA scheitern. Die Trägerstukas und Torpedoflugzeuge, die die US-Flotte ausschalten sollen, führen ihre letzten scharfen Übungen durch. Sie können dabei auf eine lange Tradition zurückblicken: Es war ein japanischer Flieger, der bereits am 26. September 1914 – erstmals in der Geschichte des Luftkrieges – ein Schiff, übrigens einen deutschen Minenleger, versenkte. Dieser Erfolg gelang dem Piloten eines Farman-Wasserflugzeuges mit einer eigenhändig abgeworfenen Artilleriegranate in der Kiautschou-Bucht im deutschen Pachtgebiet von Tsiangtau in China.

Am Mittwoch, dem 22. Oktober 1941, läuft aus Yokohama einer der zwei japanischen Passagierdampfer aus, denen die US-Regierung erlaubt hat, Hawaii bzw. San Francisco zu besuchen. Die *Taijo Maru* geht auf die nördliche Route, die für den geplanten Überfall der japanischen Angriffsflotte auf Pearl Harbor vorgesehen ist.
Das japanische Passagierschiff hat zwei Sonderbeauftragte an Bord: Korvettenkapitän Suzuki, Fachmann auf dem Gebiet der US-Luftstreitkräfte im Pazifik, und Korvettenkapitän Maedschima, Spezialist für die amerikanische U-Boot-Waffe.
Während der ganzen Fahrt von etwa 2000 Seemeilen suchen die beiden Offiziere Tag und Nacht das Meer ab. Das Ergebnis ihrer Erkundung übertrifft alle Erwartungen: Bis Hawaii begegnet die *Taijo Maru* keinem einzigen Schiff.

Am Donnerstag, dem 23. Oktober 1941, erreicht das erste der zwei japanischen Schiffe, *Tatuta Maru*, Honolulu. Nachdem der japanische Generalkonsul Kita auf dem Schiff erscheint, händigt ihm der Kapitän ein versiegeltes Schreiben des Generalstabs aus mit der Aufforderung, umgehend eine detaillierte Karte aller militärischen Einrichtungen in Pearl Harbor anzufertigen.

In der Nacht zum 24. Oktober 1941 torpediert im Nordatlantik *U 563* (Oberlt. z. S. Bargsten) den Zerstörer *Cossack* (Capt. Berthen), der am 26. Oktober 1941 sinkt. Kater Oscar, der nach Versenkung des Schlachtschiffs *Bismarck* von der *Cossack* geborgen wurde, befindet sich auch jetzt unter den Geretteten. Einer der britischen Zerstörer bringt Oscar nach Gibraltar, wo ihn die Besatzung des Flugzeugträgers *Ark Royal* in ihre Obhut nimmt.

Im Oktober 1941 sollen deutsche Schnell- und Räumboote von der Nordsee ins Mittelmeer verlegt werden. Die Seekriegsleitung beauftragt Kapitän zur See v. Conradi mit der Überführung dieser Einheiten auf dem Wasserweg quer durch Europa. Über Rhein und Rhône sollen die Schiffe durch das unbesetzte Frankreich geleitet werden. Die französische Vichy-Regierung hat darum gebeten, von der Überführung so »wenig Aufsehen wie möglich zu machen«, und stellt einen französischen Begleitoffizier zur Verfügung. Die Boote werden in Rotterdam in unauffällige Flußschlepper mit einem blinden Schornstein verwandelt, die Besatzungen in Zivil gesteckt und alle sichtbaren Waffen vom Oberdeck entfernt. So gelangen die Boote in wenigen Wochen von Rotterdam nach Châlon-sur-Saône. Dort müs-

19. 10. 1941, Hval-Fjord, Island: Zerstörer *Kearny*, das erste US-Kriegsschiff, das von einem deutschen U-Boot torpediert wird

sen sie warten, bis die Rhône ausreichenden Wasserstand hat. Unterstützt von den französischen Behörden und unbemerkt vom britischen Geheimdienst, können die Boote in schneller Fahrt die Rhônemündung erreichen. Dann kommt noch eine Strecke über das freie Meer bis La Spezia, dem italienischen Kriegshafen, wo man die Boote wieder bewaffnet. Die Schnellboote werden vor Malta eingesetzt, die Räumboote vor der afrikanischen Küste und vor Tobruk.

Im Herbst 1941 wird in Großbritannien die Vorbereitung der Pläne für die Invasion des Kontinents unermüdlich vorangetrieben. Der Chef der Commandos, Admiral Sir Roger Keyes, ist mittlerweile 70 Jahre alt. Durch seinen Eifer, mit dem er sich dem Bau einer Flotte von Landungsfahrzeugen widmet, hat der Admiral unschätzbare Dienste geleistet, was jedoch Churchill nicht davon abhält, einen Jüngeren zum Chef der amphibischen Aktionen zu ernennen. Die Wahl fällt auf den energischen 41jährigen Kapitän zur See Lord Louis Mountbatten, den Cousin von König Georg V.

Am Montag, dem 27. Oktober 1941, bringt die Berufung von Lord Mountbatten zum Chef des Directorate of Combined Operations eine Wende mit sich: Im Gegensatz zu Admiral Keyes, der großangelegte Operationen der Commandos bis zu 10000 Mann plante – die Großbritannien nicht imstande war durchzuführen –, sieht Lord Mountbatten überwiegend kleinere aber häufigere Raids vor und setzt sich bei Churchill mit seiner Absicht durch. Der jetzt in Combined Operations Headquarters (COHQ) umbenannte Stab nutzt die Erfahrungen bei Commando-Unternehmungen zur Vorbereitung von Großlandungen.

In den Morgenstunden des 31. Oktober 1941 sichtet *U 552* (KptLt. Topp) im mittleren Atlantik den von Halifax nach Großbritannien gehenden Konvoi HX. 156 mit fünf Zerstörern einer US-Escort Group (Cdr. Webb). *U 552* torpediert den US-Sicherungszerstörer *Reuben James*, der mit 115 Mann untergeht; 46 Überlebende werden gerettet. Die *Reuben James* ist das erste von einem deutschen U-Boot versenkte US-Kriegsschiff.

Im Oktober 1941 versenken deutsche U-Boote im Atlantik 32 Handelsschiffe mit insgesamt 156500 BRT, von 80 einsatzbereiten deutschen U-Booten gehen zwei verloren.

Am Sonnabend, dem 1. November 1941, morgens um 8.30 Uhr, läuft das zweite japanische Passagierschiff *Taijo Maru* in Honolulu ein. Der Zeitpunkt ist kein Zufall, denn der Überfall auf Pearl Harbor ist auch an einem Wochenende etwa zur gleichen Stunde geplant. Man weiß, daß die US-Flotte gewöhnlich am Freitag in

Pearl Harbor einläuft und über Sonntag auf genau festgelegten Plätzen vor Anker bleibt, während ein Teil der Besatzungen seinen Urlaub in Honolulu verbringt. Die beiden japanischen Spezialisten an Bord der *Taijo Maru* sollen sich ein Bild vom Leben und Treiben, wie es sich am Wochenende im Marinestützpunkt Pearl Harbor abspielt, machen. Dem japanischen Star-Agenten Joschikawa (Morimura) in Honolulu gelingt es – trotz amerikanischer Kontrollposten – einen ganzen Stapel verschiedener Berichte auf die *Taijo Maru* zu schmuggeln.

Am Sonntag, dem 2. November 1941, kapern vier britische Kreuzer vor Kapstadt einen von Madagaskar nach Frankreich fahrenden französischen Geleitzug mit fünf Frachtern und mehreren Passagierschiffen, insgesamt fast 40000 Tonnen. Daraufhin befiehlt die französische Vichy-Admiralität den U-Booten *Le Glorieux* und *Le Héros*, die britischen Schiffe anzugreifen.

Am Mittwoch, dem 5. November 1941, wird die zweite Welle mit vier deutschen U-Booten, die jetzt die Gruppe »Arnauld« bilden, in das Mittelmeer verlegt.

Am Donnerstag, dem 6. November 1941, kommt es zu einer weiteren Eskalation zwischen Deutschland und den USA: Vor der brasilianischen Küste bringt der US-Kreuzer *Omaha* (Capt. Chandler) den deutschen Blokkadebrecher *Odenwald* (5098 BRT) auf.
Am gleichen Tag führen sechs japanische Flugzeugträger, deren Maschinen Pearl Harbor überfallen sollen, eine Übung durch, die den Bedingungen der geplanten Operation entspricht. Über 350 Maschinen greifen die 200 Seemeilen entfernt liegenden Zielschiffe an. Dies ist die Distanz zwischen dem späteren Startpunkt und Pearl Harbor.

In der Nacht vom 8./9. November 1941 greifen zwei britische Kreuzer und zwei Zerstörer der Force K (Konteradm. Vian) den am Tage zuvor von einem RAF-Aufklärer gesichteten italienischen Geleitzug an. Der ganze Konvoi, sieben Transporter (39055 BRT) mit wertvollem Nachschub für Nordafrika, und zwei Sicherungszerstörer werden versenkt, zwei weitere schwer beschädigt.
Da die italienischen Sicherungsfahrzeuge ohne Radargeräte sind, stehen sie dem, wenn auch weitaus schwächeren britischen Verband hilflos gegenüber. So ist es dem starken italienischen Geleitschutz mit zwei Schweren Kreuzern und zehn Zerstörern nicht möglich, die Versenkung seiner Frachter und Tanker zu verhindern. Nur 704 Überlebende können gerettet werden.

Am Montag, dem 10. November 1941, verlassen die für den Überfall auf Pearl Harbor vorgesehenen Schiffe einzeln und unter völliger Funkstille den Flottenstützpunkt von Kuwait (Tokio). Das Angriffsgeschwader führt der Oberbefehlshaber der 1. Marine-Luftflotte, Vizeadmiral Nagumo. Ihm unterstehen die Flugzeugträger *Akagi, Hiryu, Shokaku, Soryu, Zuikaku* mit insgesamt 423 Flugzeugen – der größten Luftflotte, die bisher auf See gegangen ist –, daneben der Unterstützungsverband (Vizeadm. Mikawa) mit zwei Schlachtkreuzern und zwei Schweren Kreuzern. Die Sicherung bilden ein Leichter Kreuzer und neun Zerstörer. Dem Verband gehören ebenfalls drei U-Boote sowie acht Versorgungsschiffe und Tanker an.
Sammelpunkt der Schiffe ist die entlegene Hittokappu-Bucht vor einer der Kurilen-Inseln. Diese fast 1000 Seemeilen nördlich von Tokio gelegene Bucht ist berüchtigt wegen ihrer durch ständige Nebelbänke kaum befahrbaren Gewässer. Besatzungen und Piloten der Trägermaschinen bekommen außer den Wintersachen auch eine Tropenausrüstung; man will verschleiern, daß es auf Nordkurs geht.
Die Funker der Träger bleiben an Land und sind weiter tätig, damit der Eindruck erweckt wird, daß ihre Einheiten sich in den Gewässern nahe der Mutterinsel befinden. Soldaten des Heeres steckt man in Marineuniformen und läßt sie in Tokio promenieren, um die Abwesenheit des größten Teils der japanischen Kriegsflotte zu verbergen. Und die Besatzungen der noch im Hafen befindlichen japanischen Kriegsschiffe bekommen Landurlaub, damit das gewohnte Straßenbild erhalten bleibt. Um auch die Abwesenheit so vieler Trägermaschinen zu verheimlichen, werden die anderen Einheiten der Luftstreitkräfte in den Raum Tokio verlegt.
An diesem 10. November 1941 geht in Alexandria ein 59 Mann starker Commando-Trupp (Col. Laycock) an Bord der beiden U-Boote *Talisman* und *Torbay*. Ihr Auftrag: Überfall auf das Hauptquartier des Generals der Panzertruppen Rommel.
In der gleichen Nacht, in der die britische Gegenoffensive in Nordafrika (Operation »Crusader«) starten soll, plant man, die Führung des Deutschen Afrika-Korps auszuschalten.

Am Donnerstag, dem 13. November 1941, wird der größte britische Flugzeugträger im Mittelmeer, *Ark Royal* (Capt. Maund), östlich von Gibraltar von dem deutschen U-Boot *U 81* (KptLt. Guggenberger) torpediert. Die Begleitschiffe leiten sofort die Rettungsaktion ein, und man versucht, den Träger mit schwerer Schlagseite nach Gibraltar abzuschleppen.

Am nächsten Morgen, dem 14. November 1941, sinkt die *Ark Royal* in Sichtweite des rettenden Hafens. Aus dem Bericht der Untersuchungskommission geht hervor, daß die *Ark Royal* durch unzureichende Lecksicherung und voreiliges Aufgeben des Schiffes verlorengegangen sei.
Nur ein Matrose verliert dabei sein Leben. Die Mannschaft des Trägers, samt Kater Oscar vom Schlachtschiff *Bismarck*, den die *Ark Royal* nach der Versenkung des Zerstörers *Cossack* übernommen hat, bleibt einige Zeit in Gibraltar. Oscar wird nachgesagt, daß er kein Glücksbringer sei. Immerhin gehen in nur fünf Monaten das Schlachtschiff *Bismarck*, der Zerstörer *Cossack* und der Flugzeugträger *Ark Royal*, auf denen er war,

Oben: US-Sicherungszerstörer *Reuben James*, das erste von einem deutschen U-Boot versenkte US-Kriegsschiff

Unten: »Oscar, the Bismarck's Cat«, ein Pastell-Porträt von Mrs. Georgina Shaw-Baker. National Maritime Museum, Greenwich 1980

unter. Der Kater bleibt jetzt im Büro des Hafenkapitäns von Gibraltar. Wie in den Akten der Royal Navy steht: »Oscar, the Bismarck's cat, finished his days at the Home for Sailors in Belfast«, um 1955.

In der Nacht vom 17./18. November 1941 greift der mit zwei britischen U-Booten gelandete Commando-Trupp unter Colonel Keyes das Präfekturgebäude in Beda Littoria an – in dem sich aufgrund von Informationen des britischen Geheimdienstes das Hauptquartier des Deutschen Afrika-Korps befinden soll –, um Rommel und seinen Stab zu liquidieren. Bei strömendem Regen, eine halbe Stunde nach Mitternacht, brechen etwa 30 Männer vom Commando in das Gebäude ein. Nach einem kurzen aber heftigen Feuergefecht muß sich das Commando zurückziehen. Der Sturm hindert jedoch die vor der Küste wartenden beiden U-Boote, die Männer wieder an Bord zu nehmen. Bei Tagesanbruch werden die Commandos von Deutschen eingekreist und die Überlebenden gefangengenommen. Nur zwei Engländern gelingt es zu entkommen. Nach tagelangem Marsch durch die Wüste erreichen sie wieder die eigenen Linien.
Von diesem Commando-Raid hat man sich erhofft, daß die Überwältigung Rommels, der bei den britischen Soldaten hohes Ansehen genießt, den Kampfgeist der britischen Truppen stärken wird. Übrigens befand sich in dem angegriffenen Präfekturgebäude nie das Hauptquartier von Rommel, noch dazu war der General an diesem Tag in Rom. Als Rommel von dem Überfall erfährt, befiehlt er, die Commandos als normale Kriegsgefangene zu behandeln, obwohl sie keine Uniformen, sondern Overalls trugen, und ihr Kombattanten-Status zweifelhaft ist.
Durch die Zerschlagung der Nachschub-Geleitzüge für das Deutsche Afrika-Korps tritt ein Mangel an Treibstoff und Munition auf: Nun müssen Kreuzer, Zerstörer und U-Boote als Frachter eingesetzt werden. Die Be-

förderung von Treibstoff und Munition auf Kriegsschiffen, die über keine entsprechenden Laderäume verfügen, wo Fässer und Kisten auf den Gängen und dem Deck gestapelt werden, bringt bei Feindberührung ein enormes Risiko mit sich. Dazu reicht die Treibstoffmenge, die ein Leichter Kreuzer befördern kann (etwa 200 cbm) nicht einmal für einen ganzen Kampftag aus.

Am Dienstag, dem 18. November 1941, beginnt bei strömendem Regen die Offensive der britischen 8. Armee (Gen. Cunningham) in Nordafrika mit dem Versuch, Tobruk zu entsetzen. Die Nachschubkrise für das Deutsche Afrika-Korps hat jetzt erneut einen Höhepunkt erreicht: Seit fünf Wochen ist kein Geleitzug mehr durchgekommen.

In der Nacht vom 18./19. November 1941 laufen aus einem japanischen Flottenstützpunkt die Klein-U-Boot-Transporter *J-16, J-18, J-22* und *J-24* mit fünf Klein-U-Booten vom Typ A an Bord zu dem 3800 Seemeilen entfernten Pearl Harbor. Diese Transporter sind U-Kreuzer, auf deren Achterdeck die Klein-U-Boote festgemacht sind. Die Klein-U-Boote, deren Besatzung aus dem Kommandanten und einem Elektroingenieur besteht, haben je zwei Torpedos an Bord, die aus übereinanderliegenden Bug-Torpedorohren abgefeuert werden. Die Zwei-Mann-Besatzung wird bis zum Einsatzziel von den U-Boot-Transportern mitgenommen.

Am Mittwoch, dem 19. November 1941, kommt es im Indischen Ozean, etwa 170 Seemeilen vor der westaustralischen Küste, zu einem einmaligen Fall in der Seekriegsgeschichte: Ein bewaffnetes Handelsschiff versenkt, dazu noch bei Tag, einen modernen Kreuzer.
Der deutsche Hilfskreuzer Schiff 41 *Kormoran* (FregKpt. Detmers) wird von dem australischen Leichten Kreuzer *Sydney* (Capt. Burnett) ausgemacht. Während die *Sydney* beim Signalaustausch sich bis auf eine halbe Seemeile der *Kormoran* nähert, läßt der Hilfskreuzer seine Tarnung fallen und eröffnet das Feuer. Kapitän zur See Detmers: »Bei der kurzen Entfernung lagen unsere Granaten alle im Ziel. Die Flak-Maschinenwaffen nahmen den Torpedorohrsatz und das gesamte Oberdeck unter Feuer. Die Heeres-3,7-cm-Pak hielt die Brücke des Gegners in Schach. Unsere Torpedowaffe schoß einen Zweierfächer.« Die *Sydney* bekommt einen Torpedotreffer ins Vorschiff, und die beiden vorderen Türme fallen aus. Die Schüsse vom dritten Turm treffen jedoch mehrfach den Maschinenraum der *Kormoran*. Die *Sydney* zieht sich nun brennend zurück, gerät außer Sicht und gilt seitdem als verschollen. Ein Ölbrand an Bord der *Kormoran* kann nicht mehr gelöscht werden, und der Hilfskreuzer muß aufgegeben werden. Der größte Teil der Besatzung erreicht in Rettungsbooten die Küste Australiens. Die Gesamterfolge der *Kormoran*: Außer dem Leichten Kreuzer *Sydney* elf aufgebrachte oder versenkte Handelsschiffe mit 68 274 BRT.

Am Sonnabend, dem 22. November 1941, trifft im Südatlantik der deutsche Hilfskreuzer Schiff 16 *Atlantis* das U-Boot *U 126* (KptLt. Bauer), um es mit Treibstoff zu versorgen. Die britische Admiralität hat dank »Enigma« die Weisung des BdU an *U 126* entziffert und beordert den Schweren Kreuzer *Devonshire* (Capt. Oliver) in das betreffende Seegebiet südlich des Äquators. Der gestellte deutsche Hilfskreuzer muß sich selbst versenken. Damit endet die längste Fahrt eines Hilfskreuzers: Die *Atlantis* hat 102 000 Seemeilen in 622 Tagen bewältigt und 22 Handelsschiffe mit 145 697 BRT versenkt.
U 126 taucht nach dem Ablaufen der *Devonshire* wieder auf und nimmt die sechs Rettungsboote der *Atlantis* mit 350 Überlebenden ins Schlepp. Zweimal täglich bringt ein Schlauchboot von *U 126* den Geretteten eine warme Mahlzeit. Nach zwei Tagen, am 24. November 1941, trifft *U 126* das herangeführte Versorgungsschiff *Python* (KptLt. Lueders), das die Besatzung der *Atlantis* an Bord nimmt.

Am Montag, dem 24. November 1941, greift die Force K (Konteradm. Vian) etwa 100 Seemeilen westlich Kreta einen für die Rommel-Truppen bestimmten deutschen Geleitzug an und versenkt die beiden Transporter *Procida* (1842 BRT) und *Maritza* (2910 BRT). Zur Unterstützung der Force K gehen die Schlachtschiffe *Elizabeth, Valiant* und *Barham* in See, die die italienischen Nachschubwege blockieren sollen.

Am Nachmittag des 25. November 1941 erschüttert nördlich von Bardia eine schwere Detonation den britischen Schlachtschiffverband: *U 331* (Oberlt. z. S. Frhr. v. Tiesenhausen) hat die britische Sicherung durchbrochen. Drei aufeinanderfolgende Torpedos treffen die *Barham* (Capt. Cooke), und das schwer beschädigte Schlachtschiff bekommt augenblicklich Backbord-Schlagseite. Plötzlich zerreißt eine gewaltige Explosion die *Barham*. Eine riesige Qualmwolke steigt auf, und das Schlachtschiff sinkt mit 861 Mann. Die *Barham* ist das einzige alliierte Schlachtschiff, das von einem U-Boot auf hoher See versenkt wird. Die Engländer haben jetzt im gesamten Mittelmeer nur noch zwei Schlachtschiffe, denen fünf schwere italienische Einheiten, die zum Teil zu den modernsten Schlachtschiffen zählen, gegenüberstehen.
Am gleichen Tag berät Präsident Roosevelt mit Staatssekretär Hull, Kriegsminister Stimson, Marineminister Knox, General Marshall und Admiral Stark, nachdem er sich für den Abbruch der Verhandlungen mit Japan entschieden hat, wie man einem japanischen Angriff begegnen soll, der nach Geheiminformationen unmittelbar bevorsteht. Stimson:
». . . Es stand zur Debatte, wie man Japan veranlassen könnte, den ersten Schuß abzugeben.« Präsident Roosevelt weiß, daß er einen Krieg im Pazifik nur vermeiden könnte, wenn er den japanischen Forderungen nachgeben würde. Dank dem bereits im Sommer 1940 gebrochenen Geheimcode der Japaner kann jetzt die US-Spionageabwehr den gesamten Telegrammwechsel zwischen Tokio und der japanischen Botschaft in

Oben: Der australische Leichte Kreuzer *Sydney* (Capt. Burns), versenkt durch den deutschen Hilfskreuzer Schiff 41 *Kormoran*

Unten: 22. 11. 1941, Südatlantik: Die Besatzung des deutschen Hilfskreuzers Schiff 16 *Atlantis* in Rettungsbooten, am Horizont die brennende *Atlantis*

Washington entziffern. Aus der Befürchtung heraus, die Japaner könnten davon erfahren, muß man die entscheidenden Nachrichten gerade den Stellen vorenthalten, die sie am wichtigsten brauchen. So versichert später z. B. der für die Verteidigung von Hawaii zuständige Befehlshaber und Kommandant der Pafizikflotte, Admiral Kimmel, keine dieser Informationen sei ihm bekannt gewesen.
Der japanische Geheimdienst auf Hawaii liefert inzwischen eine ganze Reihe entscheidender Informationen: Die Liegeplätze jedes einzelnen Kriegsschiffes oder Details der Luftüberwachung. Der ehemalige Leutnant zur See Joschikawa, der zur Zeit im Büro des japanischen Konsulats in Honolulu unter dem Namen Morimura arbeitet, ist der beste Agent des japanischen Geheimdienstes. Er versteht es, seinen Spionage-Job so gut zu tarnen, daß er als einziges Mitglied des Konsulats nicht auf der »Schwarzen Liste« der amerikanischen Gegenspionage steht.
Am 25. November 1941 führt die US Navy den Konvoi-Zwang für Handelsschiffe im Pafizik ein.

Am Mittwoch, dem 26. November 1941, um 6 Uhr morgens, geht die japanische Angriffsflotte unter dem Kommando von Admiral Yamamoto von Hittocappu aus auf Ostkurs. Diese Fahrtrichtung wird bis zum 4. Dezember beibehalten und soll über das eigentliche Ziel hinwegtäuschen. Man paßt bei völliger Funkstille die Fahrt mit 12 bis 13 Knoten den langsameren Tankern an.

Am Sonntag, dem 30. November 1941, läuft in Hamburg der Hilfskreuzer Schiff 45 *Komet* (Konteradm. Eyssen) ein. In den 516 Tagen der Unternehmung hat der über den nordsibirischen Seeweg nach Asien gelangte Hilfskreuzer in ostasiatischen und australischen Gewässern operiert und 87000 Seemeilen zurückgelegt, dabei sechs Schiffe mit 31005 BRT versenkt sowie Phosphat-Anlagen auf der Insel Nauro (westl. Pazifik) durch Artilleriebeschuß zerstört. Zwei weitere Schiffe (21125 BRT) hat er zusammen mit dem deutschen Hilfskreuzer *Orion* vernichtet. Damit endet der Einsatz der ersten Welle (*Thor, Atlantis, Widder, Pinguin, Orion* und *Komet*) deutscher Hilfskreuzer. Am gleichen Tag ortet in der Biskaya ein mit Radar ausgestatteter Whitley-Bomber der RAF-Squadron 502 das aufgetauchte deutsche U-Boot *U 206* (KptLt. Opitz) auf eine Entfernung von fünf Seemeilen. Der Bomber greift *U 206* an und versenkt es. Es ist das einzige von der Biskaya-Luftüberwachung des RAF-Coastal Command im Jahre 1941 vernichtete U-Boot.

Im November 1941 versenken deutsche U-Boote im Atlantik und im Mittelmeer insgesamt nur 19 Handelsschiffe mit 91628 BRT. Eigene Verluste: fünf U-Boote.

Am Montag, dem 1. Dezember 1941, trifft das deutsche Versorgungsschiff *Python* inmitten des Südatlantiks die beiden deutschen U-Boote *U 68* (KorvKpt. Merten) und *U A* (KorvKpt. Eckermann). Auch diesmal weiß die britische Admiralität von dem Geheimtreff, und der Schwere Kreuzer *Dorsetshire* (Capt. Agar) soll die deutschen Einheiten abfangen. Nachdem die *Dorsetshire* das Versorgungsschiff gesichtet und sofort eine Stopsalve abgefeuert hat, geht die Besatzung der *Python* mit den Überlebenden der *Atlantis*, insgesamt 415 Mann, in die Rettungsboote und versenkt ihr Schiff. Als der Kreuzer außer Sicht ist, nehmen *U 68* und *U A* die Rettungsboote ins Schlepp und treten ihre 2500 Seemeilen lange Heimreise an.

Am Dienstag, dem 2. Dezember 1941, erreicht den Kommandanten der japanischen Kampfgruppe eine chiffrierte Funkmeldung, daß der 7. 12. 1941 als Angriffstag bestimmt ist. Der Verband marschiert bei so schwerem Sturm und Nebel, daß auf mehreren Schiffen Matrosen über Bord gespült werden. Die Schlechtwetterfront bewahrt die japanischen Schiffe jedoch vor einer Entdeckung. Aus Honolulu melden weitere Berichte des japanischen Geheimdienstes – als Werbetext einer Rundfunkstation getarnt –, daß die eingetroffenen Torpedonetze und Sperrballons noch nicht eingesetzt sind.

Rechts: Treff inmitten des Atlantiks: Ein deutsches U-Boot nimmt Treibstoff von einem Versorgungsschiff auf

Ganz rechts: 7. 12. 1941: Der japanische Angriff auf Pearl Harbor

Am Mittwoch, dem 3. Dezember 1941, nimmt *U 129* (KptLt. Clausen) die gesamte Besatzung des Hilfskreuzers *Python* an Bord. Zwischen dem 5. 12. 1941 und dem 18. 12. 1941 übernehmen dann ein weiteres deutsches und vier italienische U-Boote die geretteten Seeleute und setzen sie bis zum 29. Dezember 1941 in St. Nazaire an Land.

Am Donnerstag, dem 4. Dezember 1941, dreht die japanische Angriffsflotte nach Südosten ab und steuert

Rechts: Sonntag, 7. 12. 1941, Inferno in Pearl Harbor: »... trotzdem als Flottenstützpunkt intakt.«

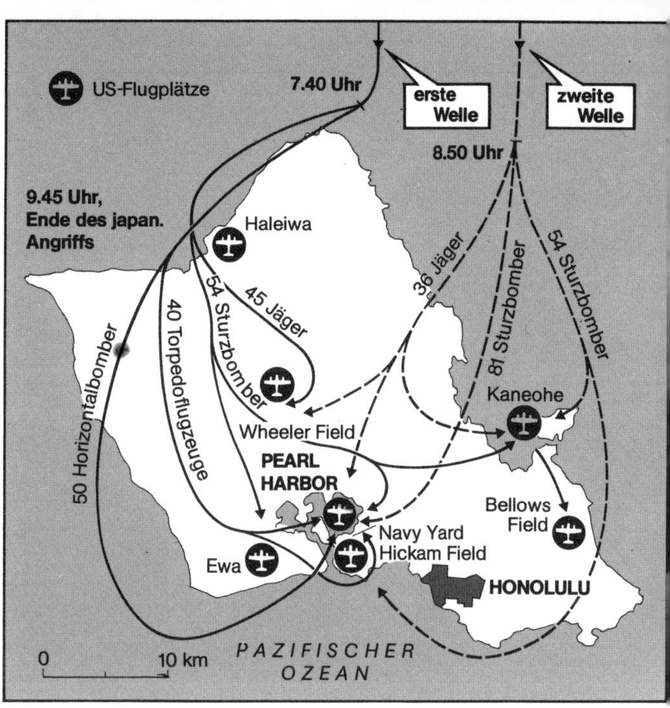

die Hawaii-Inseln an. Die Schiffe sind bis zur Grenze ihres Fassungsvermögens aufgetankt. Erst am frühen Nachmittag wird den Mannschaften der Kriegserlaß des Kaisers bekanntgegeben.
Am Abend erreichen die japanischen Klein-U-Boot-Transporter die befohlene Position, zehn Seemeilen südlich von Pearl Harbor. Um 24 Uhr starten die Klein-U-Boote zu ihrem Einsatz. Sie haben den Auftrag, in den Hafenkanal einzudringen und eventuell vorhandene Torpedonetze zu zerstören sowie das Auslaufen der US-Flotte in die offene See zu verhindern. Die Klein-U-Boote können jedoch ihren Auftrag nicht erfüllen und sind auch nicht zurückgekehrt.

Am Freitag, dem 5. Dezember 1941, befiehlt Hitler die Verlegung der Luftflotte 2 (GFM Kesselring) von der mittleren Ostfront nach Libyen und Sizilien, da die katastrophalen Verluste der deutsch-italienischen Nachschub-Geleitzüge für Nordafrika andauern.

Am Sonnabend, dem 6. Dezember 1941, erreicht der erste deutsche Blockadebrecher *Rio Grande* (6062 BRT) unter Kapitän v. Allwörden den Hafen Kobe (Japan). Am gleichen Tag tritt die sowjetische »Westfront« (Armeegen. Schukow) zur Gegenoffensive an. Zum erstenmal werden die deutschen Truppen in der Nähe von Moskau von sowjetischen Divisionen aus ihren vorgeschobenen Stellungen zurückgeworfen.

Am Sonntag, dem 7. Dezember 1941, werden um 5.30 Uhr vom Deck der Schweren Kreuzer *Tschikuma* und *Tone* zwei Langstreckenaufklärer katapultiert: Sie sollen die letzten Erkundungen über dem US-Flottenstützpunkt Pearl Harbor durchführen. Zugleich drehen die Flugzeugträger scharf nach Osten in den Wind und erhöhen ihre Fahrt bis auf 24 Knoten. Um 7.30 Uhr erreichen die Träger jene Stelle, von der die Trägermaschinen starten sollen, etwa 70 Seemeilen nördlich der Insel Oahu. 20 Minuten später befinden sich 353 Maschinen, der stärkste Verband, der bis jetzt von Trägern gestartet ist, im Anflug auf Pearl Harbor.
Der Überfall geschieht so überraschend, daß die Luftabwehr kaum in Erscheinung tritt. Die leichte Flak der Kriegsschiffe ist zwar zum Teil besetzt, doch liegt die Munition in Kammern verschlossen. Durch den Angriff auf die US-Flugplätze von Hawaii werden dort nahezu alle Maschinen außer Gefecht gesetzt. General Marshall: »Pearl Harbor war der einzige vernünftig ausgerüstete US-Stützpunkt mit ausreichenden Möglichkeiten, den japanischen Angriff abzuwehren: 1017 Fla-Geschütze zu Lande und auf Schiffen, 227 Flugzeuge, davon standen 152 Jäger zur Verfügung.«

Die japanischen Flieger versenken die 5 Schlachtschiffe *Arizona, California, Nevada, Oklahoma, West Virginia*, den Minenleger *Oglada* und das Zielschiff *Utah*; zum Teil schwer beschädigt werden die 3 Schlachtschiffe *Maryland, Pennsylvania, Tennessee* (60 Prozent des Gesamtbestandes der US-Navy an Schlachtschiffen versenkt oder beschädigt), die 3 Leichten Kreuzer *Helena, Honolulu* und *Raleigh*, 3 Zerstörer, 1 Flugzeugmutterschiff und 1 Werkstattschiff. Die Amerikaner haben 2403 Tote und 1178 Verwundete; 188 Flugzeuge werden zerstört. Die Verluste der Japaner: 5 Torpedobomber, 15 Stukas und 9 Jäger mit insgesamt 55 Mann, sowie 5 Klein-U-Boote mit ihren Besatzungen. Die abgeworfene Torpedo- und Bombenlast beträgt 138,5 Tonnen. Das Erfolgsgeheimnis: die den Engländern bei ihrem Angriff auf den Flottenstützpunkt Tarent (11./12. November 1940) abgeschauten Spezialtorpedos mit regulierbaren Seitenflossen aus Holz, die ihnen einen vorausbestimmten Tiefgang ermöglichen.
Der Zweck dieser Operation, die Seeflanke des japanischen Vormarsches in die südlichen Rohstoffgebiete Asiens zu sichern, ist durch die Ausschaltung der US-Flotte zwar erreicht, da sich jedoch der Angriff auf Schlachtschiffe und Flugplätze beschränkt, bleiben die riesigen Öllager mit 535 Millionen Liter Treibstoff und die leistungsfähigen Werften unversehrt und damit Pearl Harbor als Marinestützpunkt intakt. Außerdem sind nur die veralteten US-Schlachtschiffe getroffen worden. Die wichtigsten Ziele, die 4 Flugzeugträger – gleichfalls nach Pearl Harbor beordert und nur durch einen Sturm aufgehalten – entgehen so dem Überfall. Sie sind von entscheidender Bedeutung für die weitere amerikanische Kriegführung. Anfangs steht Admiral Yamamoto mit seiner Ansicht ziemlich allein, als er sagt: »Dieser Krieg wird uns in der Zukunft noch viel Ärger machen. Die Tatsache, daß wir bei Pearl Harbor einen kleinen Erfolg hatten, bedeutet nichts.«
Der Überfall kommt nicht nur für die Amerikaner unerwartet. Großadmiral Raeder: »Die Nachricht von dem Angriff der Japaner am 7. Dezember 1941 war für uns völlig überraschend.«
»Jetzt sitzen wir im selben Boot«, sagte Roosevelt zu Churchill, als er ihn anrief.

Am gleichen Tag landen japanische Truppen in Siam und auf Malaya. Auf den Philippinen wird der Stützpunkt Luzon zerstört, die Midway-Insel von den Zerstörern *Akebon* und *Ushio* beschossen, Hongkong bombardiert, Waku und Mindanao angegriffen.
Sofort nach dem Überfall auf Pearl Harbor wird den Kommandanten der amerikanischen U-Boote befohlen, gegen Japan einen uneingeschränkten Seekrieg zu führen. Da man jedoch befürchten muß, daß die Japaner dann die in Gefangenschaft geratenden amerikanischen U-Boot-Besatzungen als Kriegsverbrecher behandeln könnten, wird weder der Name des U-Bootes noch des Kommandanten oder der versenkten Schiffe bekanntgegeben. Trotz der Kenntnis von den Erfolgen der Deutschen bei Überwasser-Nachtangriffen führen die amerikanischen U-Boote fast ausschließlich Unterwasser-Tagesangriffe durch. Im Gegensatz zur japanischen U-Boot-Waffe, die niemals für den planmäßigen Handelskrieg eingesetzt wird, erzielen die Amerikaner erhebliche Versenkungsziffern bei Bekämpfung der japanischen Schiffahrt.
Zu Kriegsbeginn stehen 50 amerikanische U-Boote im Pazifik.

Am Nachmittag des 8. Dezember 1941 verlassen die britischen Schlachtschiffe *Prince of Wales* (Capt. Leach) und *Repulse* (Capt. Tennant) mit vier Geleitzerstörern den Hafen von Singapur, um die an der malayischen Küste gelandeten japanischen Truppen von ihrem Nachschub abzuschneiden. Weil dies überraschend geschehen soll, hat man auf den Schutz von Luftstreitkräften verzichtet, damit das Geschwader nicht von japanischen Aufklärern oder U-Booten gesichtet wird. Die Flak der *Prince of Wales* ist so stark, daß das Schlachtschiff als unverwundbar gilt. Es ist die erste britische Einheit, die mit den neuen ZS-Fla-Geschützen, »Chicago-Klaviere« genannt, ausgerüstet ist: vier Batterien zu je 25 Rohren können 60000 Schuß pro Minute abfeuern. Auch die *Repulse* verfügt über eine Flugabwehr, die zu den feuerkräftigsten der Royal Navy zählt.

Am Dienstag, dem 9. Dezember 1941, hebt Hitler alle Einschränkungen für U-Boote, die US-Kriegsschiffe in amerikanischen Sicherheitszonen betreffen, auf. Der BdU will jetzt den lange erwarteten Augenblick nutzen und eine überraschende Offensive der U-Boote gegen die US-Handelsschiffahrt unmittelbar vor der nordamerikanischen Ostküste starten. Dönitz: »Mein Antrag vom 9. Dezember 1941, sobald als möglich mit zwölf U-Booten an der amerikanischen Küste aufzutreten, wurde von der Seekriegsleitung nicht bewilligt.« . . .

Am Morgen des 10. Dezember 1941 landen die ersten japanischen Truppen an der Küste der Philippinen. Die Verteidigung des Archipels obliegt einer der markantesten Persönlichkeiten dieses Krieges: General Douglas MacArthur. Er ist zugleich Befehlshaber der amerikanischen Truppen im Fernen Osten (USAFFE).

Zu gleicher Stunde an diesem 10. Dezember 1941 sichtet das japanische 22. Marine-Fliegergeschwader (Konteradm. Matsunaga), das mit seinen 30 Bombern und Torpedoflugzeugen eine bewaffnete Aufklärung durchführt, die beiden britischen Schlachtschiffe *Prince of Wales* und *Repulse*.
In weniger als 90 Minuten werden die beiden Großkampfschiffe in einem beispielhaften Bomben- und Torpedoangriff bei einem Verlust von nur vier japanischen Maschinen versenkt. Die Japaner signalisieren den britischen Zerstörern: »Sie können die Überlebenden auffischen.«
Das Desaster der britischen Fernostflotte (Force C) bedeutet das Ende des Schlachtschiff-Zeitalters: Bis zu diesem Tag war man überzeugt, daß sich das moderne Schlachtschiff zur See erfolgreich gegen Flugzeugangriffe wehren könne. Der Verlust der beiden modernsten

10. Dezember 1941: Die Vernichtung der britischen Schlachtschiffe *Repulse* und *Prince of Wales*

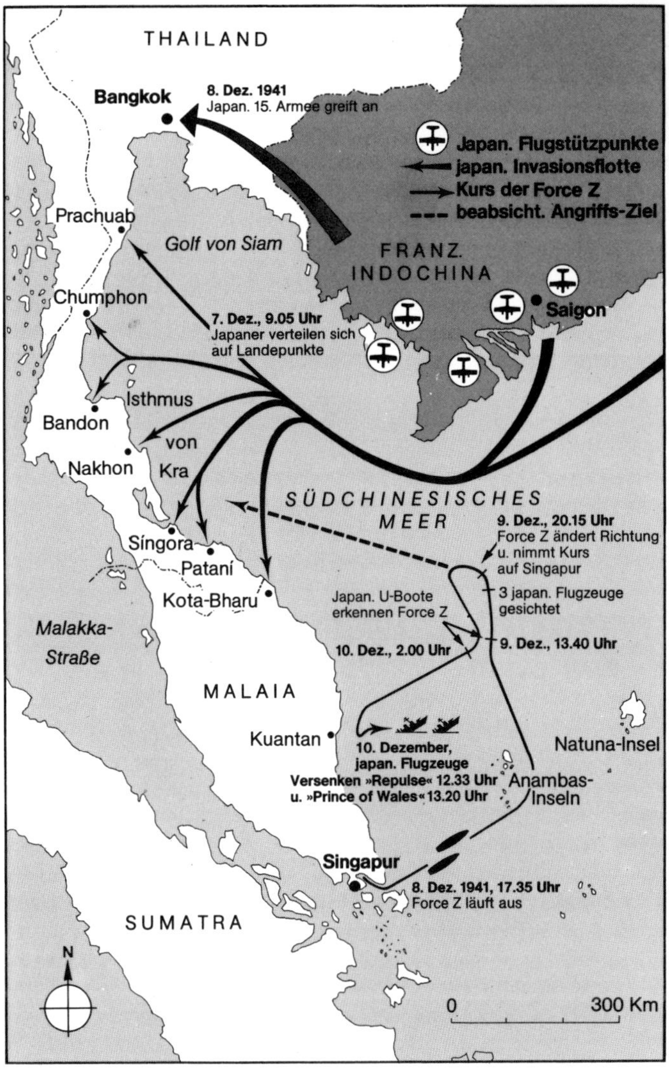

britischen Schlachtschiffe entscheidet das Schicksal von Malaya. Übrigens hat sich die Nachricht von der Landung der Japaner, die die beiden Schiffe bekämpfen sollten, als falsch erwiesen: Ein paar Büffel waren in ein Minenfeld geraten, und diese Explosion hat man für japanisches Artilleriefeuer gehalten.
Die Versenkung dieser beiden kampfkräftigen Schiffe beweist auch, daß Operationen von Schlachtschiffen ohne eigenen Jagdschutz nicht mehr durchführbar sind, wenn der Gegner über starke Luftstreitkräfte verfügt.

Am Donnerstag, dem 11. Dezember 1941, wenige Minuten nach der Kriegserklärung Deutschlands und Italiens an die USA, schießt ein auf Island stationierter amerikanischer Lightning-Jäger über dem Atlantik einen Fernaufklärer FW 200 C ab. Es ist das erste von US-Piloten abgeschossene deutsche Flugzeug.

Am Freitag, dem 12. Dezember 1941, reist Churchill an Bord des Schlachtschiffes *Duke of York* trotz stürmischer See in die USA zur Arcadia-Konferenz mit Präsident Roosevelt. Noch an Bord formuliert Churchill sein Memorandum über die Notwendigkeit einer großen Landeoperation im besetzten Europa.
Ebenfalls am 12. Dezember 1941 geht die zweite Welle der Japaner an der Nordspitze der Insel Luzon (Philippinen) nahe der kleinen Ortschaft Aparri und an der Südostküste der Halbinsel Bicol bei Legaspi an Land.

Am Sonnabend, dem 13. Dezember 1941, erörtert Hitler mit dem japanischen Botschafter, General Oshima, in der Reichskanzlei die deutschen und japanischen Kriegspläne. Seine vornehmsten Ziele – so erklärte Hitler – seien zunächst die Vernichtung Rußlands, der Vorstoß über den Kaukasus nach Süden und die Torpedierung der angelsächsischen Kriegs- und Handelsflotte. »Heute schon sei die Tonnage der angelsächsischen Länder zu gering, um eine Expeditionsarmee nach dem Kontinent transportieren zu können.« General Oshima berichtet dem »Führer«: »Es wäre sehr vorteilhaft, daß, wenn Japan Indien von Osten angriffe, die deutschen Truppen Indien von Westen her bedrohten. Treffen wir uns in Indien!« Hitler erwähnt noch kurz die Notwendigkeit, amerikanische Zufuhren in Wladiwostok zu verhindern. Oshima sagt hierzu, daß die Unterbindung des amerikanischen Verkehrs nach Wladiwostok sehr leicht zu bewerkstelligen sei, zumal die amerikanischen Schiffe, um nach dort zu kommen, Meerengen passieren müßten, die mit Artillerie zu bestreichen seien: Im übrigen habe er aber die Überzeugung, daß Amerika nichts mehr an die UdSSR liefern werde.

Am Mittwoch, dem 17. Dezember 1941, greift – während die U-Boot-Gruppe »Seeräuber« gegen den von Gibraltar nach England gehenden Geleitzug HG 76 operiert – ein Martlet-Jäger der *Audacity* das deutsche U-Boot *U 131* (KorvKpt. Baumann) mit Wasserbomben an. Dabei wird der Jäger durch die leichte Flak des U-Bootes abgeschossen. Es ist das erste von einem U-Boot abgeschossene Flugzeug.

In der zweiten Dezemberhälfte fliegen die mit ASV-Radar ausgestatteten Swordfish-Torpedoflugzeuge, die sich am 12. November 1941 von dem sinkenden Träger *Ark Royal* haben retten können, nächtliche Patrouillen gegen deutsche U-Boote, die immer wieder durch die Straße von Gibraltar ins Mittelmeer gelangen. Bei einem dieser Einsätze vernichten sie in der Nacht vom 18./19. Dezember 1941 *U 451* (KptLt. Hoffmann): Es ist die erste Versenkung eines U-Bootes durch ein Flugzeug bei Nacht.

In der Nacht vom 18./19. Dezember 1941 unternimmt die italienische Marine ihren spektakulärsten Einsatz des Zweiten Weltkrieges. Durch die für die britische Kampfgruppe (Konteradm. Vian) geöffnete Sperrlücke in dem streng bewachten Hafen von Alexandria drängen drei von dem italienischen U-Boot *Sciré* (FregKpt. Borghese) ausgesetzte Torpedoreiter-Teams: Kapitän-

Oben: Italienisches Zweimann-Torpedo: Anbringen der Sprengladung durch Torpedoreiter

Rechts: 27. 12. 1941, Lofoten-Raid: Commando-Männer schaffen einen ihrer schwer verwundeten Kameraden in das Landungsboot

leutnant Durand de la Penne mit Feldwebel Bianci, sowie Hauptmann Marceglia mit dem Obergefreiten Schergat und Hauptmann Martellotta mit Feldwebel Marino. Die drei Torpedoreiter-Teams befinden sich jetzt in unmittelbarer Nähe ihrer Ziele: Für zwei Besatzungen sind es die beiden Schlachtschiffe *Queen Elizabeth* (Capt. Barry) und *Valiant* (Capt. Morgan), die dritte Besatzung soll einen Flugzeugträger angreifen. Falls der Träger nicht mehr da wäre, sollen sie einen großen Tanker sprengen.

Der erste Torpedo erreicht um 2.19 Uhr das Schlachtschiff *Valiant*. Plötzlich bleibt der Motor stehen, und das Gerät sackt auf den 17 Meter tiefen Grund. Der Fahrer, Kapitänleutnant de la Penne, taucht dem Gerät nach und stellt fest, daß sich ein altes Tau um die Schraube gewickelt hat. Der zweite Mann, der Taucher Feldwebel Bianci, bleibt spurlos verschwunden.

Commandante de la Penne: »Ich habe dann versucht, den Apparat auf dem Grund fortzubewegen. Der Torpedo war fast acht Meter lang und entsprechend schwer. Ich war bis zur Brust in den Schlamm eingesunken. Und nun das Schleppen. Es war eine schreckliche Mühe, aber es gelang mir, den Apparat bis unter das Schlachtschiff zu ziehen. Ich habe noch die Zündung eingestellt, und danach bin ich ohnmächtig geworden. Ich fand mich an der Wasseroberfläche wieder. Zuerst wurde auf mich geschossen, dann bin ich auf eine der Bojen gestiegen, an denen das Schlachtschiff festgemacht war. Hier fand ich auch meinen Taucher wieder. Ich habe dann gewartet, bis die Engländer uns an Bord brachten . . . Als noch etwa 10 bis 20 Minuten bis zur Explosion übriggeblieben waren, habe ich verlangt, mit dem Kommandanten zu sprechen. Ich habe ihm gesagt, daß das Schiff explodieren würde, und daß er – wenn er wollte – die Mannschaft in Sicherheit bringen könne. Der Kommandant fragte mich noch einmal, wo die Ladung angebracht sei. Ich habe es ihm nicht gesagt. Und so ließ mich der Kommandant wieder ins Munitionslager einsperren. Ich habe die Explosion noch gespürt, doch als ich wieder zu mir kam, befand ich mich im Wasser. Ein Teil des Schiffes war geborsten. Ich kletterte wieder auf das Deck des Schiffes. Es waren noch einige Seeleute an Bord, die, als ich vorbeiging, aufstanden und mich grüßten. Ich sehe noch heute, wie mich der Kommandant, während sein Schiff sank, anstarrte . . . Die Sonne stieg über dem Heck der ganz in der Nähe liegenden *Queen Elizabeth* auf, und noch während ich das Schiff betrachtete, ging auch die Ladung unter der *Queen Elizabeth* hoch.«

Kanonier Wilkins von der *Queen Elizabeth*: »Um 6 Uhr

explodierten die Minen mit einer furchtbaren Detonation. Ich ging gerade zu meiner Messe, die sich unterhalb der Wasserlinie befand. Der Strom fiel in dem Moment aus, und die Messen-Decks waren in ihrer ganzen Tiefe überflutet.«
Die *Queen Elizabeth* und die *Valiant* setzen auf Grund. Eine dritte Explosion reißt dem Flottentanker *Sagona* (7554 BRT) das Heck ab. Der Zerstörer *Jervis*, der längsseits vom Tanker Treibstoff übernimmt, wird beschädigt.
» . . . ein ungewöhnliches Beispiel von Mut und Können«, sagt Churchill, als er hört, daß diese beiden mächtigen Schlachtschiffe mit zusammen fast 2000 Mann Besatzung von nur vier italienischen Torpedoreitern kampfunfähig gemacht worden sind.
Dieses Unternehmen, mit dem die beiden britischen Schlachtschiffe durch vier italienische Torpedoreiter für etwa ein Jahr außer Gefecht gesetzt werden, gleicht einer gewonnenen Seeschlacht. Die strategisch günstige Lage – kein einziges britisches Schlachtschiff im Mittelmeer – hat die italienische Flotte jedoch allerdings nicht genutzt.

Am Sonntag, dem 21. Dezember 1941, starten die von der Ostfront nach Sizilien verlegten Verbände der Luftflotte 2 ihre rollenden Luftangriffe auf Malta. Der

Hauptstoß richtet sich gegen die Flugplätze der Insel und den Flugbootstützpunkt Kalafrana.
Am gleichen Tag, dem 21. Dezember 1941, wird der Geleitträger *Audacity* von *U 751* (KorvKpt. Bigalk) vor der Küste Portugals versenkt. Dieser kleine Hilfsträger hat sich in dem nur wenige Wochen dauernden Einsatz besonders gegen die Focke Wulf 200 »Condor« bewährt, so daß die britische Admiralität in den USA eine Anzahl kleiner Geleitträger bestellt. Auf die Rümpfe der Liberty-Schiffe werden ein Hangar sowie ein Flugdeck aufgebaut.

Am Montag, dem 22. Dezember 1941, beginnt die Operation »Anklet«, der britische Raid gegen die Lofoten. Konteradmiral L. K. H. Hamilton verläßt mit dem Kreuzer *Arethusa*, acht Zerstörern und mehreren Landungs- sowie Hilfsschiffen Scapa Flow. Vier Tage später dringt der Verband in den West-Fjord ein, und die 260 Mann vom 12. Commando (Lt.Col. Harrison) gehen um 6 Uhr morgens, als die deutsche Garnison sich noch in Weihnachtsstimmung befindet, an Land. Die Commandos besetzen die Fischölfabriken an der Westseite der Insel Moskenesöy sowie die Funkstation Tind und zerstören sie. Zwei norwegische Dampfer werden aufgebracht und das deutsche Vorpostenboot *Geier* versenkt. Auch die zweite Funkstation Napp wird in die Luft gejagt. Nachdem deutsche Bomber den Kreuzer *Arethusa* beschädigen, bricht man diese Operation sofort ab.

Auch General de Gaulle nutzt die Weihnachtsfeiertage zu einer Landeoperation: Er befiehlt Vizeadmiral Muselier, mit dem U-Keuzer *Surcouf* der »Freien Franzosen« sowie den Korvetten *Aconit, Alysse* und *Mimosa*, die Inseln St. Pierre und Miquelon vor Neufundland zu besetzen. Großbritannien und vor allem die USA protestieren gegen die Aktion und verlangen von de Gaulle die Freigabe der beiden vichytreuen Inseln.

Am Mittwoch, dem 24. Dezember 1941, zwei Tage, nachdem der Verband von Konteradmiral Hamilton Scapa Flow verlassen hat, läuft Konteradmiral Burrough mit dem Kreuzer *Kenia*, vier Zerstörern und zwei Landungsschiffen von Scapa Flow zur Operation »Archery« aus, einem Kommando-Raid gegen den südnorwegischen Hafen Vaagsö.

Am Donnerstag, dem 25. Dezember 1941, erobern die Japaner Hongkong.
Die Japaner wenden jetzt mit Erfolg die Lufttaktik der massierten Operationen von Kampfflugzeugen an und setzen mehrere Trägerverbände auf einem beschränkten, taktischen Kriegsschauplatz ein. So kann die japanische Flotte unter dem Schutz der Trägerflugzeuge frei und ungehindert manövrieren und ihre strategische Initiative weiterhin behaupten. Die japanischen Luftstreitkräfte sind bei Kriegsbeginn stark und schlagkräftig und besonders ihre Torpedobomber ein gefürchteter Gegner.

In der Morgendämmerung des 26. Dezember 1941 führen die Sowjets überraschend Landungen an der Nordküste der Halbinsel Kertsch (Krim) durch. Verbände der Asow-Flottille (Konteradm. Gorskow) setzen Teile der 51. Armee (GenLt. Lwow) unter künstlichem Nebel vor der Küste ab. Da Landungsboote fehlen, müssen die Soldaten mit ihren Panzern und den schweren Ausrüstungen auf normalen Booten und Barkassen an Land gebracht werden, wo sie auf harten Widerstand der Deutschen stoßen.

Am Sonnabend, dem 27. Dezember 1941, gehen nach einleitender Beschießung durch Kriegsschiffe, unterstützt von der RAF, das 2. und 3. Commando (Col. J. Durnford-Slater), verstärkt durch eine norwegische Kompanie, um 9 Uhr früh in fünf Gruppen (insgesamt 485 Mann) im Raum Vaagsö und Maalöy an Land. In Süd-Vaagsö leisten die deutschen Truppen erbitterten Widerstand, der erst nach verlustreichen Straßenkämpfen gebrochen wird. Die Fischverarbeitungs- und Fernmeldeanlagen werden zerstört. Zwei deutsche Vorpostenboote und fünf Frachter mit 13 778 BRT sinken oder setzen auf Strand, darunter das Handelsschiff *Anhalt* (5870 BRT). 343 junge Norweger schiffen sich mit den Commandos ein. Die wertvollste Beute: Im Funkraum des Vorpostenbootes V 5108/*Föhn* fällt den Engländern das Codebuch der deutschen Kriegsmarine in die Hand. Es ist der erste Commando-Raid gegen einen stark befestigten Hafen.

Die Erfolge der deutschen U-Boot-Rudel von März bis Dezember 1941

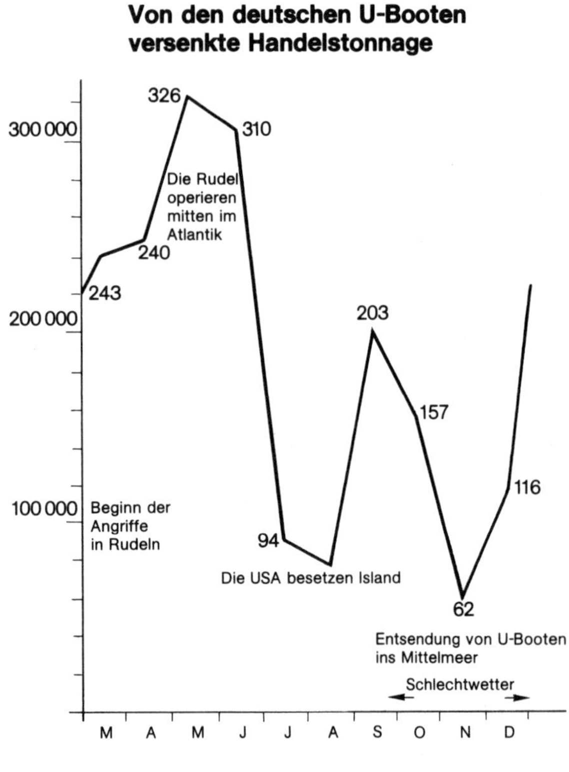

Die wichtigsten Geleitzugrouten des Jahres 1941

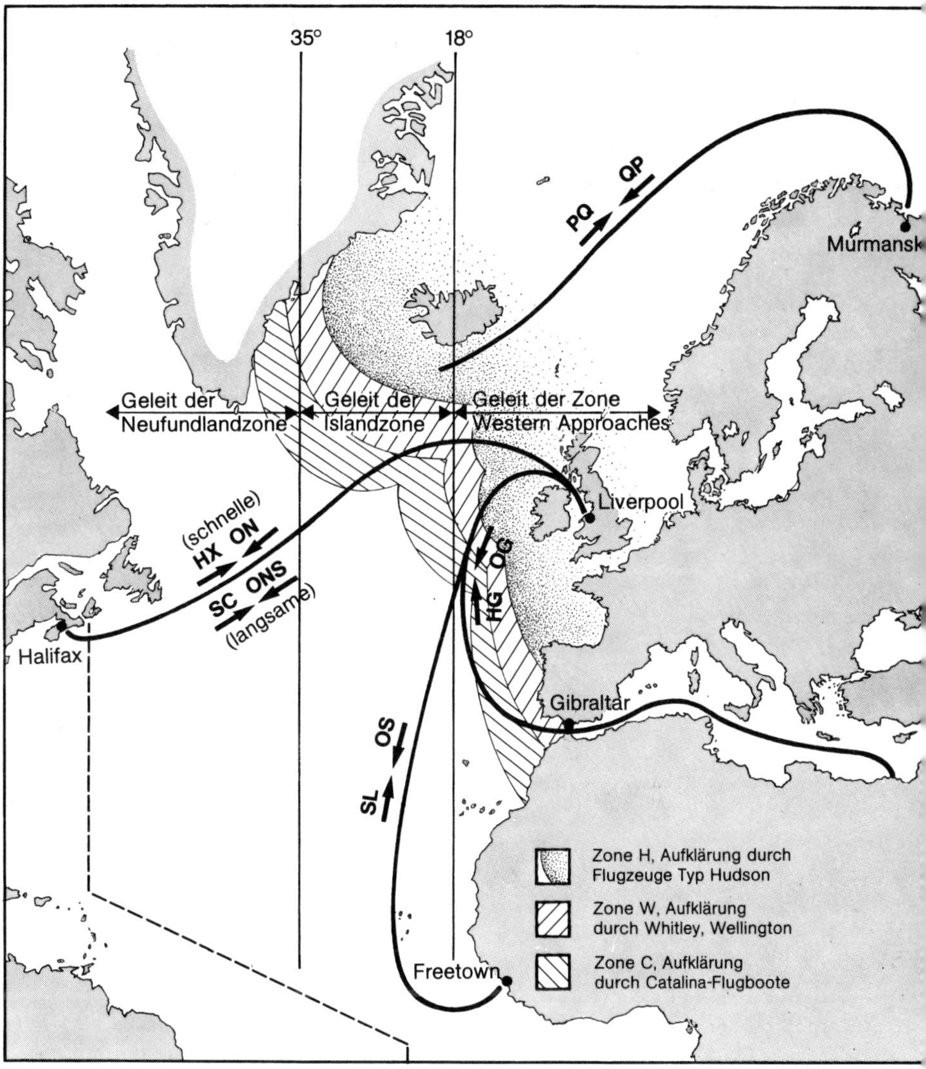

Im Dezember 1941 endet die im April 1941 begonnene 3. Phase der Schlacht im Atlantik. Durchschnittlich standen 30 U-Boote in See.

Bis zum 28. Dezember 1941 sind aus dem Stützpunkt Lorient nur fünf von zwölf U-Booten, die Vizeadmiral Dönitz für die U-Boot-Operation gegen die Schiffahrt an der amerikanischen Ostküste (Unternehmen »Paukenschlag«) verlangt hat, freigestellt worden: *U 66* (KorvKpt. Zapp) marschiert in Richtung Kap Hatteras, *U 109* (KptLt. Bleichrodt) nach Halifax, *U 123* (KptLt. Hardegen) zur Küste südlich von New York, *U 125* (KptLt. Folkers) zur Hafeneinfahrt von New York und *U 130* (KorvKpt. Kals) zur Mündung des St.-Lorenz-Stromes.

Am Montag, dem 29. Dezember 1941, findet die Hauptlandung der Sowjets mit Teilen der 44. Armee (GenMaj. Perwuchin) in Feodosia (Krim) statt. Ihr Ziel: die deutschen Kräfte auf der Halbinsel Kertsch, die 46. Infanteriedivision (GenLt. Graf Sponeck) abzuschneiden und durch einen Vorstoß über die Krim Sewastopol zu entsetzen. Dadurch gerät die deutsche 11. Armee (Gen. d. Inf. v. Manstein) in eine ernste Lage.

Die sowjetischen Landetruppen binden derart starke deutsche Kräfte, daß der Sturm auf Sewastopol um sechs Monate verschoben werden muß.

Trotz allem war 1941 für die Rote Flotte das einschneidendste Jahr: Die größten Verluste hatte sie in den Monaten Juni bis Dezember 1941, es waren die schwersten des ganzen Krieges. Es gelang den Sowjets, wenigstens die noch verbliebenen Einheiten nach Leningrad zurückzuziehen.

Bis Ende Dezember 1941 trafen die PQ- und QP-Konvois mit Lend-Lease-Lieferungen für die Sowjetunion entgegen allen Vermutungen ohne Verluste in Murmansk und Achangelsk ein. Hitler hatte diesen Geleitzügen nur wenig Bedeutung beigemessen, da er die UdSSR für bereits geschlagen ansah. So konnten in den ersten vier Monaten unter anderem 1400 Lkw, 800 Flugzeuge und 600 Panzer auf dieser Route transportiert werden. Von den sechs PQ-Konvois – insgesamt 45 Dampfer – mußte nur ein Frachter wegen Eisschadens umkehren, und von den zurückgehenden QP-Konvois fielen vier Schiffe wegen Eisschadens aus. Keinen der zehn Konvois hatten deutsche Streitkräfte bekämpft.

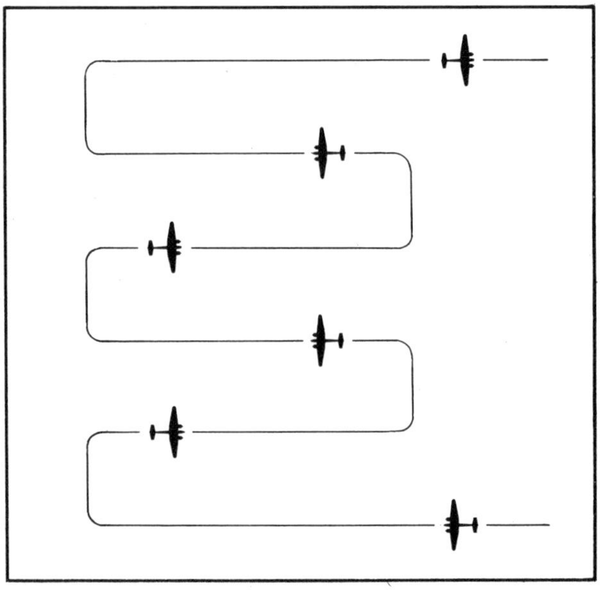

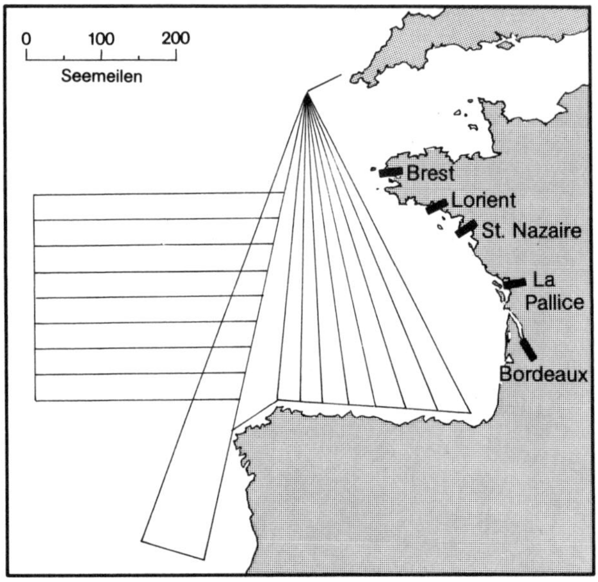

Oben: Schematische Darstellung eines Coastal-Command-Patrouillenfluges über der Biskaya

Rechts: Dezember 1941, Luftüberwachung im Golf von Biskaya: die vorgeschriebenen Flugrouten des Coastal Command

Im Dezember 1941 versenkten deutsche U-Boote im Atlantik und Mittelmeer 23 Handelsschiffe mit insgesamt 101 687 BRT. Eigene Verluste: zehn U-Boote.
In der zweiten Hälfte des Jahres wurde jedes siebte U-Boot, das von Überwasserschiffen angegriffen worden ist, versenkt und jedes dritte schwer beschädigt.
Im Jahre 1941 haben die alliierten und neutralen Länder 1299 Schiffe mit insgesamt 4 328 558 BRT verloren, davon in der Schlacht im Atlantik 875 Schiffe mit 3 295 900 BRT. Die deutsche U-Boot-Waffe verlor 1941 insgesamt 35 Boote, allein 25 im Atlantik. Die Verluste der italienischen Flotte betrugen rund 500 Handelsschiffe mit über 1 626 000 BRT, fast 30 Prozent ihrer Transportkapazität.
Die deutsche Handelsmarine büßte 1941, einschließlich der Verluste im Mittelmeer und der Blockadebrecher, insgesamt 335 000 BRT ein.
Die U-Boot-Erfolge gingen jedoch seit März 1941 um die Hälfte zurück. Im Dezember 1941 verfügte die deutsche U-Boot-Waffe über 91 Einheiten, 23 davon standen im Mittelmeer, drei weitere sollten auf Befehl der Seekriegsleitung noch dorthin verlegt werden; sechs U-Boote waren westlich von Gibraltar und vier vor Norwegen aufgestellt. Von den restlichen 55 Booten lagen etwa 33 zur Reparatur in den Häfen. Im Atlantik befanden sich nur 22 Boote, von denen jeweils die Hälfte auf dem Weg in das Operationsgebiet oder auf dem Rückmarsch war. So standen immer nur zehn bis zwölf U-Boote gleichzeitig im Einsatz, das waren etwa 12 Prozent der vorhandenen Front-U-Boote. Die bisherigen U-Boot-Neubauten hatten jetzt die Verluste ausgeglichen. Zu dieser Zeit operierten im östlichen Mittelmeer nur noch einige britische Kreuzer und Zerstörer. So konnten die deutsch-italienischen Geleitzüge wieder nach Nordafrika auslaufen.
Ab Dezember 1941 setzten die Engländer eine neue U-Boot-Abwehrwaffe, die sog. »Hedgehog« (Igel) ein. Sie bestand aus mehreren minenwerferähnlichen Lafetten, die automatisch die Schlingerbewegungen des Schiffes stabilisierten. Der Igel feuerte auf 180 Meter Entfernung eine Serie von 24, etwa 30 Kilogramm schweren Geschossen ab. Das getroffene U-Boot wurde durch die geballte Sprengladung zerstört. Ein erheblicher Nachteil: Im Gegensatz zu den Wasserbomben detonierten die Igel nur beim Aufschlag. Ging die Salve am Ziel vorbei, erfolgte keine Explosion.
Nachdem britische Ornithologen festgestellt hatten, daß es den Seevögeln aufgrund ihres weißen Gefieders möglich ist, unbemerkt an die Beute heranzukommen, folgerten sie daraus, daß weißgestrichene Flugzeuge 35 Prozent mehr Chancen hätten, ein aufgetauchtes U-Boot zu sichten, im Gegensatz zu den schwarzbemalten, die selbst nachts leichter auszumachen sind. So erhielten alle für die U-Boot-Bekämpfung eingesetzten Maschinen des RAF-Coastal-Command auf der Unterseite einen weißen Tarnanstrich.
Die Schiffsverluste der Alliierten waren trotz aller Maßnahmen sehr hoch und überstiegen bei weitem die Neubaukapazität in den Werften.
Im Durchschnitt kamen auf jedes neue Schiff drei Versenkungen durch deutsche U-Boote. Doch kündigte sich in der zweiten Jahreshälfte bereits eine Wende in der Schlacht im Atlantik an: Man schätzte bei der britischen Admiralität, daß zwischen Juli und Dezember 1941 dank der Auswertung von »Enigma«-Berichten die Verluste um mindestens eine Million BRT zurückgegangen sind.

1942

Januar – Juni

Erfolg italienischer Torpedoreiter

Freitag, 9. Januar 1942, Rom
Das *Comando Supremo* gibt bekannt:
Bei der von Sturmkampfmitteln der Kriegsmarine im Hafen von Alexandria durchgeführten, im Heeresbericht von gestern gemeldeten Aktion wurde – wie nachträglich festgestellt – außer dem Schlachtschiff vom »Valiant«-Typ ein zweites Schlachtschiff vom »Barham«-Typ beschädigt.

W. Churchill an den Ersten Seelord
9. Januar 1942:
Der so böse Zwischenfall von Alexandria läßt Zweifel in mir aufsteigen, ob Scapa Flow gegen diese Art Angriffe genügend geschützt ist. Werden die Zufahrten auch tatsächlich alle 20 Minuten mit Wasserbomben belegt? An sich gewähren die starken Strömungen einen weit besseren Schutz als die ruhigen Gewässer Alexandrias. Wie steht es damit?

Gefährdung der amerikanischen Ostküste?

Donnerstag, 15. Januar 1942, Washington
United Press meldet:
Wie ein Sprecher der US-Flotte heute erklärte, nehme die Bedrohung der amerikanischen Ostküste durch U-Boote immer mehr zu, so daß es jetzt erforderlich sei, die gesamte Handelsschiffahrt entsprechend zu warnen.

Unterseeboote vor New York
Freitag, 16. Januar 1942, Washington
Die *Agentur Exchange* berichtet:
Es scheint festzustehen, daß es sich bei den vor dem Hafen von New York kreuzenden U-Booten um deutsche handelt.

W. Churchill an General Ismay
Sonntag, 18. Januar 1942:
Bitte berichten Sie, welche Maßnahmen wir zur Nachahmung des italienischen Meisterstreichs im Hafen von Alexandria und zur Entwicklung ähnlicher Methoden getroffen haben. Bei Kriegsbeginn hat Colonel Jefferis einige wertvolle Gedanken über ähnliche Dinge vorgelegt, die aber keine gute Aufnahme fanden. Liegt denn irgendein Grund vor, warum wir nicht wie die Italiener zu technisch raffinierten Waffen zu greifen vermöchten? Man hätte glauben sollen, daß wir ihnen hierin voraus seien. Lassen Sie mich bitte genau wissen, wie die Sache steht.

Sonnabend, 24. Januar 1942
Das *Oberkommando der Wehrmacht* gibt bekannt:
. . . Wie bereits durch Sondermeldung bekanntgegeben, haben deutsche Unterseeboote bei ihrem ersten Auftreten in nordamerikanischen und kanadischen Gewässern der feindlichen Versorgungsschiffahrt schweren Schaden zugefügt. Unmittelbar vor der feindlichen Küste versenkten sie 18 Handelsschiffe mit zusammen 125 000 BRT. Ein weiteres Schiff und ein Bewacher wurden torpediert.
Bei diesen Kämpfen hat sich besonders das Unterseeboot des Kapitänleutnants Hardegen ausgezeichnet; es versenkte allein acht Schiffe mit 53 000 BRT, darunter drei Tanker, vor New York . . .

U-Boote in amerikanischen Gewässern
Montag, 26. Januar 1942, Washington
Das *US-Marineministerium* teilt mit:
An der Ostküste der USA wurde am Samstag früh der norwegische Dampfer *Varanger* (9000 BRT) von einem feindlichen U-Boot torpediert. Die Besatzung konnte jedoch gerettet werden. Seit dem 14. Januar wurden fünf Schiffe an der Atlantikküste der USA versenkt.

US-Truppen in Nordirland
Dienstag, 27. Januar 1942, Washington
Die *Agentur Exchange* berichtet:
Die sichere Ankunft von US-Streitkräften in Nordirland, die auf der langen Überfahrt keinen einzigen Mann verloren haben, wird in ganz Amerika als ein Erfolg der alliierten Flotte gewertet.

W. Churchill an den Marineminister
27. Januar 1942:
Ist es wirklich nötig, in jedem Funkspruch von der *Tirpitz* als »Admiral von Tirpitz« zu sprechen? Das verursacht für Funker, Dechiffrierpersonal und Stenotypisten eine beträchtliche Zeitvergeudung . . .

Wir sahen Amerika

Von Kriegsberichter Hermann Rink:
. . . Der Brückenmaat weist mit dem linken Arm voraus, sagt ganz ruhig: »Amerika, Herr Kapitänleutnant!« Wir starren hinüber. Ein schwacher Strich an der Kimm: Land. Nach kalten Wintertagen, nach mancher Sturmnacht im Nordatlantik, nach den Nebeltagen vor Neufundland:
Amerika! Zunächst ist nur ein schwacher Strich auszumachen, ein feiner Nebelstreifen, nicht mehr, aber es ist Amerika. Blitzschnell hat sich die Kunde im Boot verbreitet: »Alles, was unten abkommen kann, auf die Brücke!« gibt der Kommandant in die Zentrale. Ölbeschmiert steigen die Dieselmaschinisten herauf, die Heizer aus der Zentrale, die Funkenpuster, die Torpedomixer aus dem Bugraum . . . Und wenn sich Amerika in der Morgendämmerung auch nur als ein schmaler Streifen am Horizont präsentiert, wir sind die ersten deutschen Soldaten, die die neue Welt sahen . . . Später stehen wir dicht unter Land. Immer wieder wandern unsere Blicke hinüber. Ein breiter Leuchtturm hebt sich von der Küste ab. Wegweiser der amerikanischen Schiffahrt, ein paar kleine Häuser rundherum, eine Anlegebrücke – ein breiter, grauer Strand, hinter dem tief verschneite, zerklüftete Berge aufragen . . .
Völkischer Beobachter, 28. 1. 1942

Geheimer Bericht des *Sicherheitsdienstes der SS* zur innenpolitischen Lage:
Nr. 256, 2. Februar 1942 (Auszug)
. . . Die aufklärenden Worte des Führers, daß die Versenkungszahlen der U-Boote in den letzten Monaten nur deshalb so stark zurückgegangen seien, weil die USA willkürlich durch Deklarationen immer weitere Teile des Atlantik als ihr Hoheitsgebiet erklärten, erregten vielfach Erstaunen. Nachdem jetzt keine Gefahr einer Neutralitätsverletzung mehr besteht, rechnet man mit dem vom Führer in einer seiner früheren Reden angekündigten Großeinsatz deutscher U-Boote. In den letzten Erfolgen der deutschen U-Boot-Waffe an der amerikanischen Küste sieht man bereits den Auftakt zu weiteren, noch größeren Erfolgen im Kampf gegen die feindliche Schiffstonnage.

Ein deutsches U-Boot läuft aus dem Stützpunkt zum Einsatz aus: Für die weit entfernten Operationsgebiete benötigt es allein fünf bis sieben Wochen für den An- und Rückmarsch

Jeden Tag ein U-Boot

Freitag, 6. Februar 1942, Washington
Die *Agentur Reuter* meldet:
Admiral Land, der für den Handelsschiffsbau Verantwortliche, führte aus: »Nach verschiedenen Informationen wird heute in Deutschland jeden Tag ein U-Boot gebaut, dessen Produktionszeit kürzer ist als das bisherige Tempo, mit dem die feindlichen U-Boote vernichtet werden können. Die Bedrohung unserer lebenswichtigen Seeverbindungen nimmt ständig zu. Wir bekämpfen diese Gefahr mit allen uns zur Verfügung stehenden Mitteln.«

Luft- und Seeschlacht im Kanal

Freitag, 13. Februar 1942, London
Die *britische Admiralität* und das *Luftfahrtministerium* geben bekannt:
Britische Flugzeuge meldeten gestern gegen 11 Uhr, daß ein feindliches Flottengeschwader, bestehend aus den Schlachtschiffen *Scharnhorst* und *Gneisenau* sowie dem Schweren Kreuzer *Prinz Eugen* und aus Zerstörern, Torpedobooten und Minensuchern, sich von Westen her dem Pas de Calais nähert. Die feindlichen Einheiten wurden von einer großen Anzahl Flugzeuge begleitet. Zu diesem Zeitpunkt lag die Sicht zwischen

drei und fünf Seemeilen. Die Wolken hingen so tief, daß die feindlichen Schiffe von der englischen Küste aus nicht zu sehen waren.

General Percival an General Wavell
13. Februar 1942, Singapur:
Feind steht jetzt nur noch 5000 Meter vor der Meeresfront, womit ganz Singapur-Stadt im Schußbereich seiner Feldartillerie liegt. Auch sind wir in Gefahr, von den Wasser- und Lebensmittelvorräten abgeschnitten zu werden. Alle eingesetzten Einheiten sind nach Ansicht der Befehlshaber zu erschöpft, um schwere Angriffe abzuwehren oder selbst Gegenangriffe zu führen . . . Es muß der Moment kommen, da, zieht man die Interessen der Truppe und der Zivilbevölkerung in Betracht, weiteres Blutvergießen keinem vernünftigen Zweck mehr dienen kann. Ihre Instruktionen vom 10. Februar werden befolgt, doch wären Sie angesichts der Verhältnisse bereit, mir weitergehende Vollmacht zu geben?

General Wavell an General Percival
Sonnabend, 14. Februar 1942, Kalkutta:
Sie müssen fortfahren, dem Feind so lang wie möglich allergrößten Schaden zuzufügen, notfalls im Kampf von Haus zu Haus. Es mag wesentlichen Einfluß auf andere Kriegsschauplätze haben, wenn Sie den Feind binden und ihm Verluste zufügen. Verstehe Ihre Lage gut, aber Fortsetzung der Kampfhandlungen von größter Bedeutung.

General Percival an General Wavell
Sonntag, 15. Februar 1942, Singapur:
Nach den großen Verlusten durch feindliche Einwirkung sind Munition, Proviant, Wasser und Benzin so gut wie nicht mehr vorhanden. Kann daher den Kampf nicht länger fortsetzen. Alle Grade haben ihr Bestes getan und danken Ihnen für Ihre Unterstützung.

Scharfe Kritik in London

15. Februar 1942, London
Associated Press meldet:
Der Durchbruch der deutschen Schlachtschiffe durch den Kanal hat zu einer heftigen Auseinandersetzung in englischen Marinekreisen geführt. Vor allem stellte man sich die Frage, welchen Nutzen die Bombardierung des Kriegshafens von Brest gehabt hätte, bei der fast hundert eigene Flugzeuge verlorengingen, ohne etwas Entscheidendes erreicht zu haben . . . Die weitere Frage lautete, wieso es möglich war, daß man einerseits mit einem baldigen Ausbruchsversuch der deutschen Schlachtschiffe aus dem Hafen von Brest rechnete, anderseits aber das deutsche Geschwader, als es den Versuch wirklich unternahm, nicht schon beim Einlaufen in den Kanal, sondern erst gegen 11 Uhr vormittags, und zwar zufällig, entdeckt hatte. Wieso sind keine Vorbereitungen getroffen worden, um die deutschen Einheiten sofort durch Torpedoflugzeuge und durch Kleinkampfmittel angreifen zu können?

Versagen der RAF
15. Februar 1942, New York
Die *Baltimore Sun* berichtet:
Man muß annehmen, daß die Royal Air Force beinahe ein Jahr lang falsche Ziele im Hafen von Brest bombardiert hat, denn das Auslaufen der deutschen Einheiten

Oben: 12. 2. 1942, Ärmelkanal:
Durchbruch des deutschen Flottenverbandes

Rechte Seite: Tägliches Bild der Atlantikschlacht:
Ein alliierter Frachter geht unter

stellt ein Rätsel dar. Diese Operation der deutschen Kriegsmarine ist in einer Weise durchgeführt worden, daß man nur wünschen kann, amerikanische Kommandanten würden in gleicher Lage ebenso handeln.

Tagesparole der Reichspressechefs
Donnerstag, 19. Februar 1942:
. . . In der deutschen Presse erscheinen immer noch Lebensläufe, Bilder und Geschichten von Churchill, die zu positiv sind und zu einer Popularisierung Churchills im deutschen Volk beitragen. Der Minister stellt daher mit sofortiger Wirkung Bilder über Churchill unter Zensur. Churchill müsse man auch in der deutschen Presse als Lügner bezeichnen, seine verwahrlosten Familienverhältnisse schildern und seine dilettantische Art Krieg zu führen herausstellen.

Ein neutraler Seemann erlebt den Krieg

Karl Schöttli aus Regensdorf, einziger Bordfunker des unter der Schweizer Flagge fahrenden SS »St. Gotthard«:

Wenn heute ein neutraler Dampfer den Hafen eines kriegführenden Landes anläuft, wird jeder Mann der Besatzung auf Herz und Nieren geprüft. Kaum daß das Schiff am Quai vertaut ist, steigen auch schon, gleichzeitig mit dem Hafenarzt, einige Beamte der Hafenpolizei und des Geheimdienstes der Küstenbewachung an Bord, und dann wird ein Besatzungsmitglied nach dem anderen in die Messe oder den Kapitänssalon gerufen. Und dann beginnt die Ausfragerei . . . Der Beamte vergleicht die Antworten sorgfältig mit den Angaben des Passes. Dann kommen weitere Fragen – ein wahres Kreuzfeuer, denn man wird von vier, sechs und mehr Beamten gleichzeitig vernommen . . .
New York. Ich sitze im Kapitänssalon fünf US-Beamten gegenüber. Den Inhalt des Passes habe ich bereits rekapituliert. Auch die Fragen über meine früheren Auslandsaufenthalte, über meinen Beruf, über meine bisherigen Arbeitsstellen und einiges andere habe ich offenbar zur Zufriedenheit der Beamten beantwortet, und keiner meiner früheren Arbeitgeber scheint auf der »Schwarzen Liste« zu stehen. »Tun Sie auch Militärdienst?« Ich gebe Auskunft, und wie sie erfahren, daß ich Offizier bin, stellt einer, der in einem Buch blätterte, einige Zwischenfragen. »Was macht Oberst X.?« – »Den kenne ich nicht!« – »Hat Major Y in letzter Zeit ein neues Buch veröffentlicht?« – »Habe nie etwas von einem Major dieses Namens gehört.« – »Wie wurde die Angelegenheit des Hauptmanns Z . . .« Es wird mir etwas zu bunt. »Mein Herr, Sie haben gehört, daß ich Offizier bin. Sie werden von mir über militärische Dinge keine Antwort erhalten, und wenn es sich auch, wie Sie behaupten, bei den genannten Offizieren um Freunde von Ihnen handelt.« Ein anderer stellt mir plötzlich

die Frage: »Gehören Sie einem Klub an?« Ich bejahe, und die Beamten werfen sich vielsagende Blicke zu. Nun werde ich neuerdings in ein scharfes Kreuzverhör genommen. »Wo ist dieser Klub? Was bezweckt er? Wird auch geschossen? Führt er militärische Übungen durch?« Das und noch vieles andere mehr wollen diese Leute wissen. Ich gebe bereitwillig Auskunft und kläre fünf Amerikaner gründlich über schweizerische Turnertradition, den Verlauf des letzten kantonal-zürcherischen Turnfestes, den Familien-Abend des Turnvereins Regensdorf und eine Anzahl turnerischer Fachausdrükke auf! . . .
Wer nach dem Anlaufen eines Hafens alle Fragen zur Zufriedenheit der untersuchenden Beamten beantwortet, erhält die Erlaubnis, an Land zu gehen. Aber wer glaubt, die Ausfragerei sei nun zu Ende, der sieht sich schwer getäuscht. Was er bisher erlebte, das war etwas Hochoffizielles, jetzt, sobald man festen Boden betritt, beginnt etwas anderes. Es ist mir in mehr als einem Hafen aufgefallen, daß, wohin ich mit meinen Schiffskameraden auch gehen mochte, welches Lokal wir auch aufsuchen mochten, sich nach einer gewissen Zeit auch immer dieselben Leute einfanden. Manchmal war es einer, manchmal waren es mehrere. Sie setzten sich in unsere Nähe, nahmen von uns scheinbar keine Notiz, bestellten wie wir einen oder mehrere Drinks, saßen noch im Lokal, wenn wir es verließen, und fanden sich einige Minuten nach uns im nächsten ein. Wie uns diese Leute immer wieder ausfindig machen konnten, blieb mir immer ein Rätsel, doch bin ich davon überzeugt, daß das, was man Bespitzelung nennt, in Italien, Amerika und Lissabon tadellos funktioniert. – Nur selten versuchten unsere »Schatten«, mit uns ins Gespräch zu kommen. Meist saßen sie einfach in Hörweite von uns. Ob sie aus unserem Zürcher und Berner Dialekt klug geworden sind, weiß ich allerdings nicht . . .
Als Bordfunker auf hoher See nimmt man oft – fast könnte man ja sagen: unmittelbar – am Seekriegsgeschehen teil . . . Auf der *Gotthard* war ich einziger Funker. Die Dienstzeit beträgt in der Regel acht Stunden. In der Zwischenzeit übernimmt der sogenannte »Auto-Alarm« die SOS-Funkwache. Wenn ein Schiff den bekannten Notruf aussendet, so beginnt es nicht gleich mit den drei Buchstaben, sondern gibt zuerst zwölfmal ein vier Sekunden langes Zeichen mit je einer Sekunde Unterbruch. Der »Auto-Alarm« ist nun so eingerichtet, daß er schon beim dritten oder vierten Zeichen reagiert und auf der Brücke eine rote Lampe aufleuchten läßt und zudem an verschiedenen Orten des Schiffes eine Alarmglocke in Gang setzt. Eine solche befindet sich auch über der Schlafstelle des Funkers . . .
Plötzlich schrillt die »Auto-Alarm«-Glocke über mir. Barfuß und im Pyjama husche ich zur Funkkabine hinüber. Blitzschnell sind die Apparate eingestellt, die Antenne umgeschaltet, aber es dauert an die 20 Sekunden, bis die Röhren warm sind und ich Empfang habe . . . Das Schiff rollt schwer, und ein Spritzer schickt kaltes Wasser durch die halboffene Kabinentür an meine nackten Beine. Es pfeift im Apparat, Tonleiter auf, Tonleiter ab. Da – ich habe ihn! Er scheint mit der Notstation zu arbeiten, die nur auf geringe Distanz

reicht; seine Hauptfunkanlage wird außer Betrieb sein. »SOS – SOS – de O'Shela – O'Shela.« . . . Mit den Knien verkeile ich mich unter dem Tisch, denn ich brauche beide Hände, und wir rollen schwer. ». . . torpedoed, help immediately – position 3530 north 7345 west . . . SOS – SOS – SOS – de O'Shela – O'Shela – PSN 3530 N 7345 W fire around – help . . .« Armer Teufel. Ein Tanker ist's, torpediert, das mitgeführte Flugzeugbenzin fließt brennend aus und verwandelt ringsum das Meer in eine flammende Hölle, aus der es – und das weiß der um Hilfe rufende Funker genau wie ich – kaum eine Rettung gibt. Immer wieder kommt sein »SOS – SOS – SOS«. Ich stülpe den Ölmantel über den Pyjama und schlüpfe in die Pantoffeln. Rasch auf die Brücke. Es ist stockfinster, aber ich kenne den Weg. Wir beugen uns über die Karte. »Nichts zu machen – zu weit weg . . .« bemerkt der erste Steuermann, der gerade Wache hat . . .

Private Aufzeichnung, Zürich, Februar 1942

Sender Beromünster (Schweiz)

Freitag, 20. Februar 1942:
. . . An erster Stelle der Ereignisse stehen 1. die Durchfahrt von drei großen deutschen Kriegsschiffen durch den Kanal, die am 12. Februar gelang, 2. die Kapitulation der Stadt und Festung Singapore, die am 15. Februar erfolgt ist. Beide Ereignisse bedeuten Niederlagen Englands, und zwar insbesondere der englischen Seemacht, und haben daher in England selbst eine entsprechende Beunruhigung und innenpolitische Krisenerscheinung hervorgerufen . . . Singapore war lediglich als Flottenstützpunkt mit gewaltigen Küstengeschützen und Hafenanlagen ausgestattet, aber nicht für die Verteidigung zu Lande und in der Luft. So konnte diese mächtige Seefestung einem Angriff des Feindes vom Land, das heißt von der malaiischen Küste her, bloß sieben Tage Widerstand leisten. Vom offenen Meer aus, gegen das Singapore befestigt war, ist dieser Stützpunkt von den Japanern überhaupt nicht angegriffen worden. Gegen große Kriegsschiffe hätten die riesigen Geschütze von Singapore vielleicht ein verderbliches Feuer speien können – gegen die kleinen Barkassen und Kähne, in denen die japanische Infanterie mit ihren automatischen Waffen vom malaiischen Festland aus angefahren kam, waren sie wehrlos. Der Fall von Singapore verändert die Lage in Ostasien beträchtlich. Die kürzeste Route nach Indien ist dadurch in japanische Hand übergegangen . . .

Geheimer Bericht des *Sicherheitsdienstes der SS* zur innenpolitischen Lage:
Nr. 264, 2. März 1942 (Auszug)
. . . Die weiteren Erfolge der deutschen U-Boote führten erneut zur bewundernden Anerkennung der deutschen U-Boot-Besatzungen. In der »planmäßigen« Versenkung von Tankern will man vereinzelt einen Erfolg der deutschen Spionage sehen . . .

Königin Wilhelmine an die niederländische Flotte
Mittwoch, 4. März 1942, London
Die *Agentur Reuter* meldet:
Der niederländische Marineminister verlas gestern über BBC eine Botschaft von Königin Wilhelmine, die voller Anerkennung des mutigen Verhaltens der niederländischen Flotte in den pazifischen Gewässern gedenkt: »Dieser Kampf entspricht dem heldenhaften Geist, der einst die Admiräle und Seeleute Hollands beseelte, und er ist unserer großen Vergangenheit würdig. Ich bin sicher, die Meinung aller Holländer auszudrücken, wenn ich sage, daß unsere Flotte stärker als je wiedererstehen wird . . . Wir sind nicht geschlagen, und für uns Holländer geht der Kampf weiter. Die Geschichte wird einst von dem Mut unserer Kriegsflotte und ihrer Tapferkeit zu melden wissen. Die Art, wie unsere Matrosen sich schlagen, ist für uns eine Garantie für den Sieg.«

Amerikanische Verstärkungen in Nordirland
4. März 1942, in einem nordirischen Hafen
United Press teilt mit:
Tausende von Soldaten der US-Armee sind in Nordirland eingetroffen, um das I. US-Expeditionskorps, das schon vor einiger Zeit hier eintraf, zu verstärken.

Japanischer Geheimsender

Donnerstag, 5. März, Santiago de Chile
Die *Agentur Exchange* berichtet:
Die Polizeibehörden entdeckten einen japanischen Geheimsender in Puerto Monte, der fortlaufend Wetternachrichten und Schiffsbewegungen nach Japan gemeldet hat.

Der deutsche Flottenchef an das OKW
Donnerstag, 12. März 1942:
Die Japaner haben die große strategische Bedeutung Madagaskars für die Seekriegführung erkannt. Nach den uns übermittelten Berichten planen sie außer auf Ceylon auch auf Madagaskar Stützpunkte zu errichten, um den Schiffsverkehr nach dem Indischen Ozean und dem Persischen Golf zu unterbinden. Sie können von dort aus auch den Schiffsverkehr um das Kap erfolgreich angreifen . . .

Geheimer Bericht des *Sicherheitsdienstes der SS* zur innenpolitischen Lage:
Nr. 269, 19. März 1942 (Auszug)
. . . Die erfolgreiche Tätigkeit der deutschen U-Boote in den feindlichen Gewässern ist noch immer Gegenstand anerkennender Bewunderung und von Vermutungen, wie es den deutschen U-Booten möglich sei, ohne Stützpunkte einen derartigen Aktionsradius zu erzielen. In der Beförderung des Befehlshabers der U-Boot-Flotte, Dönitz, zum Admiral sieht man aus diesem Grunde eine verdiente Anerkennung der heldenhaften Leistungen der deutschen U-Boot-Männer . . .

Dicht vor der US-Atlantikküste liegt ein deutsches U-Boot auf der Lauer: Blick durch das Sehrohr

W. Churchill an General Smuts
Dienstag, 24. März 1942:
Wir haben uns entschlossen, Diego Suarez zu stürmen und zu besetzen, da die Vichy-Franzosen bei einer eventuellen Landung der Japaner keinen wirksamen Widerstand leisten würden, was für die Sicherheit unserer Geleitzüge nach dem Nahen Osten katastrophal wäre und Südafrika arg bedrohen würde. Die Operation ist, wie wir glauben, genügend vorbereitet, um Erfolg zu versprechen. Die Sturmtruppe, die einem Geleitzug von 50000 Mann nach dem Osten angeschlossen ist, sticht heute Nacht in See.

Sonnabend, 28. März 1942,
Das *Oberkommando der Wehrmacht* gibt bekannt:
Am 28. März, kurz nach Mitternacht, überflogen feindliche Flugzeuge in mehreren Wellen Saint Nazaire und warfen einige Bomben ab, die keinen Schaden anrichteten. Die Einflüge sollten offensichtlich die Aufmerksamkeit der Küstenverteidigung ablenken. Noch während die Flak die Flieger beschoß, versuchten leichte britische Seestreitkräfte, in die Loiremündung einzudringen, wurden aber von den Marinebatterien entdeckt und unter Feuer genommen . . .
Während Schnell- und Sturmboote auf verschiedene Punkte der Küste zueilten, nahm ein Zerstörer Kurs auf das Schleusentor. Die Marinebatterien verteilten das Feuer. Nach kurzer Zeit flog der Zerstörer mit ungeheurer Explosion vor dem Erreichen der Schleuse in die Luft. Im Feuer der Küstenbatterien gingen fast gleichzeitig an verschiedenen Stellen der Bucht Torpedoboote, Schnellboote und Sturmboote unter. Bei dem massierten Einsatz gelang es einigen feindlichen Booten, Truppen an Land zu bringen. Sie wurden durch sofort einsetzende Angriffe, an denen sich Verbände aller drei Wehrmachtsteile beteiligten, zersprengt und flüchteten, vom Rückweg abgeschnitten, in kleinen Gruppen in umliegende Häuser, wo sie sich teilweise geschlossen ergaben.

Angriff auf einen Geleitzug im Eismeer
Dienstag, 31. März 1942,
Die *britische Admiralität* teilt mit:
Britische und sowjetische Seestreitkräfte haben Angriffe feindlicher Über- und Unterwassereinheiten, die das Eintreffen eines Geleitzuges mit amerikanischen und britischen Lieferungen in der Sowjetunion verhindern wollten, zurückgeschlagen.

Weisung Nr. 41

Weisung Nr. 41 des Oberkommandos der Wehrmacht
Sonntag, 5. April 1942:
(. . .) Die Winterschlacht in Rußland geht ihrem Ende zu. Durch die überragende Tapferkeit und den opferfreudigen Einsatz der Soldaten der Ostfront ist der Abwehrerfolg von größtem Ausmaß für die deutschen Waffen errungen . . .
. . . Das Ziel ist, die den Sowjets noch verbliebene lebendige Wehrkraft endgültig zu vernichten und ihnen die wichtigsten kriegswirtschaftlichen Kraftquellen soweit als möglich zu entziehen.
. . . IV. Kriegsmarine: Im Schwarzen Meer ist es die Hauptaufgabe der Kriegsmarine – soweit die eigenen Mittel an Kampf- und Sicherungsstreitkräften sowie an Schiffsraum es irgend gestatten –, die Versorgung des Heeres und der Luftwaffe durch Seetransporte zu entlasten.

Im Hinblick auf die noch ungebrochene Kampfkraft der russischen Schwarzmeer-Flotte ist es von besonderer Bedeutung, daß die ins Schwarze Meer zu überführenden leichten Seestreitkräfte dort möglichst frühzeitig einsatzbereit werden.
Die Ostsee ist durch Abriegelung der russischen Seestreitkräfte im inneren Finnenbusen zu sichern.

Razzia am Panamakanal
Montag, 6. April 1942, Panama
Die *Agentur Exchange* berichtet:
Ungefähr 700 Staatsangehörige der Achsenmächte sind in Panama festgenommen und in die USA verschifft worden, wo sie in Internierungslagern untergebracht werden, darunter 184 wehrpflichtige Japaner, die zum Teil eine militärische Ausbildung hinter sich haben.

Nacht auf dem Meeresgrund

Von Kriegsberichter Dr. Harald Busch:

Über 40 Mann sind wir, enggedrängt, beisammen in dem schlanken, stählernen Fischleib. Jeder freie Fleck der Bodenplatten in den Räumen, in den Gängen, wo zufällig keine Säcke oder Kisten stehen, ist belegt. Selbst auf der Back im U-Raum liegen zwei in ihre Decken gehüllt und filzen, schlafen und schnarchen, daß es eine Art hat. Es herrscht sonderbare Ruhe im Boot, bleierne Ruhe, durch die noch mehrere Stunden hindurch nur das Ticken und Klopfen der Heinzelmännchen aus dem Dieselraum widerhallt. Dann erstirbt auch das. Sie sind fertig geworden mit ihrer Reparatur. Und jetzt schläft alles im Boot bis auf die paar Mann Wache. An den Wänden, an allen Flächen, Apparaturen, den Tausenden von Rohrleitungen, Ventilen, Handrädern und was es alles so gibt, sammelt sich feuchter Beschlag wie an winterlichen Fensterscheiben. Tropfen rinnen. Alles ist naß.
Die Kälte fällt geradezu aus dem Turm herab in die Zentrale und breitet sich allmählich immer mehr über alle Räume aus. Nur einer kramt noch in seinem Spind, eine Zeitschrift hervorzusuchen; er will lesen. Im Gang zwischen den Dieseln und an der E-Maschine, dicht bei dicht liegen die zusammen, deren Kojen besetzt sind – denn normalerweise fährt das Boot, hat sonst ja immer nur die Hälfte der Besatzung Freiwache und kann schlafen; jedesmal zwei müssen sich, einander abwechselnd, in die Liegeplätze teilen. Mein Gott, wie eng ist es doch in solch einem Boot, das auf Fernfahrt geht! Ab und zu gluckert in einem der Tanks irgendein Luftbläschen oder was es sein mag. Solcher Laut läßt die unheimliche Stille nur noch deutlicher empfinden. Wir liegen auf Grund. Kein Laut von draußen dringt zu uns herein. Nicht mehr das Klatschen und Scheuern der See an Oberdeck und Außenhaut des Bootes über unseren Köpfen, wie sonst bei Überwasserfahrt. Nichts ist zu hören, nicht mehr der stark und brummend tönende Lärm der Diesel, nicht das leise Summen, wenn unter Wasser gefahren wird, nicht das Radio, das, solange wir über Wasser sind, unentwegt durch alle Räume unserer engen Bootsröhre schallt, keine Unterhaltung der Männer. Es ist still, märchenhaft, fast bedrückend still, hier auf dem Grunde der See. Alles schläft jetzt.
Die paar Wachen sitzen stumm und dösen lesend vor sich hin. Ab und zu blättern sie eine Seite um. Gedankenlos wird ein Apfel dazu gegessen von denen, die in Körben im Bugraum und bei der E-Maschine aufbewahrt werden, solange der Vorrat reicht. Um 24 Uhr hat es den Mittelwächterkaffee für die Wachen gegeben; in der verlassenen Kombüse wurde er von einem der Dieselheizer zurechtgebraut. Die neuen Männer richten sich, leise, sie zu wecken, am Arm gestoßen, auf, kommen hoch und lösen, nachdem auch sie eine Tasse von dem heißen Saft getrunken, ab. Die bisherigen legen sich an die freigewordenen Plätze: Wachwechsel. Fünf Minuten später herrscht wieder unverändert das gleiche Bild wie zuvor, nur mit neuen Männern.
Eben beugt sich der wachhabende Maat in der Zentrale zu dem Schrank neben dem Kartenpult herab und prüft an den Meßgläsern die chemische Zusammensetzung der Luft im Boot. Dann stellt er für eine Weile die Lüftung an, die schnurrend aus allen Räumen den Luftstrom ansaugt und über die Kalipatronen streichen läßt, um die vermehrte Kohlensäure zu binden. Sauerstoffzusatz tut noch nicht not. Wir liegen ja noch nicht lange unter Wasser, von draußen so völlig abgeschlossen.

Kriegsmarine, April 1942

Der 2000ste Fliegeralarm auf Malta
Mittwoch, 8. April 1942, La Valetta
Die *Agentur Reuter* meldet:
Gestern erlebte Malta seinen 2000sten Fliegeralarm seit Kriegsbeginn und den bisher stärksten Luftangriff. Die Bodenabwehr legte heftiges Sperrfeuer. Vollständige Berichte fehlen zwar noch, doch ist bereits bekannt, daß vier feindliche Flugzeuge abgeschossen wurden.

Bataan in japanischer Hand
Donnerstag, 9. April 1942, Washington
United Press berichtet:
Wie das Kriegsministerium soeben mitteilt, sind die Verteidiger von Bataan wahrscheinlich von den Japanern überwältigt worden.

Die Japaner im Bismarck-Archipel
9. April 1942, Melbourne
Die *Agentur Reuter* teilt mit:
Die von den Luftstreitkräften durchgeführten Erkundungen über dem Bismarck-Archipel haben gezeigt, daß Lorengan von den Japanern allem Anschein nach bereits vor längerer Zeit besetzt wurde.

W. Churchill an den Ersten Seelord
Sonntag, 12. April 1942:
Wollen Sie mir im einzelnen mitteilen, wie die Versorgung Maltas durch Unterseeboote gehandhabt wird? Wie ich höre, erhöht die Demontage bestimmter Ge-

Nacht auf dem Meeresgrund: »... über 40 Mann, enggedrückt an den stählernen Fischleib.«

schütze die Ladefähigkeit beträchtlich; es wäre mir angenehm, wenn ich den entsprechenden US-Dienststellen mit Hinweisen auf Einzelheiten ihrer Erfahrungen bei der Versorgung Corregidors helfen könnte.

US-Flugzeugträger vor Tokio?

Montag, 20. April 1942, London
Die *Agentur Reuter* meldet:
Nach Funksprüchen mit dem Rufzeichen von Radio Tokio, die wahrscheinlich zur Information des deutschen Achsenpartners bestimmt sind, sollen etwa 100 US-Maschinen vom Typ B-25 an den Angriffen auf Tokio und andere japanische Städte beteiligt gewesen sein. Unter der Voraussetzung, daß dieser Bericht auf Tatsachen beruht, müssen amerikanische Marineflieger diesen Angriff von Flugzeugträgern aus durchgeführt haben, da die B-25-Bomber eine Reichweite von höchstens 2700 Kilometern besitzen. Ein Angriff von Flugzeugträgern aus wäre von großer Bedeutung, er würde nämlich beweisen, daß die US-Flotte ihre volle Aktionsfreiheit zurückgewonnen hat, denn es scheint ausgeschlossen, daß die amerikanische Admiralität ihre Flugzeugträger ohne starken Begleitschutz vor der japanischen Küste operieren läßt.

Geheimer Bericht des *Sicherheitsdienstes der SS* zur innenpolitischen Lage:
Nr. 279, 27. April 1942 (Auszug)
... Die Ausführungen des Führers über die deutsche U-Boot-Waffe und vor allem die Eröffnung, daß die Zahl der deutschen U-Boote von Monat zu Monat wachse und bereits die Höchstzahl der U-Boote des Weltkrieges weit hinter sich gelassen habe, wurden mit großer Freude aufgenommen und ließen vielfach die Hoffnung aufkommen, daß die deutschen U-Boote in Zukunft noch in weit größerem Umfange als bisher zum Einsatz gegen die feindliche Schiffstonnage gelangen ...

Britische Streitkräfte vor Madagaskar
Dienstag, 5. Mai 1942
Die *britische Admiralität* gibt bekannt:
Da die alliierten Nationen beschlossen haben, einem japanischen Angriff gegen den französischen Marinestützpunkt Diego Suarez auf Madagaskar zuvorzukommen, trafen britische See- und Landstreitkräfte heute früh vor Madagaskar ein.

J. W. Stalin an W. Churchill
Mittwoch, 6. Mai 1942:
Ich muß eine Bitte an Sie richten. Einige neunzig Dampfer mit verschiedenem wichtigem Kriegsmaterial für die UdSSR an Bord liegen zur Zeit in Island und auf der Route Amerika – Island fest. Wie ich höre, besteht die Gefahr, daß die Weiterfahrt dieser Schiffe längere Zeit verzögert wird, weil sich der Organisation der britischen Eskorten für die Geleitzüge Hindernisse entgegenstellen. Ich kenne diese Hindernisse sehr gut und weiß auch, welche Opfer Großbritannien in dieser Angelegenheit schon gebracht hat. Trotzdem fühle ich mich verpflichtet, mich mit der Bitte an Sie zu wenden, jede mögliche Maßnahme zu ergreifen, damit das oben erwähnte Kriegsmaterial im Laufe des Mai in der UdSSR eintrifft, da es für unsere Front von allergrößter Bedeutung ist. Nehmen Sie bitte meine aufrichtigen Grüße und besten Erfolgswünsche entgegen.

Schwere Kämpfe auf Madagaskar
6. Mai 1942, London
United Press berichtet:
Wie die britische Admiralität und das Kriegsministerium heute melden, sind auf Madagaskar die vorrückenden britischen Verbände auf entschlossenen Widerstand gestoßen. In militärischen Kreisen äußert man sich mit größter Vorsicht über die Aussichten des Feldzuges auf Madagaskar. Einige Beobachter rechnen mit ziemlich langen Kämpfen, besonders dann, wenn die französischen Verteidiger sich in die Berge zurückziehen sollten.

Seegefechte im Eismeer
Freitag, 8. Mai 1942
Die *britische Admiralität* teilt mit:
Es ist jetzt möglich, einige Einzelheiten über die Operationen bekanntzugeben, die kürzlich im Eismeer statt-

fanden. Diese Aktionen betreffen zwei Geleitzüge: Der eine transportierte wichtiges Kriegsmaterial in die Sowjetunion, der andere befand sich bereits auf der Rückfahrt. Mehrere Tage lang unternahm der Feind mit leichten Überwasserschiffen und U-Booten sowie Flugzeugen alle Anstrengungen, um diese beiden Geleitzüge an der Durchfahrt zu hindern. Obgleich wir einige Verluste erlitten, erreichte fast der gesamte für die UdSSR bestimmte Geleitzug sein Ziel.

W. Churchill an J. W. Stalin
Sonnabend, 9. Mai 1942:
Ihr Telegramm vom 6. Mai habe ich erhalten und danke Ihnen für die Botschaft und die Grüße. Wir sind fest entschlossen, Ihnen ein Maximum an Kriegsmaterial zuzuführen. Da aber die *Tirpitz* und andere feindliche Überwassereinheiten in Trondheim liegen, ist die Fahrt eines jeden Konvois zur großen Flottenoperation geworden. Wir werden aber nach wie vor unser Bestes tun . . .

Seeschlacht im Korallenmeer

9. Mai 1942, Washington
United Press berichtet:
Mit außerordentlicher Spannung verfolgt die amerikanische Öffentlichkeit den Ausgang der Seeschlacht im Korallenmeer. Sämtliche Rundfunkstationen, Kinos und Theater teilten mit, daß sie die Programme bei Eintreffen weiterer Meldungen über den Kampfverlauf sofort unterbrechen werden . . . Den Heeresberichten zufolge scheint die Seeschlacht im Korallenmeer vorläufig beendet zu sein. Die japanische Flotte, die sich in drei Verbände aufgelöst hat, führt gegenwärtig Bewegungen durch, über die noch kein Bericht erstattet werden darf.

9. Mai 1942, Tokio
Das *Kaiserliche Hauptquartier* gab heute nachmittag, 3.40 Uhr Ortszeit, folgende weitere Ergebnisse der Seeschlacht bekannt:
Der überwältigende japanische Seesieg im Korallenmeer hat die Alliierten an empfindlicher Stelle getroffen. Die Amerikaner, die das Gros ihrer Schlachtschiffe schon in den ersten Kriegstagen bei Pearl Harbor verloren hatten, können sich schwerlich weitere Einbußen unter den noch verbliebenen Großkampfschiffen leisten. Über allem aber steht der Verlust von zwei wertvollen Flugzeugträgern, der Amerikas Schlagkraft unwiderruflich gelähmt hat.

Japanische Kriegsschiffe in Manila
Sonntag, 10. Mai 1942, Tokio
Das *DNB* meldet:
Nach dem Fall Corregidors und der Säuberung der Manila-Bucht von Minen trafen gestern die ersten Einheiten der japanischen Kriegsmarine im Hafen von Manila ein.

Rechts: 5. 5. 1941, Diego Suarez, Madagaskar: Operation »Ironclad« – die britische Invasion des französischen Madagaskar

Unten: Notdürftig getarnte U-Boote in einem französischen Hafen der Atlantikküste

Montag, 1. Juni 1942
Das *Oberkommando der Wehrmacht* gibt bekannt:
. . . Der Kampf gegen die Versorgungsschiffahrt Großbritanniens und der Vereinigten Staaten war im Monat Mai besonders erfolgreich. Kriegsmarine und Luftwaffe versenkten 170 feindliche Schiffe mit zusammen 924 400 BRT. Außerdem wurden 66 Schiffe durch Bomben- oder Torpedotreffer zum Teil schwer beschädigt . . .

Japanische U-Boote vor Sydney
1. Juni 1942, Melbourne
Das *Hauptquartier der alliierten Streitkräfte in Australien* teilt mit:
Bei einem feindlichen Angriff in den Gewässern von Sydney wurden drei japanische Kleinst-U-Boote vernichtet. Der feindliche Angriffsversuch scheiterte, nur ein kleiner Hafendampfer ohne militärische Bedeutung wurde beschädigt.

Japanische U-Boote vor Madagaskar
Freitag, 5. Juni 1942, Tokio
Das *Kaiserliche Hauptquartier* gibt bekannt:
Sondereinheiten der japanischen U-Boot-Waffe haben im Morgengrauen des 31. Mai bei einem Überraschungsangriff auf Diego Suarez (Madagaskar) ein britisches Schlachtschiff der »Queen-Elisabeth«-Klasse (36 600 Tonnen) und einen Leichten Kreuzer der »Arethusa«-Klasse (5280 Tonnen) torpediert und schwer beschädigt.

Luftkämpfe über Midway
5. Juni 1942, New York
Das Kommuniqué von *Admiral Nimitz* über den japanischen Angriff auf die Midway-Inseln:
Heute früh um 6.35 Uhr wurden die Midway-Inseln von japanischen Flugzeugen, die von einem Flugzeugträger aus gestartet sind, angegriffen. Eine große Anzahl feindlicher Maschinen konnte abgeschossen werden.

Kontrolle über die Insel weiter ausgedehnt. Ein motorisierter Verband ist an der Ostküste 300 Kilometer weit vorgestoßen und hat Antalaha – 600 Kilometer nordöstlich der Hauptstadt – besetzt.

Warnung an die französische Bevölkerung
8. Juni 1942, London
Die *Agentur Reuter* meldet:
Der britische Rundfunk erließ heute vormittag folgende Warnung an die Bevölkerung der französischen Küstengebiete: »Nach dem Commando-Raid auf St. Nazaire hatten wir an alle Franzosen, vor allem in den Küstengebieten, eine Warnung gerichtet. Heute ist es die zweite Warnung an die französische Bevölkerung. Wir wenden uns wieder an alle Franzosen, die in den Sperrzonen von der belgischen Grenze bis zu den Pyrenäen wohnen. Die Küstengebiete des besetzten Frankreichs sind in Gefahr, immer mehr zum Schauplatz militärischer Operationen zu werden . . .«

Japanischer U-Boot-Angriff auf Sydney
Montag, 8. Juni 1942, Melbourne
United Press meldet:
Die Außenbezirke von Sydney und Newcastle sind vermutlich von einem feindlichen U-Boot beschossen worden. Der Schaden ist nicht erheblich und soll nur wenige Opfer gekostet haben.

Britischer Vormarsch auf Madagaskar
8. Juni 1942, Kapstadt
Die Agentur *Exchange* berichtet:
Die britischen Streitkräfte auf Madagaskar haben ihre

Geleitzugsschlacht im Mittelmeer

Mittwoch, 17. Juni 1942
Das *Oberkommando der Wehrmacht* gibt bekannt:
. . . Wie durch Sondermeldung bekanntgegeben, versetzten Verbände der deutschen Luftwaffe und Einheiten der deutschen Kriegsmarine im Zusammenwirken mit italienischen See- und Luftstreitkräften der britischen Flotte und der feindlichen Versorgungsschiffahrt im Mittelmeer schwere Schläge. In der Zeit vom 13. bis 15. Juni wurden aus stark gesicherten britischen Geleitzügen von deutschen Luft- und Seestreitkräften vier Kreuzer und Zerstörer, zwei Bewachungsfahrzeuge und

sechs Handelsschiffe mit zusammen 56000 BRT versenkt. Außerdem wurden ein Zerstörer und acht Handelsschiffe durch Torpedos getroffen, in Brand geworfen oder so schwer beschädigt, daß mit ihrem Verlust zu rechnen ist. Weitere sechs Kriegsschiffe und sechs Handelsschiffe erhielten Bomben- oder Torpedotreffer. In Luftkämpfen mit den zur Sicherung der Geleite eingesetzten Jagdflugzeugen wurden von der deutschen Luftwaffe 33 feindliche Flugzeuge abgeschossen. Zehn deutsche Flugzeuge gingen verloren . . .

Reorganisation der holländischen Marine
Donnerstag, 18. Juni 1942, Colombo
Die *Agentur Exchange* berichtet:
Admiral Helfrich, Oberbefehlshaber der holländischen Streitkräfte im Fernen Osten, teilte mit, daß eine große Zahl von niederländischen Seeleuten und Marinesoldaten, die am Kampf um Niederländisch-Indien beteiligt gewesen sind, gegenwärtig auf der Insel Ceylon neu ausgerüstet und zu Kampfeinheiten zusammengestellt werden.

Verluste der schwedischen Handelsflotte
Freitag, 19. Juni 1942, Stockholm
Svenska Dagbladet meldet:
Seit Kriegsbeginn hat die schwedische Handelsflotte insgesamt 165 Schiffe mit 400000 Tonnen, also mehr als ein Viertel der Gesamttonnage, verloren. 854 Menschen haben dabei ihr Leben eingebüßt.

Tobruk gefallen

Mittwoch, 24. Juni 1942, Alexandria
Die *Agentur Reuter* berichtet:
Die britischen Kriegsschiffe haben im letzten Augenblick den Hafen von Tobruk verlassen, und zwar bereits unter dem Feuer der deutschen Geschütze, die am Kai Stellung bezogen hatten. Etwa hundert Matrosen konnten noch mitgenommen werden. Unter den auslaufenden Einheiten befanden sich auch eine Anzahl Transportschiffe, Tanker und andere Fahrzeuge, die unbeschädigt dem gegnerischen Feuer entkamen. Die Matrosen erfuhren erst im letzten Augenblick vom Fall Tobruks, nämlich als sie sahen, daß deutsche Panzer durch die Hauptstraßen fuhren und anfingen, die im Hafen befindlichen Schiffe zu beschießen.

Geheimer U-Boot-Stützpunkt
Donnerstag, 25. Juni 1942, Rio de Janeiro
Die *Agentur Reuter* teilt mit:
Der brasilianische Küstenwachschutz entdeckte an der Mündung des Gurupi – in den Mangrovensümpfen der

tropischen Äquatorialküste an der Grenze der Staaten Para und Maranho – eine Versorgungsstation für U-Boote der Achsenmächte. Das gesamte Depot wurde beschlagnahmt und die Station zerstört. Den brasilianischen Behörden fiel eine Menge belastendes Material in die Hände, was bereits zu zahlreichen Verhaftungen geführt hat.

Deutsche U-Boote setzen Saboteure ab

Montag, 29. Juni 1942, Washington
Associated Press meldet:
Der Chef des FBI, Edgar Hoover, teilte gestern abend mit, daß es gelungen sei, alle Saboteure zu verhaften, die kürzlich von deutschen U-Booten in den USA an Land gesetzt wurden. Einige von ihnen waren als Minenarbeiter getarnt und sollten in Bergwerken, Marinedepots und auf Güterumschlagplätzen Sabotageaktionen ausführen. Eine zweite Gruppe sollte, wie bereits im Ersten Weltkrieg praktiziert, Zeitbomben und Sprengstoffe an Bord von Schiffen schmuggeln. Einer der gelandeten Saboteure, Herbert H. Haupt, ist US-Staatsbürger und stellte sich sofort nach Erreichen der Küste dem Fahndungsdienst zur Verfügung.

Geheimer Treffpunkt irgendwo im Atlantik: Versorgung auf See. Zusätzlicher Proviant und Treibstoff verlängern den Einsatz der U-Boote um mehrere Wochen

Versorgung im Südatlantik

Von Marine-Berichterstatter Dr. Hanskarl Kanigs:

. . . Der dunkle Punkt wird schnell größer. Bald kann man den Turm eines U-Bootes unterscheiden, und schon kommt der graue, breite Leib des Versorgungsbootes durch das azurblaue Wasser auf uns zu. Drohend ragen seine Flakgeschütze zum Himmel, und das Gefühl einer gewissen Geborgenheit, hier auf der Mitte des Atlantik, findet in begeistertem Winken unserer Männer seinen Ausdruck. Zwei deutsche U-Boote begrüßen sich mitten in der Wasserwüste des Atlantik . . .
Die beiden Kommandanten stehen über das Brückenschanzkleid gelehnt, mit dem Megaphon, der »Flüstertüte« am Mund, und halten einen kleinen Speech. Schnell sind die Schlauchboote klar gemacht . . .
Sofort aber wird mit der Brennstoffübernahme begonnen. Schläuche werden an Oberdeck gelegt, Stahltrossen abgerollt, Ventilschläuche angeschraubt, und nun saugen wir wieder neue Kraft in uns für viele Tausende Seemeilen Fahrt. Da die See ruhig ist, wiegt sich die Schlauchleitung zwischen beiden Booten nur ganz langsam in der schwachen Dünung und braucht keine besondere Überwachung. Natürlich sind trotz alledem alle Maßnahmen getroffen und zahlreiche Ausgucks auf Posten, um jeder feindlichen Überraschung sofort begegnen zu können. Für die Proviantübernahme wird ein Fernverkehr eingerichtet. Über je ein Talje an der Back des Tankers rollt eine dicke Leine, ein Jollenläufer, an dem wieder mit einem Stropp das Schlauchboot befestigt ist. Wenn das eine Leinenende von ein paar Mann im Laufschritt über unsere Back gezogen wird, flitzt das Schlauchboot zu uns; wird drüben dasselbe Manöver gemacht, schießt das Boot zurück. So findet eine Fülle guter Dinge ihren Weg zu uns herüber, mit liebevollem Eifer von unseren Männern auf dem Oberdeck in Empfang genommen und dann unablässig durch das Turmluk ins Innere des Bootes verfrachtet. Unterdessen erscheinen auch schon einige junge Matrosen mit Feldpostbriefen auf der Brücke. Sie wollen sich die Gelegenheit nicht entgehen lassen, Post nach Hause zu schicken, in der sie an Stelle der üblichen Angabe »Ortsunterkunft« als Postort schreiben können »Südatlantik« . . .
Die Übernahme des Brennstoffs dauert mehrere Stunden. Die Mannschaften genießen daher den Ausnahmetag vom täglichen Einerlei ausgiebig. Rings um die Boote schwimmen sie, soweit sie gerade dienstfrei haben, in dem klaren blauen Wasser, legen sich dann auf dem Vorschiff in die Sonne und lassen sich braten . . .
Endlich ist es soweit, wir haben uns nach dem Urteil des Leitenden Ingenieurs (L. I.) vollgesogen wie ein Kind an der Mutterbrust . . . Dann werden die Leinen gelöst, die Schlauchleitungen sind schon abmontiert, und mit dem Aufbrummen der Diesel setzen beide Boote sich in Bewegung. »Weiter gute Fahrt und auf Wiedersehen an Land!« Mützen und Arme werden geschwenkt, unsere Sirene heult auf, während das Versorgungsschiff schnell kleiner und kleiner wird, bis es ganz verschwunden ist . . . *Kriegsmarine, Juni 1942*

Strategie und Taktik

JANUAR BIS JUNI 1942

Am Morgen des 1. Januar 1942 befindet sich das Gros der für die Operation auf der Halbinsel Kertsch vorgesehenen Truppen in den Ausgangsstellungen. Es sind Teile der 386. Schützendivision, die von Noworossisk nach Sewastopol mit dem sowjetischen Schweren Kreuzer *Molotow,* dem Zerstörer *Taschkent* und zwei Transportern gebracht wurden. Den Deutschen gelingt es nicht, trotz Verstärkung ihrer Truppen bei Feodosia, zusammen mit den Sewastopol belagernden Verbänden den sowjetischen Vorstoß in Richtung Ak-Manaj aufzuhalten. Die Halbinsel Kertsch ist nun abgeschnitten.

Am Freitag, dem 2. Januar 1942, büßt der alliierte Murmansk-Konvoi PQ 7 zum erstenmal ein Schiff ein: *U 134* (KptLt. Schendel) torpediert und versenkt im Nordmeer den britischen Frachter *Waziristan* (5135 BRT).
Am gleichen Tag besetzen Teile der japanischen 48. Division das zur »offenen Stadt« erklärte Manila. US-Truppen und philippinische Verbände ziehen sich von Luzon auf die unwegsame Halbinsel Bataan und auf die vor dem Eingang zur Manila-Bucht liegende, stark befestigte Felseninsel Corregidor zurück. Die Verteidigung der Philippinen liegt in den Händen von General MacArthur, einem der größten und umstrittensten Kriegshelden der USA.
Der ehemalige Stabschef der US-Army wird 1935 zeitweise an die Philippinen »ausgeliehen«, um die Verteidigung des Archipels zu organisieren, bis er am 26. Juli 1941 den Oberbefehl im Südpazifik (US Army Forces in the Far East, USAFFE) erhält.
Nach der Einnahme von Manila durch die Japaner hat sich auch Manuel L. Quezon, der Präsident des Philippinen-Commonwealth, mit seiner Familie und einigen Regierungsmitgliedern auf die Insel Corregidor zurückgezogen. Als Präsident Quezon nach einer Evakuierungsmöglichkeit für sich, seine Familie und einige getreue Politiker sucht, erklärt ihm MacArthur, daß »dies zu gefährlich sei«, da selbst die Versorgung der auf Corregidor eingeschlossenen US-Truppen nur noch durch U-Boote und Wasserflugzeuge aufrechterhalten werden kann.

Am nächsten Tag, Sonnabend, den 3. Januar 1942, bittet Präsident Quezon per Funk die Philippinische Staatsbank in New York, auf das Privatkonto von General MacArthur 500 000 US-Dollar, für seinen Stabschef Major General Sutherland 75 000 US-Dollar, für seinen Stellvertreter Brigadier General Marshall 45 000 US-Dollar und für dessen persönlichen Adjutanten Lieutenant Colonel Huff 20 000 US-Dollar zu überweisen.
An diesem 3. Januar 1942 wird in Niederländisch-Indien das alliierte Command »American-British-Dutch-Australian«. ABDA (Gen. Wavell) gebildet.

Januar 1942, Corregidor:
General MacArthur im Gespräch mit
Präsident Manuel L. Quezon

Ebenfalls am 3. Januar 1942 ist die gesamte Halbinsel Kertsch wieder in sowjetischer Hand. Die Landeoperationen auf Kertsch haben die Sowjets mit großer Verbissenheit geführt. Da es ihnen vor allem an Luftunterstützung fehlt, erleiden die in den Hafen von Feodosia eingedrungenen Transportschiffe der Roten Flotte schwere Verluste. Durch den Mangel an Landungsbooten legen die mit Truppen beladenen Kriegsschiffe direkt am Pier an und geraten so in das Artilleriefeuer.

In der Nacht vom 4./5. Januar 1942 landen in Jewpatoria nördlich von Sewastopol 800 Mann eines sowjetischen Marineinfanteriebataillons. In der darauffolgenden Nacht werden weitere Einheiten des Bataillons an Land gesetzt, die Fühlung mit den Partisanen aufnehmen. Nach einem deutschen Gegenangriff müssen Teile der Landetruppen wieder eingeschifft werden.

Am Sonntag, dem 11. Januar 1942, führt die japanische Zentralgruppe (Adm. Hirose) Landungen auf der Insel Tarakan (Niederländisch-Indien) durch. Damit befinden sich die reichen Ölvorkommen in japanischer Hand.
Bei ihren Vorstößen von Insel zu Insel haben die Japaner eine ganz bestimmte Taktik entwickelt: Die Landungsplätze liegen fast immer in so günstiger Reichweite, daß es den Luftstreitkräften möglich ist, die gegnerischen Maschinen bereits am Boden zu zerstören. Die Trägerflugzeuge werden dabei nur in besonderen Fällen eingesetzt und sind der eigentlichen Seekriegführung vorbehalten. Die Landungen selbst erfolgen unter dem Feuer der Schiffsgeschütze und unter Mitwirkung von Kampfflugzeugen. Haben die Truppen an Land Fuß gefaßt, werden sofort Flugplätze angelegt und der nächste Sprung vorbereitet.

Am Montag, dem 12. Januar 1942, greift *U 123* (KptLt. Hardegen) vor dem Hafen von New York den briti-

schen Dampfer *Cyclops* (9076 BRT) an und versenkt ihn. Das gegen die amerikanische Schiffahrt vor der Ostküste Nordamerikas gerichtete Unternehmen »Paukenschlag« hat begonnen. Die Schiffe fahren hier nur selten mit Begleitschutz und haben kaum Luftsicherung, dazu wenig Erfahrung im Kampf gegen U-Boote, die erst bei Dunkelheit auftauchen, um die Frachter, deren Silhouetten sich gegen die erleuchteten Küsten klar abzeichnen, zu torpedieren oder mit Artilleriefeuer unter Beschuß zu nehmen.
Mit dem »Paukenschlag« fängt die 4. Phase (bis Juli 1942) der Schlacht im Atlantik an.

Dönitz: »Die U-Boote fanden an der amerikanischen Küste fast friedensmäßige Verhältnisse vor. Die Küste war nicht verdunkelt, die Städte strahlten in hellem Licht. Die Leuchtfeuer für die Schiffahrt, Leuchttürme und Leuchtboote brannten, wenn auch anscheinend mit geringerer Stärke. Die Schiffahrt fuhr auf friedensmäßigen Kursen mit gesetzten Lichtern. Obwohl seit der Kriegserklärung fünf Wochen vergangen waren, schienen nur wenig Maßnahmen gegen U-Boot-Angriffe getroffen zu sein.«

Am Mittwoch, dem 14. Januar 1942, endet in Washington die am 20. Dezember 1941 begonnene »Arcadia«-Konferenz, auf der England und die USA ihre Kriegspläne abgestimmt und grundlegende strategische Entscheidungen getroffen haben: »Germany first« – die Niederwerfung Hitler-Deutschlands soll das oberste Ziel sein. Großbritanniens Aufgabe: die Bombenangriffe auf Deutschland zu verstärken, um Stalins geforderte »Zweite Front« zu realisieren. Die USA wollen so schnell wie möglich eigene Luftstützpunkte in England errichten und in der zweiten Hälfte des Jahres sich an den Aktionen beteiligen.

Am Sonnabend, dem 17. Januar 1942, versenkt *U 454* (KptLt. Hackländer) aus dem Konvoi PQ 8 den Zerstörer *Matabele* und torpediert den Dampfer *Harmatris* (5395 BRT). *U 454* gehört zur U-Boot-Gruppe »Ulan«, dem ersten Rudel, das auf einen Nordmeer-Konvoi angesetzt wird.

Am Sonntag, dem 18. Januar 1942, erobert das zur deutschen 11. Armee (Gen. d. Inf. v. Manstein) gehörende Infanterieregiment 105 (Oberst Müller) Feodosia auf der Halbinsel Krim zurück.

Am Donnerstag, dem 22. Januar 1942, erklärt Hitler nach einer Besprechung in seinem Hauptquartier »Wolfsschanze«, an der Admiral Fricke, Chef des Stabes der Seekriegsleitung, teilgenommen hat: »Norwegen ist die Schicksalszone des Krieges. Verstärkungen müssen gegebenenfalls unbedingt rücksichtslos durchgeführt werden . . . Alle U-Boote müssen nach Norwegen zur ausreichenden Aufklärung des anmarschierenden Gegners und wirksamer Abwehr . . .«
Es stehen bereits (seit 15. 1. 1942) zwölf U-Boote vom neuen Typ VII, die gesamte Gruppe »Schlei«, auf Hitlers Befehl westlich der Hebriden und Färöer, um die vermeintliche Invasion Norwegens abzuwehren. Dönitz hat dagegen geplant, diese U-Boote vor der amerikanischen Ostküste einzusetzen.

Am Freitag, dem 23. Januar 1942, entdeckt die britische Luftaufklärung das Schlachtschiff *Tirpitz* im Aas-Fjord, 15 Seemeilen östlich von Trondheim. Daraufhin entschließt sich die britische Admiralität, auf der Island-Murmansk-Island-Route nur jeweils einen Konvoi fahren zu lassen, um unnötigen Gefahren aus dem Weg zu gehen.

Am Sonnabend, dem 24. Januar 1942, gibt Hitler endlich die U-Boot-Gruppe »Schlei« zum Abmarsch aus dem Gebiet der Hebriden zu ihrem Stützpunkt im Golf von Biskaya frei.

Bereits zwei Tage später, am 26. Januar 1942, ändert Hitler jedoch seine Meinung und beordert erneut sechs U-Boote in das Gebiet der Hebriden.

Am Mittwoch, dem 28. Januar 1942, trifft sich in Paris Großadmiral Raeder mit dem französischen Flottenadmiral Darlan. Bei diesem tête-à-tête gibt der französische Admiral dem Chef der deutschen Kriegsmarine einen wichtigen Tip, der jedoch unbeachtet bleibt: Darlan, der vermutlich von den neuen alliierten Ortungssystemen Kenntnis hat, warnt Raeder vor »zu starkem Funkverkehr der deutschen U-Boote«. Raeder: »Es gab

28. 1. 1941, Paris, Geheimtreff der Admiräle: Befehlshaber der französischen Flotte Darlan (*links*), Chef der Kriegsmarine Raeder (*rechts*)

in Frankreich Kreise, die zu einem Zusammengehen mit uns neigten und bereit waren, uns in unserem Kampf gegen England zu unterstützen. Zu ihnen gehörte als eine der stärksten Persönlichkeiten der Oberbefehlshaber der französischen Marine, Admiral Darlan . . . Ich habe mit ihm am 28. Januar 1942 in Paris eine lange und eingehende Unterredung ohne Zeugen gehabt . . .« Da es sich bei der Warnung des französischen Admirals nach Ansicht der Seekriegsleitung um harmlose Peilungen des U-Boot-Funkverkehrs handelt, läßt sie diese entscheidende Information unbeachtet.

Um die aufgetauchten U-Boote bei schlechter Sicht oder auch nachts ausmachen zu können, werden jetzt die alliierten U-Boot-Jagd-Flugzeuge und -Schiffe mit dem im 50-cm-Bereich arbeitenden Radar MK-II ausgestattet. Andererseits ist es den U-Boot-Besatzungen bei schlechter Sicht und durch den Lärm der Dieselmotoren kaum möglich, angreifende Flugzeuge wahrzunehmen. Um diese Gefahr deutscherseits zu mindern, wird den U-Booten zur Zeit ein Funkmeßbeobachtungsempfänger »Metox R 600« eingebaut. Dank diesem Überlagerungsempfänger (Wellenbereich 1,84 m) und seiner anfangs behelfsmäßigen Antenne, dem »Biscaya-Kreuz«, kann man die Radarsignale der alliierten Flugzeuge, die sich mit anhaltendem Piep- und Pfeifton bemerkbar machen, schon feststellen, ehe das U-Boot mit seinem Funkmeßgerät von Flugzeugen geortet werden kann. Das ermöglicht dem U-Boot rechtzeitig zu tauchen. Daneben kann es dank »Metox« die Ausstrahlung des Bordradars der alliierten Schiffe ausmachen und sie angreifen.
Bereits Ende des Sommers 1942 wird es durch Anwendung des »Metox« für die alliierten Flugzeuge immer schwerer, deutsche U-Boote aufzuspüren. Bald zeigt sich jedoch, daß der von »Metox« überdeckte Frequenzbereich zu klein ist, vor allem, als die Engländer das neue verfeinerte Radargerät, das auf 10-cm-Wellenlänge arbeitet, entwickeln.

Im Januar 1942 versenken deutsche U-Boote im Nordmeer und Atlantik 49 Handelsschiffe mit 276 173 BRT. Eigene Verluste: drei U-Boote.

Am Sonntag, dem 1. Februar 1942, ziehen sich die letzten Engländer und Australier auf die Insel Singapur zurück und sprengen den zum Festland führenden Damm.

Unten: 12. 2. 1942, die Schlachtschiffe *Scharnhorst* und *Gneisenau* während des Unternehmens »Cerberus«

Rechts: Unternehmen »Cerberus«, der Kanaldurchbruch des deutschen Flottenverbandes

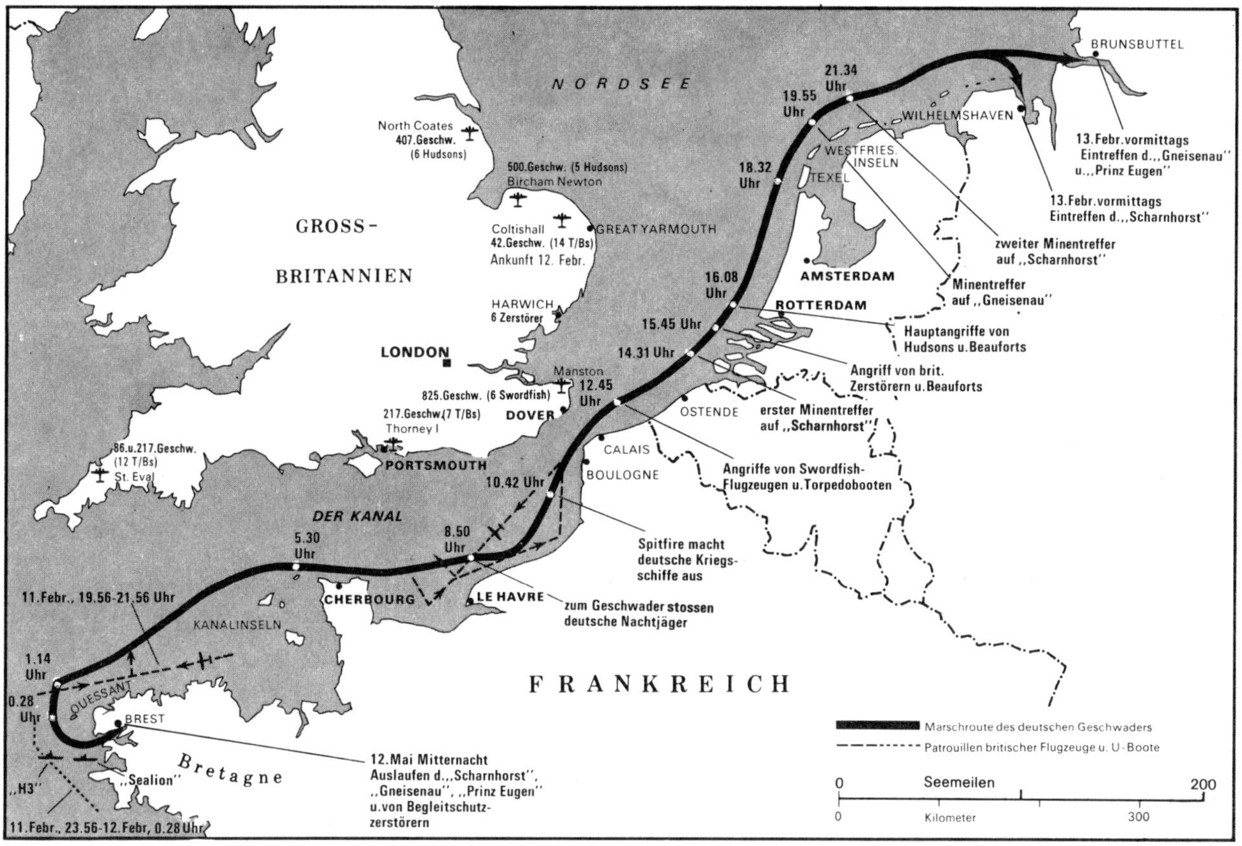

Am gleichen Tag wird der Schlüsselbereich »Hydra«, den die deutschen U-Boote bei ihrem Code-Funkverkehr benutzen, durch den Schlüsselbereich »Triton« ausgetauscht, und die Front-U-Boote bekommen neue Schlüsselmaschinen »Enigma M 4« (mit einer zusätzlichen 4. Walze Alpha). Den neuen Schlüssel »Triton« können die britischen Codebrecher teilweise erst Ende 1942 knacken.

Am Dienstag, dem 3. Februar 1942, bringt das amerikanische U-Boot *Trout* (Lt.Cdr. Fenno) 3500 Schuß Munition für leichte Flak nach Corregidor und nimmt 20 Tonnen Gold und Silber an Bord.

Am Sonntag, dem 8. Februar 1942, eröffnet die in der Nacht zuvor auf der Insel Ubin im Ostteil der Johorestraße gelandete Artillerie der japanischen 25. Armee (GenLt. Yamashita) das Feuer auf die Insel Singapore, und japanische Kampfflugzeuge bombardieren gleichzeitig die britische Festung Singapur.

Am Montag, dem 9. Februar 1942, steht im Hafen von New York der französische Luxus-Liner *Normandie* (83 423 BRT) in Flammen. Frankreichs größtes Passagierschiff – von der American Maritime Commission übernommen – hat man in USS *Lafayette* umgetauft. Während des Umbaus in einen Truppentransporter bricht durch Fahrlässigkeit bei Schweißarbeiten ein Brand aus. Das Feuer verbreitet sich so schnell, daß das Schiff nicht mehr zu retten ist und kentert. Die *Lafayette* muß verschrottet werden.

Nach ihren Streifzügen im Atlantik sind die deutschen Schlachtschiffe *Scharnhorst, Gneisenau* und der Schwere Kreuzer *Prinz Eugen* beinahe ein Jahr lang im französischen Hafen Brest blockiert und dadurch bevorzugtes Ziel von RAF-Bombern. Über 300mal werden sie dort angegriffen und dabei auch beschädigt.
Hitler ist davon überzeugt, daß eine alliierte Invasion in Norwegen unmittelbar bevorsteht, deshalb muß die Kriegsmarine den Schutz der dortigen Küste gegen eventuelle Angriffe alliierter Streitkräfte vorbereiten. Zu diesem Zweck sollen *Scharnhorst, Gneisenau* und *Prinz Eugen* von Brest aus nach Norden verlegt werden. »Wenn sich ihr überraschender Durchbruch durch den Kanal als unmöglich erweisen sollte«, so erklärt Hitler Großadmiral Raeder, »wäre es am zweckmäßigsten, die Schiffe abzuwracken und ihre Geschütze und Besatzungen zur Verstärkung der Abwehr in Norwegen zu verwenden.«
Raeder: »Die Entscheidung für den Kanaldurchbruch ist durchaus gegen meine Auffassung erfolgt. Ich konnte mir das Gelingen bei genügender Aufmerksamkeit und Bereitschaft des Gegners nicht vorstellen. Hitler aber war in diesem Punkte ganz fest und erklärte mir eindeutig, daß er die Schiffe in Brest außer Dienst stelle und die Geschütze von Bord nehmen würde, wenn ich den Kanaldurchbruch ablehnte.«
Vor die Frage gestellt, die wertvollen Einheiten entweder in Brest der völligen Zerstörung auszusetzen oder das Wagnis einzugehen, sie herauszuholen, beschließt die Seekriegsleitung, einen Durchbruch durch den Kanal zu riskieren. Um die Engländer zu täuschen, ver-

breitet man die Nachricht über einen Vorstoß in den Südatlantik. Es werden Tropenhelme sowie Schmierölfässer mit der Aufschrift »tropenfest« an Bord geschafft. Für den 16. Februar wird anläßlich des Rosenmontags ein großes Kostümfest an Land angekündigt. Eine Reihe von Offizieren der drei Schiffe erhalten eine Einladung zum Dinner nach Paris oder zu einem Jagdausflug.
Am späten Abend des 11. Februar 1942 stechen unter dem Tarnnamen Unternehmen »Cerberus« die Schlachtschiffe *Scharnhorst* (Kpt. z. S. Hoffmann) mit Vizeadmiral Ciliax an Bord und *Gneisenau* (Kpt. z. S. Fein), der Schwere Kreuzer *Prinz Eugen* (Kpt. z. S. Brinkmann) sowie einige Zerstörer und Schnellboote von Brest aus in See. Es ist mit die kühnste Operation der Kriegsmarine im Zweiten Weltkrieg. Diesmal ist das Glück auf seiten der Deutschen: Ein französischer Agent, der in Brest den Flottenverband im Auge behalten soll, versagt. Das an der Heulboje des Hafenausganges auf der Lauer liegende britische U-Boot *Sealion* (Lt. Colvin) wird durch eigene Bomber zum Wegtauchen gezwungen. Der vom Coastal Command zur Überwachung eingesetzte Hudson-Aufklärer muß wegen seines nicht intakten Radargerätes nach England zurückfliegen, ebenso das weiter östlich patrouillierende Flugzeug.
So gelingt es Vizeadmiral Ciliax mit seinen schweren Einheiten ungesehen auszulaufen, gesichert durch 6 Zerstörer und 14 Torpedoboote, 3 S-Boot-Flottillen, 21 Minensucher, 22 Räumboote, 21 U-Jäger und 37 andere Hilfsfahrzeuge, geschützt von 176 Jagdflugzeugen und Zerstörern der Jagdgeschwader 2 und 26, später auch noch vom Jagdgeschwader 1 unter Oberst Galland. Ständig kreisen wenigstens 16 deutsche Maschinen über den Schlachtschiffen. Trotz der dichten Kette britischer Küsten-Radarstationen bleibt der Verband im Kanal unbemerkt.

Am Donnerstag, dem 12. Februar 1942, um 10.35 Uhr, sichtet Sergeant Beaumont, ein Spitfire-Pilot, die deutschen Schiffe, als sie bereits Le Touquet passieren. Fast eine Stunde später zögert der Stab der 11. RAF-Group immer noch, Air Marshall Leigh-Mallory diese Nachricht zu übermitteln, da der Air Marshall soeben eine Parade abnimmt. Als ein Offizier den Verdacht äußert, was sich da im Kanal bewegt, könnten womöglich *Scharnhorst* und *Gneisenau* sein, bekommt er den Rat: »Nehmen Sie mal schleunigst ein Aspirin!«
Erst um 13.16 Uhr eröffnen englische Küstenbatterien das Feuer, und Admiral Sir Bertram Ramsey beordert nacheinander Schnellboote, Torpedobomber und Zerstörer, um die deutsche Kampfgruppe zu stoppen, jedoch erfolglos. Die Swordfish-Squadron Nr. 825 (Lt. Cdr. Esmonde) greift todesmutig ohne Jagdschutz die deutschen Schiffe auf der Höhe von Gravelines an; alle sechs Torpedoflugzeuge werden abgeschossen. Der Flottenverband fährt nun mit voller Kraft in die Nordsee. Über 240 Maschinen des Bomber Command nehmen die Verfolgung auf; nur 40 Flugzeuge finden bei dem trüben Wetter ihr Ziel.
Vor der Scheldemündung erhält die *Scharnhorst* den ersten Minentreffer, und in der darauffolgenden Nacht laufen beide Schlachtschiffe in der Nähe von Terschelling auf magnetische Minen, die die veralteten Hampden-Maschinen der 49. und 455. Squadron vorher abgeworfen haben: der einzige Erfolg auf der Jagd nach der Geister-Armada, die jedoch ihre deutschen Zielhäfen erreicht. Insgesamt gehen bei der Aktion 42 britische Flugzeuge verloren.
Doch ist dieses erfolgreiche Unternehmen »Cerberus« nicht nur glücklichen Zufällen zu verdanken, sondern, was die Engländer noch nicht wissen, der bis jetzt größten Radar-Störaktion der Geschichte. Ein Dutzend deutscher Störsender zwischen Cherbourg und Ostende decken um 10.00 Uhr, als der Verband sich gerade zwischen Fécamp und Dieppe befindet, schlagartig die Radarstationen an der britischen Küste ein.
Churchill: »Zur Beruhigung der Gemüter wurde eine offizielle Untersuchung angeordnet. Im Anschluß daran wurde alles veröffentlicht, was wir sagen durften.«
Eine Sonderkommission soll die Schuldigen für alle Fehler und Irrtümer bestrafen, die den Engländern so viel Aufregung verursachen, ohne daß sie die wahren Hintergründe dieser Schlappe ahnen. Churchill: »Nach dem Kriege haben wir erfahren, daß dieses Versagen einem sorgfältig ausgearbeiteten Plan von General Martini, Chef des Nachrichtenverbindungswesens der deutschen Luftwaffe, zuzuschreiben war . . . Unser Personal meldete nichts Alarmierendes, und niemand vermutete etwas Außerordentliches. Aber am 12. Februar erreichte die Störung einen solchen Grad, daß die Radarbeobachtung der Seerouten völlig versagte . . .«
Das mit großem NS-Propagandaaufwand gefeierte Ereignis des Kanaldurchbruchs trügt: Der Flottenverband kann zwar einen taktischen Erfolg verbuchen, in Wirklichkeit ist das Unternehmen »Cerberus« ein strategischer Rückzug, mit dem man auf weitere ozeanische Operationen verzichtet. Immerhin hat Vizeadmiral Ciliax mehr Glück gehabt als sein spanischer Kollege, Admiral Herzog von Medina Sidonia, dessen Armada anno 1588 bei einem ähnlichen Versuch zerschlagen wurde. Und der deutsche Flottenverband ist der erste, der nach 354 Jahren wieder einen Kanaldurchbruch gewagt hat.

Am Sonntag, dem 15. Februar 1942, kapituliert Singapur. Diese als uneinnehmbar geltende Festung haben die Japaner innerhalb einer Woche erobert.

In der Nacht vom 16./17. Februar 1942 nehmen deutsche U-Boote mehrere Ölanlagen in Häfen der Karibik unter Feuer. *U 502* (KptLt. v. Rosenstiel) greift Maracaibo (Venezuela), *U 156* (KorvKpt. Hartenstein) den Hafen auf der Insel Aruba und *U 67* (KptLt. Müller-Stöckheim) Curaçao – beides niederländische Besitzungen – an. Damit beginnt das vier Wochen dauernde Unternehmen »Neuland« gegen die Schiffahrt in der Karibischen See. Der BdU hat die U-Boote hierher verlegt, weil mit Verstärkung des Geleitschutzes vor der Ostküste Nordamerikas ihr Einsatz dort

U-Kreuzer *Surcouf*,
Stolz der französischen Marine, wird nachts von einem US-Frachter gerammt

erschwert worden ist. Churchill: »Unter den vielen Zielen in der Karibischen See wählten sich die U-Boote mit Vorliebe die Tanker als Opfer aus . . . Woche für Woche nahm der Umfang dieser Verheerung zu.«
In der gleichen Nacht wird das Schlachtschiff *Gneisenau* (Kpt. z. S. Fein) während eines Bombenangriffs der RAF auf Kiel stark beschädigt und ist nicht mehr einsatzfähig. Der Schiffsrumpf wird nach dem Ausschlachten am 28. März 1945 vor der Hafeneinfahrt von Gdingen/Gotenhafen versenkt.

Am Dienstag, dem 17. Februar 1942, taucht vor Sydney das japanische U-Boot *I-25* (FregKpt. Tagami) auf. Mit dem Bordflugzeug des U-Bootes startet der Pilot, Feldwebel Fujita, zu seinem ersten Erkundungsflug über Sydney. Damit beginnt eine fünf Wochen dauernde Aufklärung über Australien und einigen Inseln im Südpazifik.

In der Nacht vom 17./18. Februar 1942 sinkt der französische U-Kreuzer *Surcouf* (FregKpt. Blaison). Dieses bei Kriegsausbruch größte U-Boot der Welt (getaucht 4,218 t) verfügt über zwei 20,3-cm-Geschütze, zwei 3,7-cm-Flak, vier MG, zehn Torpedorohre und ein Bordflugzeug Typ Besson MB.411 sowie 118 Mann Besatzung. Als das U-Boot sich gerade auf dem Weg zum Panamakanal befindet, wird es nachts im Karibischen Meer vor den Antillen von dem US-Frachter *Thomson Lykes* gerammt und geht mit der gesamten Besatzung unter.

Am Donnerstag, dem 19. Februar 1942, trifft im Fort Mills auf Corregidor, dem Hauptquartier von General MacArthur, die Funkbestätigung der Chase National Bank in New York ein, daß die 500 000 US-Dollar für General MacArthur sowie 140 000 US-Dollar für seine drei Stabsoffiziere auf deren Privatkonten verbucht seien.
Dieses wohl größte »Geschenk«, das jemals ein im aktiven Dienst stehender US-Offizier bekommen hat, steht im krassen Gegensatz zum Reglement der US-Army, und nur ein kleiner Kreis von Eingeweihten weiß von dieser Transaktion: u. a. Präsident Roosevelt, der US-Kriegsminister, der US-Innenminister, die Chefs der Chase National Bank sowie der spätere, von General MacArthur nach der Befreiung der Philippinen nominierte Präsident der Philippinen, Manuel Roxas. Zur Zeit jedoch brauchen die USA ihren Nationalhelden MacArthur, und so läßt Roosevelt die Akten über diese Affäre stillschweigend in den Geheimarchiven der US-Regierung verschwinden.

Am darauffolgenden Tag, dem 20. Februar 1942, schleicht das amerikanische U-Boot *Swordfish* (Cdr. Smith) in die Manila-Bucht, legt sich auf Grund und taucht in der Dämmerung auf. Es nimmt von Corregidor den philippinischen Präsidenten samt Familie und einigen Getreuen auf und bringt sie nach Mindanao.

Und fünf Wochen später, nachdem sich die Situation immer mehr zuspitzt, verlassen (24. 3. 1942) auf Befehl von Roosevelt General MacArthur, seine Frau, sein kleiner Sohn, dessen chinesisches Kindermädchen sowie einige Stabsoffiziere Corregidor mit einem Torpedoboot. Von Mindanao aus – er versichert: »Ich komme zurück!« – fliegt der General weiter nach Australien, um die Verteidigung des Kontinents zu übernehmen.

Am 21. Februar 1942 peilt im Nordatlantik, 600 Seemeilen nordöstlich von Kap Race, das Rettungsschiff *Toward* vom Konvoi ONS 67 mit seinem Kurzwellen-Sichtpeilgerät »High Frequency Direction Finding« HF/DF erstmals das Fühlungshalter-Kurzsignal des deutschen U-Bootes *U 155* (KptLt. Piening) an.
Die Hochfrequenztechnik wird nun zu einer der wichtigsten Waffen für die Alliierten im Kampf gegen deutsche U-Boote. Das bereits mit Erfolg eingesetzte Radar wird durch das Kurzwellen-Sichtpeilgerät HF/DF, von den alliierten Seeleuten »Huff-Duff« getauft, erheblich unterstützt. Mit diesem kompakten, automatischen Gerät können jetzt bereits die ersten Fühlungshalter-Kurzsignale zwischen den U-Booten und dem BdU sowie der Funkverkehr der U-Boote untereinander im Bereich der Bodenwelle (bis etwa 25 sm) angepeilt werden. Diese Peilungen geben äußerst präzis (bis auf ¼ sm, etwa 450 m) den Stand der U-Boote an und sind der entscheidende Hinweis für die Radar-Ortung der Flugzeuge und Schiffe. »Huff-Duff« wird im Sommer 1942 auf den Sicherungsfahrzeugen und später sogar auf Konvoi-Dampfern installiert. Dabei läuft das Geleitschiff auf dem Huff-Duff-Peilstrahl das U-Boot an, drückt es unter Wasser, peilt es dann mit dem Asdic-Gerät an und wirft Wasserbomben. Das bei solchen Angriffen meistens beschädigte U-Boot ist gezwungen, aufzutauchen und wird dann durch Artilleriebeschuß, oft auch durch Rammen versenkt. So können zahlreiche Konvois, die vom Fühlungshalter-U-Boot gesichtet worden sind, nun der U-Boot-Gruppe ohne schwere Verluste entkommen.

Am Freitag, dem 27. Februar 1942, versuchen alliierte Seestreitkräfte im Pazifik (ABDA), die japanische Invasionsflotte vor Java abzufangen. Um 16.12 Uhr sichtet der britische Zerstörer *Electra* den japanischen Verband. Vier Minuten später kündigt Geschützdonner die erste Seeschlacht im Pazifik, genannt »Seeschlacht in der Java-See«, an.
Um 17.07 Uhr greifen japanische Zerstörer mit Torpedos an. Der niederländische Zerstörer *Kortenaer* wird getroffen und sinkt sofort, der Kreuzer *Exeter* bekommt einen Artillerie-Volltreffer in die Maschinenanlage, die *Electra* wird torpediert und versenkt. Nach Einbruch der Dunkelheit verlieren beide Seiten den Kontakt.
Um 23.30 Uhr werden die alliierten Kreuzer wieder von den Japanern entdeckt. Kurz darauf eröffnet der japanische Verband das Feuer. Auf dem Kreuzer *Java* explodiert die Munitionskammer. Nach einem Torpedotreffer sinkt der Kreuzer *De Ruyter*, auch der Kreuzer *Java* geht unter. Etwa 60 Überlebende treiben auf Flößen im Meer. Ein patrouillierendes niederländisches U-Boot nimmt zwei Schwerverletzte an Bord. Als ein Lazarettschiff aus Surabaja die Versenkungsstelle erreicht, wird keiner der Überlebenden mehr gefunden.
Die Schlacht in der Java-See endet mit einer schweren Niederlage für die Alliierten: Zwei Kreuzer und drei Zerstörer gehen verloren, unter den Gefallenen ist auch der Befehlshaber der ABDA-Striking Force, Konteradmiral Doorman. Um diesen Preis hat man lediglich

die Landung der Japaner auf Java um 24 Stunden hinausgezögert.
Der Kreuzer *De Ruyter* und die anderen Schiffe sind mit japanischen Torpedos Modell 93, wegen ihrer ungewöhnlichen Reichweite »Long Lance« genannt, versenkt worden. Dieser Torpedo, der beste des Zweiten Weltkrieges, kann bei einer Geschwindigkeit von 36 Knoten (67 km/h) ein 22 Seemeilen (40 Kilometer!) entferntes Ziel treffen. Bei halber Reichweite erlangt er sogar die unglaubliche Geschwindigkeit von 49 Knoten (90 km/h). Er ist 9,14 Meter lang, 2720 kg schwer und hat einen Gefechtskopf, dessen Sprengladung eine halbe Tonne wiegt, doppelt soviel wie derzeitig die amerikanischen Torpedos. Die Entwicklung der sauerstoffbetriebenen »Long Lance« ist bereits Jahre vor dem Krieg bei voller Geheimhaltung durchgeführt worden.

Churchill: »Im Februar 1942 stiegen die uns von U-Booten im Atlantik zugefügten Verluste auf 71 Schiffe mit 384 000 BRT an, von denen alle außer zwei in der amerikanischen Zone versenkt wurden. Es war die höchste Verlustziffer im bisherigen Kriegsverlauf. Sie sollte bald noch übertroffen werden.«

Im Februar 1942 versenken deutsche U-Boote 70 Handelsschiffe mit 411 560 BRT. Eigene Verluste: zwei U-Boote.

Am Freitag, dem 6. März 1942, verläßt das Schlachtschiff *Tirpitz* (mit Vizeadm. Ciliax) Trondheim und läuft im Schutz von drei Zerstörern zu seinem ersten Vorstoß gegen Handelsschiffe aus. Die beiden Konvois PQ 12 und QP 8 werden von der britischen Deckungsgruppe (Vizeadm. Curteis) mit drei Schlachtschiffen, einem Träger, einem Kreuzer und sechs Zerstörern gesichert. Bei dem schlechten Wetter kommt es jedoch zu keiner Gefechtsberührung.

Rechts: Kurzwellen-Sicht-Peilgerät HF/DF (Huff-Duff), für die deutschen U-Boote einer der gefährlichsten Gegner

Links: 23. 2. 1942, Kalifornien: Eines der 15 von einem japanischen U-Boot abgefeuerten Geschosse hat den Steg der Ellwood Oilfield getroffen. Schaden: 250 US-Dollar

Unten: Zwei Sicherungs-fahrzeuge peilen mit HF/DF ein funkendes U-Boot an und alarmieren die Escort Group

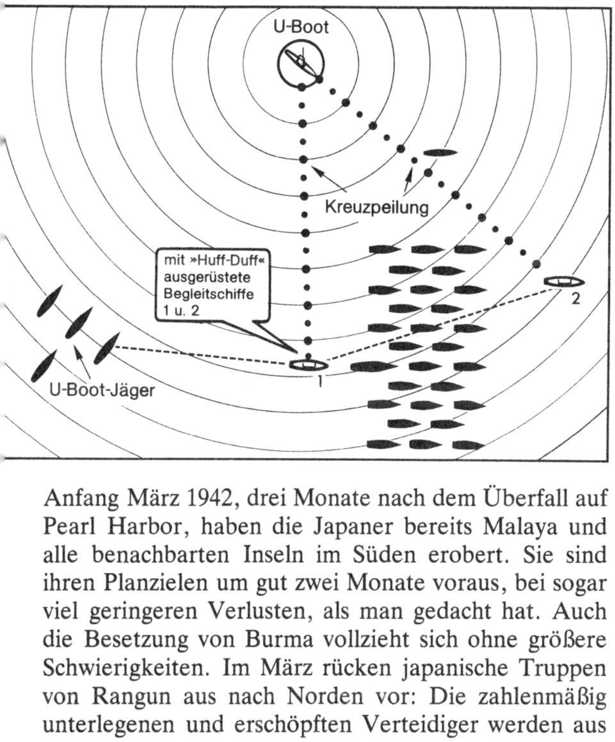

Anfang März 1942, drei Monate nach dem Überfall auf Pearl Harbor, haben die Japaner bereits Malaya und alle benachbarten Inseln im Süden erobert. Sie sind ihren Planzielen um gut zwei Monate voraus, bei sogar viel geringeren Verlusten, als man gedacht hat. Auch die Besetzung von Burma vollzieht sich ohne größere Schwierigkeiten. Im März rücken japanische Truppen von Rangun aus nach Norden vor: Die zahlenmäßig unterlegenen und erschöpften Verteidiger werden aus Burma nach Indien und China zurückgetrieben.

Ab Sonnabend, dem 14. März 1942, beginnen elf U-Boote vom Typ VII A, B und C der vierten Welle des Unternehmens »Paukenschlag« mit Einzeloperationen vor der nordamerikanischen Ostküste. Diese U-Boote mit 626 bis 769 Tonnen sind nicht für weitreichende Operationen gedacht. Die Besatzungen haben jedoch auf persönliche Bequemlichkeit verzichtet, um Proviant und Maschinenersatzteile im U-Boot unterbringen zu können. Dönitz: »Die Besatzungen schritten in ihrem Streben, auch im amerikanischen Seeraum kämpfen zu können, zur Selbsthilfe. Teile der Trink- und Waschwasserzellen wurden von ihnen mit Brennstoff aufgefüllt . . .«

Am Freitag, dem 20. März 1942, verläßt der erste deutsche Hilfskreuzer der zweiten Welle, Schiff 28 *Michel* (FregKpt. d. Res. v. Ruckteschell) den Hafen von Lorient. Es ist das ex-polnische Motorschiff *Bielsko* (4740 BRT), 1939 in Danzig erbeutet. Bewaffnung: sechs 15-cm-Geschütze, eine 10,5-cm-Kanone, vier 3,7-cm-Flak, vier 2-cm-Flak, sechs Torpedorohre, ein Klein-Schnellboot, zwei Bordflugzeuge vom Typ Arado 196 A3, und 300 Mann Besatzung. Operationsgebiet: Atlantik, Indischer Ozean und Pazifik.

Nach den Erfolgen der Japaner und ihrem Vorstoß in den Indischen Ozean befürchtet nun Churchill die Errichtung eines Stützpunktes der Achsenmächte auf der zu Vichy-Frankreich gehörenden Insel Madagaskar.

Am Montag, dem 23. März 1942, laufen aus dem britischen Stützpunkt Clyde (Schottland) mehrere Transportschiffe zur Operation »Ironclad«, der Besetzung von Madagaskar, aus.

Am Dienstag, dem 24. März 1942, führt der U-Boot-Tanker *UA* (KorvKpt. Cohausz) die erste Brennstoffversorgung des Zweiten Weltkrieges etwa 500 Seemeilen nordöstlich der Bermudas durch. Die im Frontjargon »Milchkuh« genannten U-Boote können in den Bunkern im verbreiterten Druckkörper zusätzlich 432 Tonnen Dieselöl sowie an Deck vor dem Turm vier Torpedos in druckfesten Behältern aufnehmen. Es werden insgesamt zehn U-Boot-Tanker fertiggestellt.

Der U-Tanker (Typ XIV) ist ein eher schwerfälliges, großes U-Boot von fast 1700 Tonnen, kein Angriffsboot, daher auch keine Torpedobewaffnung, sondern nur zwei 3,7-cm-Flak, eine 2-cm-Flak sowie 53 Mann

Besatzung. Von den mitgeführten insgesamt 700 Tonnen Brennstoff können die »Milchkühe« je nach Länge ihrer eigenen Reise 400 bis 600 Tonnen an Kampf-U-Boote abgeben. Diese Menge reicht z. B. aus, um zwölf mittlere U-Boote nach Übernahme von je 50 Tonnen Treiböl in der Karibik oder fünf große »Atlantik«-U-Boote mit je 90 Tonnen für eine Operation am Kap der Guten Hoffnung einsetzen zu können. Die U-Boot-Tanker werden von den alliierten Luft- und Seestreitkräften besonders verfolgt. Dönitz: »Der operative Nutzen der U-Tanker war seit ihrem ersten Einsatz im April 1942 groß. In vielen Fällen hatte er die Wirkung, daß wir unsere Stützpunkte an der Biskaya praktisch um 1000 bis 2000 Seemeilen nach Westen vorschoben. Selbstverständlich wußte der Gegner bald von dieser neuen Versorgungsmöglichkeit für unsere Kampf-U-Boote in See und bemühte sich, die Tanker bei der Brennstoffabgabe zu finden und zu vernichten.«
In den Gewässern des Westatlantiks vor der amerikanischen Ostküste können die U-Boote in den drei ersten Monaten des Jahres 1942 ohne jeden Verlust operieren. Die Anzahl der Ziele ist so groß, daß die U-Boot-Kommandanten nur Angriffe gegen vollbeladene Frachter führen.

Am Donnerstag, dem 26. März 1942, läuft die japanische Trägerflotte (Vizeadm. Nagumo) mit 5 Flugzeugträgern, 4 Schlachtschiffen, 3 Schweren Kreuzern, 1 Leichten Kreuzer und 8 Zerstörern von Kendari (Celebes) aus. Zu gleicher Stunde verläßt die japanische Malaya-Gruppe (Vizeadm. Ozawa) mit 1 Flugzeugträger, 5 Schweren Kreuzern, 1 Leichten Kreuzer und 4 Zerstörern den Stützpunkt Mergui (Burma). Nach Eroberung der malayischen Halbinsel hat der japanische Generalstab den Entschluß gefaßt, einen demonstrativen Ausbruch in den Indischen Ozean zu unternehmen.
Die British Eastern Fleet (Vizeadm. Somerville), die nicht über eine ausreichende Anzahl von Flugzeugen verfügt, wird auf diese Nachricht hin nach Südwesten verlegt. Ihre Hauptkräfte: 5 veraltete Schlachtschiffe, 3 Träger, 2 Schwere und 5 Leichte Kreuzer, 16 Zerstörer und 7 U-Boote. Sie marschieren nun zu einem provisorischen Stützpunkt, dem rund 600 Seemeilen (1100 km) von Colombo entfernten Addu-Atoll (Malediven).

In der Nacht vom 27./28. März 1942 wird der französische Hafen St. Nazaire Schauplatz eines neuen britischen Raid (Operation »Chariot«). Sein Ziel: das große Trockendock unbrauchbar zu machen. Das Spezialdock, in dem seinerzeit der französische Luxus-Liner *Normandie* gebaut wurde, kann notfalls auch das Schlachtschiff *Tirpitz* aufnehmen, falls es – ähnlich wie die Bismarck – in den Atlantik vorstoßen soll. Dem Zerstörer *Campbeltown* (Lt.Cdr. Beattie) gelingt es, das Schleusentor zu rammen. Die gelandeten Commando-Truppen in Stärken von 268 Mann unter Colonel Newman, die den U-Boot-Stützpunkt angreifen sollen, werden bei sofort einsetzender Abwehr der im Nahkampf ausgebildeten Schiffsbesatzungen aufgerieben. Fast alle Commando-Männer fallen oder geraten in Gefangenschaft. Nur vier ihrer Boote gelangen nach England zurück. Acht Stunden später fliegt die mit Sprengstoff beladene *Campbeltown* in die Luft und zerstört das Schleusentor. Dieser Erfolg ist von strategischer Bedeutung, da es an der Atlantikküste kein weiteres Dock gibt, das die *Tirpitz* aufnehmen könnte.

Im Oberkommando der US-Navy erfolgt ein wichtiger Stellenwechsel: Admiral Kimmel, zur Zeit des Überfalls auf Pearl Harbor Oberbefehlshaber der US-Navy und der Pazifischen Flotte, ist abgelöst worden. Präsident Roosevelt trennt nun das Amt des obersten Flottenchefs von den einzelnen Flottenoberkommandos: Admiral King übernimmt als Oberbefehlshaber die US-Navy (Sitz in Washington), und Admiral Nimitz wird Oberbefehlshaber der Pazifischen Flotte (Sitz in Pearl Harbor). Im März 1942 ernennt man Admiral King auch zum Chef der Seekriegsleitung. Admiral Stark wird nach London versetzt als Befehlshaber der US-Seestreitkräfte in Europa.

Deutsche U-Boote versenken im März 1942 84 Handelsschiffe mit 446 044 BRT. Eigene Verluste: Sechs U-Boote.

Von Januar 1942 bis März 1942 erreicht der deutsche U-Boot-Bau eine Rekordzahl: Durchschnittlich pro Monat 26 U-Boote mit 28 635 Tonnen.
Als nach den großen Geleitzugkämpfen im Nordatlantik fast alle U-Boote in ihre Stützpunkte zurückkehren müssen, weil Brennstoff und Torpedobestände zu Ende gehen, stehen Ende März/Anfang April 1942 im Nordatlantik kaum noch Boote.

Am Mittwoch, dem 1. April 1942, um 7 Uhr morgens, beginnt im schwedischen Hafen Göteborg die Operation »Performance«. Elf norwegische Handelsschiffe – darunter einige Tanker – beladen mit strategisch wichtigen Gütern, vor allem Kugellager, Maschinen zu deren Herstellung und Schwedenstahl, sollen versuchen, durch das Kattegat und Skagerrak nach England durchzubrechen. Diese Operation entspringt der Initiative von Commander Sir Binney, einem Agenten des britischen Geheimdienstes, der bereits am 23./24. 1. 1941 ein ähnliches Unternehmen (Operation »Rubble«) durchgeführt hat. Unter der Mitarbeit des britischen Marineattachés in Stockholm, Captain Denham, mit Unterstützung der Admiralität und durch Churchill sowie der stillschweigenden Zustimmung der neutralen schwedischen Regierung hat Sir Binney dieses riskante Vorhaben geplant. Der deutsche Geheimdienst Amt Ausland/Abwehr des OKW setzt seinen Agenten H. G. Wagner in Göteborg ein, um Einzelheiten über die britische Operation zu erfahren. Daraufhin werden mehrere deutsche Torpedo- und Schnellboote, Zerstörer und U-Boote sowie einige Kampfflugzeuge und Flugboote eingesetzt. Man will die elf norwegischen Blockadebrecher abfangen, die einzeln den Hafen von Göteborg verlassen. Sir Binney leitet die Operation von

28. 3. 1942, St. Nazaire:
Der britische Zerstörer *Campbeltown* (ex US-*Bachanan)* inmitten des Schleusentors.
Kurz nachdem dieses Foto gemacht wurde, explodieren die im Rumpf versteckten 4,5 Tonnen Sprengstoff. Mehrere hundert Deutsche finden dabei den Tod

Land aus mit Hilfe eines Funkers, den der britische Zerstörer *Hunter* zur Verfügung gestellt hat. Aus dem Firth of Forth laufen drei altersschwache Zerstörer – Veteranen des 1. Weltkrieges – *Wallace, Valorous* und *Vanity,* und aus Rosyth die Zerstörer *Faulknor, Eskimo* und *Escapade* aus, um den Blockadebrechern Deckung zu geben. Die norwegischen Frachter werden jedoch schon im Skagerrak von deutschen Einheiten und Bombern erwartet. Nur zwei Handelsschiffen gelingt es, nach England zu kommen. Das Ausbleiben der zugesagten RAF-Luftsicherung und das günstige Wetter ermöglichen der Luftwaffe, die Blockadebrecher anzugreifen. Die Bomber versenken den Tanker *Rigmor* (6305 BRT) und erzielen mehrere Treffer auf dem Tanker *Newton* (10324 BRT). Durch deutsche Marineeinheiten oder von den Besatzungen der Frachter selbst werden insgesamt sechs Schiffe mit 26675 BRT versenkt. Drei Frachter schaffen es noch rechtzeitig, nach Göteborg zurückzukehren. Der Fall veranlaßt die Reichsregierung, in Stockholm wütend zu protestieren, auch die norwegische Exilregierung in London richtet eine scharfe Note an die britische Admiralität, besorgt über das Schicksal der von Deutschen festgenommenen norwegischen Seeleute. Sir Binney wird in Schweden zur »Persona non grata« erklärt. Dazu der britische Außenminister Eden: »Not as bad as I feared.«

Am Sonnabend, dem 4. April 1942, beginnt das I. Fliegerkorps (Gen. d. Fl. Förster) das Unternehmen »Eisstoß«. Die Flugzeuge des Stuka-Geschwaders 1 und der beiden Kampfgeschwader 1 und 4 führen bis Ende des Monats Angriffe gegen Einheiten der sowjetischen Baltischen Flotte (Vizeadm. Tribuz) in Leningrad durch. An dem schwersten dieser Angriffe (4. 4. 1942) auf Kronstadt nehmen 132 deutsche Bomber, von 59 Jagdflugzeugen Me 109 gesichert, teil. Die Seekriegsleitung erhofft von dem Unternehmen »Eisstoß« die Vernichtung der sowjetischen Flotte noch vor der Eisschmelze im Finnischen Meerbusen.
In der darauffolgenden Nacht werden bei einem Bombenangriff von über 30 deutschen Kampfflugzeugen außer dem Schlachtschiff *Oktjabrskaja Revoljucija* auch die Kreuzer *Maxim Gorki* und *Petropawlowsk* (ex *Lützow*) schwer getroffen.
Ebenfalls am 4. April 1942 evakuiert man aufgrund der Meldung eines britischen Aufklärungs-Flugbootes, das südwestlich von Ceylon den japanischen Flottenverband (Vizeadm. Nagumo) gesichtet hat, alle in den Häfen Trincomalee und Colombo liegenden Schiffe. Bereits am nächsten Tag werden die beiden britischen Marinestützpunkte auf Ceylon von 180 japanischen Trägermaschinen des Vizeadmirals Nagumo angegriffen. Vor der Insel versenken japanische Stukas die Schweren Kreuzer *Cornwall* (Capt. Mangwaring) und *Dorsetshire* (Capt. Agar). Zu gleicher Stunde unternimmt die Malaya-Gruppe (Vizeadm. Ozawa) einen Vorstoß in den Golf von Bengalen und versenkt in vier Tagen 23 britische Handelsschiffe mit 112312 BRT; fünf weitere fallen den japanischen U-Booten zum Opfer.

Links: 9. 4. 1942, Golf von Bengalen: Der sinkende britische Träger *Hermes*

Mitte: 5. 5. 1942, Westküste von Madagaskar: Britische Truppen landen bei Tamatave

Rechts: Operation »Ironclad«, die Invasion Madagaskars

Eine Woche lang, bis zum Mittwoch, dem 8. April 1942, dauern die heftigen Luftangriffe des deutschen II. Fliegerkorps (Gen. d. Fl. Loerzer) und der italienischen Bomber auf Malta an, um die Inselfestung »sturmreif« zu machen. Zwei Zerstörer und vier U-Boote werden im Hafen versenkt, und die restlichen Boote der britischen 10. U-Boot-Flottille müssen Mitte April Malta räumen. Damit bessert sich sofort die Lage der deutsch-italienischen Geleitzüge, und je stärker Malta angegriffen wird, desto mehr Nachschub kommt nach Nordafrika durch. Jedoch wird der günstige Zeitpunkt, Malta unmittelbar im Anschluß an die schweren Bombardements durch eine Luft- und Seelandung zu erobern, versäumt. Rommel wiederum, der seine Offensive von der El-Gaza-Front aus bis an den Nil plant, fordert jetzt die Unterstützung aller im Mittelmeerraum verfügbaren Luftstreitkräfte. Das Ziel, der Suezkanal, wird nicht erreicht, aber Rommels Entscheidung rettet Malta. Sein Nachschub erleidet wieder steigende Verluste, was unweigerlich zu einer Niederlage führen muß.

Am 8. April 1942 kapituliert die Halbinsel Bataan. Nur dem Marinepersonal und einer Eliteeinheit, den Philippine Scouts, gelingt es, die Festung Corregidor zu evakuieren.

Am Donnerstag, dem 9. April 1942, versenken 80 japanische Stukas von der Trägerflotte des Vizeadmirals Nagumo nahe Ceylon den Träger *Hermes* (Capt. Onslow), den Zerstörer *Vampire,* die Korvette *Hollyhock* und zwei Tanker. Diese Flottenoperation vor Ceylon ist der Höhepunkt des japanischen Erfolges: Nach dem Raid ziehen sich die beiden japanischen Flottenverbände in Richtung Straße von Malakka zurück. Es ist der einzige Vorstoß der japanischen Flotte in die Gewässer des Indischen Ozeans. Es operieren hier nur noch japanische U-Boote und einzelne Hilfskreuzer.

In der Nacht vom 13./14. April 1942 wird im Nordatlantik *U 252* (KptLt. Lerchen) von der britischen Korvette *Vetch* und der Sloop *Stork* versenkt. *U 252* ist das erste, aufgrund einer Ortung mit dem neuen 10-cm-Radargerät, Typ 271, versenkte U-Boot.

Am Dienstag, dem 14. April 1942, gelingt es dem italienischen Torpedoboot *Pegaso,* im Mittelmeer vor Tripolis das britische U-Boot *Upholder* zu versenken. Dieses erfolgreichste britische U-Boot befand sich auf der 24. Feindfahrt, und sein Kommandant Lieutenant Commander Wanklyn hat insgesamt 140 000 BRT versenkt.
Am gleichen Tag wird an der Ostküste Nordamerikas *U 58* (Oberlt. z. S. Greger) vom US-Zerstörer *Roper* versenkt. Es ist der erste Erfolg, den ein US-Überwasserschiff in den Gewässern vor der Ostküste Nordamerikas erzielt hat.

Am Sonnabend, dem 18. April 1942, starten im Pazifik 16 zweimotorige B-25-Mitchell-Kampfflugzeuge unter Führung von Lieutenant Colonel Doolittle (USAAF)

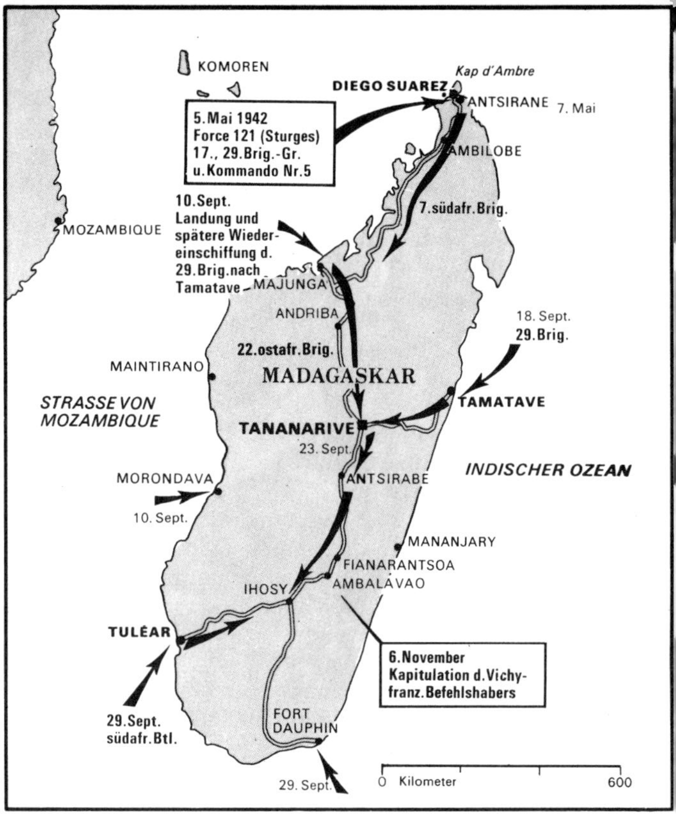

vom Flugzeugträger *Hornet* zu einem Bombenangriff auf das 662 Seemeilen entfernte Tokio. Dies ist eine einmalige fliegerische Leistung, da noch nie zuvor eine B-25 von einem Träger gestartet ist. Schwer bewaffnet, sind diese Maschinen kaum in der Lage, auf dem kurzen Deck die Startgeschwindigkeit zu erreichen. Die 16 B-25 sollen, weil ihre Reichweite keine Rückkehr zuläßt, nach dem Angriff nach China weiterfliegen. 13 Mitchells werfen ihre Bomben auf Tokio, die drei anderen greifen Osaka, Nogoja und Kobe an. Insgesamt gehen 16 Tonnen Bomben nieder. Da in der Hauptstadt gerade eine großangelegte Luftschutzübung zu Ende geht, hält man den Doolittle-Verband für Nachzügler der fingierten Angreifer.
Wegen des schlechten Wetters über China müssen die meisten Besatzungen mit dem Fallschirm abspringen. Acht US-Flieger fallen den Japanern in die Hände und werden als Kriegsverbrecher zum Tode verurteilt, drei von ihnen enthauptet, einer stirbt im KG-Lager.
Die wichtigsten Auswirkungen des Doolittle-Unternehmens: Ein Teil der japanischen Luftstreitkräfte wird zur Verteidigung der Mutterinseln dem Fronteinsatz entzogen. Admiral Yamamoto, der vermutet, daß die US-Bomber vom Stützpunkt auf den Midways kamen, beschließt, diese Inseln schnellstens zu besetzen.

Im April 1942 versenken deutsche U-Boote im Atlantik, im Nordmeer und im Mittelmeer 72 Handelsschiffe mit 394 760 BRT. Eigene Verluste: drei U-Boote.

Am Montag, dem 4. Mai 1942, stehen nach sechs Wochen die aus dem schottischen Clyde kommenden Truppentransporter vor der nördlichen Küste von Madagaskar, dazu ein starker Flottenverband mit 1 Kreuzer, 4 Zerstörern, 6 Korvetten, 6 Minensuchern, 9 Transportern, 1 Tanker und 7 Landungsschiffen. Das Schlachtschiff *Ramillies* (Konteradm. Syfret), die Flugzeugträger *Illustrious* und *Indomitable,* der Kreuzer *Hermione* und 7 Zerstörer bilden die Sicherungsgruppe. Das Oberkommando für die Operation »Ironclad« hat Konteradmiral Syfret, während General Sturges, der ihm unterstellt ist, die Landungstruppen führen soll. Die meisten Soldaten haben keine Ausbildung für amphibische Operationen. Sie sollen den französischen Marinestützpunkt Diego Suarez, einen natürlichen, idyllisch in einer Bucht gelegenen und nur durch eine schmale Zufahrt erreichbaren Hafen, sowie die Festung Antsirane einnehmen.

Am Dienstag, dem 5. Mai 1942, um 4.30 Uhr, landen die Engländer völlig überraschend in der Courrier-Bucht, um Diego Suarez von der Landseite aus anzugreifen. Die erste Person, der sie am Ufer begegnen, ist ein splitternackter Neger, der nur einen Sonnenhut trägt. Er begrüßt sie in akzentfreiem Englisch: »Good morning, gentlemen.«
Mit einem kleinen gepanzerten Fahrzeug, umgeben von Motorrädern, starten die gelandeten Royal-Welch-Füsiliere zu der 30 Kilometer entfernten Stadt. Unterwegs stoppen sie den Wagen eines französischen Marineoffiziers, der in Begleitung von drei Unteroffizieren ist. Gemäß dem Befehl überreichen sie dem Offizier ein Schreiben mit der Aufforderung zur bedingungslosen Kapitulation, das er seinem Hauptquartier übergeben soll. General Sturges: »Ich fürchte, die Übermittlung dieses Schreibens war ein großer Fehler . . . Erst als der französische Offizier zurückkam und exakte Informationen über unsere Hauptvorstoßrichtung brachte, wur-

de der Befehl zur Gegenaktion erteilt.« Colonel Claerebout, der französische Befehlshaber, antwortet über den Rundfunk: »Diego Suarez wird getreu der Tradition der französischen Streitkräfte bis zum Ende verteidigt werden.« Um 5.10 Uhr greifen britische Trägerflugzeuge den Hafen von Diego Suarez und die Flugplätze an. Außer Torpedos und Bomben fallen auch Tausende von Flugblättern auf die Stadt, mit der Aufforderung zur bedingungslosen Übergabe. Im Hafen sinken der Hilfskreuzer *Bougainville* (ex *Victor Schoelcher)* und das U-Boot *Béveziers.* Die Flugzeuge werden, noch bevor sie starten können, alle zerstört. Dem Kanonenboot *D'Entrecasteaux* gelingt es nur knapp, den britischen Torpedos zu entkommen.
Die Landungen in der Courrier-Bucht treffen zwar auf keinen Widerstand, doch liegen in der Bucht selbst mehr Minen als erwartet, und gegen Mittag läuft die britische Korvette *Auricula* auf eine Mine und sinkt. Durch Räumungsarbeiten gerät der Zeitplan der Landungsoperation durcheinander.
Erst um 2 Uhr nachts, am 6. Mai 1942, können die Engländer die französische Verteidigungslinie durchbrechen und sich der Festung Antsirane nähern.
An diesem Tag landen ebenfalls bei Antsirane die britischen Mariners vom Zerstörer *Antony.* Nach mehrstündigem Kampf, an dem sich die Besatzungen der *Bougainville* und *Béveziers* beteiligen, ergeben sich etwa 4000 Mann, darunter 800 Europäer. Die Landungstruppen nehmen hier außer mehreren höheren Beamten auch den Kommandanten des Marinedepots gefangen, befreien rund 50 britische Gefangene, unter ihnen einen gewissen Mister Myers, britischer Geheimagent, der am nächsten Morgen exekutiert werden sollte. Churchill: »Das war ein glänzender Handstreich.«
Das Kanonenboot *D'Entrecasteaux,* dessen Artillerie den britischen Vormarsch erschwert, wird von Trägermaschinen angegriffen und sinkt.
An diesem 6. Mai 1942 erzwingen japanische Fallschirmjäger (Gen. Homma) die Kapitulation der letzten US-Truppen auf Corregidor. Die Philippinen sind jetzt ganz in japanischer Hand. 11574 von Hunger und Malaria gepeinigte Männer, darunter der Nachfolger von General MacArthur, General Wainwright, treten in dem mörderischen »Todesmarsch von Bataan«, den nur wenige überleben, den Weg in die Gefangenschaft an.

Um 1 Uhr früh, am 7. Mai 1942, werden auf Madagaskar die Kämpfe eingestellt, die Küstenbatterien von Antsirane am Hafeneingang schießen jedoch weiter. Lieutenant Colonel Stockwell fährt mit seinem Jeep und weißer Fahne sowie mit einem Trompeter und zwei Flaschen Gin zur Festung und kommt nach einer Weile mit dem Kommandanten der Batterie zurück. Als Konteradmiral Syfret von dem Erfolg des Angriffs erfährt, erscheint er mit seinem Flottenverband in der Bucht von Diego Suarez. Das französische U-Boot *Héros* nutzt diese Gelegenheit aus und versucht, die britischen Schiffe zu torpedieren, es wird jedoch von einer »Swordfish«-Maschine des Flugzeugträgers *Illustrious* versenkt.
Am Morgen dieses 7. Mai melden japanische Aufklärer irrtümlich, sie hätten in den nordaustralischen Gewässern einen Flugzeugträger und einen Kreuzer gesichtet, was Vizeadmiral Takagi veranlaßt, einen Großangriff auf die Schiffe zu befehlen. Beide Schiffe werden versenkt, doch in Wirklichkeit sind es nur ein Tanker und ein ihn begleitender Zerstörer, so daß sich der Einsatz kaum lohnt.
Am Abend führt Takagi – mit verheerenden Folgen für die Japaner – einen zweiten, schwächeren Angriff durch: 21 der 27 eingesetzten Flugzeuge gehen verloren. Ebenfalls durch die Meldung eines Aufklärers irregeführt, der glaubt, japanische Hauptkräfte ausgemacht zu haben, greifen US-Trägerflugzeuge Geleiteinheiten des Invasionsverbandes von Port Moresby an. Dabei bekommt der kleine Flugzeugträger *Shoho* einen Volltreffer, sinkt innerhalb von zehn Minuten und ist damit der erste von US-Flugzeugen versenkte japanische Träger. Die Anwesenheit der amerikanischen Schiffe in australischen Gewässern verleitet den japanischen Admiral, die für Port Moresby bestimmte Invasionsstreitmacht abdrehen zu lassen, um mit ihr erst die Flotte der Alliierten zu vernichten.

Anfang Mai 1942 sind die Japaner noch überall auf dem Vormarsch. Bereits Mitte April 1942 erhielten die Amerikaner die Nachricht von einer unmittelbar bevorstehenden Landeoperation der Japaner. Man hat Wochen zuvor den neuen japanischen Marine-Code gebrochen und den aufgefangenen Funksprüchen entnommen, daß ein Angriff auf Port Moresby (Neuguinea) geplant ist. So beordert Admiral Nimitz daraufhin alle verfügbaren Kräfte nach Süden: die Task Force 17 (Konteradm. Fletcher) mit den Flugzeugträgern *Yorktown* und *Lexington* aus Pearl Harbor mit 141 Maschinen (42 Jäger und 99 Bomber) sowie zwei Gruppen von Kreuzern als Begleitschutz. Die beiden anderen US-Träger, *Enterprise* und *Hornet,* werden ebenfalls in den Südpazifik geleitet, kommen aber für diese Schlacht, die als »Schlacht im Korallenmeer« in die Geschichte eingeht, zu spät.

Am Freitag, dem 8. Mai 1942, entdecken die Aufklärer beider Seiten die gegnerischen Trägerverbände, deren Einheiten etwa gleich stark sind: die Japaner mit 121 Flugzeugen, 4 Schweren Kreuzern und 6 Zerstörern, die Amerikaner mit 122 Trägerflugzeugen, 5 Schweren Kreuzern und 7 Zerstörern. Die Japaner haben den Vorteil, größere Gefechtserfahrung und bessere Torpedos zu besitzen, der US-Verband verfügt dagegen über mehr Bomber. Die Japaner können jedoch in einem Dunstgürtel verbleiben, während die Amerikaner bei klarem Himmel kämpfen müssen. Dadurch wird der kleine Träger *Zuikaku* von den US-Maschinen nicht gesichtet. Der Träger *Shokaku* erhält drei Bombentreffer und muß abdrehen. Die *Lexington* wird nach zwei Torpedo- und mehreren Bombentreffern, die Explosionen verursachen, aufgegeben und durch eigene Torpedo-Fangschüsse versenkt. Die kleine und wendigere *Yorktown* entkommt mit nur einem Bombentreffer.

27. 5. 1942, Eismeer:
Bis tief in die Nacht greifen deutsche Bomber den Murmansk-Konvoi PQ 16 an

Am Nachmittag dieses 8. Mai 1942 zieht Admiral Nimitz seinen Trägerverband aus dem Korallenmeer zurück, da die Gefahr für Port Moresby inzwischen gebannt ist. Die Japaner, überzeugt, daß der Träger *Yorktown* versenkt sei, drehen ebenfalls ab. Der große japanische Flugzeugträger *Shokaku* ist schwer beschädigt worden und kann zwei Monate lang nicht mehr eingesetzt werden. Der Träger *Zuikaku* hat so viele Flugzeuge verloren, daß auch er vorübergehend für weitere Kämpfe ausfällt.
Taktisch ist die Schlacht im Korallenmeer ein Sieg der Japaner: Die Verluste der USA sind weitaus höher als die des Gegners. Die Versenkung des großen Flugzeugträgers *Lexington* ist für die US-Navy ein schwerer Schlag. Die Amerikaner können jedoch für sich einen strategischen Sieg verbuchen: Der Plan von Admiral Yamamoto, Port Moresby zu erobern, ist durchkreuzt. Zum erstenmal in diesem Krieg wird ein japanischer Invasionsvorstoß vereitelt. Da dies zwei Tage nach der Kapitulation von Corregidor geschieht, hat es einen bedeutenden moralischen Wert.
Die Seeschlacht im Korallenmeer ist die erste in der Geschichte, in der die Überwasser-Einheiten keinen Schuß gewechselt haben, und die erste, die ausschließlich die Trägerflugzeuge beider Gegner entscheiden.

An diesem 8. Mai 1942 beginnt die deutsche 11. Armee (GenOberst v. Manstein) die Offensive auf der Halbinsel Kertsch. Die sowjetischen Truppen der Krim-Front (GenLt. Koslow) erleiden eine Niederlage und müssen sich über die Straße von Kertsch auf die Taman-Halbinsel zurückziehen.

Ebenfalls am 8. Mai 1942 führt vor Diego Suarez das französische U-Boot *Monge* einen kühnen Torpedoangriff auf den britischen Flugzeugträger *Indomitable*. Es verfehlt jedoch sein Ziel und wird nun von dem britischen Zerstörer *Active* mit Wasserbomben vernichtet. Als einzige Schiffe entkommen nach Dakar und später nach Toulon das französische U-Boot *Le Glorieux* und das Kanonenboot *D'Iberville*.
Die britischen Verluste bei der Einnahme von Diego Suarez: 109 Tote und 284 Verwundete. Die Franzosen zählen etwa 200 Tote und 500 Verwundete. Die Operation »Ironclad« ist bis jetzt die erfolgreichste militärische Aktion der Engländer seit Kriegsbeginn. Churchill: »Die Nachricht traf zu einem Zeitpunkt ein, da wir dringend eines Erfolges bedurften. Während langer Monate war sie das einzige der britischen Öffentlichkeit zur Kenntnis kommende Zeugnis für die Tüchtigkeit unserer obersten Kriegsleitung.« Bis die französischen Truppen auf Madagaskar endgültig kapitulieren, vergehen jedoch sechs Monate unter wechselvollen Kämpfen.

Am Donnerstag, dem 14. Mai 1942, wird der ständige Konvoi-Verkehr an der nordamerikanischen Ostküste eingeführt.

In der Nacht vom 20./21. Mai 1942 gelingt es dem zweiten deutschen Hilfskreuzer der zweiten Welle, Schiff 23 *Stier* (FregKpt. Gerlach), an der Girondemündung, nördlich von Bordeaux, unbemerkt in den Atlantik auszubrechen. Es ist die ehemalige *Cairo* (4778 BRT) mit 324 Mann Besatzung. Bewaffnung: sechs 15-cm-Geschütze, zwei 3,7-cm-Flak, vier 2-cm-Flak, zwei Torpedorohre, zwei U-Boot-Versuchsflugzeuge vom Typ AR 231. Operationsgebiet: Atlantik.

Am Donnerstag, dem 21. Mai 1942, meldet ein deutscher Agent aus Reykjavik, daß der Konvoi PQ 16 von Island aus in See steche. Vier Tage später wird er von der deutschen Luftaufklärung erfaßt. Die Arktisgeleitzüge, die den Nachschub für die Sowjetunion transportieren, sind meistens über zwei Drittel der gesamten Route deutschen Luftangriffen ausgesetzt. Der Aktionsradius alliierter Luftsicherung reicht nur bis zur Insel Jan Mayen und läßt eine große Lücke zwischen der Insel bis nördlich von Murmansk ungeschützt. Die Royal Navy muß sich jedoch den politischen Rücksichten fügen. So werden die Geleitzüge in der Zeit ihrer höchsten Gefährdung nicht gestoppt, sondern, wie der Fall des Konvois PQ 16 zeigt – mit seinen 35 Handelsschiffen sogar der größte aller bisherigen –, eher mit Hochdruck weitergeführt.

Am Mittwoch, dem 27. Mai 1942, greifen südöstlich der Bäreninsel bis zum Abend 101 Maschinen Junkers Ju 88 des Kampfgeschwaders 30 (KG 30) und sieben Heinkel He 111 der I/KG 26 den Konvoi PQ 16 an und versenken sieben Frachter mit 36987 BRT. Mehrere Schiffe werden beschädigt. Nahezu fünf Tage lang haben die

Konvoi-Sicherungseinheiten fast ununterbrochene Angriffe von deutschen Torpedo- und Sturzkampfbombern zu bestehen, der Geleitzug bleibt jedoch beisammen.

Am Freitag, dem 29. Mai 1942, um 22.30 Uhr, erscheint über dem Hafen von Diego Suarez ein Bordflugzeug des japanischen U-Bootes *I-16* (FregKpt. K. Yamada), das die Bucht von Diego Suarez aufklären soll. Die japanischen Transport-U-Boote *I-16* und *I-20* (FregKpt. T. Yamada) setzen ihre Klein-U-Boote aus.

Am Sonnabend, dem 30. Mai 1942, läuft der Konvoi PQ 16, »geringer an Zahl, zerschlagen und erschöpft, doch immer noch in strikter Ordnung«, in die Kola-Bucht bei Murmansk ein. Am gleichen Tag greifen deutsche Bomber den Konvoi PQ 16 zum letztenmal an, werden jedoch durch das Flakfeuer und sowjetische Jäger abgedrängt. Bei diesen Luftkämpfen fällt der erfolgreichste Flieger der sowjetischen Nordflotte, Oberstleutnant Safanow. Insgesamt sind 32 400 Tonnen Kriegsmaterial, darunter 147 Panzer, 77 Flugzeuge und 770 Lkw, mit den Transportern untergegangen.

In der Nacht vom 30./31. Mai 1942 werden in Diego Suarez das Schlachtschiff *Ramillies* und der Tanker *British Royalty* (6 993 BRT) von japanischen Klein-U-Booten torpediert. Das Eindringen in die geschlossene Bucht von Diego Suarez durch eine winzig kleine Zufahrt von etwa 0,6 Seemeilen Breite und Durchführen der Torpedoangriffe beweist den hohen Ausbildungsstand der japanischen U-Boot-Besatzungen.

Am Sonntag, dem 31. Mai 1942, setzen vor der australischen Küste die japanischen Transport-U-Boote *I-22, I-24* (FregKpt. Hanabusa) und *I-27* (FregKpt. Yoshimura) ihre Klein-U-Boote aus. Sie sollen den Hafen von Sydney angreifen. Einigen der Klein-U-Boote gelingt es tatsächlich, die Bucht von Sydney zu erreichen. Sie verfehlen nur knapp den Kreuzer *Chicago* und versenken lediglich das Wohnschiff *Kuttabul.* Keines dieser Klein-U-Boote kehrt von seinem Einsatz zurück.

Bis zur letzten Maiwoche sind deutsche U-Boote im Atlantik, im Mittelmeer und im Nordmeer, hauptsächlich im östlichen Mittelmeer, um die von Alexandria an der afrikanischen Küste entlang fahrenden Nachschub-Konvois für die britische 8. Armee (Lt.Gen. Cunningham) zu stören.
Im Mai 1942 versenken deutsche U-Boote 125 Handelsschiffe mit 584 788 BRT. Eigene Verluste: Vier U-Boote.
Ähnlich dem Angriff auf Pearl Harbor plant der japanische Admiral Yamamoto, die Midway-Inseln im Handstreich zu nehmen und die US-Flotte zu einer entscheidenden Schlacht herauszufordern, um nach weiteren Operationen gegen Hawaii die absolute Seeherrschaft zu erringen.

Midway, eines der kleinsten Atolle im Stillen Ozean, das nur einen Durchmesser von etwa neun Kilometer

hat, liegt auf dem Wege zwischen Hawaii und Japan. Es besteht aus zwei kleinen Inseln, die kaum groß genug sind, um auf ihnen Flugplätze anzulegen. Auf den beiden baumlosen Eilanden befinden sich ein Sender, große Treibstofflager, Munitionsdepots, ein Seefliegerhorst, ein Flughafen und andere wichtige militärische Anlagen. Anfang Juni 1942 ist Midway noch der einzige starke Stützpunkt der Amerikaner im Mittelpazifik westlich von Hawaii.
Bereits am 20. Mai 1942 hat Yamamoto per Funk seiner Flotte einen detaillierten Operationsplan durchgegeben. Wegen einer verwaltungstechnischen Panne muß er einen veralteten Code benutzen, der von den Amerikanern längst geknackt ist. Der Leiter der Funkaufklärung auf Hawaii, Captain J. J. Rochefort, erfährt so von den Absichten des japanischen Flottenchefs. Da in den Funksprüchen das Angriffsziel nur als »Objekt« genannt wird, versucht Rochefort auf einfache aber geniale Art, den Gegner zur Preisgabe seines Geheimnisses zu bewegen: Sämtlichen Stützpunkten im Pazifik wird befohlen, über eventuelle Schwierigkeiten in einem Code zu funken, von dem er weiß, daß er den Japanern bekannt ist. Kurz nachdem Midway den Ausfall der Destillationsanlage meldet, fängt Rochefort die verschlüsselte Nachricht einer japanischen Station ab: Das »Objekt« hat Wassermangel. Damit kennt er das Hauptangriffsziel der Japaner und am folgenden Tag übrigens auch ihr Ablenkungsmanöver gegen Dutch Harbor auf den Aleuten.
Yamamoto ist überzeugt, daß die Amerikaner in der Schlacht im Korallenmeer (3.–8. Mai 1942) ihre Träger *Yorktown* und *Lexington* verloren haben und die Träger *Hornet* und *Enterprise* noch im Südpazifik seien. Nach

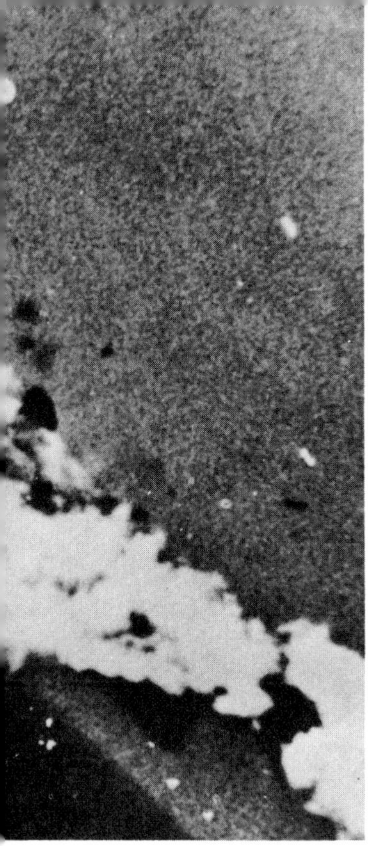

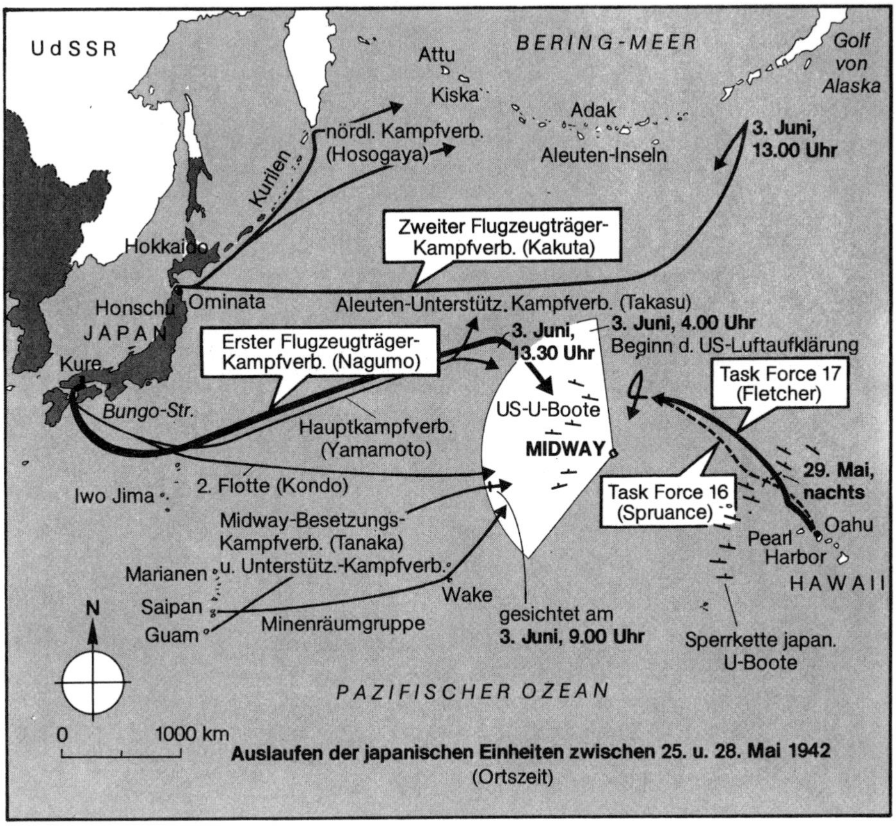

Links: Eine japanische Trägermaschine stürzt brennend ab

Rechts: Die Seeschlacht bei Midway bringt die Wende: Die größte Niederlage Japans seit 350 Jahren

dem Verlust der US-Schlachtschiffe in Pearl Harbor erwartet er bei Midway keinen großen Widerstand. Yamamoto vermutet, daß Admiral Nimitz einen erheblichen Teil seiner Kräfte nach Norden beordert hat, um den japanischen Ablenkungsstoß auf die Aleuten abzuwehren, und bevor dieser Verband zurück sein kann, hofft er, Midway erobert zu haben. Yamamoto ahnt nicht, daß sein Widersacher bereits die drei ihm verbliebenen Flugzeugträger *Yorktown, Enterprise* und *Hornet* in Pearl Harbor liegen hat und die Reparatur an der *Yorktown,* die drei Wochen dauern soll, in einer Rekordzeit von drei Tagen geschafft wird.
Nach überstürzten Vorbereitungen laufen unter Yamamotos Führung 6 Flugzeugträger, 7 Schlachtschiffe und 10 Schwere Kreuzer mit Begleiteinheiten aus, eine Landungsflotte folgt. Ein weiterer Verband übernimmt den Ablenkungsangriff auf die Aleuten. Der Schauplatz zwischen den Aleuten und Midway erstreckt sich über 1800 Seemeilen vom Nord- bis zum Zentralpazifik. Die Japaner werfen in diese Schlacht die bis dahin größte Massierung von Schiffen und Flugzeugen.
Die Amerikaner, die den japanischen Operationsplan kennen, postieren ihre drei Träger in einer gewissen Entfernung von Midway und erwarten zusammen mit den auf der Insel stationierten Fliegerkräften die zwar geballte, jedoch jetzt verzettelt eingesetzte japanische Flotte. Unterdessen läuft – wie vorgesehen am 3. Juni 1942 – der japanische Ablenkungsangriff (Konteradm. Kakuta) auf die Aleuten, wenn auch wenig erfolgreich.

Am Morgen des 4. Juni 1942 setzt Vizeadmiral Nagumo 108 seiner Trägermaschinen gegen Midway ein, während ein zweiter gleich starker Flugzeugverband bereitsteht, um jedes gesichtete feindliche Kriegsschiff sofort angreifen zu können. Die erste von den Trägern *Akagi, Kaga, Soryu* und *Hiryu* gestartete Welle richtet auf der Insel nur begrenzte Schäden an, da die Amerikaner – durch Radar gewarnt – ihre auf Midway befindlichen Maschinen rechtzeitig haben starten lassen. Konteradmiral Fletcher, der das Kommando über den Angriffsverband führt und seine Träger weit nordöstlich von Midway konzentriert hat, hofft, daß die Flugzeuge vom Luftstützpunkt Midway den feindlichen Flottenverband sichten, bevor die Japaner den Standort seiner Schiffe ausgemacht haben. Und während die vier Träger des Vizeadmirals Nagumo zu ihrem ersten Schlag gegen Midway ansetzen, bereiten sich die Maschinen der drei amerikanischen Flugzeugträger (Konteradm. Fletcher) auf den Angriff gegen die Japaner vor.
Kapitänleutnant Tomonaga, Führer des japanischen Kampfverbandes, meldet nach dem ersten Bombenangriff auf Midway, daß ein zweiter notwendig sei, um die Verteidigungsanlagen der Insel vor einem Landungsversuch auszuschalten. Der Gegenangriff der auf Midway stationierten Flugzeuge auf die Trägergruppe Na-

gumos verursacht zwar nur leichte Schäden bei den Japanern und einige Verluste unter den US-Maschinen, ist aber möglicherweise der Grund für die verhängnisvolle Entscheidung des japanischen Vizeadmirals: Nagumo entschließt sich nun, die an Deck der Träger in Reserve gehaltenen 93 Flugzeuge, die für den Fall des Erscheinens amerikanischer Seestreitkräfte mit Torpedos ausgerüstet sind, mit Bomben zu versehen, um der Insel den letzten Stoß zu versetzen. Dies bedeutet, daß während der folgenden 60 Minuten, in denen die Umrüstung vorgenommen wird und der Verband (KptLt. Tomonaga), der Midway bombardiert hat, zum Tanken und Munitionieren landet, die vier Träger gegen einen unerwarteten Angriff völlig hilflos sind, da sich alle ihre Jäger in der Luft befinden, um die Attacken der US-Maschinen von Midway abzuwehren.
Kurz darauf wird Vizeadmiral Nagumo eine Gruppe amerikanischer Schiffe gemeldet, die in einer Entfernung von etwa 280 Seemeilen gesichtet worden sind. Zuerst glauben die Japaner, es seien nur Kreuzer und Zerstörer. Um 8.20 Uhr kommt ein Funkspruch, daß zu dieser Gruppe auch ein Flugzeugträger gehöre. Dies ist eine unangenehme Nachricht für Nagumo: Die meisten seiner Flugzeuge sind jetzt mit Bomben ausgerüstet und sämtliche Jäger in Aktion. Er muß auch abwarten, bis die letzten Maschinen (KptLt. Tomonaga) von dem Angriff auf Midway zurückkehren. Inzwischen nähern sich amerikanische Trägerflugzeuge ohne Jagdschutz in drei Wellen von insgesamt 41 schwerfälligen Torpedobombern und greifen die japanischen Träger an. Ohne einen Treffer zu erzielen, werden 35 US-Maschinen von Jägern oder Flak abgeschossen.
In diesem Augenblick, während die japanischen Träger noch die Torpedoflugzeuge abwehren, erscheinen die Sturzbomber der US-Träger *Enterprise* und *Yorktown.* Als die ersten wieder von Bomben auf Torpedos zum Schlag gegen Schiffsziele umgerüsteten japanischen Flugzeuge aus den Hallendecks mit den Aufzügen nach oben kommen und die Treibstoffleitungen voll sind – überall lagern Öle und Fette, Torpedos, Bomben oder Bordmunition –, stürzen aus 6000 Meter Höhe 37 amerikanische Stukas herab, gegen die keine Abwehr möglich ist.
Der Träger *Akagi,* das Flaggschiff Nagumos, wird von Bomben getroffen, die eine Kette von Explosionen zwischen den auf Deck stehenden startklaren Flugzeugen auslösen. Das Schiff muß aufgegeben werden. Der Träger *Kaga* sinkt brennend einige Stunden später, und der Träger *Soryu* geht nach drei Volltreffern innerhalb von 20 Minuten unter. Den Flugzeugen des einzigen noch intakten Trägers *Hiryo* gelingt es, die *Yorktown* so schwer zu beschädigen, daß sie ebenfalls aufgegeben werden muß. Nun führen 24 US-Sturzbomber einen Gegenangriff auf die *Hiryu,* die schwer getroffen am frühen Morgen des 5. Juni 1942 sinkt. Der Verlust ihrer vier Flugzeugträger zwingt die Japaner im Laufe des Tages, die Schlacht abzubrechen.
Jene zwölf Minuten am Mittag des 4. Juni 1942 haben entscheidend zum Ausgang des Krieges im Pazifik beigetragen. Dies ist der schnellste Wechsel des Schlachtenglücks, den man in einer Seekriegsgeschichte je erlebt hat. Die Besetzung der beiden Aleuten-Inseln Attu und Kiska kann diesen Mißerfolg nicht mehr wettmachen. Die USA verlieren neben dem Träger *Yorktown* nur einen Zerstörer, 397 Mann und 150 Flugzeuge, die Japaner zählen 3500 Tote, davon allein 2155 an Bord der Träger, und etwa 330 Maschinen. Damit geht die Seeherrschaft im Pazifik an die Amerikaner und ermöglicht ihnen zwei Monate später die Offensive im Südwestpazifik (Guadalcanal). Der Fehlschlag bei Midway ist Japans erste große Niederlage seit 1598. Das Ausmaß des Debakels bleibt der japanischen Öffentlichkeit und selbst der Regierung verborgen.

Am Montag, dem 7. Juni 1942, beginnt die deutsche 11. Armee (Gen.Oberst v. Manstein) einen Großangriff gegen die Festung Sewastopol. Einheiten der sowjetischen Schwarzmeerflotte (Vizeadm. Oktjabrski) schaffen neue Truppen und Versorgung in die Festung und transportieren Verwundete und Zivilisten ab.

Am Donnerstag, dem 11. Juni 1942, beginnen deutsche U-Boote, vor der nordamerikanischen Ostküste Minen zu legen.

Am Freitag, dem 12. Juni 1942, startet im Mittelmeer ein Doppel-Konvoi-Unternehmen zur Versorgung von Malta: Aus Gibraltar läuft der Westkonvoi (Operation »Harpoon«) und aus Alexandria der Ostkonvoi (Operation »Vigorous«). Die beiden umfangreichen Versorgungs-Geleitzüge werden von starken Sicherungsgruppen geschützt. Die britische Admiralität will durch diese gleichzeitigen Operationen die See- und Luftstreitkräfte der Achsenmächte zur Verteilung ihrer Kräfte zwingen, und man hofft, daß damit wenigstens ein Teil des Nachschubs die Insel erreicht. Die beiden Gruppen erleiden jedoch schwere Verluste: deutsche Bomber versenken einen Tanker, vier Frachter und zwei Zerstörer. *U 205* (KptLt. Reschke) versenkt den Kreuzer *Hermione* und das deutsche Schnellboot *S 55* (Oberlt. z. S. Weber) den Zerstörer *Hasty.* Italienische Flugzeuge versenken die *Tanimbar* (8168 BRT). Durch den Angriff italienischer Kriegsschiffe und durch Minen gehen zwei britische Zerstörer verloren. Nur zwei von 17 Frachtern und Tankern erreichen Malta. Die italienische Flotte zeigt bei dieser Operation ein gutes Zusammenwirken mit den Luftstreitkräften und erreicht ihr operatives Ziel: Verhindern der Versorgung von Malta. Die italienischen Verluste: der Kreuzer *Trento* versenkt und das Schlachtschiff *Littorio* durch Torpedo beschädigt. Nach dieser Niederlage schickt die britische Admiralität bis zum Rückzug der deutschen Kräfte aus Libyen keinen Nachschub-Konvoi mehr von Ägypten nach Malta.

In der Nacht vom 12./13. Juni 1942 versuchen sowjetische U-Boote, die deutsche Minensperre »Seeigel«, die den Zugang vom Finnischen Meerbusen zur Ostsee abriegelt, zu durchbrechen. Von 33 sowjetischen U-Booten kommen bis zum 19. 6. 1942 nur fünf Boote

6. 6. 1942, Seeschlacht bei Midway:
Der japanische Kreuzer *Mikuma* nach dem Angriff durch Trägermaschinen von *Enterprise* und *Hornet*. Auf dem achtern überhöhten Turm die Trümmer des Flugzeugs von Captain Fleming, der sich mit seiner beschädigten Maschine auf die *Mikuma* gestürzt hat

durch. Im Sommer 1942 operieren insgesamt neun sowjetische U-Boote in der Ostsee.

Im Morgengrauen des 14. Juni 1942 wird am Strand von Amagansett/Long Island (USA) die erste Saboteurgruppe (4 Mann) des Amtes Ausland/Abwehr vom OKW, unter Leitung des Agentenführers Dasch, von *U 202* (KptLt. Poser) abgesetzt. Es ist der Beginn des Unternehmens »Pastorius«.

In der Nacht vom 16./17. Juni 1942 setzt *U 584* (KptLt. Deecke) an der US-Küste bei Jacksonville/Ponte Vedra die zweite Saboteurgruppe (5 Mann) unter Agentenführer Kerling ab. Alle neun Agenten der ersten und zweiten Gruppe des Unternehmens »Pastorius« werden durch Verrat eines Beteiligten (Herbert H. Haupt) am 20. Juni 1942 vom FBI verhaftet, vor Gericht gestellt und zum Tode oder zu langjährigen Freiheitsstrafen verurteilt.

Am Freitag, dem 26. Juni 1942, läuft aus Reykjavik der Konvoi PQ 17 (Cdr. Dowding) aus. Der mit 36 Handelsschiffen in Richtung Archangelsk in See gehende Konvoi ist der größte aller bisherigen. Er wird der Seekriegsleitung rechtzeitig von einem Agenten aus Reykjavik gemeldet.

In der Nacht vom 26./27. Juni 1942 gelingt es dem sowjetischen Zerstörer *Taschkent* zum letztenmal, bis zum belagerten Sewastopol vorzudringen. Er bringt 944 Soldaten, Munition, Arzneimittel und Versorgung und evakuiert 2300 Verwundete und Zivilisten. Der Zerstörer nimmt auch das berühmte Panoramabild mit, das die Verteidigung von Sewastopol in den Jahren 1854/55 zeigt. Die *Taschkent* hat insgesamt 40 Fahrten zwischen Sewastopol und Noworossisk gemacht. Jetzt können die sowjetischen U-Boote und Flugzeuge nur noch mit der Festung Verbindung halten. Die U-Boote haben auf ihren 77 Fahrten insgesamt 3300 Tonnen Ausrüstung und Arzneimittel sowie 600 Tonnen Treibstoff gebracht und etwa 1300 Verwundete, Frauen und Kinder mit zurückgenommen.

Bereits am Abend des 28. Juni 1942 versucht die Küstenfliegerstaffel 1./K.Fl.Gr. 406 mit sieben Schwimmerflugzeugen Heinkel He 115 einen Torpedoangriff auf den Konvoi PQ 17, der erfolglos verläuft.

26. 6. 1942 abends, Noworossisk: An Deck des sowjetischen Zerstörers *Taschkent* wird die Munition für seine letzte Fahrt nach Sewastopol gestapelt

Am Dienstag, dem 30. Juni 1942, gibt Stalin den Befehl, die Festung Sewastopol zu räumen.

Im Juni 1942 versenken die deutschen U-Boote im Atlantik und im Mittelmeer 131 Handelsschiffe mit insgesamt 616904 BRT. Die eigenen Verluste: drei U-Boote.

Im ersten Halbjahr 1942 bauten die USA ihre Logistik aus und verstärkten im Pazifik die Sicherung der Nachschublinien. Es entstanden auch neue amphibische Operationsgruppen für den Inselkrieg. Die erste Phase der amerikanischen Gegenoffensive sollte vor allem die Wiedergewinnung der Handlungsfreiheit bringen und die äußere Verteidigungslinie des japanischen Inselreiches durchbrechen.
Im Westatlantik bereitete die Einführung des Küstengeleits in amerikanischen Gewässern den »goldenen Zeiten« der U-Boote ein Ende.

An der französischen Atlantikküste führten US-Bomber am Tage und das RAF Bomber Command bei Nacht immer öfter Angriffe gegen die deutschen U-Boot-Stützpunkte. Während jedoch die mächtigen U-Boot-Bunker kaum Schäden aufwiesen, sanken die französischen Hafenstädte in Schutt und Asche. Dönitz: »Es war ein schwerer Fehler der englischen Kriegführung, daß sie die Bunker an der Biskaya-Küste nicht während des Baus, als sie sich hinter wasserdichten Caissons befanden und damit besonders verletzlich waren, aus der Luft mit Bomben angriff.«
Der BdU befahl weiterhin, um möglichst hohe Versenkungszahlen möglichst schnell zu erreichen, den Kampf im Atlantik nach dem Prinzip des ökonomischen Einsatzes zu verfolgen. Dabei wurde das Problem des langen Anmarsch- und Rückweges zum Teil durch den Einsatz von Tank-U-Booten gelöst. Die deutschen »Dickschiffe« lagen zu dieser Zeit immer noch untätig in den norwegischen Fjorden. Churchill: »Unsere Verluste wären noch weit größer gewesen, wenn die Deutschen ihre großen Überwasser-Einheiten in den Atlantik entsandt hätten. Aber Hitler war von der Idee besessen, wir strebten die baldige Invasion Nordnorwegens an.«

Mittwoch, 1. Juli 1942
Das *Oberkommando der Wehrmacht* gibt bekannt:
... Der Kampf gegen die feindliche Versorgungsschiffahrt brachte auch im Monat Juni große Erfolge. Es wurden 156 feindliche Schiffe mit zusammen 886000 BRT versenkt. Außerdem wurden 58 feindliche Handelsschiffe durch Torpedo- oder Bombentreffer beschädigt ...

Hinrichtung von zwei Spionen

Dienstag, 7. Juli 1942, London
Die *Agentur Reuter* berichtet:
Zwei Agenten des deutschen Geheimdienstes sind heute in einem englischen Gefängnis hingerichtet worden. Einer von ihnen, George J. Armstrong, britischer Staatsangehöriger, war in Gibraltar tätig und meldete über einen Geheimsender Schiffsbewegungen an den Feind.

7. Juli 1942
Das *Oberkommando der Wehrmacht* gibt bekannt:
(Sondermeldung) Seit dem 2. Juli wurde in den Gewässern zwischen dem Nordkap und Spitzbergen, 300 bis 400 Seemeilen von der nordnorwegischen Küste entfernt, eine große Operation von Luft- und Seestreitkräften gegen den feindlichen Geleitverkehr nach der Sowjetunion durchgeführt.
Kampffliegerverbände und deutsche Unterseeboote haben einen englisch-amerikanischen Großgeleitzug im nördlichen Eismeer angegriffen und zum größten Teil vernichtet ...

Sowjetischer Angriff auf die »Tirpitz«

Donnerstag, 9. Juli 1942, Moskau
Das *Oberkommando der Roten Flotte* teilt mit:
... Nachdem die *Tirpitz* den Fjord verlassen und die hohe See erreicht hatte, entdeckten ihre Begleit-Zerstörer das Periskop eines unserer U-Boote, das versuchte, die Kette der Begleitschiffe zu durchbrechen. Die Zerstörer griffen das U-Boot sofort an, das jedoch unerschüttert seine Torpedos erfolgreich abfeuerte. Das Schlachtschiff *Tirpitz* setzte die Fahrt fort, um einem neuen Angriff zu entgehen. Und die Zerstörer konnten die Verfolgung nicht aufnehmen, weil das Schlachtschiff nach den erlittenen Beschädigungen dringend ihren Schutz brauchte. Am 7. Juli morgens sichteten sowjetische Aufklärer die deutschen Einheiten, darunter auch die *Tirpitz*, die bereits in größerer Entfernung von der Angriffsstelle entlang der norwegischen Küste nach Süden fuhren. Es ist zwar nicht anzunehmen, daß die *Tirpitz* infolge der beiden Torpedotreffer unseres U-Bootes sinken wird, doch dürften die Reparaturen mehrere Monate dauern.

Geheimer Bericht des *Sicherheitsdienstes der SS* zur innenpolitischen Lage:
Nr. 298, 9. Juli 1942 (Auszug)
Die beiden Sondermeldungen vom 7. 7. 1942 haben überall größte Freude ausgelöst und das Interesse weiterer Kreise auf das militärische Geschehen gelenkt. Vor allem bei dem männlichen Teil der Bevölkerung haben die neuen stolzen Erfolge der deutschen Kriegführung zu einer weiteren Vertiefung der bereits durch den Siegeszug Rommels in Nordafrika und den Fall Sewastopols angebahnten aufgelockerten und zuversichtlicheren Stimmung geführt, während bei den Frauen noch immer die Sorgen und Nöte des Alltags – insbesondere die anhaltenden Ernährungsschwierigkeiten – vorherrschen ... Unter den militärischen Ereignissen löste vor allem die Sondermeldung von der Zersprengung und Vernichtung des englisch-amerikanischen Großgeleitzuges im Eismeer größte Freude aus. In der Tatsache, daß die Alliierten 38 mit Tanks, Flugzeugen, Munition und Lebensmitteln beladene Transportschiffe unter besonders starkem Geleit nach Archangelsk zu bringen versuchten, sah man vielfach die ersten Anzeichen dafür, daß die Sowjets in ihren Möglichkeiten, den Kampf fortzusetzen, doch schon weit mehr »angeschlagen« seien, als man bisher anneh-

men konnte . . . In den Erörterungen der Volksgenossen über die Vernichtung des Geleitzuges im Eismeer kam abschließend vielfach zum Ausdruck, daß dieser neue Erfolg in überzeugender Weise die kriegsentscheidenden Auswirkungen des Kampfes der deutschen U-Boot- und Luftwaffe gegen die feindliche Versorgungsschiffahrt unter Beweis stelle . . .

J. W. Stalin an W. Churchill
Donnerstag, 23. Juli 1942:
Ihre Botschaft vom 17. Juli habe ich erhalten . . . Unsere Flottensachverständigen halten die von den britischen vorgebrachte Begründung zur Einstellung der Geleitzüge nach den Nordhäfen der UdSSR keineswegs für überzeugend. Sie sind der Ansicht, daß es bei gutem Willen und der Bereitschaft, eingegangene Verpflichtungen zu erfüllen, möglich wäre, diese Geleitzüge regelmäßig auslaufen zu lassen und dem Gegner schwere Verluste zuzufügen . . .

Seeschlacht bei den Salomon-Inseln

Sonntag, 9. August 1942, Tokio
Das *Kaiserliche Hauptquartier* gibt bekannt:
Japanische Marinestreitkräfte führen seit dem 7. August heftige Angriffe gegen britisch-amerikanische Flotteneinheiten in den Gewässern der Salomon-Inseln und fügten den feindlichen Kriegsschiffen sowie den Transportern vernichtende Schläge zu.

Erfolgsmeldung italienischer U-Boote
9. August 1942, Rom
Das *Comando Supremo* teilt mit:
. . . Unsere U-Boote, unter Korvettenkapitän Carlo Fecia di Cossato und Kapitänleutnant Francesco d'Alessandro, versenkten im Atlantik zwei Dampfer und einen Tanker mit zusammen 24 875 BRT. Alle im Atlantik, im Mittelmeer, im Roten Meer und im Schwarzen Meer operierenden italienischen U-Boote haben nach genau überprüften Angaben insgesamt an feindlichen Kriegs- und Handelsschiffen 1 018 971 Tonnen versenkt.

Kämpfe auf den Salomonen
Montag, 10. August 1942, Washington
Das *US-Marineministerium* meldet:
Unsere Angriffe gegen japanische Streitkräfte auf den Salomon-Inseln gehen weiter. Wir sind jedoch auf heftigen Widerstand gestoßen. Es ist noch zu früh, Ergebnisse oder Schätzungen über Verluste, die wir oder der Feind erlitten haben, mitzuteilen.

Flugzeugträger »Eagle« versenkt

Mittwoch, 12. August 1942, London
Die *Agentur Reuter* berichtet:
Der Flugzeugträger *Eagle* ist von einem feindlichen U-Boot im Mittelmeer versenkt worden. Die meisten der Besatzungsmitglieder konnten gerettet werden. Eines der dort operierenden U-Boote wurde vernichtet.

Deutsche Agenten!
Freitag, 14. August 1942, Ottawa
Die *Agentur Reuter* teilt mit:
In Kanada wurden Steckbriefe mit Fotografien von drei Agenten angeschlagen, die von deutschen U-Booten an Land gebracht worden sein sollen.

Eine List rettet den britischen Geleitzug
Montag, 17. August 1942, Kairo
Associated Press meldet:
Wie erst jetzt mitgeteilt werden darf, ermöglichte eine Kriegslist des Oberkommandierenden der Mittelmeerflotte, Sir Henry Harwoods, daß der britische Geleitzug nach Malta durchbrechen konnte. Kurz nach Auslaufen des Konvois aus Gibraltar wurde bekannt, daß die Achsenmächte über ihren Nachrichtendienst zwar die Abfahrtszeit in Gibraltar erfahren haben, jedoch annahmen, der Geleitzug sei für Alexandrien bestimmt . . . Dieser Kriegslist ist es zu verdanken, daß der größte Teil des wichtigen Geleitzuges Malta erreichen konnte.

Elf Schiffe in sechs Stunden
17. August 1942, Washington
Associated Press berichtet:
Gestern wurde in den USA ein neuer Rekord aufgestellt. Innerhalb von 15 Minuten liefen fünf Frachtschiffe von je 10 000 BRT in einer einzigen Werft an der

Rechts: 10. 8. 1942, Mittelmeer: Operation »Pedestal«. Eine Swordfish startet auf dem Deck der *Indomitable*, im Hintergrund der Träger *Eagle*

Unten: 21. 8. 1942: Die NS-Presse stellt die Landung bei Dieppe als gescheiterten Invasionsversuch dar

Norddeutsche Ausgabe
„Freiheit und Brot"
Norddeutsche Ausgabe
Berlin, Freitag, 21. August 1942
VÖLKISCHER BEOBACHTER
Kampfblatt der nationalsozialistischen Bewegung Großdeutschlands
Was sagt Stalin zu Churchills Invasionskatastrophe?
Die vernichtende Abfuhr von Dieppe!
Billige Ausreden der Geschlagenen: Aus der zweiten Front machen sie eine „Generalprobe im Kostüm"
Hände weg von Europa!
„Deutschlands Küstenverteidigung unüberwindbar"
Stephan von Horthy gefallen

atlantischen Küste vom Stapel und wenige Stunden später auf der gleichen Werft noch ein Frachtschiff von 5000 BRT und zwei Zerstörer. Zur gleichen Zeit erfolgte von einer Werft am Golf von Mexiko die Ablieferung eines Zerstörers, eines Minensuchers und eines Frachters: das sind in sechs Stunden elf Schiffe.

Geheimer Bericht des *Sicherheitsdienstes der SS* zur innenpolitischen Lage:
Nr. 309, 17. August 1942 (Auszug)
I. Allgemeines: . . . Die Sondermeldung über die erfolgreiche Bekämpfung eines stark gesicherten feindlichen Geleitzuges im Mittelmeer hat große Freude ausgelöst. Mit besonderer Genugtuung wurde vermerkt, daß sämtliche Tanker versenkt wurden und keines der Transportschiffe seinen Bestimmungsort in Ägypten erreicht hat. Aus der starken Sicherung des Geleitzuges wurden entsprechende Rückschlüsse auf seinen Wert und seine Wichtigkeit gezogen, da die Briten anstatt des zwar langen, aber dafür sicheren Weges um das Kap der Guten Hoffnung den gefährlicheren durch das Mittelmeer gewählt hatten . . .

U-Boot vor der Küste Brasiliens
Mittwoch, 19. August 1942, Rio de Janeiro
Die *Agentur Exchange* meldet:
Eine brasilianisch-amerikanische Bomberformation versenkte in der vergangenen Nacht ein U-Boot der Achsenmächte vor der Küste der brasilianischen Provinz Sergipe. Man vermutet, daß es sich um das gleiche U-Boot handelt, das bereits fünf brasilianische Dampfer torpediert hat.

Landung bei Dieppe

Donnerstag, 21. August 1942
Das *Oberkommando der Wehrmacht* gibt bekannt:
Wie durch Sondermeldung bekanntgegeben, wurde am gestrigen Tage eine Landung englischer, amerikanischer, kanadischer und de-Gaulle-Truppen auf 25 km

Breite gegen die französische Kanalküste bei Dieppe, die unter dem Schutz starker See- und Luftstreitkräfte und unter Einsatz von Panzern geführt wurde, durch die im Küstenschutz eingesetzten deutschen Kräfte unter hohen blutigen Verlusten für den Feind abgeschlagen . . .

Kein »Invasionsversuch«
20. August 1942, London
Das *Hauptquartier für Combined Operations* gibt bekannt:
Ungeachtet unserer Erklärung über den Handstreich bei Dieppe, die am Mittwoch um 6.15 Uhr über BBC an die Franzosen gerichtet wurde, behauptet die deutsche Propaganda, daß der Handstreich ein Invasionsversuch gewesen sei, den die Deutschen vereitelt hätten. In Wirklichkeit begann die Wiedereinschiffung der meisten Streitkräfte sechs Minuten früher als vorgesehen war und ging neun Stunden nach der ersten Landung planmäßig zu Ende.

Die norwegische Tankerflotte
20. August 1942, London
Der *Schiffahrtsminister der norwegischen Exil-Regierung* in London, Mr. Sunde, erklärte:
Die norwegische Tankerflotte hat eine Tonnage von zwei Millionen BRT, wovon 80 Prozent Schnellmotorschiffe sind. In den ersten beiden Kriegsjahren seien 40 Prozent des nach Großbritannien transportierten Treibstoffs in norwegischen Tankern befördert worden.

Rückkehr aus Dieppe
20. August 1942, in einem Hafen an der englischen Südküste
United Press meldet:
Die letzten aus Dieppe zurückkehrenden Landungsboote sind heute vormittag hier eingetroffen. Die »Commandos« brachten deutsche Gefangene mit, darunter viele Offiziere. Mehrere Gefangene waren verwundet.

Kampfpause über Malta
Freitag, 21. August 1942, La Valetta
Die *Agentur Reuter* berichtet:
Die letzten 72 Stunden brachten Malta völlige Kampfruhe. Nur wenige feindliche Flugzeuge versuchten die Insel anzufliegen, warfen aber keine Bomben ab. Seit vielen Monaten waren es die ersten drei aufeinanderfolgenden ungestörten Nächte.

Glückwünsche von Marschall Pétain
Sonntag, 23. August 1942, Paris
Das *DNB* meldet:
Der deutsche Oberbefehlshaber West, Generalfeldmarschall Rundstedt, erhielt vom Militärbefehlshaber in Frankreich folgendes Telegramm: Marschall Pétain und Regierungschef Laval haben den Botschafter de Brinon gebeten, dem deutschen Oberkommando in Frankreich Glückwünsche für den Abwehrerfolg der deutschen Truppen und die schnelle Säuberung des französischen Bodens zu übermitteln.

Norwegische Fischfangflotte beschlagnahmt
Dienstag, 25. August 1942, Stockholm
Svenska Dagbladet teilt mit:
Der größte Teil der norwegischen Fischereiflotte ist in den letzten Tagen von den deutschen Behörden requiriert worden. Ein Teil der Schiffseigner soll in deutschen Dienst gestellt werden.

Größte Seeschlacht des Krieges

Donnerstag, 27. August 1942
Aus dem *Hauptquartier von General MacArthur:*
Die seit Sonntag dauernde Schlacht ist die größte Seeschlacht dieses Krieges. Zwei weitere japanische Flugzeugträger, ein Schlachtschiff, mehrere Kreuzer und Transporter sind zu dem vor den Salomonen operierenden japanischen Verband gestoßen; sie haben die Operationen bereits aufgenommen. Es ist anzunehmen, daß die Japaner mindestens 15000 Mann herangeschafft haben, um die Salomonen zurückzuerobern.

Japaner geben französisches Schiff frei
27. August 1942, Vichy
Die *Agentur Havas* berichtet:
Der französische Ozeandampfer *Marechal Joffre* (11732 BRT) und der französische Frachtdampfer *Sikiang* (1880 BRT) sind, aus Manila kommend, in Saigon eingetroffen. Diese beiden Schiffe – von den US-Behörden auf den Philippinen beschlagnahmt – sind nun von den Japanern an die Franzosen zurückgegeben worden.

Ein U-Boot mit Guerillas
Montag, 31. August 1942, Tokio
Die *Agentur Domei* meldet:
Der britisch-australische Versuch, eine kleine Guerilla-Gruppe im Schutz der Dunkelheit von einem U-Boot aus auf der Insel New Britain abzusetzen, ist – wie aus Rabaul berichtet wird – mißglückt. Das U-Boot wurde versenkt und das Commando von japanischen Marineeinheiten gefangengenommen. Die Männer hatten einen starken Kurzwellensender bei sich, um mit dem eigenen Hauptquartier in Verbindung zu bleiben.

Zähe Kämpfe auf Madagaskar

Freitag, 11. September 1942, London
Die *Agentur Reuter* teilt mit:
Britische Marinetruppen, Landverbände, Flieger und leichte Flotteneinheiten begannen gestern morgen neue Operationen, die sich hauptsächlich gegen die drei wichtigen Häfen an der Westküste der Insel richteten.

Kein japanischer Stützpunkt
11. September 1942
Die *Agentur Havas* berichtet:
In einer Erklärung des Gouverneurs von Madagaskar heißt es u. a.: ». . . Zu keiner Zeit wurden wir um

14. 9. 1942, Madagaskar:
Der Kampf zwischen Engländern und Franzosen geht in dem unwegsamen Gelände weiter. Ein britischer Stoßtrupp in den vom Feind gehaltenen Bergen

irgendwelche Hilfeleistung für japanische U-Boote gebeten oder haben das Überfliegen der Insel durch japanische Flugzeuge gestattet. Ich erkläre dies in aller Öffentlichkeit, selbst der hier lebende amerikanische Konsul kann das bestätigen.«

Handstreich gegen Tobruk

Dienstag, 15. September 1942, London
Die *britische Admiralität* teilt mit:
In der Nacht zum Montag führten unsere leichten Seestreitkräfte in Verbindung mit Commando-Trupps der Armee einen Handstreich auf Tobruk durch. Gleichzeitig wurden Bomberverbände der RAF eingesetzt. Unsere Truppen gingen trotz erbitterten Widerstandes an Land und fügten dem Feind schwere Verluste zu, bevor sie sich wieder einschifften. Der Rückzug erfolgte nicht ohne eigene Verluste, die in Anbetracht der heftigen Gegenwehr zu erwarten waren.

Mittwoch, 16. September 1942
Das *Oberkommando der Wehrmacht* gibt bekannt:
. . . Wie bereits durch Sondermeldung bekanntgegeben, wurden die in der Nacht zum 14. September bei Tobruk unter Einsatz von Luft- und Seestreitkräften gelandeten britischen Truppen in engem Zusammenwirken deutscher und italienischer Kräfte nach hartem, schnellem Kampf vernichtet oder gefangengenommen . . .

Scheitern der Verhandlungen
Freitag, 18. September 1942, Vichy
Die *Agentur Havas* meldet:
Das Staatssekretariat für die Kolonien teilt mit: Wenn der Gouverneur von Madagaskar durch die Aufnahme von Verhandlungen mit dem britischen Oberkommando versucht hat, dem Blutvergießen ein Ende zu machen, so waren die britischen Forderungen derart unannehmbar, daß keine Einigung erzielt werden konnte. Der Generalgouverneur ist deshalb entschlossen, die Insel bis zum äußersten zu verteidigen.

Heimkehr eines deutschen U-Bootes

Oberleutnant zur See Klaus von Trotha

Ein strahlender, sonniger, noch warmer Herbsttag ist es, als *U-Fritz* nach mehrwöchiger Fahrt wieder in seinen Stützpunkt zurückkehrt. Stolz flattern am weit ausgefahrenen Sehrohr sieben weiße Wimpel, auf denen die Tonnen der versenkten Dampfer mit schwarzer Farbe gemalt sind. Auf dem achteren Teil der Brücke steht dichtgedrängt die Freiwache, zum Teil mit langen Bärten, etwas bleich und durchsichtig von dem langen und anstrengenden Dienst unter Wasser.
Alle freuen sich jetzt des schönen warmen Spätsommertages, genießen in vollen Zügen ihre Zigarette und schauen hinüber zu den schmucken Wiesen und Wäldern, den kleinen Schlössern inmitten großer Parks und den bunten Ortschaften. Bald werden sie dort sich wieder einmal die Beine vertreten können! »Auf Manöverstation! Freiwache an Oberdeck antreten!« Vorn und achtern werden Poller, Leine, Fender und Stelling klargenommen und da ist auch schon voraus der Anleger: Flottillenchef mit seinem Stab und Offiziere anderer Wehrmachtsteile, ein Musikkorps, ein Ehrenzug der Flottille und unsere Blitzmädels sind zur Begrüßung angetreten.

Die Kapelle spielt das Englandlied, und während wir schon festmachen, geht sie in das Lied von der »Siegfriedleine« über: alles strahlt und winkt und freut sich an Bord . . . Alles ein großes freudestrahlendes Durcheinander von schmutzigen, bärtigen, lachenden U-Boots-Männern, sommerlich gekleideten und weißbeblusten Mädchen mit rosigen frischen Gesichtern und gratulierenden und immer wieder fragenden Kameraden und Marine, Heer und Luftwaffe . . .

Völkischer Beobachter, September 1942

Kampf um Madagaskar nicht zu Ende
Donnerstag, 24. September 1942, Vichy
Der *Gouverneur von Madagaskar* meldet dem für die Kolonien zuständigen Staatssekretär:
»Nachdem unsere Truppen bis zu den Toren von Tananarive jeden Meter Bodens verteidigt hatten, wurden sie vom zahlenmäßig überlegenen Gegner überwältigt und konnten sein Eindringen in die Stadt nicht mehr verhindern. Ich habe ständig mit Tananarive in Verbindung gestanden und konnte jede Phase des heldenhaften Widerstandes verfolgen. Ich muß besonders die entschlossene Haltung aller Soldaten hervorheben. Die Bevölkerung verhielt sich ruhig und diszipliniert. Sie bewies damit ihren Glauben in die französische Zukunft Madagaskars.“

Japanische U-Boote im Atlantik
Freitag, 25. September 1942, Berlin
Das *DNB* teilt mit:
Wie auch das Oberkommando der Wehrmacht bekanntgibt, haben japanische Kriegsschiffe mit den im Atlantik operierenden Verbänden Deutschlands und Italiens Fühlung aufgenommen. Während deutsche Seestreitkräfte im Indischen Ozean mit japanischen Einheiten zusammenarbeiten, sind von jetzt ab auch japanische U-Boote im Kampfe gegen die feindliche Versorgungsschiffahrt im Atlantik eingesetzt.

Sender Beromünster (Schweiz)

25. September 1942:
In der Berichtswoche meldet Berlin, daß auf der Eismeerroute eine große Schlacht gegen einen alliierten Geleitzug stattgefunden habe, wobei 38 Handelsschiffe, die Kriegsmaterial nach Rußland transportierten, versenkt worden seien. Von britischer Seite ist diese Schlacht, die von deutschen Flugzeugen und Unterseebooten gegen diesen Geleitzug geführt wurde, zwar nicht in Abrede gestellt worden, doch wurde die von Berlin angegebene Zahl der versenkten Schiffe als eine »grobe Übertreibung« bezeichnet. Inzwischen ist nun der Geleitzug, in dem russische, amerikanische und englische Schiffe fuhren, in seinem russischen Bestimmungshafen eingetroffen. Da es sich natürlich bei der Zahl der eingetroffenen Schiffe und also bei der Menge des in Rußland angekommenen Kriegsmaterials um militärische Geheimnisse handelt, wurde darüber von alliierter Seite nichts bekanntgegeben.

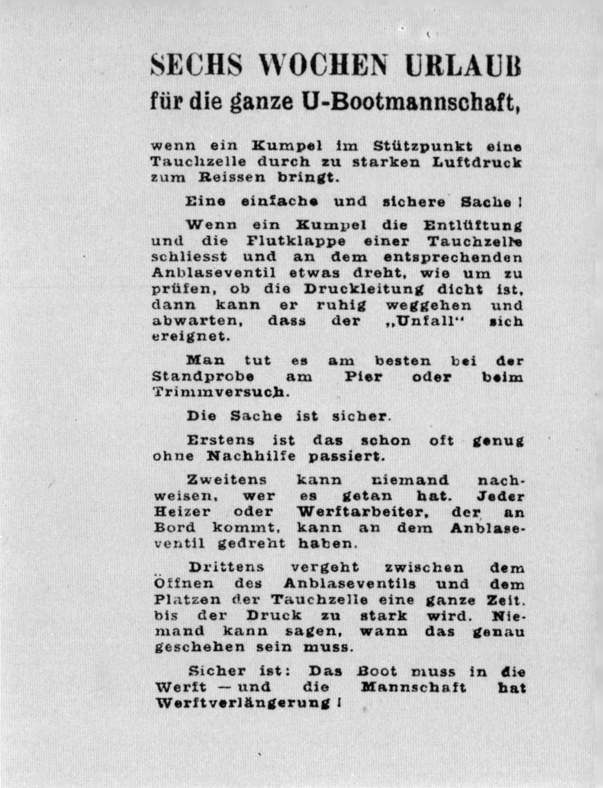

SECHS WOCHEN URLAUB
für die ganze U-Bootmannschaft,

wenn ein Kumpel im Stützpunkt eine Tauchzelle durch zu starken Luftdruck zum Reissen bringt.

Eine einfache und sichere Sache!

Wenn ein Kumpel die Entlüftung und die Flutklappe einer Tauchzelle schliesst und an dem entsprechenden Anblaseventil etwas dreht, wie um zu prüfen, ob die Druckleitung dicht ist, dann kann er ruhig weggehen und abwarten, dass der „Unfall“ sich ereignet.

Man tut es am besten bei der Standprobe am Pier oder beim Trimmversuch.

Die Sache ist sicher.

Erstens ist das schon oft genug ohne Nachhilfe passiert.

Zweitens kann niemand nachweisen, wer es getan hat. Jeder Heizer oder Werftarbeiter, der an Bord kommt, kann an dem Anblaseventil gedreht haben.

Drittens vergeht zwischen dem Öffnen des Anblaseventils und dem Platzen der Tauchzelle eine ganze Zeit, bis der Druck zu stark wird. Niemand kann sagen, wann das genau geschehen sein muss.

Sicher ist: Das Boot muss in die Werft – und die Mannschaft hat Werftverlängerung!

Geheimer Bericht des *Sicherheitsdienstes der SS* zur innenpolitischen Lage:
Nr. 321, 28. September 1942 (Auszug)
. . . Stark besprochen wurde das Eingreifen Japans in die U-Boot-Schlacht im Atlantik. Es sei zwar erst ein U-Boot, das in einen deutschen Stützpunkt eingelaufen sei, aber man müsse die Erfolge abwarten. Für viele Volksgenossen sei die Meldung jedoch ein neues Zeichen der japanischen Aktivität . . .

Erfolge eines italienischen U-Bootes
Dienstag, 6. Oktober 1942, Rom
Die *Agentur Stefani* meldet:
Wie wir aus dem Hauptquartier erfahren, hat das italienische U-Boot *Barbarigo* im Atlantik einen US-Kreuzer der »Mississippi«-Klasse versenkt.

Donnerstag, 8. Oktober 1942
Das *Oberkommando der Wehrmacht* gibt bekannt:
. . . In der Nacht zum 7. Oktober stießen Schnellboote gegen die britische Küste vor, griffen an mehreren Punkten den feindlichen Geleitverkehr an, versenkten vier Handelsschiffe von zusammen 11500 BRT sowie einen Bewacher und beschädigten durch Torpedotreffer zwei weitere Dampfer, deren Untergang wegen starker Abwehr nicht mehr beobachtet werden konnte . . .

W. Churchill an den Marineminister
8. Oktober 1942:
Ich erfahre mit Beunruhigung, daß die deutschen Schnellboote erneut die Oberhand gewinnen und ihre Minen die Schiffahrt an unserer Ostküste gefährden. Ich stand unter dem Eindruck, daß Sie die von dieser »Moskitoflotte« ausgehende Bedrohung ausgeschaltet hätten. Geben Sie mir einen Bericht über die derzeitige

Rechts: U-Boot-Stützpunkt St. Nazaire:
Von Feindfahrt zurück!
»... ein großes freudestrahlendes Durcheinander ...«

Links: Englisches Flugblatt, Herbst 1942: Tips für U-Boot-Besatzungen

Lage und über die zu ergreifenden Schritte. Wir dürfen uns keinesfalls in dieser Art Kriegführung schlagen lassen.

Deutsche U-Boote bei Kapstadt

Sonnabend, 10. Oktober 1942, Berlin
Das *Oberkommando der Wehrmacht* gibt bekannt:
... Deutsche U-Boote haben den britisch-amerikanischen Schiffsverkehr vor Südafrika schwer getroffen. Sie versenkten unmittelbar vor dem Hafen von Kapstadt in schlagartigen Überraschungsangriffen 12 Handelsschiffe mit zusammen 74000 BRT. Andere U-Boote versenkten an der Westküste Afrikas vor dem britisch-amerikanischen Flottenstützpunkt Freetown, vor der südamerikanischen Küste, im St.-Lorenz-Golf und bei schwerem Sturm im Nordatlantik 10 Schiffe mit 67000 BRT. Darunter befand sich das 15000 BRT große britische Kühlschiff *Andalusia Star*, das mit einer Ladung von hochwertigen Lebensmitteln, vor allem Gefrierfleisch, nach England bestimmt war. Damit haben unsere U-Boote auf weitverzweigten Kriegsschauplätzen 22 Schiffe mit 141000 BRT versenkt.

Der Anteil Brasiliens am U-Boot-Krieg
Mittwoch, 14. Oktober 1942, Washington
Die *Agentur Exchange* teilt mit:
Marinesekretär Knox gab anläßlich eines Presseempfangs bekannt, daß sich zahlreiche brasilianische Kriegsschiffe bereits aktiv auf der Seite der Alliierten an der Bekämpfung der feindlichen U-Boote beteiligen, und zwar unter dem Befehl von US-Konteradmiral Ingram. Auf brasilianischen Werften sind viele Kriegsschiffe im Bau.

Britische »Commando«-Unternehmen
Sonnabend, 17. Oktober 1942, Vichy
United Press berichtet:
In Paris wurde kürzlich von deutscher Seite bekanntgegeben, daß die Engländer in der letzten Zeit an der französischen Westküste in der Nähe von Dieppe eine Reihe von »Commando«-Raids unternommen hätten, die alle fehlgeschlagen sind. Diesen Berichten zufolge soll ein britisches Motorboot in der Nacht zum 7. Oktober gegen Mitternacht an der Normandieküste in der Nähe von Anneville – 15 Kilometer nordwestlich von Coutances – versucht haben, britische »Commandos« an Land zu setzen. Es wurde jedoch von deutschen Küstenbatterien abgewiesen. Anfang September griffen die Engländer einen Außenposten der deutschen Küstenwache auf Les Casquets, westlich der Insel Aurigny, überraschend an. In der Nacht zum 18. September wollte eine »Commando«-Gruppe von sechs britischen Offizieren in der Nähe von Cherbourg landen. Das Boot ist durch Geschützfeuer versenkt worden, wobei drei Offiziere ertranken, während die übrigen an Land schwammen und gefangengenommen wurden. In den deutschen Mitteilungen sind eine Anzahl weiterer britischer »Commando«-Raids aufgeführt, die sich gegen ausgesprochen schwach verteidigte Stellungen richteten und alle fehlschlugen. Weitere Einzelheiten darüber sind nicht bekannt.

Heftige britisch-französische Kämpfe

Mittwoch, 21. Oktober 1942, Nairobi
Das *britische Oberkommando für Ostafrika* gibt bekannt:
Am Montag früh rückten unsere Truppen auf Madagas-

THE DAILY MAIL, Wednesday, November 11, 1942.

FOLLOW YOUR NOSE

Daily Mail

3 A.M. EDITION

Be sensible with coupons—choose BEAR BRAND STOCKINGS

NO. 14,520 ONE PENNY FOR KING AND EMPIRE WEDNESDAY, NOVEMBER 11, 1942

ALLIES SMASH CASABLANCA FLEET

Battleship Ablaze, Light Naval Forces Wiped Out

BRITISH NAVY SHATTERS ORAN RESISTANCE

LATE last night the fall of Casablanca appeared to be imminent. The great battleship Jean Bart was ablaze after broadsides from Allied warships and dive-bombing. French destroyers and light naval forces had been wiped out, and the great base was reported to be encircled on land.

"The French destroyers put up the stiffest resistance against the American warships," said an Allied war correspondent. "Rear-Admiral Hewitt therefore threw in the whole weight of his battle fleet.

"The entire French destroyer force and other lighter craft were wiped out. In addition, the Jean Bart was left a burning hulk and a cruiser was badly damaged. Dive-bombers which wrecked the Jap fleet in the battle of Midway Island took part in the attack."

Early this morning the Vichy news agency, quoting a Washington dispatch, said: "It is officially announced that the French naval forces have ceased all resistance at Casablanca."

Here are the other main news flashes from North Africa:

1. Oran has fallen to American forces, supported by British warships under Commodore Troubridge, a direct descendant of one of Nelson's captains. The British squadron destroyed all French light naval forces attempting to interfere with operations, and the Army Commander specially commended the work of the carriers.

'No Europe Invasion This Year': Roosevelt

'Churchill and I Chose Africa'

'DARKEST DAYS,' SAYS PÉTAIN

ITALY'S NIGHTMARE

North Africa

Big News To-day

Giraud in Touch with Generals

BERLIN CALLS DARLAN TRAITOR

BERLIN radio came out in the open last night on the position of Admiral Darlan. They called him a traitor.

'Treason'

RIDDLE OF THE VICHY FLEET

Rout Turns to Desert Horror

THIRST KILLING THOUSANDS

THE VICTORS HONOURED

Planes Scouting

U.S. MERCHANT SHIP SUNK

MPs TO VISIT CHINESE FRONT

kar südlich von Ambositra vor. Sie führten eine Flankenbewegung aus und griffen starke französische Streitkräfte an, die gutausgebaute Stellungen besetzt hielten. Der Gegner wurde überwältigt und 50 Gefangene wurden eingebracht, darunter Colonel Metras. Auf unserer Seite entstanden keine Verluste. Die Gesamtzahl der Gefangenen in den Operationen bei Ambositra übersteigt jetzt 800. Außerdem wurden zwei Geschütze und eine große Anzahl von Mörsern und schweren MG erbeutet.

Tagesparole der Reichspressechefs
Donnerstag, 5. November 1942
Der Minister weist in sehr scharfen Worten die Presse und den Rundfunk an, äußerste Zurückhaltung bei der Behandlung der Nordafrikakämpfe an den Tag zu legen. Die englischen Sondermeldungen und Berichte über die Siege werden nicht beachtet . . .

Wo landen die Alliierten?

Freitag, 6. November 1942
Der Chef des italienischen Generalstabes, *Marschall Cavallero,* hat in seinem Tagebuch ein belauschtes Telephongespräch zwischen Göring und Kesselring aufgezeichnet:
Göring: Nach unserer Berechnung muß der Geleitzug in den nächsten 40 bis 50 Stunden im Aktionsradius der Luftwaffe sein; es muß also alles bereitgehalten werden.

Oben: Die britische Presse meldet schwere Kämpfe gegen die Franzosen in Nordafrika

Rechts: 5. 11. 1942, Madagaskar: Französische Truppen kapitulieren vor den Engländern

Kesselring: Herr Reichsmarschall, falls es sich aber um einen Landungsversuch in Nordafrika handelt?
Göring: Meiner Ansicht nach werden sie in Korsika, Sardinien, Derna oder Tripolis landen.
Kesselring: Ein nordafrikanischer Hafen scheint wahrscheinlicher.
Göring: Möglich. Aber kein französischer.
Kesselring: Falls der Geleitzug die Straße von Sizilien passiert, habe ich Zeit genug.
Göring: Falls sie nicht nach Sardinien wollen, werden sie bestimmt durch die Straße von Sizilien fahren, die von den Italienern nicht überall vermint worden ist. Sie sollten sie darauf aufmerksam machen . . .

Franzosen auf Madagaskar kapitulieren

6. November 1942, Vichy
Die *Agentur Havas* meldet:
Im vollen Einvernehmen mit der französischen Regierung und angesichts der Unmöglichkeit einer Weiterführung des Kampfes hat sich der Gouverneur auf Madagaskar am 5. November entschlossen, mit dem Gegner Waffenstillstandsverhandlungen zu führen.

Tagesparole der Reichspressechefs
6. November 1942
Der Minister spricht über die Ereignisse in Nordafrika und legt allen seinen Mitarbeitern die Verpflichtung auf, in diesen kritischen Tagen keinen Pessimismus nach außen hin in Erscheinung treten zu lassen. Er erläutert in kurzen Zügen die militärische Lage und gibt der Hoffnung Ausdruck, daß Generalfeldmarschall Rommel, wie so oft, die Lage meistern werde . . .

US-Landung in Französisch-Nordafrika

Sonntag, 8. November 1942, Washington
Das *US-Kriegsministerium* gibt bekannt:
Unsere Armee-, Marine- und Luftstreitkräfte haben in den Nachtstunden mit Landeoperationen an zahlreichen Stellen der Küste Französisch-Nordafrikas begonnen, die wegen zunehmender Bedrohung durch die Achsenmächte zum Schutz dieses Gebietes notwendig waren. Es sind Schritte unternommen worden, um das französische Volk durch Radio und Flugblätter von unserem Vorhaben in Kenntnis zu setzen. Diese kombinierten Operationen der US-Streitkräfte mit Einheiten der britischen Marine und Luftwaffe unterstehen dem Oberkommandierenden der alliierten Streitkräfte, General Eisenhower.

Alliierte Landung zurückgeschlagen
8. November 1942, Vichy
Das *Informationsministerium* teilt mit:
Heute früh, um 3.30 Uhr, fand im Raum Algier nach vorangegangener heftiger Bombardierung ein alliierter Landungsversuch statt. Um 4.00 Uhr wurden die feindlichen Schnellboote zurückgeschlagen. Weitere Versuche, an verschiedenen Punkten der nordafrikanischen Küste, vor allem bei Oran, Truppen zu landen, sind unter schweren Verlusten zurückgewiesen worden. Admiral Darlan und General Juin, die die Operationen leiten, haben auf Befehl von Marschall Pétain die erforderlichen Maßnahmen ergriffen.

Französische Küstenbatterien gegen US-Zerstörer
8. November 1942, Algier
Die *Agentur Havas* meldet:
Um 10.30 Uhr kam es im Hafen von Algier zu einem erbitterten Kampf französischer Küstenbatterien und einem französischen Avisoschiff gegen einen US-Zerstörer, der in den Hafen einlief. Der Zerstörer setzte Truppen an Land, die den Seeflughafen und ein E-Werk angriffen. Es gelang schließlich einer Küstenbatterie, den Zerstörer unter Feuer zu nehmen.

Die französische Flotte in Toulon
8. November 1942
Radio Vichy meldet:
Alle in Toulon vor Anker liegenden Einheiten der französischen Flotte sind seeklar.

Montag, 9. November 1942
Das *Oberkommando der Wehrmacht* gibt bekannt:
. . . Die amerikanisch-britischen Flotteneinheiten und Truppentransporte in den Gewässern nördlich Algiers wurden seit dem 6. November bei Tag und Nacht von deutschen und italienischen Kampffliegerverbänden angegriffen. Nach bisher vorliegenden Meldungen trafen Bomben schweren Kalibers sechs Kriegsschiffeinheiten und vier Handelsschiffe . . .

Schwere französische Verluste
Mittwoch, 11. November 1942
Aus dem *Hauptquartier von General Eisenhower:*
An der marokkanischen Küste ist es zu einem größeren Gefecht zwischen amerikanischen und französischen Seestreitkräften gekommen, da französische Zerstörer in die Kämpfe einzugreifen und Truppenlandungen zu verhindern versuchten. Der Widerstand der französischen Flotte konzentrierte sich in der Hauptsache auf das Gebiet von Casablanca, wo Admiral Hewitt sofort starke Kräfte einsetzte und die französischen Einheiten restlos vernichtete. Nach dem Vorbild der Seeschlachten im Pazifik setzten auch hier die US Air Force mit Erfolg Sturzkampfbomber ein. Das französische Schlachtschiff *Jean Bart* richtete vom Hafen Casablanca aus schweres Geschützfeuer auf die Einheiten der US Navy, bis das Schlachtschiff durch Bomben oder Artilleriefeuer in Brand gesetzt wurde. Die Landkämpfe an der Atlantikküste haben besonders bei Rabat und Casablanca an Heftigkeit zugenommen. US-Panzertruppen und motorisierte Infanterie sind bis dicht an Casablanca herangerückt und greifen die Stadt vom Süden und Norden her an.

Deutscher Einmarsch ins unbesetzte Frankreich
11. November 1942, Vichy
Die *Agentur Havas* berichtet:
Wie Radio Paris heute morgen bekanntgab, haben deutsche Truppen den Befehl erhalten, in die nicht besetzte Zone einzumarschieren. Der Sender verbreitete auch eine Botschaft Hitlers an Marschall Pétain.

Deutsche Streitkräfte in Tunesien?
11. November 1942, London
Die *Agentur Reuter* meldet:
Deutsche Jagdflugzeuge und Truppentransportmaschinen sind in Tunesien gelandet.

Casablanca kapituliert

11. November 1942, Casablanca
Die *Agentur Exchange* berichtet:
Gestern, am späten Abend, haben die französischen Seestreitkräfte und Küstenbatterien im Gebiet von Casablanca das Feuer eingestellt. Die Garnison hat die Kapitulation angeboten.

Wieder einsatzbereit
Donnerstag, 12. November 1942, New York
Admiral Nimitz, Oberkommandierender der US-Pazifikflotte, gibt bekannt:
Mehrere US-Kriegsschiffe, die beim Angriff auf Pearl Harbor beschädigt wurden, sind wieder gefechtsbereit. Ihre Reparatur ist schneller erfolgt als vorgesehen.

Darlan an die französische Flotte in Toulon
Freitag, 13. November 1942
Aus dem *Hauptquartier von General Eisenhower:*
Admiral Darlan hat in einer Botschaft über den Rundfunk das Kommando der in Toulon liegenden französischen Flotte aufgefordert, den Hafen zu verlassen und sich den Alliierten anzuschließen oder mindestens die Schiffe dem Zugriff der Deutschen zu entziehen.

Französischer Widerstand gebrochen

13. November 1942
Aus dem *Hauptquartier von General Eisenhower:*
Der Widerstand der französischen Streitkräfte ist in Französisch-Nordafrika überall – mit Ausnahme weniger abgelegener Stützpunkte – eingestellt worden.

Fingierte Befehle von Admiral Darlan?
13. November 1942, Berlin
Das *DNB* meldet:
Das DNB bezeichnet die von englisch-amerikanischer Seite verbreiteten Befehle Admiral Darlans als Fälschungen. Diese Befehle habe Darlan niemals gesehen und noch weniger gebilligt.

In vier Tagen und 15 Stunden
13. November 1942, San Francisco
Associated Press berichtet:
Die Schiffswerft Henry Kaiser und Co. in San Francisco hat einen ans Unglaubliche grenzenden Schiffsbaurekord aufgestellt. Ein Handelsschiff von 10 500 BRT wurde innerhalb von vier Tagen und 15 Stunden nach der Kiellegung fertiggestellt. In weniger als 48 weiteren Stunden wird das Schiff voll ausgerüstet und dienstbereit sein. Der bisherige Schiffsbaurekord dieser Werft betrug zehn Tage.

Sender Beromünster (Schweiz)

13. November 1942:
Während die Aufmerksamkeit noch völlig auf die Vorgänge in Ägypten gerichtet war, wo seit dem von der

Herausforderung für Hitler:
»Admiral Darlan fordert die französische Flotte in Toulon auf, sich den Alliierten anzuschließen«, meldet am 13. 11. 1942 fälschlicherweise die britische Presse

Daily Mail

DARLAN RADIOS TO FRENCH FLEET

'Leave Toulon and Come Over to Us in North Africa'

TWO ARMIES RACING TO CLOSE GAP

Ships Leave Benghazi

ROMMEL PAST TOBRUK

3-HOURS TALK 'TAKES' AIRFIELD

Super Staff to Fight U-boats

Panzers Massing Outside Toulon

AXIS 'SINK' MANY BIG SHIPS

A ROMMEL 'DUNKIRK' UNLIKELY

HITLER 'PEACE TERMS' GIVEN TO LAVAL

Mussolini Orders Defeatist Purge

DESPATCH RIDER

britischen Achten Armee erzwungenen Durchbruch bei El Alamein die Armee Rommels sich auf dem Rückzug nach Westen befand, kam letzten Sonntag die Nachricht von der Landung amerikanischer Truppen in Französisch-Nordafrika . . . Im Zusammenhang mit der gesamten Kriegslage gesehen, ist das nächstliegende Ziel sowohl der Offensive der Achten Armee in Ägypten und von der Cyrenaika wie auch der Landungen in Marokko und Algerien, den Verbindungsweg durch das Mittelmeer wieder vollständig in den Besitz der Alliierten zu bringen. Es war für die den ganzen Erdball umspannende Kriegführung der Alliierten von der größten Wichtigkeit, den kürzesten Weg nach Indien und China wieder unter ihre Kontrolle zu bringen, nachdem sie so lange den enorm ausgedehnten und umständlichen Weg um das Kap der Guten Hoffnung benützen mußten . . .

Neue Seeschlacht bei den Salomonen
Sonnabend, 14. November 1942, Washington
Das *US-Marineministerium* teilt mit:
Eine Reihe von Seegefechten, die in der Nacht zum 13. November in den Gewässern um die Salomonen begonnen hat, ist noch im Gange; beide Seiten haben Verluste erlitten. Vor Beendigung der Schlacht werden keine Einzelheiten bekanntgegeben.

Norwegische Seeleute
Sonntag, 15. November 1942, Stockholm
Svenska Dagbladet berichtet:
In Anbetracht der wachsenden Zahl norwegischer Seeleute, die die Flucht ergreifen, sobald sich ihr Schiff auf der Fahrt zwischen Norwegen und Deutschland der schwedischen Küste nähert, hat das staatliche Seefahrtsamt in Oslo auf Verlangen der deutschen Besatzungsbehörden bekanntgegeben, daß Seeleute, die ohne Erlaubnis ihr Schiff verlassen, mit Zuchthaus oder mit dem Tod bestraft werden.

Ausnahmezustand in Toulon
Montag, 16. November 1942, Toulon
Die *Agentur Havas* berichtet:
Durch Verfügung des Marinepräfekten von Toulon, Admiral Marquis, ist der Zutritt zum Platz Toulon künftig jedermann, der nicht dort wohnhaft ist, verboten. Ausnahmebewilligungen werden nur in dringenden Fällen erteilt.

10. 11. 1942, Casablanca:
Das französische Schlachtschiff *Jean Bart* nach dem Bombenangriff durch US-Sturzkampfbomber

Goebbels-Rede

Dienstag, 17. November 1942, Wuppertal, Stadthalle:
Meine deutschen Volksgenossen und Volksgenossinnen!
. . . Churchill hat zwar schon im Jahre 1938 –, 39 und 40 erklärt, daß die U-Boot-Gefahr beseitigt sei, aber die U-Boot-Gefahr ist für England ein steigendes Problem geworden, und zwar so, daß wir im Monat Oktober, dem wettermäßig schlechtesten Monat, auf 750 000 tons versenkter Tonnage kamen und im Monat November in der ersten Hälfte schon mehr als im ganzen Monat Oktober gar. Das sind immerhin Zahlen – (Beifall), das sind immerhin Zahlen, die nicht von der Hand zu weisen sind. Die Amerikaner sagen: Ach, das macht uns gar nichts, wir bau-, wir bauen diese – wir bauen diese Frachter neu; spielt gar keine Rolle. Die Amerikaner bauen hunderttausend Flugzeuge und achtzigtausend Tanks; und jetzt hat ein –, ein amerikanischer Reeder mit Namen Kaiser sogar ein Rezept erfunden, wie er in zehn Tagen einen Zehntausendtonner bauen kann. Ich warte nur noch darauf, daß ein Amerikaner es fertigbringt, einen Tonner –, einen Zehntausendtonner gleich auf Bestellung abzuliefern (Heiterkeit): »Bei Bestellung mitzunehmen« (Heiterkeit) . . .

US-Seesieg bei den Salomonen
17. November 1942, Washington
Die *Agentur Reuter* meldet:
Nach Meinung von Beobachtern hat die US-Pazifikflotte in den Gewässern um die Salomonen, wo insgesamt 23 japanische Schiffe versenkt wurden, den größten Seesieg des ganzen Krieges errungen.

Geheimer Bericht des *Sicherheitsdienstes der SS* zur innenpolitischen Lage:
Nr. 336, 19. November 1942 (Auszug)
Die Berichterstattung über Französisch-Nordafrika wird von einem großen Teil der Volksgenossen als nicht übersichtlich genug empfunden. Es sei daraus nicht zu entnehmen, ob die Franzosen in Nordafrika eigentlich noch Widerstand leisteten oder nicht. Das Ausbleiben führte zu einer Kritik der Nachrichtengebung über Nordafrika. Diese sei durch die Meldungen über die Erfolge unserer Kampfflieger und U-Boote nur abgemildert. Vielfach wurde wieder gehofft, daß es gelingen würde, den feindlichen Nachschub zu unterbinden und dadurch das Unternehmen der Amerikaner zu zerschlagen . . .

Deutscher Dampfer in der Ostsee torpediert
Sonntag, 22. November 1942, Stockholm
Svenska Dagbladet berichtet:
Ein sowjetisches U-Boot hat in den Schären von Abo einen deutschen Dampfer von 8000 BRT torpediert. Offenbar glaubte der U-Boot-Kommandant, daß der Dampfer deutsche Truppen transportiere; es waren jedoch ungefähr 1000 russische Kriegsgefangene an Bord, die bis auf etwa 50 Mann gerettet werden konnten.

Deutsche Truppen in Toulon
Freitag, 27. November 1942, Vichy
Die *Agentur Havas* meldet:
Auf Befehl Hitlers wurde heute nacht der Kriegshafen Toulon besetzt. Diese Maßnahme erfolgte, um verräterischen Aktionen gewisser gaullistischer Kreise vorzubeugen, Sabotageakte, die trotz gegebener Zusicherungen vorbereitet waren und bereits kurz vor ihrer Durchführung standen.

Tagesparole der Reichspressechefs
27. November 1942
Die Selbstversenkung der französischen Flotte in Toulon soll nur im Rahmen des OKW-Berichtes gebracht werden. In unserer Propaganda könnten wir darauf hinweisen, daß das Ehrenwort eines französischen Generals oder Admirals für uns keine Gültigkeit besitze, wie die Vorgänge mit Darlan, Giraud und Nogues bewiesen hätten . . .

Dienstag, 1. Dezember 1942
Das *Oberkommando der Wehrmacht* gibt bekannt:
. . . Wie durch Sondermeldung bekanntgegeben, haben deutsche See- und Luftstreitkräfte im Monat November insgesamt 166 Schiffe mit 1 035 200 BRT versenkt. Schwer beschädigt wurden 102 Schiffe, von denen ein erheblicher Teil als Totalverlust zu rechnen ist.

Die Lage in Toulon
1. Dezember 1942, Toulon
Die *Agentur Havas* berichtet:
Über der Stadt Toulon liegen noch die dichten Rauchschwaden der brennenden Öltanks. Die Schiffe *Algerie*, *Dupleix* und *Colbert* stehen immer noch in Flammen. Die *Strasbourg* ist auf Grund gesetzt worden.

Tagesparole der Reichspressechefs
1. Dezember 1942
Die Erfolge im U-Boot-Krieg und die pessimistischen Stimmen der Gegenseite sollen stärker herangezogen werden, um die Stimmung im Reich etwas aufzufrischen. Die Bevölkerung mache sich über die Ostlage mehr Sorgen, als zur Zeit angebracht ist, und daher können die U-Boot-Erfolge stärker herausgestellt werden . . .

Sender Beromünster (Schweiz)

Freitag, 4. Dezember 1942:
. . . Über den Verlauf der Ereignisse in Toulon in der Frühe des 27. November sind mittlerweile verschiedene Darstellungen veröffentlicht worden. Zwei Tatsachen werden allgemein zugegeben und anerkannt: 1. der plötzliche, nach deutscher Darstellung »blitzartig« erfolgte Einmarsch deutscher Truppen in die Seefestung; 2. der vom kommandierenden französischen Admiral, Delaborde, gegebene und von den Bordmannschaften sämtlicher in Toulon befindlichen Schiffen ausgeführte Befehl zur Selbstversenkung. Die Selbstversenkung ist aber das letzte Mittel, das einer Flotte übrigbleibt, wenn ihr die Gefahr droht, in die Hand des Feindes zu fallen. Das bekannteste Beispiel dieser Handlungsweise aus der Geschichte des Seekrieges ist die Selbstversenkung der deutschen Hochseeflotte in Scapa Flow nach ihrer Auslieferung an die Engländer im Juni 1919.

Operation »Habakuk«: Künstliche Eisberge im Atlantik als Luftstützpunkte
W. Churchill an General Ismay
Montag, 7. Dezember 1942:
Ich messe der prompten Prüfung dieser Ideen größte Wichtigkeit bei. Dem Chef der Combined Operations muß jede Unterstützung für deren Entwicklung zuteil werden. Er wird mir wöchentlich über die Schaffung einer Organisation und die Vorarbeiten berichten. Die physikalischen Eigenschaften eines Eisbergblocks, 1700 Meter lang, 700 Meter breit und 30 Meter dick, sind mir natürlich unbekannt. Ich weiß nicht, was er unter besonderer Belastung aushält, was bei stürmischem atlantischem Wetter mit ihm geschieht und wie schnell er in den verschiedenen Jahreszeiten und an verschiedenen Orten schmelzen würde.
Die Vorteile einer oder mehrerer schwimmender Inseln, selbst wenn sie nur als Treibstoffstützpunkte dienen würden, wären so bedeutsam, daß man sie im Moment nicht zu diskutieren braucht. Es böte keine Schwierigkeit, derartige »Sprungbretter« in alle jetzt in Prüfung befindlichen Pläne einzubauen. Das Projekt ist nur ausführbar, wenn wir die Natur den größten Teil der Arbeit für uns besorgen lassen und als Rohmaterialien Meereswasser und niedrige Temperaturen benut-

zen. Falls es den Einsatz vieler Leute erfordert und große Stahl- und Zementmengen in die endlosen Weiten der arktischen Nacht befördert werden müßten, ginge das Projekt daran zugrunde.
Ich stelle mir etwa folgendes Vorgehen vor: Man suche im hohen Norden einen etwa zwei bis drei Meter dicken Eisberg, der von Eisbrechern zerteilt werden kann; auf der Oberfläche markiere man die Umrisse des Eisschiffs, setze an den Seiten des Eisdecks Pumpvorrichtungen an und spritze ständig Wasser unter gleichzeitiger Glättung der Oberfläche. Während dieser Prozeß vor sich geht, wird der Berg immer tiefer ins Wasser einsinken. Es wäre wohl nichts dagegen einzuwenden, wenn man in den verschiedenen Stadien ein Netzwerk von Stahlketten legte, die das Versinken beschleunigen und das Gleichgewicht erhöhen. Das zunehmende Gewicht und der wachsende Tiefgang des Eisbergs werden die Loslösung des Eisberges von der umgebenden Eisschicht erleichtern. Die nötigen Vorrichtungen für Treibstofflagerung und Antriebskraft können zum gegebenen Zeitpunkt abgeladen werden. Gleichzeitig stellt man irgendwo auf dem Land die nötige Ausrüstung her: Baracken, Werkstätten, und so weiter. Wenn sich der Berg nach Süden in Bewegung setzt und außerhalb der Eiszone liegt, können Schiffe anlegen und die ganze Ausrüstung einschließlich reichlicher Flak löschen.

Strategie und Taktik

Juli bis Dezember 1942

Am Mittwoch, dem 1. Juli 1942, beendet die deutsche 11. Armee (GenOberst v. Manstein) die Eroberung der Festung Sewastopol. Der Fall von Sewastopol hat auch politische Auswirkungen: Jetzt gestattet die Türkei den Schiffen der Achsenmächte die Durchfahrt durch den Bosporus ins Schwarze Meer.
Am frühen Nachmittag des 1. Juli 1942 sichtet Unteroffizier E. Reper von der 3./K.Fl.Gr. 906 mit seinem Aufklärungsflugboot BV 138 C nahe der Insel Jan Mayen den Geleitzug PQ 17. Noch bevor der Geleitzug das von deutschen Flugzeugen überwachte Seegebiet passiert, übernehmen vier Kreuzer und sechs Zerstörer des Konteradmirals Hamilton die Nahsicherung. Admiral Tovey bildet mit dem Gros der Home Fleet, dem Schlachtschiff *Duke of York*, dem Träger *Viktorious*, den Kreuzern *Cumberland* und *Nigeria* sowie 14 Zerstörern die Fern-Deckungsgruppe, dazu das US-Schlachtschiff *Washington*.

Als am Abend des 4. Juli 1942 der Konvoi PQ 17 das Seegebiet nördlich der Bären-Insel erreicht hat, bekommt die britische Admiralität eine Meldung, daß das Schlachtschiff *Tirpitz* von Trondheim nun auch in den Alta-Fjord – 300 Kilometer nördlich von Narvik – verlegt worden ist, wo bereits die Schweren Kreuzer *Admiral Scheer* und *Admiral Hipper* auf der Lauer liegen. Daraufhin sendet der Erste Seelord, Großadmi-

27. 11. 1942, Hitler schlägt zu: Deutsche Truppen besetzen den Kriegshafen Toulon, die französische Flotte versenkt ihre Einheiten

ral Pound, um 20.11 Uhr einen Funkspruch: »Äußerst dringend, Kreuzerverband mit Höchstfahrt nach Westen ablaufen.« Da Konteradmiral Hamilton Befehl hat, mit seinen Kreuzern nichts zu riskieren, scheint es ihm sinnlos, die noch schwächeren sechs Zerstörer dem Geschützfeuer der deutschen Großschiffe auszusetzen. Nun fliehen Kreuzer und Zerstörer mit Höchstfahrt vor der vermeintlichen Gefahr. Um 21.23 Uhr gibt die Admiralität Funkorder: »Dringend. Wegen Bedrohung durch Überwasserschiffe Konvoi auflösen und einzeln nach russischen Häfen weiterlaufen.« Dies widerspricht den gewonnenen Erfahrungen, daß ein Geleitzug nur dann eine Chance habe, dem Angreifer zu entkommen, wenn er eng geschlossen beisammen bleibe. Admiral Tovey: »Den Konvoi aufzulösen war nichts anderes als nackter, blutiger Mord.« Die wehrlosen Frachter sind nur noch von wenigen bewaffneten Fischdampfern und Korvetten geschützt. Jetzt beginnt die bisher größte Geleitzugschlacht des Krieges: Die deutschen Torpedoflugzeuge, Sturzbomber und Unterseeboote greifen tagelang den Konvoi an, den die schützenden Kreuzer und Zerstörer auf halbem Wege zwischen Island und Archangelsk verlassen haben.

Erst am Sonntag, dem 5. Juli 1942, 11 Uhr, also zwölf Stunden nachdem sich der Konvoi PQ 17 befehlsmäßig aufgelöst hat, verläßt die *Tirpitz* mit ihren Begleitschiffen den Alta-Fjord (Unternehmen »Rösselsprung«) Admiral Kusnezow: »Die deutschen Schiffe, die mit dem Ziel in See gingen, den Konvoi PQ 17 abzufangen, wurden am 5. Juli von dem U-Boot *K-21*, unter Kapitän 2. Ranges Lunin, entdeckt. Lunin griff die *Tirpitz* an und schoß 4 Torpedos ab. Die deutsche Führung, beunruhigt, daß ihr Flottengeschwader von britischen Flugzeugen und sowjetischen U-Booten bedroht wird, gab den Befehl, zum Stützpunkt zurückzukehren. Kapitän Lunin bekommt für seine Tat den ›Rot-Banner‹-Orden.« Dieser sowjetische Torpedoangriff ist jedoch weder im Kriegstagebuch des Schlachtschiffes *Tirpitz* noch in den Akten der Seekriegsleitung verzeichnet.

Die in der Barentssee versprengten Frachter des Geleitzuges PQ 17, unter ihnen Amerikaner und Holländer, werden zum Freiwild für deutsche Flugzeuge und U-Boote. Zwischen dem 5. und 10. Juli 1942 versenken 130 Sturzbomber Ju 88, 43 Kampfflugzeuge He 111 und 29 Schwimmerflugzeuge He 115 der Luftflotte 5 (Gen.-Oberst Stumpff) 8 Schiffe, die 9 U-Boote der Gruppe »Eisteufel« 9 Schiffe, dazu vernichten die U-Boote mit Fangschüssen 7 weitere durch Luftangriffe beschädigte Frachter. Gesamtverlust des Geleitzuges PQ 17: 24 Schiffe (143 977 BRT). Mit den Frachtern versinken: 3350 Lkw und Jeeps, 430 Panzer, 210 Flugzeuge und 99 316 Tonnen Ersatzteile, Verpflegung, Panzerplatten, Munition usw. Die deutsche Luftwaffe verliert 5 Maschinen. Nur 12 von 36 Schiffen des Konvois PQ 17 erreichen Murmansk.

Seitdem gilt die Nordmeer-Route bei den alliierten Seeleuten als Todesstrecke. Churchill: »Es war eine der schlimmsten Episoden des ganzen Seekrieges. Das düstere Geschick eines jeden Schiffes gäbe Stoff zu einer wahrhaftigen Odyssee.« Admiral Kusnezow: »Von der Tragödie des Konvois habe ich Stalin umgehend berichtet. Er war über die Reaktion der britischen Admiralität sehr verärgert. Konnte man sich überhaupt

Links: Nordsee, deutsche Minenräumboote im Einsatz

Rechts: Die fächerartigen Segmente vor den Sicherungsfahrzeugen bezeichnen den von Asdic bestrichenen Raum (Kreissegment von 160°).
Bei einer Geschwindigkeit von 24 Knoten konnte ein U-Boot bei normalen Verhältnissen auf eine Entfernung von 1100 bis 1400 m ausgemacht werden.

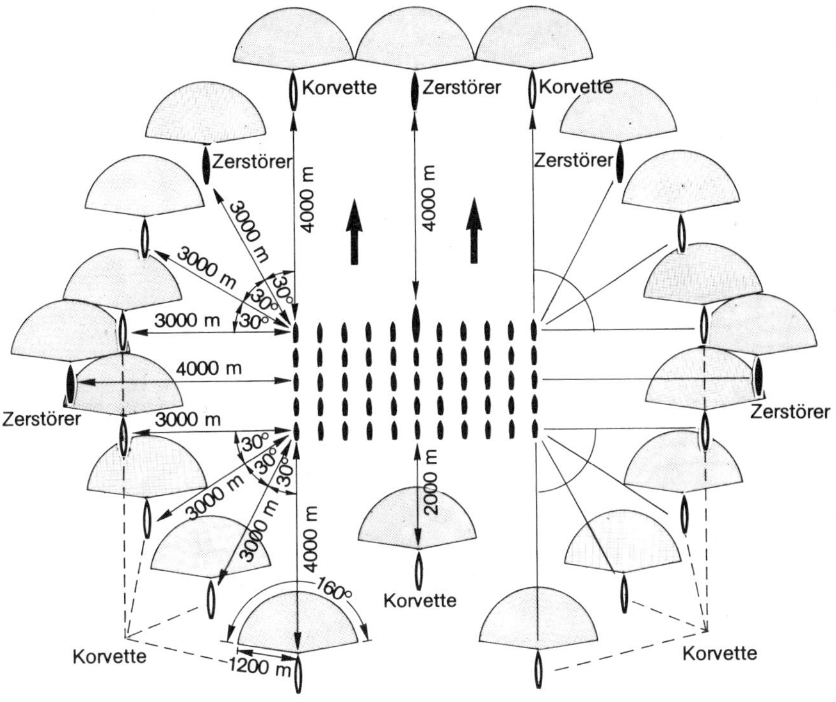

Formation eines englischen Geleitzuges

vorstellen, daß alle Kriegsschiffe den Konvoi verlassen haben?! Dabei waren die Kräfte der Engländer weitgehend überlegen. Ob es tatsächlich nötig erschien, den Konvoi aufzulösen? fragte mich Stalin. Ich antwortete, daß – soweit mir bekannt ist – keine ernsthaften Ursachen vorlagen, dies zu tun.«
Admiral Tovey schlägt Churchill die sofortige Einstellung der Nordmeer-Konvois vor: ». . . bis entweder die Flugplätze in Norwegen ausgeschaltet sind oder aber der Anbruch des Polarwinters wieder einigen Schutz gewährt.« Stalin protestiert aufs schärfste: »Die Rote Armee braucht die Waffen, Munition und das Gerät angesichts der gerade begonnenen deutschen Sommeroffensive dringender denn je.«
Zu dieser Zeit sind schon wieder 108 vollbeladene Frachter in Island auslaufbereit. Die britische Admiralität verfügt jedoch trotz der Verstärkung durch schwere Einheiten der US-Marine nicht über genügend Geleitfahrzeuge, um die Konvois erfolgreich zu sichern. Die Geleitzüge auf der Nordroute werden bis zum Beginn der Polarnächte zurückgehalten. Ein Teil des Nachschubs wird auf die persische Route umgeleitet. Stalin antwortet darauf, »daß die persische Route kein Ersatz für die Nordmeer-Konvois sei und es eine Kriegführung ohne Risiko nicht gäbe.«

Am Donnerstag, dem 9. Juli 1942, warnt Hitler in einem Fernschreiben den Oberbefehlshaber West, Generalfeldmarschall v. Rundstedt: »Es sei mit hoher Wahrscheinlichkeit damit zu rechnen, daß feindliche Landungen im Bereich des OB West in Kürze stattfinden werden.« Nach Hitlers Meinung sprechen dafür »zunehmende Aussagen von Agenten und sonstige Ergebnisse des Nachrichtendienstes, starke Ansammlungen an Übersetzmitteln in Südengland, Zurückhaltung der englischen Luftwaffe in den letzten Tagen. Als besonders gefährdet sind anzusehen in erster Linie die Kanalküste, der Bereich Dieppe – Le Havre (Normandie).«
Hitler, über die britischen Dieppe-Pläne (Operation »Jubilee«) informiert, ist von der Wahrhaftigkeit seiner Informationsquellen derart überzeugt, daß er von der Ostfront sofort die SS-Division »Das Reich«, die SS-Leibstandarte »Adolf Hitler«, die Infanteriedivision »Großdeutschland« und die Brigade »Hermann Göring« nach Frankreich verlegt.

Am Sonntag, dem 19. Juli 1942, bekommen die letzten fünf U-Boote, die noch in den amerikanischen Küstengewässern stehen, von Dönitz den Befehl, ihr Operationsgebiet weiter nach Osten zu verlegen, da sie keine Chance mehr haben, die stark gesicherten Konvois vor der nordamerikanischen Küste anzugreifen. Die Nordatlantik-Konvoiroute soll nun erneut Schwerpunkt der deutschen U-Boot-Operationen werden. Churchill: »Die Hauptschlacht spielte sich jetzt wieder längs der großen nordatlantischen Schiffahrtsrouten ab.«

Im Juli 1942 endet die 4. Phase der Schlacht im Atlantik, die Mitte Januar 1942 mit dem Unternehmen »Paukenschlag« begonnen hat. Charakteristisch für diese Phase: die Einzeloperationen der deutschen U-Boote vor den nord- und mittelamerikanischen Küsten. Durchschnittlich stehen 54 U-Boote in See.

Am Sonntag, dem 2. August 1942, beginnen im Rahmen der Operation »Bolero« die verstärkten Transporte von US-Truppen nach Nordirland und England mit den größten Passagierschiffen der Welt, die den Alliierten zur Verfügung stehen, wie die *Queen Elizabeth* (83 673 BRT), *Queen Mary* (81 235 BRT) und die holländische *Nieuw Amsterdam* (36 287 BRT), deren Einsatz jedoch taktische Probleme schafft: Ihre erhebliche Geschwindigkeit (bis 28 Knoten) macht es unmöglich, auf der ganzen Route Sicherung zu geben. So werden diese Ozeanriesen zu Einzelfahrern, deren Führung die britische Admiralität übernimmt. Sie bringen auf einer Fahrt bis zu 15 000 Soldaten – fast eine Division – über den Atlantik. Dank der »Enigma-Ultra«-Berichte kann die Admiralität jeweils die sicherste und nicht von deutschen U-Booten gefährdete Fahrtroute festlegen. Keines dieser Schiffe wird von einem U-Boot angegriffen oder versenkt. So werden innerhalb von wenigen Monaten über zwei Millionen Soldaten nach Europa transportiert.

Am Mittwoch, dem 5. August 1942, läuft in Lorient das japanische Transport-U-Boot *I-30* (FregKpt. Endo) ein. *I-30* hat am 20. 4. 1940 von Penang aus im Indischen Ozean operiert und an dem Unternehmen der japanischen Klein-U-Boote vor Diego Suarez (Madagaskar) mit seinem Bordflugzeug teilgenommen.

Am Freitag, dem 7. August 1942, landen überraschend 11 000 Soldaten des US-Marinekorps auf Guadalcanal (Operation »Watchtower«), der größten der Salomon-Inseln, die im Mai 1942 von den Japanern genommen wurde. Damit beginnt das bewährte »Island hopping« (Inselhüpfen). Mit dieser Strategie werden die Amerikaner die von Japanern besetzten Pazifik-Inseln wieder zurückerobern. Das »Inselhüpfen« stützt sich auf das feste Vertrauen in den Flugzeugträger. Die Japaner unterschätzen die gegnerische Stärke und greifen zunächst nur mit geringen Kräften ein. Das Schicksal Guadalcanals hängt vom Besitz des nahezu fertigen Flugplatzes ab, den die Amerikaner gleich am nächsten Tage erobern und ihn – nach einem bei Midway gefallenen Fliegeroffizier – in »Henderson Field« umbenennen. Der um die Startbahn entstehende Landekopf bleibt jedoch gefährdet, da immer wieder japanische Infanterie aus dem Dschungel hervorbricht. Es steht fest, daß auf Guadalcanal nur den Sieg davontragen kann, wer zuvor die Luftherrschaft erringt, damit er die eigenen auf der Insel kämpfenden Truppen versorgen kann.

Am Sonnabend, dem 8. August 1942, greifen 26 japanische Trägerflugzeuge US-Schiffe mit Nachschub für Guadalcanal an. 17 Maschinen werden durch Flak und Jäger abgeschossen. Die Piloten der beiden getroffenen Stukas Typ Aichi D3A »Val« stürzen sich mit ihrer Bombenlast auf den US-Transporter *G. F. Elliott,* der später aufgegeben wird: der erste mit Absicht durchgeführte Selbstmordangriff (Kamikaze) japanischer Flieger.

Die wichtigste Aufgabe der britischen Admiralität im Mittelmeer ist, die Kampffähigkeit der Insel Malta zu erhalten. Durch den Mißerfolg der Doppelkonvoi-Operation »Harpoon« und »Vigorous« (12.–16. 6. 1942) wird die Admiralität gezwungen, die neue Operation »Pedestal« durchzuführen.

Am Montag, dem 10. August 1942, läuft aus Gibraltar ein Konvoi mit 14 Frachtern und Tankern, gesichert von der Deckungsgruppe (Vizeadm. Syfret) mit den Flugzeugträgern *Victorious, Indomitable* und *Eagle,* den Schlachtschiffen *Rodney* und *Nelson,* vier Kreuzern und 14 Zerstörern in Richtung Malta aus.
Zu gleicher Stunde verläßt ein Ablenkungskonvoi unter Konteradmiral Vian den Hafen von Alexandria. Bereits mittags sichtet ein deutscher Aufklärer den westlichen Konvoi.

Am nächsten Tag versenkt *U 37* (KptLt. Rosenbaum) den britischen Träger *Eagle* (Capt. Mackintosh). Weite-

Rechts: 19. 8. 1942, Dieppe: Gefangene britische Commando-Angehörige, vorn Lt. G. Brett, dahinter Lt. T. Watson, letzter in der Reihe Sgt. R. Bradley

Links: August 1942, Nevada (USA): Wie ein Phantom wirkt inmitten der Wüste die naturgetreue Attrappe des japanischen Schlachtschiffes der Nagato-Klasse – das Übungsziel für amerikanische Bomberbesatzungen

re Verluste erleidet der Konvoi durch italienische U-Boote und deutsche Bomber. So verliert die Royal Navy bei der Überführung nach Malta für fünf Frachter des ursprünglich 14 Schiffe zählenden Konvois zusätzlich einen Flugzeugträger, zwei Kreuzer und einen Zerstörer. Die Admiralität setzt nun in verstärktem Maße die speziell für Nachschubtransporte umgebauten U-Boote für die Versorgung von Malta ein.

Am Sonnabend, dem 15. August 1942, gelingt es drei amerikanischen Schnelltransportern erstmalig und ohne Verluste, Nachschub für die auf Guadalcanal kämpfenden Truppen zu bringen.

Am Sonntag, dem 16. August 1942, läuft aus Narvik der Schwere Kreuzer *Admiral Scheer* (Kpt. z. S. Meendsen-Bohlken) mit der Sicherung von drei Zerstörern aus. Er soll den sibirischen Seeweg nach Fernost unterbrechen (Unternehmen »Wunderland«). *U 251* (KptLt. Timm) und *U 601* (KptLt. Grau) führen zu seiner Unterstützung die Aufklärung der Packeisgrenze durch.

Am Montag, dem 17. August 1942, werden in Südengland die letzten Vorbereitungen für 6000 britische und kanadische Soldaten getroffen, die unter dem Kommando von Lord Mountbatten, Chef der Combined Operations, bei Dieppe landen sollen.
Zu gleicher Stunde exerziert man im besetzten Frankreich in Angers, im Hauptquartier der deutschen 3. Luftflotte (GFM Sperrle) die von Generalfeldmarschall v. Rundstedt befohlenen Sandkastenspiele. Das Thema: die britische Landung bei Dieppe. General Fröhlich, der als Schiedsrichter fungiert: »Wir werden die gelandeten alliierten Truppen in weniger als fünf Tagen aus Frankreich hinausgejagt haben.« Generalleutnant Kessler, Leiter der Operationsabteilung beim OB West, zu seinen Offizieren: »Wir wissen, daß die Stadt Dieppe das eigentliche Ziel des Hauptangriffs ist und daß auf beiden Seiten der Stadt zwei Unterstützungsangriffe eingesetzt sind, die die Stadt an der Flanke und im Rücken abschneiden sollen.« Diese Vorkenntnisse, die 48 Stunden später die Engländer und Kanadier bitter bezahlen müssen, kann die deutsche Führung u. a. dem B-Dienst der Kriegsmarine verdanken, der einige Schlüssel der Royal Navy gebrochen hat und auch den Marine-Funkverkehr im Raum Portsmouth und Newhaven, den Absprunghäfen der Operation, laufend abhört.

Am Mittwoch, dem 19. August 1942, landen in Dieppe, einem Badeort an der französischen Kanalküste, 6086 Soldaten der 4. und 6. Brigade der kanadischen 2. Division, dazu 30 Panzer sowie das 3. und 4. Commando mit neun Infanterie-Landungsschiffen, gesichert durch acht Zerstörer, zahlreiche Torpedo- und Kanonenboote, sowie mehrere leichte Einheiten, insgesamt 252 Kriegsschiffe und starker Luftunterstützung (74 alliierte Bomber und Jagd-Squadrons). Die Landungstruppen stoßen auf unerwartet harten Widerstand. Der britische Geheimdienst hat die deutsche Garnison lediglich auf ein einziges Bataillon älterer Jahrgänge geschätzt.
Bereits nach drei Stunden schiffen sich die Reste der Landungstruppen unter schweren Verlusten und unter Zurücklassung aller Panzer wieder ein. Die britisch-kanadischen Verluste: 68 Prozent der eingesetzten Truppen (4359 Mann, davon 2190 Gefangene und 1179 Tote), 33 Landungsschiffe und kleine Fahrzeuge, dazu einen beschädigten Zerstörer sowie 106 Flugzeuge. Während der Kämpfe um eine deutsche Funkmeßstation bei Berneval/Dieppe findet US-Lieutenant E. Loustalot den Tod. Er ist der erste US-Soldat, der im Zweiten Weltkrieg in Frankreich fällt. Die deutschen Verluste: 591 Mann, 48 Flugzeuge, ein U-Boot-Jäger und ein Motorschiff.
Die NS-Propaganda stellt nun die britisch-kanadische »gewaltsame Erkundung« als einen »vergeblichen Invasionsversuch« dar.

Am Montag, dem 24. August 1942, läuft aus dem deutschen U-Boot-Stützpunkt Lorient an der Biskaya das erste japanische Transport-U-Boot *I-30* (FregKpt. Endo), das am 5. August 1942 eingetroffen ist, wieder aus.
An diesem Tag kommt es im Pazifik zum erstenmal seit der schicksalshaften Luft- und Seeschlacht bei Midway wieder zu einer Trägerschlacht: Um 16 Uhr greifen Flugzeuge der *Saratoga* den japanischen Träger *Ryuju*

an und erzielen etwa zehn Bomben- und einen Torpedotreffer, die das Schiff schnell zum Sinken bringen. Gleichzeitig hat Admiral Magumo vom Deck der *Zuikaku* und *Shokaku* aus Sturzbomber mit Jagdschutz starten lassen, die sich aus 5000 Meter Höhe auf den Träger *Enterprise* stürzen, der sich brennend zurückzieht und durch den Träger *Wasp* ersetzt werden muß. Die Japaner brechen die Operation ab, ohne eine Entscheidung zu suchen, und die Amerikaner werten diese Seeschlacht als eigenen Sieg. Die US-Navy vereitelt damit den japanischen Versuch, etwa 1500 Soldaten auf Guadalcanal zu landen.
Ebenfalls am 24. August 1942 wird der Wettertrupp »Knospe« (ab 25. 9. 1941 in Signehamma auf Spitzbergen eingesetzt) von *U 435* (KptLt. Strelow) abgeholt. Der Wettertrupp »Knospe« hat u. a. die minuziösen Wettervorhersagen für die entscheidenden 48 Stunden des Kanaldurchbruchs am 12./13. Februar 1942 (Unternehmen »Cerberus«) gefunkt.
Weil die zunehmende Überwachung des Atlantiks durch alliierte Langstreckenaufklärer den Einsatz von Wetterschiffen kaum möglich macht, hat die deutsche Kriegsmarine am Rande des Polargebietes (Spitzbergen und Ostgrönland) Wetterstationen eingerichtet, um sich für ihre Operationen die unentbehrlichen Vorhersagen zu sichern. Die Wettertrupps – mit den neuesten Geräten ausgestattet – melden im Schutz der Polarnacht ihre Wetterbeobachtungen per Funk.
Daneben setzen deutsche U-Boote im Nordmeer und Atlantik automatische Wetterstationen (Wetterfunkgeräte) aus, die bis zu zwei Monate ohne jede Wartung arbeiten können: Sie tauchen alle zwölf Stunden auf und funken Daten von Lufttemperatur, Luftfeuchtigkeit, Luftdruck sowie Windrichtung und Windstärke. Diese hochpräzisen Automaten – die Alliierten haben zur Zeit nichts Gleichwertiges aufzuweisen – sind begehrte Trophäen der englischen Fischer, denen die Admiralität eine Prämie von 1000 Pfund Sterling für jedes überbrachte deutsche Wetterfunkgerät zahlt.

Am Dienstag, dem 25. August 1942, stößt der Schwere Kreuzer *Admiral Scheer* (Kpt. z. S. Meendsen-Bohlken) nördlich von Nowaja Semlja in die Kara-See und sichtet dort den sowjetischen Eisbrecher *Sibirjakow* (Kpt. Kazarew). Da der Eisbrecher die Aufforderung zu stoppen nicht erfüllt, eröffnet die *Admiral Scheer* schweres Artilleriefeuer. Selbst während die *Sibirjakow* sinkt, erwidert der wackere Eisbrecher noch das Feuer aus drei alten 7,6-cm-Kanonen.

Am Donnerstag, dem 27. August 1942, erreicht die *Admiral Scheer* die Reede von Dickson, einem der wichtigsten Häfen des nördlichen Seeweges, und nimmt die drei sowjetischen Handelsschiffe *Dieschnew, Revolutionär* und *Kara* unter Beschuß. Danach eröffnet die *Admiral Scheer* das Feuer auf die Großfunkstation der Insel und die Stadt Dickson. Die energische Gegenwehr einer sowjetischen Küstenbatterie läßt Kapitän zur See Krancke von der geplanten Landung auf der Insel Abstand nehmen.

Am Freitag, dem 28. August 1942, bekommt die *Admiral Scheer* nach erfolglosem Einsatz den Befehl, das Unternehmen »Wunderland« abzubrechen.

Am Montag, dem 31. August 1942, unternimmt die deutsch-italienische Panzerarmee Afrika (GFM Rommel) den Versuch, die Initiative in Nordafrika wiederzugewinnen. Aus dem Südteil der El-Alamein-Front beginnt die Offensive mit dem Ziel, die britische 8. Armee (Lt.Gen. Montgomery) zu schlagen, Alexandria zu erobern und zum Suezkanal vorzustoßen.
Großadmiral Raeder: »Die Offensive Rommels war jedoch zunächst so erfolgreich, daß das eigentliche Ziel aller Unternehmungen in Nordafrika, die Besetzung von Suez, in greifbare Nähe gerückt schien, und Feldmarschall Rommel die Ermächtigung erhielt, diese Offensive bis dahin fortzusetzen. Damit war der ursprüngliche Plan aufgegeben, nach dem erst Malta genommen und dann der Vorstoß auf Suez begonnen werden sollte – ein Fehler, der sich bald als entscheidend herausstellte.«

Im August 1942 beginnt die 5. Phase (bis Mai 1943) der Schlacht im Atlantik: Die gesteigerte See- und Luftüberwachung vor den amerikanischen Küsten zwingt die U-Boote, ihre Operationen wieder auf die hohe See gegen den Schiffsverkehr zwischen Amerika und England zu verlegen. Für diese Phase sind charakteristisch U-Boot-Gruppenoperationen gegen Nordatlantik-Konvois und Einzelunternehmungen im Mittel- und Südatlantik. Durchschnittlich stehen 102 U-Boote in See.
Im August 1942 versenken deutsche U-Boote im Atlantik und Mittelmeer 105 Handelsschiffe mit 517295 BRT. Eigene Verluste: neun U-Boote.

Am Mittwoch, dem 2. September 1942, muß Rommel seine Offensive abbrechen, da der zugesagte Nachschub – vor allem Treiböl und Benzin – nicht eingetroffen ist. Rommel: »Mit dem Fehlschlag dieser Offensive war unsere letzte Chance, den Suezkanal zu erreichen, vertan. Wir konnten jetzt nur erwarten, daß die große britische Industrieproduktion und, noch bedeutender, das enorme industrielle Potential Amerika schließlich die Wende gegen uns herbeiführen würden.«

Anfang September 1942, nachdem sich die militärische Lage der Sowjetunion durch den deutschen Vorstoß auf Stalingrad und den Kaukasus besorgniserregend entwickelt, beschließen Churchill und Roosevelt trotz aller Gefahren, erneut Versorgungskonvois nach Murmansk zu schicken.

Am Montag, dem 7. September 1942, läuft von Island der Geleitzug PQ 18 aus.

Bereits am nächsten Tag, Dienstag, dem 8. September 1942, entdeckt ein Flugboot BV 138 von der Küstenfliegergruppe 706 in Höhe der Insel Jan Mayen den Geleitzug PQ 18 (39 Frachter und 1 Tanker). Die Sicherung übernehmen 2 Zerstörer, 2 Flakschiffe, 2 U-Boote,

Im August 1942 beginnt die 5. Phase der Schlacht im Atlantik mit Rudel-Angriffen gegen Konvois: Ein Tanker fliegt in die Luft

4 Korvetten, 3 Motorboote, 4 Trawler und – zum erstenmal auf der Nordmeerroute – der Geleitträger *Avenger* mit 12 alten Hurricanes aus der ersten Vorkriegsproduktion und einigen U-Jagd-Flugzeugen an Bord (Sicherung: 2 Zerstörer). Der Befehlshaber der Home Fleet, Admiral Tovey: ». . . es ist ein Witz, Transportschiffe voller moderner Hurricanes für die Sowjetunion von solchen veralteten Jagdflugzeugen schützen zu lassen.« Nahsicherung: 1 Leichter Kreuzer, 16 Zerstörer. Deckungsgruppe: 3 Schwere Kreuzer. Fernsicherung: 2 Schlachtschiffe, 1 Leichter Kreuzer und 5 Zerstörer. Der Konvoi PQ 18 verliert jedoch durch Luftangriffe 10 Schiffe mit 55 915 BRT und durch U-Boote 3 Schiffe (19 742 BRT). Die deutschen Verluste: 20 Flugzeuge und 3 U-Boote.

Nach diesem neuerlichen Mißerfolg stoppt Churchill den Geleitzugverkehr über die Nordmeer-Route wieder. Bis zum Dezember 1942 laufen nur noch Einzelfahrer nach Murmansk und Archangelsk. Außer über den kürzesten, wenn auch gefährlichsten Seeweg am Nordkap vorbei, der im Aktionsbereich der deutschen Kriegsmarine und Luftwaffe liegt, geht die alliierte Versorgung der UdSSR über zwei weitere Routen: Von den USA laufen Handelsschiffe durch den Pazifik nach Wladiwostok, jedoch aus politischen Erwägungen heraus ausschließlich unter sowjetischer Flagge, da die Sowjetunion seit dem 13. April 1941 ein Neutralitätsabkommen mit Japan hat. Die USA stellt dafür etwa 100 Frachter mit über 500 000 BRT zur Verfügung. Mehrere der jetzt unter sowjetischer Flagge fahrenden Schiffe werden von amerikanischen U-Booten versenkt, die im Pazifik einen uneingeschränkten U-Boot-Krieg führen. Die Nachteile dieser Route: zu geringe Kapazität der sowjetischen Pazifikhäfen und beschränkte Leistungsfähigkeit der Transsibirischen Eisenbahn.

Die dritte Versorgungsroute für die UdSSR führt aus US-Häfen an der Atlantikküste um Afrika herum, dann durch den Persischen Golf und Iran nach Südrußland. Die Nachteile dieses über 15 000 Seemeilen langen Seeweges: die enormen Transportkosten der etwa 75 Tage dauernden Überfahrt.

Im Morgengrauen des 9. September 1942 startet ein japanisches Schwimmerflugzeug, Typ Yokosuka E 14 Y 1 (Pilot: Marineoffizier N. Fujita), vom Deck des U-Bootes *I-25* (FregKpt. Tagani) und wirft über dem weiten Waldgebiet an der Küste des US-Staates Oregon, 85 Kilometer westlich von Kap Blanco, Brandbomben ab.

In den Morgenstunden des 10. September 1942 leben die Kämpfe auf Madagaskar wieder auf. Aus den Transportschiffen *Dilwara, Dunera* und *Empire Pride* landet bei Majunga die britische 29. Brigade. Nachdem sie das von ein paar französischen Bataillonen verteidigte Majunga erobert hat, wird die 22. East African Brigade (Brig. Dimoline) ausgeschifft. Mit Panzerunterstützung stößt sie in Richtung Tananarive vor. Die französischen Truppen versuchen durch Brückensprengungen den Vormarsch in dem unwegsamen Gelände aufzuhalten.

Am Abend des 12. September 1942 versenkt *U 156* (KorvKpt. Hartenstein) im Südatlantik nordostwärts der Insel Ascension den unter Captain Shark nach Kanada laufenden britischen Truppentransporter *Laconia* (19 695 BRT), auf dem sich 3000 Mann, darunter 1800 italienische Kriegsgefangene, befinden, die von 103 polnischen Soldaten bewacht werden. Überraschenderweise sind auf der stark bewaffneten *Laconia* (2 Schiffsgeschütze, mehrere schwere Flak, Schnellfeuer-Flak sowie Raketen- und Wasserbombenwerfer) auch

zahlreiche Frauen und Kinder. Korvettenkapitän Hartenstein wendet sich in einem offenen Funkspruch an alle sich in der Nähe befindenden Schiffe mit der Bitte um Unterstützung bei der Rettungsaktion. Der BdU beordert *U 506* (KptLt. Würdemann), *U 507* (KorvKpt. Schacht) und das italienische U-Boot *Cappellini* (KptLt. Revedin) an die Versenkungsstelle. Gleichzeitig bittet er die französische Marine in Westafrika, sich ebenfalls an der Bergung von Schiffbrüchigen zu beteiligen. Die britische Admiralität schickt den Hilfskreuzer *Corinthian* und den Frachter *Empire Haven* zur Unglücksstelle. Die U-Boote nehmen bis zur Grenze ihres Fassungsvermögens Überlebende an Bord, dazu die Rettungsboote ins Schlepp. Kurz darauf erscheint ein Liberator-Bomber der USAAF (343. Bombardement-Squadron, Sd. Lt. Harden), der *U 156* aus niedriger Höhe fünfmal bombardiert, obwohl das Geschütz des U-Bootes mit einer Rot-Kreuz-Fahne bedeckt ist und die Besatzung dem Piloten im internationalen Code die bestehende Notlage signalisiert. Einige Rettungsboote werden durch Bomben vernichtet und zahlreiche Schiffbrüchige getötet. Auch *U 506* wird mit 142 Überlebenden an Bord von einem Flugzeug angegriffen. In dieser Situation befiehlt Dönitz allen deutschen U-Booten, daß die Rettung Schiffbrüchiger von versenkten Schiffen zu unterbleiben habe, um die U-Boote nicht zu gefährden (Laconia-Befehl). Dönitz: »Ich hatte nach der Versenkung der *Laconia* meine eigenen U-Boote aufs Spiel gesetzt, um Schiffbrüchige zu retten, während umgekehrt der Gegner das Leben seiner englischen Schiffbrüchigen riskiert hatte, um die deutschen U-Boote auch beim Rettungswerk zu vernichten. Ich mußte daher jetzt einen Befehl erlassen, der solche Fälle künftig ausschloß und der den Kommandanten die Ermessensfreiheit und die Entscheidung abnahm, ob die Luftgefahr ein Retten erlaubte oder nicht.« Drei französische Kriegsschiffe, der Schwere Kreuzer *Gloire,* das Kanonenboot *Dumont d'Urville* und der Minensucher *Annamite* übernehmen von den U-Booten 1083 Schiffbrüchige.

Mitte September 1942 sind im Nordatlantik zum erstenmal 20 gleichzeitig operierende U-Boote konzentriert. Die BdU-Taktik beruht jetzt auf vorheriger Feststellung der Konvoi-Position und Konzentrierung der U-Boote auf deren Strecke, bevor der Geleitzug das »Loch« in der Mitte des Atlantiks überquert, das außerhalb der Reichweite alliierter Langstreckenflugzeuge liegt. Churchill: »Daß das Coastal Command nicht über eine ausreichende Zahl von Flugzeugen mit entsprechend großer Reichweite verfügte, spürten wir nie schmerzlicher als zu dieser Zeit.« Hat der Konvoi das »Loch« erreicht, greifen die U-Boote konzentriert an und ziehen sich erst dann zurück, wenn der Konvoi sich wieder in Reichweite der von der anderen Seite des Atlantiks startenden Maschinen befindet. Diese Taktik ist dank dem B-Dienst möglich, dem es im Herbst 1942 immer öfter gelingt, Konvoi-Kursanweisungen zu entziffern. Zu dieser Zeit beginnen die ersten, speziell für die U-Boot-Jagd aufgestellten »Support-Groups« ihren Einsatz. Churchill: »Der erste dieser Sicherungsverbände, die sich später als besonders wirksam im U-Boot-Krieg bewährten, bestand aus zwei Korvetten, vier neuen, eben aus den Werften gekommenen Fregatten und vier Zerstörern . . .«

In der Nacht vom 13./14. September 1942 wird der britische Raid gegen Tobruk (Operation »Agreement«) durchgeführt, um die in schweren Kämpfen gegen die deutsch-italienische Panzerarmee Afrika stehende britische 8. Armee zu entlasten. Die britischen Zerstörer *Sikh* und *Zulu* mit 350 Royal Mariners, dazu 21 Schnellboote mit 150 Mann an Bord, unternehmen im Hafen von Tobruk einen Landungsversuch. Der Frontalangriff dieser schwachen Kräfte scheitert jedoch im Feuer der Küstenbatterien. Von 21 Schnellbooten können nur zwei Boote einen kleinen Trupp an Land setzen, der aber vollständig aufgerieben wird. Der Zerstörer *Sikh* versucht trotz des starken Abwehrfeuers in den Hafen einzudringen, um die Schnellboote zu unterstützen, er wird jedoch versenkt. Der Flakkreuzer *Coventry* und

Rechts: 15. 9. 1942, Pazifik:
Vor den Salomonen geht ein weiteres Opfer der berüchtigten japanischen »Long-Lance«-Torpedos – der US-Träger *Wasp* – in Flammen auf

Links: 13. 9. 1942, Südatlantik:
Die Rettung von Schiffbrüchigen der *Laconia* durch deutsche U-Boote löst den »Laconia«-Befehl aus

Unten: Transport von 6 U-Booten auf dem Landweg über 2400 Kilometer bis zum Schwarzen Meer (siehe Seite 238)

Lagerung des U-Bootes auf den Kuhlemeyer-Wagen auf der Strecke Übigau–Ingolstadt

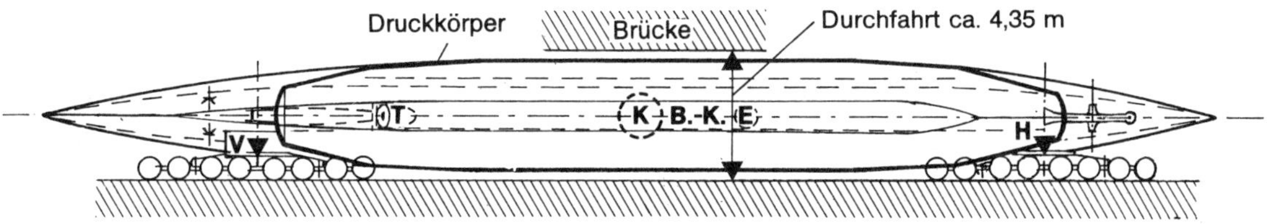

H = hinterer Stützpunkt
V = vorderer Stützpunkt
B.–K. = Ballast-Kiel
D = Druckkörper
E = Einsteigeluk
T = Torpedoluk
K = Kommandoturm

der Zerstörer *Zulu* werden durch Bomben vernichtet. Außerdem gehen verloren: fünf Boote, dazu wird ein Schnellboot (MTB 314) von deutschen Minensuchbooten gekapert. Bei Tagesanbruch kapitulieren die Überlebenden. 576 Soldaten und Seeleute werden gefangengenommen.

Im Laufe des September 1942 gelingt es den Japanern, in nächtlichen Zerstörer-Einsätzen – wegen ihrer Regelmäßigkeit Tokio-Expreß genannt – beinahe eine ganze Division auf Guadalcanal zu landen. Dies zwingt auch die Amerikaner, ihre Kräfte auf der Insel zu verstärken. Um die Truppentransporte nach Guadalcanal zu unterbinden, werden zwölf japanische U-Boote als Vorpostenstreife auf den Zufahrten nach Guadalcanal konzentriert.

Am Dienstag, dem 15. September 1942, schiebt sich das japanische U-Boot *I-19* (FregKpt. Narahara) zwischen den US-Sicherungsfahrzeugen vor Guadalcanal hindurch, feuert einen »Long Lance«-6er-Fächer gegen die US Task Group und trifft mit einem Torpedo das Schlachtschiff *North Carolina,* mit dem zweiten den Zerstörer *O'Brien,* mit drei weiteren Torpedos den Flugzeugträger *Wasp* und verfehlt mit dem letzten Torpedo knapp den Träger *Hornet.* Es ist die gelungenste Torpedosalve der Seekriegsgeschichte: Der Träger *Wasp* muß aufgegeben werden, der Zerstörer *O'Brien* sinkt, und das Schlachtschiff *North Carolina* geht für längere Zeit in die Werft.

In der Nacht vom 15./16. September 1942 unternehmen drei italienische Kampfschwimmer von dem im spanischen Hafen von Algeciras liegenden Frachter *Oltera* (4595 BRT) aus, den man als geheimen Stützpunkt für Kampfschwimmer und bemannte Torpedos umgebaut hat, einen Angriff auf die an der Reede von Gibraltar liegenden britischen Handelsschiffe und versenken den britischen Frachter *Ravens Point* (1787 BRT).

Am Sonntag, dem 27. September 1942, geht im Südatlantik der deutsche Hilfskreuzer Schiff 23 *Stier* (Kpt. z. S. Gerlach) verloren. Die *Stier* wird bei schlechter Sicht von dem bewaffneten US-Frachter *Stephen Hopkins* (7181 BRT) unter Captain Buck überrascht. Es gelingt dem deutschen Hilfskreuzer zwar, den US-Frachter zu versenken, doch wird er selbst so schwer beschädigt, daß ihn die eigene Besatzung versenken muß. Die Erfolge von Schiff 23 *Stier:* vier Handelsschiffe mit 29400 BRT. Die Besatzung von *Stier* kann von dem Blockadebrecher *Tannenfels* aufgenommen werden.

In der Nacht vom 28./29. September 1942 bombardiert das japanische Schwimmerflugzeug (Pilot: Marineoffizier N. Fujita) vom U-Boot *I-25* (FregKpt. Tagami) zum zweitenmal das Waldgebiet an der US-Oregonküste bei Kap Blanco. Es ist bis heute der letzte Angriff auf die USA.

Auf Befehl von Großadmiral Raeder sollen geeignete Schiffe aus der Nord- und Ostsee auf dem Landweg in das Schwarze Meer überführt werden. Im Herbst 1942 laufen die bisher in Gdingen/Gotenhafen stationierten U-Boote *U 9* (KptLt. Petersen), *U 18* (Oberlt. z. S. Arendt), *U 20* (Oberlt. z. S. Grafen), *U 23* (Oberlt. z. S. Arendt) und *U 24* (Oberlt. z. S. Lenzmann) in Kiel ein. Hier werden den U-Booten die Dieselmotoren, E-Maschinen und Batterien ausgebaut sowie die Türme mit Schneidbrennern abgeschnitten. Es ist die erste Etappe des 2400 Kilometer langen Weges über Land. Nach einer Idee von Ingenieur Baumgarten (Abteilungsleiter im Schiffsbaukonstruktionsbüro der Deutschen Werke Kiel AG) werden die leeren Hüllen der sechs U-Boote mit einem Eigengewicht von 112 bis 138 Tonnen um 90 Grad gekantet, um unter den Autobahnbrücken durchzukommen, und auf Schwerst-Lkw der Reichsbahn (sog. Kuhlemeyer-Wagen) fest verankert. Die stärksten in Deutschland vorhandenen Zugmaschinen, Kälble-Trecker und Faun-Maschinen, stellt die Luftwaffe zur Verfügung. Die U-Boote – gekippt und in schwimmfähige Pontonkästen gelegt – werden von Schleppern durch den Kaiser-Wilhelm-Kanal und die Elbe aufwärts bis Übigau (bei Dresden) gezogen. Von hier aus geht es im Achtkilometertempo 450 Kilometer über die Reichsautobahn mit 150 Brücken, vielen Steigungen, Kurven und einigen Gebirgsstrecken bis Ingolstadt.
Dann befördert man sie erneut in Pontonkästen auf der nicht schiffbaren Donau bis Regensburg. In Linz werden die U-Boote nach dem Fluten der Pontonkästen wieder aufgerichtet. Hier beginnt nun die Montage der Maschinen und aller ausgebauten Teile. Die einsatzbereiten Boote befestigt man zur Tarnung des Transportes zwischen zwei großen Flußkähnen und bringt sie in Schleppfahrt nach Galatz. Ab hier laufen die U-Boote mit eigener Kraft bis Konstanza. Nach dieser in der Geschichte der deutschen Kriegsmarine einmaligen Überführung bilden sie die Schwarzmeer-Flottille unter Kapitänleutnant Rosenbaum, der als Kommandant von *U 73* im Mittelmeer den britischen Flugzeugträger *Eagle* versenkt hat.
Auf dem Weg über die Reichsautobahn und die Donau werden bis zum Sommer 1944 weitere 30 Schnellboote, 23 Räumboote, 50 Marinefährprähme, 26 U-Boot-Jäger (KFK), 84 Barkassen, 30 Schlepper, 18 Motorboote, 4 Bagger, 2 Raddampfer, 2 Eisbrecher und 153 Küstenfahrzeuge transportiert.

Im September 1942 versenken deutsche U-Boote im Atlantik, Nordmeer und Mittelmeer 97 Handelsschiffe mit insgesamt 472653 BRT. Eigene Verluste: elf U-Boote.

Am Dienstag, dem 6. Oktober 1942, greift das italienische U-Boot *Barbarigo* (Kpt. z. S. Grossi) südwestlich von Freetown die britische Korvette *Petunia* (925 t) an, die Kapitän zur See Grossi für ein US-Schlachtschiff vom Typ »Mississippi« (33500 t) hält! Er wertet die Detonationen der Wasserbomben für seine eigenen Torpedotreffer auf dem US-Schlachtschiff und meldet dessen Versenkung. Am nächsten Tag wird Kapitän zur See Grossi von Hitler mit dem Ritterkreuz ausgezeichnet. Grossi hat bereits am 20. Mai 1942, als er nachts auf eine US-Kampfgruppe stieß, zwei Torpedos abgeschossen und die Versenkung eines Schlachtschiffes vom Typ »Maryland« gemeldet. Dabei verfehlten vermutlich die Torpedos den Zerstörer *Moffet*. Es ist das erstemal, daß ein U-Boot-Kommandant auf eine Falschmeldung hin mit dem Ritterkreuz ausgezeichnet wird.

Am Donnerstag, dem 14. Oktober 1942, versenkt das britische Schnellboot *MTB 236* (SubLt. Drayson) mit mehreren Torpedos den deutschen Hilfskreuzer, Schiff 45 *Komet* (Kpt. z. S. Brocksien) mit der ganzen Besatzung. Die *Komet* hat versucht, von Le Havre durch den Ärmelkanal in den Atlantik zu gelangen. Die britische Admiralität hat aufgrund der »Enigma«-Meldungen von dem geplanten Ausbruch durch den Kanal erfahren und acht Schnellbooten (MTB) sowie fünf Zerstörern befohlen, die *Komet* abzufangen.

Am Freitag, dem 15. Oktober 1942, wird in Signehamma auf Spitzbergen der Wettertrupp »Nussbaum« von *U 377* (KptLt. Köhler) ausgesetzt. Der Wettertrupp (6 Mann) unter dem Meteorologen Dr. F. Nusser übernimmt die vom Wettertrupp »Knospe« (25. 9. 1941 – 24. 8. 1942) eingerichtete Station und soll hier bis 1943 bleiben.

Am Sonnabend, dem 24. Oktober 1942, bekommt der US-Flottenverband (Adm. Halsey) mit den beiden

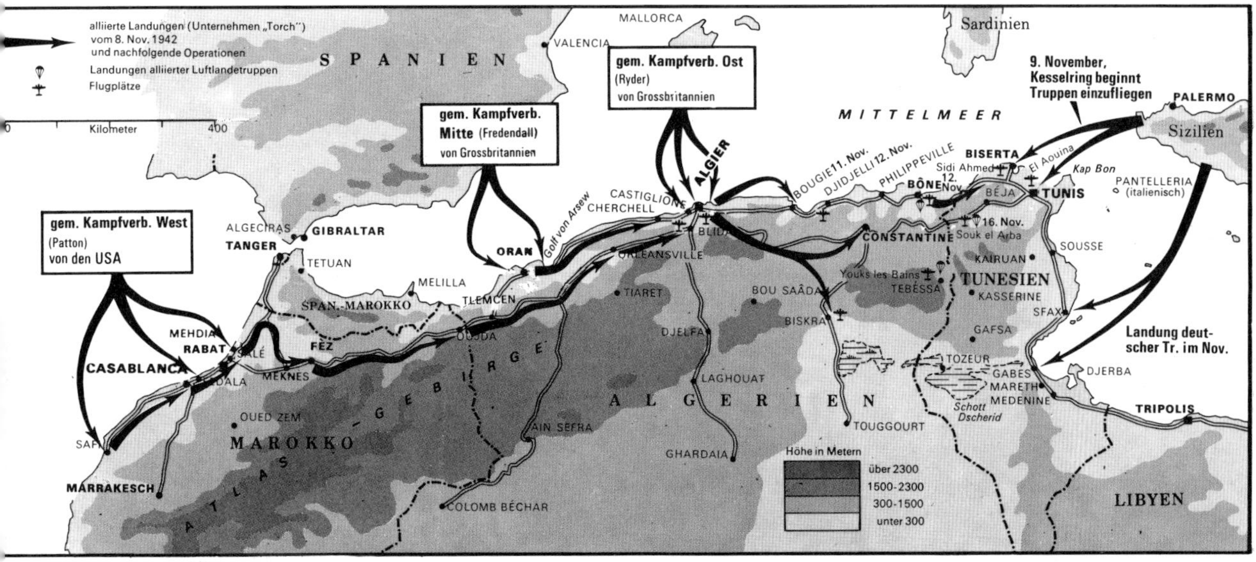

Oben: Operation »Torch«, November 1942: Landung der Alliierten in Nordafrika

Links: Kapitän z. S. Grossi: zwei falsche Meldungen – ein Ritterkreuz des Eisernen Kreuzes

Kampfgruppen 16 (Träger *Enterprise,* 1 Schlachtschiff, 2 Kreuzer und 8 Zerstörer) und 17 (Träger *Hornet,* 4 Kreuzer und 6 Zerstörer) den Befehl, einen weiten Kreis um die Santa-Cruz-Inseln zu bilden, um japanische Kräfte an der Fahrt nach Guadalcanal zu hindern. Am nächsten Mittag sichtet ein US-Catalina-Flugboot zwei japanische Flugzeugträger, doch die amerikanische Kampfgruppe kann die japanischen Einheiten nicht finden.

Daraufhin kommt es am 25. und 26. Oktober 1942 bei Santa Cruz, östlich der Salomon-Inseln, zu einer Trägerschlacht mit der japanischen Vorausgruppe (Vizeadm. Kondo) und der Hauptgruppe (Vizeadm. Nagumo). Der Träger *Hornet* wird versenkt, ein Schlachtschiff und ein weiterer Träger werden beschädigt. Zwei japanische Flugzeugträger erhalten schwere Treffer.

Am Sonnabend, dem 31. Oktober 1942, wird 60 Seemeilen nordöstlich von Port Said *U 559* (KptLt. Heidtmann) von den britischen Zerstörern *Dulverton* und *Hurworth* sowie einer RAF-Maschine der 47. Squadron versenkt. Dem Geheimdienst der britischen Admiralität gelingt es, aus dem U-Boot-Wrack die neue Schlüsselmaschine »Enigma M 4« zu bergen. Damit können die britischen Codebrecher ihre Bemühungen, in den Schlüsselbereich »Triton« (seit dem 1. 2. 1942) einzubrechen, abschließen.

Bis Ende Oktober 1942 erhöht sich die Zahl der im Atlantik eingesetzten U-Boote auf 40. So können jetzt im westlichen und östlichen Atlantik Gruppen gebildet werden.

Churchill: »Im September und Oktober 1942 griffen die Deutschen auf die frühere Taktik zurück, Unterwasserangriffe bei Tag zu führen. Mit unseren noch unzureichenden Geleitschutzeinheiten vermochten wir es nicht zu verhindern, daß die immer stärkeren ›Wolfsrudel‹ auch die Geleitzüge schwer trafen.«

Im Oktober 1942 versenken deutsche U-Boote im Atlantik, vor Südafrika und im Indischen Ozean 91 Handelsschiffe mit 585 360 BRT. Eigene Verluste: 15 U-Boote.

Am Donnerstag, dem 5. November 1942, nimmt der französische Gouverneur von Madagaskar die von den Engländern gestellten Bedingungen an und kapituliert mit dem Rest der Truppen.

In der Nacht vom 7./8. November 1942 beginnt die Operation »Torch«, die alliierte Landung mit 500 Schiffen unter dem Schutz der Royal Navy an verschiedenen Stellen in Marokko und Algerien (Oberbefehl Gen. Eisenhower, Hauptquartier in Gibraltar). Fast überall stoßen die Alliierten auf heftigen Widerstand der vichytreuen französischen Marine, die den heimtückischen Überfall der Royal Navy auf Mers-el-Kebir und Dakar 1940, die Kämpfe vor der syrischen Küste 1941 und die britische Invasion Madagaskars nicht vergessen kann.

Die mächtige alliierte Invasionsflotte erscheint für die deutsche Führung völlig überraschend vor der nordafrikanischen Küste. Großadmiral Raeder: »Die Seekriegsleitung hat auf die ersten Nachrichten vom Sichten der Transportschiffe zunächst mit einem Angriff weit östlich gerechnet, so daß Gegenmaßnahmen zu spät zur Wirkung kamen . . . Die Gunst der Stunde war versäumt worden. Die erfolgversprechende Lage im Mittelmeer hatte sich in ihr Gegenteil verkehrt.«

Am Montag, dem 9. November 1942, entbrennt um 7.51 Uhr in Casablanca die Schlacht mit heftigen Luft-

kämpfen zwischen französischen Jägern und den Flugzeugen des US-Trägers *Ranger* (Lt.Cdr. Durgin). Das noch nicht fertiggestellte französische Schlachtschiff *Jean Bart* (Capt. Barthes) eröffnet mit nur einem seiner einsatzbereiten Türme das Feuer auf die alliierten Kriegsschiffe, bis US-Bomber es zum Schweigen bringen. Der Leichte Kreuzer *Primauguet* (Capt. Mercier) und sechs Zerstörer führen unter dem Befehl des Admirals de Lafond einen Angriff auf die Western Task Force. Das US-Schlachtschiff *Massachusetts* (Cdr. Whiting) mit den Kreuzern *Augusta* (Lt.Cdr. Hutchins), *Brooklyn* (Konteradm. Denebrink), *Tuscaloosa* (Cdr. Gillette) und *Wichita* (Konteradm. Low) versenken oder beschädigen die Schiffe des Verbandes von Admiral de Lafond.
Zur gleichen Zeit versuchen im Hafen von Algier die britischen Zerstörer *Malcolm* und *Broke* die Hafensperre zu durchbrechen und US-Commandos an Land zu setzen. Die Küstenartillerie und französische Kriegsschiffe versenken den Zerstörer *Broke*, die *Malcolm* muß sich unter schwerem Feuer zurückziehen. 200 Amerikaner der Commando-Trupps werden von den Franzosen gefangengenommen.
In Oran versenken die alliierten Kriegsschiffe fünf französische Zerstörer, sechs U-Boote, einen Minensucher und mehrere kleine Fahrzeuge. Das französische Kanonenboot *Surprise* läuft aus und nimmt – nur mit einer alten 10-cm-Kanone ausgerüstet – im Morgengrauen den Kampf mit mehreren britischen Zerstörern auf, nach britischen Berichten »mit einer Bravour, die einer besseren Sache würdig gewesen wäre«, und sinkt mit 55 Mann. Insgesamt sind bei den Kämpfen in Nordafrika gegen die gelandeten alliierten Truppen über 800 Franzosen gefallen, davon zählt die Marine die meisten Verluste.
Ebenfalls am 9. November 1942 treffen in Tunesien deutsche Truppen ein, die der OB Süd, Generalfeldmarschall Kesselring, dorthin beordert hat, um eine Besetzung durch die Alliierten zu vereiteln und um den Rückzug Rommels zu decken. Als Alarmeinheiten des neuernannten »Fliegerführers Tunesien« (Oberst M. Harlinghausen) mit 284 Soldaten auf dem Flugplatz El Aouina bei Tunis landen, die, unterstützt durch Teile des Fallschirmjäger-Regiments 5 und des 11. Fallschirm-Pionierbataillons, nun vordringen, um eine Verteidigungslinie zu bilden, ziehen sich die etwa 25 000 Mann der französischen Tunesien-Divisionen zurück. Weil Überwasserschiffe fehlen, gibt die Seekriegsleitung dem BdU den Befehl, U-Boote zur Bekämpfung der alliierten Landungsflotte einzusetzen.
Die deutschen U-Boote verwenden bei Angriffen auf die alliierte Landungsflotte zum erstenmal die neuartigen »FAT«-Torpedos (Flächenabsuchende Torpedos). Dank einer Zusatzeinrichtung, die jeweils vor dem Abschuß eingestellt wird, geht der abgefeuerte Torpedo nach einer geraden Vorlaufstrecke mit bestimmter Länge in den Kurvenlauf über. So kann der FAT-Torpedo in diesem Hin- und Herlauf fast ungezielt eines der Schiffe im Geleitzug selbst bei Ausweichmanövern treffen.

Am Mittwoch, dem 11. November 1942, um 7.00 Uhr morgens, marschiert die 1. Armee (GenOberst Blaskowitz) mit der Armeegruppe Felber (Gen. d. Inf. Fel-

Links: 8. 11. 1942, Operation »Torch«: US-Schlachtschiff im Feuergefecht mit französischen Marineeinheiten vor der nordafrikanischen Küste

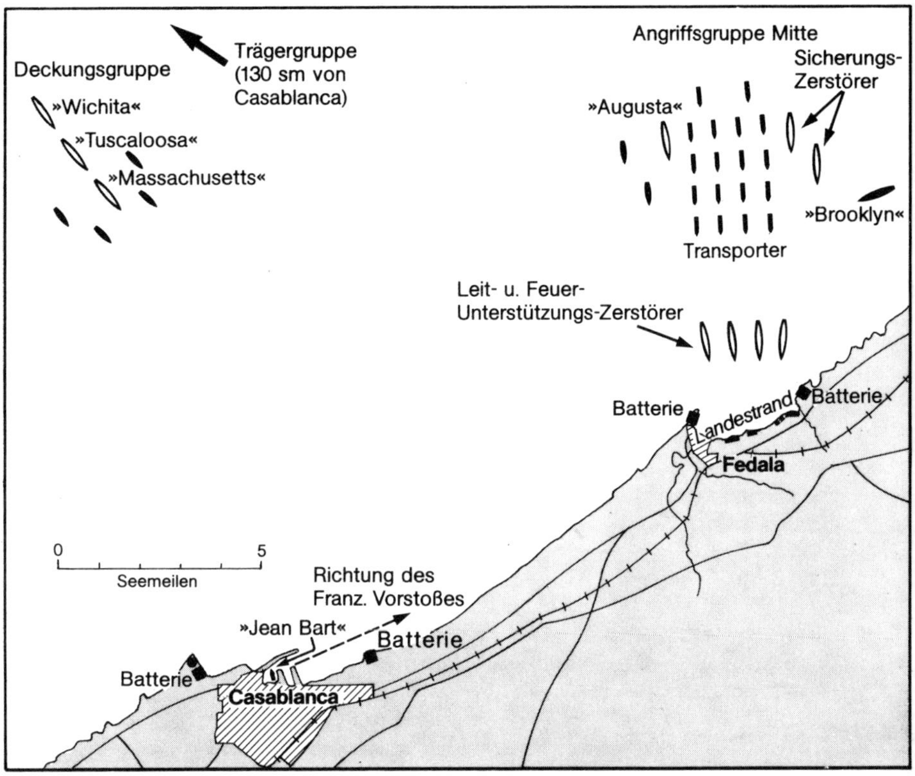

Rechts: Landung in Casablanca im Rahmen der Operation »Torch« am 8. November 1942

ber) über die Demarkationslinie in den bisher unbesetzten Teil Frankreichs (Unternehmen »Anton«).
Unterdessen landen die Engländer in Bougie, 200 Kilometer östlich von Algier, während am nächsten Tag, dem 12. November 1942, Luftlandetruppen Bône besetzen und damit den deutschen Fallschirmjägern zuvorkommen. Die Alliierten stoßen nun auf dem Landwege nach Tunis vor. Zu ihrer Unterstützung werden am 15. November 1942 US-Luftlandetruppen in Youks les Bains und am 16. November 1942 britische Einheiten in Souk el Arba abgesetzt. Das Wettrennen nach Tunesien wird trotzdem von den Achsenmächten gewonnen. Die Deutschen fliegen Verstärkungen heran und ziehen sogar etwa 400 Flugzeuge von der Ostfront ab, um sie nach Tunis zu schicken. Dazu kommt ihnen das Wetter zugute: Starke Regenfälle verwandeln die Flugplätze Nordafrikas in Schlamm und Morast, während den Achsenmächten auf Sardinien feste Rollbahnen zur Verfügung stehen. So können sie Algier, Oran, Bougie und Bône fast täglich bombardieren.
Am gleichen Tag sichtet im Indischen Ozean der indische Minensucher *Bengal* (Lt.Cdr. Wilson), der den niederländischen Tanker *Ondina* (6341 BRT) eskortiert, zwei verdächtige Silhouetten am Horizont und steuert sie an. Es sind die beiden japanischen Hilfskreuzer *Hokoku Maru* (10438 BRT) und *Aikoku Maru* (10500 BRT). Diese zwei schwerbewaffneten Schiffe dienen zugleich als Versorgungseinheiten für japanische U-Boote.Die beiden Hilfskreuzer eröffnen mit ihren sechs 15,2-cm-Geschützen das Feuer, das die *Bengal* mit ihrem einzigen 7,5-cm-Geschütz erwidert. *Bengal* erzielt sofort mehrfach Treffer auf der *Hokoku Maru,* die daraufhin explodiert. Der Minensucher, der auch zwei Treffer bekommen hat, nebelt sich ein. Zu gleicher Zeit nimmt die *Aikoku Maru* den Tanker *Ondina* unter Beschuß, der nach einigen Treffern zu sinken beginnt. Die Besatzung geht in die Rettungsboote. Nun bricht die *Aikoku Maru* das Gefecht ab, um der Besatzung der *Hokoku Maru* zu Hilfe zu kommen. Währenddessen kehrt die Besatzung des Tankers wieder zu ihrem brennenden Schiff zurück, löscht das Feuer und kann noch den Zielhafen Fremantle erreichen.

Am Donnerstag, dem 19. November 1942, überträgt Churchill dem bisherigen OB der englischen U-Boote, Admiral Horton, den Oberbefehl über die Western Approaches. Dieser hervorragende U-Boot-Kommandant des Ersten Weltkrieges, ein tüchtiger Organisator, soll die Wende in der Schlacht im Atlantik herbeiführen. Dönitz: »Unter dem Befehl von Admiral Horton machte die engliche U-Boot-Abwehr große Fortschritte in der materiellen und technischen Verbesserung, aber auch vor allem in ihrer taktischen Führung und in der Stärke ihrer Kampfmoral.«

Am Freitag, dem 27. November 1942, findet das Unternehmen »Lilo« statt. Um 4.25 Uhr rollen nach Fort Lamalgue, im französischen Kriegshafen Toulon, die ersten deutschen Panzer. Sie gehören zur Vorausabteilung des II. SS-Panzerkorps (SS-Obergruppenf. Hausser), das auf Befehl Hitlers Toulon und die französische Kriegsflotte in Besitz nehmen soll. Admiral Marquis wird zwar im Schlaf überrascht, doch seinem Stellvertreter gelingt es, den Flottenchef, Admiral de Laborde,

auf seinem Flaggschiff *Strasbourg* zu benachrichtigen, der daraufhin sofort den Befehl zur Versenkung aller Schiffe erteilt. Die Masse der französischen Hochseeflotte, insgesamt 3 Schlachtschiffe, 1 Flugzeugmutterschiff, 7 Kreuzer, 28 Zerstörer, 3 Torpedoboote und 16 U-Boote (61 Schiffe mit 225 000 t) werden von den eigenen Besatzungen versenkt. Vier französischen U-Booten gelingt die Flucht. Das U-Boot *Le Glorieux* verläßt den Hafen unter Beschuß; sein Kommandant (KptLt. Meynier) erwidert das Feuer vom Turm aus mit der Pistole in der Hand.
Admiral de Laborde erklärt dem deutschen Befehlshaber, daß er das Flaggschiff nur auf Befehl seines Staatsoberhauptes verlasse. Auf Veranlassung der Deutschen kommt aus Vichy der Funkbefehl: »Ich erfahre soeben, daß Ihr Schiff sinkt. Ich befehle Ihnen, es unverzüglich zu verlassen. Philippe Pétain.« Erst als die Alliierten in Nordafrika diesen Funkspruch mithören, erfahren sie von den Vorfällen in Toulon.

Am Montag, dem 30. November 1942, fällt im Hafen von Yokohama der deutsche Hilfskreuzer, Schiff 10 *Thor* (Kpt. z. S. Gumprich), einer bis heute ungeklärten Explosion auf dem längsseits liegenden deutschen Troßschiff *Uckermark* (KorvKpt. v. Zatorski) zum Opfer. Die Erfolge des Hilfskreuzers *Thor* auf seiner zweiten Fahrt: zehn versenkte oder gekaperte Handelsschiffe mit 56 037 BRT.

Im November 1942 versenken deutsche U-Boote im Atlantik, im Mittelmeer, im Nordmeer, vor Südafrika und im Indischen Ozean insgesamt 118 Handelsschiffe mit 743 320 BRT. Eigene Verluste: 13 U-Boote.
Churchill: »Der November 1942 brachte die höchsten alliierten Schiffsverluste des ganzen Krieges; den U-Booten allein fielen 117 Schiffe mit über 700 000 BRT zum Opfer . . .«
Dönitz: »Eine der Ursachen für das hohe November-Ergebnis war die Schwächung der Sicherung an den Handelskonvois zugunsten der Landungsoperationen in Nordafrika.«

Anfang Dezember 1942 gelingt es dem Nachrichtendienst der britischen Admiralität, den Schlüsselbereich »Triton«, mit dem der BdU seine im Atlantik operierenden U-Boote führt, zu brechen. Andererseits, so wie die Alliierten durch Funkmeldungen der Fühlungshalter die Position der U-Boote entziffern, können auch die deutschen U-Boote dank ihrem Entzifferungsdienst (B-Dienst) unter Kapitän zur See Bonatz, aus den von den Alliierten gefunkten Anweisungen die Position der Konvois feststellen: Im Jahre 1942 hat der B-Dienst fast 50 Prozent der alliierten Nordatlantik-Konvois erfaßt.

In der Nacht vom 6./7. Dezember 1942 beginnt die Commando-Operation »Frankton«. Das britische U-Boot *Tuna* (Lt.Cdr. Cavenagh-Mainwating) bringt sechs Paddelboote des Royal Marine Boom Patrol Detachment (RMBPD) unter Major E. G. Hasler vor die Girondemündung. Ihr Ziel: Die Versenkung der im Hafen von Bordeaux liegenden Blockadebrecher durch Haftladungen (Limpets). Ein Paddelboot wird beim Wassern schwer beschädigt, drei weitere gehen durch starken Seegang verloren. Nur zwei Faltbooten mit vier Mann Besatzung (Maj. Hasler mit Marine-Soldat Sparks, Corp. Laver und Marine-Soldat Mills) gelingt es, sich in Nachtfahrten flußaufwärts dem Hafen zu nähern und vom 10./11. Dezember den Angriff durchzuführen. Vier größere Frachter, die *Alabama, Dresden, Portland* und noch ein weiterer werden beschädigt. Lediglich Major Hasler und sein Hintermann W. E. Sparks schaffen es, nach mehreren Monaten durch Frankreich und Spanien wieder nach England zu gelangen. Die anderen Männer ertrinken oder werden nach der Gefangennahme auf Hitlers »Kommandobefehl« hin erschossen.
Erst nach dem Krieg ist bekannt geworden, daß eine der Résistance-Gruppen eine ganze Serie von Limpet-Anschlägen gegen die im Hafen von Bordeaux liegenden Frachtschiffe vorbereitet hatte, deren Beginn auf die Nacht vom 12. auf den 13. Dezember 1942 festgelegt worden war. Die in den Plan eingeweihten Hafenarbeiter von Bordeaux sind nicht wenig erstaunt, als am Morgen des 12. Dezember mehrere mysteriöse Explosionen den Hafen erschüttern und die Schiffe bereits 24 Stunden vor dem von ihnen geplanten Anschlag eines nach dem anderen im Hafenbecken versinken.

Am späten Abend des 8. Dezember 1942 kollidiert im Atlantik, südlich von Kap Farwell, während des Kampfes mit Geleitsicherungsfahrzeugen des von Halifax nach England gehenden Konvoi HX 217 das deutsche U-Boot *U 221* (Oberlt. z. S. Trojer) mit *U 254* (KptLt. Gilardone). Nur vier Mann der Besatzung von *U 254*, die sich gerade im Turm befinden, können von *U 221* gerettet werden. Es ist das erstemal während des Krieges, daß ein deutsches U-Boot ein anderes deutsches U-Boot rammt und versenkt. Dönitz: »Die Gefahr der Kollidierung zwischen U-Booten bei Anwendung der Rudeltaktik war immer und grundsätzlich vorhanden. Sie war uns schon im Frieden ein Gegenstand der Sorge gewesen, mußte aber im Interesse der großen militärischen Vorteile dieser Taktik in Kauf genommen werden.«

Mitte Dezember 1942 müssen die sowjetischen U-Boote wegen Vereisung des Finnischen Meerbusens ihre Operationen in der Ostsee einstellen. Nach sowjetischen Quellen haben die U-Boote der Roten Flotte 1942 in der Ostsee 29 Schiffe mit 78 962 BRT versenkt. Trotz der geringen Erfolge haben sie zumindest bewirkt, daß die Seekriegsleitung Geleitzüge eingeführt hat.
Im Schwarzen Meer wird die Rote Flotte bei ihren Einsätzen durch die Luftwaffe stark behindert. Nur vereinzelte sowjetische U-Boot-Angriffe stören die deutsch-rumänischen Nachschubwege.

Am Freitag, dem 18. Dezember 1942, stellen in dem von Italien besetzten Teil Jugoslawiens die an der adriatischen Küste kämpfenden Tito-Partisanen die erste schwimmende Partisanen-Marineeinheit (MPE) mit 150 Mann in Podgara, Tucepi und Igrane auf. Ihre ersten Schiffseinheiten sind das kleine Motorschiff *Partizan* und der Motorsegler *Pionier,* die gegen die rege italienische Küstenschiffahrt eingesetzt werden. Längs der Küste organisiert man »Punkte«, die eine Beobachtung des italienischen Küstenverkehrs erlauben.

Am Donnerstag, dem 24. Dezember 1942, wird in Algier der französische Admiral Darlan ermordet. Als er um 15 Uhr sein Büro betritt, erwartet ihn im Vorzimmer ein junger Mann in Zivil, der aus nächster Nähe zwei Revolverschüsse auf ihn abfeuert. Der verwundete Admiral stirbt kurz darauf im Krankenhaus. Der 21jährige – einer angesehenen Familie entstammende Attentäter – Fernand Bonnier de la Chapelle wird auf Befehl von General Giraud, der schon am nächsten Tag den Platz von Darlan einnimmt, sofort erschossen.
Am gleichen Tag sichtet ein deutscher Aufklärer im Nordmeer, südlich der Bären-Insel, den britischen Konvoi JW.51 B.

Am Mittwoch, dem 30. Dezember 1942, geht aus dem Alta-Fjord die deutsche Kampfgruppe (Adm. Kummetz) mit den Schweren Kreuzern *Admiral Hipper* (Kpt. z. S. Hartmann) und *Lützow* (Kpt. z. S. Stange), dazu sechs Zerstörer der 5. Z-Flottille (Kpt. z. S. Schemmel), um den britischen Konvoi JW.51 B abzufangen (Unternehmen »Regenbogen«). Der Konvoi mit 14 Schiffen hat nur ein schwaches Geleit von sechs Zerstörern, zwei Korvetten, einem Minensucher und zwei Trawlern, da die sowjetische Nordmeerflotte (Adm. Golowko) nicht – wie geplant – ihre Einheiten entgegengeschickt hat. Dank der britischen Zerstörergruppe (Capt. Sherbrooke), die trotz Verlust des Zerstörers *Achates* und des Minensuchers *Bramble* eine äußerst geschickte Verteidigung führt, kann die britische Nahsicherung (Adm. Burnett) mit zwei Leichten Kreuzern angreifen. Dabei erhält die *Admiral Hipper* Treffer und dreht (31. 12. 1942) weisungsgemäß ab, ». . . da Eingehen größeren Risikos für Kreuzer unerwünscht.« Der Zerstörer *Friedrich Eckoldt* (Kpt. z. S. Schemmel) wird mit der gesamten Besatzung versenkt. Der Schwere Kreuzer *Lützow* hat den britischen Konvoi umfahren und ihn verfehlt. So erreichen die 14 Frachter, ohne mit der deutschen Kampfgruppe in Berührung zu kommen, sicher den Hafen von Murmansk.

27. 11. 1942, Toulon.
Das Ende der stolzen französischen Flotte:
In einer Nacht wurden 225 000 Tonnage
von den eigenen Besatzungen versenkt

Dezember 1942. Harte Kämpfe hinter dem Polarkreis: Der Schwere Kreuzer *Admiral Hipper* kurz vor dem Auslaufen zu einem neuen Unternehmen gegen Murmansk-Konvois

In der Nacht vom 30./31. Dezember 1942 erzielen die beiden Schiffe der Tito-Partisanen-Marineeinheit im Küstengebiet von Makarska ihren größten Erfolg: Sie kapern in dieser Nacht gleich sechs italienische Küstenfahrzeuge.

Im Dezember 1942 versenken deutsche U-Boote im Atlantik, vor Südafrika und im Mittelmeer 59 Handelsschiffe mit 315 670 BRT. Eigene Verluste: sechs U-Boote.
Churchill: »Allein, das Jahr 1942 hielt manchen herben Schock für uns bereit: während der ersten sechs Monate ging alles schief. Im Atlantik sollte es sich als das schlimmste Jahr des ganzen Krieges erweisen.«
Zu dieser Zeit hat die britische Admiralität erkannt, daß sie sich einer neuen Taktik bedienen muß, um die strategische Beweglichkeit der zentralisierten deutschen U-Boot-Führung lahmzulegen.

Seit dem deutschen Angriff auf die Sowjetunion im Juni 1941 bis Ende 1942 erreichten insgesamt 219 alliierte Schiffe die sowjetischen Nordmeerhäfen. Sie brachten: 3276 Panzer, 2665 Flugzeuge, 24 400 Fahrzeuge, 615 000 Tonnen Munition und Kriegsmaterial sowie 69 500 Tonnen Benzin. 64 Schiffe mit rund einem Viertel der für die Sowjets bestimmten Lieferungen gingen in diesem Zeitraum unter.
Zwar wurden im zweiten Halbjahr 1942 die Tonnageverluste der Alliierten auf den Geleitzugrouten im Nordatlantik dank der Entzifferung der »Enigma«-Funksprüche, die eine entsprechende Konvoisteuerung ermöglichten, um etwa 65 Prozent reduziert, trotzdem verloren die Alliierten im Jahre 1942 insgesamt 7 706 000 BRT an Handelsschiffsraum. Davon haben 6 250 000 BRT die U-Boote versenkt, 1 056 000 BRT die Luftwaffe, Überwasserkräfte und durch Minen.
Churchill: »Von allen Plagen war die U-Boot-Plage die schlimmste. Die Deutschen hätten gut daran getan, alles auf diese Karte zu setzen.«
Um die Gesamtverluste von 16 551 000 BRT (seit Kriegsbeginn bis Ende 1942) auszugleichen, haben die Alliierten in derselben Zeit 7,2 Millionen BRT neuen Schiffsraum gebaut.
Die Sicherung der Küstenbereiche der Festung Europa blieb für die deutsche Seekriegsleitung eines der schwierigsten und umfangreichsten Probleme.
Besonders bedrohlich blieben für den BdU die sprunghaft gestiegenen Verluste an U-Booten beim An- und Abmarsch von den Stützpunkten in der Biskaya, die alliierte Langstreckenmaschinen nun Tag und Nacht unter Kontrolle hielten.
Während vom September 1939 bis Ende 1941 nur sechs U-Boote durch Flugzeuge versenkt wurden, haben 1942 die RAF 27 Boote und die USAAF 11 Boote versenkt.
Ende des Jahres 1942 machen sich trotz steigender Erfolge der deutschen U-Boote bereits die ersten Anzeichen einer bevorstehenden Änderung der Lage im Atlantik zugunsten der Alliierten bemerkbar.
Dönitz: »In der zweiten Hälfte des Jahres 1942 bestand kein Zweifel mehr, daß trotz unserer großen U-Boot-Erfolge der Gegner gegenüber den U-Boot-Angriffen in taktischer Beziehung die Oberhand gewonnen hatte.«

1943

Januar – Juni

Seegefecht im Eismeer

Freitag, 1. Januar 1943, London
Die *Agentur Reuter* meldet:
Gestern früh kamen britische Kriegsschiffe mit feindlichen Seestreitkräften im nördlichen Eismeer in Gefechtsberührung. Im Verlauf des Gefechts wurde ein feindlicher Kreuzer beschädigt; er zog sich zurück. Ein feindlicher Zerstörer wurde schwer getroffen und hatte, als er zum letzten Male gesichtet wurde, starke Schlagseite. Die Operationen dauern an.

Sonntag 10. Januar 1943
Das *Oberkommando der Wehrmacht* gibt bekannt:
... Wie durch Sondermeldung bekanntgegeben, führte der Ansatz einer deutschen Unterseebootgruppe gegen einen von Trinidad nach Gibraltar laufenden Geleitzug zu einem vollen Erfolg. Der stark gesicherte Verband bestand ausschließlich aus großen Tankern, die Betriebsstoff nach Nordafrika überführen sollten. In hartnäckigen Kämpfen wurden 13 Tankschiffe mit zusammen 124000 BRT versenkt und weitere drei Tanker torpediert. Die Geleitzuggruppe wurde völlig vernichtet. Der Verlust ihrer Ladung von 174000 Tonnen Betriebsstoff trifft die Kriegführung der Engländer und Amerikaner in Nordafrika schwer.

Geheimer Bericht des *Sicherheitsdienstes der SS* zur innenpolitischen Lage:
Nr. 349 vom Montag, 11. Januar 1943 (Auszug)
I. Allgemeines: ... Auch bei den Meldungen über die Erfolge unserer U-Boote stehen heute nicht mehr die Erfolge im einzelnen im Vordergrund, sondern die Stetigkeit dieser Erfolge und die Höhe der monatlichen Gesamtversenkungsziffern. Eine Ausnahme machte jedoch die letzte Sondermeldung über die Versenkung von 13 Tankern, da diese erstmalige Vernichtung einer ganzen Tankerflotte als grundsätzlich und sehr bedeutungsvoll für den Kriegsverlauf gewertet wurde...

Erfolge im U-Boot-Krieg
Dienstag, 12. Januar 1943, Berlin
Das *DNB* berichtet:
Der Oberbefehlshaber der Kriegsmarine hat an den BdU folgendes Telegramm gerichtet:
Die fast restlose Vernichtung des feindlichen Tankergeleitzuges im Seegebiet südlich der Azoren ist ein gemeinsamer glänzender Erfolg der planvollen Führung durch den BdU und des schneidigen Angriffs der U-Boot-Gruppe. Neben dem Tonnageerfolg steht die Vernichtung des feindlichen Treibstoffnachschubs, die sich für unsere Kameraden an der tunesischen Landfront als Entlastung auswirken wird.

Die Landungen bei Noworossisk
Sonnabend, 6. Februar 1943, Moskau
STAWKA gibt bekannt:
Die Schwarzmeerflotte hat im Gebiet von Noworossisk in der Nacht zum Freitag weitere Sturmtruppen gelandet. Eine sich zurückziehende deutsche motorisierte Kolonne in Stärke von etwa 2000 Mann geriet in einen Hinterhalt und wurde völlig aufgerieben. Die große Hafenstadt Noworossisk ist von allen Verbindungen abgeschnitten. Die Rote Schwarzmeerflotte bewacht die Seeroute, die Armee bildet etwa 30 Kilometer vor der Stadt einen dichten Sperriegel.

Sonntag, 7. Februar 1943
Das *Oberkommando der Wehrmacht* gibt bekannt:
... Wie durch Sondermeldung bekanntgegeben, versenkten Unterseeboote in zähen harten Kämpfen aus Geleitzügen, die nach England fuhren und für die afrikanische und sowjetrussische Front bestimmt waren, 16 vollbeladene Transportdampfer und Tankschiffe mit zusammen 102500 BRT sowie 4 Transportsegler. 3 weitere Schiffe wurden durch Torpedotreffer beschädigt.

Montag, 8. Februar 1943
Das *Oberkommando der Wehrmacht* gibt bekannt:
... Wie durch Sondermeldung bekanntgegeben, erfaß-

Norddeutsche Ausgabe

Norddeutsche Ausgabe
Berlin, Sonnabend, 2. Januar 1943

„Freiheit und Brot"

VÖLKISCHER BEOBACHTER

Kampfblatt der nationalsozialistischen Bewegung Großdeutschlands

Die tödliche Bilanz des Seekrieges:

1942 fast 9 Millionen BRT versenkt

1450 Feindschiffe auf dem Meeresgrund, außerdem 450 beschädigt

Weitere Sowjetangriffe unter schweren Verlusten abgewiesen

In 11 Tagen 742 Sowjetpanzer vernichtet

Es war ein besonders erfolgreiches Jahr

Die Abwehr im großen Donbogen

ten deutsche Unterseeboote vor mehreren Tagen im Nordatlantik ein ostgehendes Geleit, das mit Kurs auf die britischen Inseln aus tief beladenen Frachtern und Tankern von überdurchschnittlicher Größe bestand und dem Wert der Ladung entsprechend besonders stark gesichert war. Das angesetzte Unterseebootsrudel versenkte aus ihm in tagelangem hartem Kampfeinsatz 14 Schiffe, darunter 5 Tanker, mit zusammen 109 000 BRT. Ein weiterer Dampfer wurde torpediert.

Die Bedeutung der Azoren

Streng geheim
Admiralität
C.O.S. (43) 73(0)
22. Februar 1943

An das Kriegskabinett
Komitee des Chefs des Stabes

Betrifft: Verwendung der portugiesischen Atlantikinseln Azoren, Aktennotiz vom Chef des britischen Admiralstabes

Die Erfahrung hat gezeigt, daß U-Boote nicht wirkungsvoll operieren können, solange wir tagsüber noch ein einziges Flugzeug in der Luft haben und somit einen Konvoi sichern können. Die U-Boote müssen tauchen und können daher mit dem Konvoi nicht Schritt halten, den sie gewöhnlich während der folgenden Nacht nicht wieder aufspüren können. Ein großer Teil unserer Verluste an Schiffen ereignet sich in den Gebieten, die wir von der Luft aus nicht sichern können:

1. Flugbasen auf den portugiesischen Atlantikinseln würden uns, wie aus der beigefügten Karte ersichtlich, in die Lage versetzen, diese großen und gefährlichen Lücken über unseren Haupt-Konvoi-Routen zu schließen. Luftstützpunkte auf den Inseln würden deshalb eine lebenswichtige und möglicherweise entscheidende Wirkung auf U-Boot-Einsätze haben und die Sicherheit unserer Nachschublinien zu allen überseeischen Kriegsschauplätzen bedeutend erhöhen.

2. Die Vorteile, die uns Flugstützpunkte auf den portugiesischen Inseln bieten, würden in der Tat außerordentlich hoch sein: a) Sie würden uns größere Möglichkeiten zur Sicherung aller Konvois bieten, die auf folgenden Routen verkehren: I. USA oder Westindien und dem Mittelmeer, II. Westindien und dem Vereinigten Königreich, III. Südamerika und dem Vereinigten Königreich, IV. Vereinigtes Königreich und dem Mittelmeer, V. Vereinigtes Königreich und Westafrika, dem Kap und ostwärts. b) Durch die erweiterten Gebiete, die nun unter der Luftsicherung liegen, hätten wir eine größere Reichweite für Ausweichrouten, wenn sich z. B. U-Boote in nördlichen Gewässern konzentrieren würden, könnten die Nordatlantik-Konvois über die Azoren geführt werden anstatt über die Island-(C)-Route. c) Wir könnten die Ladekapazität unserer Schiffe vergrößern, weil wir die Möglichkeit hätten, mehr direkte Routen über die Atlantik-Mitte zu führen. d) Wir könnten Störaktionen gegen U-Boote nicht nur dann vornehmen, wenn sie auf Fahrten von oder zu ihren Biskaya-Stützpunkten sind, sondern auch während der Ruhepause, in der sie mitten im Atlantik tanken sowie ihre Batterien aufladen und bis jetzt praktisch immun gegen Flugzeugaktionen waren. Neue Ortungsgeräte und Angriffswaffen, die in diesem Frühjahr neu eingesetzt werden sollen, würden die Wirkung solcher Aktionen noch erhöhen. e) Unbegrenzte Betankungsanlagen auf den Inseln würden uns in die Lage versetzen, besseren Gebrauch von unseren nicht ausreichenden Geleitfahrzeugen zu machen.

3. Ein weiterer, äußerst wichtiger Vorteil wäre, die zwischen Deutschland und Japan verkehrenden Blockadebrecher so zu gefährden, daß ihre Fahrten, von denen wir wissen, welche Bedeutung ihnen der Feind zumißt, im nächsten Winter nicht wieder aufgenommen werden können. (Sie werden, so glauben wir, nach dem April zeitweilig gestoppt.) Gegenwärtig können die Blockadebrecher gewöhnlich ober- oder unterhalb der Atlantikmitte ungefährdet passieren, und wir müssen uns hauptsächlich darauf konzentrieren, sie innerhalb der kurzen Zeitspanne aufzuspüren, in der sie sich in Reichweite unserer Flugzeuge von den Heimatstützpunkten befinden, nämlich wenn sie die Biskaya durchqueren.

4. In gleichem Maße würde den deutschen Kriegsschiffen, Handelsstörern und U-Boot-Tankern der Durchbruch in den Atlantik erschwert, und sie wären durch unsere nachfolgenden Suchoperationen weitaus stärkeren Gefahren ausgesetzt.

5. Außerdem würden die Inseln äußerst günstige Zwischenlandungsstationen für die Luftversorgung von den USA zu den Mittelmeerkriegsschauplätzen bilden.

6. Die sich steigernden alliierten Erfolge haben die Gefahr einer deutschen Invasion der Iberischen Halbinsel in Frage gestellt und wahrscheinlich sogar unmöglich gemacht, eine Tatsache, die Dr. Salazar selbst zu erkennen scheint.

London (Intld) D. P. (Dudley Pound)

Rechts: Truppen der Roten Armee auf dem Weg zum Einsatz. Am 4. 2. 1943 landet südlich von Noworossisk die sowjetische 165. Schützenbrigade, unterstützt durch die Marine-Infanteriebrigaden 83 und 255 und stark gesichert durch Einheiten der Schwarzmeer-Flotte

Linke Seite: Immer wieder machen U-Boot-Erfolge Schlagzeilen in der NS-Presse

Sonntag, 28. Februar 1943
Das *Oberkommando der Wehrmacht* gibt bekannt:
. . . Ein Verband deutscher Schnellboote griff in der Nacht zum 27. Februar einen stark gesicherten feindlichen Geleitzug in unmittelbarer Nähe der englischen Küste an und versenkte aus ihm zwei Dampfer und einen Tanker mit zusammen 65 000 BRT sowie zwei Bewacher . . .

Freitag, 5. März 1943
Das *Oberkommando der Wehrmacht* gibt bekannt:
. . . Wie durch Sondermeldung bekanntgegeben, kamen deutsche Unterseeboote schon in den ersten Tagen des Monats zum Erfolg. 13 Schiffe mit 97 000 BRT wurden in schweren Kämpfen auf den Grund des Meeres geschickt. Zwei weitere Schiffe wurden torpediert.

W. Churchill an den Marineminister
5. März 1943:
Die neuerliche Katastrophe des Geleitzugs auf der Höhe vom Kap der Guten Hoffnung entsetzt mich. Ich hatte geglaubt, daß Sie in diesen Gewässern alle Sicherungen getroffen und alles genau untersucht hätten. Wir haben 40 000 Tonnen Schiffsraum verloren. Solche Verluste auf dieser Route können wir uns einfach nicht leisten. Ich dachte, daß aus Kanada 15 oder 16 Korvetten und Minensucher eingetroffen seien. Wo befinden sich die Zerstörer, die zur Asienflotte gehören? Teilen sie alle die Untätigkeit dieser Flotte? Das ist eine sehr böse Katastrophe.

Gewaltige U-Boot-Erfolge!

Mittwoch, 10. März 1943
Das *Oberkommando der Wehrmacht* gibt bekannt:
. . . Wie durch Sondermeldung bekanntgegeben, versenkten in Schneestürmen des Nordatlantik, der Sonnenglut des Äquators und in den Herbststürmen am Kap der guten Hoffnung deutsche Unterseeboote in den letzten fünf Tagen in harten, zähen Kämpfen 23 Schiffe mit zusammen 134 000 BRT. Weitere sechs Schiffe wurden torpediert.

Donnerstag, 11. März 1943
Das *Oberkommando der Wehrmacht* gibt bekannt:
. . . Wie durch Sondermeldung bekanntgegeben, sind unsere Unterseeboote weiter im Angriff. Seit Tagen hielten sie Fühlung an einem von Nordamerika nach England steuernden Geleitzug. Unterseebootrudel schlossen heran und schossen in vielfach wiederholten Angriffen 13 voll mit Kriegsmaterial beladene Schiffe mit zusammen 73 000 BRT heraus. Drei weitere Dampfer wurden torpediert. Damit konnte die Unterseebootwaffe innerhalb 24 Stunden insgesamt die Versenkung von 36 Schiffen mit zusammen 207 000 BRT melden. Unter diesen Schiffen befanden sich acht Munitionsdampfer, die bei der Torpedierung in die Luft flogen.

Freitag, 12. März 1943
Das *Oberkommando der Wehrmacht* gibt bekannt:
. . . Wie durch Sondermeldung bekanntgegeben, haben unsere Unterseeboote in den letzten 24 Stunden aus dem Mittelmeer, dem Nordmeer und dem Atlantik erneut hervorragende Erfolge gemeldet.
Elf große Schiffe mit 75 000 BRT aus der Nachschubflotte für Nordafrika, die Sowjetunion und England beendeten ihre Fahrt auf dem Grund des Meeres. Vier weitere Dampfer wurden torpediert. Damit belaufen sich die in drei Sondermeldungen an drei aufeinanderfolgenden Tagen bekanntgegebenen Versenkungserfolge unserer Unterseeboote auf 47 Schiffe mit 282 000 BRT.

Geheimer Bericht des *Sicherheitsdienstes der SS* zur innenpolitischen Lage:
Nr. 367, 15. März 1943 (Auszug)
I. Allgemeines: . . . Die drei U-Boot-Sondermeldungen über die Versenkung von insgesamt 282 000 BRT

Norddeutsche Ausgabe

Norddeutsche Ausgabe

Berlin, Freitag, 12. März 1943

VÖLKISCHER BEOBACHTER

Kampfblatt der nationalsozialistischen Bewegung Großdeutschlands

In 24 Stunden zwei Sondermeldungen mit 207 000 BRT.

Nordamerika-England-Geleit von U-Booten schwer gelichtet

Im Gluthauch des Krieges

Londons politische Kinder

England bescheinigt Stalin „völlig saubere politische Vergangenheit"

hätten auch bei den Volksgenossen, welche dem U-Boot-Krieg noch immer keine erstrangige Bedeutung beimessen, großen Eindruck gemacht. Allgemein sehe man in der Serie der U-Boot-Erfolge die erste Auswirkung der Betrauung des Großadmirals Dönitz mit dem Oberkommando der Kriegsmarine. Eine besondere Hoffnung setze man auf die U-Boote für den Fall, daß die Engländer und Amerikaner demnächst den Versuch machen würden, größere Landungsunternehmen auf dem Kontinent durchzuführen . . .

W. Churchill an General Ismay
Dienstag, 16. März 1943:
Die Schiffsverluste im Südatlantik rücken die Frage der Azoren wieder in den Vordergrund. Sie wissen, wieviel dem Präsidenten Roosevelt daran liegt, sie unter alliierte Kontrolle zu bringen. Daß die Deutschen auf eine solche Aktion mit einem Vorstoß nach Spanien reagieren würden, scheint im gegenwärtigen Moment unwahrscheinlich . . .

Sonnabend, 20. März 1943
Das *Oberkommando der Wehrmacht* gibt bekannt:
. . . Wie durch Sondermeldung bekanntgegeben, führten die im Wehrmachtsbericht vom 19. März gemeldeten Operationen unserer Unterseeboote im Nordatlantik gegen einen feindlichen schwer beladen nach Osten steuernden Geleitzug zu der bisher größten und erfolgreichsten Kampfhandlung des Unterseebootkriegs überhaupt. In tagelangem, erbittertem Ringen gegen die Zerstörer, Korvetten und Flugzeuge der feindlichen Sicherung versenkten unsere Unterseeboote aus diesem einen Geleitzug 32 Schiffe mit 204 000 BRT und einen Zerstörer.

Mittwoch, 31. März 1943
Das *Oberkommando der Wehrmacht* gibt bekannt:
. . . Wie durch Sondermeldung bekanntgegeben, haben unsere Unterseeboote den Feind auf verschiedenen Nachschublinien schwer getroffen. Sie versenkten im Nordatlantik bei teilweise orkanartigem Wetter, im Mittelatlantik und im Mittelmeer, zum größten Teil aus Geleitzügen, siebzehn feindliche schwerbeladene Handelsschiffe mit zusammen 103 500 BRT.

Mittwoch, 7. April 1943
Das *Oberkommando der Wehrmacht* gibt bekannt:
. . . Wie bereits durch Sondermeldung bekanntgegeben, versenkten unsere Unterseeboote in schweren Kämpfen gegen den feindlichen Nachschub im Atlantik und im Mittelmeer wiederum 14 vollbeladene Schiffe von zusammen 102 000 BRT und einen Zerstörer. Fünf weitere Schiffe wurden torpediert. Ihr Sinken konnte wegen der sofort einsetzenden starken Abwehr nicht beobachtet werden. In der Biskaya schoß eines unserer Unterseeboote einen angreifenden schweren Feindbomber ab.

Sender Beromünster (Schweiz)

Freitag, 9. April 1943:
Presseberichten aus Berlin zufolge ist man in der Reichshauptstadt der Meinung, daß der Kampf um Afrika in sein entscheidendes Stadium eingetreten sei; die große Überlegenheit des Gegners wird hervorgehoben und der Erfolg der 8. Armee zugegeben . . . Für die Alliierten wiederum bietet das Transportproblem nach wie vor Grund zu ernsthafter Besorgnis: Der von deutschen Unterseebooten versenkte alliierte Schiffsraum übertraf im Monat März die Verluste in den Monaten Januar und Februar. Mit anderen Worten sind die Achsenmächte, was den Luftkrieg anbetrifft, in der Defensive, aber im Seekrieg sind sie dank der Wirksamkeit ihrer Unterseeboote zweifellos in der Offensive.

Dienstag, 13. April 1943
Das *Oberkommando der Wehrmacht* gibt bekannt:
. . . Wie durch Sondermeldung bekanntgegeben, griffen in Fortsetzung ihres pausenlosen Kampfes deutsche Unterseeboote im Nordatlantik einen nach England gehenden schwerbeladenen Geleitzug an. Hierbei sowie in Einzeljagd in der Karibischen See und vor der südafrikanischen Küste versenkten sie 21 Schiffe mit 138 500 BRT und torpedierten sechs weitere Schiffe.

Warnung an die Fischerei

Montag, 19. April 1943, London
Die *Agentur Reuter* meldet:
Bereits am 20. Juli 1942 hatte die britische Regierung eine Warnung an alle Fischerboote der vom Feind besetzten Häfen gerichtet, in der das Verlassen der Küstengewässer und das Befahren gewisser Zonen als gefährlich bezeichnet wurde. Diese Warnung ist jetzt erneuert worden, da man wiederholt zahlreiche Fischerboote außerhalb der Küstengewässer gesichtet hat. Die

Rechts: Ein U-Boot kehrt von Feindfahrt zurück. Die Versenkungswimpel am Sehrohr verkünden Erfolg

Linke Seite: März 1943, Höhepunkt der Schlacht im Atlantik: fast täglich eine Sondermeldung über die Erfolge der U-Boote

Unten: Ein fast beschauliches Bild: Alliierter Groß-Konvoi überquert den Atlantik

Regierung Seiner Majestät weist nochmals auf die Tatsache hin, daß der Feind oft Fischerboote zu militärischen Zwecken benützt. Es kann nicht zugelassen werden, daß Boote aus den vom Feind besetzten Häfen die gefährdeten Gebiete befahren. Künftig wird jedes Fischerboot, das sich außerhalb der Küstengewässer in den für die Schiffahrt als Gefahrenzone bezeichneten Gebieten befindet, so behandelt, als wäre es an militärischen Operationen beteiligt.

Freitag, 23. April 1943
Das *Oberkommando der Wehrmacht* gibt bekannt:
. . . Wie durch Sondermeldung bekanntgegeben, erlitt der feindliche Handelsschiffsraum im Mittelmeer und im Atlantik neue schwere Einbuße. Im Kampf gegen stark gesicherte Geleitzüge versenkten unsere Unterseeboote wieder 16 Handelsschiffe mit 121 500 BRT, darunter mehrere vollbesetzte Truppentransporter sowie zwei Zerstörer und ein Unterseeboot. Zwei weitere Schiffe wurden torpediert.

Freitag, 30. April 1943
Das *Oberkommando der Wehrmacht* gibt bekannt:
. . . Unterseeboote versenkten im Nordatlantik und im Mittelmeer aus stark gesicherten Geleitzügen zehn Schiffe mit 53 000 BRT. Weitere fünf Schiffe, darunter eins vom Typ »Winchester Castle«, mit 20 000 BRT wurden torpediert. Ein Unterseeboot schoß einen schweren feindlichen Bomber ab.

Geleitzüge im Atlantik
Sonnabend, 1. Mai 1943, Ottawa
Associated Press berichtet:
Aus einer Erklärung des Marineministers MacDonald und des Luftfahrtministers Power geht hervor, daß die Alliierten gegenwärtig Pläne über eine völlige Neugestaltung des Geleitzugsystems im Atlantik beraten. Den Seestreitkräften Großbritanniens und Kanadas soll die Aufgabe zufallen, mit wesentlich verstärkter Fliegerunterstützung die Nordatlantik-Route zwischen Kanada und England zu sichern.

Luftangriff auf britischen Geleitzug
Montag, 3. Mai 1943, Berlin
Das *DNB* meldet:
Der Angriff deutscher Kampfflugzeuge auf einen britischen Geleitzug an der nordafrikanischen Küste hatte großen Erfolg. Die in Wellen anfliegenden deutschen Kampfflugzeuge mußten sich in Luftkämpfen gegen feindliche Jäger an den Geleitzug heranarbeiten.

Seegefecht im Nordpazifik

Mittwoch, 5. Mai 1943, Washington
Das *Marineministerium* teilt mit:
Vor sechs Wochen hat westlich der Aleuten ein US-Verband leichter Seestreitkräfte zwei Schwere japanische Kreuzer, zwei Leichte Kreuzer, sechs Zerstörer und zwei Transporter angegriffen. Nach einem Gefecht,

Frühjahr 1943: Die Flotte der »Freien Franzosen« kämpft mit ihren 49 Einheiten auf alliierter Seite. General de Gaulle bei einer Inspektionsfahrt

das fast vier Stunden lang über eine weite Distanz geführt wurde, in dem drei japanische Kreuzer Volltreffer erhielten, zog sich der Gegner zurück. Der Versuch, die japanischen Außenposten im Nordpazifik zu verstärken, wurde damit vereitelt.

Die Flotten der »kleinen« Alliierten
5. Mai 1943, London
Die *Agentur Reuter* berichtet:
Vizeadmiral King, der britische Verbindungsoffizier bei den Flotten der Alliierten in England, gab bekannt, daß soeben der achte unabhängige Flottenverband aufgestellt wurde, nämlich eine dänische Flotte. Die Dänen hatten bisher – mit Ausnahme ihrer ansehnlichen, für die Alliierten fahrenden Handelsflotte – nur Hafenboote mit eigenen Besatzungen, während von jetzt an Kriegsschiffe unter dänischer Flagge am Krieg teilnehmen.
Die anderen Flotten der Alliierten sind die der »Freien Franzosen«, die norwegische, griechische, holländische, jugoslawische und polnische. Die belgische Flotte ist eine Sektion der Royal Navy, da Belgien vor Kriegsausbruch keine selbständige Flotte besaß. Im ganzen umfassen diese Flotten der kleineren Alliierten 220 Kriegsschiffe mit 27 000 Offizieren und Matrosen . . .
Die stärkste unter den Flotten der Alliierten ist die holländische mit 63 Schiffen und 6850 Offizieren und Matrosen. Darauf folgt die norwegische mit 53 Kriegsschiffen und 5100 Mann Besatzung. Die Kriegsflotte der »Freien Franzosen« zählt 49 Schiffe mit 6150 Mann, die griechische Flotte 33 Schiffe und 5450 Mann, die polnische zwölf Schiffe und 2600 Mann, die belgische sieben Schiffe mit 350 Mann und die jugoslawische drei Schiffe mit 200 Mann . . . Die Verbindung zwischen den Flotten der Alliierten und der Royal Navy wird sowohl von den Stäben in London als auch durch Offiziere in den Häfen aufrechterhalten und auf den 105 größeren Kriegsschiffen der Alliierten außerdem durch Sonder-Verbindungsoffiziere. Die Ausbildung der Mannschaften erfolgt gemeinsam mit den britischen Kadetten und Matrosen. Nur die »Freien Franzosen« und die Holländer haben ihre eigenen Kadettenschulen. Die Flotten der »kleinen« Alliierten operieren gemeinsam mit den britischen und US-Streitkräften unter dem gleichen Oberbefehl und auf allen Kriegsschauplätzen.

Neue Geheimwaffe?

Dienstag, 11. Mai 1943, Washington
Die *Agentur Reuter* meldet:
Von den fünf deutschen U-Booten, die am 6. Mai im Atlantik beim Angriff auf einen alliierten Geleitzug versenkt wurden, ist eines durch eine neue Geheimwaffe vernichtet worden.

Franzosen versenken deutsches Versorgungs-U-Boot
Donnerstag, 13. Mai 1943, New York
Associated Press teilt mit:
Der französische Kreuzer *Georges Leygues* hat ein großes deutsches Versorgungs-U-Boot versenkt und ist mit 90 Gefangenen an Bord nach Dakar zurückgekehrt. Die Aktion fand am 13. April in der Nähe des Äquators statt.

General Alexander an W. Churchill
13. Mai 1943, 2 Uhr 15:
Sir, pflichtgemäß erstatte ich Meldung, daß der Feldzug in Tunesien beendet ist. Jeder feindliche Widerstand hat aufgehört. Wir sind die Herren der Küsten Nordafrikas.

Freitag, 21. Mai 1943, Tokio
Das *Kaiserliche Hauptquartier* gibt bekannt:
Admiral Isoroku Yamamoto, Oberkommandierender der Kombinierten Streitkräfte, fand an Bord eines Flugzeuges im vergangenen Monat während eines Gefechtes mit dem Feind den Tod. Mit Admiral Yamamoto verliert Japan einen seiner größten und fähigsten Flottenchefs. Der Kaiser hat für Admiral Yamamoto ein Staatsbegräbnis angeordnet und ihn postum zum Großadmiral ernannt. Zu seinem Nachfolger wurde Admiral Koga ausersehen.

21. Mai 1943, Washington
United Press meldet:
Radio Tokio gibt bekannt, Admiral Yamamoto sei gefallen, als er an Bord eines Flugzeugträgers Flottenoperationen leitete.

Wende in der Atlantik-Schlacht

21. Mai 1943, New York
Die *Agentur Exchange* teilt mit:
Der Chef des US-Kommandos zur Bekämpfung der U-Boote, Brigadier General Larson, gab folgende Erklärung ab: »Wir sind jetzt über die schlimmste Periode der Schiffsversenkungen durch U-Boote hinaus. Mit Unterstützung des britischen Coastal Command haben

Ein hochdramatisches Foto: Deutsches U-Boot *(U 192?)* wird am 5. 5. 1943 von einer britischen Korvette gerammt und versenkt. Es wurde durch einen »Hedgehog«-Angriff zum Auftauchen gezwungen

unsere Aufklärer die meisten der feindlichen U-Boote in die offene See hinausgetrieben. Die Aktivitäten der U-Boote beschränken sich jetzt auf einen schmalen Abschnitt im mittleren Atlantik, wo sie für uns ein gutes Jagdobjekt sind.«

Pearl-Harbor-Wunden geheilt
Sonntag, 23. Mai 1943, New York
Die *Agentur Reuter* meldet:
Von den 22 US-Kriegsschiffen, die beim Überfall der Japaner auf Pearl Harbor zerstört oder beschädigt wurden, sind 17 wieder in Dienst gestellt worden, darunter drei Schlachtschiffe: *California, West Virginia* und *Nevada.*

. . . *Überlegenheit feindlicher Ortungsgeräte* . . .
Anlage I zum Kriegstagebuch (KTB) vom 24. Mai 1943
An alle U-Bootskommandanten.
Unsere schweren Ubootsverluste im letzten Monat sind überwiegend auf die derzeitige Überlegenheit feindlicher Ortungsgeräte und die dadurch mögliche Überraschung aus der Luft zurückzuführen. Mehr als die Hälfte aller Verluste ist durch diese Überraschung, und zwar auf An- und Rückmarsch wie auch im Op. Gebiet in Angriffsaufstellungen eingetreten.
Die Verluste im Kampf gegen Geleitzüge selbst waren demgegenüber gering bis auf einen Fall, bei dem besonders ungünstige Verhältnisse vorherrschten. Auch von diesen Verlusten ist ein Teil durch Luft entstanden.
Die augenblickliche Lage gegenüber Feindluft und Feindortung muß unter Inkaufnahme sonstiger Nachteile durch besondere Vorsichtsmaßregeln auf dem Marsch und in Warteaufstellungen überbrückt werden. Befehle hierzu sind ergangen. Ich werde darüberhin in der Wahl der Angriffsräume weitere Folgen ziehen.
Der Verbesserung der eigenen Ortung, Ortungsabwehr und Fla-Bewaffnung gilt meine ganze Arbeitskraft. An allen Stellen wird mit höchstem Druck an dieser Aufgabe gearbeitet. Praktische Ergebnisse werden in kürzester Zeit an die Front kommen. Die Zeit bis dahin muß mit List und Vorsicht auf dem Marsch und beim Warten, im Kampf selbst aber mit Eurer alten unerbittlichen Härte durchgestanden werden.
Ob d. M. und B. d. U.

Geheimer Bericht des *Sicherheitsdienstes der SS* zur innenpolitischen Lage:
Nr. 385 vom Montag, 24. Mai 1943 (Auszug)
I. Allgemeines: . . . Das Ausbleiben der »schon zur Gewohnheit« gewordenen U-Boot-Sondermeldungen im Monat Mai wird von den Volksgenossen lebhaft und beunruhigt erörtert, da gerade der Dauerwirkung des U-Boot-Krieges eine wichtige, wenn nicht sogar ausschlaggebende Bedeutung bisher beigemessen wurde. Vielfach wird angenommen, daß die Feindmächte ein neues, sehr wirksames Abwehrmittel zur Anwendung brächten . . .

Hubschrauber zur U-Boot-Bekämpfung
Mittwoch, 26. Mai 1943, Washington
Associated Press berichtet:
Wie das Kriegsministerium mitteilt, sind die Versuche, U-Boote mit Hubschraubern zu bekämpfen, mit guten Ergebnissen abgeschlossen worden.

Alliierte Erfolge im Atlantik

Freitag, 28. Mai 1943, London
Die *Agentur Reuter* teilt mit:
Im Atlantik sind im Mai ebenso wie im April mehr U-Boote versenkt worden als je zuvor, und die Schiffsverluste haben bedeutend abgenommen, obwohl mehr Schiffe den Atlantik überqueren als bisher . . . Für die günstige Entwicklung dürfte es eine Reihe von Gründen geben:
1. Bessere Sicherung der Geleitzüge durch neue Schiffe wie britische Fregatten, US-Geleitträger und Geleitzerstörer, die sich ausgezeichnet bewährten.
2. Allmähliche Verengung der »Atlantik-Lücke« durch erheblich gesteigerten Einsatz von Langstreckenflugzeugen.
3. Neue, noch geheimgehaltene Waffen zur U-Boot-Bekämpfung.
4. Verbesserung der Küsten- und Inselverteidigung auf der Westseite des Atlantischen Ozeans und an der Westküste Afrikas.
5. Es liegen Beweise dafür vor, daß sich auf deutscher Seite der Mangel an geschulten U-Boot-Mannschaften bemerkbar macht.

Französische Marine auf alliierter Seite
Montag, 31. Mai 1943, Algier
Die *Agentur Reuter* meldet:
Gestern abend ging, wie hier soeben gemeldet wird, die in Alexandria liegende französische Flotte zu den Alliierten über. Einzelheiten stehen noch aus. Die französische Flotte in Alexandria besteht aus dem Schlachtschiff *Lorraine* (22000 t), vier Kreuzern, drei Zerstörern und einem U-Boot.

Steigende U-Boot-Verluste

Donnerstag, 3. Juni 1943, London
Die *Agentur Reuter* teilt mit:
Der Mai war der bisher erfolgreichste Monat, was Versenkungen deutscher U-Boote betrifft. Während der letzten 12 Monate sind mehr U-Boote vernichtet worden als im ganzen Krieg, und während der letzten sechs Monate lagen die Versenkungszahlen 25 Prozent höher als in den vorhergehenden sechs Monaten, außerdem sind viele deutsche U-Boote schwer beschädigt worden. Es hat den Anschein, als wäre die Zahl der im Mai vernichteten deutschen U-Boote höher als die der in Dienst gestellten neuen Boote. Jedenfalls besteht kein Zweifel darüber, daß sich die Zahl der auf hoher See befindlichen U-Boote auffallend vermindert hat . . .
Der Feind wird voraussichtlich alle Anstrengungen machen, um seine Situation zu verbessern. Wir werden jedoch auch alles tun, um diese Bemühungen zum Scheitern zu bringen.

Goebbels-Rede

Sonnabend, 5. Juni 1943, Berlin, Sportpalast:
Meine deutschen Volksgenossen und Volksgenossinnen!
. . . Wie die Engländer heute die Waffe des Luftkrieges gegen uns gebrauchen, so wir gegen sie die Waffe des U-Boot-Krieges. Zwar sind die Folgen des Luftkrieges für jedermann deutlicher sichtbar, dagegen sind die des U-Boot-Krieges auf die Dauer verheerender. Sie schlagen tiefere Wunden und des-, sind deshalb von einer kriegsentscheidenderen Bedeutung. Im Verlaufe dieses Krieges sind einschließlich Mai über 26,5 Millionen BRT feindlichen Schiffsraums durch die deutsche Marine und Luftwaffe versenkt worden. Was das bedeutet – (Beifall), was das bedeutet, kann nur der ermessen, der sich vergegenwärtigt, daß der deutsche U-Boot-Krieg im Ersten Weltkrieg mit –, mit kaum zwölf Millionen BRT England in den Jahren 1917 und 1918 an den Rand des Abgrunds gebracht hat. Selbstverständlich haben die Engländer das erst nach dem Kriege zugegeben. Während des Weltkrieges jedoch prahlten sie und die Amerikaner genauso wie heute mit dem angeblichen Umfang ihrer Neubauten und bezweifelten unsere Versenkungsziffern. Was immer auch der Feind heute an Neubauten zustande bringt: unsere Versenkungsziffern kann er damit nicht einholen . . .
Wir können im Verlaufe gerade –, gerade dieses Krieges feststellen, daß Perioden größter Erfolge unserer U-Boote von solchen zeitlich begrenzter Rückläufigkeiten abgelöst werden. Aber der Feind triumphierte noch immer zu früh, wenn er eine solche Entwicklung jeweilig für endgültig ansah. Er hat so oft schon die U-Boot-Gefahr für überwunden erklärt und ist dann in kurzer Zeit wieder vom krassen Gegenteil überzeugt worden, daß er eigentlich alle Veranlassung hätte, in seinen Prognosen sehr vorsichtig zu sein . . .

Auszug aus dem Kriegstagebuch (KTB)
der Seekriegsleitung, betr. U-Boot-Kriegführung
vom 8. Juni 1943
Das Heraufschnellen der Verluste in diesem Monat (von 14 im April auf 38) dokumentiert die Krise, in die der U-Boot-Krieg geraten ist. . . Es steht fest, daß der Gegner die Überwachung im gesamten Atlantik erheblich verstärkt und außer der direkten Sicherung seiner Geleitzüge zusätzliche Überwachung der gesamten Geleitzugroute durch See- und Luftstreitkräfte angesetzt hat. Die vom Gegner entwickelten vorzüglichen Ortungsgeräte, welche sich besonders beim Einsatz durch feindliche Flugzeuge auswirken, haben bei uns kein Gegenmittel und gefährden die Boot stärkstens. . .
Das Finden der Geleitzüge war im Mai durch sehr gute Unterlagen von der Funkaufklärung begünstigt. Auffallend war in diesem Monat wiederum, daß der Gegner, wie aus seiner geschätzten U-Boot-Lage hervorgeht, mehrfach unsere Aufstellungen erkannt und umgangen hat. In mehreren Fällen war es nur durch abermalige gute Unterlagen der Funkaufklärung möglich, den Gegner auch auf der geänderten Route zu fassen. Außer der Funkaufklärung gab der gekoppelte Rhythmus der Geleitzüge einen sehr guten Anhalt . . .
Der B-Dienst hat aus Entzifferungsergebnissen ein neues Ubootbekämpfungsverfahren festgestellt, genannt »hedgehog« (Igel). Nach diesem Verfahren werden anscheinend neuartige sehr schwere Wasserbomben im Massen- oder engen Reihenwurf geworfen. Außer der hohen Sprengladung muß eine neuartige Zündung nach dem magnetischen oder akustischem Prinzip vorliegen . . .
Da die Uboote in Zukunft mehr als bisher erst die Sicherung der Geleitzüge zerschlagen müssen, um an das Hauptobjekt heranzukommen, steigt der Wert des »Zerstörerknackers«, des neuen Torpedos gegen die Sicherungsstreitkräfte, der Ende des Sommers zum Einsatz kommen wird. Die Ausrüstung der Boote mit Vierlingen wird die Luftbedrohung wesentlich herabsetzen können . . . In der Überzeugung, daß das Uboot auch in Zukunft das Hauptkampfmittel der Seekriegführung sein wird, hat der Führer das Hochziehen des Ubootsbauprogramms auf 40 Boote pro Monat befohlen . . .

Kein einziges Handelsschiff versenkt
Montag, 14. Juni 1943, New York
Das *Marineministerium* gibt bekannt:
In der vergangenen Woche fiel kein einziges alliiertes

Britisches Flugboot Short Sunderland Mark I L 2163 DA-G der 210. RAF-Squadron klärt eine Konvoi-Route auf

Handelsschiff deutschen U-Booten zum Opfer. Dies ist seit 17 Wochen der erste Fall. Ab Januar 1943 wurden im Westatlantik durchschnittlich vier alliierte und neutrale Schiffe pro Woche versenkt. Es stellt bereits gegenüber dem Wochendurchschnitt von zehn Handelsschiffen im Jahr 1942 eine erhebliche Verbesserung dar.

Anlage zur Lissaboner Meldung Nr. 244 – Streng geheim (MSS)

Streng geheim

Britische Botschaft, Lissabon
16. Juni 1943

Seine Exzellenz Dr. Antonio d'Oliveiro Salazar

Ihre Exzellenz, im Verlauf unserer Unterhaltung am 8. Juni haben Ihre Exzellenz erklärt, daß es zum gegenwärtigen Augenblick angebracht wäre, die Entschlüsse zu überdenken, die während der anglo-portugiesischen Stabsunterredungen vor einigen Monaten in London gefaßt wurden . . . Die deutsche U-Boot-Offensive hat nun einen Punkt erreicht, an welchem sie die völlige Entfaltung der Kampfbereitschaft der Streitkräfte der Vereinten Nationen behindert. Die Regierung Seiner Majestät befürchtet zwar nicht, daß diese Gefahr den Endsieg der Alliierten verhindern kann, aber sie könnte den Sieg ernsthaft verzögern.

Die Regierung Seiner Majestät hat die Situation im Licht der o. a. Fakten und angesichts des Bündnisses mit Portugal untersucht. Sie ist zu dem Schluß gekommen, daß die Verwendung von Einrichtungen auf den portugiesischen Atlantikinseln, insbesondere auf den Azoren, für den Einsatz von Flugzeugen und Überwasserschiffen ein entscheidender Faktor für eine rasche Bekämpfung der deutschen U-Boot-Offensive im Atlantik sein könnte, und folglich ein wichtiger Beitrag für einen schnellen Sieg der Vereinten Nationen.

Nachstehend die Einrichtungen, auf welche die Regierung Seiner Majestät größten Wert legt: a) Anlagen in São Miguel und Terceira für den Einsatz von Langstrecken-Aufklärungsflugzeugen, b) unbeschränkte Betankungsanlagen für Marine-Eskorten entweder in São Miguel oder Fayal. Die militärischen Vorteile, die nach Meinung der Regierung Seiner Majestät aus diesen Anlagen erwachsen, sind in Anhang II dieses Schreibens zusammengefaßt.

Die Regierung Seiner Majestät hat sich deshalb entschlossen, im Namen des Bündnisses, welches zwischen Portugal und Großbritannien seit 600 Jahren besteht, die portugiesische Regierung zu bitten, ihre Kooperation dahingehend auszudehnen, indem sie ihr die Einrichtungen zur Verfügung stellt, die sie auf den Azoren benötigt. Sie vertraut darauf, daß die portugiesische Regierung im Prinzip einverstanden ist, wobei detaillierte Bedingungen, die für das Zurverfügungstellen dieser Anlagen nötig sein werden, Gegenstand weiterer Diskussionen bleiben werden.

. . .

Ich benutze die Gelegenheit, Ihrer Exzellenz nochmals meine geschätzte Hochachtung auszusprechen.

(unterzeichnet) R. H. Campbell

Strategie und Taktik

JANUAR BIS JUNI 1943

In den Nachtstunden des 1. Januar 1943 erfährt Hitler in seinem Hauptquartier aus einer Meldung von BBC London über den Mißerfolg des Unternehmens »Regenbogen«. Weil die Nachrichtenverbindungen von Norwegen nach Deutschland gestört sind, liegen die Berichte der eigenen Seekriegsleitung noch nicht vor. Um 17 Uhr beordert Hitler Vizeadmiral Krancke zu sich. Hitler: »Ich habe folgendes beschlossen und befehle Ihnen, dies als meinen unabänderlichen Beschluß sofort der Seekriegsleitung mitzuteilen: Die großen Schiffe sind ein unnötiger Menschen- und Materialverschleiß. Sie werden daher außer Dienst gestellt und abgewrackt. Ihre Artillerie ist zum Küstenschutz an Land aufzustellen.« Krancke: »Das wäre der billigste Seesieg, den England je errungen hätte.« Hitler weist Krancke an, Großadmiral Raeder so schnell wie möglich ins Hauptquartier zu bestellen. Raeder: »Ich erhielt telefonisch Befehl, sofort ins Hauptquartier zu kommen, bat aber darum, erst noch die nötigen einwandfreien Unterlagen beschaffen zu können.«

Britischer Zweimann-Torpedo »Chariot«, getreuer Nachbau des italienischen »Maiala«, wird vor dem Einsatz überprüft

In der Nacht vom 2./3. Januar 1943 gehen von Malta aus die britischen U-Boote *Thunderbolt* (Cdr. Crouch) und *Trooper* (Lt. Wraight) in See. An Deck der Boote sind die bemannten »Chariot-Torpedos«, die den italienischen »Maiala« ähneln, in zwei Druckzylindern befestigt. An der Reede von Palermo setzt man die »Chariots« unter Führung von Captain Sladen aus. Die Besatzungen durchschneiden die Netzsperren zur Hafeneinfahrt und befestigen Gefechtsköpfe an dem modernen italienischen Kreuzer *Ulpio Traiano* (3362 t) und dem Transporter *Viminale* (8657 t). Auf beiden Schiffen verursachen die Explosionen schwere Beschädigungen; den Kreuzer *Ulpio Traiano* kann man nicht mehr reparieren. Zwei der Torpedo-Besatzungen finden den Tod, die anderen werden gefangengenommen.

Am Abend des 6. Januar 1943 meldet sich Großadmiral Raeder im Führerhauptquartier zum Vortrag bei Hitler. In Anwesenheit von OKW-Chef Keitel muß er sich einen unbeherrschten Monolog anhören. Danach verlangt der Großadmiral, mit Hitler allein zu sprechen. Raeder: »In dem nun folgenden Gespräch mit Hitler unter vier Augen bat ich ihn als erstes, mich von meiner Stellung als Oberbefehlshaber der Kriegsmarine zu entheben, da er mir mit seinen Ausführungen seine Unzufriedenheit über meine Kommandoführung und ihre Erfolge bekanntgegeben hatte; ohne sein Vertrauen könne ich meinen Dienst nicht weiter versehen. Im übrigen sei ich fast 67 Jahre alt und meine Gesundheit nicht mehr auf der Höhe.« Man einigt sich, daß der Großadmiral zum 10. Jahrestag der Machtergreifung zurücktritt.

Die Kampfführung der U-Boote wird im Januar 1943 und den darauffolgenden drei Monaten durch ungewöhnlich starke, orkanartige Stürme erheblich erschwert.

Am Sonnabend, dem 9. Januar 1943, beginnt die U-Boot-Gruppe »Delphin« südlich der Azoren ihren Angriff auf den aus neun Tankern und einer schwachen Geleitsicherung bestehenden Konvoi TM.1.

Am Montag, dem 11. Januar 1943, endet der Einsatz der U-Boot-Gruppe »Delphin« gegen den Konvoi TM.1. Von den neun Tankern erreichen nur zwei ihren Zielhafen.

Anfang 1943 wird das neue britische Radargerät, das jetzt auf 10-cm-Wellenlänge arbeitet, beim Coastal Command erstmals eingesetzt. Die Warn-Funkmeßgeräte »Metox« der deutschen U-Boote, die auf britische Radargeräte mit 1,5-m-Wellenlänge reagieren, sind jetzt nutzlos geworden. Erst Mitte 1944 wird es gelingen, einen geeigneten Funkmeßempfänger einzusetzen, der die U-Boote vor der Ortung durch das 10-cm-Radargerät warnt.

Am Donnerstag, dem 14. Januar 1943, beginnt in Casablanca die Konferenz zwischen Roosevelt und

Die Liberty-Schiffe bahnen sich trotz winterlicher Stürme ihren Weg durch den Atlantik

Churchill mit den Führungsstäben der USA und Großbritanniens. Man beschließt, daß anglo-amerikanische Kampfverbände eine »Combined Bomber Offensive« (CBO) gegen Deutschland fliegen sollen. Die absolute Priorität der Bekämpfung von U-Boot-Stützpunkten und Werften ist nicht zufällig: Ein Sieg in der Schlacht im Atlantik ist die Voraussetzung jeder Großoperation gegen die Festung Europa. Churchill: »Bis Ende 1942 versenkten die U-Boote unsere Schiffe schneller, als wir sie zu bauen vermochten . . .« Auch die verhängnisvolle Formel der »Bedingungslosen Kapitulation« (Unconditional Surrender) wird bekanntgegeben.

Am gleichen Tag setzt das amerikanische U-Boot *Gudgeon* (Lt.Cdr. Stoval jr.) auf der Insel Negros (Zentral-Philippinen) ein Team von fünf US-Geheimagenten unter Major J. Villamor ab. Damit beginnt eine lange Reihe von »Special Submarine Missions«, die zwei Jahre lang, bis zum 23. Januar 1945, dauert. Dieses erste Team soll im Auftrag von MacArthur militärische Spionage auf den von Japanern besetzten Philippinen organisieren und Verbindung mit bereits seit einem Jahr hier operierenden Guerillas aufnehmen sowie ein Netz von Küstenwachstationen errichten. Diese Stationen sollen vor allem die Bewegungen der japanischen Marine- und Luftstreitkräfte beobachten. Sie stehen in Funkverbindung mit dem Hauptquartier von MacArthur. Major Villamor organisiert auch eine reguläre Versorgung der Guerillas durch amerikanische U-Boote.

In der Nacht vom 15./16. Januar 1943 fliegt das Bomber Command der RAF seinen ersten Flächenangriff auf Lorient. Obwohl 300 Tonnen Bomben auf den U-Boot-Stützpunkt fallen, wird keiner der U-Boot-Bunker zerschlagen.

Mitte Januar 1943, nachdem die Japaner beschlossen haben, Guadalcanal aufzugeben, wird eine umfangreiche Evakuierungsaktion angeordnet.

Am Sonntag, dem 31. Januar 1943, erhält Großadmiral Raeder formell den Titel »Admiralinspekteur der Kriegsmarine«. Hitler ernennt den von Raeder vorgeschlagenen Admiral Dönitz als Nachfolger und befördert ihn zum Großadmiral. Dönitz gelingt es, die Zustimmung Hitlers zu gewinnen, »daß die großen Schiffe einzusetzen seien, sobald ein lohnendes Ziel und Erfolgsaussichten sich böten«.

Eine der Ursachen der großen, ab Januar 1943 beginnenden Geleitzugschlachten ist zu dieser Zeit die Möglichkeit des B-Dienstes, ständig die Kursanweisungen der britischen Admiralität für die Konvois zu entziffern. Selbst die täglichen per Funk übermittelten U-Boot-Lageberichte an alle an der Atlantikschlacht beteiligten alliierten Einheiten und Dienststellen werden vom B-Dienst mitgehört. Dönitz: »Diese Meldungen waren für die U-Boot-Führung sehr wertvoll. Sie zeigten, welche Bedeutung eine eigene Luftaufklärung für unseren Seekrieg hätte haben können, deren eigentliche Aufgabe es gewesen wäre, Standorte und Kurse der Geleitzüge festzustellen und zu übermitteln.« Andererseits fällt dank der Entschlüsselung des deutschen U-Boot-Funkverkehrs durch britische Codebrecher die durchschnittliche Tages-Versenkungsquote eines deutschen U-Bootes im Januar 1943 auf 51 Tonnen (221 t im Dezember 1942).

Am Sonntag, dem 31. Januar 1943, läuft aus der Ostsee der deutsche Hilfskreuzer Schiff 14 *Coronel* (Kpt. z. S.

Thienemann) als holländischer Dampfer *Utrecht* getarnt, zu seiner ersten Feindfahrt aus. Es ist das 1938 gebaute Frachtmotorschiff *Togo* mit 350 Mann Besatzung. Seine Bewaffnung: sechs 15-cm-Geschütze, sechs 4-cm-Flak, vier 2-cm-Zwillingsflak, vier Torpedorohre, ein Bordflugzeug, ein Schnellboot und 93 Minen. Vorgesehenes Operationsgebiet: Mittel- und Südatlantik.

Ende Januar 1943 nähert sich die Stärke der U-Boot-Waffe ihrem Höhepunkt. Es gibt etwa 400 deutsche U-Boote, so können zum erstenmal gleichzeitig drei Gruppen mit sieben, 17 und 18 Booten operieren.
Die im Januar 1943 im Nordatlantik tobenden Stürme verhindern oft den Einsatz von U-Booten, so daß die Verluste der Alliierten geringer werden.
Im Januar 1943 versenken deutsche U-Boote im Atlantik, Mittelmeer und Nordmeer 42 Handelsschiffe mit insgesamt 218449 BRT. Eigene Verluste: sechs U-Boote.

Im Nordatlantik beginnt am Montag, dem 1. Februar 1943, ein konzentrierter Angriff der U-Boote gegen den Schnell-Konvoi HX. 224 von Halifax nach Großbritannien. Durch einen Zufall eröffnet er eine Reihe weiterer U-Boot-Erfolge: *U 632* (KptLt. Karpf) fischt einen Schiffbrüchigen auf, der aussagt, daß der nächste Geleitzug, der langsame Konvoi SC. 118 aus Halifax, in Kürze die gleiche Route passieren werde.

Am Dienstag, dem 2. Februar 1943, entbrennt aufgrund einer Information von *U 632* die Geleitzugschlacht zwischen 20 U-Booten der Gruppen »Pfeil« und »Haudegen« und den Sicherungseinheiten des Konvois SC. 118. Die U-Boote versenken 13 Schiffe bei eigenem Verlust von drei Booten. Die schwere Niederlage des Konvois SC. 118 – trotz starker Sicherung durch zwölf Geleitfahrzeuge – ist das Alarmsignal für die britische Admiralität. Die eingeleitete Untersuchung zeigt die Notwendigkeit einer offensiven Taktik und verstärktes Zusammenwirken von Escort-Groups und Support-Groups. Sie sollen jetzt – anstelle der Flugzeuge – die sich an den Konvoi-Routen sammelnden U-Boote angreifen.

In der Nacht vom 2./3. Februar 1943 wird in einem abgeschossenen RAF-Bomber bei Rotterdam ein Radargerät mit 10-cm-Wellenlänge geborgen. So erfährt der BdU, daß die zur U-Boot-Jagd eingesetzten Flugzeuge mit Funkmeßgeräten ausgestattet sind, die auf dieser Wellenlänge arbeiten.

In der Nacht vom 3./4. Februar 1943 beginnt die 19. Group des Coastal Command (Air Vice Marshal Bromet) die erste Biskaya-Offensive (Operation »Gondola«). Ein Seegebiet, quer zum Anmarschweg deutscher U-Boote, soll nun ständig überwacht werden.

In der Nacht vom 4./5. Februar 1943 greifen 120 Maschinen des Bomber Command aufs neue den deutschen U-Boot-Stützpunkt Lorient an.

Zu dem wohl ausgefallensten Mittel, das die britische Admiralität im Kampf um den Atlantik einsetzt, gehört der Sender Atlantik (Chef: Sefton Delmer): Am Freitag, dem 5. Februar 1943, eröffnet das Studio von Milton Bryan bei London mit einer schrillen Pfeifmelodie seine erste Sendung. Dieser Kurzwellensender – nach dem Vorbild der deutschen Wehrmachtssender in Belgrad und anderen Städten – soll nun im Rahmen der psychologischen Kriegführung die Kampfmoral der deutschen U-Boot-Besatzungen untergraben. Die Besatzungen werden zwar von ihren Offizieren sofort darüber aufgeklärt, daß der angeblich deutsche Kurzwellensender Atlantik in Wirklichkeit in England steht. Die Männer sind jedoch von der Vielseitigkeit des Programms und der Tatsache beeindruckt, daß der Atlantiksender recht genau über alles, was U-Boote, Besatzungen und deren Familien anbelangt, Bescheid weiß. Bald bemerken auch die britischen Vernehmungsoffiziere, daß seit Bestehen des Atlantiksenders die gefangenen Besatzungen viel eher aussagebereit sind. Jetzt bekommen sie meistens zu hören: »Die Engländer wissen sowieso alles.« In der Regel wendet der Sender sich an ein bestimmtes U-Boot, das sich nach Angaben der Admiralität gerade auf Feindfahrt befindet. Der Funker eines U-Bootes berichtet später seinem Vernehmungsoffizier: »Wir liefen unter den üblichen Vorsichts- und Geheimhaltungs-Maßnahmen aus, absolute Funkstille, aber kaum waren wir zwei Tage auf See, als der Atlantiksender uns direkt ansprach und ein Wunschkonzert für uns spielte. Ich kann Ihnen sagen, das ist ein äußerst ungemütliches Gefühl, wenn man merkt, daß man so beobachtet wird! Und daß der Feind genau weiß, wo man sich befindet.« Seine Informationen bezieht der Sender aus verschiedenen Quellen: Aus der gesamten Korrespondenz gefangener U-Boot-Besatzungen werden persönliche und familiäre Einzelheiten erfaßt, sämtliche Geburts-, Heirats- und Todesanzeigen von den Familien der U-Boot-Besatzungen, die in deutschen Zeitungen erscheinen, ausgewertet. So kann der Sender den Angehörigen

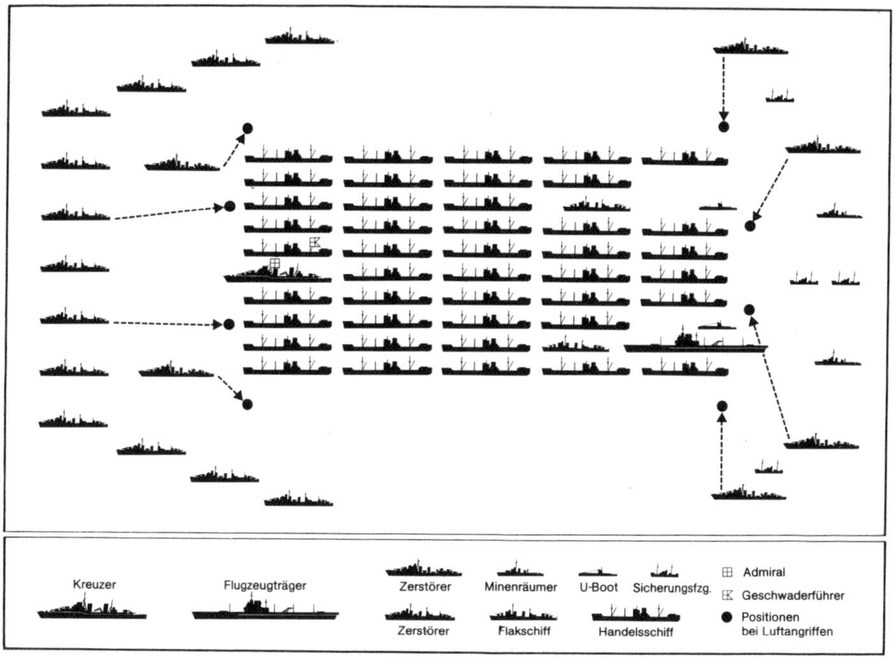

Links: Torpedomontage in einem Stützpunkt der Kriegsmarine

Rechts: Schema der Aufstellung eines Großkonvois der Murmansk-Strecke

Glückwünsche oder Kondolenzen aussprechen und über Privates berichten. Die wichtigsten Informationen liefert jedoch das Deutsche Nachrichtenbureau (DNB) selbst: Über einen Fernschreiber, den der Londoner DNB-Korrespondent bei Kriegsausbruch hat stehenlassen, bekommen die Redakteure des Atlantiksenders zu gleicher Zeit wie ihre deutschen Kollegen bei Presse und Rundfunk alle aus Deutschland stammenden Pressemeldungen. Und gerade diese Berichte sollen die Hörer überzeugen, daß es sich um einen echten deutschen Sender handelt. Daneben haben Geheimagenten des Nachrichtendienstes der britischen Admiralität in deutschen U-Boot-Stützpunkten die Order, selbst Ergebnisse der Fußballspiele zwischen einzelnen U-Boot-Mannschaften sofort per Funk zu melden. So ist es dem Atlantiksender möglich, bereits wenige Stunden nach Spielende genaue Einzelheiten bekanntzugeben. Der Sender besitzt sogar ein deutsches Wehrmachtsorchester (Dirigent: Harry Zeisel), das in Nordafrika samt der ganzen Ausstattung in Gefangenschaft geraten ist.

In der Nacht vom 7./8. Februar 1943 führt das Bomber Command einen Flächenangriff auf Lorient (760 t Bomben) durch.
In der gleichen Nacht gelingt es 18 japanischen Zerstörern, die letzten Truppen von Guadalcanal nach Rabaul zu evakuieren. Die sechs Monate dauernden harten blutigen Kämpfe sind zu Ende. Nun frohlockt die japanische Propaganda, daß den Amerikanern bald der Atem ausgehe, wenn sie für jede andere Salomonen-Insel auch so viel Zeit verlieren würden.

Am Dienstag, dem 9. Februar 1943, verläßt *U 180* (KorvKpt. Musenberg) Kiel. Beim Verlassen des Hafens bringt ein Motorboot zwei Zivilisten an Bord. Der Besatzung wird mitgeteilt, daß beide Männer, die in Norwegen am Bau von U-Boot-Stützpunkten arbeiteten, dort an Land gesetzt würden. Es sind jedoch der indische Nationalistenführer Subhas Chandra Bose und sein Adjutant Habid Hasan. Nach Ende dieser Geheimfahrt sollen sie im Indischen Ozean auf das dort wartende japanische U-Boot umsteigen. Auf Seiten der Japaner soll dann Bose mit seinen Anhängern den Kampf gegen die Engländer in Indien führen.

Am Mittwoch, dem 10. Februar 1943, wird *U 519* (KptLt. Eppen) durch eine viermotorige Liberator der 2. Squadron (USAAF) als erstes deutsches U-Boot im Rahmen der Operation »Gondola« nordöstlich der Azoren versenkt.

Am Sonntag, dem 14. Februar 1943, bekommt der in Dünkirchen liegende deutsche Hilfskreuzer Schiff 14 *Coronel* den Befehl, in die Ostsee zurückzukehren. Er wird auf seiner Fahrt durch den Ärmelkanal mehrfach von alliierten Maschinen angegriffen und durch einige Bombentreffer beschädigt. So endet der letzte Versuch eines deutschen Hilfskreuzers, in den Atlantik auszubrechen. Nach seinem Umbau auf der Kriegsmarine-Werft in Kiel setzt man das Schiff 14 unter seinem ursprünglichen Namen *Togo* als das erste Luft-Nachtjagd-Leitschiff im Großen Belt, nördlich von Langeland, ein. Die *Togo* übersteht den Krieg und wird als einer der ersten Frachter am 13. 8. 1945 wieder in Dienst gestellt.

Bereits Mitte Februar 1943 ändert sich die Lage in der Biskaya. Immer öfter werden U-Boote auf der Rückfahrt vom Feind versenkt. Die Überlebenden berichten, daß, wenn sie nachts aufgetaucht fahren, um die Batterien zu laden, sie plötzlich aus der Luft mit grellen

Scheinwerfern angestrahlt und dann sofort mit Bomben angegriffen werden.

Am Donnerstag, dem 18. Februar 1943, beordert der BdU, als der B-Dienst die Funksprüche des von Großbritannien nach Halifax laufenden Konvois ON. 166 entziffert hat, die starken U-Boot-Gruppen »Ritter« und »Knappen« auf die vermeintliche Konvoi-Route. Die Angriffe beginnen kurz nachdem ON. 166 sich aus der Reichweite der Coastal-Command-Maschinen entfernt hat, und dauern bis zum 24. Februar. Die U-Boote versenken dabei 14 Schiffe.

In der Nacht vom 28. Februar zum 1. März 1943 führen 409 schwere britische Bomber einen Angriff auf den U-Boot-Stützpunkt St. Nazaire (1120 t Bomben) durch.

Im Februar 1943 versenken deutsche U-Boote im Atlantik, Nordmeer, Mittelmeer und im Indischen Ozean 68 Handelsschiffe mit insgesamt 380835 BRT. Eigene Verluste: 20 U-Boote.
In diesem Monat übersteigt zum erstenmal die alliierte Handelsschiffs-Produktion die von U-Booten versenkte Tonnage. Es werden jetzt monatlich über eine Million BRT gebaut.

Ab März 1943 werden bis Ende des Jahres die Konvois nach Murmansk gestoppt. Statt dessen laufen die Lend-Lease-Lieferungen beinahe ohne Verluste durch das Mittelmeer, den Suezkanal bis zum Persischen Golf. Durch Einstellung der Fahrten nach Murmansk können die freigewordenen Geleitfahrzeuge den Support-Groups zugeteilt werden.

In der Nacht vom 4./5. März 1943 gelingt es *U 333* (Oberlt. z. S. Schwaff), eine ihn angreifende Wellington der 172. Squadron herunterzuholen. Als das Flugzeug seine Leigh-Light-Scheinwerfer einschaltet, eröffnet *U 333* mit der 2-cm-Flak das Feuer und schießt die Maschine ab.
In der nächsten Geleitzug-Schlacht, die am Sonntag, dem 7. März 1943, beginnt, greifen zwei U-Boot-Gruppen den von Halifax nach Großbritannien gehenden Großkonvoi SC. 121 an. Einige Nachzügler, die sich wegen des heftigen Sturmes von dem Konvoi lösen müssen, fallen den U-Booten zum Opfer. Insgesamt gehen 13 Schiffe (62000 BRT) mit ihren Besatzungen unter, die U-Boote erleiden keine Verluste.
Nachdem die Schlacht mit dem Konvoi SC. 121 zu Ende geht, beginnt am Donnerstag, dem 11. März 1943, die nächste Geleitzug-Schlacht: Die aus 13 U-Booten bestehende Gruppe »Neuland« greift den mit 10 Knoten von Nordamerika nach England fahrenden Geleitzug HX. 228 an. Unter den 60 Frachtern befinden sich auch einige Truppentransporter. Die U-Boote können jedoch nur einen mäßigen Erfolg verzeichnen, 24175 BRT. Eigene Verluste: zwei U-Boote.

Am Montag, dem 8. März 1943, läuft aus Gdingen/Gotenhafen das Schlachtschiff *Scharnhorst* (Kpt. z. S. Hoffmann) aus. Im Schutz des stürmischen Wetters gelingt es ihm, Trondheim zu erreichen und sich mit dem Schlachtschiff *Tirpitz* (Kpt. z. S. Topp) zu treffen.

Am Dienstag, dem 16. März 1943, spielt sich eine der blutigsten Konvoi-Schlachten ab: Die U-Boot-Gruppen »Dränger«, »Stürmer« und »Raubgraf« mit insgesamt 40 Booten kreuzen den Weg des aus New York nach Großbritannien gehenden Schnellkonvois HX. 229 mit 40 Schiffen und den auf der etwa gleichen Route fahrenden langsamen Konvoi SC. 122 von Halifax nach Großbritannien mit 60 Schiffen. Bis zum Abend verlieren beide Konvois zusammen 12 Schiffe. *U 338* (KptLt. Kinzel) gelingt es sogar, mit fünf Torpedos vier Handelsschiffe zu versenken.

Am Abend des 17. März 1943 holt der Konvoi HX. 229 den Konvoi SC. 122 ein, der noch langsamer als vorgesehen läuft. Beide Konvois bilden jetzt eine riesige Ansammlung von Schiffen, völlig ungeordnet, schwer zu manövrieren und zu sichern. In den darauffolgenden drei Tagen versenken die U-Boote weitere neun Schiffe. Insgesamt betragen die alliierten Verluste beider Konvois 21 Schiffe mit 141000 BRT, nur ein U-Boot, *U 384* (Oberlt. z. S. v. Rosenberg-Gruszczynski), geht verloren. Die Tatsache, daß fast 70 Prozent der Verluste in stark gesicherten Geleitzügen eintreten, läßt bei der britischen Admiralität an der Nützlichkeit des Konvoi-Systems Zweifel aufkommen.
Die britische Admiralität vermerkt: »Niemals kamen die deutschen U-Boote ihrem Ziel, die Verbindungen zwischen der Alten und der Neuen Welt zu unterbrechen, so nahe wie in den ersten 20 Tagen des März 1943.«
Zu dieser Zeit tritt die Bekämpfung der U-Boote im Atlantik in eine entscheidende Phase: Die ersten Geleitträger seit der Versenkung des Geleitträgers *Audacity* (22. 12. 1941) werden nunmehr in Dienst gestellt. Daneben sind auch fünf Atlantic Support Groups im Einsatz, und man verdoppelt die Zahl der Langstrecken-Aufklärer.
Die ersten 20 Tage im März 1943 bedeuten den Höhepunkt der Schlacht im Atlantik. Nach dieser für die deutsche U-Boot-Waffe erfolgreichsten und größten Geleitzug-Schlacht des Zweiten Weltkrieges kommt es zu einem plötzlichen Umschwung: Obwohl Position und Kurs der Konvois dank guter Arbeit des B-Dienstes regelmäßig vom BdU erfaßt werden, gelingt es den U-Booten immer seltener, die Konvoi-Sicherung zu durchbrechen.

Am Sonnabend, dem 27. März 1943, greift nahe Kamtschatka eine US-Kampfgruppe (Konteradm. McMorris) mit zwei Kreuzern und vier Zerstörern einen japanischen Nachschub-Konvoi an, der für Attu (Aleuten) bestimmt ist. Zwischen den US-Schiffen und dem japanischen Verband (Vizeadm. Hosogaya) mit vier Kreuzern und fünf Zerstörern kommt es bei den Komandorski-Inseln zu einem dreieinhalbstündigen Gefecht. Es ist die letzte Seeschlacht im Pazifik nach alter Taktik, nur

Der japanische Admiral Yamamoto, Oberbefehlshaber der Kaiserlichen Marine, ist das prominenteste Opfer der Codebrecher im Zweiten Weltkrieg

mit Artillerie und Torpedos, ohne Beteiligung von Flugzeugen. Einige Schiffe bekommen Granattreffer. Doch auch bei dieser Schlacht – wenngleich nicht anwesend – tragen die Flugzeuge zur Entscheidung bei: Vizeadmiral Hosogaya bricht aus Furcht vor US-Luftangriffen das Gefecht ab und befiehlt seinen überlegenen Kräften den Rückzug.

In den ersten drei Monaten des Jahres 1943 nehmen 75 Prozent der deutschen Front-U-Boote an Geleitzug-Schlachten teil.
Im März 1943 versenken deutsche U-Boote im Atlantik, Mittelmeer, Nordmeer und im Indischen Ozean 105 Handelsschiffe mit insgesamt 590 234 BRT. Eigene Verluste: 16 U-Boote.
Dönitz: »Der Erfolg dieses Monats sollte aber auch der letzte entscheidende deutsche Sieg in einem Geleitzug-Kampf gewesen sein.«
Ab April 1943 schließen die Trägerflugzeuge, Langstrecken-Liberators und Flugboote das »schwarze Loch«, den nicht luftgeschützten Raum im Atlantik.

Am Mittwoch, dem 7. April 1943, beginnt die japanische Luftoffensive (Operation »I«) gegen die Salomonen. Admiral Yamamoto, über die Situation auf den Inseln zutiefst beunruhigt, beschließt, die Operation persönlich zu leiten. Nachdem die vier japanischen Träger etwa 160 Jäger und Sturzbomber zur Verstärkung der 11. Luftflotte nach Rabaul und Buka geschafft haben, greifen die Trägermaschinen am gleichen Tage die US-Schiffe auf der Reede von Tulagi und Lunga (Guadalcanal) an.

Am Dienstag, dem 13. April 1943, um 17.55 Uhr, funkt der Befehlshaber der japanischen 8. Flotte, Vizeadmiral T. Sameijma, Einzelheiten über einen Inspektionsflug von Admiral Yamamoto. Wegen der Bedeutung dieser Mitteilung wird der Code mit höchster Sicherheitsstufe verwendet. Es heißt, daß Admiral Yamamoto am 18. April um 6.00 Uhr morgens von Rabaul in einem Bomber, mit sechs Jagdflugzeugen als Begleitung, zur Inspektion der japanischen Stützpunkte auf Ballale und Shortland, nahe dem südöstlichen Ausläufer der Insel Bougainville, abfliegen wird. Diese geheime Meldung fangen zugleich mehrere Abhörstellen der US-Marine auf, und bereits 14 Stunden später liegt der Funkspruch im Klartext auf dem Tisch des Gegenspielers von Yamamoto in Pearl Harbor. Der Oberbefehlshaber der US-Pazifikflotte, Admiral Nimitz, erkennt sofort die einmalige Chance, seinen gefährlichsten Widersacher ein für allemal auszuschalten. Noch am Abend des 17. April 1943 landen auf dem Henderson Field (Guadalcanal) vier Liberator-Maschinen mit Spezial-Zusatztanks für die Lightning-Jäger. Das Unternehmen »Vengeance«, die Jagd nach Admiral Yamamoto, kann beginnen.

Am Sonntag, dem 18. April 1943, um 7.25 Uhr, starten unter Führung von Major J. W. Mitchell 16 Lightning P-38 der 399. Squadron vom Henderson Field, um den japanischen Admiral kurz vor seiner Landung auf der 600 Kilometer entfernten Insel Ballale bei Bougainville abzufangen. Um 6.00 Uhr fliegt Yamamoto in einem Mitsubishi-G4M-Betty-Bomber – eine zweite Betty-Maschine und sechs Zero-Jäger begleiten ihn – von Rabaul nach Bougainville. Seine gewohnte Pünktlichkeit wird dem Admiral zum Verhängnis.
Als die Betty-Bomber die doppelrumpfigen Lightnings sichten, machen sie einen Fehler: Sie gehen im Sturzflug auf den Dschungel von Bougainville herunter und verlieren dadurch den Vorteil der Flughöhe. Nach einem etwa 30 Sekunden dauernden Luftgefecht explodiert der Bomber Yamamotos 65 Kilometer nördlich von Ballale inmitten des Dschungels. Captain T. G. Lamphier: »Ich jagte eine lange Feuergarbe seitlich in den Bomber hinein, und zwar ziemlich genau rechtwinklig. Das rechte Triebwerk fing Feuer, und dann auch die rechte Tragfläche. Als ich in Reichweite von Yamamotos Flugzeug und seiner Bordkanone war, brach die Tragfläche des Bombers ab.«
Admiral Isoroku Yamamoto, 59jähriger Oberbefehlshaber der Kaiserlichen Marine, ehemaliger Harvard-Student und brillanter Stratege des Angriffs auf Pearl Harbor, ist das prominenteste Opfer der Codebrecher des Zweiten Weltkrieges. »Es gab nur einen Yamamoto, und niemand kann ihn ersetzen«, sagt sein Nachfolger, Admiral Koga. »Sein Verlust ist für uns ein entsetzlicher Schlag.« Das japanische Hauptquartier gibt seinen Absturz erst einen Monat später bekannt. Die Amerikaner melden anschließend – um ihre Unwissenheit zu beteuern –, Admiral Yamamoto sei »auf einem der Flugzeugträger gefallen«.

Am Montag, dem 26. April 1943, trifft *U 180* (KorvKpt. Musenberg) südlich Mauritius das japanische U-Boot *I-29* (FregKpt. Izu), das den indischen Nationalistenführer Chandra Bose und seinen Adjutanten übernehmen soll. Musenberg: »Mit einer Schwimmweste gesichert, besteigen Bose und sein Adjutant ein japanisches Schlauchboot. Zuvor hat Bose noch in herzlichen Worten seinen Dank für die Wochen auf *U 180* zum Ausdruck gebracht. Mit Flaggensignalen als Gruß und Wunsch für beiderseitig gute Fahrt und Heimkehr richten beide Boote ihren Bug zur Heimat.«

In der Nacht vom 27./28. April 1943 werfen Flugzeuge des Bomber Command 459 Minen vor der deutschen und holländischen Nordseeküste sowie im Golf von Biskaya ab. Damit erreicht der RAF-Einsatz zur Verminung des deutschen Küstenvorfeldes den Höhepunkt.

In der letzten Aprilnacht 1943 versenkt *U 515* (KptLt. Henke) aus dem von Trinidad mit 18 Schiffen kommenden Konvoi TS. 37 vor Freetown in zwei Angriffen acht Frachter. Diese erstaunliche Tat vollbringt Kapitänleutnant Henke mit nur neun einzeln geschossenen Torpedos mit verbesserten neuen Magnetpistolen. Es ist der erfolgreichste Einsatz eines U-Bootes gegen einen Geleitzug im Zweiten Weltkrieg.

Ende April 1943 veranlassen die Angriffserfolge des Coastal Command, deren Flugzeuge mit 10-cm-Radar ausgestattet sind, im Golf von Biskaya Großadmiral Dönitz zu einem folgenschweren Entschluß: Er befiehlt nun den U-Booten, bei ihrer Fahrt durch die Biskaya nachts getaucht und am Tage über Wasser zu fahren, in dem Glauben, daß der Ausguck zuverlässiger arbeite als das Warn-Funkmeßgerät »Metox«. Dieser Taktik fallen vier U-Boote zum Opfer. Um die Flugzeugangriffe abzuwehren, wird die Flak auf den U-Booten verstärkt, und einige U-Boote in sogenannte Flugzeug-Fallen umgebaut. Ihre Aufgabe ist es, die Marschwege der U-Boote durch die Biskaya zu sichern.
Diese taktische Fehlentscheidung ermöglicht dem RAF Coastal Command jetzt außergewöhnliche Erfolge im Kampf gegen die U-Boote.

Ende April 1943 werden weitere Geräte und Waffen, die den Alliierten bei der U-Boot-Jagd helfen, eingesetzt: u. a. das magnetische Flugzeug-Ortungsgerät »MAD«, das das Magnetfeld eines bis 100 Meter getauchten U-Bootes orten kann, dazu als Ergänzung Rückwärtsbomben (Retro-Bomben) mit einer Rakete, die es ermöglicht, die Bomben senkrecht zur Flugrichtung auf das von »MAD« geortete U-Boot abzuwerfen. Das Gerät »Sonoboje« ist ein kleiner schwimmender Funksender, unter dem an einem meterlangen Kabel ein hochempfindliches Horchgerät hängt, dessen aus dem Wasser ragende Sendeantenne die Motorengeräusche des U-Bootes an das in der Nähe kreisende Flugzeug übermittelt.

Im April 1943 versenken deutsche U-Boote im Atlantik und Mittelmeer 48 Handelsschiffe mit insgesamt 276 517 BRT. Eigene Verluste: 15 U-Boote.

Am Abend des 4. Mai 1943 stößt südlich von Grönland der von Großbritannien nach Halifax gehende langsame Konvoi ONS. 5 auf die hier konzentrierten 51 U-Boote der Gruppe »Fink«. In der darauffolgenden Geleitzugschlacht, in der 30 Prozent (13 Schiffe) des Konvois verlorengehen, werden sieben U-Boote versenkt.

Allein an einem Tag, dem 7. Mai 1943, werden im Atlantik sechs deutsche U-Boote versenkt und vier beschädigt.

In der nächsten Geleitzug-Schlacht am 10. Mai 1943 gegen den Konvoi HX. 237 versenken die U-Boote drei Schiffe und verlieren selbst drei Boote.

Am Mittwoch, dem 12. Mai 1943, setzen die Alliierten erstmalig erfolgreich akustisch zielsuchende Lenktorpedos (Mark 24 Mine, auch Fido genannt) ein. Dieser Lufthorch-Torpedo folgt einem getauchten U-Boot, angezogen durch sein Schraubengeräusch: Eine RAF-Langstrecken-Liberator (Flight Lt. Wright) von der 423. Squadron beschädigt mit dem Fido das U-Boot *U 456* (KptLt. Teichert), das am nächsten Tag von dem britischen Zerstörer *Pathfinder* versenkt wird.

Am Donnerstag, dem 13. Mai 1943, stellen in Tunesien die Reste der Heeresgruppe Afrika (GenOberst v. Arnim) den Kampf ein. Die italienische 1. Armee (Gen.-Oberst Messe) kapituliert am darauffolgenden Morgen. Es hat über sechs Monate gedauert, bis die Alliierten Französisch-Nordafrika erobert haben, in ihrem Operationsplan waren dafür sechs Wochen vorgesehen. Die Kämpfe in Afrika sind zu Ende. Jetzt beginnen die Alliierten mit den Vorbereitungen für die Invasion von Sizilien.
Nun stehen im Nordatlantik etwa 60 U-Boote im Kampf gegen zwölf Escort Groups, sechs Support Groups mit drei Geleitträgern und insgesamt 40 Langstreckenmaschinen, Typ Liberator B-24. Die Entscheidung im Atlantik bahnt sich an:
Am Dienstag, dem 18. Mai 1943, stellt der B-Dienst den Konvoi SC. 130 mit 38 Schiffen fest. Dönitz beordert die U-Boot-Gruppe »Donau« auf dessen vermeintliche Position. Der Konvoi ist durch die Escort Group B. 7 gesichert, geführt von einem der besten ehemaligen britischen U-Boot-Kommandanten, Commander Gretton (Zerstörer *Duncan*). Die Luftsicherung haben die Langstrecken-Liberator B-24 der 120. RAF-Squadron (Island).

Am nächsten Tag, dem 19. Mai 1943, wird im Kampf gegen den Konvoi SC. 130 östlich von Kap Farvel *U 954* (Oberlt. z. S. Loewe) von der Liberator T (Flight Serg. Stowes) mit zwei zielsuchenden Torpedos »Mark 24/Fido« getroffen. Dabei findet auch der kaum 20 Jahre alte Wachoffizier Leutnant zur See Peter Dönitz, ein Sohn des Großadmirals, den Tod.

Titelseite einer NS-Illustrierten: U-Boot-Besatzung verfolgt den Untergang eines ihrer Opfer

Am Mittwoch, dem 19. Mai 1943, greift die U-Boot-Gruppe »Mosel« den vom B-Dienst festgestellten Schnell-Konvoi mit 42 Schiffen von Halifax nach Großbritannien an und verliert dabei *U 752* (KptLt. Schroeter), ohne einen Erfolg zu erzielen.
Nun, auf dem Höhepunkt der Arbeit des B-Dienstes, dem kaum ein Konvoi entgeht, können die U-Boote diesen Erfolg nicht mehr ausnutzen. Die Zeiten der deutschen Gruppen-(Rudel-)Taktik sind zu Ende.
In den entscheidenden sechs Wochen der Schlacht im Atlantik, zwischen dem 6. April 1943 und 19. Mai 1943, durchfahren das Atlantikloch in beiden Richtungen 22 Konvois mit 912 Schiffen. 14 Konvois erreichen ohne Verluste ihr Ziel, acht Konvois melden 24 versenkte Schiffe mit 129 750 BRT, davon sind 14 im Konvoi laufende Frachter versenkt worden, sechs weitere, nachdem sie sich vom Konvoi getrennt haben und eines wegen Kollision. Die Verluste machen 2,6 Prozent der Gesamttonnage aus.
Die U-Boote, mit kaum noch geeigneten Funkmeßgeräten ausgestattet, können nun trotz ihres aufopfernden Einsatzes nicht mehr gegen die Taktik einer offensiven Verteidigung der Escort und Support Groups, unterstützt durch Geleitträgermaschinen und Langstreckenflugzeuge, ankommen.

Am Sonnabend, dem 22. Mai 1943, läuft die erste U-Boot-Flugzeugfalle, *U 441* (KptLt. v. Hartmann), zum ersten Unternehmen von Brest aus. Das Boot ist mit einer 3,7-cm-Schnellfeuerkanone, zwei 2-cm-Vierlingsflak, mehreren MG 42 und einem Seil-Raketenwerfer ausgerüstet.

Zwischen dem 1. und 22. Mai 1943 werden 31 deutsche U-Boote versenkt, davon 23 durch Flugzeuge (75 Prozent) und acht von Überwasserschiffen. Dönitz: »Wir hatten bis zum 22. Mai 1943 bereits 31 U-Boote verloren; eine erschreckend hohe Zahl, die uns unerwartet traf; denn trotz der starken Zunahme der feindlichen Abwehr im 4. Kriegsjahr war ein Ansteigen der U-Boot-Verluste bis dahin nicht erkennbar geworden.«

Am Sonntag, dem 23. Mai 1943, kommt erstmalig eine Rakete zur Bekämpfung der U-Boote zum Einsatz. Sie soll nach einem Weg bis zu 50 Metern unter Wasser den Druckkörper eines U-Bootes treffen, um ein weiteres Tauchen zu verhindern. Anschließend wird das U-Boot mit konventionellen Waffen bekämpft. An diesem Tag startet von dem Geleit-Flugzeugträger *Archer* eine Maschine vom Typ Swordfish zu einer Aufklärung im Nordatlantik. Die Swordfish (SubLt. Horrocks) fliegt dabei ihren ersten Kampfeinsatz mit der soeben in Dienst gestellten 7,6-cm-Rakete und sichtet 750 Seemeilen westlich von Irland *U 752* (KptLt. Schroeter). Eine Salve von acht Raketen durchlöchert den Rumpf des U-Bootes, und eine Trägermaschine Typ Wildcat, die die Swordfish begleitet, versenkt das tauchunfähige Boot.

An diesem Tag, dem 23. Mai 1943, entschließt sich Dönitz nach den letzten Mißerfolgen und dem Verlust von 33 U-Booten in den ersten drei Maiwochen, die U-Boot-Einsätze im Nordatlantik abzubrechen. Sie sollen erst dann wieder aufgenommen werden, wenn eine neue Kampftaktik ausgearbeitet ist und die U-Boote mit modernen, verbesserten Geräten ausgestattet sind.

Am Montag, dem 24. Mai 1943, vermerkt das Kriegstagebuch des BdU: »In den letzten Tagen sind Verluste eingetreten, die die augenblickliche Krise des U-Boot-Krieges besonders scharf erkennen lassen und zu entscheidenden Maßnahmen zwingen. Im Mai mußte im Atlantik die Versenkung von etwa 10 000 BRT mit je einem Boot bezahlt werden.« Dönitz: »Ich zog die Konsequenzen und ließ den Atlantik räumen. Am 24. Mai 1943 befahl ich den U-Booten, unter Anwendung aller Vorsichtsmaßnahmen in den Seeraum südwestlich der Azoren abzumarschieren.«
So endet die 5. Phase der Schlacht im Atlantik, die im August 1942 begonnen hat.
Nachdem die U-Boot-Operationen im Nordatlantik keinen Erfolg mehr versprechen, vermutet der BdU, daß im Mittelatlantik noch eine Luftsicherungslücke besteht. Immerhin befinden sich zwischen den Bermudas und Nordafrika keine alliierten Flugplätze. Drei U-Boote, die im Nordatlantik bleiben, haben die Auf-

gabe, durch ihren Funkverkehr stärkere U-Boot-Ansammlungen vorzutäuschen.
Und während die drei im Nordatlantik verbliebenen U-Boote den Täuschungs-Funkverkehr aufrechterhalten, bildet Dönitz aus den 17 vom Nordatlantik abgezogenen U-Booten die Gruppe »Trutz« und beordert sie in das Gebiet südwestlich der Azoren, wo sie einen von Gibraltar nach Westen gehenden Konvoi angreifen soll. Dank »Ultra« kennt jedoch die britische Admiralität die Funkanweisungen des BdU für die Gruppe »Trutz« und stellt in dem bedrohten Gebiet starke Sicherungsfahrzeuge, darunter auch den Geleitträger *Bogue,* auf.

Ende Mai 1943 kommt der erste Hilfsgeleitträger (Merchant Aircraft Carrier), das MAC-Schiff *Empire MacAlpine* (8000 BRT) zur Luftsicherung des Konvois zum Einsatz. Dieser schnelle Frachter kann auf seinem Flugdeck von etwa 130 Meter Länge und 20 Meter Breite bis zu vier Swordfish-Flugzeuge aufnehmen, dazu noch etwa 80 Prozent seiner normalen Fracht transportieren.

Am Montag, dem 31. Mai 1943, überträgt Großadmiral Dönitz die gesamte Marinerüstung dem Rüstungsminister Speer.
Am gleichen Tag versenken die Flugzeuge des Coastal Command *U 440* (Oberlt. z. S. Schwaff) und *U 563* (Oberlt. z. S. Borchardt). Die beiden Boote, dem Befehl von Großadmiral Dönitz folgend, haben mit ihren Flakwaffen den Kampf gegen Flugzeuge aufgenommen.

Hilfreich gibt ein britischer Matrose einem deutschen U-Boot-Mann die Hand

Von Januar bis Ende Mai 1943 werfen insgesamt 3568 alliierte Flugzeuge 5429 Tonnen Sprengbomben und 3704 Brandbomben bei einem Verlust von 98 Maschinen auf die U-Boot-Stützpunkte ab. Keine der Bomben hat jedoch die Decken der U-Boot-Bunker ernsthaft beschädigt.
Im gleichen Zeitraum werfen 3414 alliierte Flugzeuge 5572 Tonnen Sprengbomben und 4173 Brandbomben auf deutsche U-Boot-Werften; der Verlust beträgt 168 Maschinen. Doch keine der Werften fällt aus, und keines der im Bau befindlichen Boote wird zerstört.
Nach britischen Angaben betragen die Verluste der alliierten Schiffahrt von Januar bis Ende Mai 1943 insgesamt 365 Handelsschiffe mit 2 001 918 BRT. Die U-Boote haben im gleichen Zeitraum 314 Handelsschiffe mit 1 782 625 BRT versenkt, davon im Atlantik und in den Gewässern um die britische Insel 264 Schiffe mit 1 546 658 BRT.
Vom 3. 9. 1939 bis Ende Mai 1943 haben deutsche Werften 608 U-Boote gebaut. Damit verfügt der BdU trotz aller Verluste über 400 U-Boote. Etwa ein Drittel davon befindet sich im Operationsgebiet, ein Drittel auf dem An- oder Abmarsch, ein Drittel zur Überholung in der Werft oder dient als Schul-U-Boot. Die U-Boot-Waffe besitzt nun endlich die Stärke, welche Dönitz schon vor dem Krieg gefordert hat.
Im Mai 1943 versenken deutsche U-Boote im Nordatlantik, Mittelatlantik, vor Südafrika und im Mittelmeer 44 Handelsschiffe mit insgesamt 225 772 BRT. Eigene Verluste: 41 U-Boote.

Die britische Admiralität: ». . . Zum erstenmal haben die U-Boote ihre Angriffe auf Konvois auch dann nicht durchführen können, wenn die Lage günstig für sie war. Es gibt Grund zur Annahme, daß der Höhepunkt der Anstrengungen des Feindes vorbei ist.« Dönitz: »Wir sind jetzt an einer technischen Waffenfrage gescheitert, gegen die es ein Gegenmittel geben wird.« Der Verlust von 2000 U-Boot-Männern, die noch weniger zu ersetzen sind als die U-Boote selbst, ist als Preis für die Versenkung von 225 000 BRT nicht zu verantworten.
Jedem verlorenen U-Boot stehen jetzt nur noch 5500 BRT vernichteter Handelsschiffraum gegenüber, 40mal weniger als der Monatsdurchschnitt in der ersten Jahreshälfte 1942. Dönitz: »Die Ereignisse im Mai 1943 hatten eindeutig gezeigt, daß der Punkt erreicht war, an dem die Abwehr der beiden großen Seemächte die Kampfkraft unserer U-Boote übertraf.«

Am Freitag, dem 4. Juni 1943, trifft in Liverpool der Konvoi HX. 240 ein. Er ist bereits der siebte Geleitzug, der in den letzten Wochen ohne Verluste den Nordatlantik passiert hat.
Am gleichen Tag geht von Batavia aus der deutsche Hilfskreuzer, Schiff 28 *Michel* (Kpt. z. S. Gumprich, früher Kommandant von *Thor),* in See. Es soll das letzte Unternehmen eines deutschen Hilfskreuzers sein.

Am Sonnabend, dem 5. Juni 1943, nimmt 600 Seemeilen westlich der Azoren die U-Boot-Gruppe »Trutz«

17. 6. 1943, Insel Sabine (Ostgrönland): Ein Flugboot vom Typ Do 26 holt den deutschen Wettertrupp »Holzauge« samt Schlittenhunden ab

den Kampf gegen den Konvoi GUS. 7A auf. Die Maschinen des Geleitträgers *Bogue* greifen die U-Boote an und versenken *U 217* (KptLt. Reichenbach-Klinke). Dem Konvoi gelingt es, ohne Verluste zu entkommen.

Ab Montag, dem 7. Juni 1943, setzt der BdU acht U-Boote im Nordatlantik ein. Sie sollen hier kreuzen und wenigstens durch Funksprüche sowie Kurzsignale mehrere starke U-Boot-Gruppen vortäuschen.

Bis zum 10. Juni 1943 führt die 8. US-Luftflotte seit dem 27. 1. 1943 eine Reihe schwerer Angriffe gegen deutsche U-Boot-Stützpunkte entlang der Atlantikküste durch: Brest wird dreimal bombardiert, Lorient viermal, St. Nazaire fünfmal und La Pallice zweimal. Zugleich konzentrieren sich die RAF-Bomberverbände bei Nachtangriffen mit 300 bis 500 Maschinen auf die gleichen Ziele. In nur einem Monat wird Lorient neunmal und St. Nazaire elfmal bombardiert. 63 Prozent aller amerikanischen und 30 Prozent der britischen Angriffe richten sich gegen U-Boot-Stützpunkte, Werften und Zulieferwerke.
Der BdU, der die derzeitige Lage als vorübergehende technische Überlegenheit der Alliierten betrachtet, hofft, im Spätsommer mit akustischen Torpedos, neuen Funkmeß-Beobachtungsgeräten und Flakbewaffnung wieder zur Offensive übergehen zu können.
Dönitz: »Ich stand im Juni 1943 vor der schwersten Entscheidung des ganzen Krieges: Es ging um die Frage, ob ich die U-Boote aus allen Seegebieten zurückrufe und den U-Boot-Krieg einstelle, oder sie trotz der Unterlegenheit in einer den Verhältnissen angepaßten Form weiterkämpfen lassen sollte . . . Ich kam zu dem Entschluß, daß wir vor der bitteren Notwendigkeit standen, weiterkämpfen zu müssen.«

Am Donnerstag, dem 17. Juni 1943, landet auf der Eisfläche der Insel Sabine (Ostgrönland) das viermotorige Flugboot vom Typ Dornier Do 26 V6 der 1.Kü.Fl.Gr. 506. Das Flugzeug nimmt die am Leben gebliebenen Angehörigen des Wettertrupps »Holzauge« (Leiter: Dr. G. Weiß) an Bord. Der Wettertrupp hat während seines Aufenthaltes (ab 22. 8. 1942) schwere Gefechte mit einer dänischen Schlittenpatrouille führen müssen, und das Wetterschiff *Sachsen,* das den Wettertrupp an Land gesetzt hat und im Packeis festlag, ist von US-Bombern versenkt worden. Die Dornier Do 26 bringt nun die Überlebenden nach Banak (Norwegen), selbst die Schlittenhunde werden mitgenommen, um sie im geheimen Ausbildungslager der Kriegsmarine für Wettertrupps in Goldhöhe (Riesengebirge/Schlesien) einzusetzen.

Am Dienstag, dem 22. Juni 1943, unterzeichnet Dönitz den Befehl zum Bau neuer U-Boote vom Typ XXI und XXIII, die eine Wende in der Schlacht im Atlantik bringen sollen. Nur ein U-Boot Typ XXI und zwei vom Typ XXIII werden fertiggestellt und kommen erst kurz vor der Kapitulation zum Einsatz.

Am Montag, dem 28. Juni 1943, wird der deutsche Wettertrupp »Nußbaum« (Leiter: Dr. F. Nusser) aus seinem Einsatzgebiet in Nordwestspitzbergen (seit dem 7. 10. 1942) von einem U-Boot abgeholt.

Im Juni 1943 versenken deutsche U-Boote im Mittelmeer und im Indischen Ozean 20 Handelsschiffe mit insgesamt 86 807 BRT. Eigene Verluste: 17 U-Boote.
Ende Juni 1943 werden bereits über 1100 Flugzeuge aller Typen zur ständigen U-Boot-Jagd im Atlantik eingesetzt. Nachdem die Konvois die Nordatlantik-Route ohne Gefahren passieren können und die Support Groups sowie zahlreiche U-Boot-Jagdflugzeuge frei sind, beschließt die britische Admiralität eine neue Offensive gegen die Anmarschwege der U-Boote im Golf von Biskaya.
Um sich bei Luftangriffen gegenseitig mit Flakwaffen zu unterstützen, wenden die deutschen U-Boote seit Anfang Juni eine neue Taktik beim Durchlaufen der Biskaya an: Sie marschieren jetzt in Gruppen bis zu fünf U-Booten. Einen wenn auch schwachen Jagdschutz geben ihnen dabei die Maschinen der I. Gruppe des Zerstörergeschwaders 1. Dagegen setzt jedoch das Coastal Command dreimal täglich einen Verband von sieben Flugzeugen auf parallelen Kursen nordwestlich von Kap Finisterre ein (Operation »Musketry« und »Seaslug«). Das zu patrouillierende Gebiet entspricht der Entfernung, die ein U-Boot überqueren kann, wenn es wie üblich vier Stunden aufgetaucht und 20 Stunden unter Wasser fährt.

Südlich von Irland, das Ende eines U-Bootes: Der Kutter *Spencer* von der US Coast Guard greift *U 175* (KptLt. Burns) mit Wasserbomben an

Ende Juni 1943 beschließt der BdU, die einsatzfähigen U-Boote in entferntere Seegebiete zu verlegen, da man hofft, daß dort die alliierten Abwehrmaßnahmen noch nicht so stark sind. Schwerpunkte sollen die Karibik, brasilianische Küstengewässer, westliche und südöstliche afrikanische Küste und Indischer Ozean sein. Während ihres Einsatzes werden die U-Boote von Versorgungs-U-Booten unterstützt.
Im Juni 1943 laufen aus Kiel elf U-Boote, darunter zwei Versorgungs-U-Boote, aus mit dem Ziel, im Indischen Ozean zu operieren.
Im Pazifik gehen die amerikanischen U-Boote jetzt dazu über, die deutsche Rudeltaktik anzuwenden. Den meistens aus drei Booten bestehenden Gruppen drohen jedoch kaum Gefahren. Sie können mit Radar ihre Ziele verfolgen, ohne entdeckt zu werden: Die japanischen Geleitfahrzeuge haben noch keine Radargeräte.

Hitler, der nur wenig für die Marine übrig hatte, hoffte zu lange, daß die Erfolge des Heeres und der Luftwaffe den Krieg entscheiden könnten. Jetzt, nachdem er die volle Bedeutung der Schlacht im Atlantik erkannte, sah er die U-Boote als seinen letzten Trumpf an. Hitler: »Der Atlantik ist mein westliches Vorfeld, und wenn ich dort auch in der Defensive kämpfen muß, so ist das besser, als wenn ich mich erst an den Küsten Europas verteidige.« Er verstand es jedoch nie, die deutsche U-Boot-Waffe in eine umfassende Seestrategie einzubeziehen. Die U-Boote mußten unabhängig von Überwasserschiffen operieren und waren durch das Fehlen einer logistischen Unterstützung seitens der Überwasserschiffe und ohne Luftaufklärung auf sich selbst gestellt.

Die Entscheidung in der Schlacht im Atlantik brachten – neben dem Zusammenwirken der besonders ausgebildeten Support Groups und Escort Groups mit neuen Ortungsmitteln (Huff-Duff) – die mit 10-cm-Radar ausgestatteten Langstreckenflugzeuge sowie Trägermaschinen, neuartige U-Boot-Jagdwaffen, neue schwere Wasserbomben, verbesserte Wurfeinrichtungen und die Erfolge der Funkaufklärung (Ultra-Berichte). Dönitz: »All das machte den weiteren Kampf an den Geleitzügen nicht mehr möglich.«
Im ersten Halbjahr 1943 verlor die alliierte Schiffahrt durch Verminung der britischen Gewässer und durch die deutsche Luftwaffe acht Schiffe mit 14413 BRT. Die deutschen Schnellboote versenkten in dieser Zeit zwei Schiffe mit 6580 BRT.

1943

Juli – Dezember

Geheimer Bericht des *Sicherheitsdienstes* der SS zur innenpolitischen Lage:
Nr. 401 vom Donnerstag, 1. Juli 1943 (Auszug)
Verbreitung zahlreicher Gerüchte über neue Waffen und Abwehrmittel . . . Neben derartigen Erzählungen und Vermutungen werden aber auch in sehr starkem Maße Gerüchte über angebliche neue englische Abwehrmittel gegen die U-Boote verbreitet. Das Ausbleiben der gewohnten Sondermeldungen über die U-Boot-Erfolge hat diese Gespräche besonders genährt. Während lediglich vereinzelt die Meinung vertreten wird, daß die U-Boot-Waffe gegenwärtig deshalb nicht eingesetzt sei, um den Engländern und Amerikanern Gelegenheit zu geben, die in Afrika gemachten Gefangenen nach Amerika zu transportieren oder einen Großeinsatz der U-Boote vorzubereiten, sieht der größte Teil der Bevölkerung die Ursache darin, daß die Feinde gegenwärtig neue U-Boot-Abwehrmittel anwenden. Dabei wird von »neuartigen Horchgeräten«, »Hochfrequenzstrahlen«, »Infraroten Strahlen«, »Strahlungsspiegel« und einem verstärkten Fliegerüberwachungsdienst gesprochen. Auch hätten die Engländer sehr wirksame »magnetische Wasserbomben« . . .

Schlacht im Atlantik

Sonnabend, 10. Juli 1943, London
Die *Agentur Reuter* meldet:
In London und Washington ist gestern abend eine gemeinsame Erklärung für die künftige Berichterstattung über den U-Boot-Krieg abgegeben worden. Der Präsident der USA und der Premier Großbritanniens sind durch die große Zahl der Bulletins verschiedener Persönlichkeiten zum Thema U-Boot-Krieg beunruhigt. Der Feind könnte durch diese Ausführungen mehr Informationen über den Sachverhalt sammeln, als es wünschenswert ist. Es wurde daher beschlossen, daß ab jetzt lediglich ein vom Präsidenten und dem Premier genehmigter Bericht jeweils am 10. des Monats veröffentlicht werden soll. Abgesehen von Sonder-Meldungen wird nun diese monatliche Erklärung von den Regierungen der USA und Großbritanniens die einzige Information zu diesem Thema sein. Hier die erste einer solchen Monatserklärung für den Juli 1943:
1. Im Juni waren die Verluste alliierter und neutraler Handelsschiffe durch U-Boot-Angriffe die niedrigsten seit dem Eintritt der USA in den Krieg, ebenso die Verluste durch andere feindliche Tätigkeiten.
2. Die Gelegenheit, alliierte Schiffe und Flugzeuge für die U-Boot-Bekämpfung einzusetzen, war im Juni geringer als bisher, doch ist die Zahl der versenkten U-Boote der Achsenmächte zufriedenstellend.
3. Die schweren Verluste, die deutsche U-Boote im Mai erlitten, haben sich im Juni derart ausgewirkt, daß die wichtigsten Geleitzüge im Atlantik nahezu unbelästigt blieben. Keine Möglichkeit wurde unterlassen, die deutschen U-Boote beim Anlaufen oder Verlassen ihrer Stützpunkte an der französischen Westküste anzugreifen.

Flüchtlinge aus Norwegen
Mittwoch, 28. Juli 1943, London
Die *Agentur Reuter* berichtet:
Kronprinz Olaf von Norwegen gab bekannt, daß Tausende von Norwegern seit zwei Jahren mit kleinen Fischerbooten an der Küste Großbritanniens eingetroffen sind.

Angriff auf alliierten Geleitzug
Sonntag, 15. August 1943, Berlin
Das *DNB* teilt mit:
Ein starker Verband deutscher Kampfflugzeuge stellte im Seegebiet östlich Gibraltar einen großen, von zahlreichen Kriegsschiffen und Bewachern gesicherten Geleitzug, der Kurs auf das Mittelmeer nahm. Der Angriff auf den aus 70 vollbeladenen Handelsschiffen bestehenden Geleitzug erfolgte in den Abendstunden des Freitags durch einen starken Verband deutscher Torpedoflieger. Der Angriff ist nach letzten Meldungen außerordentlich erfolgreich gewesen. Insgesamt konnten trotz stärkster Abwehr 32 Schiffseinheiten mit rund 170 000 BRT versenkt oder vernichtet werden.

90 deutsche U-Boote versenkt!

15. August 1943, London
Die *Agentur Reuter* meldet:
Gemeinsame Erklärung von W. Churchill und F. D. Roosevelt über den Stand des U-Boot-Krieges im Monat Juli:
In den letzten drei Monaten sind 90 feindliche U-Boote versenkt worden, die Handelstonnage der Alliierten ist seit Beginn des Jahres um 3 Millionen Tonnen gestiegen . . . Während des Monats Juli erzielten die deutschen U-Boote nur minimale Ergebnisse in ihren auf weite Gebiete zerstreuten Einsätzen gegen die alliierte Schiffahrt . . . Der Juli war in der Tat wahrscheinlich unser erfolgreichster Monat . . .

Die Kämpfe auf Sizilien
Mittwoch, 18. August 1943, Berlin
Das *DNB* teilt mit:
Die Kriegsmarine hat nach und von Sizilien etwa 65 000 Soldaten, 16 000 Fahrzeuge, 350 Geschütze, 78 Panzer und 39 000 Tonnen Munition, Baustoffe, Verpflegung und anderen Nachschub befördert. In diesen Zahlen sind nicht enthalten die bedeutenden Transportleistungen der italienischen Kriegsmarine, der deutschen und italienischen Luftwaffe sowie die bereits vor Beginn der Kämpfe auf Sizilien durchgeführten Transporte . . .

Dänische Kriegsschiffe in Schweden
Sonntag, 29. August 1943, Stockholm
Svenska Dagbladet berichtet:
Einem Teil der dänischen Flotte ist es noch gelungen, nach Schweden zu entfliehen. Heute früh trafen neun dänische Schiffe, darunter ein Zerstörer, ein Küstenschutzboot sowie drei Segelboote in Landskrona ein, während in Malmö ein Minensucher und mehrere Schiffe mit Flüchtlingen ankamen. Sie waren alle voll besetzt mit Seeleuten, Offizieren, Polizisten und Zivilpersonen. Im ganzen haben etwa 400 Personen mit diesen Schiffen Schweden erreicht . . . Ein anderer Teil der Flotte, der sich nicht mehr nach Schweden retten konnte, soll sich angeblich selbst versenkt haben. Jetzt überwachen deutsche Kriegsschiffe und Flugzeuge den Seeweg über den Sund.

Brasilianer versenken U-Boot

29. August 1943, Rio de Janeiro
Die *Agentur Reuter* meldet:
Brasilianische Luftstreitkräfte haben in Höhe von Rio de Janeiro am 31. Juli ein U-Boot der Achse versenkt. Zwei Besatzungsmitglieder wurden gerettet.

18 428 800 BRT durch U-Boote versenkt
Mittwoch, 1. September 1943, Berlin
Das *DNB* teilt mit:
Mit der Versenkung von 142 500 BRT im Monat August 1943 hat sich das Gesamtergebnis der deutschen U-Boote innerhalb von acht Monaten auf 6 054 800 BRT feindlichen Handels- und Transportschiffsraumes erhöht. In vier Kriegsjahren haben die deutschen U-Boote insgesamt 18 428 800 BRT versenkt, worin der beschädigte Handelsschiffsraum und die versenkten und beschädigten Kriegsschiffe nicht enthalten sind. Die von den See- und Luftstreitkräften der Achsenmächte in diesem Zeitraum versenkte Handelsschiffstonnage beträgt rund 33,4 Millionen BRT, davon 18,4 Millionen BRT (55 %) durch deutsche U-Boote.

W. Churchill an den Kolonialminister
1. September 1943:
In Gibraltar sollte ein Bestand von 24 Affen gehalten werden, und es ist keine Mühe zu scheuen, diese Zahl so schnell wie möglich zu erreichen und sie dann aufrechtzuerhalten.

Deutsche Bomben auf italienische Schiffe

Freitag, 10. September 1943, Berlin
Das *DNB* meldet:
Ein italienisches Schlachtschiff und ein Kreuzer wurden am Donnerstag von deutschen Kampfflugzeugen zwischen Sardinien und Korsika durch Bombenvolltreffer versenkt. Die Einheiten gehörten einem italienischen Kriegsschiffsverband an, der aus La Spezia geflüchtet war und auf Weisung des alliierten Oberkommandos den deutschen Schiffsverkehr zwischen Sardinien und Korsika zu unterbinden versuchte.

Italienische Kriegsschiffe in Malta
Sonntag, 12. September 1943
Aus dem *alliierten Hauptquartier:*
Bis jetzt haben mindestens 22 italienische Kriegsschiffe den Hafen von La Valetta (Malta) erreicht, darunter fünf Schlachtschiffe, sieben Kreuzer und zehn Zerstörer. Admiral Cunningham erklärte, daß andere italienische Schiffe, hauptsächlich U-Boote, alliierte Mittelmeerhäfen anlaufen.

W. Churchill an General Wilson (Nahost)
Mittwoch, 13. September 1943:
Es wäre ein glänzender Beitrag zur Gesamtkriegführung, wenn Sie sich jetzt mit italienischer Hilfe der Insel Rhodos bemächtigen würden. Geben Sie mir Ihre Pläne hierfür bekannt. Können Sie die benötigte Garnison nicht aus den jetzt im Nahen Osten befindlichen Kräften improvisieren? Auf wieviel Mann beläuft sich Ihre Verpflegungsstärke insgesamt?

General Wilson an den Chef des britischen Generalstabs
Donnerstag, 14. September 1943:
Die Lage auf Rhodos verschlechterte sich für uns so schnell, daß wir nichts unternehmen konnten. Die Italiener haben nach geringfügigem Bombardement Stadt und Hafen (an die Deutschen) übergeben . . .

Küstenwachkreuzer *Ingham* WPG 35 von der US-Support Group (Capt. Short), Island

Italienische Schnellboote gegen deutschen Konvoi

14. September 1943
Aus dem *Hauptquartier von Admiral Cunningham:*
Laut einer Meldung ist es zu ersten Kampfhandlungen zwischen italienischen Schnellbooten und einem stark gesicherten deutschen Konvoi zwischen dem italienischen Festland und der Insel Elba gekommen. Der Verband der S-Boote versenkte ein schwer beladenes Transportschiff und schoß zwei Begleitschiffe in Brand.

Große alliierte Verluste bei Salerno
Donnerstag, 16. September 1943, Berlin
Das *DNB* meldet:
Die alliierten Schiffsverluste im Golf von Salerno haben jetzt bereits ein Ausmaß erreicht, das eine sehr empfindliche Schwächung der anglo-amerikanischen Invasionsflotte bedeutet. Allein in der Zeit vom 8.–15. September wurden durch Volltreffer versenkt: vier Kreuzer, zwei Zerstörer und andere Kriegsfahrzeuge, ferner zehn Handelsschiffe mit zusammen 59 000 BRT und 15 Landungsboote verschiedener Größen. Mit der Vernichtung von einem Kreuzer, zwei Zerstörern sowie sieben Transportern mit insgesamt 35 000 BRT und einem großen Landungsboot kann gerechnet werden.

Sender Beromünster (Schweiz)

Freitag, 17. September 1943:
Die Landung bei Salerno, wo die Alliierten fünf Brükkenköpfe errichteten, wird ein Schulbeispiel dafür sein, daß eine amphibische Aktion ohne genügenden Schutz durch Jagdflugzeuge ein äußerst riskiertes Unternehmen ist . . . Die Krise der Landungsoperation, die während drei Tagen recht bedrohliche Formen angenommen hatte, scheint überwunden, zumal der Anmarsch von Verbänden der 8. Armee Montgomerys diesen heute gestattete, den Amerikanern bei Salerno die Hand zu reichen.

Sowjets schikanieren britische Seeleute

W. Churchill an J. W. Stalin
Freitag, 1. Oktober 1943:
. . . Auch muß ich Sie um Ihre Hilfe bitten, damit die Verhältnisse geändert werden, unter denen unser Marinepersonal und unsere Seeleute in Nordrußland leben. Diese Männer nehmen, wie Sie wissen, in unserem gemeinsamen Interesse an Operationen gegen den Feind teil und haben in erster Linie die Aufgabe, alliiertes Material in Ihr Land zu verbringen. Sie werden, wie ich überzeugt bin, zugeben, daß ihr Status ein ganz anderer ist als der gewöhnlicher Personen, die sich auf russisches Territorium begeben. Trotzdem werden sie von Ihren Verwaltungsbehörden Einschränkungen unterworfen, die mir für Leute, die von einem Bundesgenossen entsandt werden, um Operationen durchzuführen, an denen die Sowjetunion das größte Interesse hat, völlig unangemessen erscheinen:
a) Niemand darf von einem Kriegsschiff Seiner Majestät oder von einem Handelsschiff an Land gehen außer in einem Sowjetboot unter Kontrolle eines Sowjetbeamten und nach vorheriger jedesmaliger Prüfung der Dokumente.
b) Ohne vorherige Verständigung der Sowjetbehörden darf niemand von einem Kriegsschiff zu einem Handelsschiff fahren. Das bezieht sich sogar auf den befehlsführenden britischen Admiral.
c) Britische Offiziere und Mannschaften bedürfen eines Sonderpasses, um von Bord an Land oder von einer britischen Küstenstation zur anderen zu gehen. Diese Pässe werden oft verspätet ausgestellt, wodurch die zu erledigenden Arbeiten verzögert werden.
d) Weder Verpflegung, Gepäck noch Post dieser im Dienst stehenden Truppe dürfen ohne Anwesenheit eines Sowjetbeamten an Land gebracht werden, und zahlreiche Formalitäten sind für die Ablieferung der Vorräte und der Post nötig.
e) Die private Post unserer Militärpersonen wird der Zensur unterworfen, obwohl unserer Ansicht nach bei einer im Dienst stehenden Truppe der vorliegenden Art

die Zensur in der Hand der vorgesetzten britischen Stellen liegen sollte . . .
Die sich summierende Wirkung dieser Formalitäten behindert eine glatte Abwicklung der Aufgaben dieser Leute und hat mehr als einmal dringende und wichtige Operationen gestört. Bei uns wird das Sowjetpersonal keinen solchen Einschränkungen unterworfen . . .

Schwere Kämpfe auf Kos
Montag, 4. Oktober 1943, Berlin
Das *DNB* berichtet:
Die nordwestlich von Rhodos gelegene und zum Dodekanes gehörende Insel Kos wurde vor einiger Zeit von britischen Truppen besetzt, wobei ihnen Badoglio-Truppen offenbar Vorschub geleistet haben. Die Insel war seither vor allem Stützpunkt für britische Luftstreitkräfte, die von dort aus ihre Angriffsflüge gegen Rhodos durchführten. In den gestrigen Vormittagsstunden wurde durch entschlossenes Zugreifen mehrerer deutscher Landungsgruppen, die sich mit Sturm- und Landungsbooten unbemerkt der Küste hatten nähern können, alle wichtigen militärischen Anlagen der Insel Kos in deutsche Hand gebracht. Der überraschte Gegner leistete nur an einigen Stellen stärkeren Widerstand, wobei er eine größere Zahl von Toten zurücklassen mußte. Über 200 britische Soldaten wurden gefangengenommen. Ein Teil der britischen Truppen floh in das schwer zugängliche Gebirge im Innern der Insel. An Beute wurden unter anderem vier schwere britische Bombenflugzeuge eingebracht.

Sardinien und Korsika geräumt

Dienstag, 5. Oktober 1943, Berlin
Das *DNB* teilt mit:
Die Räumung Sardiniens und Korsikas durch deutsche Truppen konnte ohne nennenswerte Verluste durchgeführt werden. Kleinfahrzeuge der Kriegsmarine und Transportflugzeuge der Luftwaffe haben innerhalb von 18 Tagen zwischen 25 000 und 30 000 Mann, über 6000 Tonnen Heeresgut, fast 6000 Motorfahrzeuge, Geschütze und Panzer von den Inseln auf das Festland überführt. Dabei sind 250 Mann gefallen oder vermißt und 25 Transportmaschinen sowie einige kleine Transportfahrzeuge gingen verloren.

U-Boot-Krieg lebt wieder auf

Sonntag, 10. Oktober 1943, London
Die *Agentur Reuter* meldet:
Gemeinsame Erklärung von W. Churchill und F. D. Roosevelt über den Stand des U-Boot-Krieges im Monat September: Von Mitte Mai bis zur dritten Septemberwoche wurde im Atlantik kein einziges alliiertes Handelsschiff von deutschen U-Booten versenkt. Diese Ruhepause von vier Monaten ist am 19. September unterbrochen worden. Ein in westlicher Richtung fahrender Geleitzug ist von einer Gruppe von mindestens 15 U-Booten angegriffen worden. Immerhin beweist es, daß der Gegner mit starken U-Boot-Kräften seine Operationen wieder aufnimmt und beabsichtigt, mit allen Mitteln eine Wende zu seinen Gunsten zu erzielen.

THE TIMES WEDNESDAY OCTOBER 13 1943
IN THE AZORES: NEW BASES FOR THE ALLI[E]
The harbour at Horta, Fayal, in the Azores. The Portuguese Government has agreed to grant us facilities in the Azores to provide better protection for our merchant shipping in the Atlantic. The total area of the nine islands comprising the Azores is about 922 square miles and they lie some 830 miles west of Portugal.

Kleinst-U-Boote gegen »Tirpitz«
Montag, 11. Oktober 1943, London
Die *Agentur Reuter* gibt bekannt:
Britische Kleinst-U-Boote haben am 22. September bei einem Angriff gegen Einheiten der deutschen Kriegsflotte, die im Alta-Fjord in Norwegen an scheinbar sicherem Ankerplatz lagen, dem Schlachtschiff *Tirpitz* Unterwasserschäden zugefügt. Drei der Kleinst-U-Boote sind von dieser Operation nicht zurückgekehrt.

Britische Stützpunkte auf den Azoren
Dienstag, 12. Oktober 1943, London
Die *Agentur Reuter* berichtet:
Unter außerordentlicher Spannung gab Premierminister Churchill heute im Unterhaus bekannt, daß Portugal Großbritannien auf den Azoren militärische Stützpunkte eingeräumt hat.

». . . Beitrag zur Verkürzung des Krieges«
Mittwoch, 13. Oktober 1943, London
United Press meldet:
Außenminister Eden übersandte dem portugiesischen Premier Salazar eine Dankesbotschaft, in der er erklärte: »Die Benutzung der Marine- und Luftstützpunkte auf den Azoren wird es unseren Streitkräften ermöglichen, unsere Schiffahrt im Atlantik noch wirksamer als bisher zu sichern. Diese Entscheidung Portugals wird wesentlich zur Verkürzung des Krieges beitragen.«

Kos von Deutschen besetzt
13. Oktober 1943
Aus dem *Hauptquartier von General Wilson:*
Der letzte Funkspruch britischer Truppen auf der Insel Kos lautet: »Erwartet nicht mehr von uns zu hören. Wir sind am Ende unserer Kraft.« Damit sind die letzten Kämpfe auf der Insel abgeschlossen.

Rechts: Mühsam stampft ein alliierter Konvoi im Nordmeer durch die schwere See; vorne ein britisches Sicherungsfahrzeug

Links: 13. 10. 1943: Erster Bildbericht in der britischen Presse über Stützpunkte auf den Azoren

Deutsch-japanischer Protest in Lissabon
Freitag, 15. Oktober 1943, Berlin
Das *DNB* teilt mit:
Die Reichsregierung hat heute durch ihren Gesandten in Lissabon bei der portugiesischen Regierung in einer formellen Note schärfsten Protest dagegen erhoben, daß Portugal dem englischen Druck nach Einräumung von militärischen Stützpunkten auf den Azoren nachgegeben und sich damit einer schweren Neutralitätsverletzung schuldig gemacht hat. Die Reichsregierung hat sich vorbehalten, die Maßnahmen zu treffen, die sich aus der veränderten Lage auf den Azoren ergeben.

Sender Beromünster (Schweiz)

15. Oktober 1943:
Die britische Flotte hat auch im Atlantischen Ozean zu neuen Vorstößen ausgeholt: Britische Klein-Unterseeboote haben in einem kühnen Handstreich das deutsche Schlachtschiffe *Tirpitz* angegriffen, das im Alta-Fjord in Nordnorwegen vor Anker liegt. Eine für die Sicherheit der Schiffahrt auf dem Südatlantik und für die Bekämpfung der deutschen Unterseeboote wichtige Änderung ist dadurch eingetreten, daß Portugal für die Dauer des Krieges Stützpunkte auf der Azoren-Inselgruppe der britischen Marine zur Benützung überläßt. Diese Konzession Portugals an Großbritannien hat offensichtlich auch eine politische Bedeutung – wie denn überhaupt mehr und mehr die politische Lage in Europa infolge des Kriegsverlaufes charakteristische Veränderungen erfährt.

Bedeutung der Azoren
Montag, 18. Oktober 1943, London
New York Times berichtet:
Vom Standpunkt der Luftstreitkräfte ist die Benutzung der Azoren als eine der wichtigsten Entwicklungen des Krieges zu bezeichnen.

Neue japanische U-Boot-Taktik
Sonnabend, 23. Oktober 1943, Los Angeles
United Press meldet:
Die japanische U-Boot-Waffe ist zu der deutschen Rudel-Taktik übergegangen. Damit wollen die Japaner versuchen, die amerikanische Schiffahrt zwischen Hawaii und den USA zu stören. Die Besatzungen der amerikanischen Schiffe, die soeben im Hafen von Los Angeles eingetroffen sind, berichten von schweren japanischen U-Boot-Angriffen, doch sind offenbar bis jetzt keine Versenkungen von Bedeutung erfolgt. Ein Tanker wurde zweimal torpediert und in Brand gesetzt. Die Besatzung dieses Tankers wird vermißt. Ein anderer amerikanischer Tanker konnte mehreren Angriffen ausweichen und entkommen. Das örtliche Marineinformationsamt hat die Veröffentlichung dieser Meldung gestattet, will sie jedoch weder bestätigen noch dementieren.

Die Deutschen im Dodekanes
Freitag, 29. Oktober 1943, Berlin
Das *Internationale Informationsbureau* meldet:
Die Insel Levita im Dodekanes befindet sich wieder in deutscher Hand. Auch einige dem Dodekanes vorgelagerte Inseln wurden nach Vertreibung der auf der Seite von Badoglio stehenden Besatzungen von den deutschen Truppen in feste Hand genommen.

Ein U-Boot wird versenkt

»Achtung!« schreit der Funkmaat, und im selben Moment hört man nur noch das Donnern, Tösen und Krachen der Wasserbomben. Die Wabo-Schlacht, die Schlacht der Wasserbomben, hat begonnen. Unaufhörlich fallen sie jetzt, Bombe auf Bombe. Keiner ist mehr zum klaren Denken fähig. Das Licht im Boot fällt aus. Einige laufen schon in wilder Flucht in die Zentrale. Aber was nützt das – das Boot ist ja fast 200 Meter tief. »Beide Tiefenruder fallen aus!« schreit Nr. 1. Von

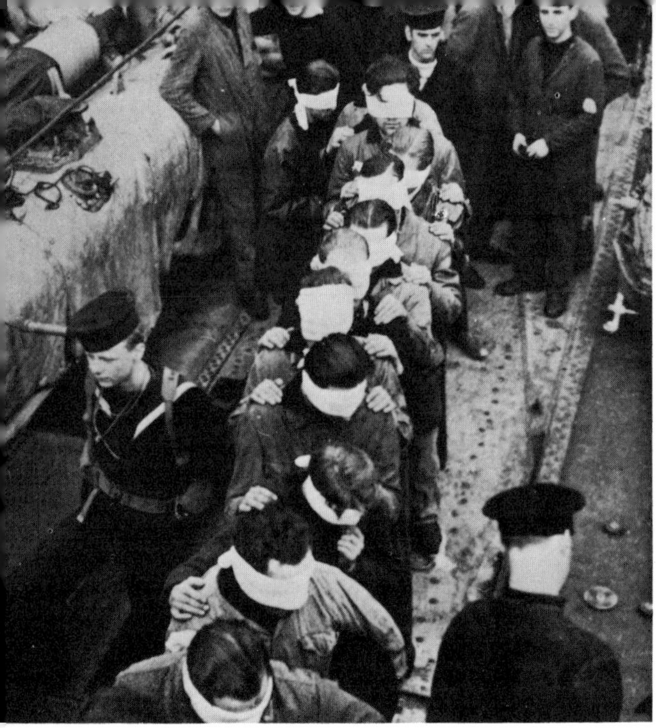

Männer einer geretteten U-Boot-Besatzung – jetzt in britischer Gefangenschaft – gehen an Land

achtern kommt die Meldung: »Backbord-E-Maschine ausgefallen.« Und noch immer fallen die Wasserbomben. Ich sehe den Kommandanten im Turm sitzen, unfähig, auch nur einen Befehl zu geben. Plötzlich ein unmenschlicher Schrei: »Wasserbruch!« Der Erste Wachoffizier schreit: »Herrgott – ich kann nicht mehr!« und bricht zusammen. Der Kommandant hat die Nerven verloren.

In diesem Augenblick gellt ein Schrei durch das Boot – ein wahnsinniger Schrei: »Chlorgas im Boot – Chlorgas!« Die Neuen brüllen auf: »Chlorgas!« Durch den Wassereinbruch ist Seewasser in die Batterien gelangt und hat dort Chlorgas entwickelt, das sich rasch von Raum zu Raum ausbreitet. Die Männer husten und keuchen. Ein Maschinenmaat steht plötzlich neben mir, dunkelrot im Gesicht, Schweißtropfen auf der Stirn. Seine Augen, denke ich – diese Augen quellen heraus, starren mich an, und dann brüllt der Mann plötzlich los – ein wildes tierisches Lachen. Zwei andere stehen neben mir beisammen. Mir selber klopft das Herz bis im Hals. Ich huste, mir wird ganz dumm im Schädel. Ich weiß nicht mehr, wie ich in die Zentrale komme. Der leitende Ingenieur bricht stöhnend zusammen. Mit einem Mal geht ein Ruck durch das Boot. Es nimmt eine fast senkrechte Lage ein und steigt langsam nach oben. Wir fallen alle durcheinander. Ein paar stehen nicht mehr auf, sie wälzen sich in Hustenkrämpfen am Boden. Keiner fragt, wer den Befehl zum Ausblasen der Tanks gegeben hat.

Jetzt hat das Boot die Wasseroberfläche durchbrochen. Ein Zischen geht durch das Boot. Der Kommandant hat das Turmluk geöffnet. »Schlauchboote klar!« brüllt er. Im Boot bricht eine Panik aus. Nur heraus, denke ich, nur heraus. Ich glaube, das Herz springt mir aus der Brust. Da – jetzt feuern sie Granaten. Einschlag auf Einschlag geht ins Boot. Keiner gibt mehr irgendwelche Befehle . . . Wie eine Riesenfaust packt jetzt eine neue Geschützsalve das Boot. Das Boot zerbricht in zwei Teile und sinkt mit mehr als der Hälfte der Besatzung in die Tiefe.

Nur zwei von den drei Schlauchbooten haben noch im letzten Moment vom sinkenden U-Boot ablegen können. Eins der Schlauchboote wird durch den Sog des untergehenden Bootes mit in die Tiefe gerissen. Dem anderen Boot mit dem Kommandanten, dem Ersten Wachoffizier, einem Maschinenmaat und zwei Obergefreiten gelingt es, sich an der Wasseroberfläche zu halten. Sie werden von einem britischen Zerstörer an Bord genommen. Ich mache ein paar Schwimmstöße. Mir wird dunkel vor Augen. Nein, nicht dunkel – grau. Meine Lunge muß brennen, denke ich, lichterloh brennen. Das Gas – natürlich das Gas. Ich verliere die Besinnung. Als ich aufwache, befinde ich mich an Bord einer englischen Korvette. Sie hat mich und drei andere Kameraden aus dem Wasser gefischt. Zwei von ihnen sind noch auf der Fahrt zum englischen Heimathafen an den Folgen der Gasvergiftung verstorben.

RAF-Flugblattzeitung »Luftpost«, 2. November 1943

Sonnabend, 6. November 1943
Das *Oberkommando der Wehrmacht* gibt bekannt:
. . . Schnellboote griffen in der Nacht zum 5. November erneut den Geleitzugverkehr an der englischen Ostküste an und torpedierten drei Schiffe mit zusammen 9000 BRT. Ihr Sinken konnte infolge der sofort einsetzenden starken Abwehr nicht beobachtet werden, ist aber wahrscheinlich . . .

Schlacht im Atlantik

Mittwoch, 10. November 1943, London
Die *Agentur Reuter* meldet:
Gemeinsame Erklärung von W. Churchill und F. D. Roosevelt über den Stand des U-Boot-Krieges im Monat Oktober:
Im August, September und Oktober wurden mehr U-Boote zerstört, als alliierte Handelsschiffe durch U-Boote versenkt wurden . . . Die Deutschen haben zwar neue U-Boot-Waffen und eine neue Taktik eingeführt, wir waren jedoch bisher in der Lage, die veränderte Situation zu meistern. Der Kampf wird mit allen Kräften weitergeführt.

Luft- und Seeschlacht bei den Salomonen
10. November 1943, Tokio
Das *DNB* teilt mit:
Die Schlacht bei Bougainville erläuterte ein Sprecher der Kaiserlichen Regierung: Ein gestern als schwer beschädigt gemeldetes feindliches Schlachtschiff ist gesunken. Ferner wurden drei weitere Schwere Kreuzer sowie ein Leichter Kreuzer oder Zerstörer beschädigt und drei weitere Flugzeuge abgeschossen. Der japanische Verlust hat sich um fünf weitere Flugzeuge erhöht.

Dementi der US-Navy
10. November 1943, Washington
Die *Agentur Reuter* berichtet:
Marineminister Knox gab auf der Pressekonferenz bekannt, daß an den japanischen Angaben über die Versenkung zahlreicher US-Kriegsschiffe im Südpazifik kein wahres Wort sei. Er fügte hinzu, daß es sich um eine Falschmeldung handle, die den Zweck verfolge, Aufschlüsse zu erhalten.

Neuer deutscher U-Boot-Typ
Donnerstag, 11. November 1943, Washington
Die *Agentur Reuter* meldet:
Der Kommandant eines US-Flugzeugträgers, der kürzlich an einem Gefecht zwischen einem Geleitzug und U-Booten beteiligt war, sagte aus, daß die Deutschen im Atlantik jetzt erheblich größere U-Boot-Typen als bisher einsetzen. Es sind richtige Unterseekreuzer.

Kämpfe im Dodekanes

Sonnabend, 13. November 1943
Das *Oberkommando der Wehrmacht* gibt bekannt:
. . . Bei fortgesetzten Angriffen gegen feindliche Seestreitkräfte im ostwärtigen Mittelmeer erzielte die Luftwaffe Treffer auf insgesamt fünf Einheiten, die schwer beschädigt wurden. Nachdem durch diese Erfolge und durch laufende Luftangriffe auf Stützpunkte der Insel Leros die Voraussetzungen für ein Unternehmen gegen Leros geschaffen waren, landeten in den frühen Morgenstunden des 12. November im Zusammenwirken mit Kampf- und Transportverbänden der Kriegsmarine und Luftwaffe mehrere Kampfgruppen, darunter auch Fallschirmjäger, auf der Insel. Die Kämpfe mit der britischen badogliohörigen Inselbesatzung sind noch im Gange . . .

Donnerstag, 18. November 1943
Das *Oberkommando der Wehrmacht* gibt bekannt:
. . . Wie durch Sondermeldung bekanntgegeben, haben deutsche Truppen des Heeres und der Luftwaffe unter Führung von Generalleutnant Müller nach viertägigem, zähem und wechselvollem Ringen gegen einen an Zahl und Bewaffnung überlegenen Feind am 16. November den englischen Seestützpunkt Leros genommen . . .

Der Dodekanes in deutscher Hand
18. November 1943, Berlin
Das *DNB* meldet:
Mit der Kapitulation von Leros ist praktisch das gesamte Inselgebiet des Dodekanes in deutscher Hand. Lediglich der Inselsplitter Castelrosso wird noch vom Gegner gehalten.

W. Churchill an Außenminister Eden
Sonntag, 21. November 1943
Leros trifft mich sehr bitter. Sollte die Sache im Parlament aufgeworfen werden, empfehle ich folgende Richtlinie: Die Frage ist naheliegend, ob eine solche

Luftangriff auf ein U-Boot: Neben der Zwillings-Flak suchen auf dem Turm zwei Männer Deckung

Operation ohne die Gewißheit der Luftherrschaft überhaupt unternommen werden durfte. Haben wir die Lehren von Kreta etc. mißachtet und den Stukas zu einer vorübergehenden Neubelebung ihrer alten Triumphe verholfen? . . . Man soll nicht versuchen, den schweren Rückschlag im Dodekanes zu bagatellisieren, den leicht und mit geringen Kosten zu gewinnen wir die Chance hatten und den wir jetzt unter so großen Kosten verloren . . .

Montag, 22. November 1943
Das *Oberkommando der Wehrmacht* gibt bekannt:
. . . Im Atlantik griff ein Kampffliegerverband bei schwieriger Wetterlage ein feindliches Gebiet an und beschädigte zwei Handelsschiffe mit zusammen 18 000 BRT so schwer, daß mit ihrer Vernichtung gerechnet werden kann.

Operationen gegen die Gilbert-Inseln
Dienstag, 23. November 1943, Pearl Harbor
United Press berichtet:
In US-Marinekreisen betont man, daß Admiral Nimitz für den Angriff auf die Gilbert-Inseln einen der stärksten amerikanischen Flottenverbände eingesetzt hat, der je in Aktion getreten ist, um in diesen Gewässern imstande zu sein, einen Gegenschlag der japanischen Seestreitkräfte abzuwehren. An den Operationen beteiligen sich auch einige der modernsten Flugzeugträger, Schlachtschiffe und Kreuzer.

Sonnabend, 27. November 1943
Das *Oberkommando der Wehrmacht* gibt bekannt:
. . . Deutsche Torpedoflugzeuge griffen vor der algerischen Küste ein aus großen Truppentransportern beste-

Links: Das britische Schlachtschiff *Duke of York* schneidet während des Gefechts mit der *Scharnhorst* (25. 12. 1943) dem deutschen Schlachtschiff den Weg ab

Rechts: 10. 7. 1943, Operation »Husky«, die Invasion Siziliens: Britische Truppen beim Ausladen der Munition

hendes stark gesichertes feindliches Geleit mit großem Erfolg an. Sie versenkten zwei Zerstörer und drei Transporter mit insgesamt 38000 BRT. Zwei weitere Zerstörer, ein großer Transporter und ein Bewacher wurden schwer beschädigt . . .

Heiße Kämpfe um die Gilbert-Inseln
Montag, 29. November 1943, Pearl Harbor
Associated Press teilt mit:
Die Kämpfe um die Insel Betio und das Atoll Tarawa in der Gruppe der Gilbert-Inseln waren die blutigsten Kämpfe, die das US-Marinekorps je ausgefochten hat. Wie der Angriff führende Offizier, Colonel Meritta, meldet, wurden in den ersten Sturmangriffen zwei US-Bataillone fast restlos vernichtet. Die Mariners mußten unter starkem japanischen MG-Feuer 700 Meter weit durch seichtes Wasser waten und ihre gesamte Munition mit sich schleppen, da die Korallenriffe eine Annäherung von Landungsbooten unmöglich machten.

Mehr U-Boote als Handelsschiffe versenkt

Freitag, 10. Dezember 1943, London
United Press meldet:
Gemeinsame Erklärung von W. Churchill und F. D. Roosevelt über den Stand des U-Boot-Krieges im Monat November:
Der Kampf gegen die U-Boote war im November durch geringe deutsche Erfolge trotz ihres starken Einsatzes gekennzeichnet. Die Zahl der im November durch U-Boote versenkten Handelsschiffe ist geringer als in irgend einem Monat seit Mai 1940. Durch unsere Luftstützpunkte auf den Azoren war es möglich, die Sicherung der alliierten Geleitzüge zu verstärken und die Zone einzuengen, in der die deutschen U-Boote noch ungestört operieren können. Die Vorsicht, mit der die U-Boote jetzt vorgehen, hat für die alliierten Streitkräfte die Gelegenheit zum Angreifen verringert. Trotzdem übersteigt im November die Zahl der versenkten deutschen U-Boote wieder die Zahl der von ihnen versenkten Handelsschiffe.

Erste Erfolgsmeldung von den Azoren
Sonntag, 12. Dezember 1943, London
New York Times berichtet:
Schon nach zwei Wochen, in denen britische Flugzeuge von den Azoren aus eingesetzt werden, um die Atlantik-Lücke zu schließen, hat eine Fliegende Festung B-17 vom Coastal Command der RAF ein deutsches U-Boot versenkt.

Sonntag, 26. Dezember 1943
Das *Oberkommando der Wehrmacht* gibt bekannt:
. . . Unterseeboote versenkten in den letzten Tagen im Atlantik und im Mittelmeer fünf Schiffe mit 34500 BRT und torpedierten ein weiteres. Aus Geleitsicherung und Unterseeboot-Jagdgruppen wurden neun feindliche Zerstörer und Geleitfahrzeuge versenkt. Bordflak der Kriegsmarine brachte über der Biskaya ein Flugboot vom Typ Sunderland zum Absturz.

Die »Scharnhorst« versenkt

Montag, 27. Dezember 1943, London
United Press meldet:
Die mit größter Spannung erwarteten Einzelheiten über die Seeschlacht und Versenkung des deutschen

Schlachtschiffes *Scharnhorst* sind in London immer noch nicht bekanntgegeben worden.

Montag, 27. Dezember 1943
Das *Oberkommando der Wehrmacht* gibt bekannt:
. . . Gegen 11 Uhr vormittags am 26. Dezember gewann das Schlachtschiff *Scharnhorst*, auf dem sich der Führer der Zerstörer, Konteradmiral Bey, als Befehlshaber der Kampfgruppe eingeschifft hatte, Gefechtsberührung mit der feindlichen Geleitzugsicherung, die sich aus Zerstörern und Kreuzern zusammensetzte. Kurz nach Gefechtsbeginn griff auch eine schwere feindliche Einheit in den Kampf ein.
Im Verlauf des Kampfes gelang es dem Feind, überraschend weitere schwere Streitkräfte heranzuziehen, die bei der herrschenden Sicht zunächst nicht erfaßt worden waren. Nach mehreren Stunden härtesten Kampfes wurde die *Scharnhorst*, deren Kommandant Kapitän zur See Hintze war, von den feindlichen Seestreitkräften umstellt und sank gegen 19 Uhr 30 mit wehender Flagge, nachdem sie bis zur letzten Granate feuernd dem Feinde schweren Schaden zugefügt hatte. Die übrigen an dem Unternehmen beteiligten eigenen Streitkräfte erlitten keine Verluste.
Über das Schicksal der Besatzung des Schlachtschiffs *Scharnhorst* werden die Angehörigen unterrichtet werden, sobald Nachrichten eingegangen sind.

1:1000
Donnerstag, 30. Dezember 1943
Die *Agentur Reuter* berichtet:
Im zweiten Halbjahr ging auf dem Atlantik und in englischen Küstengewässern nur 1 von 1000 Schiffen in alliierten Geleitzügen verloren. In diesem Jahr waren die alliierten Schiffsverluste um die Hälfte geringer, als die britische Admiralität zu Beginn des Jahres erwartet hatte.

Strategie und Taktik

JULI BIS DEZEMBER 1943

In den Morgenstunden des 1. Juli 1943 landen bei heftigem Monsunregen Truppen der US-Task Force 31 (Konteradm. Turner) an den Stränden von New-Georgia (Zentral-Salomonen). Überraschenderweise treffen sie auf keinen japanischen Widerstand. Die Amerikaner haben hier zum erstenmal eine mit den modernsten Geräten ausgerüstete und nach den letzten operativen Erkenntnissen gebildete Landungsflotte eingesetzt.
Bei den Kämpfen um die Salomonen fällt der wenig bekannten Coastwatching (Küstenwache)-Organisation eine besondere Rolle zu. Diese bereits Ende des Ersten Weltkrieges von der australischen Marine ins Leben gerufene zivile Küstenbeobachtung soll als stiller Helfer des Nachrichtendienstes Bewegungen fremder Schiffe melden. Gleich nach Ausbruch des Zweiten Weltkrieges wird diese Organisation unter Commander E. A. Field (Royal Australian Navy) reaktiviert. Die über das 4600 Kilometer lange Inselreich verstreuten Küstenbeobachter – über 100 an der Zahl – warnen ab 1941/42 per Funk vor japanischen Luftangriffen, berichten von Bewegungen feindlicher Luft- und Seestreitkräfte und führen Küstenaufklärung durch. Außer dieser nachrichtendienstlichen Tätigkeit helfen sie entflohenen Kriegsgefangenen, retten Hunderte von abgeschossenen Fliegern und schiffbrüchigen Seeleuten und kämpfen als Guerillas.
Die Küstenbeobachter stehen mit der zentralen Kommandostelle in Townsville (Queensland) in Funkverbindung, diese wiederum mit dem Chef der Navy Intelligence in Melbourne. Ab Mitte 1942 wird die Coastwatch-

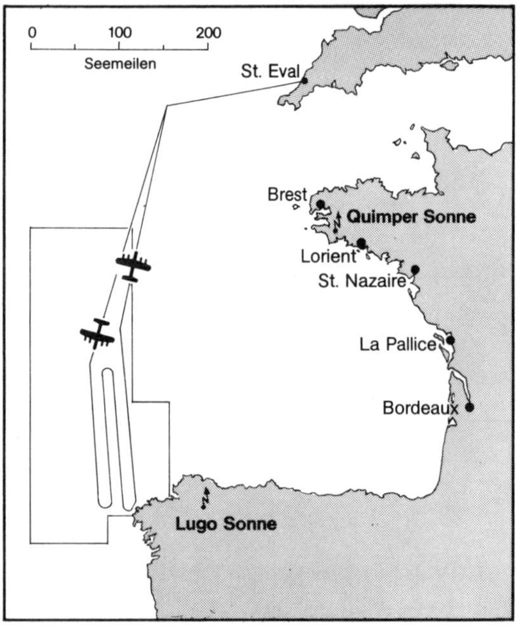

ing-Organisation direkt dem alliierten Intelligence Bureau (US-Gen. Willoughby) unterstellt. So können ihre Meldungen von Bewegungen japanischer Seestreitkräfte per Funk über den ganzen Pazifik verbreitet werden.
Die in der Regel aus vier Mann und einem Dutzend Eingeborener bestehenden Gruppen werden von Flugzeugen und U-Booten mit Ausrüstungen versorgt, die notwendige Verpflegung beschaffen freundlich gesinnte Eingeborene.
Werden die Sender der Küstenbeobachter von der gegnerischen Funkabwehr angepeilt, warnen eingeborene Späher sie vor japanischen Suchkommandos. Admiral Halsey jr., Oberbefehlshaber des Südpazifiks: »Die Küstenwachen retteten Guadalcanal, und Guadalcanal rettete den Pazifik.«

Am Donnerstag, dem 8. Juli 1943, wird erstmalig ein deutsches U-Boot von einem amerikanischen akustischzielsuchenden U-Jagd-Torpedo »Fido« (englische Bezeichnung: Mark 24 Mine) versenkt. Es ist *U 514* (KptLt. Auffermann), das im Atlantik, nordöstlich Kap Finisterre, von einer viermotorigen Liberator (Flying Off. Campbell, 224. Squ.) getroffen wird und mit der ganzen Besatzung untergeht.

Am Sonnabend, dem 10. Juli 1943, landen alliierte Verbände unter dem Befehl von General Eisenhower an der Südostküste Siziliens (Operation »Husky«). 200 alliierte Kriegsschiffe, 320 Truppentransporter, 900 große und 1225 kleine Landungsfahrzeuge nehmen daran teil. Die Truppen der Achsenmächte bieten stellenweise harten Widerstand, insbesondere die deutsche Fallschirm-Panzerdivision »Hermann Göring«. Doch bereits nach zwei Tagen werden Syrakus und Augusta von Alliierten besetzt.

Zur Jagd auf U-Boote, vor allem auf U-Boot-Tanker, bildet die US-Navy Kampfgruppen, die nicht als Geleitsicherung einbezogen werden und selbständig operieren. Diese »Hunter-Killer-Groups« (Jagd- und Vernichtungsgruppen) bestehen in der Regel aus einem Geleitträger und fünf oder mehr Zerstörern. Innerhalb von drei Monaten versenken die Hunter-Killer-Groups 15 U-Boote, davon acht U-Boot-Tanker, bei eigenen Verlusten von nur drei Trägermaschinen.

Als am Sonntag, dem 25. Juli 1943, der »Große Faschistische Rat« in Rom tagt, macht er Mussolini für alle Niederlagen verantwortlich: König Viktor Emanuel III. beruft Marschall Badoglio zum neuen Regierungschef. Die Faschistische Partei wird aufgelöst, und das faschistische Regime in Italien bricht zusammen. Marschall Badoglio versichert zwar, den Krieg an der Seite Deutschlands fortsetzen zu wollen, beginnt jedoch gleichzeitig Geheimverhandlungen mit den Alliierten, um den Krieg für Italien »so bald wie möglich und mit allen Mitteln zu beenden«.

Der Geheimdienst der britischen Admiralität richtet vorsorglich neben dem Atlantiksender einen neuen Sender »Radio Livorno« ein, der die italienische Marine für die alliierte Sache gewinnen soll. Diese wohl erfolgreichste Operation der psychologischen Kriegführung wird äußerst kaltblütig eingefädelt: Der Sender befindet sich auf Malta, und seine Sprecher sind Engländer italienischer Abstammung. Die Aufgabe von Radio Livorno ist, die italienische Flotte im entsprechenden Augenblick zum Überlaufen in alliierte Häfen zu bewegen. Der englische Propagandist Sefton Delmer: »Der Sender gab vor, von der Funkerkabine eines italienischen Kriegsschiffes im Flottenstützpunkt Livorno im Namen der italienischen Widerstandsgruppen zu operieren.«
Der Geheimdienst der britischen Admiralität ist auch für den Inhalt der Sendungen zuständig. Zu nächtlicher Stunde wendet sich der Sprecher von Sender Livorno an seine Kameraden in der italienischen Marine, sich von den Deutschen nicht überrumpeln zu lassen, da sie möglicherweise versuchen werden, sich gewaltsam der

Links: Schiffbrüchige auf einem notdürftig zusammengezimmerten Floß kreuzen den Weg eines U-Bootes

Ganz links: Überwachungsflug einer viermotorigen Liberator vor der Biskaya: 13 Stunden und 15 Minuten

Rechts: Unternehmen »Wunderland II«, auf Nowaja Semlja: Die Besatzung von *U 225* versucht vergeblich, das sinkende Flugboot BV 138 zu retten

italienischen Schiffe zu bemächtigen. Radio Livorno beschwört die italienischen Schiffsbesatzungen, ohne seinen ausdrücklichen Befehl keine Manöver durchzuführen. Der Sender deutet an, daß er bereits mit den Alliierten verhandle, um die italienische Flotte dem Zugriff der Deutschen zu entziehen. Erstaunlicherweise bleibt eine Reaktion der Deutschen auf diese Sendungen aus.

Zu dieser Zeit beginnt die 6. Phase der Schlacht im Atlantik, die bis Ende August 1943 dauert.
Die alliierte Luftoffensive in der Biskaya bringt den U-Booten neue Verluste. Am Mittwoch, dem 28. Juli 1943, versenken Liberators das U-Boot *U 404* (Oberlt. z. S. Schönberg).
Am Tag darauf, dem 29. Juli 1943, greift eine Wellington *U 614* (KptLt. Sträter) an.
Ebenfalls am 29. Juli 1943 hört die deutsche Abwehr ein Funkgespräch zwischen Churchill und Roosevelt ab, in dem von einer Proklamation General Eisenhowers und dem bevorstehenden Waffenstillstand mit Italien die Rede ist. Bereits zwei Tage danach, am 31. Juli 1943, gibt Hitler seine erste Weisung für den Fall, daß Italien als Kampfgenosse ausfällt.

Am Sonnabend, dem 31. Juli 1943, versenkt ein Flugzeug der Brasilian Air Force (BAF) das deutsche U-Boot *U 199* (KorvKpt. Kraus). Der Kommandant und elf Mann seiner Besatzung werden gerettet.

Im Juli 1943 erhöht sich die Zahl der durch deutsche U-Boote im Indischen Ozean versenkten Schiffe auf 17. Die Alliierten verfügen hier nicht über genügend Geleitfahrzeuge, daher berücksichtigt man bei Aufstellung der Konvois nur die wichtigsten Routen zwischen Südafrika, der Arabischen Halbinsel und Indien. Auf anderen Seewegen müssen die Schiffe ohne Sicherung verkehren. Auch die Anzahl der Flugzeuge reicht nicht aus, um auf den Konvoi-Routen eine genaue Aufklärung durchzuführen.

Im Juli 1943 versenken deutsche U-Boote im Atlantik, Mittelmeer und Indischen Ozean 46 Handelsschiffe mit insgesamt 245 178 BRT. Eigene Verluste: 37 U-Boote, die meisten durch Flugzeuge, davon die Hälfte in der Biskaya.
Die Offensive im Mittel- und Südatlantik bringt den U-Booten nur bescheidene Erfolge. Es ist der letzte Monat, in dem die Verluste der alliierten Handelsschiffahrt im Atlantik 200 000 BRT überschreiten.

Nach einigen Monaten Vorbereitung beginnen die Alliierten ihre offensiven Aktionen im Pazifik. Das erste Ziel ist, den japanischen »Sperriegel« im Bismarck-Archipel zu durchbrechen. Sein Zentrum bildet – zwischen dem westlichen Teil der Salomonen und Neuguinea – Rabaul.

Bis Anfang August 1943 gehen vom 27. 7. 1943 an in der Biskaya 10 U-Boote verloren. Dönitz: »Die Anstrengungen des Gegners zur Blockierung unserer Auslaufwege scheinen hiermit den bisher höchsten Stand erreicht zu haben.«

Am Sonntag, dem 1. August 1943, versenken britische Sunderlands die U-Boote *U 383* (KptLt. Kremser) und *U 454* (KptLt. Hackländer). Am nächsten Tag, dem 2. August 1943, gehen durch Luftangriffe die U-Boote *U 106* (Oberlt. z. S. Damerow) und *U 706* (KptLt. v. Zitzewitz) verloren.
Am gleichen Tag läuft das deutsche U-Boot *U 255* (Oberlt. z. S. Harms) in die stille abgelegene Bucht bei Sporyi Nawolok, an der Nordküste von Nowaja Semlja, ein. Die Besatzung baut hier aus unzähligen Treibholzstämmen ein Blockhaus. Dann werden Treibstoff-Fässer, Munition und Verpflegung an Land gebracht. Von diesem Stützpunkt soll ein Flugboot BV 138 der See-Aufklärungsgruppe (SaGr.) 130 über Dickson, der Belij-Insel (Weiße Insel) bis tief in die Wilkizki-Straße nordöstlich vom Ural Aufklärung fliegen als Vorbereitung für eine Operation gegen den sibirischen Seeweg

(Unternehmen »Wunderland II«). Die U-Boot-Gruppe »Viking« (3 U-Boote) und der im Alta-Fjord liegende, auslaufbereite Schwere Kreuzer *Lützow* sollen dieses Unternehmen, unterstützt durch *U 255* (Oberlt. z. S. Harms) und *U 601* (KptLt. Grau), durchführen. Nach der Havarie des Flugbootes BV 138, das untergeht, bleibt die *Lützow* im Alta-Fjord, und das Unternehmen wird abgebrochen.

Am Montag, dem 2. August 1943, gibt Dönitz den vorläufigen Befehl, jegliches Auslaufen von den U-Boot-Stützpunkten in der Biskaya zu stoppen. Die zurückkehrenden U-Boote haben Anweisung, sich dicht unter der spanischen Küste zu halten.

In der Nacht vom 2./3. August 1943 endet die Operation »Gomorrha«, eine Serie schwerster Luftangriffe auf Hamburg. Außer erheblichen Verlusten unter der Zivilbevölkerung werden in der Werft von Blohm & Voss die U-Boot-Neubauten *U 996, U 1011, U 1012* zerstört und im Hafen Schiffe von etwa 170 000 BRT vernichtet.

In der Nacht vom 3./4. August 1943 starten drei Teams italienischer Torpedoreiter unter Führung des Korvettenkapitäns Notari von ihrem geheimen Stützpunkt auf dem Frachter *Olterra*, der im spanischen Algeciras liegt, einen neuen Angriff auf die an der Reede von Gibraltar liegenden Handelsschiffe. Die Italiener versenken dabei den US-Frachter *Harrison Gray Otis* (7176 BRT) sowie den norwegischen Tanker *Thorshövdi* (9944 BRT) und beschädigen den Frachter *Stanridge* (5975 BRT).
Erst jetzt werden die britischen Behörden in Gibraltar auf die *Olterra* aufmerksam. Mit Einwilligung der spanischen Behörden wird das Schiff gekapert und nach Gibraltar gebracht. Seine Mannschaft kann sich kurz vor der Aktion absetzen. Auf der *Olterra* findet man Räume für die Montage von bemannten Torpedos und die Ausfahrtöffnung unter der Wasserlinie.

Am Dienstag, dem 17. August 1943, wird von den Achsenmächten die geordnete Räumung Siziliens (Unternehmen »Lehrgang«) beendet und damit die alliierte Operation »Husky« (Landung auf Sizilien) abgeschlossen. Die Verluste der Alliierten betragen 7800 Tote und 1400 Verwundete (5 Prozent).

Am Mittwoch, dem 25. August 1943, wird eine neue deutsche Geheimwaffe erstmalig eingesetzt: die per Funk ferngesteuerte Gleitbombe Henschel Hs 293 mit Flüssigkeitsrakete (Walter-Triebwerk) und einem Sprengsatz von 500 Kilogramm »Trialen 106«. Mit dieser neuen Waffe versucht man den Druck zu mildern, den das Coastal Command und die Royal Navy auf die deutschen U-Boote in ihrem Aufmarschgebiet – dem Golf von Biskaya – ausüben.
Die mit Gleitbomben Hs 293 ausgerüsteten Maschinen der II. Gruppe (Hpt. Molinus) des KG 100, insgesamt zwölf Do 217 – von sieben Kampfflugzeugen Typ Ju 88 C eskortiert –, werden zur Jagd auf die britischen Kriegsschiffe nordwestlich von Spaniens Küste beordert. Der erste Einsatz bringt jedoch kaum Erfolg: Nur vier Gleitbomben erreichen annähernd ihr Ziel, und die britische Sloop *Landguard* wird durch diese vier Nahtreffer nur unbedeutend beschädigt.

Zwei Tage später, am Freitag, dem 27. August 1943, greifen 18 Do 217 der II. Gruppe des KG 100 bei Kap Finisterre erneut eine britische U-Boot-Jagdgruppe mit HS-293-Gleitbomben an. Die Fregatte *Egret* (1200 t) fliegt nach zwei Volltreffern in die Luft, und der kanadische Zerstörer *Athabaskan* muß schwer beschädigt ins Dock von Devonport geschleppt werden. Dieser erfolgreiche Angriff bringt für die deutschen U-Boote das erhoffte Ergebnis: Die britische Admiralität befiehlt ab sofort allen Einheiten im Golf von Biskaya, sich mindestens 200 Meilen von der französischen Küste zu entfernen, bis man eine Abwehrmöglichkeit gegen die Hs 293 gefunden hat. So können die deutschen U-Boote vorübergehend den Golf von Biskaya passieren, ohne einen Angriff von See her erwarten zu müssen.

Am Sonnabend, dem 28. August 1943, verläßt das Wetterschiff *Coburg* den Hafen von Narvik mit acht Mann vom Wettertrupp »Baßgeiger« (Leiter: Dr. H. Schatz) an Bord. Er soll an der Küste Ostgrönlands eingesetzt werden. Vor der Shannon-Insel wird die *Coburg* vom Packeis eingeschlossen und in eine schwimmende Station umgewandelt.

Ende August 1943 verschlechtern sich in Dänemark zusehends die Beziehungen zwischen den deutschen Behörden und der dänischen Regierung, die nicht gewillt ist, dem deutschen Drängen nachzugeben und als Antwort auf die ständige Sabotage- und Attentatswelle der dänischen Widerstandsbewegung den Ausnahmezustand zu erklären.
Am Sonnabend, dem 28. August 1943, tritt die dänische Regierung zurück. Deutsche Panzer und Artillerie riegeln die Ausfallstraßen von Kopenhagen ab, und die Kriegsmarine blockiert den Öre-Sund, um der dänischen Marine (Vizeadm. Vedel) den Weg nach Schweden abzuschneiden.

Am Sonntag, dem 29. August 1943, um 4 Uhr morgens, gibt Vizeadmiral Vedel, als die deutschen Parlamentäre in Kopenhagen vor den Toren zum Kriegsmarinehafen erscheinen, den Befehl zur Versenkung der Schiffe. Diese Einheiten, die wegen zu geringer Wassertiefe nur auf Grund gehen, werden in Brand gesteckt, was zu einem tragischen Zwischenfall führt: Die Explosion der scharf geladenen Geschütze erweckt bei den am Kai vorrückenden deutschen Truppen den Anschein, als würden die Dänen auf sie schießen. In diesem Augenblick laufen deutsche Patrouillenboote in das Hafenbecken ein. Nun werden die zur Übergabe marschierenden dänischen Matrosen von beiden Seiten unter Feuer genommen, wobei es zahlreiche Tote und Verletzte gibt. In Kopenhagen werden von den eigenen Besatzungen

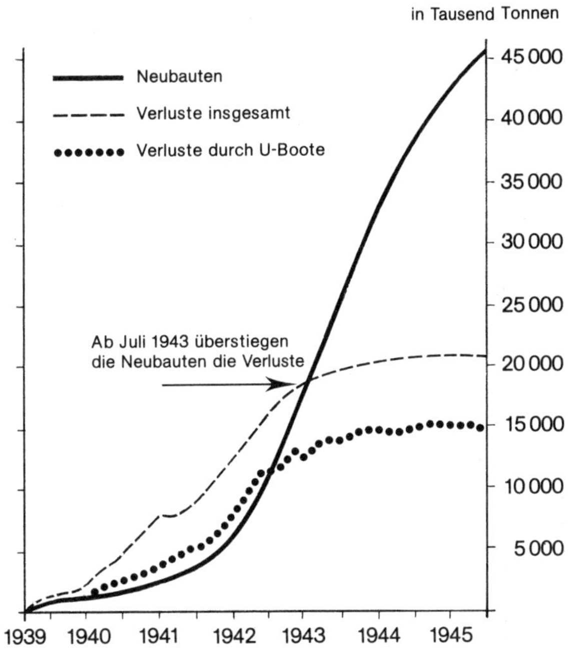

Alliierte Handelsschiffahrt 1939 – 1945

versenkt: das Küstenpanzerschiff *Peder Skram*, sieben U-Boote und vier Minenleger. Im Ise-Fjord greift die deutsche Luftwaffe das Küstenpanzerschiff *Niels Juel* mit Bomben und MG-Feuer an, anschließend wird es von der eigenen Besatzung versenkt und das Patrouillenboot *Havörnen* gesprengt. In den Häfen von Nyborg, Korsör und Kalundborg besetzt man die Minensucher und Hilfsschiffe mit Gewalt, dabei werden einige dänische Seeleute getötet oder schwer verletzt. Vier weitere Einheiten und neun Hilfsschiffe, die gerade im Öre-Sund Küstenüberwachung durchführen, können nach Schweden entkommen.

Im August 1943 sind die Verluste der alliierten Handelsschiffahrt unbedeutend: Deutsche U-Boote versenken im Atlantik, Mittelmeer, Nordmeer und im Indischen Ozean 17 Handelsschiffe mit insgesamt 88957 BRT. Eigene Verluste: 25 U-Boote. Zum erstenmal sind mehr U-Boote als feindliche Schiffe gesunken.

Die Seekriegsleitung beschließt, nachdem eine ganze Reihe von Versorgungs-U-Booten verlorengegangen ist, eine Umgruppierung und zieht die U-Boote aus dem westlichen Teil des Atlantiks zurück. Damit endet die im Juli 1943 begonnene 6. Phase der Schlacht im Atlantik, eine Übergangszeit mit Ausweichen in die Randgebiete des Atlantiks.

Am Mittwoch, dem 1. September 1943, setzt der deutsche Fischdampfer *Kehdingen* im Geleit eines U-Bootes im westlichen Teil des Franz-Joseph-Landes in der sowjetischen Arktis den Wettertrupp »Schatzgräber« unter Führung von Dr. W. Drees mit zehn Mann ab. Der Wettertrupp soll hier bis Juli 1944 arbeiten.

Vom 1. Mai bis 2. September 1943 versenken alliierte Flugzeuge in der Biskaya 28 U-Boote und beschädigen 22 Boote schwer, bei eigenen Verlusten von 57 Maschinen.

Anfang September 1943 hofft der BdU auf die baldige Wiederaufnahme des Geleitzug-Kampfes im Nordatlantik. Die erste Welle von 20 U-Booten, ausgestattet mit dem neuen Torpedo »Zaunkönig« (T 5), ist einsatzbereit. Dieser Horchtorpedo mit akustischer Zielsteuerung auf Schraubengeräusche hat eine magnetische Abstandzündung und Geschwindigkeit von 24,5 Knoten. Das neuartige Funkmeßbeobachtungsgerät »Wanze« soll die U-Boote rechtzeitig vor dem 10-cm-Radar der alliierten Luftstreitkräfte warnen. Auch von einer neuen Taktik verspricht man sich Erfolg: Sichtet die U-Boot-Gruppe einen Konvoi, soll sie im passenden Augenblick auftauchen und mit den zusätzlich verstärkten Flakwaffen die alliierte Luftsicherung bekämpfen. Es beginnt die 7. Phase der Schlacht im Atlantik, die bis Mai 1944 dauert. Man nimmt die Bekämpfung der Konvois im Nordatlantik mit neuen Waffen wieder auf.

In den ersten Septembertagen laufen aus französischen Stützpunkten 13 U-Boote und aus den deutschen sowie norwegischen Häfen sechs weitere U-Boote aus. Sie werden in der Gruppe »Leuthen« zusammengefaßt. Außer *U 669* (Oberlt. z. S. Köhl), das von einem Flugzeug in der Biskaya versenkt wird, erreichen alle Boote den Nordatlantik. Die Gruppe »Leuthen« bezieht etwa 840 Seemeilen östlich von Kap Farvel an der Südspitze von Grönland Position. Die U-Boote stehen je 17 Seemeilen voneinander entfernt und erwarten den Konvoi ON. 202 und den langsamen Konvoi ONS. 18 mit insgesamt 84 Schiffen.

Am Abend des 6. September 1943 läuft aus dem Alta-Fjord die deutsche Kampfgruppe (Adm. Kummetz) mit den Schlachtschiffen *Tirpitz* (Kpt. z. S. Meyer) und *Scharnhorst* (Kpt. z. S. Hüffmeier) sowie mit neun Zerstörern aus. Sie soll die alliierten Stützpunkte auf Spitzbergen ausschalten (Unternehmen »Sizilien«).

Am Mittwoch, dem 8. September 1943, gegen 7 Uhr, erreicht das Schlachtschiff *Scharnhorst* mit einigen Zerstörern den Grön-Fjord und die Adventsbucht (Spitzbergen). Ein Bataillon vom Grenadierregiment 349 geht an Land. Es sprengt die Funk- und Wetterstation, das Kohlebergwerk und steckt die Halden in Brand. Unterdessen nimmt die *Tirpitz* mit den restlichen Zerstörern in der Bucht von Barentsborg mit ihren schweren Geschützen die Bergwerksiedlung unter Feuer. Um 11 Uhr endet das Unternehmen »Sizilien«. Es ist der letzte Einsatz des Schlachtschiffes *Tirpitz*.

Am gleichen Tag, um 18.30 Uhr, gibt aus Algerien Eisenhower – wie vorher vereinbart – die italienische Kapitulation offiziell bekannt. Unmittelbar danach löst das deutsche Oberkommando der Wehrmacht (OKW) die vorbereitenden Gegenmaßnahmen (Fall »Achse«) aus: Besetzung Roms, Entwaffnung und Gefangennahme oder Entlassung der italienischen Truppen in Italien, Südfrankreich, Jugoslawien, Albanien sowie Griechenland. Die 5. US-Armee jubelt in der Überzeugung, daß der Krieg vorbei sei.

Am Donnerstag, dem 9. September 1943, morgens um 4.25 Uhr, landen vier Divisionen der 5. US-Armee (Lt.Gen. Clark) und das britische X. Corps (Lt.Gen. McCreery) auf einem 30 Kilometer breiten, flachen Sandstrand in der Bucht von Salerno (Operation »Avalanche«).
Am gleichen Tag geht die britische 8. Armee (Gen. Montgomery) in Tarent an Land. Das erste Operationsziel ist Neapel, über dessen Hafen der Vormarsch in Richtung Rom versorgt werden soll: Man hofft, bis Weihnachten 1943 die italienische Hauptstadt zu erobern.

Ebenfalls am 9. September 1943 gibt Radio Livorno den italienischen Schiffen den Befehl zum Auslaufen und nennt ihnen Malta als Treffpunkt. Sefton Delmer: »Es lief alles so glatt und erfolgreich, daß ich überzeugt war, daß die Befehlshaber der italienischen Marine Radio Livorno als das Sprachrohr Admiral Cunninghams erkannt haben mußten, und im vollen Bewußtsein dessen, was sie taten, seinen Weisungen folgten.«
Als am frühen Nachmittag des 9. September 1943 deutsche Truppen in den Flottenstützpunkt La Spezia eindringen, verläßt soeben Admiral C. Bergamini mit den Schlachtschiffen *Roma, Italia, Vittorio Veneto,* 3 Kreuzern sowie 8 Zerstörern die Bucht; 3 Kreuzer und 2 Zerstörer aus Genua schließen sich dem Verband an. Das Flaggschiff *Roma* (46 215 t) von Admiral Bergamini, das modernste Schlachtschiff und der Stolz der italienischen Marine, steht noch nicht ein Jahr im Dienst. Dieser Verband soll angeblich die Invasionsflotte der Alliierten auf ihrem Weg nach Salerno angreifen. In Wirklichkeit ist das Ziel jedoch Malta, um sich den Engländern zu ergeben.
Die III. Gruppe (Maj. Jope) des Kampfgeschwaders 100 (KG 100), in Istres nahe Marseille stationiert, bekommt den Befehl, die italienische Flotte abzufangen. Kurz nach 14 Uhr starten zwölf Kampfflugzeuge DO 217 K-2, jedes mit einer Gleitbombe vom Typ Fritz X (SD 1400 X). Diese neue Geheimwaffe, von Dr. M. Kramer (Ruhrstahl AG) konstruiert, soll jetzt erstmalig eingesetzt werden. Es ist eine normale freifallende Bombe (1400 kg) mit hoher Durchschlagskraft, ohne eigenen Antrieb. Ihre Fallbahn kann jedoch durch ein UKW-Steuergerät korrigiert werden.
Der italienische Flottenverband erreicht Maddalena und läuft durch die Straße von Bonifacio zwischen Korsika und Sardinien, dicht an der Insel Asinara vorbei, als der Ausguck gegen 15.30 Uhr mehrere Flugzeuge meldet. Die Italiener halten die Maschinen für Flugzeuge der Alliierten und glauben, sie seien aus Sizilien zu ihrer Luftsicherung geschickt worden. Erst als sie die fallenden Bomben sehen, erkennen die Italiener ihren Irrtum und machen verzweifelte Ausweichmanöver. Zwar verfehlen die ersten Bomben ihr Ziel, aber die *Roma* wird von einer FX 1400 getroffen, die das Deck durchschlägt und im Schiffsinneren explodiert. Die Geschwindigkeit des Schlachtschiffes sinkt um 16 Knoten. Fünf Minuten später trifft eine zweite FX 1400 das Vorderdeck des Schiffes und verursacht eine Explosion der Munitionskammern, die die *Roma* in zwei Teile auseinanderreißt. Admiral Bergamini und 1254 Mann Besatzung gehen mit dem Schiff unter. Eine andere FX 1400 fegt über das Schwesterschiff *Italia* und schlägt dicht daneben ein. Durch das entstandene Leck strömen ungefähr 800 Tonnen Wasser in den Rumpf des Schiffes, das Malta trotzdem noch mit eigener Kraft erreichen kann.

Am Sonnabend, dem 11. September 1943, verlassen sechs britische Klein-U-Boote (Midget) – jedes im Schlepp eines großen U-Bootes – den nordschottischen Stützpunkt Loch Cairnbawn mit Kurs auf die norwegische Küste. Ihr Ziel: Angriff auf die deutsche Kampfgruppe mit den Schlachtschiffen *Tirpitz, Scharnhorst* und den Kreuzer *Lützow* im Alta-Fjord (Operation »Source«).
Am gleichen Tag führen die II. Gruppe (Hpt. Molinus) und die III. Gruppe (Maj. Jope) des Kampfgeschwaders 100 (KG 100) mehrere Angriffe mit Fernlenk- und Gleitbomben auf die Invasionsflotte vor Salerno durch. Sie erzielen einen Nahtreffer auf dem US-Kreuzer *Philadelphia.* Eine FX 1400 schlägt durch den vorderen Geschützturm des Leichten US-Kreuzers *Savannah.* Die Explosion reißt ein Loch in das Deck, tötet mehrere Menschen und richtet erheblichen Schaden an.

Am Montag, dem 13. September 1943, erscheint die III. Gruppe des KG 100 erneut über der Bucht von Salerno. Diesmal wird der britische Leichte Kreuzer *Uganda* schwer beschädigt. Nur knapp verfehlen die FX 1400 den US-Kreuzer *Philadelphia* und zwei britische Zerstörer. Das Lazarettschiff *New Foundland* wird trotz sichtbarer Rotkreuz-Markierungen versenkt.

Mitte September 1943 schlägt der Führer der »Deutschen Arbeitsfront«, Dr. Bodo Lafferentz, dem Chef der Heeresversuchsanstalt Peenemünde, General Dornberger, vor, die dort entstehende A-4 (V 2) aus schwimmenden Behältern heraus in einem Überraschungsangriff auf Landziele an der US-Atlantikküste zu verschießen. Lafferentz – mit der Familie von Richard Wagner verschwägert und Hauptgeschäftsleiter des Volkswagenwerkes – finanziert mit den Geldern der »Deutschen Arbeitsfront« die »Gesellschaft für Forschung und Entwicklung«. Sein durchaus interessantes Projekt der Unterwasser-Fernrakete wird jedoch erst über ein Jahr später, im Dezember 1944, in Angriff genommen.

Am Donnerstag, dem 16. September 1943, kann die III. Gruppe des KG 100 über Salerno einen bedeutenden Erfolg melden: Sie setzt mit 2 FX-1400-Volltreffern das britische Schlachtschiff *Warspite* (Capt. Crutchley) für beinahe ein Jahr außer Gefecht. Die erste Bombe

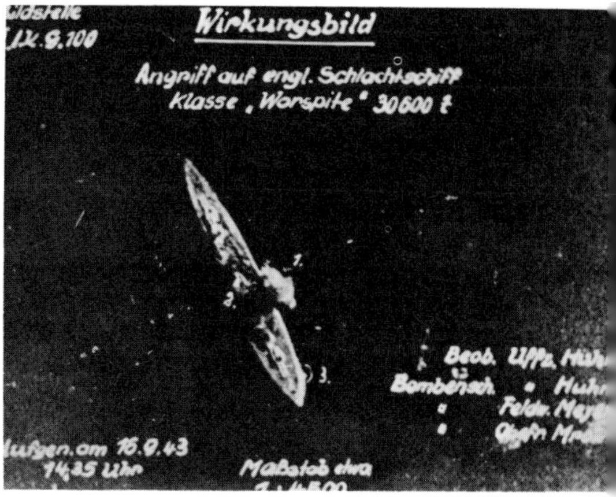

Erfolge der deutschen Gleitbombe vom Typ Fritz X: 11. 9. 1943, Volltreffer auf den US-Kreuzer *Savannah (oben)*; 16. 9. 1943, zwei Volltreffer auf dem britischen Schlachtschiff *Warspite (rechts)*

durchschlägt die Decke der Messe und explodiert im 4. Kesselraum. Eine zweite FC 1400 geht in der Nähe der Längsseite nieder und reißt unter der Wasserlinie ein großes Loch in den Schiffsrumpf. Nur mit großer Mühe gelingt es zwei Schleppern, das Schlachtschiff nach Malta zu schaffen.

Am Sonnabend, dem 18. September 1943, führt das Kampfgeschwader 100 seinen letzten Angriff mit FX 1400 über Salerno durch, der sich erneut gegen den US-Kreuzer *Philadelphia* richtet. Wieder wird die *Philadelphia* nur knapp verfehlt und kommt mit geringen Schäden davon.

Am Montag, dem 20. September 1943, entbrennt im Nordatlantik die Geleitzug-Schlacht bei orkanartigem Sturm. Dank der Verwendung von neuartigen akustischen Zielsuch-Torpedos T 5 »Zaunkönig« versenken die U-Boote der Gruppe »Leuthen« sechs Schiffe und drei Geleitfahrzeuge aus den Konvois ON. 202 und ONS. 18.

Am Mittwoch, dem 22. September 1943, gelingt es den beiden Klein-U-Booten *X 6* (Lt. Cameron) und *X 7* (Lt. Place) im Alta-Fjord bis in den Netzkasten der *Tirpitz* vorzudringen. Drei an dieser Aktion beteiligte Midgets gehen verloren, ein Boot muß wegen technischer Mängel umkehren. *X 6* und *X 7* legen ihre Minen unter den Rumpf der *Tirpitz*, die etwa 20 Minuten später detonieren und das Schiff beschädigen: Der Schiffsboden hat große Risse, die Schraubenwellen sind verbogen und die Turbinen in ihren Lagern gelockert. 500 Tonnen Wasser sind in das Schiff eingedrungen und einige Spanten gebrochen. Damit verliert die *Tirpitz* ihre Seetüchtigkeit und zwei Drittel der Geschwindigkeit. Lieutenant Cameron und Lieutenant Place mit vier weiteren Besatzungsmitgliedern werden gefangengenommen.

Dönitz: »Der Ausfall der *Tirpitz* für so lange Zeit war von großem militärischem Nachteil.«

Ende September 1943 laufen im Atlantik neue U-Boote mit akustischen Torpedos T 5 und ein Versorgungs-U-Boot aus. Die U-Boote sollen mit den neuen Torpedos die Geleitfahrzeuge ausschalten und dann die Schiffe im Konvoi mit den üblichen Torpedos angreifen.

Ungeachtet der wertvollen Unterlagen, die der B-Dienst liefert, bemerkt der BdU, daß seine Hoffnung auf Erfolge im Nordatlantik zusehends schwindet: Die

10. 9. 1943, ein britisches Klein-U-Boot (Midget), das am Unternehmen gegen die *Tirpitz* am 22. 9. 1943 beteiligt ist, in seinem Stützpunkt

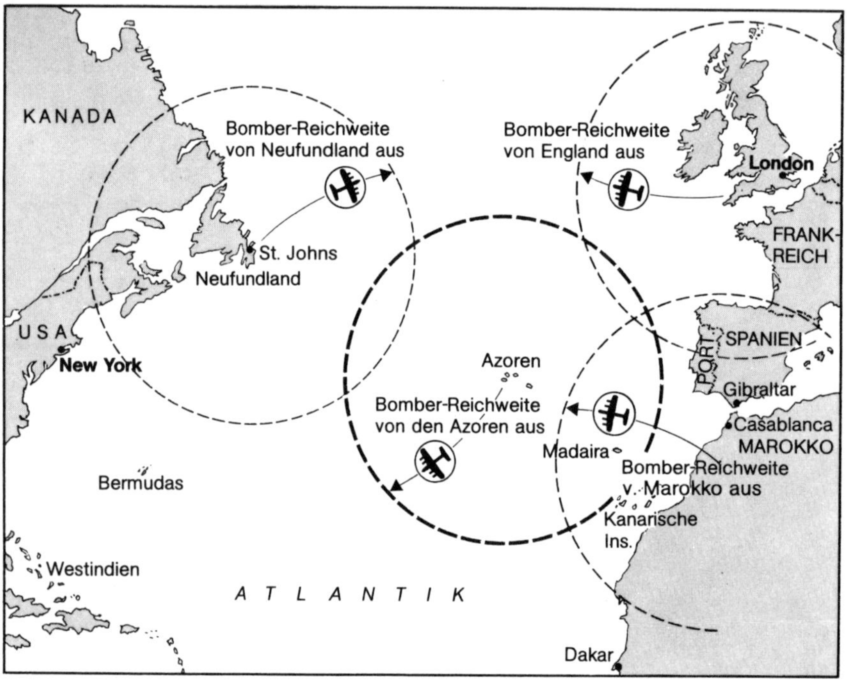

Links: Die Azoren haben als See- und Luftstützpunkte entscheidende Bedeutung für die Schlacht im Atlantik

Rechts: 8. 10. 1943, Operation »Alacrity«, die Besetzung der Azoren: Britische Zerstörer der 8. Support Group vor der Insel Fayal

Alliierten finden schnell eine Methode, um die gefährlichen Horchtorpedos T 5 zu neutralisieren. Die Geleitfahrzeuge schleppen die Geräuschboje »Foxer« hinter sich her, die die Schraubengeräusche übertönt. Daneben erweist sich die neue U-Boot-Flak als viel zu schwach gegen angreifende Flugzeuge.

In diesem Monat patroullieren deutsche U-Boote der Gruppe »Monsun« vor Mombasa, Colombo und Bombay. Nachdem das Treiböl zu Ende geht, laufen sie das von Japanern besetzte Penang an.
Ende September 1943 gelingt es fünf weiteren deutschen U-Booten, das Kap der Guten Hoffnung zu erreichen, um die bis jetzt im Indischen Ozean operierenden deutschen U-Boote abzulösen.

Im September 1943 versenken deutsche U-Boote im Atlantik, Mittelmeer und im Indischen Ozean 19 Handelsschiffe mit insgesamt 106820 BRT. Eigene Verluste: Zehn U-Boote.
Im September 1943 versenken deutsche und japanische U-Boote im Indischen Ozean zwölf Handelsschiffe mit insgesamt 65304 BRT.

In diesem Monat spitzen sich in den sowjetischen Nordmeerhäfen die Spannungen zwischen Engländern und Sowjets zu. So ordnet zum Beispiel der Stadtsowjet von Archangelsk die Schließung des britischen Militärhospitals an.

Die Angriffe auf die beiden nächsten westwärts fahrenden Konvois ON. 204 und ONS. 19 vereitelt die alliierte Luftsicherung. Der nach Osten gehende Konvoi HX 258 durchquert unter sehr starker Sicherung ebenfalls ohne Verluste den Atlantik. Die Flugzeuge der Luftstützpunkte auf Island versenken dabei am 4. Oktober 1943 *U 279* (KptLt. Finke) und *U 336* (KptLt. Hunger).

Am Montag, dem 4. Oktober 1943, setzt der deutsche Fischdampfer *Carl J. Busch* in Begleitung eines U-Bootes im Liefdel-Fjord (Nordspitzbergen) den Wettertrupp »Kreuzritter« unter Führung von Dr. H. R. Knöspel mit zwölf Mann ab. Der Wettertrupp soll – von der Luftwaffe versorgt – hier bis Juli 1944 bleiben.

Am Dienstag, dem 5. Oktober 1943, versenken Flugzeuge, die zur Sicherung des Konvois HX 258 gehören, das deutsche U-Boot *U 389* (KptLt. Heilmann).

Am Freitag, dem 8. Oktober 1943, erscheinen vor den Azoren-Inseln Fayal und Terceira britische Truppentransporter, Tanker und Frachter mit dem Geleitträger *Fencer,* neun Zerstörern, vier Korvetten und Sloops als Sicherung. Damit beginnt die Operation »Alecrity«, das Einrichten von See- und Luftstützpunkten auf den zum neutralen Portugal gehörenden Azoren. Auf halbem Weg zwischen Europa und Amerika bilden die Azoren ein Archipel aus neun vulkanischen Inseln, auf denen rund 280000 Menschen wohnen. Im Jahre 1427 von portugiesischen Seefahrern entdeckt, wurden die Inseln von Flamen und Portugiesen bevölkert. Gegen Ende des 16. Jahrhunderts waren die Azoren Ausgangspunkt für überseeische Entdeckungsreisen und Anlaufhafen für die aus Ostindien heimkehrenden Schiffe.

Die Errichtung dieser strategisch äußerst wichtigen Stützpunkte, die es endlich ermöglichen, die immer noch bestehende Luftüberwachungslücke zu schließen, ist für die Alliierten von unschätzbarem Wert: Allein die damit verbundene Kürzung der Lufttransportwege bedeutet für sie, eine Million BRT an Schiffsraum und über 450000 Tonnen Treibstoff für Flugzeuge einzusparen. Das entspricht einer Menge, die ausreichen würde, die von Großbritannien aus operierenden alliierten Luftstreitkräfte zwei Monate lang zu versorgen. Der Einrichtung dieser Stützpunkte gehen zähe, über zwei

Jahre dauernde Verhandlungen mit dem portugiesischen Premierminister Dr. Salazar voraus, der befürchtet, daß ein solcher eklatanter Neutralitätsbruch eine sofortige Reaktion Hitlers und die Besetzung der Iberischen Halbinsel durch die deutsche Wehrmacht heraufbeschwören könnte.
Die USA wollen sogar die Errichtung von Stützpunkten auf den Azoren mit Gewalt erzwingen, doch auf Churchills Drängen hin einigt man sich mit Portugal gütlich, besonders als Salazar im Herbst 1943 merkt, daß ihm seitens des Deutschen Reiches keine allzu großen Gefahren mehr drohen. Hätte er die Verhandlungen nicht über zwei Jahre hinausgezögert, um Zeit zu gewinnen, wäre der Zusammenbruch der deutschen U-Boot-Offensive im Atlantik gewiß früher erfolgt.
Auf der Suche nach einem Vorwand, militärische Basen auf dem Staatsgebiet des neutralen Portugals zu errichten, kommt Churchill die Idee, diesen Schritt mit der Begründung eines zwischen England und Portugal bestehenden Freundschaftsvertrages zu deklarieren. Daß dieser seit dem 16. 6. 1373 von Eduard III. mit Ferdinand und Eleonore von Portugal in London geschlossene Vertrag schon 54 Jahre vor Entdeckung der Azoren durch einen Portugiesen bestand, stört den britischen Premier keineswegs. Churchill forciert auch die Einbeziehung der USA für die Benutzung der Stützpunkte, weil in Artikel I des Vertrages von anno 1373 ausdrücklich betont wird, daß die Kontrahenten »gegenseitig Freund bei Freunden und Feind bei Feinden sein werden«.
Salazar geht aber nur sehr widerstrebend auf derartige Auslegungen des vor über einem halben Jahrtausend geschlossenen Vertrages ein, da immerhin der Entdekker Amerikas, Christoph Kolumbus, erst 78 Jahre nach Vertragsabschluß geboren wurde. Weil Premier Salazar sich beharrlich wehrt, über den bilateralen Vertrag mit Großbritannien hinauszugehen, einigt man sich, daß eine gewisse Zeitlang US-Kriegsschiffe nur unter britischer Flagge die englischen Stützpunkte auf den Azoren anlaufen werden.
Weil es Portugal ignoriert, welcher Nationalität die Besatzungen der RAF-Flugzeuge sind, überpinselt man einfach die Hoheitsabzeichen der US-Maschinen und setzt britische Kokarden darüber. Ist dies manchmal aus technischen Gründen nicht möglich, geben sich die Portugiesen auch zufrieden, wenn wenigstens von den mehrköpfigen Besatzungen amerikanischer Langstrekkenmaschinen einer Engländer ist. Man befürchtet zwar, daß Hitler – womöglich als Präzedenzfall – von Spanien Konzessionen auf den Balearen fordern wird. Es bleibt jedoch bei einer deutschen Protestnote, in der es heißt: »Die Reichsregierung hat sich vorbehalten, Maßnahmen zu treffen, die sich aus der veränderten Lage auf den Azoren ergeben.«

Am Freitag, dem 8. Oktober 1943, greift nach einer Meldung des B-Dienstes die Gruppe »Roßbach« (18 U-Boote) den mit 39 Schiffen von Halifax nach Großbritannien gehenden Konvoi SC.143 an. Alliierte Flugzeuge versenken an diesem Tag aus der Gruppe »Roßbach« die U-Boote *U 419* (Oberlt. z. S. Giersberg), *U 610* (KptLt. Frhr. v. Freyberg) und *U 643* (KptLt. Speidel). Der Konvoi verliert nur ein Schiff mit 5612 BRT. Nach diesem Mißerfolg stoppt der BdU weitere Operationen gegen den Konvoi SC.143.
Bei der nächsten Geleitzugschlacht im Nordatlantik gegen die Konvois ONS.20 und ON.206 verliert die Gruppe »Schlieffen« sechs U-Boote bei einem versenkten Schiff mit 6625 BRT. Trotzdem geht die Schlacht im Atlantik weiter: Am 11. Oktober 1943 bilden die neueingetroffenen U-Boote, etwa 500 Seemeilen von Neufundland, einen Abfangstreifen. Die nachfolgenden Konvois ON.207, ONS.21, HX 263 und ON.208 erleiden keine Verluste, drei U-Boote, *U 274* (Oberlt. z. S. Jordan), *U 282* (Oberlt. Müller [R]) und *U 420*(Oberlt. z. S. Reese) gehen verloren.

Am Dienstag, dem 12. Oktober 1943, berichtet Churchill dem Parlament über die britischen Einrichtungen auf den Azoren. Er notiert daraufhin: »Ich habe dem Haus etwas anzukündigen, das sich aus dem zwischen England und Portugal im Jahre 1373 abgeschlossenen Vertrag ergeben hat, dessen Unterzeichner Seine Majestät König Eduard III. und König Ferdinand und Königin Eleonore von Portugal waren. Ich brachte den Satz in ruhigem Tonfall vor, schaltete aber eine Pause ein, um dem Haus Gelegenheit zu geben, die Jahreszahl 1373 zu verdauen. Es ging dann auch so etwas wie ein Atemholen durch die Bänke.«

Am Sonnabend, dem 16. Oktober 1943, wird im Persischen Golf *U 533* (KptLt. Henning) von zwei Flugzeugen der 244. RAF-Squadron versenkt.

Am Sonntag, dem 17. Oktober 1943, versenkt 90 Seemeilen östlich von Yokohama das amerikanische U-Boot *Tarpon* (Cdr. Wogan) mit drei Torpedotreffern den letzten deutschen Hilfskreuzer Schiff 28 *Michel* (Kpt. z. S. Gumprich). Damit ist der Einsatz von Hilfskreuzern beendet. Erfolg seines zweiten Unternehmens: drei Schiffe mit 27632 BRT. Von 300 Mann Besatzung gelingt es 116 Schiffbrüchigen, in Rettungsbooten Japan zu erreichen.

Am Montag, dem 18. Oktober 1943, gründet Marschall Tito in Hvar die Marine der Nationalen Befreiungsarmee (MNBA) unter Korvettenkapitän J. Černi, die dem in Dalmatien operierenden VIII. Partisanen-Armeekorps operativ und organisatorisch untersteht. Die jugoslawische Küste wird in sechs Abschnitte unterteilt, von denen sich noch zwei, der Triest-Abschnitt und der Bokel-Abschnitt, in den Händen der Deutschen befinden.
Die Tito-Marine verfügt über einige leichte Einheiten der ehemaligen italienischen Flotte, die sie nach der italienischen Kapitulation besetzt hat, sowie ein ehemaliges jugoslawisches Wasserflugzeug. Aus dem Stab der MNBA und dem Stab der 26. Partisanendivision wird vom VIII. Partisanen-Armeekorps »der operative Stab für die Inselverteidigung« gebildet. Die einzelnen Partisanenabteilungen landen mit Küstenfahrzeugen und Fischerbooten auf den Inseln, um den zu erwartenden Deutschen Widerstand zu leisten. Schwerpunkt der Tätigkeiten liegt auf beiden Seiden in der Sicherung der eigenen Nachschubwege zwischen den unzähligen Inseln. Es gelingt den Partisanen, insgesamt 30 deutsche Nachschubschiffe, die meisten mit italienischen Besatzungen, zu kapern.

Im Oktober 1943 versenken deutsche U-Boote im Atlantik, Mittelmeer, Nordmeer und im Indischen Ozean 24 Handelsschiffe mit insgesamt 82199 BRT. Eigene Verluste: 26 U-Boote.
In diesem Monat versenken die Trägerflugzeuge von US-Geleitträgern, die bei den Azoren operieren, sechs U-Boote. In zwei Monaten, im September und Oktober, werden aus den 64 Konvois mit 2468 Schiffen nur

neun Frachter versenkt, die meisten Verluste treffen »Einzelfahrer«. Danach verlegt Großadmiral Dönitz den Schwerpunkt der U-Boot-Operationen in den Raum vor Gibraltar.

In den Morgenstunden des 2. November 1943 stellt das im Skagerrak patrouillierende deutsche Vorpostenboot *V 1606* zwischen Skaw und der schwedischen Küste verdächtige Motorengeräusche fest. Gegen 5 Uhr wird ein dunkler Schatten gesichtet, den man erst für ein deutsches V-Boot hält. Das Boot gibt jedoch eine falsche Antwort auf das deutsche Erkennungszeichen und morst mit dem Scheinwerfer in offener Sprache die Bitte, einen Lotsen zu schicken. Kurz danach versucht es mit voller Kraft, in westlicher Richtung zu entkommen. *V 1606* eröffnet sofort ein gut liegendes Feuer, die Brücke und der Funkraum bekommen mehrere Treffer. Der Kapitän, zwei Steuerleute und beide Funker sind verletzt. *V 1606* entert das geheimnisvolle Schiff, dessen Besatzung – wie der deutsche Bericht vermerkt – »nach einigem Zögern kapituliert«. Das Schiff wird nach Frederikshaven/Dänemark gebracht, die Verletzten kommen ins Marinelazarett.
So endet die Fahrt der *Master Standfast* (Capt. Holdsworth) im Rahmen der Operation »Bridford«, einem der waghalsigsten Unternehmen des Geheimdienstes der britischen Admiralität (OIC). Das Hauptziel dieser Operation ist der Transport von Werkzeugmaschinen, Geräten und anderen Ausrüstungen von Schweden nach England, um eine kapazitätsstarke Kugellagerfabrik aufbauen zu können. Der Mangel an Kugellagern hat in England bereits Engpässe in der Rüstungsproduktion verursacht, die selbst durch ständigen Kurierdienst mit Mosquito-Maschinen zwischen England und Schweden nicht zu beheben sind. Nun beginnt nach der Idee von Commander Sir Binney, dem Agenten des

Rechts: Bari: Küstendampfer *Morava* der Tito-Marine (Dritter von links, Offizier des US-Geheimdienstes OSS, Thompson)

Links: König Eduard III. (1312 – 1377) von England, der am 16. 6. 1373 einen Freundschaftsvertrag mit Portugal abschloß

britischen Geheimdienstes, der offiziell als stellvertretender Marineattaché in Stockholm amtiert, und durch Unterstützung von Churchill die Operation »Bridford«. Mit fünf Schnellbooten (MGB), die 1938/39 auf Bestellung der türkischen Marine in Großbritannien gebaut, jedoch nach Kriegsausbruch nicht ausgeliefert wurden, soll dieses Unternehmen durchgeführt werden. Der geringe Tiefgang der Boote ermöglicht es, die deutschen Minensperren zu durchqueren, und dank der starken Motoren können sie leicht Verfolger abschütteln. Mit den 3000-PS-Dieselmotoren erreichen sie die Geschwindigkeit von 38 Knoten (70 km/h). Sie sind bewaffnet mit zwei Zwillings-Oerlikon-Flak, zwei Zwillings-MG-Vickers 303, einem Vierlings-MG sowie Radar ASV. Die Boote *Nonsuch* (Capt. Jackson), *Hopwell* (Capt. Stokes), *Master Standfast* (Capt. Holdsworth), *Gay Corsair* (Capt. Tanton) und *Gay Viking* (Capt. Whitfield) haben eine erstaunliche Ladekapazität von 45 Tonnen. Sie sollen bei »Nacht und Nebel« in den Wintermonaten 1943/44, als die Gefahr seitens der deutschen Luftwaffe und Kriegsmarine nicht mehr so groß ist, im Pendelverkehr – zwischen Immingham, einem kleinen Hafen an der Humbertmündung, und dem schwedischen Hafen Lysekil am Kattegatt – die nötigen Teile für die Kugellagerfabrik nach England schaffen. Die jeweils 18köpfige, besonders ausgebildete Besatzung ist im Durchschnitt 25 Jahre alt. Als Reederei fungiert die Tarnfirma Ellermann and Wilson Ltd., Hull. Die fünf S-Boote sind die ersten britischen Handelsschiffe, die seit Kriegsausbruch Schweden anlaufen. Commander Sir Binney: »Der Erfolg der ganzen Operation hing besonders von einer genauen Wettervorhersage und absolut zuverlässiger Unterrichtung über die Aufstellung der deutschen Vorpostenstreitkräfte und die das Skagerrak passierenden Geleitzüge ab.« Die entschlüsselten »Enigma«-Berichte machen es dem OIC möglich, die erforderlichen Daten rechtzeitig zu liefern. Selbst nach der Panne des Bootes *Master Standfast* läuft die Operation erfolgreich weiter.
Die deutschen Vernehmungsoffiziere, die am 2. 11. 1943 die gefangene Besatzung der *Master Standfast* verhören, bestätigen das korrekte Auftreten der Engländer: Die Seeleute geben keine Information über den Zweck ihrer Fahrt und streiten ab, von der Fracht Kenntnis zu haben. Sie sagen aus, daß die Ladeluken bereits verschlossen waren, als sie das Schiff übernahmen. Man bringt sie in das KG-Lager Marlag. Captain Holdsworth erliegt am 10. 11. 1943 seinen Verletzungen, zwei Tage vor seinem 36. Geburtstag. Die *Master Standfast* wird nach der Kapitulation in bestem Zustand als Barkasse *RA 11* in Kiel gefunden.

Am Dienstag, dem 9. November 1943, meldet das Coastal Command der RAF-Basis in Lajes/Azoren seinen ersten Erfolg vom neuen Stützpunkt: Die Fliegende Festung B-17 »J-for-Johnny« (22. Squadron) hat östlich der Azoren das schwer beschädigte und zu seinem Stützpunkt zurückkehrende *U 707* (Oberlt. z. S. Gretschel) versenkt. Das U-Boot geht mit der ganzen Besatzung unter.

Am Sonntag, dem 14. November 1943, wird in Kiel das erste Walter-Versuchs-U-Boot (Typ Wa 202) *U 794* in Dienst gestellt. Bereits seit Kriegsbeginn experimentiert man mit dem Walter-U-Boot-Antrieb und verspricht sich davon, den Unterwasserkrieg zu revolutionieren: Es soll ein richtiges Unterwasserschiff und nicht nur ein tauchfähiger Torpedoträger sein. Das Antriebssystem arbeitet nach dem Prinzip einer Dampfturbine mit geschlossenem Kreislauf: Dabei wird das versetzte Wasserstoffsuperoxyd mit dem Dieselöl zu einer Mischung aus Gas und Dampf verbrannt. Die theoreti-

sche Unterwasser-Geschwindigkeit beträgt etwa 25 Knoten (45 km/h). Dönitz weiß, daß einerseits der vorhandene Typ von Tauchbooten sich mittlerweile überlebt hat und es andererseits für die Entwicklung des Walter-U-Bootes zu spät ist. Professor Walter bietet nun Dönitz als Notlösung eine verblüffend einfache Vorrichtung an: ein Rohr mit automatischem Ventil (Schnorchel), das dem Dieselmotor die nötige Frischluftzufuhr ermöglicht, für die Durchlüftung des getauchten U-Bootes sorgt und das es zuläßt, daß man weitgehend auf den Betrieb der Elektromotoren verzichten kann. Nach diesem alten Prinzip, dessen sich 1897 schon die Amerikaner bei ihrem U-Boot *Argonaut* bedient haben und das danach in Vergessenheit geraten ist, kann man aus den bisherigen Tauchbooten richtige Unterwasserfahrzeuge machen.
Es vergehen jedoch wieder mehrere Monate, bis die ersten Schnorchel-U-Boote im Frühjahr 1944 in den Fronteinsatz gelangen.
Die Seekriegsleitung beschließt, daß ein Elektro-U-Boot (Typ XXI) die Lücke zwischen den ersten U-Booten mit Walter-Antrieb (Typ XVII) und den alten, noch mit Schnorchel ausgestatteten Diesel-Elektro-Booten überbrücken soll. Es werden zwei Typen von Elektro-U-Booten gebaut: Typ XXI, ein 1600-Tonnen-Boot für den ozeanischen Einsatz mit dem vom Walter-U-Boot übernommenen stromlinienförmigen Bootskörper und verstärkten E-Batterien, sowie ein kleineres Boot, Typ XXIII (300 Tonnen) für Operationen in Küstengewässern. Aber es wird Herbst 1944, bis diese Typen endlich frontreif sind.

Zwischen dem 15.–22. November 1943 kommt es zu einer neuen großen Geleitzugschlacht. Am 15. 11. 1943 entdeckt ein Fernaufklärer, die viermotorige Ju 290 der FAGr. 5 (Maj. Fischer), etwa 100 Seemeilen südlich vom Kap Sao Vincente (Portugal) den Doppel-Konvoi SL.139 und MKS.30, der mit insgesamt 66 Schiffen nach Großbritannien geht. Der BdU zieht auf dieser Konvoi-Route erst 26 und danach noch weitere acht U-Boote zusammen. Die Alliierten erweitern ihre Sicherungskräfte von sieben Einheiten auf insgesamt 19 Zerstörer, Fregatten und Korvetten. Alle U-Boot-Angriffe werden abgewehrt und drei U-Boote, *U 211* (KptLt. Hause), *U 536* (KptLt. Schauenburg) und *U 538* (KptLt. Goßler), versenkt. Nur der Frachter *Marsa* mit 4405 BRT geht durch den Angriff eines deutschen Fernbombers He 177 mit einer Hs 293 Gleitbombe verloren.

Mitte November 1943 konzentrieren die Amerikaner ihren Hauptstoß auf die Gilbert-Inseln (Operation »Galvanic«). Luftaufklärung und Nachrichtendienste haben festgestellt, daß die kleine Insel Betio im Atoll Tarawa am stärksten befestigt ist, schwächer dagegen die nördlich davon liegende Insel Makin. Für diese Operation zieht Admiral Spruance die beiden gewaltigen Task Force 52 (Konteradm. Turner) und Task Force 53 (Konteradm. Hill) zusammen. Neben Truppentransportern bestehen sie aus 7 Schlachtschiffen, 8 Geleitträgern und 8 Kreuzern. Die Sicherung bildet die Task Force 50 (Konteradm. Pownall) mit 11 Flugzeugträgern, 6 Schlachtschiffen, 6 Kreuzern und 21 Zerstörern.

Am Freitag, dem 19. November 1943, landen Teile der Task Force 52 auf Makin. Obwohl die Insel nur von 300 Soldaten und rund 500 Zivilarbeitern verteidigt wird –

Links: Operation »Bridford«, Skagerrak: Capt. D. Stokes auf der Brücke der *Hopwell*, im Hintergrund das Schnellboot *Nonsuch*

Rechte Seite oben, rechts: 24. 11. 1943, London: Britisches Flugblatt

Rechte Seite oben, links: Operation »Bridford«: die Route der Schnellboote

Rechte Seite unten: Nach einem niederländischen Beute-Patent: Schnorchelkopf mit radarreflektierender Schutzschicht

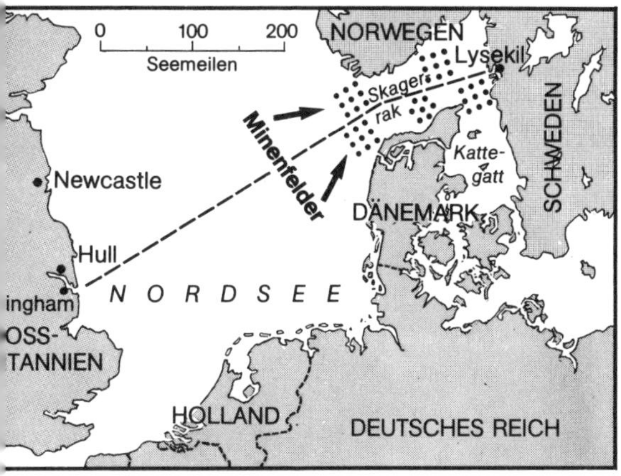

Luftpost

Extrablatt!

London, 24. November 1943

Dönitz' Herbstoffensive gescheitert

Neue U-Boot-Katastrophe

Mehr U-Boote als Handelsschiffe versenkt

Churchill: Den U-Booten ist das Rückgrat gebrochen

der ranghöchste japanische Offizier ist ein Leutnant – und die Amerikaner eine 30fache Übermacht besitzen, brauchen sie fünf Tage, um sich dieser schwach befestigten Insel zu bemächtigen.

In den ersten Morgenstunden des 20. November 1943 erscheint in der Lagune vor Betio die Task Force 53 (Konteradm. Hill). Auf zwölf Truppentransportern befinden sich insgesamt 18 600 Mann (2 US-Marinedivisionen); 3 Schlachtschiffe, 4 Kreuzer und 9 Zerstörer eröffnen das Feuer. Diese 5 Quadratkilometer große Insel ist von den Japanern zu einer der stärksten Festungen im Pazifik ausgebaut worden. Sogar aus Singapur hat man mehrere 20,3-cm-Geschütze herangeschafft. Die Garnison zählt 5000 Soldaten; inmitten der Insel befindet sich ein Flugplatz für Jagdflugzeuge und Bomber. Betio umgibt ein breites Korallenriff, das bei Ebbe aus den Wellen herausragt.

Die Japaner haben hier aus Zement mit Eisenschienen und Korallengestein starke Hindernisse gebaut und so geschickt verteilt, daß die Landungsfahrzeuge gezwungen sind, nur ganz bestimmte Strandabschnitte anzulaufen, die im Direktfeuer der Küstenartillerie liegen. Entlang des Strandes zieht sich ein mannshoher Wall aus Stämmen von Kokospalmen, der nur durch schwere Artillerie zerstört werden kann. Dahinter liegen Feuerstellungen, die durch ein Labyrinth von Laufgräben – mit Sandsäcken und Palmenstämmen abgedeckt – verbunden oder durch Stahlbetonbunker gesichert sind. Von hier können der Strand und die See durch Schießscharten im Wall unter Feuer genommen werden. An verschiedenen Stellen befinden sich Bunker mit Küstenartillerie, Feldgeschützen und Flak. In der Nähe des Flugplatzes und direkt hinter dem Strandwall sind in die Erde eingelassene, bombensichere Unterstände mit drei Meter starken Decken aus mehreren Schichten Kokosstämmen, durch Eisenträger verstärkt. Der Inselkommandant, Konteradmiral Shibasaki: »Betio kann nicht erobert werden, auch nicht von einer Million Mann in hundert Jahren.«

Die US-Luftaufklärung hat diese vorbildlich getarnten Verteidigungsanlagen nicht entdeckt, so daß der US-Generalstab bei Planung der Landung nichts von dem Ausmaß der Befestigungen und Stärke der Verteidiger ahnte. Nach den letzten heftigen Bombenangriffen auf Betio wirkt die Insel völlig verlassen.

In der Morgendämmerung unterbrechen die Schiffe das Feuer. Jetzt sollen die Trägermaschinen laut Plan die Insel angreifen. Doch es ist kein Flugzeug zu sehen. Die Funkanlage auf dem Flaggschiff von Konteradmiral Hill ist durch die Erschütterung der Schiffsartillerie ausgefallen, so kann die Trägergruppe nicht verständigt werden. Erst bei Sonnenaufgang erscheinen die Trägermaschinen über Betio und bombardieren sieben Minuten lang die Insel. In zweieinhalb Stunden verfeuert die Task Force 53 fast 300 000 Tonnen Geschosse, und die Insel scheint in Flammen zu stehen. Konteradmiral Hill ist der Meinung, daß jeglicher Widerstand auf Betio ausgelöscht sein muß.

Die Landungsboote laufen plötzlich auf vorher nicht feststellbare Korallenriffe. Da die gestrandeten Fahrzeuge nicht mehr freikommen, springen die Infanteri-

sten ins Wasser und versuchen schwimmend, den Strand zu erreichen. Völlig ungeschützt geraten sie in das mörderische Feuer der Japaner und erleiden schwere Verluste. Dabei werden auch die meisten Landungsboote vernichtet. Endlich am Strand angelangt, müssen die Mariners im Nahkampf die Japaner einzeln aus ihren Bunkern und Unterständen verjagen.

Am späten Nachmittag des 23. November 1943 wird der letzte Widerstand auf Betio gebrochen. Von den japanischen Truppen ergeben sich nur ein Offizier und 16 Mann. Auch 129 koreanische Arbeiter geraten in Gefangenschaft. Die US-Verluste: 1009 Tote und 2101 Verwundete.
Bei den Kämpfen um Betio lernen die Amerikaner die Angriffstaktik einer amphibischen Operation. Es zeigt sich, daß gepanzerte amphibische Landungsfahrzeuge unentbehrlich sind und die Verteidiger bis zum Augenblick der Landung durch Schiffsartillerie niedergehalten werden müssen. Die bei der Operation »Galvanic« gewonnenen Erfahrungen sind später entscheidend für die Überwindung der stark verteidigten Inselküsten im Zentralpazifik. Zur Unterwasseraufklärung in gegnerischen Küstengewässern werden Kampfschwimmerverbände gebildet.
Man stellt fest, daß die japanische Führung noch nicht entschlossen ist, ihre Flotte entscheidend zur Verteidigung – selbst von Schlüsselpositionen ihres Inselreiches – einzusetzen.

Oben: 20. 11. 1943, Insel Butaritari im Makin-Atoll: Soldaten der 27. US-Infanteriedivision waten zum Strand

Rechts: Schlachtschiff *Scharnhorst:* Seine Versenkung ist das Ende der deutschen Hochseeflotte

Auch am 26. November 1943 führen 21 Heinkel He 177 der II. Gruppe (Maj. Mons) des Kampfgeschwaders 40 wiederum Operationen mit ferngelenkten Bomben Hs 293 durch. Diesmal ist das Ziel der alliierte Konvoi KMF 26, der soeben das Kap Bougie (Algerien) passiert. Bereits beim Start stürzt ein Bomber mit Motorschaden ab. Nach langem Flug sichtet der Verband zwar den Konvoi, stößt dann jedoch auf starke Luftsicherung. Während der Luftkämpfe schießen die alliierten Jäger sechs He 177 ab. Erst auf dem Rückflug schafft es eine der He 177, den britischen Truppentransporter *Rohna* (8602 BRT) mit einem Volltreffer zu versenken. Die eintretende Dunkelheit erschwert die Rettungsaktion: Über 1000 US-Soldaten ertrinken.

Die Operation gegen den nächsten Konvoi, die vereinigten Geleitzüge KMS 30/OS 59 aus Großbritannien, kommt nicht zustande. Die 16 U-Boote der Gruppen »Weddingen« und »Schill« können die beiden Konvois nicht finden. Sie stoßen jedoch auf die Zerstörer der britischen Escort Group, die zwei U-Boote, *U 648* (Oberlt. z. S. Stahl) und *U 600* (KptLt. Zurmühlen) versenken. Bei Angriffen auf die Konvois SL.140 und MKS.31 werden zwei U-Boote, *U 542* (Oberlt. z. S. Coester) und *U 86* (KptLt. Schug) versenkt. Außer den Beschädigungen der Korvette *Dahlia* haben die Alliierten keine Verluste.

In der Nacht vom 27./28. November 1943 gelingt *U 764* (Oberlt. z. S. v. Bremen) im Nordatlantik eine einmalige Leistung: es schießt eine riesige viermotorige Fliegende Festung B-17 (Coastal Command, 220. Squadron) ab.

Im November 1943 versenken deutsche U-Boote im Atlantik 14 Handelsschiffe mit insgesamt 66585 BRT. Eigene Verluste: 21 U-Boote.
Die Verlegung der Angriffe von Frachtern auf Geleitfahrzeuge hat keine Erfolge gebracht, sondern nur die U-Boot-Verluste erhöht. Die Jagd auf Einzelfahrer ist auch kaum erfolgversprechend, da von 1000 Schiffen, die jeden Tag die Meere durchqueren, lediglich 17 ohne Begleitschutz fahren.

Anfang Dezember 1943 versucht die II. Gruppe des KG 40 nach den verlustreichen Tagesoperationen der Heinkel He 177 mit ferngesteuerten Bomben Hs 293 gegen die alliierte Schiffahrt durch Nachtangriffe die Konvois im Atlantik und Mittelmeer zu zerschlagen. Bei dieser neuen Angriffstaktik wirft ein Teil der Maschinen Leuchtbomben über dem entdeckten Konvoi ab, während die anderen He 177 ihre Gleitbomben Hs 293 fallen lassen. Doch es stellt sich bald heraus, daß solche Operationen ein hohes Maß an Koordination zwischen den Besatzungen erfordern, was ohne langwierige Übungsflüge nicht möglich ist. Die erfolglosen Nachtangriffe mit Gleitbomben werden daraufhin eingestellt.

Am Sonnabend, dem 25. Dezember 1943, erreicht der

deutsche Blockadebrecher, das Motorschiff *Osorno* (Kpt. Hellmann), den Hafen von Bordeaux. Es ist der letzte deutsche Blockadebrecher, der von Japan (ab Kobe 14. 10. 1943) nach Europa kommt. Der deutschen Seekriegsleitung ist es vom Dezember 1940 bis Dezember 1943 gelungen, mit Blockadebrechern insgesamt einzuführen: 44 495 Tonnen Kautschuk, 15 158 Tonnen Fette und Öle, 6666 Tonnen Metall und Erze, 86 Tonnen Chinin, 611 Tonnen Holzöl, 10 789 Tonnen Diverses, insgesamt 103 509 Tonnen. Die Versenkungsquote auf der Schiffsroute Japan – Europa beträgt 65 Prozent. Die *Osorno* und der italienische Blockadebrecher *Pietro Orseolo* schaffen etwas Außergewöhnliches: Beide Schiffe sind je zweimal von Japan nach Europa und einmal von Europa nach Japan durchgekommen. Die Bedeutung der Blockadebrecher beweist, daß Kapitän Hellmann – als einziger Nicht-Soldat im ganzen Zweiten Weltkrieg – das Ritterkreuz zum Eisernen Kreuz erhält.

Die zunehmende alliierte Luftaufklärung über dem Atlantik zwingt die Seekriegsleitung, die Fahrten der Überwasserschiffe einzustellen. Man versucht nun, die Blockade mit U-Booten zu durchbrechen. Die Kriegsmarine verfügt jedoch nicht über für Gütertransporte gebaute Handels-U-Boote. Die für diese Zwecke eingesetzten Front-U-Boote werden nach mehrmonatigen Fernunternehmungen nach Indochina beordert, das von Japanern besetzt ist. Nach gründlicher Überholung mit kriegswichtigen Gütern beladen, treten sie die Rückfahrt an.

Am ersten Weihnachtsfeiertag 1943 entschließt sich die Seekriegsleitung, das einzige noch einsatzfähige Schlachtschiff *Scharnhorst* (Kpt. z. S. Hinze), mit Konteradmiral Bey an Bord, dazu fünf Zerstörer der 4. Z-Flottille (Kpt. z. S. Johannesson) gegen die Murmansk-Konvois JW.55 B und RA.55 A einzusetzen. Weil »Admiral Nordmeer« alle Befehle an die Kampfgruppe per Funk durchgeben muß, da die anderen Nachrichtenmittel ausgefallen sind, weiß dank »Ultra« auch die britische Admiralität Bescheid.
Sofort nach Entzifferung der »Ultra«-Berichte werden die Murmansk-Konvois nach Norden umgeleitet, und die britische Kreuzergruppe bekommt den Befehl, Kurs auf die vermeintliche Position des deutschen Schlachtschiffes zu nehmen.

Am Morgen des 26. Dezember 1943 entläßt Konteradmiral Bey seine fünf Zerstörer, um die Konvois zu suchen. Bei orkanartigem Sturm stößt jetzt das Schlachtschiff *Scharnhorst* auf die zur Geleitsicherung gehörende britische Kreuzergruppe. Es gelingt zwei britischen Kreuzern, über Radar so lange Fühlung mit der *Scharnhorst* zu halten, bis weitere britische Schiffe eintreffen. Da die deutschen Zerstörer bei der Suche nach dem Konvoi abgekommen sind, finden sie die *Scharnhorst* nicht mehr. Zugleich schneiden die britischen Einheiten der *Scharnhorst* den Rückweg zur norwegischen Küste ab. So ist das deutsche Schlachtschiff auf sich allein gestellt, wird mit Artillerie zusammengeschossen und sinkt nach zehn bis elf Torpedotreffern am Abend des 26. Dezember 1943 um 19.45 Uhr in Höhe des Nordkaps. Von 1800 Mann der Besatzung können nur 36 Überlebende von den Engländern aus dem eiskalten Wasser gerettet werden.

Die Versenkung der *Scharnhorst* bedeutet das Ende der deutschen Hochseeflotte und zeigt zugleich die Wichtigkeit der Auswertung von »Ultra«-Geheimberichten. Dönitz: »Der Verlust der *Scharnhorst* war von weittragender Bedeutung für unsere strategische Situation in Nordnorwegen.«

Im Dezember 1943 versenken deutsche U-Boote im Atlantik, Mittelmeer und im Indischen Ozean neun Handelsschiffe mit insgesamt 63 038 BRT. Eigene Verluste: acht U-Boote.

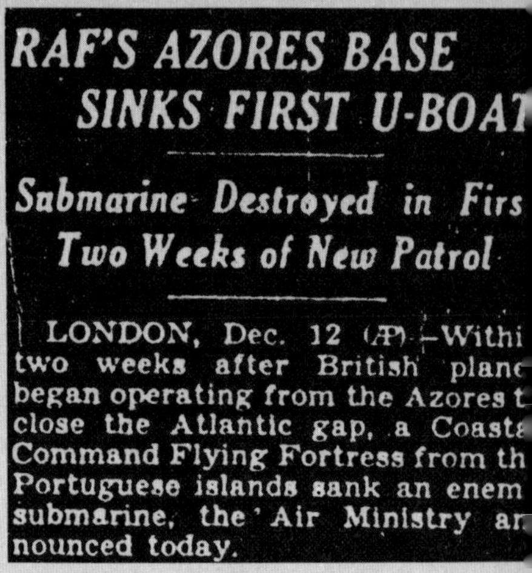

RAF'S AZORES BASE
SINKS FIRST U-BOAT

Submarine Destroyed in Firs
Two Weeks of New Patrol

LONDON, Dec. 12 (AP)—Withi
two weeks after British plane
began operating from the Azores t
close the Atlantic gap, a Coast
Command Flying Fortress from th
Portuguese islands sank an enem
submarine, the Air Ministry an
nounced today.

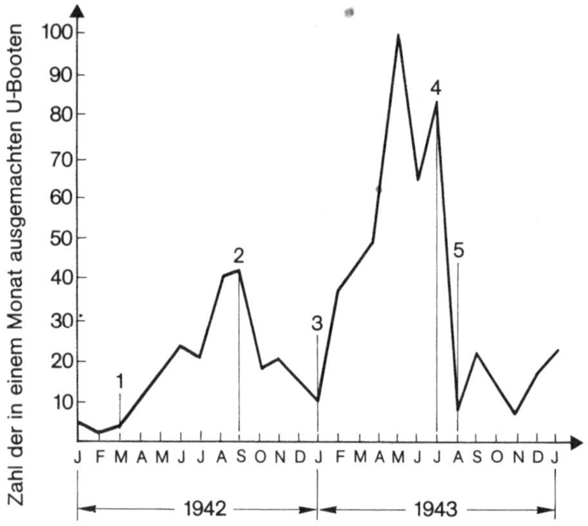

Oben rechts: The New York Times, 13. 12. 1943: Zwei Wochen nach Übernahme der Azoren-Stützpunkte das erste U-Boot versenkt

Oben links: November 1943, Flugplatz Lajes (Azoren): Diese Fliegende Festung B-17 »J-Johnny« von der 220. Squ. des RAF Coastal Command hat zum erstenmal vom neuen Azoren-Stützpunkt aus ein deutsches U-Boot versenkt

Links: Auswirkung der alliierten funkelektronischen Geräte bei der U-Boot-Bekämpfung

1 Beginn der Nachtflüge mit 50-cm-Bordfunkmeßgeräten;
2 U-Boote wurden mit Funkaufklärungsempfängern für den 50-cm-Bereich ausgerüstet;
3 Ausrüstung der Flugzeuge mit 10-cm-Funkmeßbomben-zielgeräten;
4 U-Boote tauchen seltener auf;
5 U-Boote sind mit 10-cm-Funkaufklärungsempfängern ausgerüstet

In der Ostsee hat im Jahr 1943 nach sowjetischen Berichten die Baltische Flotte (Adm. Tribuc), unterstützt durch die Rote Luftflotte, 32 deutsche Schiffe mit 77261 BRT versenkt.
Ende Dezember 1943 beginnt die Deutsche Kriegsmarine einen Kleinkampfverband aufzustellen, der zuerst aus 30 Freiwilligen besteht. Die Leitung übernimmt der Sonderbeauftragte vom Oberkommando der Marine (OKM), Admiral Weichold. In den darauffolgenden Monaten wird dieser Kleinkampfverband durch seine spektakulären Einsätze Aufsehen erregen.

In der zweiten Jahreshälfte 1943 war die deutsche U-Boot-Waffe durch die Erfolge des britischen »Huff-Duff«-Systems – die Anpeilung funkender U-Boote – eindeutig geschwächt. So mußte Dönitz auf Aktionen in größeren Rudeln verzichten und konnte nur in kleinen Gruppen von zwei bis drei U-Booten operieren lassen. Diese auf alliierten Geleitfahrzeugen befindlichen Kurzwellen-Peilgeräte erwiesen sich als zuverlässigste Geheimwaffe während der Schlacht im Atlantik, der weder Dönitz noch die Seekriegsleitung oder der Nachrichtendienst der Kriegsmarine eine Bedeutung zumaßen. Die U-Boote verrieten ihre Position durch den eigenen Funkverkehr und wurden dadurch eines nach dem anderen versenkt. Dieser technische Vorsprung der Alliierten raubte den U-Booten ihre wesentlichste Eigenschaft: die Unsichtbarkeit.
Im Pazifik wiederum setzte die Kaiserlich-Japanische Marine trotz ihrer ausgezeichneten Torpedos die U-Boot-Waffe niemals für den planmäßigen Handelskrieg ein. Andererseits wurden selbst Ende 1943 weder japanische Truppentransporter noch Handelsschiffe in Konvois zusammengefaßt. Diese Tatsache ermöglichte den amerikanischen U-Booten, die japanische Schifffahrt schwer zu treffen. Die Verluste an Handelsschiffen machte die Versorgung der Inselstützpunkte problematisch, und die strategischen Pläne der Japaner gerieten dadurch ins Wanken. Japan versuchte nun, diese abgelegenen Stützpunkte und abgeschnittenen Garnisonen durch U-Boote zu versorgen. Die Armee, deren Nachschub unzureichend war, begann mit dem Bau eigener Versorgungs-U-Boote.
Auch die U-Boote der deutschen Kriegsmarine wurden immer öfter zweckentfremdet und zu Nachschubfahrzeugen umfunktioniert.

1944

Januar – Juni

Schlacht im Atlantik

Dienstag, 11. Januar 1944, Washington
United Press teilt mit:
Gemeinsame Erklärung von W. Churchill und F. D. Roosevelt über den Stand des U-Boot-Krieges im Monat Dezember 1943:
Obwohl die deutschen U-Boote ihre Operationen ausdehnten, waren die Verluste an alliierten Handelsschiffen durch U-Boot-Angriffe im Monat Dezember wieder gering. Die alliierten Luft- und Seestreitkräfte versenkten im Dezember weniger U-Boote als im Vormonat. Dies ist auf verschiedene Ursachen, unter anderem auch auf die größere Vorsicht des Feindes, zurückzuführen . . .

Schiffe für die Nachkriegszeit
Donnerstag, 13. Januar 1944, Washington
Die *Agentur Exchange* berichtet:
Die Henry J. Kaiser and Co. Oregon Werften teilen den Stapellauf des ersten neuen Frachters mit, der im Serienbau hergestellt wurde. Diese neuen Handelsschiffe, die aus wirtschaftlichen Gründen auch für die Nachkriegszeit von Bedeutung sein werden, erhalten den Seriennamen »United Victory Ship«. Sie übertreffen an Schnelligkeit erheblich die bisherigen Handelsschiffe.

Deutscher Angriff auf den Hafen von Bari
Donnerstag, 20. Januar 1944, Neapel
Die *Agentur Reuter* meldet:
Die Vernichtung von 17 alliierten Schiffen im Hafen von Bari, der am Abend des 2. Dezember 1943 von 30 deutschen Flugzeugen bombardiert wurde, war das Ergebnis von Zufällen. Ein Bericht über die Aktion wurde jetzt von der alliierten Zensur freigegeben. Die Deutschen selbst hatten keine Ahnung von dem Ausmaß der angerichteten Schäden. Sie behaupteten, drei Schiffe seien versenkt worden. In Wirklichkeit sind zwei Munitionsdampfer von Bomben getroffen worden und explodiert. Dadurch wurden 15 andere Schiffe ebenfalls versenkt. Es gab über 1000 Opfer, mehrere Häuser in der Hafengegend wurden stark beschädigt.

900 jüdische Flüchtlinge über das Mittelmeer
Mittwoch, 2. Februar 1944, Jerusalem
Die *Agentur Reuter* teilt mit:
Der portugiesische Dampfer *Ryassa* ist mit 900 jüdischen Flüchtlingen in Haifa eingetroffen. Der 9000 BRT große Dampfer hatte Lissabon am 23. Januar verlassen. Es handelt sich um das erste neutrale Schiff, das seit Kriegsausbruch ohne Eskorte das Mittelmeer befahren hat: Die kriegführenden Mächte hatten ihm freies Geleit zugesichert.

Hitlers Neffe in der US-Navy

Mittwoch, 9. Februar 1944, Washington
Die *Agentur Exchange* berichtet:
Der 33jährige Neffe von Adolf Hitler, William Patrick Hitler, ist zum Dienst in der US-Navy zugelassen worden. Er steht bereits im aktiven Kriegsdienst. Er ist von Geburt britischer Staatsbürger und stammt aus Liverpool. Sein Vater, Alois Hitler, ein Stiefbruder Adolf Hitlers, kommt aus Wien, während seine Mutter in Dublin geboren ist. Alois Hitler lebt in Berlin und hat vor einigen Jahren im Westen der Stadt ein Restaurant eröffnet.

Geheimer Bericht des *Sicherheitsdienstes der SS* zur innenpolitischen Lage
Nr. 506 vom Donnerstag, 10. Februar 1944 (Auszug)
Meldungen über die Entwicklung in der öffentlichen Meinungsbildung: . . . Die Bekanntgabe der Versenkungsziffer für den Monat Januar sei, obgleich sie keinen Vergleich mit den früheren Zahlen aushalte, mit Befriedigung aufgenommen worden, besonders die Versenkung von 28 Zerstörern. Auch die Meldung über die Schiffsversenkungen im Nordmeer und an der afrikanischen Küste werde gewürdigt. In den Gesprächen kommt immer wieder zum Ausdruck, daß unsere U-Boote hoffentlich ihre Tätigkeit wieder voll aufnehmen möchten . . .

Links: Im Ärmelkanal, auf der Brücke
eines deutschen Vorpostenbootes: Tag und Nacht
sind die »Kanalarbeiter« im Einsatz

Rechts: Auf der anderen Seite,
entlang der britischen Kanalküste, patrouillieren
die Vorpostenboote der Royal Navy

Minimale Tonnageverluste
10. Februar 1944, London
Die *Agentur Reuter* teilt mit:
Gemeinsame Erklärung von W. Churchill und F. D. Roosevelt über den Stand des U-Boot-Krieges im Monat Januar: . . . Die Tonnage der im Monat Januar 1944 versenkten alliierten Handelsschiffe ist die geringste des ganzen Krieges. Die Angaben der Deutschen sind, wie gewohnt, auf das gröbste übertrieben und lediglich für Propagandazwecke bestimmt.

Eine neue U-Boot-Waffe

Seekriegsleitung Entwurf
1/SKLGKdos u. Chefs.
Geheime Kommandosache/ Chef-Sache/ Nur durch Offizier
Ansprache des Ob. d. M. vor den Oberbefehlshabern am 15. Februar 1944
. . . Die jetzige U-Boot-Waffe ist im großen gesprochen, nicht mehr kampffähig, weil die feindliche Luftüberlegenheit und die feindliche Ortung das jetzige U-Boot überholt haben. Wir sind natürlich in der Lage, diese Überlegenheit, die in der ortenden feindlichen Luftwaffe liegt, durch Gestellung besserer Fla-Armierung und durch Mittel der eigenen Ortung abzuschwächen. Es bleibt aber immer nur eine Abschwächung der gegnerischen Überlegenheit und keine Änderung von Grund auf. Im modernen Seekrieg werden wir in steigendem Maße mit der Entwicklung und der Anwendung der Hochfrequenztechnik rechnen müssen. Jeder, der über Wasser fährt, wird geortet. Es sind Dinge, die wir nie wegwischen können. Zum anderen müssen wir mit einer ständigen und steigenden Luftüberlegenheit des Gegners im Atlantik rechnen, gegen die wir mit dem jetzigen U-Boot grundsätzlich nicht mehr ankommen werden. Wir müssen daher eine neue U-Boot-Waffe schaffen, die diese Faktoren ausmanövrieren kann. Da diese Waffe den größten Erfolg verspricht, müssen alle anderen Ziele diesem einen Hauptziel untergeordnet werden.

Einsatz der italienischen Flotte auf alliierter Seite
Mittwoch, 16. Februar 1944, London
Die *Agentur Reuter* meldet:
Der Erste Lord der Admiralität erklärte am Mittwoch im Unterhaus, daß sämtliche italienischen Kriegsschiffe, die sich den Alliierten ergeben haben, nun auf geeigneten Kriegsschauplätzen eingesetzt werden. Er fügte hinzu, er könne den Ausdruck »geeignete Kriegsschauplätze« nicht genauer beschreiben, um dem Feind keine Informationen zu liefern. Auf den Schiffen befinden sich italienische Besatzungen.

Evakuierung der französischen Südküste
Dienstag, 22. Februar 1944, London
Die *Agentur Reuter* berichtet:
Die Evakuierung der französischen Südküste hat heute begonnen. Die Regierung hat diese Vorsichtsmaßnahme ergriffen, da sie der Meinung ist, daß die Alliierten ihre Invasionsoperationen in Frankreich an der Mittelmeerküste beginnen werden.

Einsatz von den Azoren aus
Sonnabend, 26. Februar 1944, London
Die *Agentur Reuter* teilt mit:
Kürzlich vernichteten von einem Stützpunkt auf den Azoren aus operierende Wellington-Bomber in der Nähe eines alliierten Geleits nach dreimaligen Angriffen bei hellem Mondschein ein U-Boot.

Abtretung italienischer Kriegsschiffe an die UdSSR?
Freitag, 3. März 1944, Washington
United Press berichtet:
Präsident Roosevelt hat auf der Pressekonferenz bekanntgegeben, daß Pläne ausgearbeitet würden, wonach ungefähr ein Drittel der zu den Alliierten übergetretenen italienischen Marineeinheiten oder eine gleichwertige Anzahl von Schiffen anderer Nationalität der sowjetischen Flotte übergeben werden sollen.

Erkundung des deutschen Küstenschutzes
Mittwoch, 8. März 1944, London
Die *Agentur Reuter* meldet:
Dem Vorstoß leichter britischer Flottenstreitkräfte zur holländischen Küste kommt erheblich mehr Bedeutung zu, als aus den kargen Worten des amtlichen Kommuniqués zu ersehen ist. Es dürfte sich darum gehandelt haben, den deutschen Küstenschutz auf die Probe zu stellen und wertvolle Erfahrungen zu sammeln. Jedenfalls wurden zum erstenmal die deutschen Küstenbatterien gezwungen, in Aktion zu treten.

Im Februar niedrigste Verluste

Freitag, 10. März 1944, London
Die *Agentur Reuter* teilt mit:
Gemeinsame Erklärung von W. Churchill und F. D. Roosevelt über den Stand des U-Boot-Krieges im Monat Februar:
Die der alliierten Handelsflotte im Februar 1944 von deutschen U-Booten zugefügten Verluste sind die niedrigsten seit dem Eintritt der USA in den Krieg, obwohl im Februar die bisher größte Zahl amerikanischer Handelsschiffe den Atlantik überquert hat.

Seegefecht im Kanal
Freitag, 17. März 1944, London
Die *Admiralität* teilt mit:
Auf einer Patrouille in der Straße von Dover stießen leichte britische Küstenfahrzeuge in der Nacht zum Donnerstag auf einen weit überlegenen feindlichen Flottenverband von sechs schwerbewaffneten Fischdampfern und sechs Schnellbooten, griffen aber sofort an. Während eines scharfen Feuerwechsels geriet eines unserer Motortorpedoboote in konzentriertes feindliches Feuer und muß als verloren gelten.

Schiffe für die »Freie Dänische Flotte«
Freitag, 31. März 1944, London
Die *Agentur Reuter* meldet:
Gestern wurden in Gegenwart des dänischen Gesandten in einem schottischen Hafen zwei britische Minensucher der »Freien Dänischen Flotte« übergeben. Die Schiffe fahren unter dänischer Flagge und sind ausschließlich von dänischen Seeleuten bemannt.

Erfolge der US-Unterseeboote
Mittwoch, 5. April 1944, Washington
United Press berichtet:
Aus dem Pazifik und Fernen Osten melden amerikanische U-Boote die Versenkung von 14 feindlichen Schiffen. Darunter befinden sich zwei mittlere Tanker, elf mittelgroße Frachtschiffe und ein kleines Frachtschiff.

U-Boot-Waffe noch immer beachtlich

Montag, 10. April 1944, London
Die *Agentur Reuter* teilt mit:
Gemeinsame Erklärung von W. Churchill und F. D. Roosevelt über den Stand des U-Boot-Krieges im Monat März:
Im März 1944 wurde die Bekämpfung der feindlichen U-Boote, die in weiten Gebieten von der Barentssee bis zum Indischen Ozean operierten, intensiv fortgesetzt. Der Feind unternahm vergebliche Anstrengungen, um die Versorgungsroute nach Rußland zu unterbrechen. Unsere Verluste an Handelsschiffen erfolgten hauptsächlich in entlegenen Gewässern. Sie waren zwar etwas höher als im Februar, doch verhältnismäßig gering. Immerhin bleibt die Stärke der feindlichen U-Boot-Waffe beträchtlich und erfordert gemeinsame Anstrengungen unserer Luft- und Seestreitkräfte.

Sender Beromünster (Schweiz)

Freitag, 14. April 1944:
Es ist kaum zu leugnen, daß auf Europa eine Stimmung lastet, die mit derjenigen des Frühjahrs 1940 einige Ähnlichkeit hat. Viele Anzeichen deuten darauf hin, daß große Kämpfe bevorstehen, die über die militärische Vorherrschaft auf dem europäischen Festland entscheiden sollen . . . Die britische Insel ist ein gewaltiges anglo-amerikanisches Truppenlager, dessen potentielle Kraft eine ständige Bedrohung der Atlantikküste darstellt. Die für die alliierte Kriegführung lebenswichtigen Mannschafts- und Materialtransporte über den Atlantik und durch das Mittelmeer gehen längst ohne Störung

durch deutsche Unterseeboote vonstatten . . . Berichten aus England zufolge deuten zahlreiche und untrügliche Anzeichen darauf hin, daß sich der Zeitpunkt nähert, an dem die an der Südküste der britischen Insel massierten anglo-amerikanischen Armeen den Absprung wagen werden, der sie in den schwersten und härtesten Kampf führen wird, den sie bisher zu bestehen hatten . . . Wenn die enormen Truppenmassierungen und Vorbereitungen an der Südküste Englands eine Tatsache sind, deren Bedeutung nicht mißverstanden werden kann, ist umgekehrt die Lage im Mittelmeerraum völlig undurchsichtig. Kein Mensch, der nicht in die Geheimnisse der Generalstäbe eingeweiht ist, kann sagen, ob auch an den Küsten Südfrankreichs, Italiens, der Balkanhalbinsel Invasionsoperationen geplant sind.

Verminung der Donau
Mittwoch, 19. April 1944
Das *Hauptquartier der alliierten Mittelmeerflotte* teilt mit:
Alliierte Mittelmeerstreitkräfte haben bereits vor einiger Zeit mit der Verminung der Donau begonnen. Schwere Liberator- und mittelschwere Wellington-Bomber der RAF haben mehrere Nächte lang Minen gelegt.

Meuterei auf griechischen Kriegsschiffen
Sonntag, 23. April 1944, Kairo
United Press berichtet:
Die Besatzungen der drei griechischen Kriegsschiffe *Apostolis, Ierix* und *Sachtouris* (Alexandria) weigern sich seit drei Wochen, die Befehle des Oberkommandos auszuführen. Auf Befehl des griechischen Flottenkommandanten, Vizeadmiral Boulgaris, enterten gestern Nacht eine Anzahl griechischer Offiziere und Soldaten die drei Schiffe. Nach einem kurzen Gefecht zwischen den meuternden Besatzungen und den mit Gewehren, MG und MP ausgerüsteten regierungstreuen Truppen konnte die Meuterei unterdrückt werden. Es kam zu einigen Verlusten. Die drei Kriegsschiffe wurden von den regierungstreuen Marinestreitkräften übernommen.

Weniger als 0,5 Prozent versenkt
Dienstag, 25. April 1944
Associated Press meldet:
Die deutsche U-Boot-Waffe verliert heute für jedes Handelsschiff, das sie versenken kann, mehr als ein eigenes Kampfboot. Bauzeit eines deutschen U-Bootes dauert zwei- bis dreimal länger als seine Lebenszeit im Feindeinsatz. Diese neuesten Tatsachen über die Entwicklung des U-Boot-Krieges gab Konteradmiral Low, Stabschef des 10. US-Geschwaders, am 24. April bekannt. Konteradmiral Low führte ferner aus: Gegenüber den deutschen U-Booten befinden wir uns heute in einer besseren Position als jemals seit Beginn des Krieges. Die deutschen U-Boote versenken heute weniger als ein halbes Prozent der Handelsschiffe, die von den alliierten Flotten über den Atlantik geleitet werden.

Vor der Invasion

Die Ziffer 27 des Operationsbefehls »Kanal 1 für U-Boote im »Kanal, F. d. U. West Nr. gkdos 1037 A 1« vom 26. April 1944
Jedes feindliche Fahrzeug, das der Landung dient, auch wenn es nur etwa ein halbes Hundert Soldaten oder einen Panzer an Land bringt, ist ein Ziel, das den vollen Einsatz des U-Bootes verlangt. Es ist anzugreifen, auch unter Gefahr des Verlustes des eigenen Bootes. Wenn es gilt, an die feindliche Landungsflotte heranzukommen, gibt es keine Rücksicht auf Gefährdung durch flaches Wasser oder mögliche Minensperren oder irgendwelche Bedenken.
Jeder Mann und jede Waffe des Feindes, die vor der Landung vernichtet werden, verringern die Aussicht des Feindes auf Erfolg.
Das U-Boot aber, das dem Feinde bei der Landung Verluste beibringt, hat seine höchste Aufgabe erfüllt und sein Dasein gerechtfertigt, auch wenn es dabei bleibt.

F. D. Roosevelt an W. Churchill
Mittwoch, 26. April 1944:
Ihr erfolgreiches Vorgehen gegen die Meuterei der griechischen Soldaten und Matrosen befriedigt mich sehr. Ich hoffe, daß sich Ihre Bemühungen zur Lösung der politischen Probleme in Ägypten ähnlich erfolgreich zeigen werden . . .

Angriff auf britischen Geleitzug
Freitag, 28. April 1944, Berlin
Das *DNB* meldet:
Deutsche Schnellboote operierten in der vergangenen Nacht an der englischen Südküste westlich der Insel

2. 6. 1944, Großbritannien:
US-Truppen bereiten sich auf die Invasion vor

Wight und griffen dort einen von Zerstörern und zahlreichen kleinen Kampfschiffen gesicherten britischen Geleitzug an. Trotz stärkerer feindlicher Abwehr versenkten sie 3 Schiffe mit ca. 6400 BRT und torpedierten ein weiteres von 200 BRT, mit dessen Sinken zu rechnen ist. Im Verlaufe der harten Feuergefechte wurde ferner 1 feindlicher Zerstörer von Torpedos so schwer getroffen, daß sein Untergang anzunehmen ist. Er konnte jedoch infolge der starken Abwehrtätigkeit des Gegners und der dadurch bedingten raschen Verlagerung des Gefechtsfeldes nicht beobachtet werden.

Der Seekrieg im Pazifik
28. April 1944, Tokio
Das *DNB* meldet:
Das Kaiserliche Hauptquartier gibt die Torpedierung eines großen amerikanischen Flugzeugträgers in den Gewässern östlich der Marshall-Inseln durch japanische Unterseeboote bekannt. Einzelheiten stehen noch aus.

Geheime Kampfschule im Atlantik
Montag, 1. Mai 1944, London
Die *Agentur Exchange* berichtet:
Wie jetzt mitgeteilt werden darf, besteht seit vier Jahren mitten im Atlantik ein alliierter Flottenstützpunkt als Kampfschule. Rund 150000 Mann sind hier auf Hunderten von Kriegsschiffen für den Kampf gegen U-Boote ausgebildet worden. Die Mannschaften lernen in praktischen Übungen den Gebrauch von Abwehrwaffen gegen U-Boote und Flieger, den Abwurf von Wasserbomben, die Feststellung der Annäherung von U-Booten durch Spezialinstrumente sowie die Schnellreparatur von Schiffsschäden. Die Schule untersteht Commodore Sir Gilbert Stephenson, der früher selbst Geleitzüge im Atlantik durchführte. Der Schulstützpunkt ist ein altes holländisches Pferdetransportschiff, das umgebaut und modernisiert wurde. Auch ein Kino befindet sich an Bord des Schiffes, das heute *Western Isles* heißt. Ähnliche Flottenbasen sind kürzlich auch anderswo geschaffen worden.

W. Churchill an den Marineminister
Montag, 28. Mai 1944:
Scheuen Sie sich nicht, mit den Russen grob zu verfahren, wenn sie allzu aufsässig werden. Das läßt sich besser durch die Haltung als durch Worte – die weitergemeldet werden können – machen, oder auch durch die Unterlassung gewisser Höflichkeiten gegen höhere Chargen, die sich unerträglich beleidigend verhalten haben. Man muß ihnen unbedingt das Gefühl geben, daß wir sie nicht fürchten.

Deutsche Kriegsschiffe durch die Dardanellen?
Montag, 5. Juni 1944, London
Die *Agentur Reuter* meldet:
Die britische Regierung hat bei der türkischen Regierung energischen Protest erhoben gegen die Durchfahrt von als Handelsschiffe getarnten deutschen Kriegsschiffen vom Schwarzen Meer in die Ägäis. Bereits ein halbes Dutzend dieser Schiffe ist mit Erlaubnis der türkischen Behörden durch die Meeresenge gefahren.

Invasion in der Normandie

Dienstag, 6. Juni 1944, London
Das *Kriegsministerium* teilt mit:
Unter dem Kommando von General Eisenhower haben alliierte Flotteneinheiten, unterstützt von starken Luftstreitkräften, die Landung alliierter Truppen an der Küste von Frankreich begonnen, der schwere Luftangriffe vorausgingen.

Seegefecht mit sowjetischen Schnellbooten
Donnerstag, 8. Juni 1944, Berlin
Das *DNB* meldet:
Die zur Bewachung der Narwa-Bucht im Finnischen Meerbusen eingesetzten Sicherungsstreitkräfte der Kriegsmarine versenkten in der vergangenen Nacht aus der Sicherung eines sowjetrussischen Minenräumverbandes zwei Schnellboote und schossen drei weitere in Brand, von denen eines wahrscheinlich gesunken ist.

Internierung deutscher Schiffe in der Türkei
Freitag, 9. Juni 1944, Konstantinopel
Die *Agentur Exchange* berichtet:
Sechs deutsche Hilfskriegsschiffe wurden bei einem Ausbruchsversuch aus dem Schwarzen Meer von den Türken interniert. Es heißt, daß die Deutschen diese Fahrzeuge für Evakuierungszwecke bei einem eventuellen Angriff auf den Dodekanes und die ägäischen Inseln in die Ägäis überführen wollten.

Neue U-Boot-Offensive?

Sonnabend, 10. Juni 1944, London
Die *Agentur Reuter* teilt mit:
Gemeinsame Erklärung von W. Churchill und F. D.

Roosevelt über den Stand des U-Boot-Krieges im Monat Mai:
Im vergangenen Monat kam auf jede Versenkung eines alliierten Handelsschiffes die Vernichtung mehrerer deutscher U-Boote. Der Monat Mai 1944 brachte den geringsten Schiffsverlust seit Beginn des Krieges . . . Die deutsche U-Boot-Tätigkeit ist erheblich schwächer geworden und läßt vermuten, daß eine Kampfpause zur Vorbereitung einer neuen Offensivphase eingelegt worden ist.

Wieder U-Boote im Nordatlantik
Donnerstag, 15. Juni 1944, Boston
United Press meldet:
Zum erstenmal seit zwei Jahren wurde vor der nordatlantischen Küste wieder einmal ein deutsches U-Boot gesichtet. Das Distriktkommando der US-Flotte gibt bekannt, daß ein deutsches U-Boot ein amerikanisches Fischerboot angegriffen und durch Geschützfeuer schwer beschädigt hat. Die Besatzung des Fischerbootes erlitt keine Verluste. Das Datum des Angriffes wurde nicht bekanntgegeben; man erklärte lediglich, der Zwischenfall habe sich »erst kürzlich« ereignet.

Die Durchfahrt durch die Dardanellen
Sonntag, 18. Juni 1944, Ankara
Die *Agentur Exchange* berichtet:
In einer Sitzung der türkischen Volkspartei gab Ministerpräsident Saracoglu Einzelheiten über die auf internierten deutschen Schiffen entdeckten Waffen bekannt. Auf dem Dampfer *Kassel* sind z. B. Munitionsbestände, leichte Geschütze, Torpedorohre und Wasserbomben gefunden worden. Die türkischen Hafenbeamten, die anfänglich diese verbotene Ladung »übersehen haben«, werden vor Gericht gestellt.

Verbissene Kämpfe um die Marianen
18. Juni 1944, Washington
Associated Press teilt mit:
Die auf Saipan gelandeten US-Soldaten mußten am Mittwoch abend wegen des schweren japanischen Geschütz- und Mörserfeuers zurückweichen. Intensives Artilleriebombardement durch die Flotte ermöglichte es ihnen aber am Donnerstag, von neuem vorzudringen. Die verbissen kämpfende japanische Inselbesatzung hat eine Stärke von rund 30 000 Mann.

Seeschlacht im Pazifik

Dienstag, 20. Juni 1944, Pearl Harbor
Admiral Nimitz gibt bekannt:
Ein starker japanischer Flottenverband ist zwischen den Marianen und den Philippinen zusammengezogen worden. Es handelt sich möglicherweise um die gesamte japanische Flotte. Eine entscheidende Seeschlacht zwischen der amerikanischen und japanischen Flotte kann unmittelbar bevorstehen oder ist vielleicht bereits im Gange.

Japanische Radiomeldung
Mittwoch, 21. Juni 1944, London
Die *Agentur Reuter* meldet:
Im japanischen Rundfunk wurde heute bekanntgegeben, daß zur Zeit eine heftige Seeschlacht im Gebiet der Marianen im Gange ist. Der Ausgang dieser Schlacht wird für die Lage im Pazifik von ausschlaggebender Bedeutung sein.

Kriegsschiffe für Tito
21. Juni 1944, London
Die *Agentur Reuter* berichtet:
Außenminister Eden teilte dem Unterhaus mit, daß Marschall Tito die Alliierten ersucht habe, dem jugoslawischen Befreiungskomitee für den Kampf gegen den gemeinsamen Feind die Einheiten der Königlich Jugoslawischen Flotte zur Verfügung zu stellen, die sich gegenwärtig unter alliiertem Schutz befinden. Eden erklärte, daß die Frage Gegenstand von Erörterungen zwischen dem jugoslawischen Ministerpräsidenten und Tito bilden werde.

Sender Beromünster (Schweiz)

Freitag, 23. Juni 1944:
Das Wochengeschehen wurde beherrscht von den Kämpfen in der Normandie, in Mittelitalien und auf der Karelischen Landenge sowie von der sensationellen Heimsuchung Südenglands durch geflügelte Bomben, das heißt durch die seit langem angekündigte deutsche Geheimwaffe. In der Normandie konzentrierten die Alliierten ihre Anstrengungen in den letzten acht Tagen hauptsächlich auf die Eroberung der Halbinsel Cotentin, an deren Nordende die Hafenstadt Cherbourg liegt.

Alliierte Kreuzer vor Cherbourg versenkt
Dienstag, 27. Juni 1944, Berlin
Das *DNB* berichtet:
Nach abschließenden Feststellungen verlor der am Nachmittag des 25. Juni unter dem Befehl des amerikanischen Konteradmirals Deyo stehende gemischte anglo-amerikanische Schlachtschiffverband bei der Beschießung von Cherbourg zwei Schwere und einen Leichten Kreuzer.

Die Schäden im Hafen von Cherbourg
Freitag, 30. Juni 1944
Aus dem *Hauptquartier von General Eisenhower:*
Nach den letzten Meldungen aus Cherbourg sind die im Hafen angerichteten Schäden nicht so schwer wie zuerst angenommen. Die versenkten Schiffe können leicht gehoben werden, und die umfangreichen Sprengungen der Kaianlagen werden Truppenlandungen nicht wesentlich behindern. Es wird angenommen, daß der Hafen von Cherbourg in etwa zehn Tagen wieder instand gesetzt ist. Die Besatzungen der vier Forts an der Hafeneinfahrt haben sich jetzt ergeben.

Strategie und Taktik

JANUAR BIS JUNI 1944

Am Dienstag, dem 4. Januar 1944, wird der letzte deutsche Blockadebrecher *Rio Grande* (6062 BRT) mit Kurs Ostasien unter Kapitän v. Allwörden durch ein Bordflugzeug des US-Kreuzers *Omaha* gesichtet. Der Kreuzer und der US-Zerstörer *Jouett* eröffnen das Feuer. Die *Rio Grande* sinkt mit der gesamten Besatzung, nur ein Mann wird gerettet.

Am Tag darauf, dem 5. Januar 1944, entdeckt ein US-Catalina-Flugboot vor der afrikanischen Küste in Höhe von Natal den letzten aus Ostasien kommenden, mit Kautschuk und anderen wichtigen Rohstoffen beladenen deutschen Blockadebrecher *Burgenland* (7320 BRT). Kapitän Schütz gibt den Befehl zur Selbstversenkung, als sich der US-Kreuzer *Omaha* und der Zerstörer *Jouett* ihm nähern.

Am Sonnabend, dem 22. Januar 1944, beginnt die Operation »Shingle«, die Landung des VI. US-Korps (Maj.Gen. Lucas) der 5. US-Armee (Lt.Gen. M. Clark), mit neun Transportern, 226 Landungsfahrzeugen, einem Tanker und vier Lazarettschiffen im Raum von Anzio und Nettuno südlich von Rom. Die schweren Bomber He 177 der II. Gruppe des Kampfgeschwaders 40 und die Do 217 des Kampfgeschwaders 100 versuchen mit ihren Gleit- und ferngesteuerten Bomben (FX 1400 und Hs 293), die Landung zu verhindern.
Die US-Zerstörer *Woolsey, Frederick C. Davis* und *Herbert C. Jones* bemühen sich mit starken Störsendern (JIG), die Fernsteuerung der Gleitbomben lahmzulegen, und dadurch erreicht nur ein Teil der Bomben sein Ziel.

Oben: Februar 1944, Alta-Fjord: Aus dem Frühnebel ragt die majestätische Silhouette des Schlachtschiffes *Tirpitz*

Unten: 6. 6. 1944, alliierte Invasion in der Normandie: Das britische Schlachtschiff *Ramillies* nimmt deutsche Küstenbefestigungen unter Feuer

Am nächsten Tag, dem 23. Januar 1944, ist der britische Zerstörer *Jervis* das erste der Schiffe, das vor Anzio von einer ferngelenkten Bombe Hs 293 getroffen wird. Trotz der schweren Beschädigungen kann er Neapel mit eigener Kraft erreichen.

Am Sonnabend, dem 29. Januar 1944, greift die II. Gruppe des Kampfgeschwaders 100 bei Anzio den zur Luftabwehr nahe der Küste vor Anker liegenden britischen Flak-Kreuzer *Spartan* und den Frachter *Samuel Huntington* (7181 BRT) an. Um 19.05 Uhr trifft eine Hs 293 die *Spartan*, die kurz darauf kentert und sinkt. Fast gleichzeitig setzt eine Hs 293 die *Samuel Huntington* in Brand. Gegen 3 Uhr morgens fliegt der Frachter in die Luft, als die Flammen die Munitions- und Treibstoffladung erreichen.

In der Nacht vom 11./12. Februar 1944 greifen 15 schwere sowjetische Bomber vom Typ Petljakow Pe-8 das im nordnorwegischen Alta-Fjord liegende Schlachtschiff *Tirpitz* mit 1000-kg-Bomben an. Nur vier Flugzeuge finden das Ziel und richten mit einem Nahtreffer geringe Schäden an.

In der Nacht vom 18./19. Februar 1944 wird südwestlich von Irland das erste mit Schnorchel ausgerüstete U-Boot, *U 264* (KptLt. Looks), auf seiner ersten Fahrt von den beiden Sloops *Woodspecker* und *Starling* der 2. Escort Group (Capt. Walker) versenkt.
Als auch das zweite mit Schnorchel ausgerüstete U-Boot verlorengeht, lehnen die Kommandanten der Front-U-Boote diese zusätzliche Ausrüstung ab. Die

ersten Schnorchelanlagen haben ein umklappbares Schnorchelrohr-Paar, das durch eine Drahtseilvorrichtung mit der Hand betätigt wird. Spätere Konstruktionen sind mit hydraulischer Umklappvorrichtung. Der Schnorchelkopf wird mit einem gummiartigen, genarbten Überzug versehen, der die Radarstrahlen zum Teil absorbiert. Die älteren Bootstypen erhalten nachträglich den neuen Schnorchel, und die neuen mit größerer Leistungsfähigkeit bekommen ihn serienmäßig.

Am Montag, dem 13. März 1944, um 19.30 Uhr, versenkt *U 852* (KptLt. Eck) zwischen Freetown und Ascension den griechischen Handelsdampfer *Peleus* (4695 BRT). Das alte Schiff geht schnell unter, und nur zwei oder drei Flöße mit einigen Überlebenden treiben zwischen den Wrackteilen. Kapitänleutnant Eck befiehlt, ein MG 15 aufzustellen und eine Kiste voller Handgranaten an Deck zu bringen. Der Bordarzt Dr. Weißpfennig erhält den Befehl, das Feuer auf die Schiffbrüchigen zu eröffnen. Aus Furcht vor alliierter Luftaufklärung will der U-Boot-Kommandant damit die Spuren der Torpedierung beseitigen. Am 25. Tag nach Versenkung der *Peleus* wird ein Floß mit drei Überlebenden vom portugiesischen Frachter *Alexandre* gesichtet, der die Männer rettet und so von dem Vorfall erfährt. Die »Affäre Peleus« ist der einzige überlieferte Fall der Beschießung von Schiffbrüchigen durch ein deutsches U-Boot. Kapitänleutnant Eck, Dr. Weißpfennig und Leutnant zur See Hoffmann werden, nachdem sie am 2. 5. 1944 in Gefangenschaft geraten, von einem britischen Militärgericht (Prozeßbeginn: 17. 10. 1945 in Hamburg) zum Tode durch Erschießen verurteilt.

Am Sonnabend, dem 18. März 1944, endet mit den immer kürzer werdenden Nächten die Operation »Bridford« (Beginn: Oktober 1943), die vom Geheimdienst der britischen Admiralität (Operational Intelligence Center, OIC) geführte »abenteuerlichste Reederei der Welt«, die mit Schnellbooten auf der Strecke Hull – Lysekil/Schweden, Nachschub für die britische Rüstungsindustrie heranschafft.
Insgesamt werden in mehreren Nachtfahrten während der Wintermonate 347 Tonnen wertvolle Präzisionsmaschinen und Werkzeuge für das geplante Kugellagerwerk transportiert, dazu fertige Kugellager, Wolframdraht, diverse Ersatzteile und 76 »Passagiere«, meist Agenten des britischen Geheimdienstes. Lord Leathers: ». . . Ich glaube, ich brauche die Wichtigkeit dieses Einsatzes nicht zu unterstreichen.«

Am Montag, dem 3. April 1944, führt ein britischer Flottenverband (Vizeadm. H. R. Moore), zu dem außer den Trägern *Furious* und *Victorious* drei Kreuzer und fünf Zerstörer gehören, die Operation »Tungsten«, einen Angriff von 42 Barracuda-Bombern auf das in Nordnorwegen (Alta-Fjord) liegende Schlachtschiff *Tirpitz*, durch.
Die erste Welle (Lt. Baker-Faulkner) startet um 4.38 Uhr mit den Barracudas, den neuen, noch geheimgehaltenen Trägermaschinen, die ihre Bomben sowohl aus großer Höhe als auch im Sturzflug werfen können und außerdem für den Abwurf von Torpedos eingerichtet sind. Sie werden von 21 Corsairs, 20 Hellcats und 10 Wildcats eskortiert, die die Decks und die Flakstände der *Tirpitz* unter MG-Beschuß nehmen sollen.
Kein einziger deutscher Jäger zeigt sich am Himmel. Um 5.25 Uhr – die erste Welle verläßt gerade den Alta-Fjord – startet die zweite Welle (Lt. Rance). Eine der Barracudas bleibt mit einer Motorpanne mitten auf dem Deck des Trägers *Victorious* stehen. Die Maschine wird kurzerhand ins Meer gerollt. Eine zweite Barracuda stürzt gleich nach dem Start ab und geht mitsamt der Besatzung unter.
Das Schlachtschiff bekommt 14 Treffer und ist damit nicht mehr seetüchtig. Die Besatzung der *Tirpitz* zählt 122 Tote und 316 zum Teil schwer Verwundete. Die englischen Verluste betragen außer den beiden Barracudas nur eine Jagdmaschine, die bei der Rückkehr nicht landen kann, deren Pilot sich aber rettet.
Die Operation »Tungsten« veranlaßt Großadmiral Dönitz zu einer folgenschweren Entscheidung: Die *Tirpitz* soll zwar repariert werden, aber an keinem Angriff auf einen Geleitzug mehr teilnehmen, da durch die Übermacht der RAF und der Royal Navy die Gefahr eines endgültigen Verlustes besteht.
Dönitz: »Der Wert des Aufenthalts der *Tirpitz* in Nordnorwegen bestand jedoch nach wie vor darin, schwere Schiffe des Gegners im nordeuropäischen Raum zu binden, so daß sie nicht auf anderen Kriegsschauplätzen verwendet werden konnten.«

Am Donnerstag, dem 6. April 1944, bricht in Alexandria die Meuterei von Teilen der griechischen Marine (Vizeadm. Voularis) aus. Die Besatzungen des Zerstörers *Ierax* und der Korvetten *Sachtouris* (ex britische *Peony*), *Apostolis* (ex britische *Hyacinth*), von kommunistischen Agitatoren aufgewiegelt, schließen sich einer Rebellion der 4500 Mann starken griechischen 1. Gebirgsbrigade an. Diese Brigade soll an den Monte-Cassino-Frontabschnitt in Italien verlegt werden, um als Spezialverband die geplante alliierte Offensive zu unterstützen. Unter Anführung eines gewissen Private (Gefreiter) Andriottis, der sich selber zum Brigadekommandeur ernennt, verbarrikadieren sich die Soldaten in ihrem Brigadefeldlager nahe Alexandria und fahren 50 Geschütze auf. Die Meuterer wollen damit erzwingen, daß das gesamte griechische Kabinett aus der moskautreuen »Griechischen Befreiungsfront« EAM zusammengesetzt wird. Die Rebellion greift auf andere griechische Einheiten über, die in ägyptischen Häfen stationiert sind, und bald meutern die Besatzungen von 43 Kriegs- und Handelsschiffen.

Am Freitag, dem 7. April 1944, versenkt das britische Klein-U-Boot *X-24* (Lt. Shean), das von dem U-Boot *Septre* über die Nordsee geschleppt wurde, im Hafen von Bergen (Norwegen) mit einer Sprengladung den deutschen Dampfer *Bärenfels* (7569 BRT) sowie ein weiteres Schiff mit 1923 BRT und beschädigt das Großschwimmdock der Laksevag-Werft.

In den Morgenstunden des 21. 4. 1944, Anzio (Italien): Deutscher Einmann-Torpedo »Neger«, im Brückenkopf der 5. US-Armee an Land gespült

Am Freitag, dem 14. April 1944, ereignet sich im Hafen von Bombay, einem der wichtigsten Nachschubbasen der Alliierten für die geplante Invasion Japans, eine mysteriöse, bis heute nicht geklärte Explosionskatastrophe, die größte in der Geschichte des Seekrieges. Um 13.30 Uhr wird auf dem am Kai liegenden britischen Frachter *Fort Stikine* (7142 BRT) – mit Munition, Sprengstoffen und Goldbarren beladen – Feuer bemerkt. Trotz aller Löschversuche – die *Fort Stikine* hat weder die vorgeschriebene rote Flagge gesetzt, die anzeigt, daß ein Schiff Sprengstoff geladen hat, noch mit der Schiffssirene Signal gegeben – explodiert gegen 15 Uhr der Frachter mit solcher Wucht, daß die Flutwelle den 120 Meter langen Dampfer *Japalanda* (5500 BRT) an Land schleudert, wo er Teile der Hafenbebauung unter sich begräbt. Einer der Goldbarren wird später auf der Veranda eines 1500 Meter entfernten Hauses gefunden. Die herumfliegende brennende Baumwolle geht auf das Hafengelände und die Schiffe nieder.
Währenddessen schleppen alliierte Soldaten 39 398 Munitionskisten, jede über 50 Kilogramm schwer, vom Alexandra-Dock fort. Es gelingt auch noch rechtzeitig, 16 Schiffe, darunter sieben mit Sprengstoff beladene, in die offene See zu bringen. Die zweite Explosion schleudert glühendes Metall, Balken und Baumwollballen über 1000 Meter hoch. Fast 100 000 BRT an alliiertem Schiffsraum ist vernichtet oder beschädigt; es gibt 336 Tote (inoffiziell 1500) und über 1000 Verletzte (inoffiziell 3000), der Sachschaden beträgt über eine halbe Milliarde US-Dollar.

Am Donnerstag, dem 20. April 1944, zu Hitlers Geburtstag, erfolgt der erste Einsatz des deutschen Kleinkampfverbandes (Vizeadm. Heye). 30 gerade fertiggestellte Einmann-Torpedos vom Typ »Neger« mit einem Torpedo G7E unter dem Bootskörper treffen per Eisenbahn und auf Tiefladern mit ihren in Schnellkursen in der Torpedoversuchsanstalt Eckernförde und in Langenargen/Bodensee ausgebildeten Besatzungen im Raum Anzio-Nettuno ein. Am geeigneten Küstenabschnitt bei Torre Vaianica müssen 500 Soldaten des Heeres eigenhändig die »Neger« ins Wasser schleppen. Nur 17 Einmanntorpedos gelingt der Start zu der etwa 18 Seemeilen entfernten Reede von Anzio-Nettuno. Der Rest muß bei Sonnenaufgang gesprengt werden. Die Alliierten haben seit Tagen durch die »Ultra«-Berichte Kenntnis von diesem Einsatz und laufen mit ihren Schiffen bis auf einige kleine Küstenfahrzeuge in die offene See. Die »Neger« melden zwei versenkte Schiffe, die von der Gegenseite jedoch nicht bestätigt werden. Drei »Neger« gehen verloren, womöglich durch Kohlendioxyd-Vergiftung der Fahrer. Einen der »Neger« fischen die Alliierten raus, damit ist der taktisch wichtige Überraschungseffekt verpufft. Erstaunte Fachleute stellen fest, daß man die Plexiglaskuppel über dem Fahrerkopf, die aus dem Wasser ragt, nur einzuschlagen braucht, um den Fahrer zu töten.
Ebenfalls am 20. April 1944 bereitet die Kriegsmarine Hitler zu seinem 55. Geburtstag eines der schönsten Geschenke: die Meldung vom Stapellauf des ersten neuen U-Bootes Typ XXI. Die Endmontage des U-Bootes *U 3501* auf der Danziger Schichau-Werft hat von der Kiellegung (20. 3. 1944) bis zum Stapellauf nur 31 Tage gedauert. Dieses Tempo ist der Planungsarbeit des im Juni 1943 von Reichsminister A. Speer zum Vorsitzenden des Hauptausschusses Schiffbau ernannten O. Merker zu verdanken. Die 290, von der Kriegsmarine bestellten U-Boote Typ XXI werden in acht vorfabrizierten Teilen von 60 selbständigen Montagewerften, die wegen der Luftangriffe auf das ganze Reichsgebiet verteilt sind, gebaut. Die acht Fertigteile mit kompletter Inneneinrichtung sollen dann über die Binnenwasserstraßen transportiert und in den drei Endmontagewerften Blohm & Voß (Hamburg), der AG Weser (Bremen) und Schichau (Danzig) auf Hellingen zusammengebaut und dort zu Wasser gelassen werden.

In der Nacht vom 22./23. April 1944 führen schwerbewaffnete königstreue Offiziere und Matrosen der griechischen Marine einen Handstreich auf die bereits seit dem 6. April 1944 meuternden Besatzungen der Marine- und Handelsschiffe. Nach blutigen Schießereien werden die Schiffe geentert. 50 Meuterer finden dabei den Tod. Der britische Kreuzer *Ajax* (der im Dezember 1939 an dem Gefecht gegen die *Admiral Graf Spee* teilgenommen hat) geht währenddessen vor Anker und hält die meuternden Einheiten mit feuerbereiten Geschützen in Schach. Diese Meuterei, die größte des Krieges, läßt die zukünftigen Probleme der westlichen Flottenbefehlshaber ahnen.

Am nächsten Tag, dem 24. April 1944, als die Engländer auf den Anhöhen um das Feldlager schwere Geschütze postieren und mit der Eröffnung des Feuers drohen, kapituliert auch die rebellierende griechische 1. Gebirgsdivision. Die unter Durst und Hunger leiden-

den Soldaten leisten nur schwachen Widerstand, ein britischer Offizier findet dabei den Tod. Die Brigade wird nun in Gefangenenlager abgeführt.

In der Nacht vom 28./29. April 1944 erscheinen 101 Maschinen des IX. Fliegerkorps über dem Hafen von Plymouth. Die Do 217 K der III. Gruppe des KG 100 greifen mit Gleitbomben Fritz X – wenn auch erfolglos – eines der Kriegsschiffe an. Zwei Do 217 K werden dabei von der britischen Flak abgeschossen.

Am Sonntag, dem 7. Mai 1944, holt ein deutsches Langstreckenflugzeug Arado Ar 232 VB (B-06) den in der sowjetischen Arktis, im Franz-Joseph-Land, eingesetzten Wettertrupp »Schatzgräber« (Leiter: W. Drees) ab. Der zehn Mann starke Wettertrupp muß seinen Einsatz vorzeitig abbrechen, da nach dem Verzehr von Weißbärenfleisch alle an Trichinose erkrankt sind.

Am Sonnabend, dem 13. Mai 1944, versenkt der US-Begleitzerstörer *Francis M. Robertson* nordwestlich der Azoren das japanische U-Boot *RO-501* (KptLt. Norita). Es ist das ehemalige deutsche *U 1224*, das der japanischen Marine von den Deutschen geschenkt wurde.

Am Sonntag, dem 14. Mai 1944, führt die deutsche 5. Schnellbootflottille einen Vorstoß gegen die vor der Isle of Wight liegenden alliierten Landungsschiffe. Dabei wird in dem Gefecht durch den französischen Zerstörer *La Combattante* (ex-britische *Haldon*) das *S 141* versenkt. Mit dem Schnellboot geht auch der zweite Sohn des Großadmirals, Leutnant Klaus Dönitz, unter.

Am Freitag, dem 19. Mai 1944, versenkt *U 453* (Oberlt. z. S. Lührs) aus dem von vier italienischen Torpedobooten und britischen Korvetten gesicherten Konvoi HA 34 ein Handelsschiff mit 7147 BRT. Es ist der letzte Erfolg eines deutschen U-Bootes im Mittelmeer.

Im Mai 1944 endet die 7. Phase der Schlacht im Atlantik (Beginn: September 1943). Die Wiederaufnahme der Konvoi-Bekämpfung im Nordatlantik mit neuen Waffen erweist ich als Fehlschlag, da der Einsatz von Geleitträgern die Abschirmung der Konvois auf der ganzen Route über den Atlantik ermöglicht. Daraufhin wird für die U-Boote, die noch nicht mit einem Schnorchel ausgerüstet sind, ab 1. 6. 1944 der Einsatz im Atlantik verboten.

Am Mittwoch, dem 31. Mai 1944, versenkt der US-Zerstörer *England* (Lt.Cdr. Pendleton) nordwestlich von Neu-Irland (Pazifik) das japanische U-Boot *RO 105*. Es ist das bereits sechste von Lieutenant Commander Pendleton innerhalb von zwölf Tagen versenkte japanische U-Boot, die erfolgreichste U-Boot-Jagd eines Einzelschiffes in diesem Krieg.

Am Sonnabend, dem 3. Juni 1944, landet auf der Eisfläche der Nordenskjöld-Bucht (Ostgrönland) eine schwere viermotorige Langstreckenmaschine Typ Ju 290 der ehemaligen FAGr 5, jetzt I./KG 200 (Maj. Koch) und holt die seit dem 28. 8. 1943 hier eingesetzten acht Mann vom Wettertrupp »Baßgeiger« (Leiter: Dr. H. Schatz), sowie die Besatzung des Wetterschiffes *Coburg*, insgesamt 26 Mann nach Dröbak (Norwegen) zurück.

Am Sonntag, dem 4. Juni 1944, verfolgt die Task Group 22.3 (Capt. Gallery) mit ihrem Träger *Guadalcanal* und

Rechts: Normandie, 6. 6. 1944, Operation »Neptune«: Kanadische Truppen gehen an Land

Links: 4. 6. 1944, südlich von Madeira: Das US-Enterkommando an Deck von *U 505*. Ein Wildcat-Jäger fliegt Patrouille

fünf Zerstörern das durch eine »Huff-Duff«-Peilung erfaßte rückmarschierende deutsche Boot *U 505* (Oberlt. z. S. Lange). Während die ersten Trägermaschinen von der *Guadalcanal* gegen 11.20 Uhr aufsteigen, führt der US-Zerstörer *Chatelein* etwa 100 Seemeilen westlich von Kap Blanco an der afrikanischen Küste einen Angriff mit Wasserbomben auf *U 505* und zwingt das beschädigte Boot zum Auftauchen. Die Besatzung öffnet die Flutventile und verläßt unter heftigem Feuer der drei US-Zerstörer *Chatelein, Jenks* und *Pillsbury* das sinkende Boot. Ein Mann fällt, mehrere werden schwer verwundet, darunter auch der Kommandant.

Die U-Boot-Besatzung ahnt nicht, daß die Amerikaner nur mit leichten Maschinenwaffen feuern, um den Druckkörper von *U 505* nicht zu durchschlagen. Captain Gallery schickt sofort eine Barkasse vom Zerstörer *Pillsbury* mit einem Enterkommando (Lt. David) mit acht Männern, um das Boot schwimmend zu erhalten. Das Achterschiff liegt bereits bis zum Turm unter Wasser, während der Bug herausragt, als das Enterkommando an Deck springt. Im letzten Augenblick schaffen sie es noch, den starken Wassereinbruch zu stoppen und das Boot abzudichten. Fünf »Zaunkönig«-Horchtorpedos, fast sämtliche Papiere und Geheimbücher sowie Schlüsselunterlagen werden an Bord gefunden. *U 505* wird vom Träger Guadalcanal ins Schlepp genommen und nach den 1000 Seemeilen entfernten Bermudas und von dort zum Festland gebracht. Das U-Boot verwendet man später zu Versuchs- und Schulungszwecken. Die gerettete Besatzung kommt bis Kriegsende in ein abgeschirmtes KG-Lager, damit das Geheimnis von der Kaperung des Bootes gewahrt bleibt. Das U-Boot *U 505* gilt bei dem BdU als »wahrscheinlich nach dem 4. Juni versenkt«.

Seit 1955 ist *U 505* vor dem Museum of Science and Industry in Chicago aufgestellt.

Am Dienstag, dem 6. Juni 1944, beginnt in der Normandie nach tagelangen schweren Luftangriffen und dem Einsatz von Luftlandeverbänden sowie Fallschirmjägerdivisionen an den Flanken des Invasionsraumes die alliierte Großlandung, Operation »Neptune«. Beteiligt sind starke Seestreitkräfte der US-Western Naval Task Force (Konteradm. Kirk) mit den Schlachtschiffen *Arkansas, Nevada, Texas*, den Schweren Kreuzern *Augusta, Quincy, Tuscaloosa*, 5 britischen Leichten Kreuzern und dem Monitor *Erebus*, den französischen Leichten Kreuzern *Montcalm* und *Georges Leygues*, dem holländischen Kanonenboot *Soemba*, 35 Zerstörern, 12 Fregatten, 118 Minensuchern, 4 Korvetten, 140 leichten Kriegsfahrzeugen und 1700 Landungsschiffen und -booten, die britische Eastern Naval Task Force (Konteradm. Vian) mit den Schlachtschiffen *Ramillies* und *Warspite*, 11 Leichten Kreuzern, dem Monitor *Roberts*, dem polnischen Kreuzer *Dragon*, dem holländischen Kreuzer *Sumatra* und dem Kanonenboot *Flores*, dazu 34 Zerstörer, 4 Sloops, 19 Fregatten, 17 Korvetten, 129 Minensuchboote, 116 leichte Kriegsfahrzeuge und 2426 Landungsschiffe und -boote.

An der Ostküste der Halbinsel Cotentin (»Utah«) landet die 4. US-Division, bei Vierville (»Omaha«) die 1. US-Division, bei Arromanches (»Gold«) die britische 50. Division, bei Courseuilles (»Juno«) die kanadische 3. Division und bei Lyon-sur-Mer (»Sword«) die britische 3. Division.

Dönitz: »Als die Alliierten in der Nacht vom 5./6. Juni 1944 in der Seinebucht landeten, stießen sie auf keine wirksamen Minensperren, und es standen dort auch keine Vorpostenboote zur See.«

Das deutsche Marinegruppenkommando West (Vizeadm. Krancke) verfügt im Kanalbereich nur über 5 Torpedoboote, 34 Schnellboote, 163 Minensuchfahrzeuge, 57 Vorpostenboote und 42 Artillerieträger, dazu 9 U-Boote mit Schnorchel, ihnen stehen im Invasionsraum etwa 800 alliierte Kriegsschiffe gegenüber, darunter 6 Schlachtschiffe, 2 Monitors, 22 Kreuzer, 93 Zerstörer, 26 Geleitzerstörer, 113 Fregatten und Korvetten sowie Schnell- und Kanonenboote und andere Kriegsfahrzeuge.
Die Errichtung der künstlichen Häfen (Mulberry) und Ankerplätze ist in den darauffolgenden Tagen entscheidend für das Gelingen der Operation »Overlord«. Landungsschiffe und Küstenfahrzeuge laufen auf den Strand auf, wo sie bei Ebbe festliegen und erheblich schneller entladen werden können.

Im Juni 1944 beginnt die 8. und letzte Phase der Schlacht im Atlantik: Die U-Boote, mit Schnorchel ausgerüstet, fahren Einzelunternehmungen in englischen und nordamerikanischen Küstengewässern. Durchschnittlich sind 48 U-Boote in See. Diese Phase dauert bis Mai 1945.

Am Sonntag, dem 11. Juni 1944, versenken drei Zerstörer der Task Group 22.5 (Capt. Vest) nordwestlich der Azoren nach einer »Huff-Duff«-Peilung den letzten deutschen U-Boot-Tanker *U 490* (Oberlt. z. See Gerlach).

Am Donnerstag, 15. Juni 1944, landet nach vorbereitenden Luftangriffen das amerikanische V. Korps (GenLt. H. M. Smith) auf der Insel Saipan (Marianen). Danach verläßt die japanische Flotte (Vizeadm. Ozawa) ihren Liegeplatz bei Tawi-Tawi und läuft in Richtung Marianen aus, um die Invasion der strategisch wichtigen Insel zu verhindern. Die US-Befehlshaber beschließen, ihre Landungsflotte vor Saipan nicht zu entblößen, und warten ab, bis Admiral Ozawa den Angriff eröffnet.

Am Montag, dem 19. Juni 1944, kommt es in der Philippinen-See zwischen der japanischen Flotte (Vizeadm. Ozawa) mit neun Flugzeugträgern sowie landgestützten Marine-Luftstreitkräften und der US Task Force 58 (Vizeadm. Mitscher) mit 15 Flugzeugträgern zu einer erbitterten See-Luft-Schlacht.
Die Japaner versuchen, die Eroberung der Marianen zu vereiteln, da der Besitz dieser Inseln den USA Flotten- und Luftstützpunkte in nur 2400 Kilometer Entfernung vom japanischen Mutterland verschafft. Von den Marianen aus können die japanischen Industriezentren angegriffen und die Verbindungslinien zu den Philippinen und zum ostasiatischen Festland unterbrochen werden. Auch Tokio liegt von hier in der Reichweite der B-29 Superfortresses.
In den ersten Stunden des 19. Juni 1944 befindet sich die Flotte von Vizeadmiral Ozawa südwestlich Guam. Ein schöner Tag mit strahlend blauem Himmel und unbegrenzter Fernsicht bricht an.
Während die japanischen Aufklärer inzwischen die US Task Force 58 geortet haben, kennen die Amerikaner die Position der japanischen Flotte noch nicht. Ein weiterer Vorteil der Japaner zu dieser Zeit: Ihre leichten, nicht gepanzerten Flugzeuge besitzen eine um 150 Kilometer größere Reichweite als die der Amerikaner. Der US-Verband liegt also in der Reichweite der Flotte von Vizeadmiral Ozawa, die wiederum für US-Trägermaschinen unerreichbar ist.
Um 8.30 Uhr starten die ersten 64 Maschinen von den die Vorhut bildenden japanischen Flugzeugträgern *Chiyoda, Shitose* und *Zuiho*. Um 8.56 Uhr steigen vom Hauptverband des Vizeadmirals Ozawa (Träger *Taiho, Shokaku* und *Zuikaku*) 28 Maschinen auf. Der Pilot eines der Flugzeuge (Bootsmann Komatsu) sieht, als er bereits an Höhe gewinnt, einen Torpedo, der – vom amerikanischen U-Boot *Albacore* abgefeuert – geradewegs auf das Flaggschiff, den Träger *Taiho*, zuläuft. Er stürzt sich mit seiner Maschine auf den Torpedo, um den Träger zu retten.
Der II. japanische Verband (leichte Träger *Hiyo, Junyo* und *Ryuho*) beordert um 10.00 Uhr noch weitere 47 Maschinen in die Luft. Um 11.00 Uhr befiehlt Ozawa dem I. und III. Trägerverband, 114 Flugzeuge zu starten. Jetzt befinden sich 80 Prozent der japanischen Trägermaschinen im Anflug auf die US Task Force 58. So bleiben nur ein Dutzend Jäger zum Schutz des japanischen Flottenverbandes: ein schwerwiegender Irrtum von Vizeadmiral Ozawa, der sich bitter rächen wird.
Nun beginnt ein achtstündiger Ansturm der japanischen Piloten gegen die US-Flugzeugträger. Die meisten der japanischen Maschinen werden jedoch bereits aus einer Entfernung von 155 Seemeilen durch Radar geortet. Als die japanischen Flugzeuge näherkommen, steigen US-Jäger auf, und bald entwickeln sich schwere Luftkämpfe, bei denen die Angreifer gewaltige Verluste erleiden.
Die US-Piloten sind den weniger erfahrenen Japanern eindeutig überlegen, die 218 Maschinen verlieren und nur 29 US-Flugzeuge abschießen.
Von den 375 japanischen Trägermaschinen gelingt es nur etwa 40, sich der US Task Force zu nähern. Und am späten Nachmittag des 19. Juni 1944 sind bereits 402 japanische landgestützte und Trägerflugzeuge in der Entfernung bis zu 60 Seemeilen vor Erreichen der US-Schiffe abgeschossen worden. Eine einzige japanische Maschine schafft es, das Schlachtschiff *South Dakota* zu treffen. Es finden dabei 27 Seeleute den Tod; die *South Dakota* erleidet nur geringen Schaden. Auch das Schlachtschiff *Indiana* und der Schwere Kreuzer *Indianapolis* werden nur leicht beschädigt.
Das Flaggschiff von Vizeadmiral Ozawa, der Träger *Taiho,* durch einen zweiten Torpedo des U-Bootes *Albacore* getroffen, muß sechs Stunden später nach einer gewaltigen Treibstoffexplosion mit zahlreichen Flugzeugen an Bord aufgegeben werden.
Der Träger *Shokaku,* von dem U-Boot *Cavalla* torpediert, hüllt sich in Flammen. Um Mitternacht sinken beide Träger. Ozawa, der noch nicht das Ausmaß der

Juni 1944, Zentralpazifik:
Ein Verband von Dauntless-Sturzkampfmaschinen der US Navy überfliegt einen US-Flottenverband. Links unten ein Flugzeugträger, am Horizont andere schwere Einheiten

Katastrophe seiner Flugzeuge kennt, will keineswegs aufgeben. Nur um Brennstoff zu ergänzen, läuft seine Flotte während der Nacht auf Nordwestkurs.

Am Dienstag, dem 20. Juni 1944, wird die Flotte von Vizeadmiral Ozawa gegen 15 Uhr durch einen US-Aufklärer wiederentdeckt. US-Vizeadmiral Mitscher läßt bereits am späten Nachmittag alle Sturzbomber und Torpedoflugzeuge starten, obwohl sie erst bei Dunkelheit zurück sein können, was für die beleuchteten Träger erhöhte U-Boot-Gefahr bedeutet.
Noch während Ozawas Flotte durch die Tanker gerade versorgt wird, nähern sich 216 US-Flugzeuge, die über den japanischen Schiffen nur 35 Jäger antreffen.
Trotz heftigen Flaksperrfeuers verlieren die Japaner den Träger *Hiyo* und zwei Tanker. Die Träger *Zuikaku* und *Chiyoda,* das Schlachtschiff *Haruna* und der Schwere Kreuzer *Maya* werden beschädigt. 20 US-Maschinen kehren nicht zurück.
Als die noch schwimmenden japanischen Träger schwere Schäden an ihren Flugdecks melden, muß Ozawa in der Nacht zum 21. Juni 1944 auf den Befehl des Chefs der Kaiserlich Japanischen Flotte (Adm. Toyoda) den Rückzug einleiten.
Bis dahin haben die Japaner in dieser Schlacht drei Viertel der eingesetzten Maschinen, insgesamt 480 Flugzeuge, verloren.
Die US-Träger, trotz Beleuchtung der Flugdecks, melden durch Bruchlandungen und Notwassern 72 zerstörte Maschinen. Von 209 Piloten können lediglich 49 nicht gerettet werden.
Das wichtigste Ergebnis der Schlacht in der Philippinen-See, ganz offiziell auch »Truthahn-Schießen bei den Marianen« (The Marianas Turkey Shoot) genannt: die fast völlige Vernichtung der japanischen Trägerwaffe. Der Weg zu den Philippinen ist nun frei; die Landungen auf den Marianen-Inseln können ungehindert fortgesetzt werden, und der äußere Verteidigungsgürtel Japans geht verloren.

Am Mittwoch, dem 21. Juni 1944, wird eine gemischte italienisch-britische Kampfgruppe von Kampfschwimmern und bemannten Torpedos von dem italienischen Zerstörer *Grecale* und dem Schnellboot *MS 74* vor La Spezia (Italien) abgesetzt. Sie versenken die im Hafen liegenden, unter deutscher Flagge fahrenden italienischen Schweren Kreuzer *Bolzano* (13 885 t) und *Gorizia* (14 600 t).

Zeitvergleich vor dem Einsatz: Deutsche Kampfschwimmer vom Marine-Einsatzkommando 60. Die Froschmänner sind mit kleinen »Dräger«-Tauchgeräten und Schwimmflossen ausgerüstet. Sie tragen einen Schutzanzug aus Segeltuch, der Beschädigungen am eigentlichen Schwimmanzug verhindern soll

Am Donnerstag, dem 22. Juni 1944, trifft in Caen (Normandie) eine Einheit deutscher Kampfschwimmer vom Marine-Einsatzkommando 60 ein. Sie soll in der kommenden Nacht zwei der wichtigsten Brücken über die Orne und den Orne-Kanal nahe Bénouville sprengen, die in den ersten Stunden der Invasion durch einen Handstreich der britischen 6. Luftlandedivision (Maj. Gen. Gale) erobert wurden und über die man jetzt britische Truppen in den Brückenköpfen nördlich von Caen versorgt. Da sich ein Bombenangriff der Luftwaffe wegen massierter Flakabwehr als undurchführbar erweist, müssen nun Kampfschwimmer die Brücken mit Torpedos in die Luft jagen. In zwei Gruppen von je fünf Mann starten sie um 22.30 Uhr und erreichen nach einem beschwerlichen, etwa 15 Kilometer langen Weg durch das Fluß- und Kanalbett – unbemerkt von zahlreichen Patrouillen – ihr Ziel. Die Torpedos werden jeweils am Mittelpfeiler verankert und explodieren um 5.30 Uhr an beiden Brücken.
Als die Kampfschwimmer zum Ausgangspunkt zurückkehren, stellt man jedoch fest, daß durch fehlerhafte Aufklärung am Orne-Kanal die falsche Brücke gesprengt worden ist.

Am Sonnabend, dem 24. Juni 1944, wird westlich der Azoren das letzte japanische U-Boot *I-52* (KorvKpt. Uno), das versucht hat, die französische Atlantikküste zu erreichen, von zwei Trägermaschinen, Typ Avenger, des US-Trägers *Bogue* versenkt.

In der Nacht vom 24./25. Juni 1944 wird gegen die Invasionsflotte in der Seinebucht eine neue deutsche Waffe eingesetzt: die »Mistel« (offizieller Tarnname »Beethoven«) – eine unbemannte Sonderversion des Bombers Ju 88 – mit einer Sprengstoffladung von 3,5 Tonnen. Es gibt zwei Mistel-Grundtypen, auch Vater-und-Sohn- oder Huckepack-Flugzeuge genannt: die S1 mit der Me 109 als Leitflugzeug und die S2 mit der FW 190. Die Anfang 1944 in Nordhausen und in Peenemünde erprobten Mistel-Gespanne werden im Mai 1944 an die »Einsatz-Staffel« der IV. Gruppe des Kampfschulgeschwaders 101 ausgeliefert, die von Dänemark aus die Royal Navy in ihrem Stützpunkt Scapa Flow angreifen soll. Durch die alliierte Invasion wird die »Einsatz-Staffel« in nächtlichen Eiltransporten nach St. Dizier (Pas de Calais) verlegt. In der Nacht vom 24./25. Juni 1944 starten aus St. Dizier fünf »Mistel« S 1, begleitet von Me-109G-Jägern, zu ihrem ersten Angriff, einem echten Himmelfahrtskommando, da es zur Zeit in ganz Nordfrankreich nur so von Mosquito-Nachtjägern wimmelt. Bereits im Anflug muß bei einem der Gespanne die Ju 88 abgesprengt werden. Die vier anderen erreichen die Seinebucht und greifen im Schein der abgeworfenen Leuchtbomben die vor Anker liegenden Schiffe an, ohne jedoch zu ahnen, daß es sich um ausrangierte Einheiten handelt, die jetzt als Blockschiffe und Wellenbrecher dienen. Da die Bucht vernebelt wird, kann das Ergebnis des Angriffs nicht beobachtet werden. Die fünf Leitmaschinen kehren sicher nach St. Dizier zurück. Und erst am Tage darauf stellt man fest, daß eines der Blockschiffe versenkt worden ist. So endet der erste und letzte »Mistel«-Einsatz in Nordfrankreich.

Die Invasion in der Normandie war ein Beweis der alliierten Vorherrschaft auf den Weltmeeren. Und diese Vorherrschaft war entscheidend für das Heranführen von Truppen aus den USA über den Atlantik nach England. Es ersparte den Alliierten auch die Kämpfe zur Erringung der Seeherrschaft im Ärmelkanal. Das größte Handicap war für die Deutschen die Tatsache, daß sie etwa 5000 Kilometer Küste sichern mußten.
Im Juni 1944 erlebte die Welt die größte militärische Kraftentfaltung der Seegeschichte: die Invasion in der Normandie und die neun Tage später im Pazifik stattfindende US-Landung auf den Marianen-Inseln.
Ab Juni 1944 änderten die deutschen-Boote ihre Taktik: Um den entscheidenden Nachteil der Schnorchel-U-Boote, die geringe Unterwassergeschwindigkeit, auszugleichen, konnten sie nur erfolgreich in den Gebieten mit starkem Schiffsverkehr in der Nähe von Häfen operieren. So hat man sie hauptsächlich vor englischen und amerikanischen Küstengewässern eingesetzt. Da hier wiederum die U-Boot-Abwehr besonders stark war, blieben die erhofften Erfolge aus.
In diesem Halbjahr vernichteten die deutschen U-Boote zwar nur durchschnittlich 80000 BRT pro Monat, doch wollte der BdU damit die gesamte alliierte U-Boot-Abwehr von etwa 350000 Mann bis zur Fertigstellung der neuen großen U-Boote binden, um die für Ende des Jahres geplante Offensive eröffnen zu können.

1944

Juli – Dezember

Sonnabend, 1. Juli 1944
Das *Oberkommando der Wehrmacht* gibt bekannt:
. . . Im Kampf gegen die feindliche Invasionsflotte und den Nachschub über See versenkten Luftwaffe, Kriegsmarine, Heeres- und Küstenbatterien im Monat Juni 51 Fracht- und Transportschiffe mit 312000 BRT. 56 weitere Schiffe mit 328000 BRT, sowie zahlreiche kleinere Transportfahrzeuge und Landungsboote wurden zum Teil schwer beschädigt. An feindlichen Kriegsschiffen wurden 2 Schwere und 3 Leichte Kreuzer, 22 Zerstörer, 15 Schnellboote, 1 Unterseeboot, 3 Landungsboote und 1 Bewacher versenkt. Mehrere Schlachtschiffe, darunter ein Schiff der »Nelson«-Klasse, 21 Kreuzer, 22 Zerstörer, 26 Landungsspezialschiffe und 12 Schnellboote wurden durch Bomben-, Torpedo- und Artillerietreffer schwer beschädigt. Mit der Vernichtung eines Teiles dieser Schiffe kann gerechnet werden. Die feindlichen Schiffsverluste erhöhen sich noch durch Minentreffer.

Geheimer Bericht des *Sicherheitsdienstes der SS*
zur innenpolitischen Lage:
Nr. 625, 1.–3. Juli 1944 (Auszug)
. . . Bereits kurze Zeit nach Beginn der Invasion fand die Ungeduld, die das Ausbleiben eines kriegsentscheidenden Ereignisses hervorrief, ihren Ausdruck in dem Gerücht, die Kämpfe im Westen verliefen nicht nach unseren Wünschen . . . Unsere U-Boot-Waffe könne frühestens in etwa einem halben Jahr wieder aktiv werden, da wohl die theoretische Lösung zur Neutralisierung der feindlichen Suchgeräte gefunden sei, die Serienarbeit jedoch noch nicht so schnell durchgeführt werden könne, weil sich in der Praxis noch Mängel zeigten. Die umgebauten U-Boote könnten auch unter Wasser mit Dieselmotoren fahren und eine sehr erhebliche Geschwindigkeit erreichen . . .

Hitlers U-Boot-Waffe hat versagt

Montag, 10. Juni 1944, London
Die *Agentur Reuter* meldet:
Gemeinsame Erklärung von W. Churchill und F. D. Roosevelt über den Stand des U-Boot-Krieges im Monat Juni:
Die U-Boot-Waffe Hitlers hat im Juni 1944 in jeder Hinsicht versagt. Die feindlichen U-Boote waren weder imstande, die Invasion des europäischen Kontinents durch die Alliierten zu verhindern, noch die Zufuhr von Nachschub für unsere ständig anwachsenden Armeen in Europa zu beeinträchtigen. Die U-Boote hielten sich westlich der Invasionszone auf oder waren im Atlantik verteilt. Die Zahl der während des Monats Juni von feindlichen U-Booten versenkten alliierten Handelsschiffe war fast die niedrigste seit Anfang des Krieges. Die deutschen U-Boot-Verluste betrugen dagegen ein Mehrfaches der alliierten Handelsschiffsverluste.

Nach der griechischen Meuterei
Mittwoch, 12. Juli 1944, Kairo
Die *Agentur Reuter* meldet:
Das Seegericht in Alexandria verurteilte am Freitag drei griechische Matrosen zum Tode. Sie wurden vom Verbrechen des Hochverrats freigesprochen, aber der Rebellion, verbunden mit Gewalttätigkeit, schuldig befunden. Drei Matrosen wurden wegen des gleichen Verbrechens zu 20jähriger Zuchthausstrafe und sechs zu 20 Jahren Gefängnis verurteilt. Vier Matrosen wurden freigesprochen.

Geheimer Bericht des *Sicherheitsdienstes der SS*
zur innenpolitischen Lage:
Nr. 638 vom Donnerstag, 13. Juli 1944 (Auszug)
Meldungen über die Entwicklung in der öffentlichen Meinungsbildung. Die schweren Kämpfe an allen Fronten sind für die gesamte Bevölkerung Gegenstand einer täglich zunehmenden Sorge . . . Sehnlichst wird der Einsatz der »V 2« erwartet. Die Vermutung, daß es sich dabei um unsere U-Boot-Waffe handele, gewinne immer mehr Boden. Man beruft sich dabei stellenweise auf angebliche Äußerungen des Großadmirals Dönitz, der vor Gauleitern folgendes gesagt haben soll: »Ich werde dem Feinde eine U-Boot-Waffe vorsetzen, die alles bisher Dagewesene in den Schatten stellt. Ich warte nur auf den Befehl zum Auslaufen. Der Feind hat damals 50 Prozent unserer U-Boote durch seine Erfindung vernichten können. Bei dem heutigen Stand wird er uns nicht mehr finden.« . . .

Links: Nach dem Stapellauf eines »Elektro-U-Bootes« vom Typ XXI. Neben stärkeren E-Maschinen und erhöhter Batteriekapazität ist es auch durch den verbesserten hydrodynamischen Rumpf kein übliches »Tauchboot« mehr. Die Unterwassergeschwindigkeit ist mit 18 sm/h fast doppelt so groß wie die vieler Geleitzüge

Rechts: Matrosen-Obergefreiter Walther Gerhold, der am 18. 7. 1944 im OKW-Bericht erwähnt wird, in seinem »Neger«

Dienstag, 18. Juli 1944
Das *Oberkommando der Wehrmacht* gibt bekannt:
. . . Die im Wehrmachtsbericht verschiedentlich gemeldete Versenkung feindlicher Schiffe durch neuartige Kampfmittel der Kriegsmarine ist auf den Einsatz von Torpedos zurückzuführen, die durch einen Mann an den Feind gebracht werden. Bei diesem Einsatz hat sich der Matrosen-Obergefreite Walter Gerhold besonders ausgezeichnet . . .

Landung auf Guam

Freitag, 21. Juli 1944, Pearl Harbor
United Press berichtet:
Amerikanische Truppen sind auf Guam (Marianen) gelandet.

Verluste amerikanischer U-Boote
Sonnabend, 22. Juli 1944, Washington
Das *Marineministerium* teilt mit:
Die beiden U-Boote *Trout* und *Tullibee* wurden bei Kampfhandlungen im Pazifik versenkt. Zu Beginn des Krieges war es der *Trout* gelungen, die japanische Blockade in der Bucht von Manila zu durchbrechen und das philippinische Gold von Corregidor in Sicherheit zu bringen. Seit Beginn des Krieges hat die Flotte der USA 27 U-Boote verloren.

Die Kämpfe auf den Marianen
Mittwoch, 26. Juli 1944, Tokio
Das *Kaiserliche Hauptquartier* gibt bekannt:
Seit dem Morgen des 23. Juli versuchte der Feind, im Hafen der Insel Tinian und an der Nordwestküste zu landen. Die japanischen Truppen stellten sich ihm sofort zum Kampf. Sie fügten dem Feind im Hafen von Tinian schwere Verluste zu und wiesen ihn zurück. Im Nordwesten der Insel unternahmen die Japaner scharfe Gegenangriffe, doch gelang es dem Feind dort, gegen Mittag an Land zu gehen. Inzwischen hat er seine Truppen verstärkt; aber die Japaner bekämpfen unter Aufbietung aller Kräfte die Landungstruppen.

US-Erfolge im Pazifik-Krieg
Donnerstag, 27. Juli 1944, Pearl Harbor
Admiral Nimitz teilt mit:
Die amerikanischen Invasionstruppen haben den nördlichen Teil der Insel Tinian (Marianen) besetzt, wo sich einer der wichtigsten Flugplätze der Marianengruppe befindet. Unsere Truppen beherrschen jetzt auch die Westküste von Guam.

Sender Beromünster (Schweiz)

Freitag, 28. Juli 1944:
Es war angekündigt worden, die Deutschen würden die Invasion am Atlantikwall entweder verhindern oder dann das Invasionsheer entscheidend schlagen und ins Meer zurückwerfen, wonach sich die deutsche Wehrmacht mit voller Stärke von neuem gegen Osten wenden werde, um die Russen zu schlagen. Was man in den vergangenen fünf Wochen erlebte, war das vollständige Scheitern dieses Planes. An der Invasionsfront kam es nicht zu einem Sieg, sondern nur zu einem verhältnismäßigen Abwehrerfolg der Armee Rommels.

Freitag, 4. August 1944
Das *Oberkommando der Wehrmacht* gibt bekannt:
. . . Durch Kampfmittel der Kriegsmarine und durch Unterseeboote wurden im Seegebiet vor der Invasions-

front 1 Kreuzer, 3 Zerstörer, 2 Korvetten sowie 5 Transporter und 1 Spezialschiff mit zusammen 36 000 BRT versenkt. Zahlreiche weitere Schiffe mit mehr als 56 000 BRT wurden torpediert. Mit dem Untergang des größten Teils dieser Schiffe kann gerechnet werden. Schnellboote versenkten in der Nacht zum 3. August im Ostteil der Seinebucht ein britisches Artillerieschnellboot . . .

Erfolge deutscher Torpedoflieger
Sonntag, 6. August 1944, Berlin
Das *DNB* meldet:
Deutsche Torpedoflieger versenkten in der Nacht zum Sonntag innerhalb weniger Minuten durch überraschenden Angriff gegen einen alliierten Schiffsverband, der sich im Schutze der Dunkelheit der Seinebucht näherte, drei anglo-amerikanische Zerstörer. Obwohl der feindliche Schiffsverband heftiges Abwehrfeuer schoß und sich schnell einzunebeln versuchte, wurden noch zwei Leichte Kreuzer und ein weiterer Zerstörer durch Torpedos getroffen und erheblich beschädigt. Außerdem erhielt ein Transportschiff von etwa 4000 Tonnen einen schweren Treffer und wurde in sinkendem Zustand beobachtet.

Untergang eines Flüchtlingsschiffes
Montag, 7. August 1944, Sofia
Das *DNB* berichtet:
Wie aus Ankara gemeldet wird, ist ein türkisches Schiff, das mit 250 jüdischen Flüchtlingen an Bord von Konstanza nach der Türkei unterwegs war, heute in den frühen Morgenstunden im Schwarzen Meer gesunken.

Sonnabend, 12. August 1944
Das *Oberkommando der Wehrmacht* gibt bekannt:
. . . Unterseeboote versenkten vor der Invasionsküste und in anderen Seegebieten 4 Frachter mit 22 000 BRT und 2 Minenräumboote. 3 weitere Schiffe und 1 Zerstörer wurden torpediert, 3 feindliche Flugzeuge abgeschossen . . .

Alliierte Landung in Südfrankreich

Dienstag, 15. August 1944
Das *Hauptquartier von General Eisenhower* teilt in einem Sonderkommuniqué mit:
Heute sind amerikanische, britische und französische Streitkräfte mit Unterstützung der alliierten Luftwaffe und durch die amerikanische, britische und französische Flotte an der Südküste Frankreichs gelandet . . .

Mittwoch, 16. August 1944
Das *Oberkommando der Wehrmacht* gibt bekannt:
An der südfranzösischen Küste wurden mehrere feindliche Landungsversuche zwischen Toulon und Cannes abgeschlagen. Es gelang dem Gegner jedoch, an einigen Stellen der Küste Fuß zu fassen. Heftige Kämpfe sind hier im Gange. Die im Rücken unserer Verteidigungszone abgesetzten feindlichen Luftlandetruppen wurden von unseren Reserven angegriffen. In Luftkämpfen, durch Flakartillerie der Luftwaffe und der Kriegsmarine sowie durch Seestreitkräfte verlor der Feind über der west- und südfranzösischen Küste 23 Flugzeuge.

Flottenoperation vor der Riviera
Freitag, 18. August 1944
Aus dem *Hauptquartier von General Wilson:*
Heute nahmen das französische Schlachtschiff *Lorraine* und der Kreuzer *Emile Bertin* die Insel Porquerolles unter Beschuß. Ein US-Kreuzer und der französische Kreuzer *Gloire* eröffneten das Feuer gegen das Festland östlich von Toulon. In einem anderen Abschnitt unterstützte ein US-Kreuzer zusammen mit den Kreuzern *Ajax* und *Gloire* den Vormarsch der Landtruppen. Ein US-Kreuzer und ein Zerstörer drangen in die Bucht von Rapoule ein und belegten feindliche Küstenbatterien mit Geschützfeuer. Andere US-Zerstörer griffen die feindlichen Artilleriestellungen von Cannes an. Über dem südfranzösischen Brückenkopf war kaum feindliche Fliegertätigkeit zu verzeichnen. Nach einem Bericht des Marinekommandos war die Unterstützung der von Flugzeugträgern aus operierenden alliierten Luftwaffe sehr wirksam.

18. August 1944
Das *Oberkommando der Wehrmacht* gibt bekannt:
. . . Durch Kampfmittel der Kriegsmarine wurden in der Seinebucht 2 feindliche Zerstörer und 4 Transporter mit 25 000 BRT versenkt, 1 größerer Transporter von 15 000 bis 20 000 BRT und 8 weitere Schiffe mit zusammen 48 000 BRT wurden torpediert. Mit ihrem Sinken kann auf Grund der beobachteten schweren Detonationen gerechnet werden . . .

Links: An Bord eines französischen Kriegsschiffes vor der Küste Südfrankreichs: Bedienung am schweren Fla-MG

Rechte Seite: U-Boot-Bunker in Brest: Einer der wenigen mit schwersten Bomben verursachten Volltreffer, der die fast 13 m starke Eisenbetondecke durchschlagen hat

Sender Beromünster (Schweiz)

18. August 1944:
Was die Invasion Südfrankreichs betrifft, so war die größte Überraschung der landenden Truppen das weitgehende Fehlen eines deutschen Widerstandes. Kein deutsches U-Boot, kein Kampfflugzeug, kaum eine Küstenbatterie sei in Aktion getreten, dieweil die Landungsbarken Soldaten, Munition, Kriegsgerät und die Unzahl von Versorgungsgegenständen an den Strand brachten, die für ein derartiges Unternehmen unerläßlich sind. Einzig in den von den Alliierten gemiedenen großen Häfen, Cannes, Nizza und andern, wurden von den Deutschen Sprengungen vorgenommen.

Donnerstag, 24. August 1944
Das *Oberkommando der Wehrmacht* gibt bekannt:
. . . Unterseebootjäger versenkten im Schwarzen Meer östlich Konstanza ein sowjetisches Schnellboot . . .

Sonnabend, 26. August 1944
Das *Oberkommando der Wehrmacht* gibt bekannt:
. . . Bei einem größeren Unternehmen gegen die Bandenschiffahrt in der Ägäis hatten die Kommunisten hohe blutige Verluste. 142 feindliche Küstenboote und Segler wurden vernichtet oder aufgebracht . . .

Seegefechte im Kanal
Sonnabend, 2. September 1944, London
In einem gemeinsamen Kommuniqué der *britischen und niederländischen Marine* wurde heute abend bekanntgegeben:
Mehrere feindliche Schiffsverbände, die in der vergangenen Nacht und in den frühen Morgenstunden des Samstags versuchten, aus den durch den alliierten Vormarsch bedrohten französischen Kanalhäfen zu entkommen, wurden durch leichte Küstenstreitkräfte der britischen, kanadischen und niederländischen Marine gestellt.

Groß-Geleitzug in England eingetroffen

Donnerstag, 7. September 1944, Ottawa
Die *Agentur Reuter* meldet:
Wie der kanadische Marineminister MacDonald bekanntgab, ist der größte Geleitzug, der jemals die Meere überquert hat, kürzlich in Großbritannien eingetroffen. Er bestand aus 150 Handelsschiffen mit mehr als einer Million Tonnen Fracht.

Das Schicksal der deutschen Schwarzmeerflotte
Sonnabend, 9. September 1944, Moskau
Die *Agentur TASS* berichtet:
Der Rest der deutschen Schwarzmeerflotte – insgesamt 112 Einheiten – hat nach dem Verlust der letzten Stützpunkte in Bessarabien und Rumänien vollzählig die bulgarischen Häfen Varna, Burgas und kleinere Städte angelaufen. Nach dem Umschwung in Bulgarien versenkten die Deutschen, ohne von den Bulgaren daran gehindert zu werden, 74 Schiffe, darunter auch 7 U-Boote. Die bulgarische Regierung sah davon ab, die Besatzungen der selbstversenkten Schiffe zu internieren, sondern hat sie nach Deutschland zurückgeschickt. Nach energischen sowjetischen Protesten sollen aber die restlichen Schiffe von den Bulgaren beschlagnahmt und die Besatzungen interniert worden sein.

Atlantik-Stützpunkte ausgeschaltet

Sonntag, 10. September 1944, London
Die *Agentur Reuter* meldet:
Gemeinsame Erklärung von W. Churchill und F. D. Roosevelt über den Stand des U-Boot-Krieges im Monat August:

Im vergangenen Monat wurden durch alliierte Operationen in Frankreich die wichtigsten feindlichen U-Boot-Stützpunkte am Atlantik ausgeschaltet. Dadurch waren die Deutschen gezwungen, mit ihren U-Booten von norwegischen und baltischen Stützpunkten aus zu operieren, so daß ihre Anmarschwege bedeutend länger geworden sind.

Rückkehr der französischen Flotte nach Toulon
Freitag, 15. September 1944, Toulon
Die *Agentur Havas* berichtet:
Bei Ankunft der französischen Kriegsschiffe in Toulon standen Zehntausende begeisterter Franzosen am Kai. Unbeschreiblicher Jubel herrschte, als das Flaggschiff des französischen Geschwaders, der Kreuzer *Georges Leygues* mit Admiral André de Monnier an Bord, in den Hafen einlief. Trotz strömendem Regen standen Offiziere und Mannschaften der alliierten Kriegsschiffe in Reih und Glied an Deck und salutierten. Die französischen Einheiten senkten die Flagge zum Gruß. Bisher trafen in Toulon ein: das alte Schlachtschiff *Lorraine*, die Kreuzer *Emile Bertin, Montcalm, Gloire* und die Zerstörer *Le Malin, Le Fortune, Forbin* und *Basque*. Später folgten U-Boote sowie mehrere kleinere Einheiten.

Sender Beromünster (Schweiz)

Freitag, 6. Oktober 1944:
Auf die Landungen auf die Inseln in der Adria und an den Küsten Dalmatiens und Albaniens folgte seit letztem Dienstag eine größere Invasionsaktion der Engländer in Griechenland. Von der See und der Luft aus sind alliierte Verbände an der Nordwestküste des Peloponnes an Land gesetzt worden; Marineeinheiten fuhren in den Golf von Patras ein, und in der Nacht vom Dienstag auf den Mittwoch zogen die alliierten Truppen in die Stadt Patras ein. An mehreren Punkten nahmen die Alliierten die Verbindung mit den griechischen Partisanenverbänden auf. Mehrere griechische Inseln, sowohl im Ionischen als auch im Ägäischen Meer, wurden noch vor der Landung auf dem griechischen Festland von den Alliierten besetzt.

Neue deutsche U-Boote?

Dienstag, 10. Oktober 1944, London
Die *Agentur Reuter* meldet:
Gemeinsame Erklärung von W. Churchill und F. D. Roosevelt über den Stand des U-Boot-Kriegs im Monat September:
Im September 1944 trat eine Kampfpause ein. Die Schiffsverluste der Allierten waren fast ebenso gering wie im Monat Mai 1944, der die niedrigsten Versenkungsziffern hatte. Die deutsche Seekriegsleitung wird wahrscheinlich mit verbesserten und neuen Typen im Herbst den U-Boot-Krieg wiederaufnehmen, so daß erhöhte Aufmerksamkeit angebracht ist.

Sowjetische U-Boote in der südlichen Ostsee
Sonntag, 15. Oktober 1944, Stockholm
Svenska Dagbladet berichtet:
Nachdem die Minensperre im Finnischen Meerbusen vor einigen Wochen beseitigt worden ist und sowjetische Kriegsschiffe gegenwärtig die deutsche Evakuierung aus dem Baltikum erschweren, sind jetzt auch sowjetische U-Boote in der südlichen Ostsee aufgetaucht. Der dänische Dampfer *Hilma Lau* (2414 BRT), der sich mit Kohle auf der Fahrt von Gdingen nach Kopenhagen befand, wurde in der Nähe der dänischen Ostseeinsel Bornholm von einem sowjetischen U-Boot versenkt.

Angriff gegen Leyte

Donnerstag, 19. Oktober 1944, Tokio
Das *Hauptquartier der Kaiserlichen Marine* gibt bekannt:
Eine feindliche Kriegsflotte sowie eine große Zahl von Transportern erschienen am 17. Oktober in der Bucht von Leyte (Philippinen) und begannen seit dem Nachmittag des 18. Oktobers die Küste zu beschießen und aus der Luft zu bombardieren. Japanische Einheiten in diesem Gebiet haben Gegenangriffe aufgenommen.

Neue Seeschlacht im Pafizik
Mittwoch, 25. Oktober 1944, Tokio
Das *DNB* meldet:
Seit Mittwoch früh tobt eine schwere Schlacht östlich der Samar-Insel. Es wurden in diesen Gewässern 16 Kriegsschiffe und sechs Flugzeugträger versenkt oder beschädigt.

Amerikanische U-Boote unterstützen Guerillas
25. Oktober 1944, New York
Aus dem *Hauptquartier von General MacArthur:*
Der kleine Geheimsender, der seinerzeit auf der Insel Panay errichtet und im Herbst 1942 zum erstenmal gehört wurde, hat viel zur antijapanischen Bewegung auf den Philippinen beigetragen. Amerikanische U-Boote versorgten die philippinischen Guerillas mit Kriegsmaterial. Wir wurden durch ein ausgedehntes Netz von Funkstationen unterstützt sowie durch die Tatsache, daß sich auf jeder größeren Insel eine oder mehrere meteorologische Stationen befanden, die dem Hauptquartier täglich mehrmals genaue Wetterberichte liefern konnten. Ein gut ausgebautes Alarmsystem ermöglichte uns, jede Bewegung der feindlichen Luftwaffe zu erfahren. Außerdem wurden viele feindliche Dokumente, darunter geheime Verteidigungspläne und Instruktionen des japanischen Kommandos, erbeutet.

Seeschlacht bei Leyte
25. Oktober 1944, Pearl Harbor
United Press berichtet:
Bei den Philippinen wird eine neue Seeschlacht ausgetragen. Wie Admiral Nimitz erklärte, seien starke japanische Seestreitkräfte, darunter Schlachtschiffe und Kreuzer, mit Kurs auf die Insel Leyte nord- und südwestlich der amerikanischen Operationszone gesichtet worden. US-Flugzeuggeschwader, die von einem Trägerverband starteten, sind gegen die japanischen Kriegsschiffe in Aktion getreten. Einzelheiten werden noch nicht mitgeteilt.

Freitag, 27. Oktober, Leyte
Die *Agentur Reuter* meldet:
Vizeadmiral Kinkaid, dessen 7. Flotte ein japanisches Marinegeschwader geschlagen hat, beendete heute die Aktion mit einem bedeutenden Sieg.

Sender Beromünster (Schweiz)

27. Oktober 1944:
Sehr weit von Europa, in der Südsee, ist durch die große amerikanische Landungsaktion auf den Philippinen-Inseln Leyte und Samar eine sehr bemerkenswerte Änderung der Kriegslage eingetreten. Es ist für Landmenschen schwer, sich eine konkrete Vorstellung von der Kriegführung im Pazifik und von den Leistungen organisatorischer und militärischer Art zu machen, die dort vollbracht wurden. Es sei nur daran erinnert, daß die amerikanischen Armee- und Flottenverbände noch

vor einem knappen Jahr 5600 Kilometer von den heute umkämpften Philippinen-Inseln entfernt standen – also eine Distanz, die der Entfernung von Gibraltar bis Trondheim in Norwegen entspricht. Die Landtruppen kämpfen unter MacArthurs Oberbefehl gegen die japanischen Besetzungstruppen auf Leyte, der mittleren Insel der Philippinen; die Flotte hat eine Seeschlacht gegen die Japaner geschlagen, die von Washington als bedeutender amerikanischer Sieg gemeldet wurde. Die rechtmäßige Regierung der Philippinen ist bereits im Gefolge der Amerikaner in die Heimat zurückgekehrt.

W. Churchill an J. W. Stalin
Sonntag, 5. November 1944:
Viele Glückwünsche zu Ihrem Vormarsch auf Budapest. Wir haben jetzt die Zugänge nach Antwerpen unter wirksame Kontrolle bekommen, und ich hoffe, daß Küstenschiffe etwa in 10 Tagen und Hochseeschiffe in drei bis vier Wochen einlaufen können. Das löst das Problem der nördlichen Flanke des Vormarsches auf Deutschland . . .

Niedrigste Versenkungsziffer seit Kriegsbeginn

Freitag, 10. November 1944, London
Die *Agentur Reuter* meldet:
Gemeinsame Erklärung von W. Churchill und F. D. Roosevelt über den Stand des U-Boot-Krieges im Monat Oktober:
Der Umfang der Tätigkeit der deutschen U-Boote im Oktober 1944 war beträchtlich geringer als in irgend-

Rechts: 1. 9. 1944, Küste von Nordostgrönland: Die Besatzung des US-Coast-Guards-Schiffes *Northland* überrascht den deutschen Wettertrupp »Edelweiß I«

Links: 30. 10. 1944, vor Leyte (Pazifik): Der kleine US-Träger *Belleau Wood* nach einem Kamikaze-Angriff. Im Hintergrund der brennende US-Träger *Franklin* (CV.13), der innerhalb von zwei Wochen erneut durch einen Kamikaze in Brand gesteckt wurde

Unten: Der Wettlauf zwischen Produktion und Verlusten: Deutsche U-Boote 1939 bis 1945

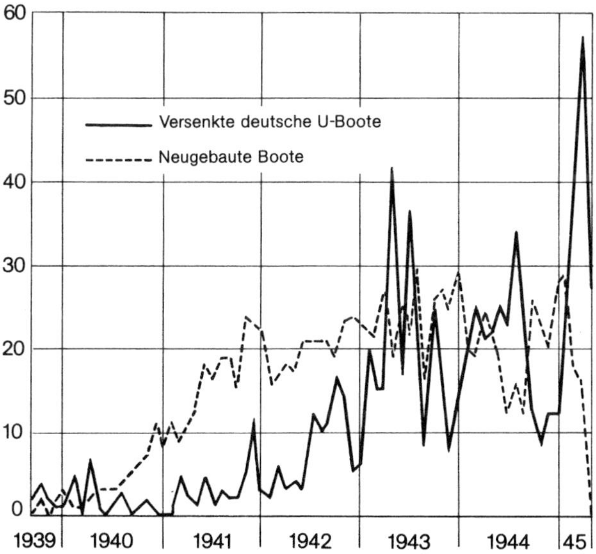

einem anderen Monat des gesamten Krieges. Infolgedessen war die Zahl der Frachter, die in diesem Monat von deutschen U-Booten versenkt wurden, die niedrigste seit Kriegsbeginn.

Tirpitz versenkt!

Dienstag, 14. November 1944, London
Das *britische Luftfahrtministerium* teilt mit:
Am Sonntagvormittag griffen 29 Lancasters des Bomber Command, unter Wing-Commander J. B. Tait und Squadron-Leader A. G. Williams, das deutsche Schlachtschiff *Tirpitz* mit 6000-kg-Bomben an. Es wurden mehrere Volltreffer erzielt. In wenigen Minuten legte sich das Schiff auf die Seite und sank. Eines unserer Flugzeuge wird vermißt.

Deutsche U-Boote vor der kanadischen Küste
Sonntag, 19. November 1944, Montreal
Die *Agentur Exchange* berichtet:
An der kanadischen Atlantikküste operiert zur Zeit eine größere Anzahl deutscher U-Boote, was als eine »ernste Bedrohung der Küstenschiffahrt« bezeichnet wird. Kanadische und US-Zerstörer haben die Jagd aufgenommen.

Seegefechte im Skagerrak
Montag, 27. November 1944, Stockholm
Svenska Dagbladet meldet:
Zum drittenmal innerhalb der letzten zehn Tage haben alliierte Flugzeuge gestern abend einen deutschen Konvoi auf der Fahrt nach Norwegen im Skagerrak angegriffen. Von der schwedischen Küste aus konnte man wieder das Feuer der Bordkanonen und explodierenden Bomben sehen sowie das Sinken eines Schiffes beobachten. Bei einem solchen Angriff am Dienstag wurde ein deutscher 5000-Tonnen-Dampfer versenkt. Diese ständigen Angriffe sind kennzeichnend für die erhöhte Bedrohung der deutschen Seeverbindungen von und nach Norwegen.

13 japanische Admiräle gefallen
Sonnabend, 9. Dezember 1944, New York
Die *Agentur Reuter* berichtet:
Wie wir von der japanischen Nachrichtenagentur erfah-

ren, haben im Südwestpazifik 13 japanische Admiräle bei Kriegsoperationen den Tod gefunden.

Japan vor der »härtesten Phase«

9. Dezember 1944, Tokio
Ministerpräsident Koiso führte in einer Rede aus:
»Der Feind geht unter Einsatz seiner gesamten Macht und Kriegsmittel rücksichtslos und ungestüm an allen Fronten vor. So werden jetzt auf den Philippinen und in den Japan angrenzenden Gewässern tagtäglich Kämpfe von größter Erbitterung geführt. In diesen Schlachten wird die Entscheidung über den weiteren Verlauf des Krieges fallen . . .«

U-Boote geben nicht auf

Sonntag, 10. Dezember 1944, London
Die *Agentur Reuter* meldet:
Gemeinsame Erklärung von W. Churchill und F. D. Roosevelt über den Stand des U-Boot-Krieges im Monat November:
Die Schiffsverluste durch Aktionen feindlicher U-Boote waren im November 1944 wieder sehr gering und die Versenkungsziffern der U-Boote verhältnismäßig befriedigend. Der Feind hat aber den U-Boot-Krieg keineswegs aufgegeben, im Gegenteil, es sind neue Typen im Einsatz, die zum Beispiel Frischluftzufuhr über einen größeren Zeitraum ermöglichen, wodurch die U-Boote länger tauchen und in Gebiete eindringen können, die sie in den vergangenen drei Jahren nicht erreicht haben. Meldungen, daß der Bau von U-Booten eingestellt worden sei, sind wahrscheinlich von deutscher Seite lanciert und entsprechen nicht den Tatsachen.

Geheimer deutscher Wettertrupp gefangen
Freitag, 15. Dezember 1944
Die *Agentur Reuter* berichtet:
Vier amerikanische Küstenfahrzeuge haben während einer mehrwöchigen Fahrt durch die Arktis einen Versuch der Deutschen, an der Nordostküste Grönlands Stützpunkte zu errichten, vereitelt. Die Deutschen wurden schließlich in der Polarnacht angegriffen. Eines der deutschen Frachtschiffe erhielt Treffer und wurde von der eigenen Besatzung versenkt. Den Frachter *Externsteine* haben die Amerikaner gekapert. Das dritte Schiff ist verlassen vorgefunden worden. 60 Deutsche hat man gefangengenommen. Nahe der Küste Grönlands entdeckten die Amerikaner eine aufgegebene Funkstation und eine Wetterbeobachtungsstation, beides wurde zerstört. Diese deutschen Außenposten waren mit Lebensmitteln, Treibstoff und Waffen für ein Jahr versorgt. Ein zweimotoriger deutscher Bomber hat versucht, die Küstenfahrzeuge anzugreifen, jedoch ohne Erfolg. Drei der Kutter wurden durch Treibeis beschädigt.

Strategie und Taktik

JULI BIS DEZEMBER 1944

Am Sonnabend, dem 1. Juli 1944, wird der deutsche Wettertrupp »Kreuzritter« (12 Mann), der seit dem 4. 10. 1943 im Liefdel-Fjord (Spitzbergen) eingesetzt ist, von einem U-Boot abgeholt. Während die Station geräumt wird, geht eine vom Wettertrupp ausgelegte Mine hoch und tötet ihren Leiter Dr. Knöspel.
In der Nacht vom 5./6. Juli 1944 werden vom Badeort Villers-sur-Mer (Normandie) aus erstmalig 30 Einmann-Torpedos vom Typ »Neger« der Kleinkampfmittel-Flottille 363 (Kpt. z. S. Böhme) gegen alliierte Schiffe in der Ornemündung eingesetzt. Obergefreiter Gerhold versenkt zwar das kleine Minensuchboot *Cato* und Gefreiter Berger das Minensuchboot *Magic*, doch kehren von 30 gestarteten »Neger«-Torpedos nur 14 zurück.

Am späten Abend des 7. Juli 1944 starten wiederum von Villers-sur-Mer aus 21 Einmann-Torpedos »Neger«. Oberfähnrich zur See K. Potthast erzielt in der Höhe von Houlgate einen Treffer am Kreuzer *Dragon* (Lt.Cdr. Dzienisiewicz) der polnischen Exil-Marine. Die Besatzung zählt 37 Tote und über 100 Verwundete. Potthast: »Ich vergaß, beim Schuß zu stoppen. Eine endlos lange Weile passierte überhaupt nichts. Enttäuscht ließ ich meinen Kopf vornübersinken. Aber plötzlich fuhr ein fürchterlicher Schlag durchs Wasser. Der Neger sprang fast aus dem Meer. Eine Stichflamme schlug aus dem getroffenen Schiff in die Höhe. Sekunden später nahm mir das Feuer die Sicht, der Qualm trieb auf mich zu und hüllte mich ein. Minutenlang war mir jede Orientierung unmöglich.
Erst als sich Rauch und Qualm gelichtet hatten, konnte ich das getroffene Schiff wieder beobachten. Es brannte stark und hatte Schlagseite. Seine Silhouette war viel kürzer als vorher, und ich erkannte plötzlich, daß das Heck abgerissen war.«
Bootsmaat Kurkowski vom Kreuzer *Dragon*: »Die Nacht vom 7./8. Juli 1944 zeichnete sich durch außergewöhnlich heftige Angriffe der Luftwaffe und Schnellboote aus. Die sternklare Nacht war gespenstisch schön. An der Küste erhellte der rötliche Widerschein der Brände den Horizont.
Unzählige Scheinwerfer durchschnitten die Dunkelheit über dem Meer. Von hier aus liefen wie bunte Glasperlen Millionen sich kreuzender Leuchtgeschosse. Bereits um 5 Uhr morgens bezogen wir unsere Gefechtsstation, da wir in 20 Minuten die deutschen Küstenverteidigungsanlagen unter Feuer nehmen sollten. In die Morgenstille hinein krachte plötzlich eine ohrenbetäubende Explosion, und zugleich schossen gewaltige Feuer- und Wassersäulen zum Himmel. Die Auswirkungen der Explosion waren fürchterlich: Fünf Mann der Bedienung der Oerlikon-Flak wurden von ihrer Plattform in großem Bogen ins Meer geschleudert. Vier von ihnen hat man tot geborgen, einer war für immer verschwunden.

In der Munitionskammer starben sieben Matrosen. Es fiel auch die ganze Besatzung des Maschinenraums.« Der schwer getroffene Kreuzer *Dragon* wird vor Ouistreham in den nächstgelegenen künstlichen Gooseberry-Hafen abgeschleppt und als Wellenbrecher auf Grund gesetzt.
Der »Neger«-Kapitän, Oberfähnrich zur See Potthast, wird von einer britischen Korvette angegriffen und gefangengenommen. Potthast hat ausgesprochenes Pech: Durch seine Gefangennahme wird dieser größte Erfolg, den Einmann-Torpedos erzielt haben, dem Obergefreiten Gerhold zugeschrieben, der nach der Rückkehr »die Torpedierung eines größeren Kriegsschiffes, mindestens eines Zerstörers«, meldet. Gerhold bekommt das Ritterkreuz des Eisernen Kreuzes, wird namentlich im OKW-Bericht (18. 7. 1944) genannt und von der NS-Propaganda gefeiert.
Die Alliierten bedienen sich bei dem Versuch, diese lästigen Einmann-Torpedos abzuwehren, eines einfachen, aber zuverlässigen Mittels: Sie gießen nachts Öl um die vor der Normandieküste versammelten Schiffe. Das Fett verschmiert die Plexiglashauben der Torpedoreiter und nimmt den Fahrern die Sicht. In der Morgendämmerung schneiden alliierte Klein-Motorboote den sehbehinderten »Negern« den Rückweg ab und veranstalten eine regelrechte Treibjagd auf die knapp vier Knoten laufenden Einmann-Torpedos. Sie rammen die hilflosen »Neger« oder zertrümmern deren Glashauben, so daß die Torpedos sofort untergehen.

In der Nacht vom 19./20. Juli 1944 versenkt in der Ornemündung der aus seinem Stützpunkt in Villers-sur-Mer (Normandie) gestartete Einmann-Torpedo »Neger« der Kleinkampfmittel-Flottille 363 (Kpt. z. S. Böhm) den britischen Zerstörer *Isis*.

Am Sonntag, dem 30. Juli 1944, greifen in der Koivisto-Enge am Finnischen Meerbusen die sowjetischen U-Boot-Jäger *MO.103* (Oberlt. Kolenka) und *DS.910* das deutsche U-Boot *U 250* (Kpt.Lt. W. K. Schmidt) mit Wasserbomben an. Es geht mit der ganzen Besatzung unter, wird jedoch in dem seichten Gewässer von Schiffen der Roten Flotte wieder gehoben und nach Kronstadt gebracht. In dem Boot findet man neben sämtlichen Geheimunterlagen die Chiffriermaschine »Enigma M4« auch einen der neuesten deutschen akustischen Torpedos, den zielsuchenden Torpedo »Zaunkönig«.
Nachdem die britische Admiralität von dem Fund erfährt, wendet sie sich an Stalin mit der Bitte, einem britischen Team die Besichtigung des U-Bootes und des Torpedos zu gestatten. Admiral Kusnezow: »Stalin beorderte mich zu sich und fragte, was ich davon halte. Ich antwortete ihm, daß ich keinen Grund sehe, unseren Alliierten diese Bitte abzuschlagen. Dies wurde Churchill übermittelt. Ich gab meinerseits dem Befehlshaber der Baltischen Flotte, Admiral Tribuz, Anweisung, britische Spezialisten an Bord des gehobenen deutschen U-Bootes zu lassen. Die Briten haben das U-Boot und den Torpedo eingehend begutachtet und sich danach besonders herzlich bedankt. Stalin hat dies sehr beunruhigt: ›Ob wir den Engländern auch keine allzu großen Geheimnisse preisgegeben hätten‹? – fragte er mich. Ich habe es – ebenso wie Tribuz – wirklich mit der Angst zu tun bekommen. Stalin hatte uns nämlich immer wieder ermahnt, daß unsere Alliierten uns nur sehr zögernd ihre eigenen Militärgeheimnisse mitteilen. Aber diesmal ging alles gut.«

Im Juli 1944 versenken deutsche U-Boote im Atlantik und im Indischen Ozean 16 Handelsschiffe mit insgesamt 76 199 BRT. Eigene Verluste: 31 U-Boote.

In der Nacht vom 1./2. August 1944 greifen 20 neuartige »Linsen«-Sprengboote und 12 Führungsboote der K-Fl. 211 (Kleinkampfmittel-Flottille – KptLt. Bastian) von Houlgate aus alliierte Schiffe im Ärmelkanal an. Die mit 300 Kilogramm Sprengstoff beladenen und durch Führungsboote funkgelenkten an das Ziel gesteuerten »Linsen« – 5,75 Meter lang mit einem 95-PS-Benzinmotor und 33 Knoten pro Stunde schnell – versenken den Zerstörer *Quorn*, ein Landungsboot, den Trawler *Gairsay*, und beschädigen die beiden Frachter *Fort Lac La Ronge* (7131 BRT) und *Samlong* (7219 BRT) von

8. 7. 1944, auf dem Deck des Kreuzers *Dragon* (4850 t) der polnischen Exilmarine:
». . . plötzlich eine ohrenbetäubende Explosion . . .«
37 Tote und über 100 Verwundete sind das Ergebnis des Einmann-Torpedoangriffs

Links: 13. 9. 1944, Nordost-Spitzbergen; ». . . eine ungewöhnliche Eissituation, wie seit hundert Jahren nicht mehr beobachtet«: Wettertrupp »Haudegen« hat sein Einsatzziel erreicht. Im Hintergrund der Fischdampfer *Carl J. Busch*

Rechts:
Der namhafte Meteorologe Dr. Wilhelm Dege, Chef des Wettertrupps »Haudegen«, Spitzbergen 1944

insgesamt 14350 BRT. Nur zehn Führungsboote kehren zurück. Der erfolgreichste Fahrer, Leutnant Vetter, wird im OKW-Bericht (15. 9. 44) erwähnt.

Am Dienstag, dem 15. August 1944, beginnt nach vorausgegangenen heftigen Bombenangriffen an der französischen Mittelmeerküste zwischen Toulon und Cannes die Operation »Dragoon«, die Landung der 7. US-Armee (Lt.Gen. Patch) mit dem VI. US-Korps (Maj. Gen. Truscott) und der französischen 1. Armee (Gen. de Lattre de Tassigny). Rund 14000 Mann Luftlandetruppen werden von Korsika angeflogen. An der Operation unter Vizeadmiral Hewitt nehmen die Task Forces 84, 85, 86, 87 mit 32 Truppentransportern, 466 Landungsschiffen und -booten, 111 Zerstörern, Fregatten, Korvetten und anderen Geleitfahrzeugen sowie 100 Minensuchern teil. Die vier Sicherungsgruppen zählen 5 Schlachtschiffe, 23 Kreuzer und 29 Zerstörer. Die Luftsicherung bilden die Maschinen von 9 Geleitträgern der Task Force 88 (Konteradm. Troubrigde). Den insgesamt 5000 alliierten Trägermaschinen und landgestützten Flugzeugen stehen etwa 200 deutsche Maschinen gegenüber. Die Landungstruppen stoßen nach Norden vor, ohne auf wesentlichen Widerstand zu treffen, und die erste Welle verliert nicht mehr als 183 Mann. Für die Unterstützung aus der Luft sind Jabos von Geleitträgern eingesetzt. Damit werden erstmalig auf dem europäischen Kriegsschauplatz die im Pazifik regelmäßig durchgeführten Einsätze von Marine-Trägerflugzeugen zur taktischen Luftunterstützung der Landetruppen praktiziert.

Mitte August 1944 nähern sich die alliierten Truppen den Atlantikhäfen Brest, Lorient und St. Nazaire.

Am Freitag, dem 18. August 1944, werden in Lorient *U 123* (Oberlt.z.S. v. Schroeter), *U 129* (Oberlt.z.S. v. Harpe) und in Bordeaux *U 78* (KptLt. Spahr) und *U 188* (KptLt. Lüdden) befehlsgemäß von ihren Besatzungen versenkt, da die Boote nicht mehr seeklar sind. Gegen Ende August 1944 verlassen 17 U-Boote die Stützpunkte an der Biskaya. In beschwerlichem Marsch um Nordschottland, überwiegend in Tauchfahrt, um den starken Verbänden des Coastal Command zu entgehen, erreichen sie die norwegischen Stützpunkte Bergen, Trondheim, Kristiansund und Narvik. Nur *U 445* (Oberlt.z.S. Graf v. Treuberg) geht in der Biskaya verloren.

Am Sonntag, dem 20. August 1944, unterstützen der Schwere Kreuzer *Prinz Eugen* sowie vier Zerstörer und zwei Torpedoboote mit Artillerie die von sowjetischen Truppen abgeschnittenen Teile der Heeresgruppe Nord am Rigaer Meerbusen bei Tukkum. Seitdem werden immer öfter schwere deutsche Überwasserschiffe zur Unterstützung der bedrängten Heeresverbände im Bereich der Ostseeküste herangezogen.

Am Dienstag, dem 22. August 1944, ergeht vom Marinegruppenkommando Süd der Räumungsbefehl an den Hafen Konstanza.

Am Freitag, dem 25. August 1944, erklärt Rumänien nach dem Sturz des Regimes von Marschall Antonescu Deutschland den Krieg. Dönitz: »Der Seekrieg im Schwarzen Meer war beendet. Unsere Seestreitkräfte versenkten sich selbst.«
An diesem Tag räumen die deutschen Kriegsschiffe den Hafen Konstanza. Der Chef des Oberwerftstabes Schwarzes Meer, Konteradmiral (Ing.) Zieb, befiehlt sämtlichen mit Einheiten des geräumten Galatz und Macin beladenen Schiffe, sich an der Donau bei Braila zu versammeln. Sie sollen sich stromaufwärts nach Westen durchschlagen. Unterwegs schließen sich dem Geleit, »Gruppe Zieb« genannt, immer mehr Donaukähne, Schlepper, Werkstattschiffe, versprengte Soldaten,

darunter ein Strafbataillon, eine 1800 Mann starke Pionierabteilung, dazu die 1. Küstenschutz-Flottille und Flüchtlinge an. Das ohne Lotsen, mit einem Tempo von 7–8 km/h marschierende Geleit zieht sich wie eine graue Schlange etwa 25 Kilometer die Donau entlang. Es gibt kaum einen Ort, wo nicht neue Schwerverletzte, Frauen und Kinder auf den Schiffen Zuflucht finden. Und bald sind es über 8000 Personen.
Der Weg führt durch das mit Deutschland kriegführende Rumänien, wo auf beiden Uferseiten der Donau die nicht gerade freundlich gesinnten rumänischen Soldaten in ihren Stellungen liegen. Auf den Fahrzeugen der »Gruppe Zieb« befinden sich zwar insgesamt über 100 Geschütze, Kaliber bis zu 7,5 cm, doch selbst wenn man sie einsetzen würde, ist kaum ein Erfolg zu erwarten. Nahe Cernavoda geraten die Schiffe in das Sperrfeuer rumänischer Batterien. Bis die Batterien zum Schweigen gebracht werden, verliert die »Gruppe Zieb« 11 Boote und 480 Mann. Das nächste Gefecht mit den Rumänen kostet über 20 Fahrzeuge. Als Konteradmiral Zieb die Nachricht erhält, daß die Sowjets bereits das Eiserne Tor besetzt haben und so der Gruppe den Weg nach Westen blockieren, werden bei Prahowo die 160 noch intakten Einheiten versenkt. Fünf Wochen später erreichen die Überlebenden der »Gruppe Zieb« in Fußmärschen quer durch das von Partisanen besetzte Gebiet und unter ständigen Angriffen sowjetischer Tiefflieger endlich Belgrad.

Im August 1944 ist den sowjetischen U-Booten der Ausbruch aus der Kronstädter Bucht gelungen. Zum erstenmal stehen in der Ostsee zwölf sowjetische Front-U-Boote im Einsatz.

In der Nacht vom 29./30. August 1944 werden erstmalig die Kleinst-U-Boote »Biber« der Kleinkampfmittel-Flottille 261 (KorvKpt. Bartels) von ihrem Stützpunkt Fécamp (Normandie) aus eingesetzt. Diese Kriegsfahrzeuge mit 23-PS-Benzinmotor, einer Elektromaschine, und mit zwei Torpedos bewaffnet, sind ein Kampfmittel für Überwasser-Torpedoangriffe, das in Notfällen auch tauchen kann. Trotz grober See greifen 18 »Biber« alliierte Schiffe an. Nur zwei von ihnen können dabei Torpedos abschießen. Nach deutschen Berichten versenkt Leutnant Dohse ein Landungsboot und Maat Bösch ein Frachtschiff. Alle eingesetzten »Biber«-Fahrer kehren zurück.

Im August 1944 versenken deutsche U-Boote im Atlantik und im Indischen Ozean 18 Handelsschiffe mit insgesamt 98876 BRT. Eigene Verluste: 31 U-Boote.

Am Freitag, dem 1. September 1944, wird im Nordmeer vor Ostgrönland das deutsche Wetterbeobachtungsschiff *Kehdingen* beim Absetzen des 11 Mann starken Wettertrupps »Edelweiß I« (Leiter: Dr. G. Weiss) von dem US-Coast-Guards-Schiff *Northland* überrascht und gekapert. Das begleitende *U-Boot 703* (Oberlt. z. S. Brünner) feuert Torpedos ab, die jedoch im Eis vorzeitig detonieren.

Am Dienstag, dem 5. September 1944, verläßt das letzte instand gesetzte U-Boot *U 155* (Oberlt. z. S. v. Friedeburg) den Stützpunkt Lorient. Damit endet die Arbeit in der Kriegsmarine-Werft Lorient.

Am Freitag, dem 8. September 1944, erklärt Bulgarien Deutschland den Krieg.

Anfang September 1944 bereitet sich der nächste Wettertrupp auf seinen Einsatz vor. Jetzt, nachdem der Wettertrupp »Edelweiß I« mit seinem Leiter Dr. G. Weiss vor Ostgrönland von der US-Navy abgefangen worden ist, soll der Wettertrupp »Haudegen« unter dem namhaften Meteorologen Dr. Wilhelm Dege in der Arktis eingesetzt werden. In weiser Voraussicht läßt Dr. Dege seinen Trupp für zwei Überwinterungen ausrüsten: 80 Tonnen Material, 3000 verschiedene Ausrüstungsgegenstände in 1800 Kisten verpackt, verstaut man an Bord des Wetterbeobachtungsschiffes, des ehemaligen Fischdampfers *Carl J. Busch* und des Geleit-U-Bootes. Dr. Dege: »Ich hatte mir als Arbeitsgebiet die Insel Nordostland von Spitzbergen ausgesucht, rund 15000 Quadratkilometer groß und zu den schwierigsten Gebieten gehörend, die die Arktis überhaupt nur bietet.« Über Saßnitz und Narvik erreicht der Wettertrupp Hammerfest.
Am Samstag, dem 9. September 1944, verlassen der Fischdampfer *Carl J. Busch* und das Geleit-U-Boot *U 307* (Oberlt. z. S. Herlle) Hammerfest. Dr. Dege: »Das Geleit-U-Boot Herrle hatte festgestellt, daß zu unserem Empfang vor der Westküste Spitzbergens sechs bis sieben englische Zerstörer standen. Wir hatten darum unseren Plan geändert und sollten um die schwierige Ostküste Spitzbergens herumlaufen. In Höhe der Bäreninsel gerieten wir in einen gewaltigen alliierten Geleitzug und konnten uns trotz aller möglichen Schwierigkeiten diesem Geleitzug entziehen.

Am 13. September kamen wir auf Nordostland an und fanden eine ungewöhnliche Eissituation vor, wie sie seit hundert Jahren nicht mehr beobachtet worden war. das Gebiet war völlig frei von Eis. Hier bauten wir nun mit Hilfe der Besatzung der *Carl J. Busch* und der Besatzung des U-Bootes unsere Station auf, eine Stationshütte. Später kam dazu noch eine Hütte für die Entwicklung von Wasserstoff für Ballonaufstiege, und schließlich eine Sauna. Die Arbeit nahm unsere ganze Zeit in Anspruch, aber ich machte mich mit zwei Kameraden frei, denn das Kriegs-U-Boot, ein 500-Tonnen-Kampf-U-Boot, war uns für 14 Tage für meine privaten wissenschaftlichen Forschungen auf Nordostland zur Verfügung gestellt worden. Ich konnte diese Zeit gut nutzen. Ich habe als erster Wissenschaftler bei der Gelegenheit die Insel umrundet. Als ich zurückkam, liefen die beiden Boote in die Heimat ab, und wir waren allein.«

Am Dienstag, dem 12. September 1944, beginnen im Mittelmeer deutsche Truppen, die Ägäis und die Ionischen Inseln zu räumen.

In der Nacht vom 15./16. September 1944 führen deutsche Kampfschwimmer vom Marine-Einsatz-Kommando 60, MEK 60 (Oberlt. Prinzhorn), den Angriff auf die Hauptschleuse des Antwerpener Hafens, die bei der überstürzten Räumung am 4. September 1944 den Alliierten unzerstört in die Hände fiel. Zwei »Linsen«-Führungsboote mit je einem Fahrer und drei Kampfschwimmern (Feldw. Schmidt, Maat Greten und Maat Ohrdorf) erreichen getrennt dank guter Schalldämpfung und dichtem Nebel die Einfahrt zur Kreuzschanzschleuse. Dieses Kernstück des zur Zeit leistungsfähigsten Hafens Westeuropas bewirkt, daß die Wasserhöhe trotz Ebbe und Flut konstant bleibt. Die restliche Strekke von etwa 1000 Metern bis zum 35 Meter breiten Schleusentor legen die drei Männer schwimmend zurück mit einer Torpedomine im Schlepp. Nach Überwindung der Netzsperren gelangen sie an das Schleusentor, fluten die Torpedomine und legen sie auf die 15 Meter tiefe Schleusensohle, stellen den Zeitzünder ein und schwimmen zum Boot zurück. Die zweite Gruppe verfehlt im dichten Nebel ihr Ziel und muß zurückkehren. Um 5 Uhr früh detoniert die Torpedomine und zerstört die Schleuse. Der Hafen von Antwerpen fällt sechs Wochen für Seeschiffe aus.

Am Freitag, dem 15. September 1944, greift das britische Kleinst-U-Boot *XE-24* (Lt. Westmacott), im Schlepp des U-Bootes *Sceptre* (LtCdr. McIntosh) zur norwegischen Küste gebracht, in Bergen das Reparaturdock der Laksevag-Werft, das einzige in Norwegen für größere Schiffe, an. Nach Versenkung des Schwimmdocks müssen jetzt alle diese Schiffe zur Reparatur nach Deutschland überführt werden und sind so den Angriffen britischer Maschinen des Coastal Command und feindlicher U-Boote ausgeliefert.

Am Dienstag, dem 19. September 1944, befindet sich das letzte deutsche Schnorchel-U-Boot *U 407* (Oberlt. z. S. Kolbus) im Mittelmeer vor der Insel Milos nördlich von Kreta auf dem Gefechtsmarsch in 30 Meter Tiefe. Am Nachmittag gibt der Kommandant den Befehl zum Schnorcheln, und das Boot steigt auf 13,5 Meter Tiefe. Von der Versenkung dieses letzten deutschen U-Bootes im Mittelmeer existieren Aufzeichnungen des Verfolgten und der Verfolger. Das Kriegstagebuch (KTB) des polnischen Zerstörers *Garland* vermerkt: »19.20 Uhr, Schiff nähert sich einer gesichteten Qualmwolke, Windstärke 4–5, Seegang 5. Auf eine Entfernung von 400 Meter sichtet man ein dünnes Kaminrohr, das qualmt. Als sich die Entfernung auf 200 Meter verringert, riecht man verbranntes Öl und stellt fest, daß es sich um das Auspuffrohr eines Dieselmotor-U-Bootes handelt, das auf Periskoptiefe seine E-Batterien ladet. Zugleich wird etwa ein Meter hinter dem Kaminrohr das Periskop gesichtet. Es wird Gefechtsalarm gegeben.«

K. Hopp *(U 407):* »Ich hatte Freiwache und lag in meiner Hängematte, als gegen 19.30 Uhr plötzlich die Alarmglocken durch das Boot schrillten. Ich sauste aus der Matte auf meine Gefechtsstation an den Bugrohren. Nun ging alles äußerst schnell, und das Boot erreichte ohne Schwierigkeiten die Tiefe von 180 Meter. Nachdem wir so eine Weile gelegen hatten, befahl der Kommandant, auf Seerohrtiefe zu steuern.«

KTB *Garland:* »19.43 Uhr. Auf den Asdic-Kontakt hin wird der Angriff mit dem Bugwerfer ›Hedgehog‹ geführt. Kein Treffer. 20.28 Uhr Angriff mit Wasserbomben geführt, 10 WB mit Tiefeneinstellung. Kein Ergebnis.«

K. Hopp: »Wie unser Kahn sich auf 70 Meter befand, zerriß eine betäubende Detonation von mehreren Wasserbomben die Stille. Im ganzen Boot erlosch das Licht . . . Der Zerstörer warf in kurzen Abständen unentwegt Wasserbomben. Unser Boot war weiter durchgefallen. Die Sicherheitsgrenze von 220 Meter war anscheinend überschritten. Das Haupttiefen-Manometer war gerissen.«

KTB *Garland:* »20.40 Uhr. Die vier Zerstörer der 24. Flottille treffen ein. Wegen Dunkelheit Unterbrechung der Angriffe bis morgen. Über Nacht Asdic-Kontakt mit U-Boot.«

K. Hopp: »Alles, was nicht unbedingt stehen mußte, legte sich an Deck oder in die Kojen, damit der Luftverbrauch nicht so groß war. Die Stopfbuchsen des Bootskörpers begannen durch den hohen Wasserdruck alle zu lecken . . . Um das Wasser einigermaßen zu verteilen, mußten wir es mit der Hilfslenz- und Trimmpumpe zur Zentrale pumpen. Manches Scherzwort schaffte der Spannung Luft: ›In Kairo sehen wir uns wieder‹ oder ›Auf zum Holzhacken nach Kanada‹ . . .

Bis 4 Uhr ereignete sich nichts besonderes. Nur war die Luft ziemlich dünn und stickig geworden. Die E-Maschine ließ nach, wir konnten nicht mehr allzu lange unter Wasser bleiben . . . Gegen 4.50 Uhr gab der Kommandant Befehl ›Klarmachen zum Auftauchen, klar bei Tauchretter und Schwimmwesten!‹ . . . Mehrere Versuche zeigten, daß das Boot nicht höher steigen wollte. Durch den Wassereinbruch war es viel zu schwer

Auswirkungen schwerer RAF-Bombenangriffe auf das deutsche Binnenland-Kanalsystem: Vorgefertigte Teile des revolutionierenden U-Boot-Typs XXI, die ihrer Größe wegen nicht auf dem Schienenweg transportiert werden können, warten auf ihre »Zerkleinerung«

geworden . . . Man riet hin und her. Neue Anstrengungen. Dann ein Ruf, ›Turmluke ist auf, alle Mann außenbords!‹«
KTB *Garland:* »6.30 Uhr. Einer der Zerstörer eröffnet das Feuer, etwa 600 Yards das aufgetauchte U-Boot gesichtet.«
K. Hopp: »Da zerriß eine Detonation die Stille. Man hatte uns den ersten Artilleriegruß gesandt. Mann hinter Mann standen wir in einer Reihe und warteten auf den Ausstieg.«
KTB *Garland: »Garland* eröffnet das Feuer mit Geschütz Nr. 1 und Oerlikon. Sechs Treffer mit 12-cm-Geschossen und zahlreiche Einschläge durch Oerlikon auf dem U-Boot-Turm beobachtet.«
K. Hopp: »Obwohl ringsumher die Einschläge lagen, kam ich unversehrt nach oben zu meinen Kameraden, die ein Schlauchboot zogen, in dem unser Nichtschwimmer Paul Albrecht lag.«
KTB *Garland:* »6.47 Uhr. Sechs Wasserbomben geworfen, Explosionen unter dem U-Boot-Rumpf und in unmittelbarer Nähe.«
K. Hopp: »Nachdem das Feuer eingestellt war, lief der polnische Zerstörer unser Boot an und rammte es. Über das Achterschiff sank es in die Tiefe. Wir erwiesen unseren Kameraden, die an Bord als Gefallene geblieben waren, und unserem Boot mit einem dreifachen Horrido die letzte Ehre. Nach einer weiteren halben Stunde wurden wir von einem englischen Zerstörer geborgen.«

Am Dienstag, dem 19. September 1944, wird in Moskau der Waffenstillstand zwischen der UdSSR und Finnland unterzeichnet. Innerhalb von 15 Tagen müssen alle deutschen Truppen aus Finnland zurückgenommen werden. Dönitz: »Damit wurden unsere Sperren, die den Finnischen Meerbusen abgeriegelt hatten, wirkungslos.«

Ebenfalls am 19. September 1944 besetzt das VIII. US-Korps den Atlantikhafen Brest.

In der Nacht vom 22./23. September 1944 führen schwere RAF-Bomber den ersten Angriff auf den Dortmund-Ems-Kanal durch, über den die vorgefertigten U-Boot-Teile zu den Endmontage-Werften transportiert werden. Durch Zerstörung des Aquädukts über den Fluß Glan bei Münster kommt die Binnenschiffahrt auf etwa zehn Kilometer Länge zum Erliegen. Nach Schätzungen vom Hauptausschuß Schiffbau (Vorsitzender: O. Merker) können durch die Auswirkungen der alliierten Luftangriffe über die Hälfte der 290 U-Boote Typ XXI, die bis Ende Februar 1945 ausgeliefert werden sollten, nicht gebaut werden.

Am Mittwoch, dem 27. September 1944, schließt Schweden seine Ostseehäfen für deutsche Schiffe.

Im September 1944 versenken deutsche U-Boote im Atlantik und im Indischen Ozean 7 Handelsschiffe mit insgesamt 43368 BRT. Eigene Verluste: 28 U-Boote.

Am Dienstag, dem 3. Oktober 1944, befiehlt Hitler die Räumung der restlichen Gebiete von Griechenland, Südalbanien und Südmazedonien.
In der Nacht vom 3./4. Oktober 1944 landen etwa 200 US-Soldaten der Coastal Guards mit dem Eisbrecher *Eastwind* auf der Insel Koldeway (Ostgrönland). Ihr Ziel: den elf Mann starken, gerade hier eingesetzten deutschen Wettertrupp »Edelweiß II« (Leiter: Dr. K. Schmidt) gefangenzunehmen. Das zugleich von US-Aufklärern entdeckte Wetterschiff *Externsteine*, das den Wettertrupp gebracht hat, wird gekapert und nach Boston (USA) überführt.

Am Sonntag, dem 15. Oktober 1944, läuft das Schlachtschiff *Tirpitz,* vom Alta-Fjord kommend, im Tromsö-Sund ein. Am gleichen Tag funkt Egie Lindberg, ein Agent der norwegischen Sektion der SOE, aus Tromsö nach London, daß die *Tirpitz* hier vor Anker gehe. Laut Befehl von Großadmiral Dönitz soll das Schiff nun in eine Art schwimmende Festung verwandelt werden.
Dönitz: »Um auch den ungünstigsten Fall, daß die *Tirpitz* infolge eines Bombenangriffs kentern könnte, auszuschalten, sollte sie an möglichst taktisch günstiger Stelle auf möglichst flaches Wasser gelegt werden. Nach dieser Weisung suchte der Befehlshaber der Kampfgruppe, Kapitän zur See Peters, in einem Fjord bei Tromsö einen Liegeplatz aus.
Bei dem unregelmäßigen Verlauf und dem steilen Abfall des Küstenbodens an den norwegischen Fjord-Ufern war aber die erwünschte ganz geringe Wassertiefe unter dem Boden der *Tirpitz* nicht überall vorhanden. Durch Sandaufschüttungen versuchte der Befehlshaber, die Lücke auszufüllen. Die Wahrscheinlichkeit, daß das Schiff auf dem so vorbereiteten Liegeplatz überhaupt noch kentern konnte, war danach auf ein Minimum reduziert.« In Tromsö liegt die *Tirpitz* jedoch nicht an einem schützenden Berghang wie im Alta-

Fjord; die nähere Umgebung hat nur niedrige Hügel. Einige Flakbatterien entlang des Ufers und ein altes norwegisches Küstenwachschiff mit ein paar Fla-Geschützen bilden die Luftabwehr.

Am Dienstag, dem 17. Oktober 1944, kehrt die griechische Flotte (Vizeadm. Voulgaris) nach über dreieinhalb Jahren Abwesenheit, geführt von dem 1907 gebauten Kreuzer *Georgios Averoff,* in die Phaleron-Bucht zurück. Bei leichter Brise und wolkenlosem Himmel laufen die Schiffe in die Bucht von Salamis ein. Noch am gleichen Tag hängt die blau-weiße Flagge Griechenlands auf der Akropolis.

Am Mittwoch, dem 18. Oktober 1944, wird die Funkmeldung des norwegischen Agenten Egie Lindberg vom 15. Oktober 1944 bestätigt: Ein Flugzeug des Trägers *Implacable* hat gerade das Schlachtschiff *Tirpitz* an seinem neuen Liegeplatz, 3 Meilen westlich von Tromsö, ausgemacht. Der Chef des RAF-Bomber Command, Air Marshall Harris: »Das erleichtert uns unsere Aufgabe. Tromsö ist 100 Meilen näher als der Alta-Fjord.«

Am Freitag, dem 20. Oktober 1944, beginnt mit der Landung der US-Streitkräfte (Gen. MacArthur) auf Leyte die Rückeroberung der Philippinen. Unter starker Luftsicherung von Maschinen der 32 Flugzeugträger und der 5. USAAF bringt die 7. US-Flotte (Vizeadm. Kinkaid), gesichert durch die Deckungsgruppe Task Force 38 (Adm. Halsey), Landungstruppen der 6. US-Armee (Lt.Gen. Krueger) in den Leyte-Golf.

Nur mit großen Anstrengungen können die US-Truppen hier Fuß fassen: Mit Zerstörern und Leichtern bringen die Japaner von den Nachbarinseln aus Verstärkungen heran und versuchen mit allen Kräften, die amerikanische Invasion zu verhindern.
Während dieser Kämpfe beschädigt eine japanische Maschine, deren Pilot sich mit dem Bomber auf das Schiff stürzt, den australischen Kreuzer *Australia* schwer. Bei diesem ersten Kamikaze-Angriff wird die Brücke des Kreuzers getroffen; der Kapitän E. F. Dechaineux und 18 Mann getötet, 54 schwer verwundet.

Ab Sonntag, dem 22. Oktober 1944, führt die japanische Flotte drei Tage lang mit insgesamt 9 Schlachtschiffen, 4 Flugzeugträgern, 13 Schweren, 6 Leichten Kreuzern und 34 Zerstörern einen Großangriff auf die US-Landungsflotte vor Leyte. Die Amerikaner setzen außer 32 Flugzeugträgern 12 Schlachtschiffe, 23 Kreuzer, 94 Zerstörer und fast 1000 Landungsschiffe und -boote ein.

Am Montag, dem 23. Oktober 1944, gründet Admiral Onishi, Befehlshaber der japanischen Marineluftwaffe auf den Philippinen, das Kamikaze-(»Göttlicher Wind«)-Todesflieger-Korps. Die ersten Kamikaze-Piloten rekrutieren sich aus Freiwilligen der 201. Fliegergruppe der Marine, die auf Clark Field, etwa 80 Kilometer nördlich von Manila (Philippinen), stationiert ist.

Am Dienstag, dem 24. Oktober 1944, greifen japanische Flugzeuge von Luzon aus den US-Flottenverband Task Group 38.1 (Vizeadm. McCain) an. Die US-Jäger fangen sie ab. Die Empfänger auf den US-Kriegsschiffen können nämlich die Funkmeßsignale der japanischen Torpedoflugzeuge etwa 30 Minuten früher aufnehmen als die Japaner selbst.
Nur eine einzelne Maschine stößt durch und trifft den leichten Träger *Princeton* mit einer 250-kg-Bombe. Sie durchschlägt das Flugdeck und detoniert im Inneren des Schiffes; die betankten Flugzeuge im Hangardeck geraten in Brand. Durch das Feuer explodieren die Torpedos der Flugzeuge, was eine Kette weiterer Explosionen auslöst. Trotz der Löschversuche durch andere Einheiten brennt das Schiff aus und muß aufgegeben werden.

Im weiteren Verlauf der Schlacht um Leyte greifen am 25. Oktober 1944 unter Führung von Leutnant Yuhiho Seki zwei Kamikaze-Staffeln an. Sie beschädigen die Geleitträger *Santee, Suwannee* und *Sangamon, Kitkun Bay, White Plains* und *Kilinin Bay.* Dann stürzt sich Leutnant Seki mit seiner Zero-Maschine auf das Flugdeck des Trägers *Saint Lo.* Sieben gewaltige Explosionen zerreißen das Schiff, die gesamte Besatzung kommt in den Flammen um. Es ist der erste US-Geleitträger, der durch einen Kamikaze-Angriff versenkt wird.
In schweren Gefechten mit der 7. US-Flotte (Vizeadm. Mitscher) werden durch Luftangriffe und U-Boote die japanischen Flugzeugträger *Zuikaku, Zuiho, Chitose* und *Chiyoda* sowie 3 Schlachtschiffe, 6 Schwere, 3 Leichte Kreuzer und 9 Zerstörer mit insgesamt 306 000 Tonnen Kriegsschiffstonnage versenkt. Die US-Flotte verliert den Flugzeugträger *Princeton,* 2 Geleitträger, 2 Zerstörer, 1 Geleitzerstörer und 1 U-Boot.
Die größte Seeschlacht der Geschichte ist nun zu Ende. Auf alliierter Seite haben an der Schlacht um Leyte 216 US- und vier australische Schiffe teilgenommen, auf japanischer Seite 64 Einheiten. Durch die Versenkung von vier Flugzeugträgern hat die japanische Flotte einen der empfindlichsten Verluste seit Beginn des Krieges erlitten. Nach dieser Schlacht hört die japanische Flotte auf, weiterhin als kampffähige Streitmacht zu existieren.

Im Oktober 1944 versenken deutsche U-Boote ein Handelsschiff mit 6131 BRT. Es ist das niedrigste Versenkungsergebnis des ganzen Krieges. Zur Zeit stehen141 Front-U-Boote im Atlantik, im Eismeer, in der Ostsee und im Indischen Ozean. Eigene Verluste: 14 U-Boote.

Am Mittwoch, dem 1. November 1944, landen um 5.45 Uhr auf der Insel Walcheren in der Scheldemündung (Operation »Infatuate«) Trupps vom britischen 4. Commando (Lt.Col. Dawson) mit einer holländischen Abteilung vom 10. Interalliierten Commando, die 4. Special Service Brigade (Brig. Leicester) und die 152. Brigade der britischen 52. Infanteriedivision (Maj. Gen. Hakewell-Smith). Die stark befestigte Insel, deren Küstenbatterien mit mehreren schweren britischen

24. 10. 1944 vor Leyte:
eine Kamikaze-Maschine »Zero« vor dem Absturz
(links) . . . Der US-Träger *St. Lo* geht nach dem Absturz
des Kamikaze-Fliegerleutnants Seki
mit der ganzen Besatzung in die Luft *(rechts)*

und französischen Beutegeschützen die Zufahrt zum Hafen von Antwerpen absperren, wird von der deutschen 70. Infanteriedivision (GenLt. Daser) hart verteidigt. Artilleriefeuer des Schlachtschiffes *Warspite* und der Monitore *Erebus* und *Roberts* unterstützen die Operation.

Am Mittwoch, dem 8. November 1944, kapitulieren die Verteidiger der Insel Walcheren.

Am Sonntag, dem 12. November 1944, stehen in Lossiemouth (Schottland) zum Einsatz gegen die in Tromsö liegende *Tirpitz* 18 Lancasters der 617. Squadron sowie 20 der 9. Squadron (Group Capt. Tait) startbereit. Dazu kommt eine Lancaster des Pilot-Officer Gavin, deren Besatzung den Angriff filmen und fotografieren soll. Morgens um 2.39 Uhr heulen die Motoren auf; sieben Maschinen der 9. Squadron sind so stark vereist, daß sie nicht vom Boden loskommen.
9.30 Uhr . . . die Lancasters nähern sich in 4500 Meter Höhe dem Ziel. 9.40 Uhr . . . die Türme Anton und Bruno des Schlachtschiffes *Tirpitz* eröffnen das Feuer. Das Zonenschießen der 38-cm-Geschütze soll den Bomberverband zersprengen. Die Lancasters greifen zunächst von der Seite an und fliegen, in der Höhe gestaffelt, in Dreierformation.
9.42 Uhr . . . 6-Tonnen-Tallboy-Bomben gehen in der Nähe des Schiffes nieder, die meisten innerhalb der Sperrnetze. Zwei Bomben treffen die *Tirpitz* an Backbord. Die eine zerstört das Katapult für das Bordflugzeug, durchschlägt das Panzerdeck und explodiert. Die zweite Bombe bohrt sich durch den Turm Cäsar; die anderen Tallboys sind Nahtreffer. Das Schlachtschiff beginnt sich auf die Seite zu legen. Dem letzten Befehl des Kommandanten: »Alle Mann von Bord!« kann nur ein Teil der Besatzung nachkommen.
9.55 Uhr . . . die *Tirpitz* kentert. Der dunkle Schiffsboden hebt sich aus dem Fjord, während die ganze Backbordseite untertaucht. 28 Offiziere und 874 Mann der Besatzung finden den Tod, 880 werden gerettet. 28 Mann können in Tag- und Nachteinsätzen mit Schneidbrennern von der Rettungsmannschaft des Werkstattschiffes *Neumark* lebend geborgen werden.
Dönitz: »Mit dem Verlust der *Tirpitz* kam die deutsche Seekriegführung mit Überwasser-Schiffen im November zum Erliegen.«
Nach der Versenkung des letzten deutschen »Dickschiffes« schwindet die Bedeutung der deutschen Kriegsmarine für die Fortführung des Krieges. Manches trägt zur Ohnmacht dieses einst so schlagkräftigen Wehrmachtsteils bei: Es ist vor allem die Unfähigkeit Hitlers, global und damit seestrategisch zu denken und die sich daraus resultierenden falsch eingesetzten Prioritäten für den Einsatz der vorhandenen Werft-Kapazitäten. Diese zeigen sich besonders bei der Planung und Vorbereitung fiktiver Unternehmen wie z. B. »Seelöwe«, an deren Durchführung Hitler niemals ernsthaft dachte, und dem Versäumnis, eine U-Boot-Waffe nach den Vorschlägen von Dönitz aufzubauen, deren kriegsentscheidende Bedeutung Hitler nicht einsehen wollte, sowie dem von Göring verkannten Zusammenwirken zwischen Luftwaffe und Kriegsmarine, was zur Vernachlässigung der Luftaufklärung über See und des Luftschutzes für U-Boote führte, dazu die totale Mißachtung der auch

Göring unterstehenden Entwicklung von Hochfrequenz-Ortungsgeräten. Die widersprüchlichen Befehle Hitlers für die einsatzbereiten U-Boote, die – anstatt sie geballt im Atlantik auf die britischen Nachschubwege anzusetzen – verzettelt wurden.

Am Samstag, dem 18. November 1944, bei klarem Himmel und bester Sicht, versenken in früher Morgenstunde in der Adria südlich von Kap Promontore (nahe Pola) zwei RAF-Bomber Boston 3 die von der Regierung Seiner Majestät anerkannte und einwandfrei als Lazarettschiff bezeichnete *Tübingen* (3509 BRT). Das Schiff befindet sich auf dem Weg nach Triest.
Die beiden Bostons gehen auf etwa 60 Meter herunter, eröffnen das Feuer mit Bordwaffen und werfen Bomben ab. Kapitän Hermichen: »Nachdem beide Flugzeuge das Schiff überflogen haben, kurvten sie wieder ein und flogen einzeln, die eine Maschine von Backbord, die andere von Steuerbord, wieder über das Schiff hinweg, wobei sie das Schiff erneut angriffen.«
Um 7.45 Uhr geht das Lazarettschiff *Tübingen* unter. Mit seiner Versenkung und Aufbringung der anderen deutschen Lazarettschiffe *(Bonn, Freiburg* und *Konstanz)* erreichen die Alliierten eine zusätzliche Belastung der für die Versorgung der in Italien kämpfenden Truppen benötigten Bahnlinien.

Am Montag, dem 20. November 1944, führen die bemannten japanischen Kaiten-Torpedos (Gruppe Kikusui) ihren ersten Angriff durch. Das Ziel: der feste US-Ankerplatz bei dem Ulithi-Atoll. Die »Kaite«, etwa 16 Meter lang, mit einem 1369 kg schweren Gefechtskopf, rund 15 Seemeilen Reichweite und 30 Knoten Geschwindigkeit, ist die gelenkte Version der berüchtigten Torpedos »Long Lance« Typ 93 für Unterwasser-Kamikaze-Angriffe. Die Kaite K-M 1 (Lt. Nishina) versenkt den US-Flottentanker *Mississinewa* (11 316 BRT). Eine der Kaiten wird von dem US-Zerstörer *Cuse* gerammt und versenkt, die anderen werden durch Wasserbomben vernichtet.

Am Dienstag, dem 28. November 1944, läuft in den Hafen von Antwerpen der erste alliierte Konvoi mit insgesamt 18 Schiffen ein. So lange hat es gedauert, bis die Reparatur an der Kreuzschanzen-Schleuse beendet ist, nachdem deutsche Kampfschwimmer sie am 16. September 1944 gesprengt haben.

Im November 1944 versenken deutsche U-Boote im Atlantik und im Indischen Ozean 4 Handelsschiffe mit insgesamt 18 026 BRT. Eigene Verluste: sieben U-Boote.

Am Montag, dem 11. Dezember 1944, findet in der Heeresversuchsanstalt Peenemünde eine Besprechung über das Projekt »Prüfstand XII« statt – so der Tarnname für die unter größter Geheimhaltung geführten Arbeiten an Unterwasserabschußrampen der Raketen A-4 (V 2). Am Gespräch nehmen teil: Generalmajor Rossmann, Dr. Dickmann (Direktor der Vulkan-Werft Stettin), Direktor Riedel vom Entwicklungswerk (Tarnname: Elektromechanische Werke Karlshagen/Pommern) und ein Stab von Spezialisten. Auf dem Besprechungsprogramm steht der Bau von Startbehältern für A-4 mit einer Wasserverdrängung von 500 Tonnen. Drei dieser Schwimmkörper sollen von einem U-Boot unter Wasser in horizontaler Marschstellung geschleppt werden. Jeder dieser Schwimmkörper ist zugleich ein Behälter für Treibstoff, mit Kontrollzentrale, Prüfpult und Ersatzteilen. Er bildet gleichzeitig eine Startrampe für die A-4 und ist als Zusatz-Treibstoffbehälter für U-Boote gedacht. Etwa 180 Seemeilen vor der Ostküste der USA soll der Behälter durch Fluten von Ballasttanks senkrecht aufgerichtet werden. Über den aus dem Wasser herausragenden Bug gelangt die Bedienungs-

Schiffsverluste 1939–1944

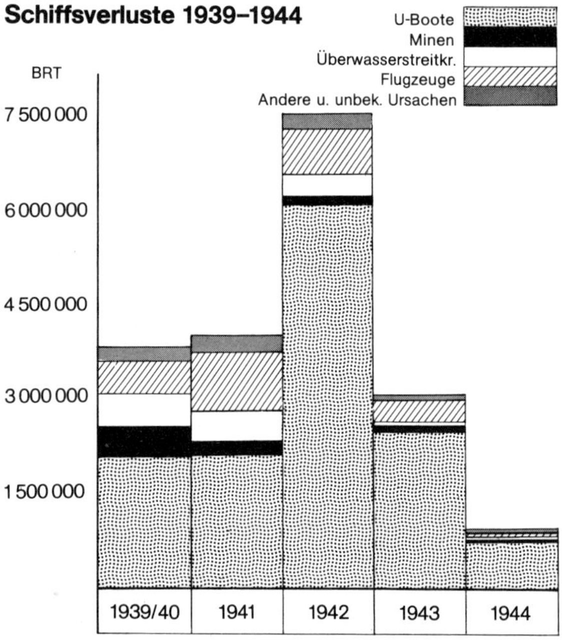

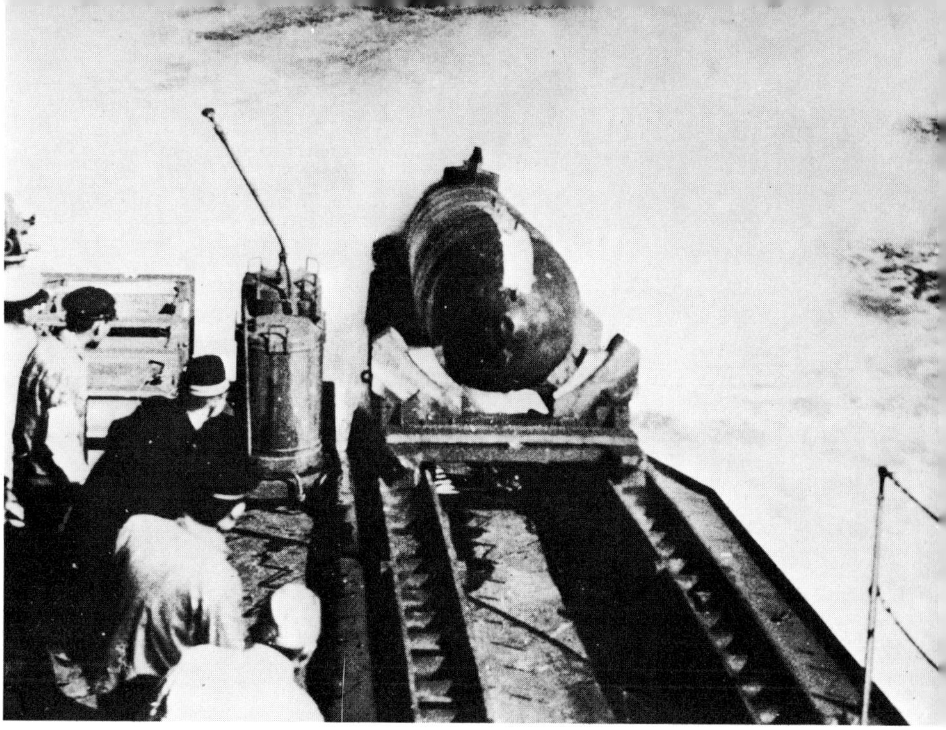

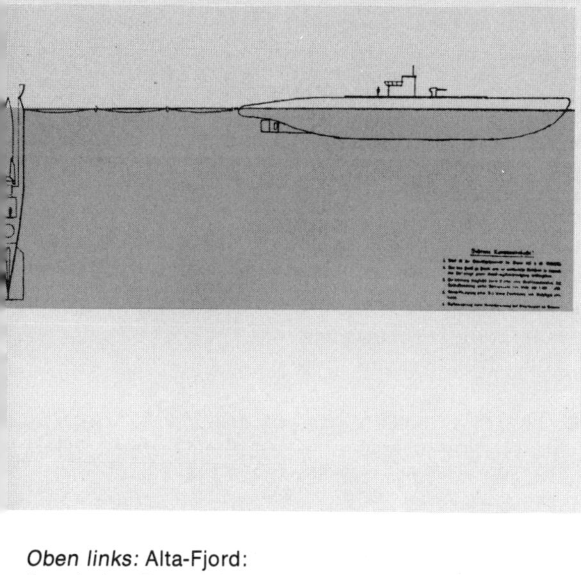

Oben links: Alta-Fjord:
Der riesige Rumpf der gekenterten *Tirpitz*

Links:
Alliierte Handelsschiffverluste 1939–1944 und ihre Ursachen

Oben rechts: November 1944, Pazifik:
Probestart des japanischen bemannten »Kaite«-Torpedos für Unterwasser-Kamikaze-Angriffe

Oben: Geheime Kommandosache »Prüfstand XII«:
U-Boot und Schwimmkörper mit V-2-Fernrakete

mannschaft (3 Mann) in das Innere des Startbehälters. Sie macht die A-4 (V 2) startklar, verläßt unmittelbar vor dem Start den Schwimmkörper und zündet das Fernraketentriebwerk vom U-Boot aus. Die für den Start nötige Stromversorgung liefern die E-Batterien des U-Bootes. Nach dem Start kehren die U-Boote mit leeren Startbehältern zur weiteren Verwendung in ihre Stützpunkte zurück. Die Projektgruppe »Prüfstand XII« ist über die Tarnadresse »Volkswagenwerk Wolfsburg« erreichbar. Man beschließt, die Vulkan-Werft in Stettin mit dem Bau der drei ersten schwimmenden Startplattformen zu beauftragen (Auslieferungstermin: 25. März 1945).

Am Dienstag, dem 19. Dezember 1944, legt das französische U-Boot *Rubis* (KorvKpt. Rousselot) vor der norwegischen Küste in der »Feiesteinrinne« eine Minensperre; es ist der letzte Mineneinsatz des erfolgreichsten französischen U-Bootes des Krieges: Durch diese gelegten Minen gehen 15 Schiffe (25770 BRT) und acht kleine Fahrzeuge der Kriegsmarine unter.

Ende 1944 kehren die deutschen U-Boote zu ihrer Taktik aus der 1. Phase der Atlantik-Schlacht (1939/40) zurück: Sie operieren jetzt dicht vor der britischen Küste, wo die alliierten U-Boot-Jagdverbände in den flachen Gewässern nicht immer erfolgreich eingesetzt werden können. Die U-Boote greifen getaucht an und nur selten in Gruppen.

Am Sonntag, dem 24. Dezember 1944, erreicht – aus dem Stützpunkt Djakarta kommend – das deutsche U-Boot *U 862* (KorvKpt. Timm) die Bucht vor Sydney/Australien und versenkt einen Frachter mit 7180 BRT.

Am Dienstag, dem 26. Dezember 1944, führt im Südwestpazifik der japanische Flottenverband (Konter-

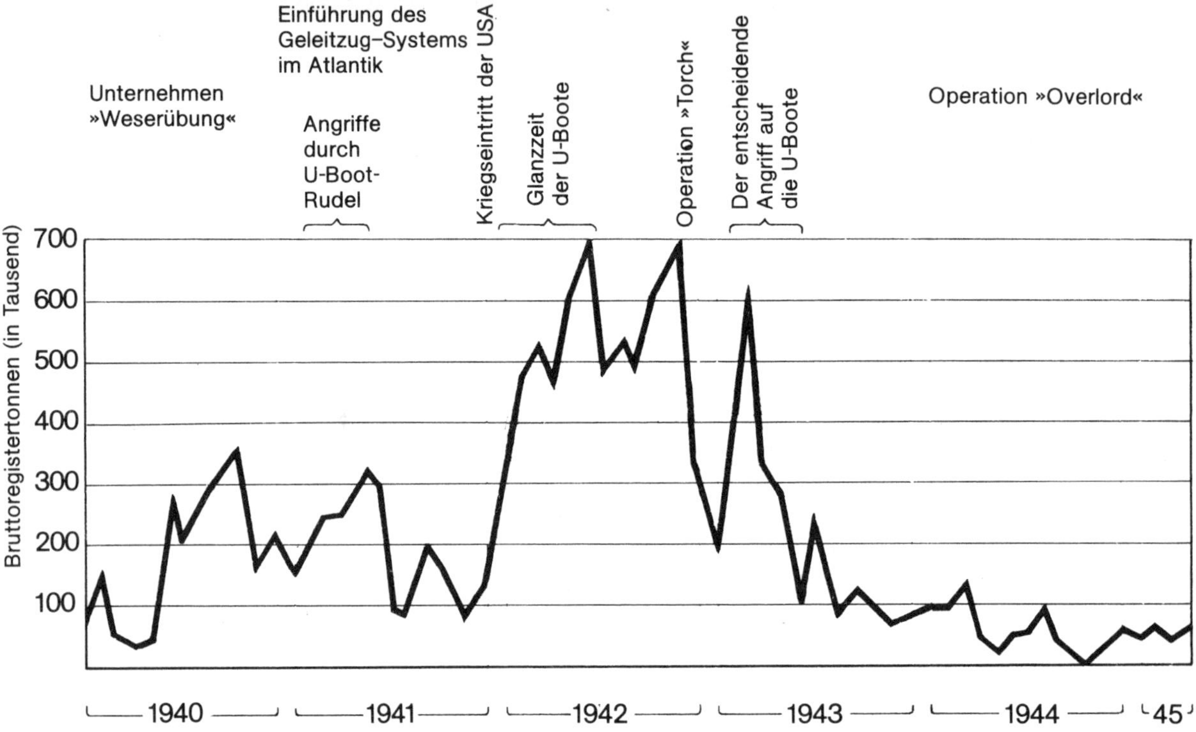

Oben: Durch deutsche U-Boote zwischen Januar 1940 und April 1945 versenkter alliierter Handelsschiffsraum

Unten: Dezember 1944, vor der holländischen Küste: Einmann-U-Boot »Biber« zur Bekämpfung des alliierten Nachschubverkehrs auf der Schelde (hier ohne Torpedos)

adm. Kimura) den letzten Vorstoß in die philippinischen Gewässer. Zwei Kreuzer und sechs Zerstörer nehmen den US-Landekopf auf Mindoro unter Feuer.

Am Abend des 31. Dezember 1944 gehen aus Ymuiden (Holland) 18 neue Zweimann-U-Boote vom Typ »Seehund« zum Einsatz vor der Scheldemündung. Dieses Kleinst-U-Boot mit 15 Tonnen Wasserverdrängung (aufgetaucht) und einem 16-PS-Motor erreicht getaucht eine Geschwindigkeit von sechs Seemeilen. »Seehund« trägt beiderseits des Kiels je einen Torpedo und kann zwei Tage lang im Einsatz bleiben. Es wird nur selten geortet, und Wasserbomben können dank der kleinen Abmessungen des U-Bootes nicht viel ausrichten. »Seehund« besitzt dabei fast alle Einrichtungen wie ein großes Boot, mit Ausnahme von Funk- und Funkmeßgeräten. Nur zwei von 18 Besatzungen kehren zurück.

Im Dezember 1944 versenken deutsche U-Boote im Atlantik, Nordmeer und im Indischen Ozean 12 Handelsschiffe mit insgesamt 72051 BRT. Eigene Verluste: 18 U-Boote.
Selbst zu dieser Zeit haben die Alliierten ihre U-Boot-Abwehr nicht reduziert, und so waren weiterhin zahlreiche Marine- und Luftverbände durch die deutsche U-Boot-Waffe gebunden. In der Ostsee wiederum setzte die deutsche Schiffahrt – kaum durch die Rote Flotte behindert – ihre beachtliche Tätigkeit fort. Von insgesamt 1279 Fahrzeugen mit 2,7 Millionen BRT, die nur von schwachen Sicherungsstreitkräften begleitet wurden, ging in den letzten beiden Monaten des Jahres 1944 lediglich ein Fischdampfer verloren. Erstaunlicherweise zeigten sich auch im 2. Halbjahr 1944 keine größeren sowjetischen Kriegsschiffe in der Ostsee trotz der sich bietenden günstigen Gelegenheit, die langsamen und nur unzulänglich gesicherten deutschen Geleitzüge zu bekämpfen.

1945

Januar – August

Kampf um die Philippinen

Dienstag, 9. Januar 1945, alliiertes Hauptquartier auf Leyte; *United Press* meldet:
Während die japanischen Radiostationen immer noch von der unmittelbar bevorstehenden Invasion der Philippineninsel Luzon sprechen, wird im Hauptquartier von General MacArthur nur eine intensivierte amerikanische Fliegertätigkeit gegen Luzon gemeldet.

V 2 gegen die Vereinigten Staaten?
9. Januar 1945
Die *Agentur Exchange* berichtet:
Der Oberbefehlshaber der US-Seestreitkräfte im Atlantik, Admiral Ingram, gab am Montag die Erklärung ab, daß möglicherweise im Februar oder März die deutsche U-Boot-Offensive »aus Propagandagründen« in eine neue Phase treten könnte. Es sei festgestellt worden, daß der Gegner in atlantischen Gewässern mindestens 300 U-Boote zusammengezogen habe, die unter Umständen die Aufgabe erhalten hätten, Ziele auf dem amerikanischen Festland mit dem Feuer von »Vergeltungswaffen« zu belegen. Der Admiral fügte hinzu, daß alle notwendigen Abwehrmaßnahmen getroffen worden seien.

Denkschrift des stellvertretenden Chefs des Wehrmachtführungsstabes
Freitag, 19. Januar 1945
. . . 3. Kriegsmarine:
a) Alle an der Nord- und Ostseeküste kurzfristig frei zu machenden und behelfsmäßig beweglichen Landeinheiten (Artl.!) der Kriegsmarine sind unverzüglich zur Stärkung der Abwehrkraft der H. Gr. Nord (bisher Mitte) mit Front nach Osten einzusetzen.
b) Die Intensivierung des U-Boot-Krieges muß mit allen denkbaren Mitteln beschleunigt werden, um die Tonnagenot und insbesondere die Betriebsstoffversorgung (Tanker) der Angloamerikaner sobald wie irgend möglich zu vergrößern bzw. zu beeinflussen und hierdurch Offensivpläne des Gegners auf dem westlichen Kriegsschauplatz zu verzögern.
c) Im gleichen Sinne sind die Kleinkampfmittel der Kriegsmarine wie bisher schwerpunktmäßig vor der Scheldemündung zusammenzufassen.
d) Eine möglichst große Aktivität der Atlantikfestungen in der entscheidenden Phase des Krieges während der nächsten 8 Wochen muß gefordert werden, um feindliche Kräfte zu binden . . .

Montag, 22. Januar 1945
Das *Oberkommando der Wehrmacht* gibt bekannt:
. . . Im Kampf gegen den anglo-amerikanischen Nachschubverkehr versenkten unsere Unterseeboote im Atlantik aus stark gesicherten Geleitzügen 6 Schiffe mit 31 000 BRT und 3 Korvetten . . .

Freitag, 26. Januar 1945
Das *Oberkommando der Wehrmacht* gibt bekannt:
. . . Aus dem feindlichen Nachschubverkehr nach England und Frankreich versenkten unsere Unterseeboote trotz stärkster Abwehr 3 Tanker und 3 Frachter mit zusammen 43 900 BRT sowie 2 große Zerstörer.

Die neuen deutschen U-Boote

Dienstag, 30. Januar 1945, Washington
Die *Agentur Exchange* meldet:
Dr. Frank B. Jewett, Präsident der US-Akademie der Wissenschaften, erklärte, daß die Deutschen jetzt U-Boote benützten, die mit den gegenwärtigen Horchgeräten zeitweilig nicht aufzufinden seien. Der Abwehrkampf gegen U-Boote werde dadurch wesentlich erschwert.

Montag, 5. Februar 1945
Das *Oberkommando der Wehrmacht* gibt bekannt:
. . . Deutsche Seestreitkräfte griffen wiederholt in die Kämpfe an der ostpreußischen Küste ein und brachten den Verbänden des Heeres Entlastung . . .

Dr. Hans Hass hilft den Kampfschwimmern
Zum Erfolg der Kampfschwimmer ist ihre Ausrüstung unerläßlich: der dreifache Schutzanzug, die Wollkappe mit dem Tarnnetz, das Atemgerät und vor allem die Schwimmflossen aus Gummi. Die Idee zu den letzteren gab der als Taucher bekannte Unterwasserfotograf Dr. Hans Hass, dessen wissenschaftliche Arbeiten damit auf militärischem Gebiet Verwendung fanden.

Münchner Neueste Nachrichten, 7. 2. 1945

Freitag, 9. Februar 1945
Das *Oberkommando der Wehrmacht* gibt bekannt:
... Der Schwere Kreuzer *Lützow* und die Torpedoboote *T 33, T 28* und *T 8* unterstützten am 8. Februar durch ihr wirkungsvolles Feuer die tapfer kämpfende Besatzung von Elbing. Ferner nahm dieser Verband sowjetische Stellungen und Aufmarschstraßen am Frischen Haff unter schweren Beschuß ...

Sonnabend, 10. Februar 1945
Das *Oberkommando der Wehrmacht* gibt bekannt:
... Eine aus dem Panzerschiff *Admiral Scheer* und 3 Torpedobooten bestehende Kampfgruppe der Kriegsmarine griff wirkungsvoll in die Kämpfe um Elbing und Frauenburg ein ...

Mittwoch, 14. Februar 1945
Das *Oberkommando der Wehrmacht* gibt bekannt:
... Unsere Unterseeboote, die seit längerer Zeit mit einem Luftmast ausgerüstet sind, versenkten mit Hilfe dieser Neuerung in küstennahen Gewässern um England und in den Weiten des Ozeans in unermüdlichem hartem Einsatz 8 Schiffe mit 51 000 BRT.

Heftige Kämpfe auf Corregidor
Sonnabend, 17. Februar 1945, Tokio
Das *DNB* meldet:
US-Truppen begannen heute morgen Landungen auf der Inselfestung Corregidor. Im südlichen Teil der Insel sind nach Frontberichten heftige Kämpfe im Gange, an denen auch Luftlandetruppen des Gegners beteiligt sind.

Schiff mit Kriegsgefangenen versenkt

17. Februar 1945, Appleton (Wisconsin)
Die *Agentur Exchange* berichtet:
Ein aus japanischer Kriegsgefangenschaft befreiter US-Sergeant erklärte hier, daß im vergangenen Oktober ein alliiertes U-Boot ein japanisches Schiff mit Kriegsgefangenen versenkt habe, wobei 1800 alliierte Kriegsgefangene, meist Amerikaner, den Tod fanden. Das Schiff fuhr in einem japanischen Geleitzug, zusammen mit japanischen Truppen- und Materialtransportern, so daß es von dem U-Boot nicht identifiziert werden konnte. Nur fünf alliierte Gefangene entkamen der Katastrophe. Sie berichteten, daß der Tod für die meisten ihrer Kameraden eine Erlösung gewesen sei, da sie in der

Oben: Sowjetisches U-Boot nimmt Torpedos an Bord: Eine große Gefahr für die deutschen Evakuierungsschiffe in der Ostsee

Rechts: 9. 2. 1945, Ostsee: An Deck der *Admiral Scheer* während der Kämpfe um Elbing: »... Unterstützung durch sein wirkungsvolles Feuer ...«

japanischen Gefangenschaft furchtbare Leiden erdulden mußten. Sie waren z. B. in den Gefangenenlagern auf den Philippinen und auch in den Transportschiffen so zusammengepfercht worden, daß viele vor Erschöpfung starben oder den Verstand verloren.

Sonntag, 18. Februar 1945
Das *Oberkommando der Wehrmacht* gibt bekannt:
... Kleinst-Unterseeboote versenkten auf dem feindlichen Geleitweg zwischen Themse- und Scheldemündung einen Nachschubfrachter von 3000 BRT und torpedierten einen weiteren, dessen Untergang wahrscheinlich ist.

Amerikaner auf Iwo Jima?

Sonntag, 18. Februar 1945, Guam
United Press berichtet:
Die japanischen Meldungen über US-Landungsversuche auf der Insel Iwo Jima werden von amerikanischer Seite immer noch nicht bestätigt, dagegen wird hier bekanntgegeben, daß das Bombardement dieses wichtigen japanischen Stützpunktes durch die Flotte auch heute fortgesetzt wurde, so daß es jetzt schon drei Tage lang andauert.

Mittwoch, 21. Februar 1945
Das *Oberkommando der Wehrmacht* gibt bekannt:
... Wie schon am 20. Februar bekanntgegeben, stie-

ßen Torpedofliegerverbände unter Führung von Oberstleutnant Stemmler bei stürmischem Seegang und schwierigen Wetterbedingungen überraschend aus den Wolken gegen einen von Murmansk nach England fahrenden Geleitzug und versenkten 2 Leichte Kreuzer, davon einen der »Leander«-Klasse, 2 Zerstörer und 8 Handelsschiffe mit insgesamt 57 000 BRT . . .

Freitag, 23. Februar 1945
Das *Oberkommando der Wehrmacht* gibt bekannt:
. . . Schnellboote griffen in der Nacht zum 22. Februar vor der englischen Ostküste einen stark gesicherten feindlichen Geleitzug an und versenkten aus ihm 7 Schiffe mit zusammen 21 500 BRT. 4 weitere Dampfer mit 11 000 BRT wurden torpediert . . .

Montag, 26. Februar 1945
Das *Oberkommando der Wehrmacht* gibt bekannt:
. . . Kleinst-Unterseeboote versenkten vor der englischen Küste aus dem Themse-Schelde-Verkehr ein feindliches mit Truppen beladenes Schiff von 5000 BRT, einen großen Zerstörer sowie 2 Geleitfahrzeuge . . .

Mittwoch, 28. Februar 1945
Das *Oberkommando der Wehrmacht* gibt bekannt:
. . . Durch Kampfmittel der Kriegsmarine wurden aus dem englischen Themse-Schelde-Verkehr ein Dampfer von 5000 BRT und in der Adria 2 Frachtensegler mit zusammen 1400 BRT versenkt.

Alliierte Landung auf einer Insel bei Rhodos
Sonntag, 4. März 1945, Kairo
Die *Agentur Reuter* meldet:
In der Nacht vom 28. Februar auf den 1. März sind alliierte Truppen auf der Insel Piscopi nordwestlich Rhodos an Land gegangen. Von der deutschen Besatzung wurden 20 Mann getötet und 144 gefangengenommen.

Freitag, 9. März 1945
Das *Oberkommando der Wehrmacht* gibt bekannt:
. . . Deutsche Seestreitkräfte unterstützten mit guter Wirkung die schweren Abwehrkämpfe des Heeres am Stettiner Haff . . .

Sonnabend, 10. März 1945
Das *Oberkommando der Wehrmacht* gibt bekannt:
. . . Von Sicherungsfahrzeugen der Kriegsmarine gelandete Stoßtrupps der Kanalinselbesatzung unter Führung von Kapitänleutnant Mohr führten in der Nacht vom 8./9. März einen Handstreich auf den am Golf von St. Malo gelegenen feindlichen Versorgungshafen Granville durch. Sie zerstörten die Schleusen, schossen Stadt und Hafen in Brand und machten zahlreiche Gefangene, darunter einen Oberstleutnant und 4 weitere Offiziere, 55 deutsche Soldaten wurden aus der Gefangenschaft befreit. Ferner wurde ein amerikanischer Bewacher versenkt, 5 Nachschubschiffe mit zusammen 4800 BRT vernichtet und ein Versorgungsdampfer aufgebracht . . .

Links: Das letzte Aufgebot: Eine Schar von Hitler-Jungen, eingezogen zur Kriegsmarine, soll helfen, die Ostseeküste zu verteidigen

Rechte Seite: Es gibt kaum ein Entkommen für das aus der Luft angegriffene U-Boot. Im Zick-Zack-Kurs versucht das U-Boot verzweifelt, dem britischen Sunderland-Flugboot zu entkommen

Donnerstag, 15. März 1945
Das *Oberkommando der Wehrmacht* gibt bekannt:
. . . In den letzten Tagen haben zahlreiche »Sturmwikinge« und Kleinst-Unterseeboote Ziele im Scheldeıraum angegriffen. Nach bisherigen Meldungen wurden 4 Schiffe mit 12000 BRT versenkt. Weitere Erfolge nicht zurückgekehrter »Sturmwikinge« sind mit Sicherheit anzunehmen.

Deutsche Ostflüchtlinge

Donnerstag, 15. März 1945, Berlin
Das *DNB* meldet:
Schwimmende Einheiten der Kriegs- und der Handelsmarine haben unter maßgebender Beteiligung zahlreicher Marinedienststellen an Land seit dem Einbruch der Russen in Ost- und Westpreußen bisher über 590000 Flüchtlinge, in der überwiegenden Zahl Frauen und Kinder, aus den Ostgauen auf dem Seeweg nach Deutschland übergeführt. Die Besatzungen deutscher Kriegsschiffe und Sicherungsfahrzeuge, ehemaliger Passagierdampfer, Frachter und sonst dafür brauchbarer Schiffe vollbringen im Bombenhagel feindlicher Flugzeuge, auf durch Minen und Unterseeboote gefährdeten Wegen mit ihren zum Teil völlig vereisten Schiffen außerordentliche Leistungen.

Erfolge britischer U-Boote im Pazifik
15. März 1945, London
Die *Agentur Reuter* meldet:
Die britische Admiralität teilt mit, daß britische U-Boote in fernöstlichen Gewässern rund 100 Schiffe der Achse versenkt oder beschädigt haben. Unter den zerstörten Schiffen befinden sich kleine Tanker, Minenleger, bewaffnete Kutter, U-Boot-Jäger und Hilfsschiffe, Landungsboote und Motorschiffe.

Dienstag, 27. März 1945
Das *Oberkommando der Wehrmacht* gibt bekannt:
. . . In den küstennahen Kampfräumen in Westpreußen und am Frischen Haff griffen unsere Seestreitkräfte weiterhin mit anhaltendem schweren Feuer in die Kämpfe ein . . .
Kampfmittel der Kriegsmarine versenkten in der Schelde und vor der englischen Küste 2 vollbeladene Schiffe mit 15000 BRT und torpedierten 2 weitere mit zusammen 9000 BRT, darunter ein Panzerwagenlandungsschiff . . .

Sonnabend, 21. April 1945
Das *Oberkommando der Wehrmacht* gibt bekannt:
. . . Die Seefestung Gironde-Süd wurde gestern nach Verschuß der letzten Munition und nachhaltiger Zerstörung der Hafenanlagen vom Gegner überwältigt . . .

Donnerstag, 26. April 1945
Das *Oberkommando der Wehrmacht* gibt bekannt:
. . . Im Kampf gegen den feindlichen Nachschub versenkten Unterseeboote vor der englischen Küste 5 beladene Schiffe mit 32000 BRT und 1 Bewacher. Außerdem wurde im Atlantik 1 stark gesicherter Flugzeugträger der »Illustrious«-Klasse von einem unserer Unterseeboote torpediert und schwer beschädigt.

Marine zum letzten Mal im OKW-Bericht

Mittwoch, 2. Mai 1945
Das *Oberkommando der Wehrmacht* gibt bekannt:
An der Spitze der heldenmütigen Verteidiger der Reichshauptstadt ist der Führer gefallen . . .
Die Reste der tapferen Besatzung von Berlin kämpfen im Regierungsviertel, in einzelne Kampfgruppen aufgespalten, erbittert weiter . . . Sprengboote der Kriegs-

marine versenkten an der südfranzösischen Küste einen feindlichen Kreuzer und einen Bewacher . . .

Donnerstag, 3. Mai 1945
. . . Das *Oberkommando der Wehrmacht* gibt ferner bekannt:
Das Oberkommando der Wehrmacht hat die Marinestützpunkte Kiel und Flensburg zu offenen Städten erklärt und angeordnet, daß sie nicht zu verteidigen sind.

Mittwoch, 9. Mai 1945
Das *Oberkommando der Wehrmacht* gibt bekannt:
Seit Mitternacht schweigen nun an allen Fronten die Waffen. Auf Befehl des Großadmirals hat die Wehrmacht den aussichtslos gewordenen Kampf eingestellt. Damit ist das fast sechsjährige heldenhafte Ringen zu Ende. Es hat uns große Siege, aber auch schwere Niederlagen gebracht. Die deutsche Wehrmacht ist am Ende einer gewaltigen Übermacht ehrenvoll unterlegen . . .

Letzter Funkspruch von »U 1023« (KptLt. Schroeteler)
Donnerstag, 10. Mai 1945, 15.55 Uhr
Uhrzeitgruppe 0125/0/10 K 10
An Großadmiral
Auf letzter 46tägiger Schnorchelunternehmung aus Geleit versenkt: 1 Dampfer 8000 BRT und 1 Zerstörer. Ferner einen Großfrachter 10000 BRT und einen Dampfer 8000 BRT torpediert. 3 Wendefehler. Verschossen. In festem Vertrauen auf Sie, Herr Großadmiral, führen wir nun den schwersten Befehl aus (Übergabe der Boote an die Alliierten). *U-1023*

W. Churchill an die Admiralität
Montag, 11. Juni 1945
Geben Sie bitte folgende Botschaft weiter:
Der Premierminister an den Kommandanten von HMS *Kelvin:* Bitte übermitteln Sie Ihren Heizern, die mir anläßlich des Jahrestags meiner Überfahrt nach der Normandie auf der HMS *Kelvin* eine so freundliche Botschaft und die entzückenden Blumen gesandt haben, meinen wärmsten Dank. Es war das einzige Mal, daß ich auf einem Kriegsschiff Seiner Majestät eine solche Aktion erlebt habe.

Deutsches U-Boot in Argentinien interniert
Mittwoch, 11. Juli 1945, Buenos Aires
La Prensa berichtet:
Die Nachricht vom Eintreffen eines deutschen U-Bootes in Argentinien hat die Meinung verstärkt, daß die Explosion an Bord des brasilianischen Kreuzers *Bahia* auf Torpedierung zurückzuführen ist. In einem Kommuniqué erklärt jedoch das argentinische Marineministerium, daß das deutsche U-Boot nicht für diese Explosion verantwortlich sei.

Invasionsvorbereitungen gegen Japan

Dienstag, 17. Juli 1945
Das *Hauptquartier von Admiral Nimitz* teilt mit:
Der weitaus stärkste Flottenverband, den es jemals im Pazifik gab, kreuzt vor Japan . . . Wie bereits gemeldet wurde, stehen zum erstenmal auch britische Flugzeuge und Kriegsschiffe im Einsatz gegen Japan.

Weitere deutsche U-Boote in Argentinien?
Mittwoch, 18. Juli 1945, Buenos Aires
Die *Agentur Exchange* berichtet:
In einer amtlichen Erklärung versichert die argentinische Regierung, daß bisher keine Bestätigung der Meldungen vorliegt, es hätten zwei weitere deutsche U-Boote in argentinischen Gewässern die Kapitulation vollzogen. Die Regierung wünsche jedoch unverzüglich festzustellen, daß, wenn dies stimmen sollte, die Auslieferung der beiden U-Boote genau wie im Fall von *U 530* erfolgen werde.
Die argentinische Regierung hat sich nur nach recht erheblichem Druck aus Washington und London dazu entschlossen, nicht nur das U-Boot selbst, sondern auch dessen Besatzung an die USA auszuliefern. Von amerikanischer Seite wird offen erklärt, daß die Mannschaft des U-Bootes eine überzeugende Erklärung dafür abgeben muß, warum das Boot so lange nach der Kapitulation Deutschlands auf hoher See blieb, ohne sich durch Funk zu melden und die Übergabe zu vollziehen. Formell werden Kapitän und Besatzung zunächst als Piraten betrachtet, und es besteht durchaus die Möglichkeit, daß wegen absichtlicher Verletzung der Kapitulationsbestimmungen die Todesstrafe verhängt wird. Die Mannschaft muß ferner eingehend darüber vernommen werden, wo sich das U-Boot an dem Tage befand, als der brasilianische Kreuzer *Bahia* mit 300 Mann untergegangen ist.

Das U-Boot blieb tatsächlich auf hoher See, bis aller Brennstoff verbraucht war. Es ist völlig verrostet in den Hafen eingelaufen. Die gesamte Bewaffnung, alle Bordpapiere und alle nautischen Instrumente waren vorher vernichtet worden. Das 700-Tonnen-Boot lief mit 54 anstatt den üblichen 28 Mann ein. Der Kapitän behauptet, daß sich keine Passagiere an Bord befanden. Dieser Erklärung begegnet man mit äußerstem Mißtrauen.

Sprengstoffe mit tausendfacher Wirkung?

Montag, 6. August 1945
Präsident Truman gibt bekannt:
US-Bomber haben heute über dem japanischen Marinestützpunkt von Hiroshima eine ganz neue Art von Bomben abgeworfen, sogenannte Atomic Bombs. Wir haben für die Herstellung dieser Bomben zwei Milliarden Dollar ausgegeben, aber damit eines der schwierigsten wissenschaftlichen Vorhaben gelöst . . .

Ein japanisches Lazarettschiff
Mittwoch, 8. August 1945, in einem Hafen im Südpazifik; die *Agentur Reuter* berichtet:
Der Sonderkorrespondent Robert Reuben, der sich an Bord des japanischen Lazarettschiffes *Tachibana Maru* befindet, meldet: Dieses Schiff, das über 1500 vollkommen gesunde japanische »Patienten« und ungefähr 30 Tonnen Waffen und Munition transportiert hat, ist am Mittwoch unter Bewachung von zwei US-Zerstörern, die es vier Tage zuvor in der Bandasee gekapert haben, hier eingelaufen.

Die letzte Meldung

Donnerstag, 16. August 1945
Die *Agentur Reuter* teilt mit:
Um 1.00 Uhr nachmittags japanischer Zeit (6.00 Uhr morgens mitteleuropäischer Sommerzeit) übertrug der Sender Tokio an alle »Japanischen Fronten« den Befehl, die Waffen niederzulegen.

Strategie und Taktik

JANUAR BIS SEPTEMBER 1945

Am Neujahrstag 1945 wird im Pazifik mit dem letzten Einsatz des amerikanischen U-Bootes *Stingray* (Cdr. Stoner) die Tätigkeit der Special Mission Unit zur Unterstützung der Guerillas – vorwiegend auf den Philippinen – abgeschlossen. Seit ihrem Beginn am 4. 1. 1943 haben 19 U-Boote insgesamt 41 Einsätze durchgeführt: das Boot *Narwhal* neun, *Nautilus* sechs, *Stingray* fünf und die anderen U-Boote je ein oder zwei Fahrten. Nur ein U-Boot, die *Seawolf*, geht verloren, irrtümlich am 3. 10. 1944 durch den US-Zerstörer *Rowell* versenkt. Die Boote haben 331 Guerilla-Ausbilder und Agenten an Land gesetzt, 472 Personen abgeholt und 1325 Tonnen Nachschub, Waffen, Munition und Ausrüstungen für die Guerillas gebracht.

Bereits Anfang Januar 1945 erfahren die Alliierten von verstärkten deutschen Bemühungen, Unterwasser-Fernraketenbehälter zu bauen, um sie vor der nordamerikanischen Ostküste einzusetzen. Die zuständigen Stellen der US Navy bekommen Order, sich mit dieser Gefahr zu befassen.

Am Sonnabend, dem 6. Januar 1945, erfolgen wiederholt heftige Kamikaze-Angriffe gegen die sich den Philippinen nähernde US-Landungsflotte. Zehn Schiffe erleiden ernste Beschädigungen. Die wachsenden Erfolge der Todesflieger zwingen die Amerikaner, die Flugzeugträger, die am nächsten Tag, dem 7. Januar 1945, Formosa angreifen sollen, zurückzuhalten.

Am Dienstag, dem 9. Januar 1945, setzen die Landungsboote der US Task Forces 78 und 79 die Truppen der 6. Armee (Lt.Gen. Krueger) in der Lingayen-Bucht

Eine seltene Aufnahme – 10. 7. 1945,
Mar del Plata (Argentinien):
U 530 (Oberlt. z. S. Wehrmuth) erreicht soeben – verrostet und mit Tang bewachsen – die argentinische Küste

Winter 1945:
In den Ostseehäfen warten Tausende von Flüchtlingen auf ihre Einschiffung

an der Westküste der Insel Luzon (Philippinen) ab, und zwar an der gleichen Stelle, wo drei Jahre zuvor, am 21. 12.1941, die Japaner gelandet sind. Bereits während die amerikanische Landungsflotte die Lingayen-Bucht anläuft, starten Kamikaze-Flieger acht Stunden lang ununterbrochen und tauchen jedesmal überraschend auf: Sie verstehen es, beim Anflug die umliegenden Hügelketten auszunutzen und außerdem die Radargeräte der Flotte mit Stanniolstreifen zu stören. Mehrere Schiffe werden von den Todesfliegern getroffen, der Kreuzer *Australia* z. B. bereits zum fünftenmal. Ihr Kapitän lehnt jedoch das Angebot des Admirals Oldendorf, sich aus dem Kampf zurückzuziehen, ab.
Die Gefährlichkeit der sich selbst opfernden Flieger beweist am besten die Tatsache, daß es den übrigen japanischen Kampfflugzeugen bei etwa 6000 Einsätzen nur gelingt, ein einziges Schiff zu vernichten, während 722 Kamikaze-Piloten sechs Schiffe versenken. Die Kamikazes haben bei diesen Operationen vom 6. bis 9. Januar – für sie die erfolgreichsten des ganzen Krieges – fast so viele US-Einheiten vernichtet wie die gesamte japanische Flotte in diesem Zeitraum.

Am Sonnabend, dem 13. Januar 1945, beginnt im Raum von Pillkallen (Ostpreußen) die Großoffensive der 3. Weißrussischen Front (Armeegen. Tschernjachowski). Ihr Ziel: Zerschlagung der deutschen 3. Panzerarmee (GenOberst Raus) und Vorstoß in Richtung Kurisches Haff an der Ostseeküste. Es ist der erste Teil der sowjetischen Offensive zwischen dem Baltikum und den Karpaten, die in zwei Wochen die Oder erreicht.
Für die deutsche Kriegsmarine entstehen dadurch in der Ostsee gewaltige Aufgaben: die Unterstützung des Heeres von See her, Geleitsicherung für Truppen- und Nachschubtransporte gegen sowjetische U-Boote, Schnellboote, Flugzeuge und Minen. Zu Lande beginnt nun unter dem Eindruck des Vorgehens der russischen Soldateska gegen die deutsche Zivilbevölkerung eine spontane Fluchtbewegung, die anfangs von den NS-Stellen brutal gebremst wird.
Dönitz: »Der U-Boot-Krieg war damit nicht mehr Hauptaufgabe der Kriegsmarine. Ich stellte große Teile von ihr auf die Unterstützung der Ostfront und die Rettung deutscher Menschen um.« Die Kriegsmarine muß jetzt die größte Evakuierungsaktion aller Zeiten bewerkstelligen. Die Gesamtleitung dieser gewaltigen Operation liegt beim Marineoberkommando Ost (GenAdm. Kummetz), die Bereitstellung der Handelsschiffe beim Seetransportchef der Wehrmacht (Konteradm. Engelhardt). Die 9. Sicherungsdivision der Marine (FregKpt. v. Blanc) und die 10. Sicherungsdivision (Konteradm. Butow) übernehmen mit 17 Flottillen und etwa 350 kleineren Kriegsfahrzeugen die örtliche Geleitorganisation und -sicherung. Sie verfügen über Zweigstellen und Sonderstäbe in größeren Häfen.

Daß dieser Massenaufbruch von Millionen Flüchtlingen nicht sofort in Chaos ausartet, liegt an der Durchführung der an der Operation Beteiligten und auch an der Disziplin der Flüchtlinge selbst. Die Zweigstellen der Seetransportchefs bzw. Kriegsmarinedienststellen (KMD) Danzig und Stettin, überwiegend von erfahrenen Handelsmarine-Kapitänen geführt, sind in einzelnen Ostseehäfen verantwortlich für die Vorbereitung der Geleite. Von ihnen wird tagtäglich die verfügbare Handelsschiffstonnage und Plätze an die NS-Dienststelle oder direkt den Flüchtlingen bekanntgegeben: Sind Flüchtlinge, nachdem sie die rettenden Häfen erreicht haben, in Privatquartieren, Schulen oder Zivilbetrieben untergebracht, fallen sie in die Zuständigkeit der NS-Dienststellen, die ihnen die Schiffsplätze zuweisen. Die Flüchtlinge jedoch, die in Wehrmachtsunterkünften gesammelt werden, erhalten ihre Platzzuteilung direkt von der Marine. Die Belastung für die Flüchtlinge, überwiegend Frauen, Kinder, Greise und Kranke, die bei strenger Kälte in Massenunterkünften oder gar unter freiem Himmel bei unzureichender Verpflegung oft unter Artillerie- oder Flugzeugbeschuß tagelang ausharren müssen, ist unbeschreiblich. Zu einer erheblichen Gefahr in den Häfen wird die Rote Luftflotte, zu deren Abwehr fast ausschließlich nur Boden- oder Schiffsflak vorhanden ist. Die Handelsschiffe müssen unter schwierigsten Wetterbedingungen in die engen Häfen einlaufen, die sich immer öfter unter Artilleriebeschuß befinden. Trotz ständiger Luftangriffe müssen sie auf der Reede liegen; bis zwanzigfach überbelegt treten sie dann die Fahrt nach Westen an.
Durch die Minengefahr muß der Schiffsverkehr sich an bestimmte, nach Möglichkeit ständig kontrollierte Tiefwasserwege halten. Andererseits zwingt der steigende Einsatz sowjetischer U- und Schnellboote dazu, das minenverseuchte Flachwasser unmittelbar unter der Küste zu befahren. Hier wiederum geraten sie in die Reichweite der sowjetischen Heeresartillerie. Die winterliche Wetterlage mit grober See, dazu die zuneh-

mende Treibstoffknappheit, erschweren einen sinnvollen Einsatz der überwiegend kleinen Sicherungsfahrzeuge. Von den Häfen Pillau, Danzig, Gdingen/Gotenhafen und Kolberg aus beginnen die bisher als Wohnschiffe verwendeten großen Passagierdampfer ihre Aktion. Auch Kriegsschiffe jeder Art und Größe, Hilfs- und Geleitfahrzeuge werden dafür eingesetzt.

Am Freitag, dem 19. Januar 1945, meldet Generalmajor Rossmann, der für die Vorbereitungen des Unterwassereinsatzes von V 2 zuständige leitende Chef der Peenemünder Heeresversuchsanstalt, in einem geheimen Bericht, daß die Voruntersuchungen für »Prüfstand XII« bis Ende März 1945 definitiv abgeschlossen seien. Es ist geplant, anschließend mit dem Bau des ersten Musterschleppzuges zu beginnen.

Am Sonntag, dem 21. Januar 1945, führen acht Kamikaze-Flieger (Niitaka-Gruppe) der 1. Luftflotte Angriffe auf den US-Flugzeugträger *Ticonderoga* (Task Group 38.3) und beschädigen ihn schwer.

Am Donnerstag, dem 25. Januar 1945, laufen von Pillau die ersten Schiffe, die *Robert Ley* (27288 BRT), *Pretoria* (16662 BRT) und *Ubena* (9554 BRT) mit insgesamt 7100 Flüchtlingen aus. Diese erste Großaktion zur Evakuierung einer deutschen Stadt gelingt ohne Feindeinwirkung reibungslos, doch der berüchtigte Gauleiter E. Koch droht, den zuständigen Marineoffizier dafür vor ein Kriegsgericht zu stellen.

Am späten Abend des 30. Januar 1945 sichtet bei schwerer See, starkem Wind und 18 Grad Frost um 19.10 (Moskauer Zeit) der wachhabende Unteroffizier des sowjetischen U-Bootes *S-13* (Kpt. 3. Ranges Marinesko), das im Gebiet der Stolper Bank halb getaucht auf der Lauer liegt, die Silhouette eines großen Schiffes. Es ist das ohne Sicherung fahrende ehemalige »Kraft-durch-Freude«-Passagierschiff der Deutschen Arbeitsfront *Wilhelm Gustloff* (25484 BRT) mit etwa 6500 Menschen, darunter Flüchtlinge, Angehörige der Kriegsmarine und Schwerverwundete an Bord.

Marinesko: »Ich hatte eine gute Position zwischen Land und Ziel. Die Küste schützte uns vor der Entdeckung und Angriff durch Sicherungsfahrzeuge. *Wilhelm Gustloff* lief mit einer Geschwindigkeit von 16 Knoten. Ich gab Befehl mit voller Kraft voraus, was mir ermöglichte, mit über 20 Knoten das Schiff zu überholen. Danach machte ich eine Wendung auf Zielkurs, und als sie in Schußrichtung kam, schickte ich ihr – die ganze Zeit aufgetaucht – einen Dreifächer.«

Die Bordfunkstation der getroffenen *Wilhelm Gustloff* ist außer Betrieb, da man vergessen hat, in Gdingen die Akkus zu laden. So bleibt nur die Möglichkeit, den Notruf über Kurzwellensender abzugeben. Die an der Unglücksstelle eintreffenden Kriegsfahrzeuge können aus dem eisigen Wasser nur 904 Menschen retten.

Bis Ende Januar 1945 erreichen die Stoßkeile der Roten Armee an mehreren Stellen die Oder. Die Reste der deutschen Truppen in Ostpreußen sind im Raum Samland, Königsberg und Elbing zusammengedrängt. Die noch einsatzbereiten schweren Einheiten der Kriegsmarine greifen mit ihrer Artillerie immer wieder in die Landkämpfe ein.

Am Mittwoch, dem 31. Januar 1945, unterstützt der Schwere Kreuzer *Prinz Eugen* bei Cranz (Samland) mit Artillerie die Kämpfe der Landtruppen.

Ende Januar 1945 werden die ersten kleinen U-Boote Typ XXIII von norwegischen Stützpunkten aus gegen die Schiffahrt vor der britischen Ostküste eingesetzt. Sie erzielen dabei einige Erfolge und können dank ihrer hohen Unterwassergeschwindigkeit jedesmal ihren Verfolgern entkommen.

Im Januar 1945 versenken deutsche U-Boote im Atlantik 15 Handelsschiffe mit insgesamt 80844 BRT. Eigene Verluste: 13 U-Boote.

Rechts: Kpt. 3. Ranges Marinesko: »... eine ganze Division vernichtet!«

Links: Das ehemalige »Kraft-durch-Freude«-Passagierschiff *Wilhelm Gustloff*

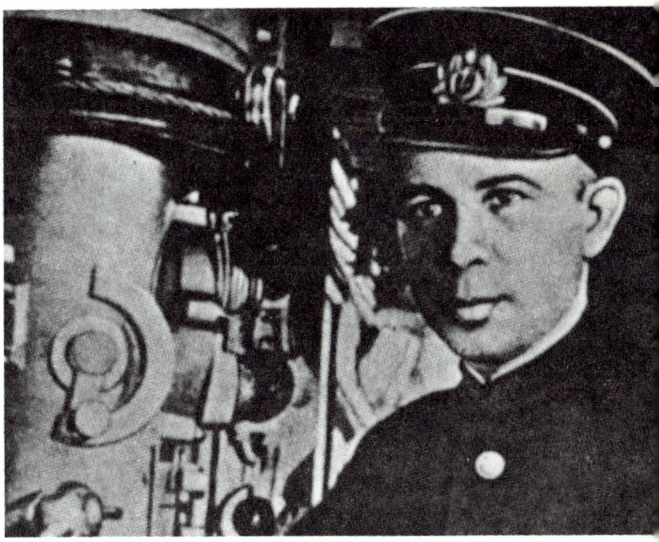

Am Freitag, dem 2. Februar 1945, unterstützt erneut die *Prinz Eugen* bei Cranz und die *Admiral Scheer* bei Fischhausen (nahe Pillau) küstennahe Abwehrkämpfe.

Am Freitag, dem 9. Februar 1945, versenkt das britische U-Boot *Venturer* (Lt. Launders) – ausgerüstet mit dem Asdic-Gerät Typ 147 B »Sonar« – im Fedje-Fjord, westlich von Bergen, das deutsche U-Boot *U 864* KorvKpt. Wolfram). Beide U-Boote operieren getaucht, und es ist der erste Fall, daß bei einem Unterwasserangriff ein U-Boot ein anderes vernichtet.

Kurz nach Mitternacht zum 10. Februar 1945 versenkt das sowjetische U-Boot *S-13* (Kpt. 3. Ranges Marinesko) den am Tag zuvor aus Pillau ausgelaufenen Passagierdampfer *General von Steuben* (14660 BRT). Etwa 300 Menschen werden gerettet, 2700 Flüchtlinge und Verwundete gehen mit dem Schiff unter.
Admiral Kusnezow: »Mit diesem Erfolg hat in einem einzigen Unternehmen die Besatzung des U-Bootes unter dem Befehl von Kapitän des 3. Ranges Marinesko insgesamt 8000 Hitler-Soldaten vernichtet. Eine ganze Division! Und was für eine Division! Die Elite der Offiziere, besondere Spezialisten der U-Boot-Waffe, SS-Leute und Parteibonzen . . .«

Mitte Februar 1945 treibt die Rote Armee starke Angriffskeile über Stargard zum Stettiner Haff, nach Köslin und Kolberg.

Am Montag, dem 19. Februar 1945, nach fast ununterbrochenen drei Tage langen Luftangriffen und dem Beschuß durch die Kriegsschiffe der Task Force 51 (Vizeadm. Turner), landet das V. Amphibische Korps (Gen.Maj. Schmidt) auf Iwo Jima, das zwischen den Marianen und Tokio auf halbem Wege liegt. Die Kämpfe auf der Insel gehören zu den härtesten des Krieges im Pazifik.

Am Mittwoch, dem 21. Februar 1945, versenken während der Invasions-Operation auf Iwo Jima japanische Flieger den US-Träger *Bismarck Sea* und beschädigen den US-Träger *Saratoga* schwer.

Im Februar 1945 versenken deutsche U-Boote im Atlantik 17 Handelsschiffe mit insgesamt 72592 BRT. Eigene Verluste: 22 U-Boote.

Am Freitag, dem 9. März 1945, zwei Tage nachdem es der 9. US-Panzerdivision (Maj.Gen. Leonard) gelungen ist, die unzerstörte Ludendorff-Brücke bei Remagen zu nehmen und am Ostufer des Rheins einen Brükkenkopf zu bilden, findet 650 Kilometer weiter westlich ein letzter offensiver Einsatz der Kriegsmarine statt: Von der besetzten britischen Kanalinsel Jersey aus, auf der sich rund 30000 Mann zählende deutsche Truppen in äußerst gespannter Versorgungslage befinden, beschließt der »Befehlshaber der Kanalinsel«, Vizeadmiral Hüffmeier, eine Aktion gegen das etwa 35 Seemeilen entfernte malerische Hafenstädtchen Granville, jetzt amerikanische Nachschubbasis. Vier mit deutschen Kommandotruppen beladene Minensucher Typ 40 der 24. M-Flottille (KptLt. Mohr), drei mit 8,8-cm-Flak bestückte Marine-Fähr-Prähme, zwei als Vorpostenboote umgebaute Fischdampfer sowie drei Hafenschutzboote nehmen an dem Handstreich teil.
Kurz nach Mitternacht, um 1.20 Uhr, setzt das deutsche Minensuchboot an der Pier die Kommandotruppen an Land, denen die schwach bewaffneten US-Soldaten kaum Widerstand bieten. Eine willkommene Unterstützung finden sie durch gefangene deutsche Landser, die gerade einen Nachschubfrachter entladen. Die Kommandos sprengen die Hafenanlagen, versenken vier Dampfer mit 3612 BRT und kapern den mit Kohle beladenen britischen Frachter *Ekswood*. Vizeadmiral Hüffmeier: »Die englische Besatzung, einschließlich dem Kapitän, der gerade aus einem Bistro kam, war so überrascht und anschließend so angetan von der sportlichen Durchführung, daß sie bereitwillig mitmachte.«
Unterdessen schießen die Artillerie-Prähme – zur Ablenkung gedacht – das US-Patrouillenboot *PC 564* zusammen. Im »Hotel des Bains« überraschen die Invasoren mehrere amerikanische Stabsoffiziere im Schlaf. Sie gehen in Pyjamas und Pantoffeln in deutsche Kriegsgefangenschaft.
Gegen 3.30 Uhr ist das Unternehmen zu Ende. Die Kommandos nehmen das Kohlenschiff mit, 30 gefangene Alliierte und 67 befreite Landsleute. Das Minensuchboot *M 412* bleibt als stummer Zeuge in Granville: Es läuft bei Niedrigwasser im Hafen auf Grund und muß gesprengt werden. Die Teilnehmer des Handstreichs bekommen das Eiserne Kreuz, Zigaretten und je ein Glas Sirup. Vizeadmiral Hüffmeier: »Die Solda-

ten . . . trugen neuen Mut und frischen Geist in ihre Verbände, die durch ihre erzwungene Untätigkeit und die schlechte Ernährung mutlos geworden waren.«

Am Sonnabend, dem 10. März 1945, beginnen in der Danziger Bucht die »Dickschiffe« *Prinz Eugen, Admiral Scheer, Lützow* und *Schlesien* ihre Landzielbeschießung, die vier Wochen lang bis 8. April 1945 dauern wird.
Währenddessen sendet aus der Arktis der Wettertrupp »Haudegen« unaufhörlich seine Wetterberichte.
Nordland/Spitzbergen, 10. März 1945, Führer des Wettertrupps, Dr. Dege: »Die Wetterbeobachtungen funktionierten ganz ausgezeichnet, und wir waren der erste Trupp, dem es gelang, auch funkgemäß jeden Tag die Verbindung mit unserer Nebenfunkstelle in Tromsö aufrechtzuerhalten. Das war vor allen Dingen das Verdienst des Oberfunkmeisters Heinrich Ehrich, der ein besonders guter Techniker war, und eines Unteroffiziers, Gustav Scheidweiler, der geradezu ein technisches Genie war. So ging die Polarnacht herum, aber mit Ende der Polarnacht, gegen Anfang März zu, meldeten sich die alliierten Sender und beschimpften uns auf die wüsteste Weise und kündigten uns ihren Besuch an. Wir hatten keineswegs die Absicht, irgendwie militärisch in Aktion zu treten, aber wir wollten uns auch nicht überfallen lassen und haben dann die Station befestigt. Von einem alliierten Besuch war später allerdings nicht mehr die Rede, es geschah nichts.«

Im Morgengrauen des 17. März 1945 holen die Verkehrsboote der beiden Zerstörer *Z 34* (KorvKpt. Hetz), *Z 43* (Kpt.z.S. Wenninger) und das Torpedoboot *T 33* aus dem nur noch anderthalb Kilometer breiten und 500 Meter tiefen freien Strandstreifen die letzten Verteidiger des seit zwei Wochen belagerten Kolberg mit ihrem Kommandanten, Oberst Fullriede. Insgesamt werden aus der brennenden Stadt in den letzten Tagen 77 500 Soldaten und Flüchtlinge über See abtransportiert.
Während Pommern verlorengeht, befinden sich weiter östlich noch mehrere deutsche Brückenköpfe: Kurland, Hafen von Libau, Heiligenbeil, Pillau, Weichselmündung, Danzig, Gdingen/Gotenhafen und die Halbinsel Hela.

Am Freitag, dem 23. März 1945, brechen die Panzer der sowjetischen 70. Armee (Gen.Oberst Popow) zwischen Danzig und Gdingen bei Zoppot bis ans Meer durch und trennen die Weichselmündung/Danzig von Oxhöft-Hela ab. Der mutige Korvettenkapitän Hetz fährt mit dem Zerstörer *Z 34* an den berühmten Landungssteg, nahe dem Zoppoter Spielkasino, bis auf 1000 Meter vom Strand entfernt und schießt mit dem vorderen 15-cm-Doppelturm einen Panzer nach dem anderen ab. Eine Verbindung zwischen Danzig und Gdingen wird dadurch für 12 Stunden offen.

Am Sonntag, dem 25. März 1945, verläßt das letzte Schiff Danzig-Neufahrwasser, der Passagierdampfer *Ubena* (9523 BRT) mit 4000 Menschen an Bord.

Am Mittwoch, dem 28. März 1945, erobert die sowjetische 70. Armee Gdingen. Nördlich der Stadt, auf den Hügeln der Oxhöfter Kämpe, dicht an der Küste der Danziger Bucht, halten sich noch in einer Igelstellung 8000 Soldaten – Reste des VII. Panzerkorps.

Im März 1945 versenken deutsche U-Boote im Atlantik 16 Handelsschiffe mit insgesamt 67 386 BRT. Eigene Verluste: 35 U-Boote.

Am Sonntag, dem 1. April 1945, landet die amerikanische 10. Armee (Gen.Lt. Buckner) mit dem III. Amphibischen Korps (Gen.Maj. Geiger) und dem XXIV. Korps (Gen.Maj. Hodges) auf Okinawa, einer der Riukiu-Inseln. Die 110 Kilometer lange und 8 Kilometer breite Insel Okinawa ist groß genug, um dort mehrere Flugplätze für mittlere Bomber auszubauen. Die Invasionsflotte zählt 318 Kampfeinheiten und 1139 Hilfsschiffe. Fast 600 000 Mann nehmen an dieser Operation, Codename »Iceberg«, teil. Es ist das größte Landeunternehmen des Kriegs im Pafizik.

In der Nacht vom 4./5. April 1945 läuft das Unternehmen »Walpurgisnacht«, die minuziös vorbereitete Evakuierung von 8000 Soldaten des deutschen VII. Panzerkorps sowie von 30 000 Flüchtlingen der Oxhöfter Kämpe. Das Unternehnen führt die 9. Sicherungsdivision (FregKpt. v. Blanc). Die Fähr-Prähme, Küstendampfer und andere Hilfsfahrzeuge schaffen es in fünf Nachtstunden, die fast 40 000 Menschen und einen Teil des Geräts zur Halbinsel Hela hinüberzubringen. Nun wird Hela, die 32 Kilometer lange und 1 bis 2 Kilometer breite bewaldete Halbinsel, zum Umschlagplatz für die aus den Brückenköpfen in Ostpreußen auf dem Seeweg herangeschafften Flüchtlinge und Soldaten, von denen etwa 10 000 pro Tag ankommen und per Schiff weiter nach Westen gebracht werden.

Am Freitag, dem 6. April 1945, beginnt vor Okinawa die »Kikusui-I«, der neue Großangriff von 335 Kamikazes gegen die Landungsflotte. Auch 344 japanische Stukas und Torpedobomber beteiligen sich an dieser Operation. Obwohl viele der Maschinen abgefangen werden, erreichen etwa 200 das Zielgebiet. Die US-Schiffe eröffnen ein so starkes Flakfeuer, daß 38 ihrer eigenen Mannschaften selbst durch fallende Geschoßsplitter getötet werden. Die japanischen Flugzeuge versenken lediglich den Minensucher *Emmons*, ein Landungsschiff sowie die Munitionstransporter *Hobbs Victory* und *Logan Victory* (je 7607 BRT); zwei weitere Opfer sind die Zerstörer *Bush* und *Colhoun*, die sich abseits auf Radarpatrouille befanden. Sie sind die ersten, die die ganze Wut der Kamikaze-Piloten trifft. Von 699 eingesetzten japanischen Flugzeugen kehren nur 3 zurück.
Am gleichen Tag, um 15.20 Uhr, verläßt den japanischen Flottenstützpunkt Tokuyama, südöstlich von Hiroshima, das Super-Schlachtschiff *Yamato*, 72 800 Tonnen (Konteradm. Ariaga) mit dem Leichten Kreuzer *Yahagi* und acht Zerstörern. Das monströse Schlacht-

Das japanische Super-Schlachtschiff *Yamato* wird geopfert, um den Kamikaze-Fliegern die Angriffe zu erleichtern

schiff verfügt über neun 46-cm-Geschütze in drei Drillingstürmen, die schwersten an Bord gefahrenen Schiffsgeschütze der Geschichte. Die Panzersprenggranaten, die sie abfeuern, wiegen 1468 Kilogramm.
Es ist eine der wohl sonderbarsten Operationen des Seekrieges: Das stärkste Schlachtschiff, das es jemals gab, ist zwar bis zu seiner vollen Tragfähigkeit mit Munition für jede an Bord vorhandene Waffe beladen, doch seine Bunker haben nur Treibstoff für eine Wegstrecke, für die Hinfahrt nach Okinawa. Die *Yamato* soll vor der Insel als riesiger Köder für die überlegenen US-Kampfflugzeuge dienen, um diese von den Kamikaze-Maschinen abzulenken, die sich währenddessen auf die US-Landungsflotte vor Okinawa stürzen sollen.
Fähnrich Yoshida, 2. Radar-Offizier der *Yamato*: »Mein Dienst auf der Brücke bestand in der Übermittlung der Ausguckmeldungen an Kommandant und Stab. Zu meiner Linken stand Vizeadmiral Ito, der Verbandsbefehlshaber, und sein Stabschef, Konteradmiral Morishita, stand rechts von mir. Ich fühlte mich glücklich und sehr stolz. Für 18 Uhr waren alle Mann auf die Back befohlen. Da der Kommandant die Brücke nicht verlassen konnte, verlas der Erste Offizier die feierlichen Worte, die der Flottenchef an uns gerichtet hatte: ›Macht diese Operation zum Wendepunkt des Krieges.‹ – Als Kimigayo – die Nationalhymne – ausklang, folgten kriegerische Lieder, und dann drei Bansais für Seine Kaiserliche Majestät.« Die Kampfgruppe (Vizeadm. Ito) steuert die Bungostraße an, die zwischen den Hauptinseln Kiuschu und Schikoku die japanische Inlandsee mit dem Stillen Ozean verbindet. Bereits um 17 Uhr sichtet das amerikanische U-Boot *Threadfin* die Kampfgruppe und funkt Angaben über deren Kurs.

Am Sonnabend, dem 7. April 1945, um 12.35 Uhr, werden von Bord der mit 26 Knoten laufenden *Yamato* auf 35 Seemeilen Entfernung etwa 150 feindliche Flugzeuge geortet, und man gibt Luftalarm. Knapp zehn Minuten später greifen die ersten US-Sturzbomber »Helldiver« an und erzielen nahe dem Heck die ersten beiden Treffer auf dem Schlachtschiff.
Yoshida: »Mit 26 Knoten zickzackten wir durch das Wasser. Das Rollen und die Erschütterungen waren fürchterlich. Und nun hagelte es Bomben und Bordwaffengeschosse von den Flugzeugen auf die Brücke.« Der geplante weitreichende Beschuß auf die sich zunächst in dichten Formationen nähernden Flugzeuge mit 46-cm-Schrappnells, von denen man sich eine vernichtende Wirkung versprochen hat, kann wegen der amerikanischen Angriffstaktik und schlechter Wetterbedingungen nicht durchgeführt werden.
Yoshida: »Einer nach dem anderen der Maschinenkanonentürme wurde durch direkte Treffer hoch in die Luft geblasen . . . Die vielen personellen Ausfälle machten eine geordnete Lecksicherung bald unmöglich.« Die erste Angriffswelle der Flugzeuge erzielt bereits vier Torpedotreffer, ausschließlich auf der Backbordseite, um starke Wassereinbrüche zu verursachen.
Yoshida: »Unsere Schlagseite hatte nun 35 Grad erreicht. Als ob der Feind nur darauf gewartet hätte, stieß er durch die Wolken, um uns den Gnadenstoß zu geben . . . Es gab kein Entkommen vor den Bomben. Alle erzielten direkte Treffer. Flach auf dem Deck liegend, hatte ich genug mit mir zu tun, um nur den Schlägen zu widerstehen. Ich hörte den Kommandanten vergeblich rufen: ›Haltet aus, Leute! Haltet aus, Leute!‹«
Um 14.23 Uhr kentert die *Yamato* über die aufgerissene Backbordseite. Yoshida: »*Yamato* lag nun ›flach‹ auf der Seite mit 90 Grad Schlagseite. Granaten der großen Geschütze rutschten und plumpsten über das Deck der Munitionsräume, krachten gegen die Schotten, und so kamen die ersten einer Reihe von Explosionen. Dann schnitt das Schiff vollständig unter. Es sank mit seinen nicht abgefeuerten Tausenden Schuß panzerbrechender Munition. Aus dem sinkenden Riesenleib hörte man

das Rumpeln und Poltern übergehender Gegenstände, das berstende Krachen der Schotten, die Explosionen aus den Munitionskammern. Als das kenternde Schiff untertauchte, stießen riesige Flammenfinger blitzend und raketengleich in die dunklen Wolken über uns . . . Keuchend und nach Luft schnappend, wurde ich heraufgeschleudert. Halb erstickt, stieß und kämpfte ich mich in Richtung auf das einzige Licht zu, das ich sehen konnte, einen graugrünlichen Schein in einer seltsamen, wässerigen Welt. Und dann wurde ich ausgespien in das Tageslicht. Das wirbelnde Wasser zog mich noch einmal unter die Oberfläche. Wenige Sekunden später blies mich eine riesige Explosion empor. Viele Leute wurden verschluckt durch den entsetzlichen Sog des Schiffsschornsteins. Drei Meter näher, und ich wäre ebenfalls sein Opfer geworden. Öl aus den geborstenen Brennstofftanks brannte mir in die Augen, als ich auf der Wasseroberfläche schwamm. Ich wischte mein Gesicht ab und schnappte nach Luft. Um mich herum waren Klumpen von Schwimmern, treibende Körper und ab zu zersplitterte Stücke und verkohlte Trümmer. Das waren die letzten Überreste des mächtigsten Schlachtschiffs der Welt nach nur zwei Stunden eines Kampfes gegen eine übermächtige Luftstreitmacht.«

Das größte und zugleich auch letzte Großkampfschiff, das im Zweiten Weltkrieg auf See versenkt wurde, reißt 2498 Mann, fast die gesamte Besatzung, mit in die Tiefe. Der Durchbruchsversuch der japanischen Kampfgruppe kostet 3665 Menschen das Leben. Die vier verbliebenen Zerstörer kehren mit schweren Beschädigungen nach Sasebo zurück. Die US-Verluste: Von den eingesetzten 386 Trägermaschinen werden vier »Helldiver«, drei »Avenger« und drei »Hellcat« abgeschossen, 16 Flieger kommen ums Leben.

Man stellt dabei erstaunt fest, daß nur zehn Torpedos und fünf Bombentreffer erforderlich waren, um dieses Riesenschiff zu versenken. Dagegen sind bei dem bedeutend kleineren deutschen Schlachtschiff *Bismarck* etwa 18 Torpedos und über 300 Artillerietreffer gezählt worden, bevor es unterging.

Am Sonnabend, dem 14. April 1945, wird im Nordatlantik die U-Boot-Gruppe »Seewolf« gebildet. Ihr Ziel: die Ostküste Nordamerikas. Der Anmarsch dieser sechs Boote zählenden Gruppe wird von der US-Aufklärung erkannt, und man schickt ihnen sofort die beiden Trägergruppen, Task Group 22.2 (Capt. Ruhsenberger) und Task Group 22.5 (Capt. Craig) entgegen, um die Boote bereits nordöstlich der Azoren abzufangen. Der US-Geheimdienst vermutet nämlich, daß die Gruppe »Seewolf« Unterwasser-Startbehälter für V 2 im Schlepp hat, um mit diesen Fernraketen Angriffe auf Städte an der amerikanischen Ostküste zu starten.

Am Sonntag, dem 15. April 1945, sticht das letzte deutsche U-Boot *U 234* (KptLt. Fehler), ein ehemaliger U-Boot-Minenleger, Typ XB (1800 t), jetzt in ein Transport-U-Boot umgebaut, von Christiansand (Norwegen) aus mit dem Ziel Japan in See. An Bord sind außer 62 Mann Besatzung ein Teil des Luftwaffenstabes, unter Führung von General der Flieger Kessler, und zwei japanische hohe Offiziere. Das speziell von der Seekriegsleitung auf Bitten des Tenno zur Verfügung gestellte U-Boot bringt die deutschen Luftabwehr-Fachleute nach Japan, um dort der Heimatluftverteidigung bei ihren Problemen zur Seite zu stehen. General Kessler soll als neuer Luftwaffenattaché mit seinem Stab die Luftverteidigung von Tokio organisieren.

Seit den frühen Morgenstunden des 16. April 1945 greifen sowjetische Bomber in Wellen die vor der Spitze der Halbinsel Hela – »dem Dünkirchen der Ost-

Rechts: Leichte RAF-Bomber greifen in der Nordsee deutsche Schiffe mit Raketen an

Links: 7. 4. 1945, 14.23 Uhr: Die *Yamato* kentert über die aufgerissene Backbordseite und explodiert

see« – liegenden Schiffe an. Das Motorschiff *Goya* (5230 BRT) wird mehrfach getroffen, die MES-Leitung (Minen-Eigen-Schutz) sowie das neueste U-Boot-Peilgerät zerstört und Kapitän Plünnecke schwer verwundet.
Die Angriffe gelten vor allem den zu Tausenden am Kai wartenden Flüchtlingen, die hoffen, von einem der Schiffe mitgenommen zu werden. Um 19 Uhr ist endlich der Geleitzug vor Hela zusammengestellt. Die *Goya*, der Dampfer *Kronenfels* und der Hochseeschlepper *Ägier* mit den Sicherungsfahrzeugen *M 256* und *M 328*. Alle Schiffe sind voll mit Flüchtlingen und Verwundeten.
Um 23.50 Uhr befindet sich die *Goya* 12 Seemeilen vor Stolpmünde. An dieser Stelle versenkte am 30. 1. 1945 das sowjetische U-Boot *S-13* (Kpt. 3. Ranges Marinesko) die *Wilhelm Gustloff* und am 10. 2. 1945 den Dampfer *General Steuben*. 8000 Menschen fanden dabei den Tod.

Fünf Minuten vor Mitternacht gibt der Kommandant des sowjetischen U-Bootes *L-3* (Kpt. 3. Ranges Konovalow) den Feuerbefehl. Sekunden danach zerreißen zwei Torpedos den Rumpf der *Goya*. Auf dem Motorschiff ist alles Licht erloschen. Die starke Schlagseite verhindert jedes Rettungsmanöver, kaum ein Boot gelangt zu Wasser. Die Dunkelheit verhüllt das fürchterliche Ende von Tausenden hilfloser Menschen.
Um 23.59 Uhr, vier Minuten nach der Torpedierung, legt sich die *Goya* auf die Seite und versinkt. Von den 6385 Menschen, die auf dem Dampfer waren, werden 165 gerettet. Der Untergang der *Goya* ist die größte Schiffskatastrophe aller Zeiten.

Noch am Mittwoch, dem 25. April 1945, trägt sich die deutsche Führung mit dem Gedanken, die Waffen – selbst wenn Deutschland von Alliierten überflutet sein sollte – keineswegs abzulegen, sondern in Norwegen weiterzukämpfen in der Hoffnung auf eine Schicksalswende. Auch dem im hohen Norden liegenden Wettertrupp wird dies in Aussicht gestellt. Dr. Dege: »Ende April 1945 bekamen wir aus Oslo die Anfrage, ob wir nicht statt bis zum Herbst 1945 bis zum Herbst 1946 auf Spitzbergen bleiben wollten. Man wollte uns in diesem Fall zwei Flugzeuge mit Nachschub zur Verfügung stellen.
Es ist kriegsgeschichtlich sehr interessant, daß offensichtlich die Absicht bestand, von Norwegen aus den Krieg fortzuführen. Aus dem Besuch dieser Flugzeuge wurde aber nichts. Statt dessen erfuhren wir über unsere Funkgeräte von dem deutschen Zusammenbruch an allen Fronten und von der deutschen Kapitulation. Und damit wurden wir nun zum verlorenen Haufen des Zweiten Weltkrieges. Alle Geheimakten über uns und damit auch die Angaben über unsere Position waren vernichtet worden, und wir hörten von unserer Gegenfunkstelle nichts mehr. Was wir aber hörten, interessierte uns wissenschaftlich. Die Sowjets nämlich begannen als erste wieder, die Wetternachrichten unverschlüsselt in den Weltraum zu funken. Und was die Sowjets konnten, das konnten auch wir, sagten wir uns und setzten unsere Wettermeldungen nunmehr unverschlüsselt fort.«

Am Abend des 30. April 1945, zwei Jahre nach Aufzeichnung der Pläne, verläßt *U 2511* (KorvKpt. Schnee), das erste Boot vom Typ XXI (1621 t), den Stützpunkt Bergen (Norwegen). Es ist zugleich die erste und letzte Feindfahrt des ersten Boots von diesem Typ, das durch seine sensationellen Eigenschaften ein echtes Unterwasserschiff ist. Für seine wesentlich größeren Batterien, stärkere E-Maschinen, auch Elektro-U-Boot

genannt. Eine günstigere hydrodynamische Form ermöglichen ihm die Unterwassergeschwindigkeit von 18 Seemeilen. Die völlig geräuschlose Marschfahrt unter Wasser bei 5,5 Seemeilen, dazu ein großer Aktionsradius, um bis zu den Gewässern von Kapstadt ohne Brennstoffergänzung operieren zu können, und »blinde« Torpedoangriffe aus größeren Tiefen unterscheiden es von den bisherigen U-Booten.
752 U-Boote Typ XXI sind bis September 1944 in Auftrag gegeben worden. Der Kommandant des neuen U-Bootes, Korvettenkapitän Schnee, war noch vor kurzem im U-Boot-Führungsstab für die Bearbeitung der großen Geleitzugoperationen, ihre Auswertung und die sich daraus entwickelnde Taktik zuständig.
An Bord von *U 2511* befindet sich auch ein anderer Korvettenkapitän: der leitende Ingenieur Suhren, der ähnlich wie Korvettenkapitän Schnee an der Entstehung dieses U-Boot-Typs von Anfang an mitgewirkt hat. Beide sollen nach den ersten Fahrten Großadmiral Dönitz ein klares Urteil über das neue Boot abgeben. *U 2511* nimmt getaucht Kurs auf den Atlantik.
Bereits am nächsten Tag hat es schon in der Nordsee Feindberührung, sehr zur Verblüffung der alliierten U-Boot-Jagdgruppe, die genau weiß, daß ihr einmal entdecktes U-Boot nicht mehr entkommt. Korvettenkapitän Schnee: »Ich erhöhte die Geschwindigkeit von fünf auf 16 Seemeilen, machte eine Kursänderung von ca. 30 Grad, um unter Wasser die Richtung einzuschlagen, welche die Überwasser-Fahrzeuge genau gegen Wellen und Wind an der Oberfläche führten . . . Wir hörten sie noch lange suchen mit ihren Geräten, jedoch konnten sie das »Neue« bei dieser Verfolgung sicher nicht begreifen. Wir erlebten dann noch mehrere solcher Situationen beim Eintritt in den Atlantik. Kein Bewacher kam dazu, auch nur eine Wasserbombe in die Nähe des Bootes zu werfen.«

Im April 1945, als sich die britischen Truppen nähern, wird der Stab des Befehlshabers der U-Boote nach Flensburg/Mürwik verlegt.

Am 30. April 1945, gegen 18.00 Uhr, bekommt Dönitz ein chiffriertes Funktelegramm aus Berlin: »FRR Großadmiral Dönitz. Anstelle des bisherigen Reichsmarschalls Göring setzt der Führer Sie, Herr Großadmiral, als seinen Nachfolger ein. Schriftliche Vollmacht unterwegs. Ab sofort sollen Sie sämtliche Maßnahmen verfügen, die sich aus der gegenwärtigen Lage ergeben. Bormann.«
Dönitz: »Diese Ernennung überraschte mich völlig . . . Es war mir klar, daß mir die dunkelste Stunde bevorstand, die ein Soldat erleben konnte, die Stunde der bedingungslosen militärischen Kapitulation . . . Mein Regierungsprogramm war einfach: Es galt, soviel Menschenleben zu retten wie möglich.«

Bis Ende April 1945 versenken die deutschen Kleinst-U-Boote »Seehund« (Chef: KorvKpt. Brandi) 120 000 Tonnen Schiffsraum. Auch der französische Zerstörer *La Combattante* ist Opfer der »Seehunde«. Diese Zweimann-U-Boote erweisen sich als erfolgreichstes Kleinkampfmittel der deutschen Kriegsmarine.

Im April 1945 versenken deutsche U-Boote im Atlantik 19 Handelsschiffe mit insgesamt 103 489 BRT. Eigene Verluste: 61 U-Boote.

Am Mittwoch, dem 2. Mai 1945, geht aus dem Stützpunkt Christiansund-Süd *U 977* (Oberlt. z. S. Schäffer) in See. Sein Einsatzbefehl: vor Southampton aufhalten, wenn möglich in den Hafen eindringen. Seine Abschiedsansprache beendet der Flottillenchef obligatorisch: »Kampf bis zum Letzten, wir kapitulieren nie!«

Noch am Donnerstag, dem 3. Mai 1945, wird durch die Seekriegsleitung das Stichwort »Regenbogen«, »der Befehl zur Selbstversenkung aller Einheiten der Kriegsmarine im Falle der Niederlage« bestätigt. Am Tag darauf verteilt jedoch Großadmiral Dönitz der Seekriegsleitung die Anweisung, das Stichwort »Regenbogen« nicht in Kraft treten zu lassen.
Ebenfalls am 3. Mai 1945 sichten 20 Jagdbomber der in Huntington (Mittelengland) stationierten 8. Fighting Group die deutschen Passagierschiffe *Cap Arkona* (27 562 BRT) und *Thielbek* (3000 BRT). Auf beiden Schiffen befinden sich KZ-Häftlinge, die man auf Himmlers Geheiß vor den vorrückenden Engländern aus dem Lager Neuengamme ausquartiert hat. Was mit ihnen geschehen soll, steht nicht in dem Befehl des Reichsführers. In pausenlosen Angriffen versenken RAF-Maschinen die *Cap Arkona* und *Thielbek.* Mehr als 7000 Häftlinge aus 24 Nationen finden dabei den Tod, nur etwa 200 können sich retten. Tausende von Leichen der KZ-Häftlinge werden an Land gespült. Die noch am gleichen Nachmittag in Neustadt (Lübecker Bucht) einmarschierenden britischen Truppen lassen, um eine Epidemie zu verhindern, die Toten an Ort und Stelle in den Dünen in Massengräbern verscharren. Die namenlosen Gräber werden nicht markiert.

In den frühen Morgenstunden des 4. Mai 1945 erreicht der Befehl zur Einstellung der Kampfhandlungen auch das neue Elektro-U-Boot *U 2511* auf seiner ersten Feindfahrt. Kurz danach meldet der Horcher starke Schraubengeräusche aus nördlicher Richtung. Korvettenkapitän Schnee: »Wir gingen auf Sehrohrtiefe, und ich sah im Sehrohr einen englischen Kreuzer der Suffolk-Klasse, von mehreren Zerstörern gesichert. Einen solchen Brocken hatte ich während des ganzen Krieges nicht vor den Bug bekommen, und nun ausgerechnet wenige Stunden nach Einstellung der Kampfhandlungen. Wie beim schulmäßigen Angriff in der Ostsee fuhr ich deshalb weiter in Richtung auf den englischen Kreuzer. Unser Boot untertauchte die Zerstörer-Sicherung und ging dann zwischen Sicherung und Kreuzer wieder auf Sehrohrtiefe. Erst dann ließ ich meinen L. I. und den W. O. durch das Sehrohr blicken und den seltenen Anblick eines feindlichen Kreuzers erleben. Das Boot stand zu diesem Zeitpunkt 600 Meter seitlich vor dem Kreuzer, einer Schußentfernung, die in jedem Fall zum

Ende April 1945, Bergen:
Im norwegischen Stützpunkt liegen elf frontreife U-Boote vom Typ XXI. Nur eines davon, *U 2511* (Mitte), ist auf Feindfahrt gewesen

Erfolg führt. Dann ging es wieder auf Tiefe unter dem Kreuzer hindurch. Der Heimmarsch wurde fortgesetzt.«

Am gleichen Tag empfängt *U 234* (KptLt. Fehler), das sich jetzt im Atlantik auf dem Weg nach Japan befindet, ebenfalls den Befehl von Großadmiral Dönitz an alle U-Boote, den nächstliegenden feindlichen Hafen anzulaufen. Oberst der Flakartillerie v. Sandrart im Stab des Generals Kessler: »Was nun? Wir hatten zwei hohe japanische Offiziere an Bord, Japan kämpfte weiter. Als erstes beschlossen wir, die Japaner von der Lage zu unterrichten und sie gefangenzusetzen. Sie waren keineswegs überrascht. Auch die Gefangennahme ließen sie mit gleichbleibender, lächelnder Höflichkeit über sich ergehen. Die Ausführung war allerdings schwierig. Ich schlug daher vor, daß ich mit den Japanern, mit denen ich schon so lange in bester Kameradschaft gelebt hatte, ein offenes Wort sprechen wollte. Der Kommandant und General Kessler war einverstanden. Ich eröffnete den Japanern, welche Befürchtungen wir hätten. Sie gaben offen zu, zuerst die Absicht gehabt zu haben, das Boot zu vernichten, was ihnen ein leichtes gewesen wäre, da der eine von ihnen, Oberstleutnant Tomonaga, U-Boot-Fachmann war. Doch mit Rücksicht auf die Kameradschaft mit uns hätten sie es nicht übers Herz gebracht. Ihre Offiziersehre verbiete ihnen, sich lebend dem Feinde auszuliefern. Sie gaben mir ihr Ehrenwort, daß das Boot nichts von ihnen zu befürchten habe. Unter diesen Umständen hob der Kommandant sofort die ohnehin problematische Bewachung auf. Sie warfen ihre Geheimakten über Bord, legten sich nebeneinander in die Koje über mir und nahmen eine tödliche Dosis Luminal. Endlos lange dauerte ihr langsames Sterben . . . Wir tauchten auf und gaben durch Funk unsere Position an. Ein amerikanischer Zerstörer hatte den Spruch aufgenommen . . . Wenige Stunden später stand die Rauchfahne des amerikanischen Zerstörers *Sutton* am Horizont. Der schwere Weg in die Gefangenschaft begann.«

Ebenfalls am 4. Mai 1945 erhält *U 977* (Oberlt. z. S. Schäffer) den Funkspruch von Großadmiral Dönitz, den es übrigens für eine alliierte Finte hält, da er ohne Unterschrift ist. Der nächste aufgefangene Funkspruch erscheint noch ominöser: »Die deutschen U-Boote sollen sofort auftauchen, dann den Standort melden, die Waffen vernichten und eine blaue Flagge zeigen.« Der Befehl trägt die Unterschrift »Alliiertes Komitee«.

Nun beschließt Oberleutnant zur See Schäffer, das ferne Argentinien anzusteuern. Treibstoff und Verpflegung sind ausreichend an Bord, man hofft, in dem deutschfreundlichen Land sich eine neue Zukunft aufbauen zu können. Die Besatzung stimmt ab: Von den 48 Mann entscheiden sich 30 für Argentinien, zwei Männern wäre Spanien lieber, 16 Unteroffiziere – die meisten verheiratet und Familienväter – wollen heim. Sie werden in der kommenden Nacht nahe Bergen (Norwegen) an Land gebracht. Mit der Nachricht »Boot auf eine Mine gelaufen und gesunken« melden sich die 16 Männer als einzige Überlebende von *U 977*; so wird das Boot in die Verlustliste eingetragen.

Jetzt, nachdem die alten erfahrenen Unteroffiziere von Bord sind, ist für die verbliebenen Matrosen und Gefreiten bereits jedes Alarmtauchen ein riskantes Manöver. So z. B. bei einem Alarmtauchen vergißt der Erste Wachoffizier, das Sehrohr einzuziehen. In 100 Meter Tiefe halten die Drahtseile dem Wasserdruck nicht mehr stand, das Sehrohr schlägt auf das Deck, und die Prismen werden beschädigt. Das zweite Sehrohr, ausschließlich für Angriffe bei Dunkelheit bestimmt, ist gerade beim Schnorcheln zu kurz.

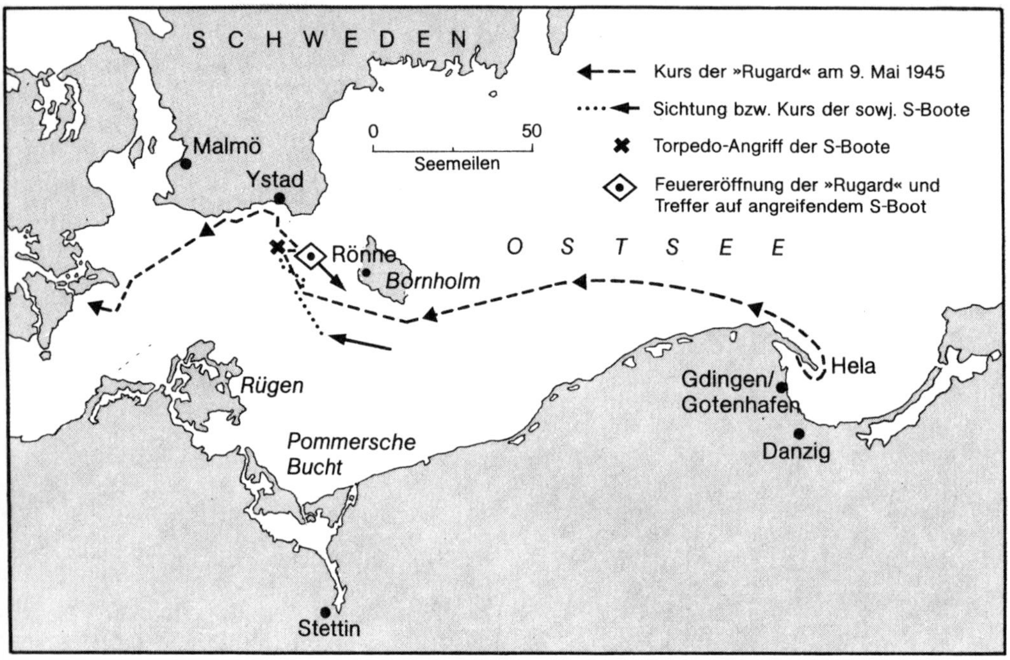

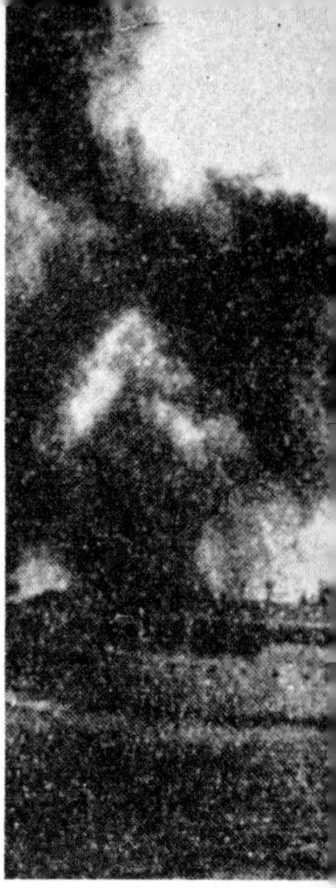

Links: 9. 5. 1945, 18 Uhr: Das letzte Gefecht der deutschen Kriegsmarine im Zweiten Weltkrieg

Rechts: Ex-Bäderdampfer *Rugard:*
Mit einer französischen Kanone aus dem Ersten Weltkrieg im letzten Gefecht des Zweiten Weltkriegs

Auch ein zweites deutsches U-Boot nimmt Kurs auf Argentinen: *U 530* (Oberlt. z. S. Wehrmuth).

Am Sonnabend, dem 5. Mai 1945, läuft das Elektro-U-Boot *U 2511* nach seiner ersten Feindfahrt in Bergen ein. Im Hafen liegt der britische Kreuzer mit seiner Eskorte, den *U 2511* am Vortag auf seinem Rückmarsch gesichtet hat. Korvettenkapitän Schnee: »Ich wurde sofort auf den englischen Kreuzer gebracht und dort der Admiralität vorgeführt. Begreiflicherweise war ich bei diesem ersten Zusammentreffen mit dem Feind recht schweigsam und beantwortete so gut wie nichts. Doch dann, als mich der englische Admiral nach meinen Feindberührungen auf dieser letzten Fahrt fragte, sagte ich ihm, daß meine letzte Berührung mit dem Feinde eben dieser Kreuzer gewesen sei, auf dem wir uns befanden. Nun wurde es turbulent. Man hielt es für völlig ausgeschlossen. Der Kommandant des Kreuzers und die Zerstörer-Kommandanten wurden befragt, und schließlich konnte der Beweis dazu erst erbracht werden, nachdem alle Logbücher und das meinige miteinander verglichen wurden und die Übereinstimmung der Standorte zum Zeitpunkt des Angriffes so bestätigt werden konnte.«

Eisenhower, als Oberbefehlshaber der alliierten Streitkräfte in Europa, verlangt die gleichzeitige Gesamtkapitulation an allen Fronten. Damit soll jeder Soldat die Waffen dort niederlegen, wo er sich gerade befindet. Nur die zugestandene Hinausschiebung des Inkrafttretens der Gesamtkapitulation (Field Marshal Montgomery: »Ich bin kein Unmensch.«) um zweimal 24 Stunden auf den 9. Mai 1945, 0.00 Uhr, gibt noch begrenzt die Möglichkeit, die Rettungsaktionen der Kriegsmarine in der Ostsee fortzuführen.

Am Sonntag, dem 6. Mai 1945, wird die Tageshöchstleistung der gesamten Flüchtlings-Rettungsaktion erreicht: 43 000 Menschen.

Am Montag, dem 7. Mai 1945, um 2.41 Uhr morgens, unterzeichnet General Jodl in Reims – bevollmächtigt durch Großadmiral Dönitz – die Einstellung der Feindseligkeiten an allen Fronten.
Am gleichen Tag fliegt das RAF-Küstenkommando den letzten Angriff auf ein deutsches U-Boot. Ein »Catalina«-Flugboot der 210. Squadron (Lt. K. Murray) ortet zwischen den Shetland-Inseln und Norwegen ein unter Wasser gestopptes U-Boot und registriert Motoren- und Triebwerkgeräusche, die anzeigen, daß das U-Boot in Schwierigkeiten sein muß. Die »Catalina« wirft eine Serie von Wasserbomben ab. Es ist *U 320* (Oblt. Emmerich); das U-Boot funkt später, daß es schwer beschädigt sei. Am Mittwoch, dem 9. Mai 1945, geht *U 320* vor Bergen (Norwegen) mit der ganzen Besatzung unter.
Ebenfalls am 7. Mai 1945 versenkt ein deutsches U-Boot vom Typ XXIII, *U 2336* (Oberlt. z. S. Klusmeyer) aus einem Konvoi vor dem Firth of Forth den Frachter *Sneland I* (1791 BRT) sowie die *Avondale Park* (2878 BRT) und entkommt unbemerkt. Es ist der letzte deutsche U-Boot-Erfolg im Zweiten Weltkrieg.

Vom 1.–7. Mai 1945 versenken deutsche U-Boote im Atlantik vier Handelsschiffe mit insgesamt 10 370 BRT. Eigene Verluste: 40 U-Boote.

Am Nachmittag des 8. Mai 1945 verläßt der Ex-Bäderdampfer *Rugard* mit etwa 600 Soldaten – ehemalige Kurlandkämpfer, denen die Übersetzung nach Hela gelang – den kleinen Hafen von Hela, gefolgt von Räumbooten und dem F-Boot der 9. Sicherungsdivision

(FregKpt. v. Blanc). In wenigen Stunden tritt die Kapitulation in Kraft. Das »Restgeleit des Zweiten Weltkrieges« soll versuchen, entlang der schwedischen Hoheitsgewässer die Kieler Bucht zu erreichen. Wird die *Rugard* von sowjetischen Kriegsfahrzeugen angegriffen, ist ihre einzige Hoffnung eine veraltete Oberdeckkanone französischer Provenienz, Kaliber 7,5 cm.
Obermaat Pittler: »Wir schauten noch einmal über die Danziger Bucht . . . Bei klarer Sicht konnte man mit einem guten Glas russische Truppenbewegungen deutlich ausmachen . . . Am Rande der Halbinsel standen die, die zurückbleiben mußten, weil kein Schiffsraum mehr zur Verfügung stand. Ich werde niemals jenen Salut der Verzweiflung vergessen, den die 8,8-cm-Geschütze von Hela abfeuerten, als wir der offenen See zustrebten . . . Jeder Winkel, jede Kabine war mit Landsern überfüllt, die das Glück hatten, in letzter Minute noch an Bord zu gelangen.« Die ersten Stunden verlaufen ohne Zwischenfälle, und es herrscht an Bord der altersschwachen *Rugard*, die früher zwischen Stettin und der Insel Rügen pendelte, hoffnungsvolle Stimmung.
In den Abendstunden des 8. Mai 1945 laufen noch die drei Torpedoboote *Karl Galster, T 23* und *T 28* auf die Reede von Hela. Sie übernehmen die Soldaten des Grenadierregiments 61 und der Sturmgeschützbrigade 232. *T 28* ist das letzte von Hela ablegende Boot.
Ab Mitternacht vom 8./9. Mai 1945 schweigen die Waffen. Bis zum Nachmittag des 9. Mai 1945 erreichen die letzten deutschen Kriegsschiffe Kiel und Glücksburg. Sie laden noch insgesamt 21 000 Soldaten und Flüchtlinge aus.
Obermaat Pittler von der Rugard: »Gegen 18 Uhr am 9. Mai 1945, Bornholm lag längst hinter uns, meldete der Achternausguck auf der *Rugard* plötzlich vier Bugwellen, die sich rasch näherten . . . Die anlaufenden Boote entpuppten sich als sowjetische S-Boote. In kaum 200 Meter Abstand preschten sie zunächst einmal vorbei und versuchten dem Führer-Boot der 9. S. D. nebst den begleitenden R-Booten den Weg abzuschneiden.«
Eines der sowjetischen S-Boote legt direkt an der Bordwand der *Rugard* an. Der sowjetische Kommandant ruft zur Brücke hinauf: »Schipp soforrt zurruck – sonst alle kapputt!« – und deutet auf die schußbereiten Torpedos. Danach legt das S-Boot wieder ab und bleibt achteraus in der Annahme, der Dampfer wird den befohlenen Kurs einschlagen.
Pittler: »Beide Maschinen äußerste Kraft voraus! – befahl der kommandoführende Offizier der *Rugard*. Das Schiff machte einen Satz nach vorwärts, als die Schrauben – von vielen PS angetrieben – wild zu rotieren begannen. Die Dreimeilenzone war in unmittelbarer Nähe, und in der Ferne glitzerten bereits die Lichter einer schwedischen Hafenstadt.« Man hofft vergeblich, die S-Boote abschütteln zu können. Bald bleibt die *Rugard* auf sich allein gestellt, da die anderen R-Boote mit äußerster Kraft ablaufen, um den Verfolgern zu entkommen.
Der Brückenposten des Dampfers meldet zuerst einen, dann den zweiten Torpedo, denen die *Rugard* um Haaresbreite entgeht. Die S-Boote eröffnen jetzt das Feuer mit Maschinenwaffen, und nun erhält die achteraus der Brücke stehende Kanone Feuererlaubnis. Pittler: »Dicht bei dem an der Spitze fahrenden Russenboot stieß eine Fontäne aus dem Wasser. Schon der zweite bzw. dritte Schuß sitzt mitten im Ziel. In eine Qualmwolke gehüllt, entschwand das sowjetische S-Boot unseren Blicken, und wenig später, als sich die dunkle Wand verzogen hatte, sahen wir nur noch drei Schnellboote, die sich – von den Salven der letzten Kanone, die von einem deutschen Kriegsschiff im Zweiten Weltkrieg erschallten, sehr beeindruckt – feuernd zurückzogen . . . Im Schutz des Dunstes, der über dem Wasser schwebte, liefen wir noch einige Seemeilen entlang der Schwedenküste, die wenige Seemeilen von uns entfernt in friedensmäßigem Glanz erstrahlte.«

Am Donnerstag, dem 10. Mai 1945, läuft im ersten Morgengrauen die *Rugard* nach der letzten Seekampfhandlung in europäischen Gewässern in die Strander Bucht bei Kiel ein.

Etwa 20 000 Menschen gehen auf dem Seeweg verloren – ein grausamer Tribut der Rettungsaktion – die in den Annalen des Seekrieges keine Parallele hat. Nach neuesten Berechnungen ist 2 204 477 Menschen, darunter 1 420 000 Flüchtlinge, dank der Kriegsmarine die Flucht über See gelungen. So betragen die Verluste kaum ein Prozent. Auf dem Landweg dagegen schätzt man sie auf 16 Prozent.
Die deutsche Kriegsmarine hat bis zuletzt die Seeherrschaft in der Ostsee behalten, nur so war es ihr möglich, die an der Küste stehenden, vom Landesinnern her bedrohten eigenen Truppen in ihrem Abwehrkampf von See her zu unterstützen.
In den Brückenköpfen bleiben von den letzten Verteidigern zurück: etwa 60 000 Mann auf der Halbinsel Hela, 20 000 an der Weichselmündung, 10 000 in Ostpreußen

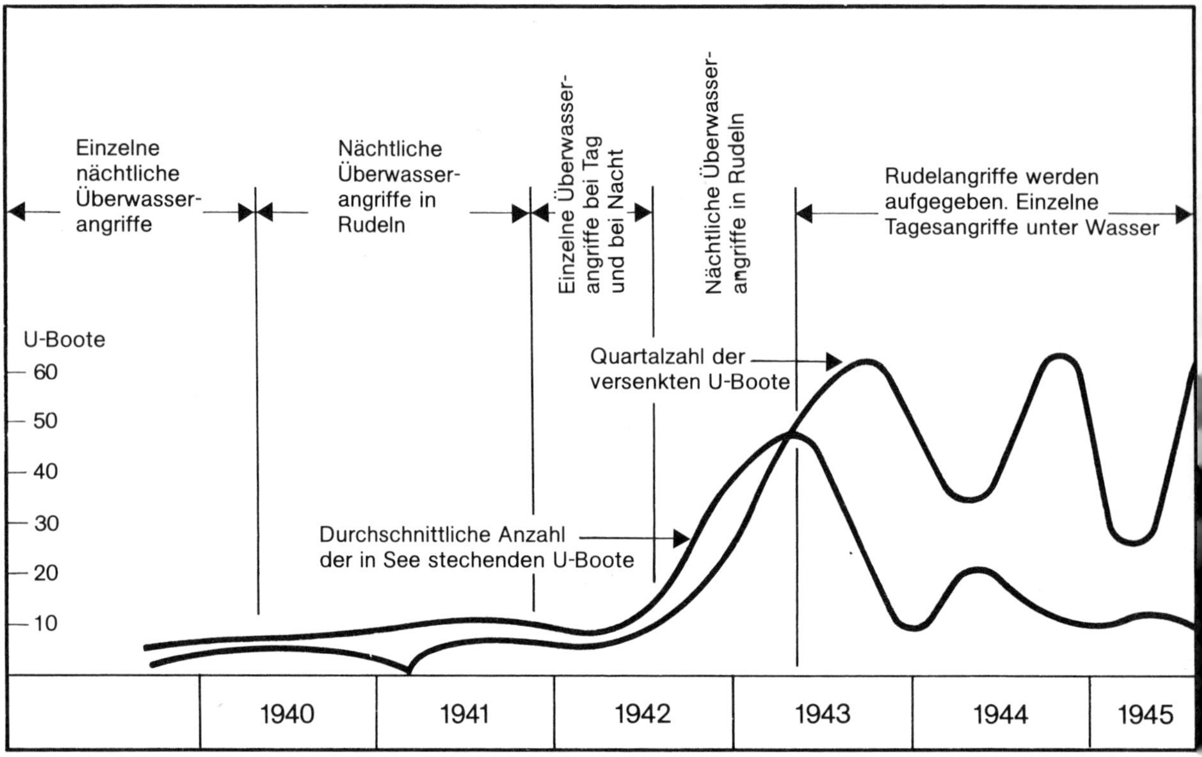

Die Auswirkungen des Geleitzug-Systems in den Jahren 1939 bis 1945

und 200 000 in Kurland. Sie müssen den langen Weg in die sibirischen KG-Lager antreten.

Vom 1. 9. 1939 bis 8. 5. 1945 wurden zu den bereits 57 bei Kriegsausbruch vorhandenen U-Booten weitere 1113 in Dienst gestellt. Von 863 deutschen U-Booten im Fronteinsatz wurden 630 auf Feindfahrt versenkt. Von etwa 41 300 U-Boot-Männern, die an der Front standen, sind nach Angaben der Wehrmachtsauskunftstelle Berlin rund 25 870 vor dem Feind geblieben. Im Vergleich zu den anderen Waffengattungen der deutschen Wehrmacht haben die U-Boot-Besatzungen die meisten Opfer gebracht.
In den Einsatzhäfen und im Heimatgebiet gingen durch Bombenangriffe und Minen 81 U-Boote verloren, weitere 42 durch verschiedene Unfälle. Bei Kriegsende und zuvor bei Räumung der Stützpunkte versenkten eigene Besatzungen 215 U-Boote. In alliierte Häfen wurden nach Kriegsende 153 U-Boote überführt.
Die Royal Air Force hat eine bemerkenswerte Leistung erbracht: Sie versenkte mehr deutsche U-Boote als die Royal Navy, obwohl die Flugzeuge im Gegensatz zur Marine keine Unterwasser-Ortungsgeräte hatten.
Die Niederlage der deutschen Kriegsmarine war trotz ihres aufopfernden Kampfes nicht zu verhindern: Hitler war bis Ende 1942 noch davon überzeugt, daß die Erfolge zu Lande den Endsieg bringen würden. Er sah sich außerstande, eine gemeinsame vernünftige Strategie für die Kriegsmarine und Luftwaffe zu konzipieren. Die neuen U-Boot-Typen, die den Kampf auf den Weltmeeren revolutionieren sollten, kamen viel zu spät, um die Schlacht im Atlantik noch zu beeinflussen. Von ihrer Existenz profitierten nur die Alliierten: Nach der Kapitulation wurden sie zum Vorbild für ihre modernsten U-Boot-Konstruktionen.
5150 alliierte Handelsschiffe aller Art mit insgesamt 21 570 720 BRT wurden im Zweiten Weltkrieg versenkt, diesen Verlusten stehen rund 38,9 Millionen BRT Neubauten gegenüber.
Deutsche U-Boote versenkten 2779 Schiffe mit 14 119 413 BRT. Die deutsche Handelsflotte verlor 1563 Schiffe mit insgesamt 3 Millionen BRT. Bei Kriegsbeginn gab es 4,5 Millionen BRT Schiffsraum.
Von 2660 Schiffsladungen, die im Rahmen des Lend-Lease-Abkommens USA und Großbritannien an die UdSSR verschickt haben, gelang es der deutschen Kriegsmarine und Luftwaffe – trotz aller Anstrengungen und spektakulären Erfolge – nur einen winzigen Teil davon zu versenken: Auf der Murmansk-Route gingen 77 alliierte Schiffe verloren. Es besteht kein Zweifel, obwohl es noch heute in Moskau nicht zugegeben wird, daß diese Lieferungen den Sowjets entscheidend geholfen haben, ihre enormen Verluste in den ersten Monaten nach Hitlers Überfall zu überwinden. Es waren u. a. 17 246 Flugzeuge, 15 000 Panzer, 427 284 Lkw und 345 735 Tonnen Munition. Die Sowjetunion schuldet den USA dafür bis heute 12 Milliarden US-Golddollar. So haben indirekt die Seestreitkräfte der Westalliierten kriegsentscheidenden Anteil auch an den Landoperationen in Osteuropa.

7. 5. 1945, Hamburg, U-Boot-Werft:
Offiziere der Royal Navy angesichts ihres gefährlichsten Gegners

Kurz nach der deutschen Kapitulation rollt über die stillen Landstraßen in Thüringen eine sonderbare Jeep- und Lastwagenkolonne, auf den Fahrzeugen Soldaten der Royal Marines, einem Spezialtrupp der britischen Admiralität, der während des Krieges bei schwierigen amphibischen Operationen eingesetzt wurde und jetzt mitten auf dem von Chaos heimgesuchten Kontinent eine seiner letzten Aufgaben zu erfüllen hat.
Die Task Force, ein Sonderkommando unter einem der leitenden Offiziere des IOC (Geheimdienst der britischen Admiralität), dem Fregattenkapitän Jan Fleming (geistiger Vater von James Bond – 007) ist unterwegs, um im Handstreich das gesamte Archiv der deutschen Kriegsmarine von Anbeginn im Jahre 1871 bis 1945 noch vor den Amerikanern und Sowjets sicherzustellen. Die britische Admiralität verspricht sich von den Akten nicht nur die Lösung verschiedener Geheimnisse der deutschen Seekriegsleitung, aber auch wichtige Hinweise, wie man in Zukunft Großbritannien im Falle eines neuen Krieges vor den Gefahren, die seinen Nachschubwegen drohen, schützen kann. Fleming, einer der besten Männer des IOC, hat bereits vor Monaten ausgekundschaftet, daß das Archiv der deutschen Kriegsmarine im Herbst 1944 wegen der Luftangriffe von Berlin auf ein Gut bei Tambach (Thüringen) verlagert wurde. In dem großen Gutspark wird ein Teich ausgelassen und der ausgetrocknete Grund mit Holzscheiten belegt. Sie sollen zu gegebener Zeit bei Annäherung des Feindes mit Benzin übergossen werden, um die riesigen Aktenberge zu vernichten. In dem strengen Winter 1944/45 spielen jedoch die Einwohner von Tambach dem OKM unbewußt einen Streich: Sie holen die für sie offenbar nutzlos dort herumliegenden Holzscheite und verbrennen sie in den eigenen Öfen.
Nachdem Anfang Mai 1945 die amerikanischen Truppen in Thüringen einmarschieren, beschlagnahmen sie den reizvoll gelegenen Herrensitz als Quartier für US-Offiziere. Keiner jedoch schenkt dem im Obergeschoß und auf dem Dachboden der geräumigen Residenz lagernden Aktenstapel Aufmerksamkeit.
Unerwartet fährt die britische Task Force unter Fregattenkapitän Fleming – nun als amerikanische MP verkleidet – vor dem Gutsgebäude vor, und die US-Wachtposten machen keine Anstalten, sie bei der Arbeit zu behindern. Die Engländer verladen im Eiltempo das gesamte Archiv auf Lastwagen und verschwinden genauso plötzlich, wie sie gekommen sind.
Einige Zeit später wird Thüringen kraft des Abkommens von Jalta von der Roten Armee besetzt. Das Archiv der deutschen Kriegsmarine gelangt unversehrt nach London, wo es später der Naval Historical Branch der Admiralität übergeben wird, die zur Verwaltung der Beuteakten die Foreign Documents Section (Cdr. M. G. Saunders) errichtet. Hier liegt – wenigstens, was die BdU-Akten betrifft – bis heute der wichtigste Teil des Archivs der deutschen Kriegsmarine, einiges davon weiterhin auf der Geheimliste.

Am Montag, dem 14. Mai 1945, fällt einer der erfolgreichsten U-Boot-Kommandanten (versenkter Schiffsraum:

Links: Juli 1945, Nordland (Spitzbergen), Wettertrupp »Haudegen«: ». . . bis in den Sommer hinein auf Reisen von über 1000 km mit selbstgezogenen Hundeschlitten und auf Skiern das Land erforscht«

Rechts: Die Verluste der Kaiserlich Japanischen Marine vom Dezember 1941 bis August 1945

225712 BRT und längste Feindfahrt des Krieges: 205 Tage) einem tragischen Zwischenfall zum Opfer. Kapitän zur See Wolfgang Lüth geht in der Dunkelheit durch das Gelände der Marineschule Flensburg-Mürwik, dessen Kommandant er ist, und überhört den Anruf des deutschen Wachtpostens, der den Befehl hat, bei Nichtbeachtung sofort zu schießen. Nach dem ersten Schuß stürzt Lüth tödlich getroffen zu Boden.

Am Dienstag, dem 5. Juni 1945, geraten Teile der 5. US-Flotte in der Philippinen-See in einen schweren Taifun. Zahlreiche Kriegsschiffe, darunter vier Schlachtschiffe sowie vier Flugzeugträger, werden ernsthaft beschädigt. Insgesamt müssen 36 Schiffe in die Reparatur-Docks, 150 Flugzeuge gehen verloren.

Am Sonntag, dem 17. Juni 1945, befindet sich *U 977* (Oberlt. z. S. Schäffer) bereits sieben Wochen auf der Unterwasserfahrt, ohne Sonne, ohne ausreichende frische Luft, keine Abwechslung – und immer die gleichen Gesichter. Oft kreuzt sein Weg gen Süden die U-Boot-Jagdgruppen, und bei solchen Begegnungen erwartet die Besatzung jeden Augenblick die Detonation von Wasserbomben. Mit zunehmender Wärme entwickelt sich im Boot die erdrückende Atmosphäre eines Treibhauses. Auf die Wände legt sich dicker Schimmel, die Metallteile sind mit Rost bedeckt. Die Sachen kleben am Körper, und das Waschen mit Salzwasser verursacht schmerzliches Jucken und Furunkulose. Das Maschinenpersonal leidet besonders: Hände, Gesicht und Oberkörper sind mit einer Schmierkruste bedeckt, die man nicht los wird.

Am Sonntag, dem 1. Juli 1945, ist *U 977* nun seit zwei Monaten auf der Fahrt nach Argentinien. Oberleutnant zur See Schäffer:
»60 Tage unter Wasser. Jetzt beginnen wir wahrhaftig auch selbst zu verschimmeln. Die letzte Farbe ist aus den Gesichtern entschwunden. Die Augen haben ihren Glanz verloren. Dunkle Bärte rahmen die schmalen und blassen Gesichter ein. Wir haben keinen Appetit mehr, Hustenanfälle mehren sich. Nur noch wenig unterhalten wir uns. Mechanisch wird der Dienst versehen. Man glaubt, wandelnde Leichen zu sehen.«

Am Montag, dem 2. Juli 1945, findet der erste Einsatz einer See-Boden-Rakete von einem U-Boot aus statt: Das amerikanische U-Boot *Barb* (Cdr. Fluckey) beschießt das zu den Kurilen gehörende Kaihyo Island, auf dem sich eine japanische Garnison befindet. Die dabei verwendete Salven-Rakete besitzt ein 6,5-cm-Raketentriebwerk und einen hochbrisanten 12,7-cm-Gefechtskopf mit Aufschlagzünder, von einem windgetriebenen Rotor scharf gemacht.

In der Nacht vom 6./7. Juli 1945 taucht nach 66 Tagen, einer der ersten Unterwasser-Langstreckenfahrten der Seegeschichte, *U 977* irgendwo nördlich der Azoren auf. Oberleutnant zur See Schäffer: »Ich öffnete den Lukendeckel und stand auf der Brücke. Hinter mir der Erste Wachoffizier. Ein prüfender Rundblick. Kein Fahrzeug in Sicht. Über mir öffnete sich die Unendlichkeit eines Himmels, an dem die Sterne gleich leuchtenden Diamanten prangten . . .«

Während in Deutschland nach den Kriegswirren langsam das Leben in normalere Bahnen zurückkehrt und in München am Sonntag, dem 8. Juli 1945, die Philharmoniker unter Leitung von Eugen Jochum im total ausverkauften Prinzregententheater ihr erstes Konzert mit Werken von Mozart und Tschaikowsky geben, hält in der Arktis der Wettertrupp »Haudegen« immer noch seine Stellung. Dr. Dege: »Wir haben bis in den Sommer hinein auf Reisen von über 1000 Kilometern mit

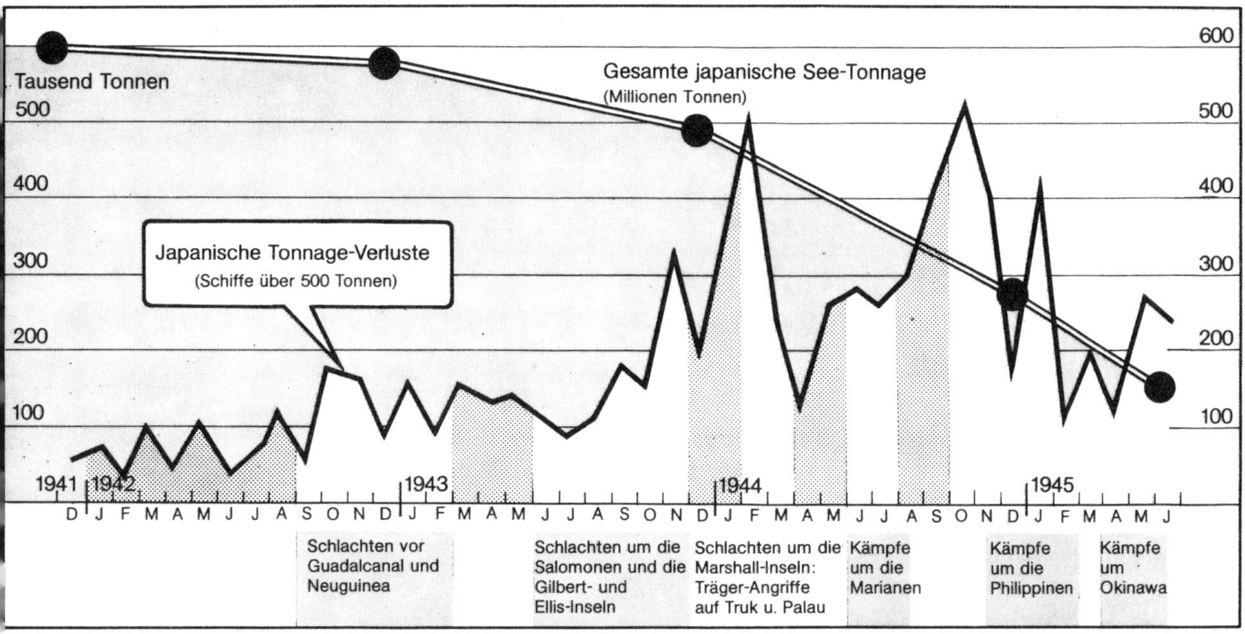

selbstgezogenen Hundeschlitten und auf Skiern das Land erforscht.
Aber mehr und mehr beunruhigte uns die Situation in der Heimat. Wir selber waren in bestem körperlichen und seelischen Zustand, aber wir waren beunruhigt, wie es in der Heimat stehen würde. Und als dann die ersten Eisschleier wieder in den Fjord hineintrieben, da fragten wir bei unserer Gegenfunkstelle an, ob man uns noch in diesem Jahr abholen würde.«

Am Dienstag, dem 10. Juli 1945, erreicht *U 530* (Oberlt. z. S. Wehrmuth) den Mar del Plata. Die Radiomeldung darüber ist für die Besatzung von *U 977* eine Sensation. Die argentinischen Behörden liefern einige Tage später die Besatzung und das Boot an die USA aus.

Am Mittwoch, dem 11. Juli 1945, während in der zerbombten deutschen Hauptstadt die erste Sitzung der Alliierten Kommandantur beginnt, werden die letzten fahrbereiten deutschen U-Boote, die britische Truppen in Wilhelmshaven und anderen Kriegsmarine-Stützpunkten vorfanden, nach England überführt. Keiner ahnt weder etwas von der Anwesenheit des U-Bootes *U 977* im mittleren Atlantik noch von der letzten Einheit der Kriegsmarine, dem Wettertrupp »Haudegen«, der am Rande der Arktis im Nordland (Spitzbergen) seinen Dienst weiterhin verrichtet.

Nach dem Ende des Krieges in Europa entscheidet sich die japanische Regierung, die Sowjets um die Vermittlung für Waffenstillstandsverhandlungen mit den Amerikanern zu bitten, und wendet sich an J. Malik, den sowjetischen Botschafter in Japan. Jedoch die Sowjets antworten nicht.
Erst am Donnerstag, dem 12. Juli 1945, wird der japanische Botschafter in Moskau durch einen Funkspruch aus Tokio angewiesen, sich direkt mit der sowjetischen Regierung in Verbindung zu setzen. Die Amerikaner, die den japanischen Code seit langem kennen, erfahren dadurch den Inhalt des Funkspruches.

In der tropischen Wärme des Mittelatlantiks läuft jetzt *U 977* am Tage getaucht und nachts über Wasser mit Positionslichtern. Es begegnet dabei vielen Schiffen; ein Passagierdampfer überholt das Boot. Sehnsüchtig schauen die Männer auf den Luxus-Liner, der wie ein Lichtberg majestätisch seine Bahn zieht; gedämpfte Tanzmusik schallt zu *U 977* herüber.
Bald stellt sich heraus, daß sie auch tagsüber nicht mehr unter Wasser zu fahren brauchen. Aus Leinwand werden Tarnflächen gefertigt und so aufgestellt, daß *U 977* aus der Ferne die Silhouette eines kleinen Kohlendampfers annimmt. Ein Kamin aus Blechdosen mit ölgetränkten Lappen sorgt für stilechten Qualm. Die Besatzung genießt die trügerische Freiheit, schwimmt, fängt Fische oder döst einfach auf dem Deck.

Am Dienstag, dem 24. Juli 1945, geben die letzten Japaner auf Okinawa ihren Widerstand auf. Die 82 Tage dauernden Kämpfe (ab 1. 4. 1945) sind die härtesten im Pazifik-Krieg. 12 000 amerikanische Soldaten sind gefallen, 36 000 verwundet. Die Japaner verlieren 110 000 Mann.

Am späten Abend des 29. Juli 1945 schießt östlich von Luzon das japanische U-Boot *I-58* (KorvKpt. Hashimoto) einen Sechsfächer-Torpedo auf den Schweren US-Kreuzer *Indianapolis* (Capt. McVay). Das einzeln fahrende Schiff hat gerade Teile der Atombomben von San Francisco nach Tinian gebracht und befindet sich auf dem Rückweg nach Leyte. Zwei der sechs Torpedos treffen den 9950-Tonnen-Kreuzer, der innerhalb von 2 Minuten mit 883 Mann sinkt. US-Flugboote und

17. 8. 1945, Mar del Plata:
Nach 108 Tagen erreicht *U 977* sein Ziel.
Rechts das argentinische U-Boot-Mutterschiff

Zerstörer retten 316 Überlebende. Es ist zugleich der größte und letzte japanische U-Boot-Erfolg des Krieges.

Am Montag, dem 30. Juli 1945 um 10.30 Uhr, dringen die beiden britischen Klein-U-Boote, *XE-1* (Lt. Smart) und *XE-3* (Lt. Fraser), bis zu den von Minenräumfahrzeugen bewachten Netzsperren an der Hafeneinfahrt von Singapur vor (Operation »Hard Job«). Ihr Ziel: Vernichtung des japanischen Schweren Kreuzers *Takao* (13 400 t), der hier überholt wird. Die Besatzungen der beiden Klein-U-Boote durchschneiden eine der Netzsperren und erreichen um 13.40 Uhr den vor Anker liegenden Kreuzer. Erst nach 40 Minuten gelingt es *XE-3,* eine geeignete Stelle im seichten Wasser zu finden, wo es unter der *Takao* hindurchtauchen kann. Ein Kampfschwimmer befestigt am Schiffsrumpf sechs »Limpets«-Haftminen. *XE-1* und *XE-3* gelangen unbemerkt wieder in die offene See, treffen ihre beiden Schlepp-U-Boote *Stygian* und *Spark,* die sie zu ihrem Stützpunkt Labuan (Borneo) zurückbringen.
Am nächsten Tag, dem 31. Juli 1945 um 21.30 Uhr, detonieren die »Limpets«. Der Kreuzer *Takao* setzt mit Totalschaden auf Grund. Die Operation »Hard Job« ist der letzte Einsatz von Klein-U-Booten im Zweiten Weltkrieg.

Am Montag, dem 6. August 1945, wirft die Superfortress B-29 »Enola Gay« (Col. Tibbets) der 20. USAAF die erste Atombombe (Uran) auf den wichtigsten Flottenstützpunkt Hiroshima. 92 167 Menschen finden dabei den Tod, 37 425 erleiden zum Teil schwere Verletzungen.

Am gleichen Tag überrascht ein japanisches Flugzeug vor der Küste von Bali das aufgetauchte amerikanische U-Boot *Bullhead* (Lt.Cdr. Holt). Die Maschine geht sofort zum Angriff über und versenkt mit zwei Volltreffern das U-Boot samt der ganzen Besatzung. Es ist das letzte von Japanern versenkte U-Boot.

Am Mittwoch, dem 8. August 1945, erklärt die UdSSR Japan den Krieg. Die sowjetische Pazifikflotte (Adm. Jumasew) beginnt ihre Operationen gegen die Schiffsrouten, die das japanische Mutterland mit den Streitkräften in China verbindet.

Am Donnerstag, dem 9. August 1945, wirft die Superfortress B-29 (Maj. Sweeney) die zweite Atombombe (Plutonium) ab. Diesmal ist das Ziel Nagasaki. Die Opfer: etwa 40 000 Tote und 60 000 Verletzte.

Am Sonntag, dem 12. August 1945, beginnt die Landung der sowjetischen Verbände an der nördlichen Ostküste Koreas. Diese Operation soll den Vormarsch der sowjetischen 25. Armee der 1. Fernostfront (Marschall Merezkow) unterstützen. Schwache japanische Kräfte leisten nur stellenweise Widerstand.
Am gleichen Tag führen die bemannten »Kaiten«-Torpedos den letzten Angriff des Zweiten Weltkrieges durch. Einer der »Kaiten«, vom U-Boot *I-58* (KorvKpt. Hashimoto) ausgesetzt, streift das Dock-Landungsschiff LSD 7 *Oakhill.*

Ab Donnerstag, dem 16. August 1945, führt die sowjetische Nordpazifikflotte (Vizeadm. Andrew) Landungen an mehreren Küstenabschnitten von Süd-Sachalin durch.

Am frühen Morgen des 17. August 1945, nach 108 Tagen, erreicht *U 977* sein Ziel: Die argentinische

4. 9. 1945, Nordland (Spitzbergen), Wettertrupp »Haudegen«: Die letzte deutsche Einheit des Zweiten Weltkrieges

Küste hebt sich klar vom Horizont ab, das Boot steuert den Leuchtturm von Mar del Plata an. Die gesamte Freiwache drängt sich auf die Brücke. Noch außerhalb der Dreimeilenzone gibt das Boot Lichtzeichen an die Signalstelle: »German Submarine«. Nach einer Weile legt eine Motorbarkasse neben *U 977* an, und weißbekleidete argentinische Offiziere kommen an Bord. Sie sollen das Boot in den Hafen bringen und vor allem die Versenkung oder Beschädigung des U-Bootes verhindern. Oberleutnant zur See Schäffer: »Ich schlug ihm vor, das Boot in den Hafen zu fahren, da meine Besatzung keine weiteren Sprachen als Deutsch sprach und außerdem die komplizierten Maschinenanlagen nur schwerlich von nicht spezialisiertem Personal bedient werden konnten. Meinem Ehrenwort wurde Vertrauen geschenkt. Ich befehligte zum letztenmal mein *U 977.«* Den Besatzungen stehen langwierige Verhöre bevor, man bezichtigt sie, Hitler, Eva Braun und deren nächste Getreuen heimlich in Südamerika an Land gebracht zu haben. Diese von den Sowjets lancierte Version – obwohl Stalin einwandfreie Beweise vom Selbstmord Hitlers hat – lastet lange Zeit auf den U-Boot-Männern. Man wirft ihnen sogar die Torpedierung des brasilianischen Kreuzers *Bahia* (3150 t) vor, der nach einer geheimnisvollen Explosion nahe der Insel Penedo de São Paulo am 9. Juli 1945 unterging. Schließlich liefert Argentinien die Besatzung an die USA aus. *U 977* wird am 2. 2. 1946 von der US Navy beim Torpedoschießen versenkt.

Am Sonnabend, dem 18. August 1945, beginnen die Landungen der sowjetischen Pazifikflotte (Adm. Jumasew) auf den von Japanern besetzten Kurilen. Auf der Insel Shimushu kommt es zu heftigen, auf beiden Seiten verlustreichen Kämpfen.

Am Dienstag, dem 21. August 1945, der Tag, an dem die japanischen Streitkräfte in der Mandschurei vor der Roten Armee kapitulieren, erinnert sich die – in Zusammenarbeit mit den Engländern noch immer tätige – zuständige Stelle in Oslo an den Wettertrupp »Haudegen«. Dr. Dege: »Zu unserer Überraschung bekamen wir Nachricht, daß am 3. September 1945 ein norwegischer Robbenschläger kommen würde, um uns abzuholen. Dieses Boot hat uns erst nach einigen Schwierigkeiten erreicht, weil wir in einem gar zu abgelegenen Gebiet am Rande der menschlichen Existenzmöglichkeit lebten.«

Am Mittwoch, dem 22. August 1945, kapituliert die erste japanische Garnison im Pazifik: Der ranghöchste Offizier der etwa 150 Mann zählenden Besatzung des kleinen Atolls Mili (Marschall-Insel) unterzeichnet die Kapitulationsurkunde an Bord des US-Geleitträgers *Levy.*

Am Montag, dem 27. August 1945, läuft die zur 3. US-Flotte (Adm. Halsey) gehörende starke Task Force 38 (Vizeadm. McCain) in die Sagami-Bucht vor Tokio ein.

Am Donnerstag, dem 30. August 1945, landet eine Sondermaschine mit General MacArthur in Yokohama. In der von Amerikanern besetzten Stadt richtet General MacArthur im Grand Hotel sein Hauptquartier ein. Erstmalig in der 2500jährigen Geschichte Japans befinden sich gegnerische Truppen auf seinem Territorium.

Am Sonntag, dem 2. September 1945 um 10.30 Uhr (Ortszeit) unterzeichnen an Bord des in der Sagami-

2. 9. 1945, Tokio-Bucht. Hinter dem Fujiyama geht die Sonne unter: Endlich ist Frieden

Tokio-Bucht vor Anker liegenden US-Schlachtschiffes *Missouri* der japanische Außenminister Shigemitsu und der Chef des Generalstabs, General Umezu, sowie General MacArthur und die Vertreter der alliierten Staaten die bedingungslose Kapitulation Japans.
Es waren genau sechs Jahre und ein Tag vergangen, als die Salven des Linienschiffes *Schleswig-Holstein* am 1. September 1939 den Beginn des Zweiten Weltkrieges ankündigten.
Die Kapitulation Japans hat in der Geschichte keine Parallele. Zum erstenmal hat ein Staat kapituliert, an dessen Küsten die gegnerische Flotte nicht einmal gelandet war. Die US-Navy trug durch Abschnürung der japanischen Seeverbindungen und der damit verbundenen Blockade der Rohstoffeinfuhr für die wichtigsten Industriezweige entscheidend zu diesem Erfolg bei.
Vor dem Krieg zählte die japanische Handelsflotte 2337 Schiffe, nach der Kapitulation waren es noch 231 Schiffe. Die Kaiserliche Marine verlor 10 Schlachtschiffe, 16 Flugzeugträger, 37 Kreuzer, 137 Zerstörer und 127 U-Boote.

Zwei Tage, nachdem mit der Kapitulation Japans der Zweite Weltkrieg offiziell zu Ende ging, ist es für den Wettertrupp »Haudegen« endlich so weit. Dr. Dege: »Am 4. September 1945 mußte ich dem Kapitän des norwegischen Robbenschlägers gegenüber eine eigene Kapitulationsverhandlung unterschreiben. Es war die Kapitulation der letzten deutschen Einheit des Zweiten Weltkrieges.«

Die »kleinen Flotten« des Zweiten Weltkrieges

Organisation – Gliederung – Stärke

)as Verzeichnis ist nach Ländern alphabetisch geordnet; Angaben über das Schicksal einzelner ;chiffe umfassen die Zeit vom 1. 9. 1939 bis 2. 9. 1945. Bei den aufgeführten Kriegsschiffen handelt es ;ich um Einheiten ab 200 t (Standard), Hilfsfahrzeuge werden nur in bestimmten Fällen erwähnt:

\USTRALIEN

)ie Royal Australian Navy (RAN) 1939–1945 ist ›perativ der britischen Royal Navy unterstellt. Die :AN zählt 1939: 2 Schwere und 4 Leichte Kreu-:er, 5 Zerstörer und Torpedoboote sowie einige leinere Einheiten; 5230 Mann stehen im Berufs-lienst. Bis 1945 wird die RAN auf 100000 t und 0000 Mann ausgedehnt.

›ELGIEN

927 wird die Marine aufgelöst, seitdem bestehen ur kleine Einheiten zum Schutz der Fischerei. 'eraltete ehem. dt. Torpedoboote dienen zu chulzwecken. Die vorhandenen Einheiten unter-tehen dem Directeur Général de la Marine. Ab lai 1940 bekommen die belg. Besatzungen in GB inige kleinere Hilfsfahrzeuge und 1 Fregatte. Es ntsteht die belg. Exil-Marine als belg. Abt. der rit. Royal Navy.
:insatz: Nordsee und Atlantik.

'ischereischutzschiffe

:innia (ex GB → 1920 Belgien) Bj. 1915 GB, 1200 t, .: 82 m, B: 10 m, T: 3,6 m, 17 kn, Bew: 1 Flak 1,3 cm, '1940 von Dt. erbeutet → Schulsch. **Barbara** → 945 Belg. · **Artevelde** Bj. 1940, 1600 t, L: 98,5 m, : 10,5 m, T: 3,3 m, 22 kn, Bew: 4 Flak 10,2 cm, Flak 2 cm, Wasserbomben, Minen, 5/1940 von)t. erbeutet → **K4** → 1945 Belg.

›RASILIEN

)ie Seestreitkräfte unterstehen dem Marinemini-:er. 1940 zählt die Marine 14847 Mann, davon: 1172 Flotte, 1229 Seefliegerei, 2446 Marineinfan-:rie.
insatz: Schlacht im Atlantik (Süd).

;chlachtschiffe

io Paulo (Typ Minas Gerais) Bj. 1910 GB, 19200 t, .: 162,4 m, B: 25,3 m, T: 7,6 m, 21 kn, Bew: 2×30,5 cm, 12×12 cm, 2 Flak 7,6 cm · **Minas erais** w/o, modernisiert 1937, 22 kn, Bew: 2×30,5 cm, 14×12 cm, 4 Flak 10,2 cm, 4 Flak cm

:reuzer

ahia (Typ → 1926 Brasilien) Bj. 1910 GB, 3150 t, : 122,4 m, B: 11,9 m, T: 4,2 m, 27 kn, Bew:)×12 cm, 4 Flak 7,6 cm, 4 TR 53,3 cm
.io Grande do Sul

erstörer

laranhao (GB Typ K → 1920 Brasilien) Bj. 1913 B, 934 t, L: 80,8 m, B: 8,1 m, T: 3 m, 28 kn, ew: 3×10,2 cm, 1 Flak 4 cm, 4 TR 53,3 cm
larilio Dias (Typ) · **Greenhalg** · **Mariz e Barros** j. 1943/44, 1500 t, L: 109,7 m, B: 10,7 m, T: 3,1 m, 5,5 kn, Bew: 4×12,7 cm, 4 Flak 4 cm, 4 Flak cm, 4 TR 53,3 cm
.mazonas (Typ) · **Acre** · **Ajuricaba** · **Apa** · **Aragu-a** · **Arguari**
j. 1943/46, 1450 t, L: 98,4 m, B: 10,7 m, T: 2,6 m, kn, Bew: 4×12,7 m, 2 Flak 4 cm, 4 Flak 2 cm, TR 53,3 cm

Torpedoboote

Mato Grosso (Typ) · **Paraiba** · **Piaui** · **Rio Grande do Norte** · **Santa Catarina** · **Sergipe**
Bj. 1908/10 GB, 560 t, L: 73,2 m, B: 7,2 m, T: 2,1 m, 27 kn, Bew: 2×10,2 cm, 4×4,7 cm, 2 TR 45,7 cm

U-Boote

Humaita Bj. 1929 It, 1380/1884 t, L: 86,7 m, B: 7,8 m, T: 4,3 m, 18,5/10 kn, Fahrstrecke: 4700 sm bei 8 kn, getaucht: 72 sm bei 4 kn, Bew: 1×12 cm, 6 TR 53,3 cm, 16 Minen
Tamoio (Typ = ital. Perla) · **Timbira** · **Tupi**
Bj. 1938 It., 615/853 t, L: 60,2 m, B: 6,4 m, T: 3,7 m, 14/7,7 kn, Fahrstrecke: 4000 sm bei 9 kn, getaucht: 74 sm bei 4 kn, Bew: 1×10 cm, 6 TR 53,3 cm

Geleitboote

Babitonga (Typ US-Cannon → 1944/45 Brasilien) ex US-Alger/DE 101 · **Baependi** – ex US **Cannon**/DE 99 · **Bauru** ex US **Reybold**/DE 177 · **Beberibe** – ex US **Herzog**/DE 178 · **Benevente** · ex US **Christopher**/DE 100 · **Bertioga** – ex US **Pennewill**/DE 175 · **Bocaina** – ex US **Marts**/DE 179 · **Bracui** – ex US **McAnn**/DE 176
Bj. 1943 USA, 1240 t, L: 93,3 m, B: 11,1 m, T: 2,7 m, 21 kn, Bew: 3×7,6 cm, 2 Flak 4 cm, 4 Flak 2 cm, 3 TR 53,3 cm, Wasserbomben

Vorpostenboote

Barreto Menezes (ex **Paru**) Typ Matias de Albuquerque · **Felipe Camarao** (ex **Papaterra**) · **Fernandes Vieira** (ex **Parati**) · **Henrique Dias** ex **Pargo**) · **Matias de Albuquerque** (ex **Pampano**) · **Vidal de Negreiros** (ex **Pelegrime**)
Bj. 1942/46, 650 t, L: 53,6 m, B: 8,2 m, T: 4,3 m, 12,5 kn, Bew: 1×7,6 cm, 4 Flak 2 cm, Wasserbomben

U-Boot-Jäger

Goiana (Typ US PC 461, ex US **PC 554** → 1942/43 Brasilien) · **Grajau** (ex US **PC 1236**) · **Grauna** (ex US **PC 561**) · **Guaiba** (ex US **PC 604**) · **Guajara** (ex US **PC 607**) · **Guapore** (ex US **PC 544**) · **Gurupa** (ex US **PC 605**) · **Gurupi** (ex US **PC 547**)
Bj. 1942/43 USA, 280 t, L: 53,3 m, B: 7 m, T: 2,3 m, 20 kn, Bew: 1×7,6 cm, 1 Flak 4 cm, 5 Flak 2 cm, Wasserbomben

Minenräumboote

Carioca (Typ) · **Cabedelo** · **Camaqua** – 23. 7. 44 (vor Pernambuco im Sturm gesunken) · **Camocim** · **Cananea** · **Caravelas**
Bj. 1939/40, 552 t, L: 57,7 m, B: 7,8 m, T: 2,4 m, 14 kn, Bew: 2×10,2 cm, 4 Flak 2 cm, 50 Minen

BULGARIEN

1939. Die Marine hat nur Küstenschutzaufgaben.

Torpedoboote

Derski · Bj. 1907/8 Frankr., 98 t, 18 kn, 2 Flak 4,7 cm, 2 TR 45 cm · **Hrabri** · **Smely** · **Strogi**

Wachboote

Belomorets (ex. franz. U-Bootjäger) Bj. 1920 USA, 80 t, 16 kn, Bew: 1 Flak 4,7 cm, 2 MG · **Tschernomorets** 1939 zwei dt. S-Boote vom Typ S 1, 1941 zwei holl. S-Boote (dt. Beute) S 201, S 202.
Die Donau-Flottille nimmt ab 9/1944 aktiv an den Kämpfen der Roten Armee gegen die dt. Wehrmacht teil

CHINA (KUOMINTANG)

Ab 1937 im Krieg gegen Japan, dazu eigene Bürgerkriegswirren. Genauere Angaben sind daher nicht möglich.

Spähkreuzer

Ning Hai Bj. 1931/32 Jap., 2500 t, 20 kn, Bew: 6×14 cm, 6 Flak 7,6 cm · **Ping Hai** · **Yatsen**
Bj. 1930 Jap., 1650 t, 20 kn, Bew: 1×15,2 cm, 1×14 cm, 4 Flak 7,6 cm
6 Torpedoboote (Bj. 1895, 1914/8) 90 t – 400 t · 12 Motortorpedoboote (Bj. 1934/6 GB) · 35 Wachboote, ca. 300 t, 10 kn · einige Kanonenboote (Bj. 1895, 1914/8) 600 t – 950 t, 11 kn · 2 Flugzeugtender (Bj. 1922) 950 t, 15 kn, je 2 Bordflugzeuge · einige Vermessungsschiffe · 10 Flußkanonenboote 60 t – 225 t, Bew: max 1×10,2 cm oder 1×8,7 cm und leichte Flak

DÄNEMARK

Der oberste Befehlshaber der Marine, dem zugleich das Marineministerium untersteht, ist der König. Personalstärke: etwa 1500 Mann. Während der dt. Besetzung tritt die Marine nicht in Aktion. Aufgrund der Abmachung mit Dt. bleiben die dän. Besatzungen an Bord der Einheiten. Nach den Unruhen vom 29. 8. 1943 werden die meisten Einheiten von den eigenen Besatzungen versenkt, ein Teil entkommt nach Schweden, der Rest wird von der dt. Kriegsmarine übernommen.

Küstenpanzer

Peder Skram Bj. 1908, 3500 t, L: 83,8 m, B: 15,5 m, T: 5 m, 16 kn, Bew: 2×24 cm, 4×14,9 cm, 8×7,5 cm, 2 Flak 3,7 cm, 4 Flak 2 cm, 4 TR 45,7 cm, 29. 8. 43 selbstversenkt, von Dt. gehoben → Schulschiff **Adler** · **Niels Juel** Bj. 1918, modernisiert 1936, 3800 t, L: 90 m, B: 16,3 m, T: 4,9 m, 16 kn, Bew: 10×14,9 cm, 2×5,7 cm, 10 Flak 2 cm, 4 TR 45,7 cm, 29. 8. 43 selbstversenkt, von Dt. gehoben → Schulschiff **Nordland**

Torpedoboote

Dragen (Typ Dragen 31), 1942 → Kriegsmarine **TFA 3**, 14. 5. 45 versenkt (Mine bei Flensburg) **Hvalen**, 1942 → Kriegsmarine **TFA 5** · **Laxen**, 1942 → Kriegsmarine **TFA 6**
Bj. 1931, 290 t, L: 60,6 m, B: 5,9 m, T: 2,4 m, 27,5 kn, Bew: 2×7,5 cm, 2 Flak 2 cm, 8 TR 45,7 cm
Glenten (Typ Dragen 34), 1942 → Kriegsmarine **TFA 4** · **Hogen**, 1942 → Kriegsmarine **TFA 1** · **Ornen**, 1942 → Kriegsmarine **TFA 2**
Bj. 1939, 290 t, L: 60,6 m, B: 5,9 m, T: 2,4 m, 27,5 kn, Bew: 2×8,7 cm, 2 Flak 2 cm, 6 TR 45,7 cm, Wasserbomben

Najaden (Typ) · **Nymphen**
Bj 1942/43, 710 t, L: 86,3 m, B: 8,3 m, T: 3,1 m, 35 kn, Bew: 2×8,7 cm, 2 Flak 4 cm, 4 Flak 2 cm, 6 TR 53,3 cm, Wasserbomben

U-Boote

Rota (Typ) · **Bellona** 29. 8. 1940 selbstversenkt (Kopenhagen) · **Flora**
Bj. 1919/21, 290/369 t, L: 47,5 m, B: 4,4 m, T: 2,9 m, 14,5/8 kn, Bew: 1×5,7 cm, 3 TR 45,7 cm · **Daphne** (Typ) 29. 8. 1943 selbstversenkt (Kopenhagen) · **Dryaden** Bj. 1926/27, 300/380 t, L: 49 m, B: 4,9 m, T: 2,5 m, 13,4/6,8 kn, Bew: 1×7,5 cm, 1 Flak 2 cm, 6 TR 45,7 cm · **Havmanden** (Typ) 29. 8. 1943 selbstversenkt (Kopenhagen) · **Havfruen** 29. 8. 1943 selbstversenkt (Kopenhagen) · **Havhesten** 29. 8. 1943 selbstversenkt (Kopenhagen) · **Havkalen** 29. 8. 1943 selbstversenkt (Kopenhagen)
Bj. 1938/40, 320/402 t, L: 47,5 m, B: 4,4 m, T: 2,8 m, 15/8 kn, Bew: 2 Flak 4 cm, 5 TR 45,7 cm

Fischereischutzschiffe

Beskytteren Bj. 1900, modernisiert 1920, 415 t, L: 43,4 m, B: 7,5 m, T: 3,8 m, 11 kn, Bew: 1×5,7 cm, 1943 → Kriegsmarine · **Islands Falk** Bj. 1906, modernisiert 1921, 730 t, L: 55,9 m, B: 8,9 m, T: 5,1 m, 11,7 kn, Bew: 2×7,5 cm, 2×4,7 cm · **Hvidbjornen** Bj. 1929, 1050 t, L: 60 m, B: 9,8 m, T: 4 m, 14,5 kn, Bew: 2×8,7 cm, 2 Flak 1,3 cm, 1 Bordflugzeug, 1943 → Kriegsmarine · **Hejmdal** Bj. 1935, 705 t, L: 53,3 m, B: 9,1 m, T: 3,7 m, 12,5 kn, Bew: 2×7,5 cm, 4 Flak 2 cm, 1943 → Kriegsmarine · **Freja** Bj. 1939, 322 t, L: 40,8 m, B: 7,7 m, T: 2,2 m, 10,5 kn, Bew: 2×7,5 cm, 2 Flak 2 cm, 1943 → Kriegsmarine

Minenleger

Lossen Bj. 1910, 640 t, L: 45,5 m, B: 8,5 m, T: 3 m, 12 kn, Bew: 2×7,5 cm, 175 Minen, 1943 → Kriegsmarine · **Lindormen** Bj. 1940, 614 t, L: 51 m, B: 8,8 m, T: 2,4 m, 14 kn, Bew: 2×7,5 cm, 3 Flak 2 cm, Minen, 1943 → Kriegsmarine **VS 1401** · **Laaland** Bj. 1940, 260 t, L: 30,9 m, B: 6 m, T: 2 m, 11 kn, 29. 8. 1943 selbstversenkt · **Laugen** Bj. 1940, 260 t, L: 30,9 m, B: 6 m, T: 2 m, 11 kn, 29. 8. 1943 selbstversenkt

Minenräumboote

Soloven (Typ) 29. 8. 1943 in Korsor von Dt. erbeutet → **MA 1** · **Sobjornen** 29. 8. 1943 selbstversenkt (Holmen), von Dt. gehoben → **MA 2** · **Soulven** 29. 8. 1943 selbstversenkt (Holmen) · **Sohesten** 29. 8. 1943 in Kalundborg von Dt. erbeutet → **MA 5** · **Sohunden** 29. 8. 1943 selbstversenkt (Holmen), von Dt. gehoben → **MA 6** · **Soridden** 29. 8. 1943 in Korsor von Dt. erbeutet → **MA 4**
Bj. 1939/42, 274 t, L: 53,8 m, B: 6,3 m, T: 2 m, 19 kn, Bew: 2×7,5 cm, 2 Flak 2 cm, Wasserbomben, evtl. Minen

FINNLAND

Oberbefehlshaber der Marine ist der Staatspräsident. Personalstärke 1939: etwa 4000 Mann. Einsatz: zur Unterstützung der Armee im Winterkrieg 1939/40. Von 1941/44: zusammen mit der dt. Kriegsmarine in der Ostsee und Finn. Meerbusen gegen die Rote Baltische Flotte.

Küstenpanzerschiffe

Väinämöinen (Typ) · **Ilmarinen**
Bj. 1932/33, 3900 t, L: 93 m, B: 16,9 m, T: 4,5 m, 15 kn, Bew: 4×25,4 cm, 8 Flak 10,5 cm, 4 Flak 4 cm, 2 Flak 2 cm, 13. 9. 1941 versenkt (Mine bei Insel Utö)

U-Boote

Vetehinen (Typ) · **Iku-Turso** · **Vesihiisi**
Bj. 1930/31, 493/715 t, L: 63,5 m, B: 6,2 m, T: 3,3 m, 15/9 kn, Fahrstrecke: 1500 sm bei 10 kn, getaucht: 75 sm bei 4 kn, Bew: 1×7,6 cm, 1 Flak 2 cm, 4 TR 53,3 cm, 20 Minen

U-Boot-Versuchstypen

Saukko Bj. 1930, 99/136 t, L: 32,5 m, B: 4,1 m, T: 3,2 m, 9/5 kn, Fahrstrecke: 375 sm bei 8 kn, getaucht: 45 sm bei 4 kn, Bew: 1 Flak 2 cm, 2 TR 45,7 cm, 9 Minen · **Vesikko** Bj. 1936, 250/300 t, L: 40,9 m, B: 4 m, T: 3,8 m, 13/7 kn, Fahrstrecke: 1500 sm bei 10 kn, getaucht: 50 sm bei 4 kn, Bew: 1 Flak 2 cm, 3 TR 53,3 cm

Vorpostenboote

Hämeenma · **Uusimaa** ex Russl. → 1918 Finnland
400 t, L: 52 m, B: 7,5 m, T: 3,4 m, 15 kn, Bew: 2×10 cm, 1×4 cm, 2 Flak 2 cm, 40 Minen
Karjala · **Turunmaa** ex Russl. → 1918 Finnland
342 t, L: 50 m, B: 6,9 m, T: 2,9 m, 15 kn, Bew: 2×7,5 cm, 1 Flak 4 cm, 2 Flak 2 cm, 30 Minen
Tursas · **Visko** Bj. 1940/41, 360 t, L: 40 m, B: 7 m, T: 4,4 m, 12 kn, Bew: 1×7,5 cm, 1 Flak 4 cm, 2 Flak 2 cm, 16. 9. 1943 versenkt (sowj. Flugzeuge im Finn. Meerbusen)

Minenleger

Louhi ex Russl. → 1918 Finnland
Bj. 1916, 640 t, L: 50 m, B: 8 m, T: 2,6 m, 11 kn, Bew: 1×7,5 cm, 1 Flak 4 cm, 2 Flak 2 cm, 140 Minen, 12. 1. 1945 versenkt (Mine bei Hanko)

Minenleger/Minenräumboote

Riilahti (Typ) 23. 8. 1943 versenkt (sowj. Torpedoboot im Finn. Meerbusen) · **Rautu** · **Ruotsinsalmi** · **Vilppula** 25. 7. 1944 versenkt (sowj. Flugzeuge im Finn. Meerbusen)
Bj. 1940, 290 t, L: 50,1 m, B: 7,9 m, T: 1,8 m, 15 kn, Bew: 1 Flak 4 cm, 2 Flak 2 cm, 100 Minen

GRIECHENLAND

Das Marineministerium ist die oberste Kommandobehörde. Die Flotte ist vor allem für Geleit- und Küstenschutz gedacht. Personalstärke: etwa 8000 Mann, mit Reserve um 11000. Nach der schweren Niederlage 1941 gelingt es den Resten der griech. Marine nach Ägypten zu entkommen und sich der der brit. Royal Navy unterstellten griech. Exil-Marine anzuschließen.
Einsatz: Mittelmeer, Indischer Ozean, Invasion in der Normandie.

Panzerkreuzer

Georgios Averoff Bj. 1911 It., → 1927 Griechenl. 9450 t, L: 140,8 m, B: 21 m, T: 5 m, 22 kn, Bew: 4×23,4 cm, 8×19 cm, 4×7,6 cm, 2 Flak 7,6 cm, 5 Flak 4 cm, 3 TR 45,7 cm · **Elli** Bj. 1914 USA, → 1928 Griechenl. 2115 t, L: 98,1 m, B: 11,9 m, T: 4 m, 21 kn, Bew: 3×15,2 cm, 2 Flak 4 cm, 2 TR 45,7 cm, 100 Minen, 15. 8. 1940 versenkt (ital. U-Boot Delfino bei Insel Tenos)

Zerstörer

Aetos (Typ) · **Ierax** · **Leon** 22. 4. 1941 versenkt (dt. Luftwaffe bei Piräus) · **Panthir**
Bj. 1912 GB → 1927 Griechenl. 1013 t, L: 89,3 m, B: 8,5 m, T: 2,6 m, 32 kn, Bew: 4×10,2 cm, 2 Flak 4 cm, 6 TR 53,3 cm · **Indra** (Typ) 22. 4. 1941 versenkt (dt. Luftwaffe bei Piräus) · **Kountouriotis** · **Psara** 20. 4. 1941 versenkt (dt. Luftwaffe bei Piräus) · **Spetsai**
Bj. 1932/33 It., 1329 t, L: 92,4 m, B: 9,8 m, T: 2,5 m, 39,5/41,8 kn, Bew: 4×12 cm, 3 Flak 4 cm, 6 T 53,3 cm, evtl. 40 Minen
Vasilefs Georgios (Typ) · 20. 4. 1941 versenkt (Luftwaffe bei Salamina), von Dt. gehoben → ZG
Vasilissa Olga 26. 9. 1943 versenkt (dt. Luftwa bei Leros) Bj. 1939 GB, 1414 t, L: 97,6 m, B: 10,1 T: 2,6 m, 36 kn, Bew: 4×12,7 cm, 4 Flak 3,7 c 8 TR 53,3 cm
Salamis (ex GB **Boreas** → 4/1944 Griechenl.) 1931 GB, 1360 t, L: 98,1 m, B: 9,8 m, T: 2,6 m, kn, Bew: 3×12 cm, 1 Flak 7,6 cm, 2 Flak 4 cm, Flak 2 cm, 4 TR 53,3 cm, Wasserbomben · **Nava non** (ex GB **Echo** → 4/1944 Griechenl.) Bj. 19 GB, 1405 t, L: 100,3 m, B: 10,1 m, T: 2,6 m, 35 kn, Bew: 4×12 cm, 1 Flak 7,6 cm · **Aigaion** (T Hunt II, GB, ex GB **Avon Vale** → 3/1944 Gr chenl. → 5/1944 GB) · **Kriti** (ex GB **Hursley** → 1 1943 Griechenl.) · **Themistoklis** (ex GB **Braham** 3/1943 Griechenl.)
Bj. 1941/42, 1050 t, L: 85,3 m, B: 9,6 m, T: 2,4 27 kn, Bew: 6×10,2 cm, 4 Flak 4 cm, 2 Flak 2 c Wasserbomben
Adrias (GB Typ Hunt III) (ex GB **Border** → 1942 Griechenl.) 22. 10. 1943 versenkt (Mine b Kalimnos) · **Kanaris** (ex GB **Hatherleigh** → 7/19 Griechenl.) · **Miaoulis** (ex GB **Modbury** → 11/19 Griechenl.) · **Pindos** (ex GB **Bolebroke** → 5/19 Griechenl.)
Bj. 1942 GB, 1087 t, L: 85,3 m, B: 9,6 m, T: 2,4 27 kn, Bew: 4×10,2 cm, 4 Flak 4 cm, 2–3 Fl 2 cm, 2 TR 53,3 cm, Wasserbomben

Torpedoboote

Aspis · **Niki**
Bj. 1907 Dt., 275 t, L: 67,1 m, B: 6,3 m, T: 2 24 kn, Bew: 2×8,8 cm, 1 Flak 4 cm, 2 TR 45,7 c
Sphendoni · **Thyella** 22. 4. 1941 versenkt (dt. Lu waffe, Raum Piräus)
Bj. 1905 GB, 305 t, L: 67,1 m, B: 6,3 m, T: 2,1 24 kn, Bew: 2×8,8 cm, 1 Flak 4 cm, 2 TR 45,7 c
Kios 22. 4. 1941 versenkt (dt. Luftwaffe, Rau Piräus) · **Kyzikos** 25. 4. 1941 versenkt (dt. Luftw fe bei Salamina) · **Kidonia** (ex k.u.k. Kriegsbeu 26. 4. 1941 versenkt (dt. Luftwaffe, nördl. Pe ponnes)
Bj. 1915, 241 t, L: 60 m, B: 6,5 m, T: 1,8 m, 24 k Bew: 2 Flak 4 cm, 2 TR 45,7 cm
Pergamos (ex k.u.k. Kriegsbeute) · **Proussa** 4. 1941 versenkt (dt. Luftwaffe, Raum Kreta)
Bj. 1915, 241 t, L: 57,4 m, B: 5,7 m, T: 1,9 24 kn, Bew: 2 Flak 4 cm, 2 TR 45,7 cm, 25. 4. 19 versenkt (dt. Luftwaffe, Salamina)

U-Boote

Katsonis (Typ) 14. 9. 1943 versenkt (dt. Krie marine, Ägäis) · **Papanikolis**
Bj. 1927 Frankr., 576/775 t, L: 62,3 m, B: 5,3 T: 3,4 m, 14/9,5 kn, Fahrstrecke: 3500 sm bei kn, getaucht: 100 sm bei 5 kn, Bew: 1×10 c 1 Flak 4 cm, 6 TR 53,3 cm · **Glafkos** (Typ) 4. 4. 19 versenkt (dt. Luftwaffe bei Malta) · **Nereus** · **P teus** 12. 12. 1940 versenkt (ital. Marine, sü Adria) · **Triton** 16. 11. 1942 versenkt (dt. Krie marine, westl. Eubei)
Bj. 1928 Frankr., 730/960 t, L: 68,8 m, B: 5,7 T: 4 m, 14/9,5 kn, Fahrstrecke: 4000 sm bei 10 k getaucht: 100 sm bei 5 kn, Bew: 1×10 cm, 1 F 4 cm, 8 TR 53,3 cm
Xifias (ex GB **Untiring** → 7/1945 Griechenl. **Amfitriti** (ex GB **Upstart** → 8/1943 Griechen Bj. 1943 GB, 545/735 t, L: 60 m, B: 4,9 m, T: 3,9 11,7/9 kn, Fahrstrecke: 4500 sm bei 10 kn, getauc 30 sm bei 9 kn, Bew: 1 Flak 7,6 cm, 6 TR 53,3 c
Pipinos (ex GB **Veldt** → 1945 Griechenl.) · **Del** (ex GB **Vengeful** → 1944 Griechenl.)

. 1943 GB, 545/740 t, L: 62,3 m, B: 4,9 m, T: 9 m, 12,7/9 kn, Fahrstrecke: 4700 sm bei 10 kn, taucht: 30 sm bei 9 kn, Bew: 1 Flak 7,6 cm, 4 TR ,3 cm

atrozos (ex **GB P 712**, ex ital. **Perla**) Bj. 1936 It., 8/855 t, L: 60,2 m, B: 6,4 m, T: 4,7 m, 14/7,5 kn, hrstrecke: 5200 sm bei 8 kn, getaucht: 74 sm i 4 kn, Bew: 1×10,2 cm, 2 Flak 1,3 cm, 6 TR ,3 cm

orvetten

postolis (ex GB **Hyacinth** → 1943 Griechenl.) · **riezis** (ex GB **Goreopsis** → 1943 Griechenl.) · **chtouris** (ex GB **Peony** → 1943 Griechenl.) · **mpazis** (ex GB **Tamarisk** → 1943 Griechenl.)
. 1940/41 GB (Typ Flower), 925 t, L: 62,5 m, B: ,1 m, T: 4,4 m, 16 kn, Bew: 1×10,2 cm, 1 Flak m, 4 Flak 2 cm, 6 Wasserbombenwerfer

chnellboote

asilefs Georgios (ex US **PC 622** → 1943 Griechenl.) Bj. 1942 USA, 280 t, L: 53,3 m, B: 7 m, T: 3 m, 20 kn, 1 Flak 7,6 cm, 1 Flak 4 cm, 5 Flak m, 4 Wasserbombenwerfer

inenleger/Trawler

nedos Bj. 1906 GB, 460 t, L: 43,3 m, B: 7,3 m, 3 m, 13 kn, 40 Minen, 1941 von Dt. erbeutet → **J 2106** · **Korgialenios** Bj. 1916 Holl., 380 t, L: ,7 m, B: 6,7 m, T: 3 m, 13,5 kn, 50 Minen, 1941 n Dt. erbeutet → **UJ 2110** · **Paralos** Bj. 1925 oll., 395 t, L: 45,7 m, B: 6,7 m, T: 3 m, 52 inen, 1941 von Dt. erbeutet → **UJ 2102** · **Pleias** . 1926 It., 520 t, L: 49,4 m, B: 8,2 m, T: 3,7 m, kn, 50 Minen, 4/1941 versenkt (?)

inensuch-Trawler

liakmon 4/1941 versenkt (?) · **Axios** 4/1941 versenkt (?) · **Nestos** 4/1941 versenkt (?) · **Strymon** 41 von Dt. erbeutet → **UJ 2101**
. 1926 GB, 500 t, L: 42,3 m, B: 7,2 m, T: 4,1 m, kn, Bew: 1×3,7 cm, 40 Minen

üstenminensucher

assos (ex GB **Byms 2074** → 15. 12. 1943 Griechenl.) 15. 10. 1944 versenkt (Mine vor Piräus) **ralos** (ex GB **Byms 2066** → 12. 8. 1944 Griechenl.) · **Karteria** (ex GB **Byms 2065** → 12. 8. 1944 riechenl.) · **Salaminia** (ex GB **Byms 2067**) → . 8. 1944 Griechenl.)
. 1943 USA, 207 t, L: 41,5 m, B: 7,5 m, T: 1,8 m, kn, Bew: 1 Flak 7,6 m, 2 Flak 2 cm

froessa (ex GB **Byms 2185** → 12. 8. 1944 Griechenl.) · **Kos** (ex GB **Byms 2190** → 15. 12. 1943 riechenl.) · **Leros** (ex GB **Byms 2186** → 15. 12. 43 Griechenl.) · **Patmos** (ex GB **Byms 2229** → . 12. 1943 Griechenl.)
. 1943 USA, 215 t, L: 41,5 m, B: 7,5 m, T: 1,8 m, kn, Bew: 1 Flak 7,6 cm, 2 Flak 2 cm

DIEN

39. Die ind. Marine ist operativ der brit. Royal avy unterstellt. Sie verfügt über: 5 Küstenschutzhiffe, 1 Wachschiff, 1 Vermessungsschiff und nige kleinere Einheiten. Personalstärke: etwa 00 Mann. 1940–1945 ergänzt durch 6 Küstenhutzschiffe, 1 Korvette, 16 Minenräumboote und ehrere kleinere Einheiten.
nsatz: Mittelmeer, hauptsächlich Indischer zean.

AN

anonenboote

abr (Typ) 8/1941 versenkt (GB Kriegsschiffe bei Khorramskähr) · **Palang** 8/1941 versenkt (GB Kriegsschiff bei Abadan)
Bj. 1932 It., 950 t, L: 62,4 m, B: 9 m, T: 3,1 m, 15 kn, Bew: 4×10,2 cm

Wachboote

Chahbaaz (Typ) 8/1941 von Ind. erbeutet → **Hira** → 1946 Iran · **Charokh** 8/1941 von Ind. erbeutet → **Nilam** → 1946 Iran · **Karkas** 8/1941 von Ind. erbeutet → **Moti** → 1946 Iran · **Simorgh** 8/1941 von Ind. erbeutet → **Lal** → 1946 Iran
Bj. 1932 It. 331 t, L: 51,8 m, B: 6,7 m, T: 1,8 m, 15 kn, Bew: 2×7,6 cm, 2×3,7 cm

JUGOSLAWIEN (KÖNIGREICH)

Oberbefehlshaber 1939/41 ist Vizeadmiral M. L. Polic. Personalstärke: 6250 Mann, Reserve etwa 1000. Während der dt. Invasion 1941 tritt die jugosl. Marine kaum in Aktion. Das Gros der Einheiten fällt It. in die Hand. Nur 1 U-Boot und 2 S-Booten gelingt die Flucht nach Ägypten.

Zerstörer

Dubrovnik (Typ) Bj. 1932 GB, 1880 t, L: 113,2 m, B: 10,7 m, T: 3,6 m; 37 kn, Bew: 4×14 cm, 2 Flak 8,4 cm, 6 Flak 4 cm, 2 Flak 1,5 cm, 6 TR 53,3 cm, 17. 4. 1941 von It. erbeutet (Cattaro) → **Premuda**, 9. 9. 1943 von Dt. erbeutet → **TA 32** · **Beograd** (Typ) 17. 4. 1941 von It. erbeutet (Cattaro) → **Sebenico**, 11. 9. 1943 von Dt. erbeutet → **TA 43** · **Ljubljana** 17. 4. 1941 von It. erbeutet (Cattaro) → **Lubiana**, 1. 4. 1943 auf Grund gelaufen · **Zagreb** 17. 4. 1941 selbstversenkt (Cattaro)
Bj. 1939 Frankr., 1210 t, L: 98 m, B: 9,5 m, T: 2,9 m, 38 kn, Bew: 4×12 cm, 4 Flak 4 cm, 2 Flak 1,5 cm, 6 TR 55 cm, 17. 4. 1941 von It. erbeutet (Cattaro) → **Sebenico** → 11. 9. 43 dt. → **TA 43**
Split (Typ) Bj. 1940 nicht beendet, 2400 t, L: 114,7 m, B: 11,1 m, T: 3,2 m, 37 kn, Bew: 5×14 cm, 10 Flak 4 cm, 8 Flak 1,3 cm, 6 TR 53,3 cm, 17. 4. 1941 von It. erbeutet (Split) → **Spalato** → 1945 Jugosl

Torpedoboote

T 1 (Typ k.u.k.) 17. 4. 1941 von It. erbeutet (Split) → **T 1** → 7. 12. 1943 Jugosl. · **T 3** 17. 4. 1941 von It. erbeutet (Split) → **T 3** · **T 5** 17. 4. 1941 von It. erbeutet (Split) → **T 5** → 7. 12. 1943 Jugosl. · **T 6** 17. 4. 1941 von It. erbeutet (Split) → **T 6** · **T 7** 17. 4. 1941 von It. erbeutet (Split) → **T 7** · **T 8** 17. 4. 1941 von It. erbeutet (Cattaro) → **T 8**
Bj. 1914 Österr. → 1920 Jug., 240 t, L: 57,5 m, B: 5,7 m, T: 3 m, 21 kn, Bew: 1× 6,6 cm, 1 Flak 6,6 cm, 4 TR 45 cm

U-Boote

Hrabri (Typ) 17. 4. 1941 von It. erbeutet (Cattaro), abgewrackt · **Nebojsa** Bj. 1928 GB, 975/1164 t, L: 72 m, B: 7,3 m, T: 4 m, 15/10 kn, Fahrstrecke: 5000 sm bei 9 kn, Bew: 2×10,2 cm, 6 TR 53,3 cm · **Smeli** (Typ) 17. 4. 1941 von It. erbeutet → **Antonio Bajamonti**, 9. 9. 1943 selbstversenkt (La Spezia) · **Osvetnik** 17. 4. 1941 von It. erbeutet → **Francesco Rismondo**, 14. 9. 1943 von Dt. erbeutet (Bonifacio/Korsika), 18. 9. 1943 selbstversenkt
Bj. 1929 Frankr., 630/809 t, L: 66,5 m, B: 5,4 m, T: 3,8 m, 14,5/9,2 kn, Fahrstrecke: 5000 sm bei 9 kn, getaucht: 100 sm bei 14,5 kn, Bew: 1×10 cm, 1 Flak 4 cm, 6 TR 55 cm

Geleitschiffe u. a. · Schulkreuzer

Dalmacija (ex dt. Kl. Kreuzer **Niobe**) Bj. 1899 Dt., 2360 t, L: 105 m, B: 12,2 m, T: 4,84 m, 21 kn, Bew: 6×8,4 cm, 17. 4. 1941 von It. erbeutet (Cattaro) → **Cattaro**, 11. 9. 1943 von Dt. erbeutet → **Niobe**, 12. 12. 1943 versenkt (GB Kriegsschiff **Zara**)

Korvetten

Nada (GB Typ Flower, ex **Mallow** → 11. 1. 1944 Jugosl.) Bj. 1940 GB, 925 t, L: 62,5 m, B: 10,1 m, T: 4,4 m, 16 kn, Bew: 1×10,2 cm, 1 Flak 4 cm, 6 Flak 2 cm · **Bieli Orao** Bj. 1939 Ital., 567 t, L: 65 m, B: 8,1 m, T: 2,9 m, 18 kn, Bew: 2 Flak 4 cm, 2 Flak 1,3 cm, 17. 4. 1941 von It. erbeutet (Cattaro) → **Zagabria** → 7. 12. 1943 Jugosl.

Minenleger (ex dt. M-Boote)

Galeb 17. 4. 1941 von It. erbeutet (Split) → **Selve**, 6. 11. 1942 versenkt (RAF in Benghasi) · **Jastreb** 17. 4. 1941 von It. erbeutet (Cattaro) → **Zirona**, 25. 11. 1941 versenkt (RAF in Benghasi) · **Kobac** 17. 4. 1941 von It. erbeutet (Cattaro) → **Unie**, 30. 1. 1943 versenkt (RAF in Bizerta) · **Labud** 17. 4. 1941 von It. erbeutet (Split) → **Oriolo**, 10. 5. 1943 selbstversenkt (Augusta) · **Orao** 17. 4. 1941 von It. erbeutet (Split) → **Vergada** → 7. 12. 1943 Jugosl. · **Sokol** 14. 7. 1941 von It. erbeutet (Split) → **Eso**, 19. 1. 1943 versenkt (RAF Djerba)
Bj. 1918/19 Dt., → 1921 Einkauf, 330 t, L: 59,3 m, B: 7,4 m, T: 2 m, 15 kn, Bew: 2 Flak 8,4 cm

JUGOSLAWIEN (BEFREIUNGSARMEE)

Im Herbst 1942 entsteht nach den ersten Aktionen der Partisanen an der Adria-Küste die neue jugosl. Marine. Am 10. 9. 1942 formiert sich die erste Partisanen-Marineabt. Nach der Kapitulation It. entsteht am 18. 10. 1943 das Oberkommando der Marine auf der Insel Vis, das 1944 bereits über 100 kleinere Einheiten verfügt. Aufgabe: Stören der dt. Nachschubverbindungen und Durchführung von Landungsaktionen, sowie Transport von Verwundeten, Evakuierten und eigenem Nachschub. Operationsgebiet: Adria mit ihren unzähligen Inseln.

KANADA

Die Royal Canadian Navy (RCN) 1939–1945 ist operativ der brit. Royal Navy unterstellt. Die RCN verfügt 1939 über: 6 Zerstörer, 4 Minenräumboote und einige kleinere Einheiten. Personalstärke: 514 Mann Kader, 500 Mann Reserve und 1000 Mann Freiwilligen-Reserve (Volunteer Reserve). Bereits am 31. 3. 1941 zählt die RCN 87080 Männer und 5739 Frauen, 373 Kriegsschiffe und 556 Hilfseinheiten.
Einsatz: Schlacht im Atlantik, Invasion in der Normandie.

KOLUMBIEN

Zerstörer

Antioquia (Typ) · **Caldas**
Bj. 1934 Portug., 1239 t, L: 98,1 m, B: 9,4 m, T: 3,2 m, 36 kn, Bew: 4×12 cm, 3 Flak 4 cm, 8 TR 53,3 cm, 2 Wasserbombenwerfer

Wachboote

Bogota (ex dt. M-Boot **M 139**) · **Cordova** (ex dt. M-Boot **M 158**)
Bj. 1919 Dt., 690 t, L: 59,3 m, B: 7,4 m, T: 2,23 m, Bew: 1×8,8 cm, 2×7,6 cm

KUBA

Kanonenboote

Cuba Bj. 1911 USA, 2055 t, L: 79,2 m, B: 11,9 m, T: 4,3 m, 18 kn, Bew: 2×10,2 cm, 6×7,6 cm,

4×5,7 cm · **Patria** Bj. 1911 USA, 1200 t, L: 61 m, B: 11 m, T: 4 m, 16 kn, Bew: 2×7,6 cm, 4×5,7 cm

Wachboote

Baire Bj. 1906 Dt., 500 t, L: 59,7 m, B: 7 m, T: 2,7 m, 14 kn, Bew: 4×7,6 cm

Diez de Octubre · **Veinte y Clatro de Febrero**
Bj. 1911 GB, 218 t, L: 33,5 m, B: 6,1 m, T: 2,4 m, 12 kn, Bew: 3×4,7 cm

MEXIKO

Kanonenboote

Nicolas Bravo Bj. 1903 It., 1227 t, L: 73,8 m, B: 10,4 m, T: 3 m, 12,2 kn, Bew: 2×10,2 cm, 4×5,7 cm

Potosi (Typ) · **Guanajuato** · **Queretaro**
Bj. 1935 Span., 1300 t, L: 79,2 m, B: 11,4 m, T: 3 m, 20 kn, Bew: 3×10,2 cm, 4 Flak 2,5 cm, 4 Flak 1,3 cm

Durango (Typ) Bj. 1936 Span., 1600 t, L: 86 m, B: 12,3 m, T: 3 m, 20 kn, Bew: 2×10,2 cm, 4 Flak 2,5 cm, 4 Flak 1,3 cm

Wachboote

Acapulco (Typ) · **Mazatlan** · **Veracruz**
Bj. 1920 Kanada, 486 t, L: 40,5 m, B: 7,3 m, T: 4,1 m, 8 kn, Bew: 1×5,7 cm

MANDSCHUKUO

1934 gegründet, Kaiserreich unter jap. Protektorat.

Flußkanonenboote

1×Bj. 1903, ehem. dt. **Risui**, 220 t, 9 größere, 6 kleine, 3 mittlere (Bj. 1895) 360 t, 2 jap. Typ Junten, Bj. 1940, 270 t, 13 kn, 2 Flak 12 cm, 2 jap. Typ Teihen, Bj. 1940, 290 t, 13 kn, 3 Flak 1,2 cm, 30 Wachboote, 30 t – 190 t, 1 Zerstörer (jap. Typ Momo), Bj. 1917 Jap., 755 t, L: 75,8 m, B: 7,7 m, T: 2,4 m, 31,5 kn, Bew: 3×12 cm, 6 TR 45,7 cm

NEUSEELAND

Die Royal New Zealand Navy (RNZN) 1939–1945 ist operativ der brit. Royal Navy unterstellt. Die RNZN verfügt 1939 über: 2 Leichte Kreuzer und einige kleinere Einheiten.
Einsatz: Pazifik.

NIEDERLANDE

Die Marine untersteht dem Verteidigungsministerium. 1939 ist sie in Seestreitkräfte des Mutterlandes und der Kolonien Niederländisch Ost-Indien und Niederländisch West-Indien gegliedert. Personalstärke 1939: etwa 11 750 Mann, darunter 4000 Marineinfanteristen. Während des dt. Angriffs im Mai 1940 tritt die niederl. Marine kaum in Aktion und erleidet schwere Verluste. Nach GB entkommen nur 1 Leichter Kreuzer, 1 Zerstörer und 4 kleine Torpedoboote. Danach Aufbau einer der brit. Royal Navy unterstellten niederl. Exil-Marine mit Schiffseinheiten aus GB und den USA.
Einsatz: Pazifik, Indischer Ozean, Schlacht im Atlantik, Invasion in der Normandie.

Küstenpanzerschiff

Soerabaja (Schulschiff) Bj. 1910, modernisiert 1936, 5664 t, L: 103,5 m, B: 17,1 m, T: 6,2 m, 16 kn, Bew: 2×28 cm, 2×7,5 cm, 6 Flak 4 cm, 6 Flak 1,3 cm, 12. 2. 1942 versenkt (jap. Luftwaffe, Surabaja)

Kreuzer

Gelderland (Schulschiff) Bj. 1900, 3512 t, L: 95 m, B: 14,8 m, T: 5,4 m, 18 kn, Bew: 8×12 cm, 4×7,6 cm, 2 Flak 3,7 cm, 1 Flak 4 cm, 4 Flak 1,3 cm, 1940 von Dt. erbeutet → Flakschiff **Niobe**

Sumatra 9. 6. 1944 versenkt (als Teil des künstl. Hafens/Normandieküste) · **Java** 27. 2. 1944 versenkt (jap. Kriegsschiffe, Java-See)
Bj. 1925/26, 6670 t, L: 155,3 m, B: 16 m, T: 5 m, 31 kn, Bew: 10×15 cm, 8 Flak 4 cm, 4 Flak 1,3 cm, 12 Minen, 2 Bordflugzeuge

De Ruyter Bj. 1936, 6450 t, L: 170,9 m, B: 15,7 m, T: 5 m, 32 kn, Bew. 7×15 cm, 10 Flak 4 cm, 8 Flak 1,3 cm, 2 Bordflugzeuge, 27. 2. 1942 versenkt (jap. Kriegsschiffe, Java-See) · **Tromp** Bj. 1938, 3450 t, L: 132 m, B: 12,4 m, T: 3,2 m, 33,5 kn, Bew: 6×15 cm, 4 Flak 7,6 cm, 8 Flak 4 cm, 6 Flak 2 cm, 6 TR 53,3 cm, 1 Bordflugzeug · **Jacob van Heemskerck**
Bj. 1940, 3450 t, L: 132 m, B: 12,4 m, T: 3,2 m, 33,5 kn, Bew: 6×15 cm, 10 Flak 10,2 cm, 8 Flak 4 cm, 8 Flak 2 cm

Zerstörer

Van Ghent (Typ) 15. 2. 1942 selbstversenkt (Insel Bangka/Pazifik) · **Eversten** 1. 3. 1942 versenkt (jap. Kriegsschiffe, Sunda-Enge)
Kortenaer 27. 2. 1942 versenkt (jap. Kriegsschiffe, Java-See) · **Piet Hein** 19. 2. 1942 versenkt (jap. Kriegsschiffe, südwestl. von Bali)
Bj. 1928, 1310 t, L: 98 m, B: 9,5 m, T: 3 m, 36 kn, Bew: 4×12 cm, 2 Flak 7,5 cm, 4 Flak 1,3 cm, 6 TR 53,3 cm, 24 Minen

Banckert (Typ van Ghent, modernisiert) 28. 2. 1942 schwer beschädigt (jap. Luftwaffe), 2. 3. 1942 selbstversenkt, von Jap. gehoben → **Nr. 106** · **Van Galen** 10. 5. 1940 versenkt (dt. Luftwaffe, Rotterdam) · **Van Nes** 17. 2. 1942 versenkt (jap. Luftwaffe, südl. von Bangka/Pazifik) · **Witte de With** 1. 3. 1942 schwer beschädigt (jap. Luftwaffe), 2. 3. 1942 selbstversenkt (Surabaja)
Bj. 1929/31, 1316 t, L: 98 m, B: 9,5 m, T: 3 m, 36 kn, Bew: 4×12 cm, 1 Flak 7,5 cm, 4 Flak 4 cm, 4 Flak 1,3 cm, 6 TR 53,3 cm

Isaac Sweers (Typ) 13. 11. 1942 versenkt (**U 431** vor Algier) · **Gerard Callenburgh** 15. 4. 1940 selbstversenkt (Rotterdam), von Dt. gehoben → **ZH1** · **Philips van Almonde** 17. 5. 1940 selbstversenkt (Vlissingen/Werft) · **Tjerk Hiddes** 15. 5. 1940 selbstversenkt (Rotterdam)
Bj. 1940 (fertiggest. in GB), 1628 t, L: 106,3 m, B: 10,3 m, T: 3,2 m, 37,5 kn, Bew: 6 Flak 10,2 cm, 4 Flak 4 cm, 8 Flak 2 cm, 8 TR 53,3 cm, Wasserbomben

Tjerk Hiddes (GB Typ »N«, ex GB **Nonpareil** → 27. 5. 1942 Niederl.) · **Van Galen** (ex GB **Noble** → 11. 2. 1942 Niederl.)
Bj. 1942, 1773 t, L: 108,7 m, B: 10,9 m, T: 2,7 m, 36 kn, Bew: 6×12 cm, 1 Flak 10,2 cm, 4 Flak 4 cm, 6 Flak 2 cm, 8 TR 53,3 cm, 3 Wasserbombenwerfer

Torpedoboote

Z 6 2/1943 abgewrackt in GB · **Z 7** · **Z 8** 8/1944 abgewrackt in GB
Bj. 1916/17, 263 t, L: 58 m, B: 6 m, T: 1,7 m, 27 kn, Bew: 2×7,5 cm, 2 Flak 1,3 cm, 4 TR 45 cm

Z 3 1932 modernisiert, 22 kn, ohne TR, 1940 → GB **Blade** 19. 5. 1940 versenkt (Enkhuizen)
Bj. 1920, 277 t, L: 61 m, B: 6,2 m, T: 1,9 m, 27 kn, Bew: 2×7,5 cm, 2 Flak 1,3 cm, 4 TR 45 cm

U-Boote

O 8 (GB Typ H) Bj. 1915 Kan. → Niederl., 388/440 t, L: 46,2 m, B: 4,6 m, T: 3,9 m, 11,5/8 kn, Fahrstrecke: 1350 sm bei 11 kn, Bew: 1 Flak 3,7 cm, 4 TR 45,7 cm, 14. 5. 1940 von Dt. erbeutet → **VD 1,** zerstört 3. 5. 1945 Kiel · **K V** (Typ) · **K VII** 18. 2. 1942 versenkt (jap. Luftwaffe, Surabaja)
Bj. 1922, 499/640 t, L: 57,3 m, B: 5,1 m, T: 3,8 m, 13,5/8 kn, Fahrstrecke: 3500 sm bei 12 kn, getaucht: 13 sm bei 8 kn, Bew: 1×7,6 cm, 1 Flak 1 cm, 6 TR 450

K VIII (Typ) 27. 8. 1942 außer Dienst geste (Australien) · **K IX** 27. 8. 1942 außer Dienst g stellt (Australien) · **K X** 1. 3. 1942 versenkt (ja Kriegsschiffe, südl. Java)
Bj. 1922/23, 513/715 t, L: 64,2 m, B: 5,5 m, T: 3 m, 15/9,5 kn, Fahrstrecke: 3500 sm bei 11 k getaucht: 12 sm bei 8,5 kn, Bew: 1×8,8 cm, 1 Fl 1,3 cm, 4 TR 45 cm

K XI (Typ) 5. 4. 1945 außer Dienst gestellt (A stralien) · **K XII** 8. 10. 1944 außer Dienst geste (Australien) · **K XIII** 24. 12. 1941 schwer besch digt (innere Expl., Singapur) 2. 3. 1942 selbstve senkt (Surabaja)
Bj. 1925/26, 601/820 t, L: 69,7 m, B: 5,7 m, T: 3 m, 15/8 kn, Fahrstrecke: 3500 sm bei 12 kn, g taucht: 13 sm bei 8 kn, Bew: 1×8,8 cm, 1 Flak 1 cm, 2 TR 53,3 cm, 4 TR 45 cm

O 9 (Typ) 20. 12. 1944 außer Dienst gestellt (GB **O 10** 12. 10. 1944 außer Dienst gestellt (GB) · **O** 14. 5. 1940 von Dt. erbeutet (Den Helder), 9/19 zerstört
Bj. 1926, 474/645 t, L: 54,9 m, B: 5,5 m, T: 3,5 12/8 kn, Fahrstrecke: 3500 sm bei 8 kn, getauc 11 sm bei 7,5 kn, Bew: 1×8,8 cm, 1 Flak 1,3 c 2 TR 53,3 cm, 3 TR 45 cm

O 12 (Typ) 14. 5. 1940 von Dt. erbeutet (D Helder) → **UD 2,** zerstört 3. 5. 1945 Kiel · **O** 13. 6. 1940 versenkt (Mine, Nordsee) · **O 14** 5. 9. 19 außer Dienst gestellt (GB) · **O 15**
Bj. 1931/3, 537/700 t, L: 60,4 m, B: 5,6 m, T: 3 m, 15/8 kn, Fahrstrecke: 3500 sm bei 10 kn, g taucht: 12 sm bei 8 kn, Bew: 2 Flak 4 cm, 5 T 53,3 cm

K XIV (Typ) · **K XV** · **K XVI** 24. 12. 1941 versen (jap. Kriegsschiffe, Raum Kushingu Sarawak) · **XVII** 19. 12. 1941 (?) vermißt (östl. Malakk Enge) · **K XVIII** 2. 3. 1942 selbstversenkt (S rabaja)
Bj. 1934/5, 759/1020 t, L: 73,9 m, B: 7,6 m, T: 3,9 17/9 kn, Fahrstrecke: 3500 sm bei 11 kn, getauc 26 sm bei 8,5 kn

O 16 (Typ) Bj. 1936, 882/1170 t, L: 77,5 m, B: 6 m, T: 4 m, 18/9 kn, Bew: 1×8,8 cm, 2 Flak 4 c 8 TR 53,3 cm, 15. 12. 1941 versenkt (Mine ös Malaja-Halbinsel)

O 19 (Typ Minen-U-Boot) 8. 7. 1945 auf R gelaufen (China-Südsee) 10. 7. 1945 selbstversenk

O 20 19. 12. 1941 selbstversenkt (Siam-Bucht)
Bj. 1939, 967/1468 t, L: 80,7 m, B: 7,4 m, T: 3,9 19,2/9 kn, Fahrstrecke: 6150 sm bei 12 kn, Be 1×8,8 cm, 2 Flak 4 cm, 1 Flak 1,3 cm, 8 TR 53 cm, 40 Minen

O 21 (Typ) · **O 22** · 8. 11. 1940 versenkt (Kriegsschiff, Raum Lindesnes, südl. Norwegen **O 23** · **O 24** · **O 25** 5/1940 selbstversenkt (Rott dam), von Dt. gehoben → **VD 3**, 3. 5. 19 zerstört (Kiel) · **O 26** 5/1940 von Dt. erbeu (Rotterdam/Werft) → **VD 4,** 3. 5. 1945 zerst (Kiel) · **O 27** 5/1940 von Dt. erbeutet (Rotterda Werft) → **VD 5** → 5/1945 Niederl.
Bj. 1940, 888/(?) t, L: 77,7 m, B: 6,6 m, T: 4 19,5/9 kn, Fahrstrecke: 6515 sm bei 12 kn, Be 1×8,8 cm, 2 Flak 4 cm, 1 Flak 1,3 cm, 8 TR 53 cm

Zeehond (GB Typ Sex Sturgeon → 11. 10. 19 Niederl.) Bj. 1932/(?) GB, 640/935 t, L: 61,2 m, 7,2 m, T: 3,2 m, 13,7/10 kn, Fahrstrecke: 3690 bei 10 kn, Bew: 1×7,6 cm, 1 Flak 2 cm, 6 TR 5 cm · **Dolfijn** (ex GB **P–47** → 1942 Niederl.) 1942 GB, 545/735 t, L: 60 m, B: 4,9 m, T: 3,9 11,7/9 kn, Fahrstrecke: 4500 sm bei 10 kn, Be 1 Flak 7,6 cm, 1 Flak 2 cm, 4 TR 53,3 cm

Tijgerhaai (GB Typ T, ex **Tarn** → 1945 Niederl

waardvis (GB Typ T, ex GB **Talent** → 6. 12. 1943 iederl.)
j. 1943/45 GB, 1090/1570 t, L: 83,4 m, B: 8,1 m, : 4,5 m, 15/8,5 kn, Fahrstrecke: 9000 sm bei 10 ı, Bew: 1×10,2 cm, 1 Flak 2 cm, 11 TR 53,3 cm

eleit- und Sicherungsschiffe

an Kinsbergen Bj. 1939, 1700 t, L: 103 m, B: 11,6 , T: 3,1 m, 25,5 kn, Bew: 4×12 cm, 4 Flak 4 cm · **an Nassau** (GB Typ River, ex GB **Ribble** → 25. 1943 Niederl.) Bj. 1943 GB, 1370 t, L: 91,8 m, : 11,1 m, T: 2,7 m, 20 kn, Bew: 2×10,2 cm, Flak 2 cm, Wasserbombenwerfer · **Friso** (GB Typ ower, ex GB **Carnation** →1943 Niederl. →18. 2. 945 →GB) Bj. 1941, 925 t, L: 62,5 m, B: 10,1 m, : 3,5 m, 16 kn, Bew: 1×10,2 cm, 1 Flak 4 cm, Flak 2 cm, Wasserbomben

anonenboote

rinio (Typ) 14. 5. 1940 beschädigt (dt. Luftwaf-), selbstversenkt (Ijsselmeer) · **Friso** 12. 5. 1940 eschädigt (dt. Luftwaffe), selbstversenkt (Ijssel- eer) · **Gruno** Bj. 1914/15, 542 t, L: 52,5 m, B: 8,5 , T: 2,8 m, 14 kn, Bew: 4×10,5 cm, 1 Flak 1,3 cm
ores (Typ) · **Soemba**
j. 1926, 1457 t, L: 76 m, B: 11,5 m, T: 3,6 m, kn, Bew: 3×15 cm, 1 Flak 7,6 cm, 4 Flak 1,3 cm, Bordflugzeug
M. van Nassau Bj. 1933, 1520 t, L: 79 m, B: 11,5 m, 3,7 m, 15 kn, Bew: 3×15 cm, 2 Flak 4 cm, Flak 1,3 cm, 1 Bordflugzeug, 14. 5. 1940 versenkt t. Luftwaffe bei Insel Callantsoog)

üstensicherungsschiffe (ehem. Zoll- der Polizeifahrzeuge)

lbatros Bj. 1911, 807 t, L: 50 m, B: 9,4 m, T: 3,3 , 12,2 kn, Bew: 2×7,5 cm, 2. 3. 1942 selbstver- nkt (Surabaja), von Jap. gehoben → **Abatoe aru** →1945 Niederl.
ldebaran Bj. 1913, 725 t, L: 53,3 m, B: 8,2 m, T: 5 m, 12,2 kn, 2. 3. 1942 selbstversenkt (Surabaja) · **ellatrix** (Typ) 1. 3. 1942 selbstversenkt (Tanjong iok/Java), von Jap. gehoben → 1945 Niederl. · **anopus** 5. 3. 1942 versenkt (jap. Luftwaffe, südl. va), von Jap. gehoben → **Ariake Maru** →1945 ederl. · **Deneb** 4. 2. 1942 versenkt (jap. Luftwaf- , Archipel Riau)
. 1914/15, 763–773 t, L: 53,3 m, B: 9 m, T: 3 m, ,2 kn, Bew: 2×7,5 cm
emma Bj. 1918, 795 t, L: 53,3 m, B: 9 m, T: 3,2 , 12,2 kn, Bew: 2×7,5 cm, 2. 3. 1942 selbstver- nkt (Surabaja), von Jap. gehoben → **Kita Maru** 1945 Niederl. · **Eridanus** Bj. 1918, 926 t, L: 56,5 , B: 9 m, T: 3,5 m, 12 kn, Bew: 2×7,5 cm, 2. 3. 42 selbstversenkt (Surabaja), von Jap. gehoben S. S. **Enoshima Maru** → 1945 Niederl.
rius (Typ) 28. 2. 1942 selbstversenkt (westl. Ja-) · **Wega** 26. 1. 1942 versenkt (jap. Luftwaffe)
. 1922, 936 t, L: 55,6 m, B: 9,5 m, T: 3,3 m, 12,2 , Bew: 2×7,5 cm
malhout Bj. 1923, 800 t, L: 56,7 m, B: 9,4 m, T: 4 m, 13,5 kn, Bew: 2×7,5 cm, 2. 3. 1942 lbstversenkt (Surabaja) · **Merel** Bj. 1928, 592 t, L: ,5 m, B: 8,4 m, T: 2,8 m, 12 kn, Bew: 1×7,5 cm, 3. 1942 selbstversenkt (Tanjong Priok/Java)
rend (Typ) 1. 3. 1942 selbstversenkt (Tanjong iok/Java), von Jap. gehoben → **Nr. 108** · **Valk** 3. 1942 selbstversenkt (Tjilatjap/Java), von Jap. hoben → **Nr. 104**
. 1929, 1011 t, L: 70 m, B: 9 m, T: 2,8 m, 18 kn, w: 2×7,5 cm, 2 Flak 1,3 cm, 1 Bordflugzeug
zant (Typ) 1. 3. 1942 selbstversenkt (Tanjong iok/Java), von Jap. gehoben → **Nr. 109** → 1945 ederl. **Reiger** 28. 2. 1942 auf Riff gelaufen ordwestl. Java)

Bj. 1930, 592 t, L: 47,8 m, B: 8,4 m, T: 2,8 m, 12 kn, Bew: 1×7,5 cm

S-Boote (neuer Typ)

Queen Wilhelmina (US Typ PC, ex **PC 468** → 8/ 1942 Niederl.) Bj. 1942 USA, 280 t, L: 53,3 m, B: 7 m, T: 2,3 m, 20 kn, Bew: 1 Flak 7,6 cm, 1 Flak 4 cm, 5 Flak 2 cm, 4 Wasserbombenwerfer

Minenleger

Hydra (Typ) 15. 5. 1940 versenkt (dt. Heeresart. Duiveland) · **Medusa** Bj. 1911/2, 593 t, L: 50 m, B: 9 m, T: 2,8 m, 12 kn, Bew: 3 Flak 7,6 cm, 2 Flak 1,3 cm, 70 Minen
Douwe Aukes (Typ) · **Van Meerlant** 4. 6. 1941 versenkt (Minen, Themsemündung)
Bj. 1922, 687 t, L: 55 m, B: 8,7 m, T: 3,2 m, 13 kn, Bew: 3 Flak 7,6 cm, 2 Flak 1,3 cm, 60 Minen
Pro Patria Bj. 1923, 537 t, L: 47 m, B: 8,6 m, T: 2,3 m, 10 kn, Bew: 1 Flak 7,6 cm, 2 Flak 1,3 cm, 80 Minen, 15. 2. 1942 selbstversenkt (Fluß Musi/ Sumatra) · **Krakatau** Bj. 1924, 982 t, L: 65 m, B: 10 m, T: 3,2 m, 15,5 kn, Bew: 2 Flak 7,6 cm, 4 Flak 1,3 cm, 150 Minen, 8. 3. 1942 selbstversenkt (Ma- dury-Küste) · **Nautilus** (Typ) Bj. 1930, 800 t, L: 58,7 m, B: 9,5 m, T: 3,5 m, 15 kn, Bew: 2×7,6 cm, 1 Flak 3,7 cm, 2 Flak 4 cm, 1 Flak 1,3 cm, 40 Minen, 22. 5. 1941 versenkt nach Kollision (GB, Humber-Fluß) · **Jan van Brakel** Bj. 1936, 740 t, L: 59 m, B: 10 m, T: 3 m, 15 kn, Bew: 2×7,6 cm, 1 Flak 3,7 cm, 4 Flak 1,3 cm, 80 Minen
Gouden Leeuw (Typ) 7. 3. 1942 selbstversenkt (Surabaja) · **Prins van Oranje** 12. 1. 1942 versenkt (jap. Kriegsschiffe, östl. Borneo)
Bj. 1932, 1261 t, L: 70 m, B: 11 m, T: 3,3 m, 15 kn, Bew: 2×7,6 cm, 2 Flak 4 cm, 2 Flak 1,3 cm, 150 Minen
Willem van der Zaan Bj. 1939, 1390 t, L: 75,2 m, B: 11,2 m, T: 3,3 m, 15 kn, Bew: 2×12 cm, 4 Flak 4 cm, 4 Flak 1,3 cm, 120 Minen, 1 Bordflugzeug
Ram (Typ) 3. 3. 1942 selbstversenkt (Tjilatjap/ Java), von Jap. gehoben → **Nanshin** →1945 Nie- derl. · **Regulus** 2. 3. 1942 selbstzerstört (Surabaja/ Werft), von Jap. repar. → **Nankai,** 16. 7. 1945 versenkt (westl. Surabaja)
Bj. 1941, 2220 t, L: 84,9 m, B: 13 m, T: 3,5 m, 18 kn, Bew: noch nicht vorhanden

Minenräumboote

Jan van Amstel (Typ) 8. 3. 1942 versenkt (jap. Kriegsschiffe, Raum Madury/Java) · **Abraham Crijnssen** · **Abraham van der Hulst** 14. 5. 1940 selbstversenkt (Enkhuizen), 8/1940 von Dt. geho- ben → **M 552** →1945 Niederl. · **Eland Dubois** 8. 3. 1942 selbstversenkt (Raum Madury/Java) · **Jan van Gelder** · **Pieter de Bitter** 6. 3. 1942 selbstversenkt (Surabaja) · **Pieter Florisz** 14. 5. 1940 selbstver- senkt, 8/1940 von Dt. gehoben → **M 551** →1945 Niederl. · **Willem van Ewijck** 8. 9. 1939 versenkt (Minen, Raum Terschelling) · **Willem van Ewijck** (Bj. 1940) 14. 5. 1940 von Dt. erbeutet (Rotter- dam) → **M 553** →1945 Niederl.
Bj. 1937, 460 t, L: 56,6 m, B: 7,8 m, T: 2,2 m, 15 kn, Bew: 1×7,6 cm, 4 Flak 1,3 cm
Duiveland (ex GB **MMS 1004**) · **Ijsselmonde** (ex GB **MMS 1026**) · **Overflakkee** (ex GB **MMS 1046**) · **Schockland** (ex GB **MMS 1082**) · **Tholen** (ex GB **MMS 1014**) · **Voorne** (ex GB **MMS 1043**) · **Wal- cheeren** (ex GB **MMS 1042**) · **Wieringen** (ex GB **MMS 1025**)
Bj. 1943 GB, 255 t, L: 42,6 m, B: 7,9 m, T: 3,2 m, 10 kn, Bew: 2 Flak 2 cm

NORWEGEN

Die Marine untersteht dem Verteidigungsministerium und gliedert sich in den Admiralstab und Marinedistriktkommandos (1–5): Horten, Kristiansand, Bergen, Trondheim und Ramsund. Personalstärke 1939: etwa 2400 Mann (darunter 900 Mann Kader).
Einsatz April 1940: Trotz mutigen Widerstands wird das Gros der Einheiten von den Dt. versenkt oder erbeutet. Nur 5 Torpedobooten gelingt die Flucht nach GB. Danach Aufbau der der brit. Royal Navy unterstellten norw. Exil-Marine mit Einheiten aus GB und den USA.
Einsatz: Schlacht im Atlantik, Invasion in der Normandie.

Küstenpanzerschiffe

Harald Haarfagre 4/1940 von Dt. erbeutet (Horten) → Flakschiff **Thetis** · **Tordenskjold** 4/1940 von Dt. erbeutet (Horten) → Flakschiff **Nymphe**
Bj. 1898 GB, 3380 t, L: 92,7 m, B: 14,8 m, T: 5 m, 16,9 kn, Bew: 2 × 21 cm, 6 × 12 cm, 6 × 7,6 cm, 2 Flak 7,6 cm, 2 × 3,7 cm · **Eidsvold** 9. 4. 1940 versenkt (dt. Kriegsmarine, Narvik) · **Norge** 9. 4. 1940 versenkt (dt. Kriegsmarine, Narvik)
Bj. 1901/2 GB., 3645 t, L: 91,8 m, B: 15,4 m, T: 5 m, 16,5 kn, Bew: 2 × 21 cm, 6 × 15,2 cm, 8 × 7,6 cm, 2 Flak 4,7 cm

Zerstörer

Bath (US Typ Flush-Deckers, ex US **Hopewell** → 1. 1. 1941 Norw.) 19. 8. 1941 versenkt (U 201, südwestl. Irland) · **Lincoln** (ex US **Yarnall** → 2/ 1942 Norw. → 1942 GB) · **Mansfield** (ex US **Evans** → 12/1940 Norw. → 20. 3. 1942 GB) · **Newport** (ex US **Sigourney** → 3/1941 Norw. → 6/1942 GB) · **St. Alban** (ex US **Thomas** → 18. 4. 1941 Norw. → 1942 GB)
Bj. 1918/9 USA, 1060 t, L: 95,8 m, B: 9,7 m, T: 2,6 m, 35 kn, Bew: 3 × 10,2 cm, 1 Flak 7,6 cm, 2 Flak 3,6 cm, 2 Flak 1,3 cm, 6 TR 53,3 cm
Stord (GB Typ S, ex GB **Success** → 8/1943 Norw.) · **Svenner** (ex GB **Shark** → 8. 3. 1944 Norw.) 6. 6. 1944 versenkt (Kriegsmarine, vor Normandie-Küste)
Bj. 1943 GB, 1710 t, L: 110,6 m, B: 10,9 m, T: 3 m, 36 kn, Bew: 4 × 12 cm, 2 Flak 4 cm, 8 Flak 2 cm, 8 TR 53,3 cm, 6 Wasserbombenwerfer
Arendal (GB Typ Hunt II, ex GB **Badsworth** → 16. 11. 1944 Norw.) Bj. 1941, 1050 t, L: 85,3 m, B: 9,6 m, T: 2,4 m, 27 kn, Bew: 6 × 10,2 cm, 4 Flak 4 cm, 2 Flak 2 cm, 5 Wasserbombenwerfer
Eskdale (GB Typ Hunt III → 1942 Norw.) 14. 4. 1943 versenkt (Kriegsmarine, Ärmelkanal) · **Narvik** (ex GB **Glaisdale** → 1. 6. 1942 Norw.)
Bj. 1942 GB, 1087 t, L: 85,3 m, B: 9,6 m, T: 2,4 m, 27 kn, Bew: 4 × 10,2 cm, 4 Flak 4 cm, 6 Flak 2 cm, 2 TR 53,3 cm, 4 Wasserbombenwerfer

Torpedoboote

Draug · **Garm** 26. 4. 1940 versenkt (dt. Luftwaffe, Björdal) · **Troll** 4. 5. 1940 von Dt. erbeutet
Bj. 1910/4, 468 t, L: 69,2 m, B: 7,2 m, T: 2,7 m, 27 kn, Bew: 6 × 7,6 cm, 3 TR 45,7 cm
Snögg 4. 5. 1940 von Dt. erbeutet → **Zack (V 5504)** · **Stegg** 20. 4. 1940 versenkt (Kriegsmarine, Hardanger-Fjord) · **Trygg** 25. 4. 1940 von Dt. erbeutet → **Zick (V 5503)**
Bj. 1919/21, 220 t, L: 53 m, B: 5,5 m, T: 1,6 m, 25 kn, Bew: 2 × 7,6 cm, 4 TR 45,7 cm
Sleipner (Typ) 4/1940 von Dt. erbeutet → **Tiger** → 1945 Norw. · **Aeger** 9. 4. 1940 versenkt (dt. Luftwaffe, Raum Stavenger) · **Balder** 4/1940 von Dt. erbeutet → **Leopard** → 1945 Norw. · **Gyller** 4/1940 von Dt. erbeutet → **Löwe** → 1945 Norw. · **Odin** 4/ 1940 von Dt. erbeutet → **Panther** → 1945 Norw.

Bj. 1937/40, 590 t, L: 74,1 m, B: 7,7 m, T: 2,1 m, 30 kn, Bew: 3 × 10 cm, 3 Flak 4 cm, 2 Flak 1,3 cm, 2 TR 53,3 cm

U-Boote

A 2 (Typ A) 4/1940 von Dt. erbeutet, abgewrackt · **A 3** 16. 4. 1940 selbstversenkt (Tönsberg, Südnorw.) · **A 4** 16. 4. 1940 selbstversenkt (Tönsberg, Südnorw.)
Bj. 1914 Dt., 250/335 t, L: 46,5 m, B: 5 m, T: 2,9 m, 14/9 kn, Fahrstrecke: 900 sm bei 10 kn, getaucht: 75 sm bei 3 kn, Bew: 3 TR 45,7 cm
B 1 (Typ B) 1944 verschrottet · **B 2** 4/1940 von Dt. erbeutet (Kristiansand) abgewrackt · **B 3** 9. 6. 1940 selbstversenkt (Gavl-Fjord) · **B 4** 4/1940 von Dt. erbeutet (Horten) verschrottet · **B 5** 4/1940 von Dt. erbeutet (Horten) → **UC 1** → 1942 abgewrackt. **B 6** 4/1940 von Dt. erbeutet (Horten) → **UC 2** → 1945 Norw.
Bj. 1923–30, 420/545 t, L: 51 m, B: 5,3 m, T: 3,5 m, 14,5/10,5 kn, Bew: 1 × 7,6 cm, 4 TR 45,7 cm
Ula (GB Typ U/V, ex GB **Varne** → 28. 3. 1943 Norw.) Bj. 1941/3 GB, 545/735 t, L: 60 m, B: 4,9 m, T: 3,9 m, 11,7/9 kn, Fahrstrecke: 4500 sm bei 10 kn, Bew: 1 × 7,6 cm, 6 TR 53,3 cm
Ured (ex GB **P 41** → 12/1941 Norw.) 24. 2. 1943 versenkt (Minen, Bodö) · **Utsira** (ex GB **Variance**) Bj. 1944 GB, 545/740 t, L: 62,3 m, B: 4,9 m, T: 3,9 m, 12,7/9 kn, Fahrstrecke: 4700 sm bei 10 kn, getaucht: 30 sm bei 9 kn, Bew: 1 × 7,6 cm, 4 TR 53,3 cm

Geleitfahrzeuge · Korvetten

Andenes (GB Typ Flower, ex GB **Acanthus** → 10/1941 Norw.) · **Montbretia** (ex GB → 16. 9. 1941 Norw.) 18. 11. 1942 versenkt (U 624, Nord-Atlantik) · **Nordkyn** (ex GB **Buttercup** → 24. 4. 1942 Norw.) · **Potentilla** (ex GB → 16. 1. 1942 Norw.) · **Rose** (ex GB → 23. 10. 1941 Norw.) 26. 10. 1944 nach Kollision untergegangen (Nord-Atlantik) · **Soröy** (ex GB **Eglantine** → 29. 8. 1941 Norw.)
Bj. 1941 GB, 925 t, L: 62,5 m, B: 10,1 m, T: 4,4 m, 16 kn, Bew: 1 × 10,2 cm, 1 Flak 4 cm, 2 Flak 2 cm · **Tönsberg Castle** (GB Typ Castle, ex GB **Shrewsbury Castle** → 17. 7. 1944 Norw.) Bj. 1944 GB, 1010 t, L: 76,8 m, B: 11,2 m, T: 3 m, 16,5 kn, Bew: 1 × 10,2 cm, 6 Flak 2 cm, Wasserbomben, 12. 12. 1944 versenkt (Mine, Nordmeer)

Fischereischutzschiffe

Heimdal Bj. 1893, 640 t, L: 55,2 m, B: 8,8 m, T: 4 m, 12 kn, Bew: 4 × 7,6 cm · **Michael Sars** Bj. 1900, 300 t, L: 38,4 m, B: 7 m, T: 3,4 m, 10 kn, Bew: 2 × 7,6 cm · **Fritjof Nansen** Bj. 1932, 1275 t, L: 72,9 m, B: 10,5 m, T: 5,1 m, 15 kn, Bew: 2 × 10,2 cm, 2 Flak 4,7 cm, 1 Bordflugzeug, 8. 11. 1940 auf Grund gelaufen (Jan Mayen) · **Nordkapp** (Typ) · **Senja** 4/1940 von Dt. erbeutet → **Löwe (V 6735)**
Bj. 1937, 243 t, L: 39,8 m, B: 6,6 m, T: 2,3 m, 13,7 kn, Bew: 1 × 4,7 cm

Wachschiffe

Jelöy (GB Typ Isles, ex GB **Shiant** → 1944 Norw.) · **Karmöy** (ex GB **Inchmarnock** → 1944 Norw.) · **Oksöy** (ex GB **Kerrera** → 1944 Norw.) · **Tromsöy** (ex GB **Eday** → 8/1944 Norw. → 19. 10. 1944 GB)
Bj. 1941 GB, 545 t, L: 50 m, B: 8,4 m, T: 3,2 m, 12 kn, Bew: 1×10,2 cm, 3 Flak 2 cm, Wasserbomben

S-Boote

Kong Haakon (US Typ PC ex US **PC 467**) Bj. 1942 USA, 280 t, L: 53,3 m, B: 7 m, T: 2,3 m, 20 kn, Bew: 1 Flak 7,6 cm, 1 Flak 4 cm, 5 Flak 2 cm, 4 Wasserbombenwerfer

Minenleger

Glommen (Typ) 4/1940 von Dt. erbeutet → **SMNK 101** · **Laugen** 4/1940 von Dt. erbeutet → **SMNN 05** Bj. 1916, 350 t, L: 42 m, B: 8,5 m, T: 1,9 m, 9,5 kn, Bew: 2 × 7,6 cm, 50 Minen · **Fröya** Bj. 1917, 595 t, L: 75,8 m, B: 8,2 m, T: 2,5 m, 22 kn, Bew: 4 × 10,2 cm, 1 Flak 7,6 cm, 2 Flak 3,7 cm, 2 TR 45,7 cm, 160–200 Minen, 13. 4. 1940 selbstversenkt (Trondheim) · **Olaf Tryggvason** Bj. 1934, 1596 t, L: 97,3 m, B: 11,4 m, T: 3,7m, 23 kn, Bew. 4 × 12 cm, 1 Flak 7,6 cm, 2 Flak 4,7 cm, 250–280 Minen, 4/1940 von Dt. erbeutet → **Brummer**

Minen-Räumboote

Otra (Typ) 4/1940 von Dt. erbeutet → **Togo (V 6512)** · **Rauma** 4/1940 von Dt. erbeutet → **Kamerun (N 001)**
Bj. 1939, 320 t, L: 50,9 m, B: 7 m, T: 1,8 m
Orkla (GB Typ MMS 1001, ex GB **MMS 1085** → 1944 Norw.) · **Vefsna** (ex GB **MM 1086** → 1944 Norw.)
Bj. 1944 GB, 225 t, L: 42,6 m, B: 7,9 m, T: 1,9 m, 10 kn, Bew: 2 Flak 2 cm
Vinstra (US Typ YMS, ex US **YMS 247** → 18. 5. 1945 Norw.) · **Gaula** (ex US **YMS 305** → 18. 5. 1945 Norw.) · **Driva** (ex US **YMS 377** → 18. 5. 1945 Norw.) · **Alta** (ex US **YMS 379** → 22. 3. 1945 Norw.) · **Vorma** (ex US **YMS 380** → 22. 3. 1945 Norw.) · **Begna** (ex US **YMS 381)** → 22. 3. 1945 Norw.) · **Rana** (ex US **YMS 406** → 18. 5. 1945 Norw.)
Bj. 1943 USA, 215 t, L: 41,5 m, B: 7,5 m, T: 1,8 m, 12 kn, Bew: 1 Flak 7,6 cm, 2 Flak 2 cm

POLEN

Flottenchef und Befehlshaber der Küstenbefestigungen ist Konteradmiral J. Unrug. Personalstärke: 4500 Mann (ohne Reserve). Die schwache poln. Marine hat kaum Aussichten im Kampf gegen die überlegene dt. Kriegsmarine. Noch vor dem 1. 9. 1939 werden 3 Zerstörer nach GB entsandt. Die in GB gebildete poln. Exil-Marine ist der brit. Royal Navy unterstellt.
Einsatz: Ostsee, Nordsee, Schlacht im Atlantik, Norwegen 1940, Mittelmeer, Invasion in der Normandie.

Kreuzer

Dragon (GB Typ D, ex GB **Dragoon** → 15. 1. 1943 Pol.) Bj. 1918 GB, 4850 t, L: 143,6 m, B: 14,2 m, T: 4,4 m, 29 kn, Bew: 5 × 15,2 cm, 2 Flak 10,2 cm, 8 Flak 4 cm, 8 Flak 2 cm, 8. 7. 1944 versenkt (dt. Einmanntorpedotreffer, Normandie) · **Conrad** (GB Typ D, ex GB **Danae** → 4. 10. 1944 Pol.) Bj. 1918 GB, 4850 t, L: 143,6 m, B: 14,2 m, T: 4,4 m, 29 kn, Bew: 5 × 15,2 cm, 2 Flak 10,2 cm, 10 Flak 4 cm, 12 Flak 2 cm

Zerstörer

Wicher (Typ) 3. 9. 1939 versenkt (dt. Luftwaffe, Hela) · **Burza** Bj. 1930/2 Frankr., 1540 t, L: 107,2 m, B: 10,5 m, T: 3 m, 33 kn, Bew: 4 × 13 cm, 2 Flak 4 cm, 4 Flak 1,3 cm, 6 TR 55 cm · **Grom** (Typ) 4. 5. 1940 versenkt (dt. Luftwaffe, Narvik). · **Btyskawica** Bj. 1937 GB, 2144 t, L: 114 m, B: 11,3 m, T: 3,1 m, 39 kn, Bew: 7 × 12 cm, 4 Flak 4 cm, 8 Flak 1,3 cm, 6 TR 55 cm, 2 Wasserbombenwerfer, 60 Minen · **Garland** (GB Typ, ex GB → 3. 5. 1940 Pol.) Bj. 1936 GB, 1350 t, L: 98,1 m, B: 10,1 m, T: 2,6 m, 35,5 kn, Bew: 4 × 12 cm, 1 Flak 7,6 cm, 2 Flak 2 cm, 8 Flak 1,3 cm, 4 TR 53,3 cm, 3 Wasserbombenwerfer · **Piorun** (GB Typ N, ex GB **Nerissa** → 5. 11. 1940 Pol.) Bj. 1940 GB, 1773 t, L: 108,7 m, B: 10,9 m, T: 2,7 m, 36 kn, Bew: 6 × 12 cm, 1 Flak 10,2 cm, 4 Flak 4 cm, 4 Flak 2 cm, Flak 1,3 cm, 4 TR 53,3 cm, 3 Wasserbombenwe fer · **Orkan** (GB Typ M, ex GB **Myrmidon** → 1 1942 Pol.) Bj. 1942 GB, 1920 t, L: 110,3 m, B: 11 m, T: 3 m, 36 kn, Bew: 6 × 12 cm, 1 Flak 10,2 cı 4 Flak 4 cm, 6 Flak 2 cm, 4 TR 53,3 cm, Wasserbombenwerfer, 8. 10. 1943 versenkt (378, Nord-Atlantik) · **Krakowiak** (GB Typ Hu II, ex GB **Silverton** → 5/1941 Pol.) Bj. 1941 G 1050 t, L: 85,3 m, B: 9,6 m, T: 2,4 m, 27 kn, Be 6 × 10,2 cm, 4 Flak 4 cm, 2 Flak 2 cm, 5 Wasse bombenwerfer · **Kujawiak** (ex GB **Oakley** → 1941 Pol.) 16. 6. 1942 versenkt (Mine vor Malta **Slazak** (ex GB **Bedele** → 4/1942 Pol.) · **Krakowi** (ex. Dt. **A 64** → 30. 9. 1920 pol.) Bj. 1918 dt., 3 t, L: 61,1 m, B: 6,41 m, T: 2,21 m, 28 kn, ab 19 Hilfsfahrzeug, 4. 9. 1939 versenkt (dt. Luftwaff Danziger Bucht)
Kujawiak (ex Dt. **A 68** → 30. 9. 1920 Pol.) B 1917 Dt., 392 t, L: 60 m, B: 6,42 m, T: 2,34 m, 26 kn, ab 1939 Hilfsfahrzeug, 4. 9. 1939 versenkt (d Luftwaffe, Danziger Bucht) · **Slazak** (ex Dt. **A** → 30. 9. 1920 Pol.) Bj. 1917 Dt., 381 t, L: 61,1 r B: 6,41 m, T: 2,21 m, 28 kn, ab 1939 Hilfsfahrze · **Podhalanin** (ex Dt. **A 80** → 30. 9. 1920 Pol.) B 1917 Dt., 381 t, L: 60,37 m, B: 6,41 m, T: 2,11 26,6 kn, ab 1939 Hilfsfahrzeug · **Mazur** (ex Dt. **105** → 1919 Pol.) Bj. 1914 Dt., 360 t, L: 62,6 m, 6,2 m, T: 2,3 m, 20 kn, Bew: 3 × 7,5 cm, 1 Fl 4 cm, 2 Flak 1,3 cm, 1. 9. 1939 versenkt (d Luftwaffe, Gdingen)

U-Boote

Wilk (Typ) 1942 außer Dienst gestellt (GB) · **R** 17. 9. 1939 interniert in Schweden → 1945 Pole **Zbik** 27. 9. 1939 interniert in Schweden → 19 Polen
Bj. 1931/32 Frankr., 980/1250 t, L: 78,5 m, 5,9 m, T: 4,2 m, 14/9 kn, Fahrstrecke: 2500 sm b 10 kn, getaucht: 100 sm bei 5 kn, Bew: 1 × 10 c 2 Flak 1,3 cm, 6 TR 55 cm, 38 Minen
Orzel (Typ) 8. 6. 1940 vermißt, ungeklärt (Nor see) · **Sep** 16. 9. 1939 interniert in Schweden 1945 Polen
Bj. 1939 Niederl., 1100/1473 t, L: 84 m, B: 6,7 r T: 4,2 m, 20/9 kn, Fahrstrecke: 7000 sm bei 10 k getaucht: 100 sm bei 5 kn, Bew: 1 × 10,5 cm, Flak 4 cm, 12 TR 55 cm
Sokol (GB Typ U, ex GB **Urchin** → 11. 1. 19 Pol.) · **Dzik** (ex GB **P 52** → 11. 10. 1942 Pol.)
Bj. 1941 GB, 540/730 t, L: 58,7 m, B: 4,9 m, T: 3 m, 11,7/9 kn, Fahrstrecke: 4500 sm bei 10 k getaucht: 30 sm bei 9 kn, Bew: 1 × 7,6 cm, 4 T 53,3 cm
Jastrzab (US Typ S 1, ex GB **P 551** → 4. 11. 19 Pol.) Bj. 1923 USA, 800/1062 t, L: 66,8 m, B: 6,3 T: 4,6 m, 14,5/10,5 kn, Fahrstrecke: 5000 sm b 10,5 kn, getaucht: 20 sm bei 8 kn, Bew: 1 × 10 cm, 4 TR 53,3 cm, 2. 5. 1942 versenkt (irrtün durch allii. Kriegsschiffe, Nordsee)

Kanonenboote

General Haller (russ. Typ, ex Finnl. → 1921 Po Bj. 1919 Finnl., 342 t, L: 50 m, B: 7,2 m, T: 2,9 14 kn, Bew: 2 × 7,5 cm, 2 Flak 1,3 cm, 30 Mine 6. 9. 1939 versenkt (dt. Luftwaffe, Hela) · **Kome dant Pilsudski** (2. 10. 1939 dt. Beute → **Heist nest (M 3109)** 16. 9. 1944 versenkt (allii. Flugze ge, Nantes)

Minensuchboote

Jaskolka (Typ) 14. 9. 1939 versenkt (dt. Luftwa Jastarnia) · **Czajka** 2. 10. 1939 von Dt. erbeut (Hela) → **Westerplatte (TFA 11)** · **Mewa** 3. 9. 19 versenkt (dt. Luftwaffe, Hela) von Dt. gehoben

tzig (TF A 7) · **Rybitwa** 14. 9. 1939 versenkt (dt. ftwaffe bei Jastarnia), von Dt. gehoben → **Rix-ft (TFA 8)**
1935/36, 165 t, L: 45 m, B: 5,5 m, T: 1,6 m, 16 Bew: 1 × 7,5 cm, 20 Minen
apla 14. 9. 1939 versenkt (dt. Luftwaffe, bei tarnia) · **Zuraw** 2. 10. 1939 von Dt. erbeutet ela) → **Oxhöft**
1939, 185 t, L: 45 m, B: 5,5 m, T: 1,7 m, 16 kn, w: 1 × 7,5 cm, 2 Flak 1,3 cm, 20 Minen

MÄNIEN

Marine ist dem Luftfahrt- und Marineministe-m unterstellt und teilt sich in Hochseeflotte hwarzes Meer) und Donau-Flottille. Hauptauf-e ist die Küstenverteidigung. Personalstärke: a 5000 Mann.
satz: Schwarzes Meer, Donau.

rstörer

rasti (Typ) · **Marasesti**
1920 Ital., 1391 t, L: 94,3 m, B: 9,4 m, T: 3,5 34 kn, Bew: 4 × 12 cm, 2 Flak 7,6 cm, 2 Flak cm, 4 Flak 2 cm, 4 TR 45 cm
gele Ferdinand (Typ) · **Regina Maria**
1930 GB, 1700 t, L: 101,9 m, B: 9,6 m, T: m, 35 kn, Bew: 4 × 12 cm, 4 Flak 4 cm, 8 Flak m, 6 TR 53,3 cm, Minen

rpedoboote

luca (ex. k. u. k. → 1920 Rumän.) 20. 8. 1944 senkt (sowj. Flugzeuge, Konstanza) · **Smeul** Bj. 5, Österr., 262 t, L: 57,4 m, B: 5,7 m, T: 1,5 m, kn, Bew: 2 × 6,6 cm, 2 Flak 2 cm, Wasserbom-· **Sborul** (ex k. u. k. → 1920 Rumän.) Bj. 1916 err., 262 t, L: 57,4 m, B: 5,7 m, T: 1,5 m, 28 Bew: 2 × 6,6 cm, 2 Flak 2 cm, 2 TR 45 cm

Boote

lfinul Bj. 1936 It., 650/900 t, L: 68,6 m, B: 5,9 m, 3,6 m, 14/9 kn, Fahrstrecke: 5200 sm bei 8 kn, getaucht: 74 sm bei 4 kn, Bew: 1 × 10,2 cm, 8 TR 53,3 cm · **Marsuinul** Bj. 1942, 620/(?) t, L: 58 m, B: 5,6 m, T: (?), 16/9 kn, Bew: 1 × 10,5 cm, 1 Flak 1,3 cm, 6 TR 53,3 cm · **Requinul** Bj. 1942, 585/(?) t, L: 66 m, B: 5,1 m, T: (?), 17/9 kn, Bew: 1 Flak 2 cm, 4 TR 53,3 cm, 40 Minen

Wachschiffe

Capitan Dumitrescu (Franz. Typ → 1920 Rumän.)
Locotenent-Comandor Stihi Eugen · **Locotenent Lepri Remus** 11. 1. 1940 versenkt (Donau-Mündung) · **Sublocotenent Ghiculescu**
Bj. 1916/17 Frankr., 310 t, L: 60,9 m, B: 2,3 m, T: 2,3 m, 15 kn, Bew: 2 × 10 cm, 4 Flak 2 cm

Minenleger

Admiral Murgescu Bj. 1941 Rumän., 812 t, L: 76,9 m, B: 9,1 m, T: 2,5 m, 16 kn, Bew: 2 × 10,5 cm, 2 Flak 3,7 cm, 4 Flak 2 cm, 135 Minen

SIAM/THAILAND

Die Marine ist ein selbständiger Wehrmachtteil. 1939 befindet sie sich noch im Aufbau. 1940 + 41 kämpft sie gegen die franz. Marine, ab Ende 1941/1944 enge Kooperation mit der jap. Marine.

Kreuzer

Naresuan (Typ) 1942 durch Ital. beschlagnahmt (Werft) → **Etna** · **Taksin** 1942 durch Ital. beschlagnahmt (Werft) → **Vesuvio**
Bj. 1941 Ital., 4300 t, L: 153,8 m, B: 14,5 m, T: 5,2 m, 30 kn, Bew: 6 × 15,2 cm, 6 Flak 7,6 cm, 4 Flak 2 cm, 4 Flak 1,3 cm, 6 TR 53,3 cm, 1 Bordflugzeug

Kanonenboote (gepanzerte)

Ratanakosinra (Typ) · **Sukothai**
Bj. 1925 GB, 880 t, L: 52,7 m, B: 11,3 m, T: 3,3 m, 12 kn, Bew: 2 × 15,2 cm, 4 Flak 7,6 cm, 2 Flak 4 cm, 2 Flak 2 cm
Sri Ayuthaia (Typ) · **Thonburi** 17. 1. 1941 versenkt (franz. Marine, Siam-Bucht)
Bj. 1938 Jap., 2015 t, L: 77 m, B: 14,4 m, T: 3,9 m, 16,5 kn, Bew: 4 × 20,3 cm, 4 Flak 8 cm, 4 Flak 4 cm, 6 Flak 2 cm

Zerstörer

Phra Ruang (GB Typ R) Bj. 1917 GB, 730 t, L: 83,5 m, B: 8,3 m, T: 3,8 m, 35 kn, Bew: 3 × 10,2 cm, 1 Flak 7,6 cm, 2 Flak 2 cm, 4 TR 53,3 cm

Torpedoboote

Trad (ital.Typ) · **Chandaburi** · **Cholburi** 17. 4. 1941 versenkt (franz. Marine, Siam-Bucht) · **Chumporn** · **Pattani** · **Phuket** · **Rayong** · **Songhkla** 17. 1. 1941 versenkt (franz. Marine, Siam-Bucht) · **Surasdra**
Bj. 1936/37, 318 t, L: 68 m, B: 6,4 m, T: 2,1 m, 31 kn, Bew: 3 × 7,6 cm, 2 Flak 2 cm, 6 TR 45,7 cm

U-Boote

Mujchanu (Typ) · **Plai Chumpol** · **Sinsamut** · **Wirun**
Bj. 1937/38 Jap., 370/(?) t, L: 51 m, B: 4,1 m, T: 3,6 m, 14,5/8 kn, Fahrstrecke: 3000 sm bei 10 kn, Bew: 5 TR

Kanonenboote

Maeklong (Typ) · **Tacin** 1. 6. 1945 versenkt (allii. Flugzeuge, Siam-Bucht)
Bj. 1937 Jap., 1400 t, L: 82 m, B: 10,5 m, T: 3,1 m, 14 kn, Bew: 4 × 12 cm, 2 Flak 4 cm, 2 Flak 2 cm, 4 TR 45,7 cm

Minenleger

Bang Rachan (Typ) · **Nhong Narhai**
Bj. 1936/37 Ital., 368 t, L: 49 m, B: 7,9 m, T: 2,2 m, 13 kn, Bew: 2 × 7,6 cm, 2 Flak 2 cm, 140 Minen

SÜDAFRIKA

Die South African Navy (SAN) ist operativ der brit. Royal Navy unterstellt. Sie verfügt 1939 über: 2 Minenräumboote und einige kleinere Hilfsfahrzeuge. 1939–1945 wird die SAN mit Unterstützung von GB und den USA erheblich vergrößert.
Einsatz: Süd-Atlantik, Indischer Ozean.

egister

kürzungen:

Artillerieschulschiff
Blockadebrecher
Flakkreuzer
ä Geleitträger
Hilfskreuzer
Handelsschiff
Korvette
Kreuzer
Leichter Kreuzer
Lazarettschiff
ä Leichter Flugzeugträger
Passagierschiff
Panzerschiff
Schwerer Kreuzer
Schlachtschiff
Tanker
Flugzeugträger
Versorgungsschiff
Versorgungstanker
S Wetterbeobachtungsschiff
Zerstörer

rsive Ziffern verweisen Abbildungen.

Vorsatz vorne:
Deutsche Minensuchboote laufen zum Einsatz in die Nordsee aus

Seite 2:
8. 4. 1940, Unternehmen »Weserübung« – deutscher Angriff auf Norwegen: Verband der Kriegsmarine auf dem Weg zum Einsatzziel

Seite 4/5:
US-Flugzeugträger im Pazifik nach dem selbstmörderischen Angriff eines japanischen Kamikaze-Fliegers

Vorsatz hinten:
Winter 1939/40, Schillig-Reede vor Wilhelmshaven: An Deck des Schlachtschiffes *Gneisenau;* im Hintergrund das Schlachtschiff *Scharnhorst*